道德之弧

THE MORAL ARC

科学和理性如何将人类引向
真理、公正与自由

[美] 迈克尔·舍默◎著

刘维龙◎译

新 华 出 版 社

图书在版编目（CIP）数据

道德之弧: 科学和理性如何将人类引向真理、公正与自由 / (美) 迈克尔·舍默著；
刘维龙译. ——北京 :新华出版社, 2016.10
书名原文: The Moral Arc
ISBN 978-7-5166-2832-4

Ⅰ.①道… Ⅱ.①迈… ②刘… Ⅲ.①伦理学－研究 Ⅳ.①B82

中国版本图书馆CIP数据核字(2016)第228937号
著作权合同登记号：01-2015-4351

The Moral Arc：How science and reason lead humanity toward truth ,justice, and freedom
By Michael Shermer
Copyright ©2015 By Michael Shermer

All Rights Reserved. No part of this book may be reproduced or transmitted in any form by
electronic or mechanical means now known or to be invented, including photocopying , recording,
or information storage and retrieval systems, without permission in writing from the publisher.
中文简体字专有出版权属新华出版社

道德之弧: 科学和理性如何将人类引向真理、公正与自由

作　　者：［美］迈克尔·舍默	译　　者：刘维龙
选题策划：黄绪国	责任编辑：唐波勇
责任印制：廖成华	封面设计：臻美书装

出版发行：新华出版社

地　　址：北京石景山区京原路8号	邮　　编：100040
网　　址：http：//www.xinhuapub.com	http：//press.xinhuanet.com
经　　销：新华书店	
购书热线：010－63077122	中国新闻书店购书热线：010－63072012

照　　排：臻美书装	
印　　刷：永清县晔盛亚胶印有限公司	
成品尺寸：170mm×230mm	
印　　张：30	字　　数：400千字
版　　次：2016年10月第一版	印　　次：2021年1月第二次印刷
书　　号：ISBN 978-7-5166-2832-4	
定　　价：68.00元	

版权专有，侵权必究。如有质量问题，请与出版社联系调换：010-63077101

自由探索没有止境，科学亦无教条立锥之地。科学家是自由的，并且一定要能自由地提出问题、质疑断言、寻找证据和修正错误。我们的政治生活也必须立于开放之基。众所周知，发现错误是避免错误的唯一途径，而自由探索是发现错误的唯一途径。并且，我们知道，只要人能自由地畅所欲言、言其所思、思其所意，自由就将长存，而科学也永远不可能倒退。

——J. 罗伯特·奥本海默　1949

目 录
CONTENTS

第二篇 道德之弧应用

第三篇　道德之弧修正

图表目录

序：弯曲的道德之弧

阿拉巴马州塞尔玛，1965 年 3 月 21 日，礼拜天

大约八千人聚集在阿拉巴马州塞尔玛镇的布朗礼拜堂，出发前往州议会游行。示威者绝大多数是非裔美国人，他们游行只为一个理由：伸张正义。游行者只是朴素地渴望获得选举权，但他们在这场斗争中并非孤军奋战。几乎每个州都出现了由"一切种族、宗教和阶级"组成的示威者，他们已经开始与黑人同胞携手并进。[1]走在队伍最前列的是受人尊敬的马丁·路德·金博士，这位诺贝尔和平奖获得者、布道者、民权活动家引领着游行，正如摩西引领他的人民出离埃及一样。

不顾武装警察和防暴队支持的种族主义对手的威胁，他们之前尝试了两次游行，但都遭到了州警察和代表地方势力的武装团体的暴力镇压。第一次以血色星期天闻名——游行者拒绝了返回的命令，在围观者的欢呼喧闹声中，催泪瓦斯、警棍和裹着铁刺的橡胶管向着他们劈头盖脸而来。第二次他们同样遭到了一队州警察的拦截并被命令返回，在获得允许祈祷后，金博士带着游行者返回。

但这次不同。林登 B. 约翰逊总统最终意识到事情不妙，派出了两千名国民警卫队队员和联邦司法官员保护游行者。游行因此得以举行。五天来，他们顶着刺骨的寒冷和连绵的阴雨，行进的路线超过 53 英里。一路上，消息在扩散，队伍在扩大。3 月 25 日，他们抵达蒙哥马利的州议会大厦台阶前时，游行队伍已经剧增至两万五千人。

但是金博士不被允许踏上州议会大厦的台阶，因为游行者不被允许接触州有财产（state property）。阿拉巴马州州长乔治·华莱士坐在州议会大厦的穹顶下，一副（钉死耶稣的）本丢·彼拉多（Pontius Pilate）的姿态，拒绝出来与游行者对话。而金博士，在大厦前的平板卡车上搭建的讲台前，发表了演讲。[2] 在那个讲台上，金为自由献上了动人的赞美诗，他首先回顾了游行的历程：穿越过"荒凉峡谷"，休憩于"多石小径"，暴晒在骄阳之下，入睡于泥泞之中，湿透在大雨之时。来自全美的追寻自由的人们全神贯注地聆听着金博士的肺腑之言。金博士知道受压迫的人们正在失去耐心，此时人们的本能是还击，他请求游行队伍坚守公民不服从的非暴力哲学。他雄辩地问道，"蒙蔽人们的眼睛、晦暗他们的理性、把光明的智慧驱离神圣王座的偏见还要肆虐多久？""正义受到迫害而真理只能忍受的日子还要持续多久？"作为回答，金博士用劝告、安抚和保证的话语使人们坚信无论困难如何重重，自由很快就会实现。他引用宗教和圣经的格言说，因为"真理受压，终将复兴"，"没有谎言可以永生"，"种瓜得瓜，种豆得豆"，"**道德之弧很长，但它终将弯向正义**"。[3]

这是金博士一生中最伟大的演讲之一，大概也是公共演讲史上最伟大的杰作。演讲起了作用。四个多月之后的 1965 年 8 月 6 日，约翰逊总统签署了选举权法。正如金博士所言——**道德之弧很长，但它终将弯向正义。**

金博士引用的格言启发了本书的标题，它的作者是 19 世纪废奴主义牧师西奥多·帕克（Theodore Parker）。帕克在 1853 年写下了这句道德乐观主义的格言，但那是一个不如说悲观主义更加应景的时代，当时的美国正因帕克千方百计试图废除的奴隶制而无情地滑向内战：

我并不装作理解了道德世界；弧很长，触目所及只是吉光片羽；我不能通过眼界所及的经验计算并完成这曲线；我只能用良知预言它。就我的所见，我确信它终将弯向正义。[4]

在《道德之弧》中，我的目的就是要证明帕克和金博士都是对的——道德之弧确实朝向正义。除了宗教良知和动人的雄辩，我们还可以通过科学追踪道德之弧，这些数据来自不同方面的调查研究，它们都显示，人作为一个物种一般意义上是趋于更加道德化。此外我还要证明，过去几个世纪道德进步的绝大部分是世俗而非宗教力量的结果，而且在涌现于理性时代和启蒙运动的这些世俗力量中，最重要的是科学与理性。我在最宽泛的意义上使用这两个术语，意指通过一些列的论证进行推理，然后通过经验确认结论为真。

进而言之，我要论证道德之弧不仅朝向正义，而且朝向真理与自由。这些积极的结果主要是社会的产物，这个社会的治理与政治、法律与法学、道德推理和伦理分析都向更加世俗化的方向演化。随着时间的推移，声称我的信仰、道德和生活方式优于你的，仅仅因为它们是我的，是自古以来的，或者因为我的宗教优于你的，或者因为我的上帝是唯一真实的而你的不是，又或者因为我的国家把你的国家击败得一塌糊涂，这样的因果联想已经越来越不被认同。直截了当地主张你的道德信条已经不再被接受；你必须证明它们奠基于理性论证和经验证据的基础之上，否则将可能被无视或拒绝。

回顾历史我们会发现，人类一直在——尽管有时犹豫不决——扩展道德范围以包容更多的人类成员（现在甚至包括其他物种）作为道德共同体的合法参与者。人类迅速增长的良知让我们不再仅仅考虑核心家庭、大家庭甚至当地社区的福利；相反，我们的考量现在延伸到了和我们差异很大的人群，我们很乐意与他们交易商品和创意，交换情感和基因，而不是打击、奴役、强奸或杀害他们（而不久之前我们这个可怜的物种还习惯于无情放任地这般胡作非为）。阐明人类行为与道德进步之间的因果关系——这决定了进步为什么发生——是本书的另一主题，这也暗示了一个应用，即我们可以做什么来修改方程中的变量以便进一步扩展道德的范围并把人类的文明沿着道德之弧推进得更远。

道德领域的进步在生活中的很多方面都很显著：治理（自由民主制兴起，神权政制和独裁政制衰落），经济（广泛的财产权，不受压制地交易商品和服务的自由），权利（生存、自由、财产、婚姻、生育、选举、言论、信仰、集会、抗议、自治和追求幸福），繁荣（更多地方的更多的人享受到了财富的激增和与渐增的富足；世界范围的贫困减少使得贫困人口比例低于史上任一时期），健康与长寿（比起历史上的任一时期，更多地方的更多人在更多的时候过着更加长寿而健康的生活），战争（比起自有人类以来的任一时期，更少的人口比例死于暴力冲突），奴役（在世界范围内都是非法的，在有限几个地方残存的性奴役和劳动奴役目前正是有待彻底废止的对象），杀人（发生率断崖式下降，中世纪每100000人有超过100起谋杀案，而今天在工业化的西方每100000人不到1起，一个人死于暴力的可能性也已是历史最低），强奸和性侵犯（在下降，但仍然很普遍，在所有西方国家均为非法并越来越多地受到控告），司法克制（很普遍认为刑讯逼供和死刑不合法，在仍然合法的地方也较少实施），司法平等（比起过去的任一时期，各国公民在法律之下受到了更平等的对待），礼节（比起以往任何时候，人们彼此间更加和善、文明而较少暴力），等等。

简言之，我们生活在人类历史上最道德的时期。

我不至于认为这些令人欣喜的进步是必然的或者说是宇宙间的道德律不可避免展开的产物——这不是一个"历史目的论"的论证——在社会的、政治的和经济的因素与道德结果之间存在着可以确定的因果关系。斯蒂芬·平克的《人性中的善良天使》是一本惊人博学的著作，也是本书的诸灵感源泉之一，正如作者在书中所言：

人对人的不人道长期以来都是道德教化的主题。我们知道是某些东西压制了这种不人道，因而我们可以将之视为某种因果关系。我们不问"为什么有战争？"我们问"为什么有和平？"困惑我们的不能仅仅是我们做错了什么，还应该有我们做对了什么。因为我们一直在做一些对的事，而知道这些究竟是什么将是非常有益的。[5]

数万年来，道德退步是对人类最准确的形容，结果就是无数人为之受苦受难。但五百年前某些重大转折发生了，科技革命开启了理性时代和启蒙运动，一切都随之改变。因此，我们应该去理解发生了什么，这些改变如何和为何扭转了人类向下的历史趋势，并且应该意识到为了升华人性、延伸道德之弧、并使之永恒向上，我们能够做得更多。

在我研究和写作本书的那些年里，每当我告诉人们书的主题是道德进步时，怀疑不足以表达我收到的反馈；大部分人认为我产生了幻觉。并指出要确诊我的病症，概览一周的坏消息似乎就能做到。

人们的反应是可以理解的，因为大脑进化使得我们关注并记住即时的、刺激情绪的事件、短期的趋势和个人趣闻逸事。从持续三秒的心理上的"现在"到人生几十年是我们的时间感的范围，这对于追踪在数个世纪甚至上千年的历史中展现的长期渐进的趋势来说太短暂了，如演化、气候变迁和我的论点——道德进步都属于这样的趋势。如果你只是一直在看《晚间新闻》，你很快会找到充足的证据认为我的反题是对的——事情很糟糕而且越来越糟糕。但是新闻机构有责任专注报道坏消息——每天发生的成千上万的善举则在报道之外。但每一起暴力行为——大规模的公共枪战、暴力谋杀、恐怖分子的自杀式爆炸——惨烈的细节都会得到无所不包地展示，因为有现场记者的报道，有对目击者的独家专访，有救护车和警车的远景镜头，还有为混乱现场提供空中视角的航拍。几乎没有新闻主持人会提醒他们的听众其实校园枪击案是极为罕见的，犯罪率一直徘徊在历史最低点，恐怖行径几乎总是不能达到目的，它们的受害死亡人数比起其他死因更是微不足道。

新闻机构总是报道什么发生了，而不是什么没有发生，所以我们从来不会看到这样的头条新闻，

《又是一年无核战》

这也是道德进步的一个标志，因为这样的负面新闻已经变得太不寻常，以至于有了报道价值。如果校园枪击、谋杀和恐怖袭击像慈善活动、维和行动和疾病治疗一样频繁，那么人类将不会长存。

同样，也不是每个人都分享我对于科学和理性的乐观看法，近几十年来

科学已经遭到多方面的攻击：不懂科学的右翼理论家；害怕科学的宗教右翼保守主义者；因科学不支持有关人性的进步教条而不信任科学的左翼后现代主义者；希望回到前科学和前工业化的农业社会的极端环保主义者；错误地想象接种疫苗导致孤独症和其他疾病的反对者；担心转基因食品的反转基因食品活动家；以及所有不能清楚地理解为什么科学、技术、工程和数学对一个现代民主国家是如此生死攸关的教育工作者。

今天，基于证据的推理是科学的标签。科学把客观数据、理论解释、实验方法、同行评议、公开透明、公开批评和试错看作决定谁对谁错的最可靠的方法——不仅仅适用于自然界，也同样适用于社会和道德世界。在这个意义上，很多表面上不道德的信条实际上是基于错误因果论的事实错误。今天，我们认为把女人当女巫烧死是不道德的，但中世纪的欧洲把妇女捆在柴堆上点燃是因为他们相信女巫导致作物歉收、气候异常、疾病以及其他各种厄运和不幸。既然我们对农业、气候、疾病和其他作为原因的带菌体（causal vectors）——包括运气的角色——有了科学的理解，作为因果关系的女巫理论也就日渐式微了。一个表面上看起来的道德事件，实际上是一种事实错误。

事实和价值混淆解释了相当一部分人类史，历史上人们一度（错误地）相信：神需要动物和人做祭品，恶魔附体导致人们举止疯狂，犹太人导致瘟疫并在井水中投毒，非洲黑人做了奴隶境况更佳，某些种族劣于或优于另一些，女人希望被男人控制或者统治，动物是机器感受不到痛苦，君权神授，以及其他一些信条。今天，有理性的受过科学教育的人不会再接受这些信条，更不用说将之作为有生命力的观点而认真对待。启蒙哲学家伏尔泰简洁有力地说明了问题所在："使你荒谬的，必使你残暴。" [6]

通往道德世界的路径之一就是使人们不再相信荒谬之事，而科学和理性则是实现这一目的的最佳方法。作为方法，科学是独一无二的；它是我们理解包括道德在内的世界如何运作的终极方法。因而，应用科学去确定哪些条件最好地扩展了道德领域本身就是一种道德行为。科学的实验方法和推理分析——当被应用于社会世界以图解决社会问题和在一个文明国家改善人道时——创造了自由民主的当代世界、公民权利和公民自由、法治下的司法平等、开放的政治和经济边界、自由市场和自由思想以及人类历史上未曾享受过的繁荣。比起过去任一时期，更多地方的更多人更多时候拥有了更好的权利、自由、人权、读写能力、教育和繁荣。人类还有很多社会和道德问题有待解决，但是道德之弧终将充满希望地继续向上，毕竟我们绝非站在它的顶点，但我们不能熟视无睹大量的进步证据、众多的乐观理由。

第一篇

道德之弧
解释

1 通往道德科学

即使在长崎的废墟中，科学也无须感到可耻。可耻的是那些人，他们把其他价值凌驾于科学推动的人类想象力的价值之上。可耻的是我们，如果我们不能使科学成为世界的一部分……因为，（科学的）观念比它的法则更根本，这正是科学（给人类）的教训。

——雅各布·布朗劳斯基，科学与人类价值，1956[1]

弯曲的道德之弧的比喻象征了人类历史上可能是最重要但也最少受到认可的趋势——道德进步——而进步的主要原因则是那些被低估得最严重的进步之源中的一个：科学理性主义。

我采用《牛津英文词典》的历史用法指称"进步"："前进到更远或更高的阶段；增长；发展，通常指到达更好的状态或情形；改善。"所谓"道德"，我意指意向和行为方面的"方式、特征、合适的态度"（来自拉丁文 moralitas），并且这些意向和行为的对与错与另一道德主体相关。[2] 道德关涉我们对其他道德主体如何思考和行动，这个视角具体而言就是：当事关他们的**生存和繁荣**时，我们的思与行是对的还是错的。在我的语境中，"生存"指活下去的本能，"繁荣"指为了身心健康要有充足的食物、安全、庇护所、联系纽带和社会关系。任何服从自然选择的生物——包括地球上的所有生物和其他星球上所有可能的生物——都必然有生存和繁荣的动力，否则它们在繁衍之前就将灭亡，也就无法接受自然选择。

因为我的道德考虑的范围包括动物（也许有一天，还包括地外生命形态），所以，我用道德主体意指"有感觉的存在者"。"有感觉的"则指"情感的、知觉的、感觉的、响应的、意识到的"，也就是能够感受和承受。在智力、语言、工具使用、推理和其他认知能力之外，为了对更基本的情感能力一探究竟，我试图进入人类进化形成的大脑的深处。我们的道德考虑不应该首先基于有感觉的存在者**思考了**什么，而应该基于他们**感受到**什么。科学有力地支撑着这个命题。据"关于意识的剑桥宣言"——一份由杰出的认知神经科学家、神经药理学家、神经解剖学家和计算神经科学家组成的国际性组织在 2012 年发表的声明——存在收敛性证据证明人和动物之间的连续性，以及**感觉是跨物种的共同特征**。

例如，情感的神经通路并不局限于大脑中较高级的皮质结构，在进化上较早期的皮质下区域也有发现。人为刺激人和动物的大脑的同一区域会产生相同的情绪（感）反应。[3] 不仅如此，注意力、睡眠和决策在跨越生命进化树的诸多分支中都有发现，包括哺乳类、鸟类，甚至还包括了一些无脊椎动物，如八腕类。在评估了所有这些有关感觉的证据之后，这些科学家宣布："收敛性的证据表明非人类的动物拥有意识状态所需的神经解剖学的、神经化学的和神经生理学的基质，同时有展示意向性行为的能力。因而，证据的分量足以表明人类在拥有生成意识的神经基质方面并非独一无二。"[4] 非人类的动物是否是"有意识的"取决于人们如何定义意识，但对我来说，更狭义的去感受和承受的情感能力可以使我们的道德概念涵盖很多非人类动物。

考虑到上述理由和证据，**有感觉的存在者的生存和繁荣**就成了本书的出发点，也是我提出的道德体系的基本原则。[5] 这是一个基于科学和理性的体系，它扎根于以自然规律和人性为基础的原则——这些原则能够在实验室和真实世界中获得检验。因此，我用**道德进步**意指**有感觉的存在者生存和繁荣境况的改善**。

我在这里特指的是**个体（individual）**存在者。只有**个体**才是基本的道德主体——不是群体、部落、种族、性别、国家、民族、帝国、社会或任何其他集体——因为正是**个体**在生存和繁荣，或者说承受和死亡。正是个别的有感觉的个体存在者在感知、表达情感、回应、爱、感受和承受——不是人群、种族、性别、群体或国家。历史地看，每当为了群体的善而牺牲个体之时，也就是不道德的伤害最为猖獗、死亡人数攀上高点之时。当通过肤色、X/Y染色体、伴侣、口音、所属的政治或宗教团体，或者种族等用来区分异己的任何其他可辨识的特征来对人进行评判，而不是通过**个人的**个性品质来对他们进行评判时，这样的牺牲就会发生。过去三个世纪的**权利革命**几乎完全聚焦于个体的而非集体的自由和自主——个人的而非群体的权利。个人参与投票，而不是种族或性别。个人希望被平等对待，而不是种族。权利保护个人而不是群体。事实上，绝大部分权利（如《美国宪法》的《权利法案》中枚举的那些）保护个人不因属于某一群体而受到歧视，如因种族、信仰、肤色、性别、性取向和性别偏好而划定的群体。

单一而独立的生物体对于生物和社会来说就像原子对于物理现象一样，是自然形成的基本单位。（我在这里不包括蜜蜂这样的社会性昆虫，因为它们的成员在基因上是同一的。）因而，**有感觉的存在者生存和繁荣**的第一条定律扎根于这样一个生物学事实，即自然选择和社会进化的首要对象是独立的生物体，而不是群体。[6] 我们是社会性的物种，在家人、朋友和各种各样的社群中，我们需要并享受其他人的在场，但首要的并且最重要的是我们是社群中的个体，因而不应该臣服于集体。[7] 为了自己的社群做出牺牲不同于被牺牲。

生存动力是人类本质的一部分，因而追求实现这一本质的自由是天赋人权（natural right）。天赋人权意味着它是普遍的和不可剥夺的，因此，不能仅仅为某一特殊文化或政府的法律和习俗所决定。天赋人权理论作为君权神授的对立面兴起于启蒙运动时代，并成为社会契约论的基础，而社会契约论则带来了民主这一保护人权的优越制度。这是英国哲学家约翰·洛克（John Locke）在他写于 1690 年的《政府论（下篇）》（该书是为了反驳罗伯特·费尔默爵士 1680 年的为君权神授辩护的《君权论》而作 [8]）中所要表达的思想，他写道："自然状态有管理自身的法则，它约束所有人：而理性，正是这法则，它教导每一个只要愿意向它请教的人，所有人都平等而独立，没有人理应伤害另一个人的生命、健康、自由或财产。"[9] 洛克认为，自由达成的社会契约是保护天赋人权的最好途径。[10]

用权利的语言来说，个体充盈着个人自主。作为一项天赋人权，个体的自主为我们订立了可以判断行为对错的标准：**它们增加还是减少了个体的有感觉的存在者的生存和繁荣？** 道德不是独断的、相对的或者彻底文化性的，道德是普遍的。我们天生有道德意识、道德情感，它们引导我们与他人互动，而它们也受到地方性的文化、习俗和教养的影响。举例来说，我们天生有对背信弃义感到愧疚的能力，但教养能够扭紧或松弛愧疚感的程度。因而道德是真实的，可以发现的，"外在"于自然，"内在"于人性。从这些事实出发，我们可以构建一门道德科学——一种通过理性和科学的工具确定扩展道德领域并推动道德进步的最好方法。

科学、理性与道德之弧

理解事情的本质和因果关系是科学的任务，而自科学革命以来，各领域的思想家们已经做出了系统的努力，以便能够应用科学方法——包括哲学上的理性和批判性思维——理解我们自己和我们生活的世界，其中尤其重要的是社会、政治和经济领域，目的则是改善人类境况。这些努力导致了启蒙人道主义（或者世俗人道主义，又或者可简称为人道主义）的世界观，不同于绝大部分其他世界观，启蒙人道主义更多的是一种方法而不是一种意识形态；它更多的是一种解决问题的方法而不是一组信仰教条。人道主义，正如其名字所暗示的那样，就是——**也应当是**——对人类的生存和繁荣的关注，而如何最好地做到这一点正是理性和科学的方法要有针对性的去解决的问题。因而，道德科学的目标是——**也应当是**——确定那些最有利于人类（推而广之，包括其他有感觉的存在者）繁荣的条件。为了这个目的，我需要给我所言的科学和理性下个定义。

什么是科学？

科学是一组方法，描述和解释观察的或推测的现象，不论现象是过去的或正呈现的，科学以检验假说和建立理论为目的。在我的用语中，**一组方法**意在强调科学更多的是一个过程而不是一组事实，**描述和解释**意指事实本身并不说明自身。**观察的或推测的现象**意味着自然界存在一些我们能看见的东西，如大象和星辰，但另一些东西我们必须推测，如大象和星辰的演化。**过去的或正呈现的**意味着科学的工具不仅可以用来理解正在发生的事情，也可以用来理解过去发生的现象。（历史性的科学包括宇宙论、古生物学、地质学、考古学和历史学，其中要特别强调的是人类历史。）**检验假说**意味着真正在科学上可靠的必须是可检验的，这样我们才能够因可能是真的而证实它，或者因可能是假的而证伪之。[11] **建立理论**意味着科学的目的在于解释世界，方式是根据一系列可检验的假说构建综合性说明。

定义**科学方法**并非易事。科学方法的程序包括观察，通过观察形成假说，基于假说进行具体的预测，再做进一步的观察检验预测以证实、证伪或修改最初的假说。这个过程是诸方面的持续互动，包括进行观察、引出结论、做出预测、依托证据检验。但要注意，收集数据的观察并非在真空中进行。假说规范着科学家进行什么样的观察，而假说本身由观察者的教育、文化和独特的偏见塑造。观察是关键。英国天文学家亚瑟·斯坦利·爱丁顿（Arthur Stanley Eddington）爵士打了一个法律方面的比喻来表达这层意思："对于物理学结论的真理性来说，观察是上诉的最高法院。"[12] 所有的科学事实都是暂时的，面临着挑战和改变，因此科学与其说是"事情"本身，不如说它是带来**暂时结论**发现的**方法**。

什么是理性？

理性是一种认知能力，该能力通过逻辑和合理性（rationality）的应用来建立和验证事实，并在事实基础上做出判断和形成信念。**合理性**是理性的应用，目的是形成基于事实和证据而非猜测、意见和感觉的信念。也就是说，理性的思考者想要知道什么**确实**是真的，而不想仅仅知道他或她**意愿**什么是真的。[13]

然而，正如几十年来认知心理学的研究所表明的，人类并非如我们自己乐意认为的那样是理性上深谋远虑的生物，恰恰相反，我们由激情驱使，被偏见蒙蔽，（不论好坏）还被道德情感左右。确认偏见、事后聪明偏见、自我辩护偏见、沉没成本偏见、现状偏见、锚定效应和基本归因谬误只是大脑欺骗我们的诸多方式的数种，大脑在一个叫作"动机性推理"[14]的过程中使我们确信自己**希望**为真的那些东西**是**真的——而无视证据。尽管如此，理性和合理性的能力是内在于人的，是我们的大脑的特征，大脑则进化形成和建立了服务于在我们进化的祖先所处的环境中获得生存和繁荣的模式和联系（被称作**学习**）。理性是我们认知构成的一部分，而它一旦出现就能被用于分析它进化之初并未考虑的问题。平克（Pinker）称之为开放式的组合式推理体系，"即使它是为了准备食物和巩固联盟这样的世俗目的而进化的，你也不能阻止它处理作为其他命题推论的那些命题。"这种能力对于道德来说事关重大，因为"如果人类的成员有互相讲理的能力，也有足够的机会去运用这能力，那么他们迟早会不经意间发现非暴力和其他形式的相互关怀有益彼此，并且会越来越广泛地将这些形式付诸实践。"[15]

能从动物的踪迹推断它们的行踪——正如狩猎－采集的追踪者所做的那样——具有明显的生存优势，而我们也能够把那些推断的技能应用到一切事情上，从驾车去商店到发射火箭登月球。实际上，科学史学家兼动物追踪专家路易斯·利本伯格（Louis Liebenberg）主张，科学推理的能力是我们的祖先发展的追踪猎物的基本技能的副产品。利本伯格对追踪和**科学方法**的类比发人深省："当在追踪过程中收集到新的事实信息时，原有假说可能不得不被修改或被更好的假说代替。对动物行为的假设性的重建可能会帮助追踪者预期并预测动物的行踪。这些预测不间断地检验着假说。"[16]利本伯格区分了**系统性的追踪**（"从蛛丝马迹中系统地收集信息，直到它提供动物行为和去向的详细指示为止"）和**推测性的追踪**（"基于对蛛丝马迹的初步解释、动物行为知识和地形地貌知识提出工作假说"，进而推导出受检验的假说，如果未能证实，对动物行踪提出新的假说性的重建）。推测性的追踪也涉及另一认知过程，叫作"心灵理论"或者"读心术"，追踪者把自己置于他们追逐的动物的心灵之中，并想象它可能会思考什么，以便预测其行为。

基于考古学和人类学的有关证据，利本伯格估计人类运用系统性追踪狩猎至少已有两百万年历史（远溯至**直立人时期**），运用推测性追踪也至少已有十万年历史。[17] 不论这些认知能力出现于何时，一旦神经元结构做好了推理准备，做出了比如一只狮子昨晚睡在这里的推理，那么人就可以用任何其他动物或对象代替狮子，也能用"那里"代替"这里"，"明晚"代替"昨晚"。推理过程中的对象和时间要素可以替换。举一个现代的例子，一旦你精通了乘法表，知道了 $7 \times 5 = 35$，你就能推出 5×7 也是 35，因为 5 和 7 在这个方程式中可以交换。这种可交换性是神经系统的副产品，这些系统的进化本是为了追踪猎物以获取食物这样一类基本的推理能力。[18]

为了某一目的而进化的大脑正是以如此方式被另作他用，并且在一个包含无穷联合和选择——从猎物到人——的象征系统中，替换 Xs 和 Ys 的认知能力使得人类能够采纳另一道德主体的视角，因而它也是为道德推理奠基认知结构。

扩展的道德范围和交互视角原理

扩展的道德范围是一个比喻，我用它来描述是什么一直在推动道德之弧向上；它源自扩展的圆圈的比喻，后者由爱尔兰历史学家威廉·爱德华·哈特波尔·莱基（William Edward Hartpole Lecky）于 1869 年在《欧洲道德史》中首次提出，他在这部两卷本的巨著中写道："历史告诉我们，随着文明发展，人们的慈善观会立刻变得更加温暖也更加慷慨，习惯性的行为既会更加优雅也更加温和，并且对真理的热爱会更加真诚。"然而，这样的道德进步并非植根于人的生物本性，莱基写道，"人来到世界上，带来的仁慈情感的强度比起自私情感要微弱得多，道德的功能就在于扭转两者间的强弱次序。""对个人来说自私情感完全消失是不可能的，然而如果它是压倒性的，那么将会导致社会瓦解"。莱基在承认了这一点之后指出，道德进步是一个渐进过程："道德问题必定是个比例或程度问题。一度仁慈情感只拥抱家庭，很快圆圈会扩展开来，先是包括了阶级，再是国家，然后是国家联盟，再然后是囊括了整个人类，最后它的影响渗透到了人与动物世界的交往中。"[19] 在 19 世纪的欧洲，扩展道德圆圈直至包括动物？对于那个时代来说，这是前所未有的，它也表明一旦你从基本的道德原则开始推理，可能会发生什么。[20]

哲学家彼得·辛格（Peter Singer）也是道德之弧理论的先驱，他在 1981 年出版的《扩展的圆圈》中预言了进化心理学和进化伦理学在 1990 年代和 2000 年代的进展，并预言在这进展中可能会发展出一门道德科学。辛格为理性和科学提出的正当理由就是为下述问题提供合理的论证，即**为什么我们应该如同珍视我们自己的利益一样珍视 X 的利益**，而这 X 则是指少数民族、同性恋人群、女性、儿童，现在还包括动物。为了解释扩展的圆圈，辛格诉诸于他所称的"无偏见的利益考虑原则"："在做伦理决策时，我尽力去做能被他者辩护的决策。这要求我站在这样一个角度，我的利益并不会仅仅因为是我就比他者的类似利益更重要。任何对自我利益的偏爱都必须依照某种广泛的无偏见原则获得正当性。"[21]

斯蒂文·平克这样解释这一逻辑："如果我请求你做一件对我有影响的事情，倘若我还希望你认真对待我，那么我就不能以一种凌驾于你的利益之上的方式提出请求。我必须以一种促使我平等待你的方式陈述我的状况。不能仅仅因为我是我，而你不是我，我就煞有介事地觉得我的利益是特殊的，正如不能仅仅因为我恰好站在某个点，我就可以说服你相信我所站立的地方是宇宙中心一样。"[22]

扩展道德范围（我更喜欢三维的范围而非二维的圆圈，因为我想象范围在时间、空间和物种之内和之间包了含更广阔的可变性）背后的推理过程可以更一般地被称为**交互视角**，它不仅适用于群体、部落或国家之内的个人，也适用于群体、部落和国家**之间**的个人。这是我的国家不是你的国家，仅有这个理由我不能合理地要求你的国家优待我的国家。(当我告诉我的欧洲朋友，美国某位保守的电台谈话节目主持人惯常重复的一句话就是美国是"上帝的绿色星球上最伟大的国家"[23]，他们只是眼珠一转表示不屑一顾。)我的群体利益相对于你的群体利益的任何优先权都需要公正、无私的伦理来为之正名，这听起来很简单，但考虑到我们是同人而不是同神打交道，让双方就基本原则达成共识有时很困难——尤其是不能或不愿转换视角的双方。这就是伦理推理的力量，正如辛格所言，"一旦开始，它会冲破我们最初有限的伦理视界，引领我们一直走向更加普遍的视角。"[24]

理性和**交互视角**使得道德更接近科学发现而不是文化习俗。科学家不能只坚持一个断言而不用理性论证和经验数据支持它(当然，他们可以这么做，但将会遭到同行的非正式驱逐或者公开斥责)。确实存在使人们生活得更好的方式，而且原则上我们应该能够通过科学和理性的工具发现这一方式。据说，你无法理性说服人们放弃最初并不是通过理性获得的信念，但一旦信念被赋予了理由，我们就有权利用更好的理由去反驳原有的理由。如果连隐隐约约的理由都没有，我们有权援引我所称的**希钦斯格言**拒绝这些信念。这条格言以我逝去的朋友和同事克里斯托弗·希钦斯(Christopher Hitchens)的观察命名，"如果支持缺乏证据，那么反对也不需要证据。"[25]

变换视角和观点的能力与(同样重要的)意愿是扩展道德范围(如**图1—1**所示)的主要驱动力。从我们自身开始由内向外的扩展说明道德关怀最直接地指向基因上与我们关系最密切的对象，从同卵双胞胎，到兄弟姐妹、父母和子女，到祖父母外祖父母、堂兄弟表姐妹、姨妈姑妈和叔叔舅舅、侄女外甥女和侄儿外甥，到曾祖父母曾外祖父母、叔祖母叔祖父和重孙子女，一路下来直至追溯到天祖，再到朋友、熟人和内群体(in-group)成员，到其他群体、部落、区域国家和民族国家的成员，到所有人类，甚至到其他哺乳类动物、有感觉的存在者，直到生物圈。变换视角和扩展道德范围的能力反映的可能是我们一直在发展的智能和抽象推理能力。

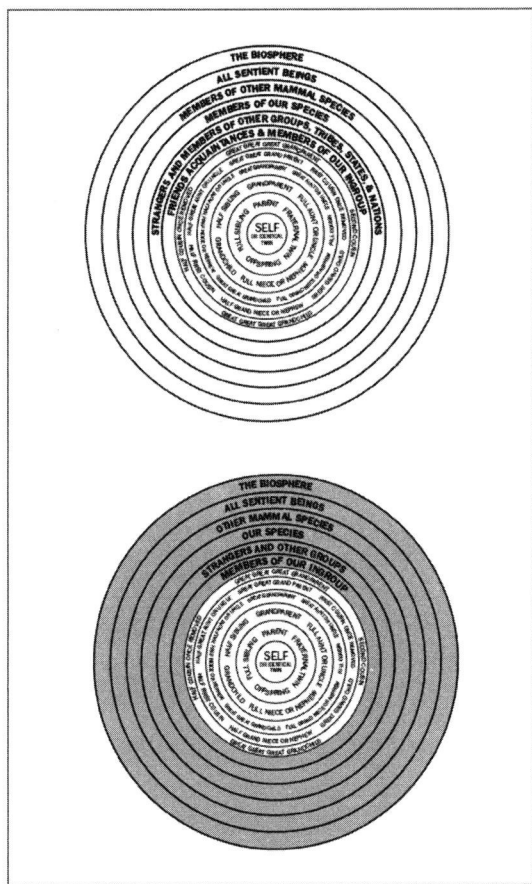

图 1-1 扩展的道德范围

抽象推理和道德智力

科学思维需要抽象推理能力，这种能力本身也是所有道德的基础。要执行"己所不欲，勿施于人"的道德金规则，心理旋转是必需的。而心里旋转要求一个人必须变换位置——变成另一个人——然后作为受动者而非行动者（或者作为受害者而非作恶者）推断行为 X 将带来什么感受。可以认为，科学和道德推理两者都需要的推理类型并不仅仅是历史的和心理的联想（linked），而且因为我们越来越擅长非具体的、理论性的思考，所以它也一直在改进。

　　1980 年代，社会科学家詹姆斯·费林（James Flynn）发现，过去的一个世纪中 IQ 得分一直在以平均每 10 年增加 3 分的速度提高。现在称之为**费林效应**，100 年 30 IQ 分，这是一个惊人的增长。这等于说在 100 分的"平均"IQ 基础上，增加了两个 15 分的标准差，变成 130 的"特优"得分。（IQ 测试分数仍然不变，但是，它们会规律性的向上"规范化"，这解释了费林效应，费林最初正是借此发现了该效应。）我们全都变得更加擅长测试，然后各方面的得分理应都在提高，实际情况是这样吗？事实并非如此。IQ 得分提高几乎排他性地限于两个最需要抽象推理的子测试：共性和矩阵（Similarities and Matrices）。信息、算术和词汇等子测试的得分几乎纹丝不动。[26] **图 1-2** 显示了自 1940 年代后期以来的趋势曲线。

　　称为**共性**的子测试询问这类问题，如"狗和兔子的共性是什么？"如果你回答，"都是哺乳动物"。费林说，那么你在像一位科学家一样思考，通过类型把生物分类，这就是抽象。如果你回答，"你以狗猎兔。"你就是在具象思维，想象狗的具体用处。根据费林的看法，过去一个世纪人们已经学会了更多抽象而较少具象的思考。

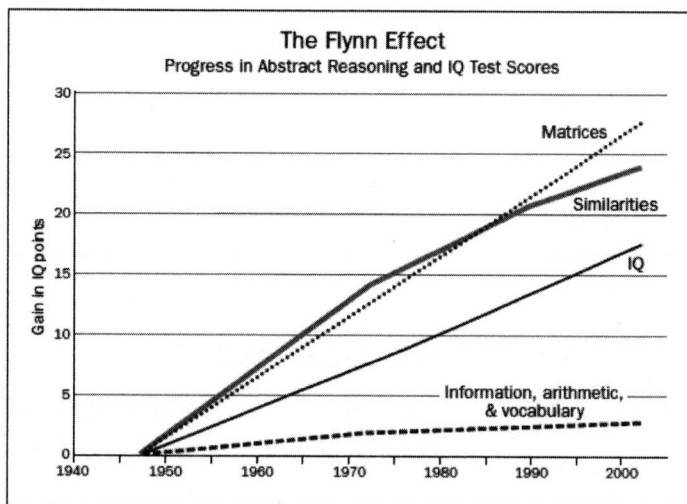

Figure 1-2. The Flynn Effect

The social scientist James Flynn discovered that IQ scores are increasing, on average, 3 points every decade, most noticeably in the two subtests that require abstract reasoning: Similarities and Matrices.[27]

图 1-2　费林效应

矩阵是一组抽象图形，从中确定一个模式，然后在这个模式中推理出缺失的图形，如**图 1-3** 所示。

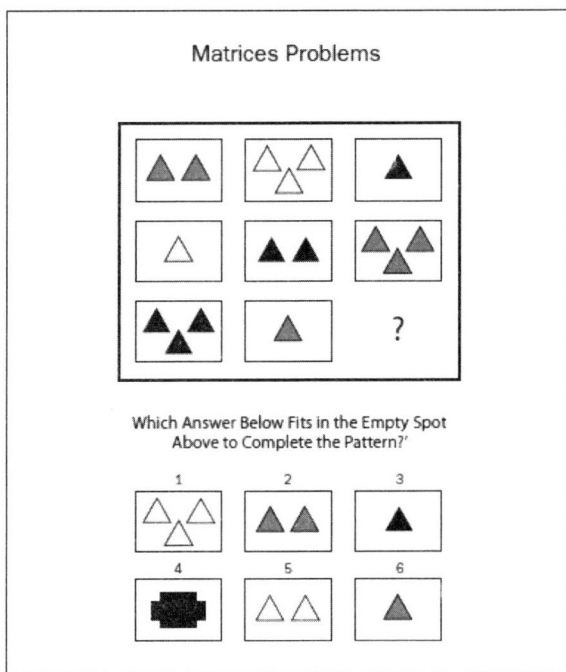

Figure 1-3. Matrices Problems
If you selected answer #5, then you are reasoning abstractly.[28]

图 1-3　矩阵问题

费林效应产生的原因尚存争议。有假说认为标准化测试的潮水使得水涨船高，但这与下述事实矛盾，IQ 得分的提高在标准化测试之前，并且提高的速率很稳定，与测试频率无关。[29] 一个更合理的解释是，得分提高是诸因素的函数，包括更久的学校教育、更技术化的社会、更技艺性的工作以及当农业和工业经济转向信息经济时对更多的胜任概念性工作的人手的需求。现在，我们中的很多人运用语词、数字和符号，而不再是去操纵犁、牛和机器。甚至在科学课堂上，由死记硬背自然事实转向推理自然规律和进程——内容和过程，也已是大势所趋。而过程思维是抽象推理的一种形式。[30]

费林自己将这效应归因于一种加速强化的人们通过"科学透镜"观察世

界的能力。通过一则苦涩的逸事，他把他父亲"前科学的"世界与今天"后科学的"世界做了对比，在这则逸事中他们兄弟俩试图通过一个思想实验来缓和他们父亲那一代人的典型偏见："如果你某天早上醒来发现自己的皮肤变黑了，会怎样？那会使你成为一个不完整的人吗？"老费林回击道："那，这是你说过的最愚蠢的话。谁听说过人的皮肤一夜变黑？"费林认为造成这一结果的是教育而非人的本性，所以他解释称费林老先生聪明但无知。[31] 这则逸事是更大的社会趋势的象征。每一代都不仅在造就更好的**抽象**推理者，也在造就更好的**道德**推理者。在《怀疑论者》杂志的一篇访谈中，费林回顾了心理学家亚历山大·卢里亚（Alexander Luria）在 20 世纪早期对俄罗斯农民推理能力的研究：

卢里亚研究目不识丁的俄罗斯农民不愿意认真对待假设的事物。他说，"想象一下熊来自一个永远冰天雪地的地方，再想象一下冰天雪地之处来的熊永远是白色的。北极的熊会是什么颜色？"他们通常这样回应，"我只见过棕熊。如果一个从北极来的老人告诉我这些，我会信。"他们对于假说或者抽象范畴没有兴趣。他们坚定地立足具体的现实。"德国没有骆驼。B 地在德国。那里有骆驼吗？"他们回答，"是吗，那里足够大，应该有骆驼吧。或者也可能太小了没有骆驼。"我们拥有的 1950 年至 2010 年的雷文氏渐进式矩阵测试的极佳数据显示，雷文游戏仅仅与为了更认真对待符号间的关系，从符号的具体所指中解放相关头脑。[32]

费林和他的同事威廉·狄更斯（William Dickens）认为，认知推理的进步起步于几个世纪前的工业革命，期间经历了教育数量与质量的提高、更好的营养、疾病控制、复杂机器的操作。然后，从 1950 年开始，"IQ 得分提高呈现出一种新的独特模式。在与学校教育如阅读和算术最近的那类 IQ 测试中，提高不见了或者微乎其微。得分提高巨大的是强调问题的即刻解决的那些测试，如找出语言抽象的共性，或者发现模式矩阵中缺失的图形，或者构想块体的模式，或者编排图片讲故事。也许，工业革命不再要求基本技能的进步，而开始要求人们更加认真地对待抽象问题的解决能力。"[33]

　　不论费林效应的原因是什么，它不会是基因的或者生物学的，因为对于自然选择发挥作用来说，时间还不够，并且即使营养随着时间在改善，在 20 世纪中期也大致是稳定的（而最近甚至可能正相反，随着垃圾食品的流行下降了），然而 IQ 依然在提高。史蒂文·约翰逊（Steven Johnson）在他有趣的新书《坏事的益处》（Everhthing Bad Is Good for You）中为现代流行文化和媒体——甚至"笨蛋电子管"（电视机）——做了充分辩护，认为它们是抽象推理能力提高的驱动力，例如，他强调，今天电视节目的情节线索和角色性格发展比几十年前要远为复杂。[34] 费林把过去一个世纪涌现的一系列文化事实理论化为：

　　对认知苛求的工作提升了 IQ。考虑一下，仅仅为了知道谁是好的抵押贷款对象，今天的商业银行从业者的工作对认知的苛求程度比 1900 年要高多少。再看看对认知苛求的休闲：电子游戏可能不会让你去读经典文学，但它们确实锻炼你的大脑，而不仅仅是消遣。休闲、工作，当然还有教育都在变得不同。今天的学校教育已经在课程中引入了智力挑战性强得多的内容。如果你看看 1914 年俄亥俄的美国学生的试卷，会发现都是关于社会交往上有价值的内容。"当时的其他 44 个州的首府是哪里？"今天的问题将会是，"为什么州的首府很少是最大的城市？"[35]

　　能够脱口而出各州的首府不需要任何抽象推理能力，但知道了州的首府在什么地方由农业州的立法机关决定，而他们不喜欢大城市，因此他们把首府放在县城，这就可以使得我们较为深切地理解，为什么纽约州的首府是奥尔巴尼而非纽约，宾夕法尼亚州的首府是哈里斯堡而非费城。"所以你看到他们需要对相当抽象的概念和命题作出假设，并用逻辑贯穿它们，"费林解释道。"所以从概念性上讲，对学校教育的要求已经改变了。"[36] 在工作场所的要求也改变了。费林指出，1900 年只有 3% 的美国人从事对认知苛求的工作，而 2000 年这一数据是 35%。

　　有充分理由可以认为我们提高了的抽象推理能力是科学思维传播的结果——也包括理性、合理性、经验主义和怀疑主义在内的广义的科学。像科学家一样思考意味着调动我们所有的官能克服我们的情绪化、主观化和直觉化的大脑，以便更好地理解世界的真实性质，不仅包括物理和生物世界，也包括社会世界（政治和经济）和道德世界（可提炼为应如何对待他人）。就是说，宇宙间的道德之弧之所以可能弯曲，部分是因为某种平克称为**道德费林效应**的东西[37]。平克声称"这个观点并不疯狂"，但我将要走得更远。我认为抽象推理能力的普遍提高已经转化为特殊的抽象道德推理能力的提高，尤其是与非亲非故之人有关的道德推理。进化赋予人类一种自然倾向，善待有基因关系的亲属，排斥、怀疑甚至攻击其他部落的人。随着人类大脑在把狗和兔子统合进"哺乳类动物"这一类任务中，我们变得能更好地胜任抽象推理，能力也就提高到这样的地步：能够把黑人和白人、男人和女人、异性恋和同性恋统合进"人"的范畴。借用来自进化论和物种定义问题的比喻，我们正在成为"统合论者（lumpers）"而非"分裂论者（splitters）"——看到的是共同点而非差异。

因为过去两个世纪的哲学家和学者有意识地采用科学方法建立如权利、自由和正义这样的抽象概念，所以，当这些概念在一个矩阵式的心理旋转中被应用于他人时，后代们已经能够训练有素地思考它们。考虑一下支持道德智力进步假说的大量研究和证据链[38]：

● 智力和教育与暴力犯罪负相关。[39] 随着教育和智力提高，暴力犯罪及其受害者减少，即使保持社会经济阶层、年龄、性别和种族不变时也是如此。[40]

● 认知类型预示刑事司法立场。心理学家迈克尔 J. 萨金特（Michael J.Sargent）发现，高强度的"认知需求"（享受心智挑战，如在智力测试中采用的那些）与对惩罚性司法的低强度需要之间存在相关性，即使对这样的立场保持年龄、性别、种族、教育、收入和政治倾向不变时也是如此。在一篇恰如其分地题名为《思考越少，惩罚越多》的论文中，他的结论支持罪当其罚的原则，该原则要求抓住比例原则的抽象概念，这个方法对所有科学思维都是根本的。[41]

● 抽象推理能力与囚徒困境博弈中的合作正相关（囚徒困境是博弈论

中经典的思想实验，博弈论证明，即使在一个完全理性的、利己的参与者不想合作时，合作也会产生更好的结果）。经济学家史蒂芬·伯克斯（Steven Burks）和同事对一千名实习卡车司机进行了矩阵 IQ 测试，并让他们参加一个囚徒困境博弈，在这个过程中他们要么与博弈伙伴合作要么背叛他们。那些在解决矩阵图形能力测试中得分高的抱负满怀的卡车司机，都更倾向于在囚徒困境博弈中的第一步选择合作，即使保持常见的中介变量如年龄、种族、性别、教育和收入不变之后也是如此。[42] 在对 1959 年至 2003 年间进行的遍及全美院校的 36 个囚徒困境实验的元分析中，经济学家加内特·琼斯（Jones Garret）证实了这一联系，他发现一所学校的平均 SAT 得分与该校学生做出合作性回应的倾向正相关。[43]

● 智力预示了对助人行为的古典自由主义态度。对青少年健康国家纵向研究的数据分析发现，在两万名年轻人中，IQ 和自由主义之间存在正相关。来自综合社会调查的数据进一步阐明了这一关联，指出相关性存在于智力和启蒙类型的**古典**自由主义之间，在该关联中，较为聪明的人不太可能认可政府应该把富人的收入再分配给穷人，但更有可能认可为了补偿历史上的受到的歧视，政府应该帮助非裔美国人。[44] 换言之，智力的影响更多是在道德维度即人如何被合伦理地对待，而非经济调整及其对道德推理重要性的更加具体的维度。

● 在恰当地命名为《聪明儿童到开明成人》的论文中，心理学家伊恩·迪尔瑞（Ian J.Deary）和他的同事们确认了这一关联。迪尔瑞发现，保持常见的可能的中介变量不变，英国儿童 10 岁时的 IQ 与他们 30 岁时对反种族主义者、社会自由主义者的支持，对赞成女性工作的立场的支持正相关。从智力指向道德抽象的因果箭头，通过两次测量之间的 20 年的时间差得到了确证。[45] 迪尔瑞用"开明的"意指那些直接源自启蒙运动的价值，而对于何谓启蒙运动他采用了《简明牛津词典》的定义："一种强调理性和个人主义而非传统的哲学。"

● 智力预示经济态度，而预示得最为显著的是抽象观念如自由贸易如何是一种正和博弈的形式，这看起来违背了我们的民俗－经济学的直觉，民俗经济学认为绝大部分经济交换都是在一个固定的财富馅饼上的零和博弈。经济学家布莱恩·凯普兰（Brian Caplan）和斯蒂芬·米勒（Stephen C.Miller）通过精选的综合社会调查数据发现，智力与对移民、自由市场和自由贸易的开放观点正相关，也与对政府的就业工程、保护主义政策和商业干涉主义的不支持正相关。[46] 具象思维把我们带向经济部落主义，并且伴随着对待其他部落（在当今世界则是国家）的民粹主义和民族主义的零和博弈立场。抽象推理引导我们把其他部落（国家）的成员作为潜在的贸易伙伴看待和尊重，而不是作为潜在的敌人去征服或杀戮。

● 智力预示民主趋势，预示得最为显著的是法治。心理学家海纳·林德曼（Heiner Rindermann）对来自许多不同国家的众多数据集合进行了相关性研究，检查了各国 1960 到 1972 年间大众智力测试的平均得分和学术成就的大小，发现这些结果预示了那些国家在随后的 1991 年到 2003 年间经济发展、民主和法治水平（即使控制该国之前的繁荣水平不变时也是如此）。[47] 换言之，当所有其他条件不变时，一个教给国民抽象推理能力的国家将会更加繁荣和道德。

● 对我们这些文字共和国的公民来说最为激动人心的是，现在有越来越多的证据表明读写能力与道德之间，以及最为独特的阅读小说与采纳他人视角之间存在正相关。[48] 融入小说中人物的视角需要一个有关位置关系的矩阵式的旋转，与之相耦合的是这样一种情感关系，即如果 X 发生在你身上你是什么感受，尽管这里的"你"是小说中的人物。例如，在一项 2011 年的研究中，普林斯大学神经科学家尤里·哈森（Uri Hasson）的团队在一名女性大声讲故事的同时扫描她的大脑，并且录下讲话然后再放给其他受试者听，当他们在听时，再扫描他们的大脑。结果是：当讲述者称为脑岛的情绪性脑区（emotional brain region）在故事中的某一部分点亮时，聆听者的脑岛也同样如此；当该女性的额皮质在故事的另一部分变得活跃时，聆听者大脑的同一区域也开始活跃起来。[49] 仿佛是那个虚构的故事使得读者和听者的大脑同步，使得某种形式的心灵感应和道德性的换位思考成为可能。（哈森团队在另一研究中也发现了此类大脑同步性，当受试者观看赛尔乔·莱翁特（Sergio Leone）1966 年的经典电影《黄金三镖客》时，扫描他们的大脑会发现"不同观影者之间的大脑活动是类似的"。具体而言，面对同样的电影场景，所有五位受试者大脑的同一位置，约占新皮质的 45%，都被点亮了。[50]

一份发表在《科学》杂志上的 2013 年的研究，题为《阅读文学小说，提高心灵理论》，报道了心理学家戴维·科默·基德（David Comer Kidd）和埃马努埃莱·卡斯塔诺（Emanuele Castano）的相关研究成果，即阅读高质量的文学作品与换位思考能力之间存在因果关系。有几种测试效果良好的工具，如判断他人的情绪和解释某个人在想什么的眼光定向性，本实验采用了其中一种。[51] 他们发现，被安排阅读文学小说的参与者在心灵理论（TOM）测试中的表现显著优于其他组别的参与者，而这些其余组别之间并无差异。

这个实验的重要性在于它坐实了从阅读文学作品到换位思考的因果箭头，而不是相反，即擅长读心术（mind reading）的人偏爱小说。有人说，这个研究还很粗糙，有理由怀疑它把读写能力和道德能力之间的关系推得太远。也许我们还未能完全理解一般而言的教育和具体而言的文学有益于道德的那些原因，但这些研究以及将理论付诸实施的其他研究鼓舞了我。例如，在纪录片《辛辛大学》（The University of Sing Sing）中，蒂姆·斯科森（Tim Skousen）记录了他父母——乔·安·斯科森（Jo Ann）和马克·斯科森（Mark Skousen）——和其他老师在纽约辛辛监狱的工作，在那里文学被用来拓展批判性思维的技巧，提升犯人的道德视野。[52]

纽约州矫正部（Department of Corrections）有四个提供大学学位的项目，全程参与其中一个项目的心理学家在接受采访时引用的统计数据显示，入狱后还能成功的最好预测信号是大学学位。正如参与这一项目的心理学家苏珊·韦纳（Susan Weiner）所强调的，"这些男男女女将回到社会。你希望他们如何回来？这不仅是给他们的礼物。这是给社会的礼物。这是我们让社会变得更好的方式。"例如，一名名为丹尼斯·马丁内斯的犯人解释了获得教育和学习深度阅读在视角方面带给他的收获："它给了我一副新的眼镜。以前看不见的东西现在看见了。当我还是个 19 岁的愣头青时，到处晃荡，自以为无所不知。学习得越多我就越能体会到我曾是如此幼稚如此无知。"受到勒内·笛卡尔（Rene Descartes）著作的启发，马丁内斯自我反思，"监狱生活有两种——身体的和／或精神的。精神的监狱生活是无知、封闭和悲观地活着。你想关押我多久都可以，但我的心灵永远自由。"该犯人创作的一幅绘画中有句一语中的的标题：Cogito Ergo Sum Liber——我思故我自由。

连续性思维的优点

抽象思维并非我们能够应用于道德推理的唯一科学认知工具。在**连续量表和绝对实体**的双重意义上思考概念可以阐明——有时是消解——很多道德问题。在我的《善与恶的科学》一书中，我运用"模糊逻辑"[53] 的思想来说明"恶"与"善"并非非黑即白的具体"事物"范畴，而是行为在一个连续量表上的模糊的灰度（shades）。善与恶都是描述道德主体行为的术语，而这些行为能够被放在一个连续的量表上来衡量。以利他和利己为例：像所有行为一样，两者的表现形态的范围都很宽广。我们并非用 1 或 0 的二元逻辑把一个人归类为利他的或利己的，而是可能会认为这个人是 0.2 的利他加 0.8 的非利他（或利己），或者是 0.6 的合作加 0.4 的非合作（或竞争）。[54]

绝大多数道德问题最好被看作连续的而非绝对的。用绝对化把世界割裂成彼此无一丝联系的盒子（boxes），对某些任务来说是有用的认知工具，但在理解社会和道德问题时它并不总是对我们大有裨益。民主降低了战争可能性吗？如果你把国家简单地绝对化为民主或非民主的二元阵营（1 或者 0），你会发现民主和平论存在大量的例外。但如果你用民主化的程度（从 1 到 10）衡量不同等级的国家，用战争规模（从微小冲突到世界大战）衡量战争，你发现民主化程度与冲突的可能性显著负相关（后有详述）。科学家倾向于在连续量表上思考问题。例如，进化生物学家理查德·道金斯（Richard Dawkins）指出，给一个化石贴上这个或那个物种的标签就是沦为"不连续心灵的独裁"的牺牲品，在这种心灵的统治下，"古生物学家会激烈辩论某个化石是属于，比如**南猿属**（Australopithecus）还是**人属**（Homo）。但任何进化论者都知道那里必然已经存在准确来说是两者之间过渡的个体。"达尔文的进化论事实上超越了将生物看作确定实体的绝对的"本质主义"。"坚持认为某个化石必然要被塞进这个或那个物种，这是本质主义的荒唐，"道金斯写道。"从来不存在一个**南猿属**的母亲生育出一个**人属**的孩子这种事，因为一切曾经出生过的孩子都和母亲同属一个物种。"[55]

考虑一下"贫困"这个范畴。世界银行对贫困的定义是每天收入低于1.25美元，比尔和梅琳达·盖茨基金会则强调，自1990年以来全球贫困人口比例已经下降了50%。[56]这是一个进步，而且为了继续这一积极趋势所做的一切努力都应受到铭记，但绝对化思维把人们放进"贫困"和"非贫困"两个盒子，遮蔽了下述事实，即比如挣2.50美元一天对于一个人的生存和繁荣来说仍然是一种严重损害。而反映世界各地挣钱多少的收入梯度表能更准确地刻画人们的经济富足（抑或匮乏）程度。

并非所有的道德问题都可以这么处理，但通过本书我将会展示，基于连续量表而非绝对实体思考问题会以怎样的方式兼具知识性和启发性，而如果出现了规律上的例外，想一想它们是否定了规律还是落在规律之内的连续量表上是有益的。

从道德进步中的"是"到"应当"

当我们在道德进步的证据之林以及诸多有助于道德进步的因素中开辟道路时，请记住，如果道德进步是我们的目标，那么确定道德进步的原因就告诉了我们可以怎样达到目标。但首先，它没有解释我们**为什么**想要扩展道德领域的范围问题。人们也可以主张科学和理性告诉了我们如何**缩小**道德领域的范围，并且这么说也没错。自哲学家大卫·休谟（David Hume）明确提出**是－应当问题**（有时被称为**自然主义谬误**或**休谟断头台**）以来，**如何**（how）与**为何**（why）之间的区别就变成了一个折磨道德研究的棘手问题。休谟问题又被看作**描述性陈述**（某物是的方式）与**规范性陈述**（某物应当是的方式）的区别问题。休谟这样描述这一问题：

在我迄今所遇到的每一道德体系中，我总会注意到，开始一段时间，作者前进在通常意义的推理之路上，建立起上帝的存在或者做出有关人事的观察；然后，突然某个时刻，我惊讶地发现，遇到的命题没有一个不是以应当或不应当联结，而通常的命题系词是和不是消失不见了。这个变化不易察觉，但具有决定性的重要性。因为这里的应当或不应当表达了某种新的关系或断言，所以它应该得到考察和解释是必然的；与此同时，**应该给出一个理由**；因为看起来完全不可思议的是，这种新的关系如何能够从完全不同的其他关系中演绎出。但是因为作者们通常并未这样警告大家，所以我认为有必要不揣冒昧以此提醒读者诸君；我也相信这个微小考量将会颠覆所有粗陋的道德体系，而且我们会看到，恶习与美德的区别既不能仅仅基于客体间的关系，也不能通过理性来理解。[57]

绝大多数人把休谟的意思理解为有一堵墙把是与应当隔开，并且科学对于判定人类价值和道德没有发言权。但如果道德和价值不应该奠基于事物是的方式——现实——那么它们应该奠基于何处？当我用"是"这个字的时候，我并非仅仅意指**自然的**东西——如仅限于生物特性层面那样——而是意指有关被研究的"是"的现实。当我们研究战争的原因以便我们能够减少战争并弱化它的后果时，这是一个基于战争真实性的是与应当转换——真实性并不仅仅意指人的好斗的生物倾向（或相反）。我用真实性意指所有形成战争成因的因素：生物学的、人类学的、心理学的、社会学的、政治学的、经济学的，等等。

自休谟概括了是与应当问题以来，哲学家们一直与之缠斗不休，并且有人已经提出了解决方案，如被广泛引用的约翰·塞尔（John Searle）1964年的论文《如何从"是"导出"应当"》。他在这篇论文中建议，比如，做出一个承诺的行为构成了"是"，而"是"本身则构成了一个人"应当"去履行的责任。[58] 无论如何，请注意休谟究竟在说什么：不是说人**不能**从"是"转向"应当"（无论多么难以察觉），而是说人**不应该这么做**却不提供**理由**。说得好！科学中的任何主张都必须有理性和证据支持，不然任何主张都只不过是一句断言。当休谟提出"这个 [给与理由的] 微小考量将会颠覆任何粗陋的道德系体系"时，这句话似乎是对着他的读者讲的。为了确保我没有误读休谟，或者在解读休谟时，没有用我以为**应当**在那里的东西代替**是**在那里的东西，我就这个问题咨询了世界上最重要的休谟学家之一——牛津哲学家彼得·米利肯（Peter Millican）：

无疑，休谟并未明确说是 / 应当的裂隙是不能逾越的，但他的道德分析以情感为基础，这在某种意义上确实意味着——道德陈述不是事实问题（或者说，不仅仅是观念间的联系）。我想他会采纳和你几乎一样的路径——不会认为道德能通过逻辑思考获得，而是会愿意将道德看作自然的人类现象——需要科学的理解，然后借助科学理解告诉我们做出有关如何培育道德的决定。当然，那些决定是由我们的自然情感做出，因此这里有一点循环论证的成分（我们不是简单地从一些事实推出另一些事实问题——伦理判断在起作用），但只要有足够的基本共识（如战争是坏的，信任是好的），循环论证不会阻碍进步。[59]

不论是和应当混合的程度如何，不阻碍进步是任何事业值得努力的目标，但通过应用道德进步的原因来推动道德进步，我们还能够做得更好。在这个意义上，本书一方面是**描述性的**，因为它描绘了在我们变得更加道德的时间之流中哪些东西得到了伸张，另一方面它也是**规范性的**，因为它规定了如果想要延续这一趋势我们应当做什么。

同性恋和同性婚姻作为最新一波权利革命，正在我们这个时代兴起。科学以**描述性**的语言告诉我们，人类有一种追求生存和繁荣的进化而来的、内在的动力；科学还告诉我们，在绝大多数人的生存、健康和幸福所需的诸多前提中，最必要和最基本的需求之一就是与另一个人之间爱的纽带。以**规范性**的语言来讲，我们可以说只赋予一个选定的特权人群实现这一进化而来的需求的权利——与此同时剥夺其他人的同样的基本权利——是不道德的，因为这剥夺了他们实现自己本质的机会，这本质就是作为进化而来的有感觉的存在者的本质。这个判断是对的，即使可能出现这样的情况（正如反对同性婚姻的人们已经提出来的那样）也是如此，即这类歧视性对待的实践对整个人群更好（在功利主义微积分中，少数人的牺牲如果带来更多人的更大幸福就是正当的）。然而，这仍然是错的，因为**个体**而非群体才是道德主体。正是个体，感受到了被歧视的锋芒，被排斥的刺痛和被法律区别对待的侮辱。科学告诉我们为什么会有如此感受，理性则教导我们如果想要继续权利革命带来的道德进步，对此我们该去做些什么。

同样，社会科学显示人类是天生的部落生物，我们倾向于排斥异己，仅仅因为他们不是我们（不论"我们"是怎样定义的）中的一员。因而，我们如何能够超越心灵的自然倾向？这些倾向把人划分为充满偏见的类别，把他们变成**他者**（others），我们可以排斥、剥削或杀戮的**他者**。科学研究为我们指出了问题的解决之道。例如，研究显示认识同性恋邻居、朋友或者同事的异性恋较少可能对同性恋持有狭隘和充满偏见的看法，他们更可能认同同性恋应该在法律上被平等对待，并被赋予平等的权利如婚姻权。如一份 2009 年的盖洛普研究显示，"当保持意识形态条件不变时，相比那些有相同政治信念但个人并不认识男同性恋或女同性恋者的人们，那些认识男同性恋或女同性恋者的人对于同性婚姻明显地更加支持。"[60] 因此，由 LGBTQ 演员主演的戏剧、电影和电视节目；文学和流行文化中正面描写同性恋和非常规的性别表达；"出柜"运动；政治、商业和体育中的 LGBTQ 模范——所有这些的存在对于唤醒同情和理解，因而对于一直向外扩展道德领域的范围都至关重要。

道德科学的公共健康模型

在事物的是和应当是的方式之间建立和解关系——事实和价值的结合——我并没有做任何额外的努力，除了认识到这样一个自启蒙运动以来一直延续着的趋势，即把科学发现的世界以是其所是的方式拿来，然后应用于我们想要的世界所是的方式。为什么社会科学家——社会心理学家、认知心理学家、进化心理学家、人类学家、社会学家、经济学家、政治学家和犯罪学家——与决策者和政治家一道，一直在积累内容广泛的数据库和人种志，检验假设，用有关暴力、攻击性、犯罪、战争、恐怖主义、民事权利侵犯等模型和理论处理数字，理由就是：我们希望理解原因以便产生改变。

这一方法可以模仿**公共卫生**模型。早在 1920 年，《科学》杂志的一篇论文就对公共卫生做了定义，论文名为《有关预防疾病、延长寿命和通过有组织的努力以及社会、组织、公众与私人、社区与个体的知情选择推动健康的科学和艺术》。[61] 公共卫生科学涉及的领域包括流行病学、生物统计学、行为健康、卫生经济学、公共政策、保险医学、职业健康等。如果你想知道为什么今天普通人活着的时间几乎是一个世纪前的两倍，看看公共卫生。**最高寿限**（活得最久的人类成员的死亡年龄）并未改变，仍然是 120 岁。**寿命**（如果没有因意外或疾病早逝，普通人的死亡年龄）也没有改变，仍然是在 85 岁到 95 岁。但**预期寿命**（考虑到意外和疾病时，普通个体的死亡年龄）已经有了突飞猛进的延长，1900 年美国人均寿命是 47 岁，而 2010 年出生的美国人达到了 78.9 岁，亚裔美国女性更是达到 85.8 岁。[62] 公共卫生科学和技术是生命在量和质上取得这一非凡进步的原因：抽水马桶、下水道和废物处理技术，清洁水、洗手、抗菌外科、接种疫苗、巴斯德杀菌法、道路交通安全、职业安全、计划生育、营养和饮食等，还有对传染性疾病如天花和黄热病、慢性疾病如癌症和心脏病的流行病学研究，以及借助于这些技术进行的疾病预防。人类的生存和繁荣在过去一个世纪取得的进步比以往历史的总和还要多。数百万人不再因黄热病和天花、霍乱和支气管炎、痢疾和腹泻、肺痨和肺结核、麻疹和腮腺炎、坏疽和胃炎，以及许多其他对人体的侵害而死亡，如果你赞同数百万人免于死亡是更好结果，那么你也就认同了某些事物**是**的方式（疾病如黄热病和天花杀人），意味着我们**应当**通过接种疫苗和其他医学以及公共卫生技术来预防它们。

社会问题与公众疾病的类比并不是在原因层面——犯罪、暴力、战争和恐怖主义并不是医学意义上的疾病，即由病毒和细菌的等价物导致的一种不正常情况。相反，类比是在方法论层面：我们如何通过可以得到的最好的科学、技术和社会政策工具着手解决问题。绝大多数犯罪和暴力行为，以及战争和恐怖主义行为，都不是病态状态下的不正常反应；绝大多数是对特殊情境和条件的正常反应。而公共卫生模型借鉴吸收大量的科学知识来改变导致它们的情境和条件，对于推动道德进步的目标来说是一个可行的方法。

举例来说，作为《怀疑论者》杂志的一期特刊，2012年我对枪支暴力问题进行了一项内容广泛的研究以回应近几年频繁发生的大规模公共枪击事件，如发生在桑迪·胡克小学（Sandy Hook elementary school）的那起。[63]随后，在全国范围内就枪支管理问题我与经济学家约翰·洛特（John Lott）[64]进行了一系列辩论，而洛特的药方就是他的《更多枪支，更少犯罪》一书的书名。[65]进行文献检索时，我对公共卫生和医学期刊出版了如此之多有关枪支暴力的数据感到震惊。例如，坐落于约翰霍普金斯大学的布隆伯格公共卫生学院是全美枪支暴力研究主导性的研究中心之一，2012年就这一问题出版了一份学术性的研究，题为《减少美国的枪支暴力》。副标题正是我的观点的注解：带有证据和分析的知情权政策。这份研究显示，例如，监管持有执照的枪支经销商以确保枪支卖给没有犯罪记录的顾客，使得流向罪犯的枪支减少了64%。[66]《创伤和急症护理外科杂志》上有一份题为《家庭枪支导致的伤害和死亡》的研究，这份1998年的研究发现"家庭枪支出于自卫或法律上正当的理由每使用一次，会有四次非故意射击，七次暴力攻击或凶杀，以及十一次未遂的或完成的自杀。"换言之，枪支被用于暴力攻击、意外死亡或伤害、自杀未遂或者凶杀的可能性是用于自卫的二十二倍。[67]宾夕法尼亚大学医学院的流行病学家发表在《美国公共卫生杂志》上的一份2009年的研究发现，通常而言枪支不仅没有保护持有它们的人免遭枪击，这些科学家而且还确定，在攻击中持有枪支的人受到枪击的可能性是其他人的4.5倍。[68]

一般而言的致命暴力和具体而言的枪支暴力的原始数据令人惊愕。如果说曾有什么需要解决的公共卫生问题，那么这就是。根据FBI的犯罪报告，

2007 年到 2011 年间，美国年均凶杀案 13700 起，而枪支要对其中的 67.8% 负责。[69] 就是说年均有 9289 人被枪杀，月均 774 人，周均 178 人，日均 25 人，时均 1 人强。仅仅在美国每天每小时都有人被枪杀，想到这一点令人不安。这一事实本身应该使我们坚信理解这背后的原因是有价值的，但问题甚至更加糟糕：据伤害预防和控制国家中心，2010 年共有 19392 名美国居民用枪支自杀[70]，另有 11078 人被枪杀，55544 人因受枪伤被送到急诊室治疗。[71]

公共卫生模型也可以应用于较大的规模和时间尺度，拉开历史距离我们会发现，事实上几千年来凶杀率已经直线下降，从史前时期和当代非国家社会（nonstate society）的每年每 10 万人几乎有 1000 人死于凶杀，下降到中世纪西方社会的每年每 10 万人大约有 100 人，再到启蒙运动时代的每年每 10 万人大约有 10 人，直至当代欧洲的每 10 万人不足 1 人（美国略高于 10 万分之 5），这是四个数量级的进步。我们是如何知道这些的？科学。考古学家可以通过骨骼残骸估计史前群落的暴力死亡率（参见第二章）。通过当代前国家人群的口头叙述和历史，人类学家的人种志记录了他们的暴力频率。利用早期的法庭记录和地方志，历史学家计算发现，这里仅举一例来说，凶杀率已经从 14 世纪牛津的每年每 10 万人有 110 人被杀下降到 20 世纪中期伦敦的每 10 万人不到 1 人。类似的模式在意大利、德国、瑞士、荷兰和斯堪的纳维亚半岛均有记录，而且是以相同的数量级：14 世纪到 21 世纪之间，从每 10 万人大约有 100 人被杀减少到不足 1 人。图 1-4 显示，从 13 世纪到 20 世纪之间，多个国家的凶杀率都呈确定无疑的下降趋势。[72] 这个长长的下降趋势的末尾出现的凶杀率上升捕捉到了 1970 年代和 1980 年代的犯罪浪潮，但凶杀率也只是回到了 20 世纪最初几年的历史低点。

如果这不是我所定义的道德进步——有感觉的存在者的生存和繁荣状况的改善——我不知道什么会是。不论你有关枪支管理的立场如何，我的看法是把枪支暴力当作一个可以通过科学发展和更好的公共政策来解决的问题是当前实践的惯例，也是有效地解决道德问题的长期趋势的一部分。如果你同意在过去的两个世纪中，公共卫生科学、技术和政策拯救了数以亿万计的生

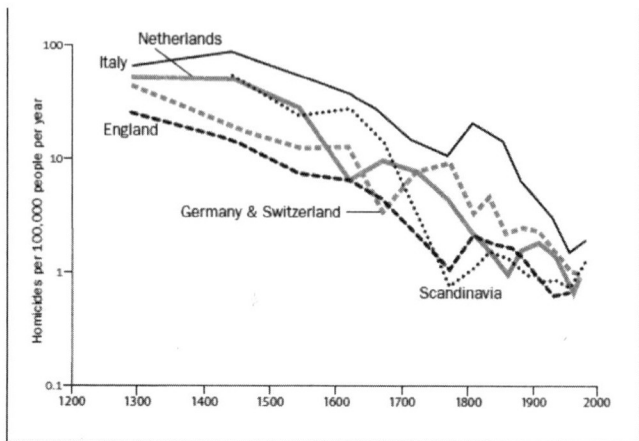

Figure 1-4. The Decline in Homicides
Homicide rates per 100,000 people per annum in five Western European regions from the thirteenth century to the twentieth century compiled by the criminologist Manuel Eisner.[73]

图 1-4　谋杀案的下降

命是道德的善，那么你可能会不同意我们应当应用社会科学来解决犯罪和暴力之类的问题是没有道理的。为什么？因为救命就是道德。拯救生命为什么是道德的？因为有感觉的存在者的生存和繁荣是我们的道德起点。但为什么生物体应该会首先**渴望**生存和繁荣？答案或许就在进化过程的逻辑之中，正是这一过程创生了这一动力。

道德起点的进化逻辑

如果你是一个分子，为了生存你会做什么？首先你将需要在细胞内建立一个基质，在其上生成一个复制系统，这个系统包含能量消耗、维护和修复机制，以及保持分子长久完整直至能够繁殖的其他特征。一旦这样一个分子机制建立起来并开始运转，只要有供应这个系统的能量，有让这些过程得以发生的生态系统，复制着的分子就变成不朽的了。相比不能复制的分子，凭借着特有的复制过程，能够复制的分子早晚会拥有生存优势——那些不能复制的，则会死去——因此这些复制者寓居的细胞或身体就是生存机器（survival machine）。用现代术语来说，复制者就是基因，生存机器就是生物体，而理查德·道金斯的"自私的基因"正是指这个小小的思想实验。[74] 细胞、身体或者生物体——

即生存机器——是基因使得自身生存和不灭的方式。那些通过遗传密码合成构成生存机器的蛋白质，而蛋白质构成的生存机器又活得足够长久，让它们来得及自我繁殖的基因，会胜过那些不能如此的基因。基因通过遗传密码合成保护生存载体免遭疾病之类攻击的蛋白质和酶，不仅仅有助于生物体的生存，也有助于基因的生存。生存，复制，繁荣：这就是生存机器通过它们的独特本性所做的一切。为生存奋斗是它们的，也是我们的——本质。

问题是，在某个环境比如说液体性的环境如海洋或池塘中四处奔突的生存机器会遇到其他生存机器，而他们都要为了同一个有限的资源而竞争。"对于某个生存机器来说，另一个生存机器只要不是它自己的后代或者近亲就只是环境的一部分，无异于一块石头、一条河流或者一堆食物"，道金斯说道。但是在生存机器和石头之间存在一个差异。如果受到利用，一台生存机器"倾向于回击"。"这是因为它也是一台从今以后托管着自己不朽基因的机器，并且它也会不惜一切代价保护它们。"因而，道金斯总结道，"自然选择偏爱这样一些基因，它们以一种最好地利用自身环境的方式控制着生存机器。这包括最好地利用其他生存机器，不论是同类的还是不同类的。"[75] 生存机器可能会进化变成完全自私或以自我为中心的状态，但某种东西抑制了它们的纯粹自私，就是这样一个事实，即其他生存机器倾向于"反击"受到的攻击，报复受到的利用，或者试图首先利用或伤害其他生存机器。

因此，在推动生存机器想要为自己囤积一切资源的自私情感之外，生产机器进化出了两种额外的在与其他生存机器互动中生存的路径：**亲缘利他**（"血浓于水"）和**互惠利他**（"以牙还牙"）。帮助基因上有关联的亲属，伸手援助知恩图报的人们，生存机器就是在帮助自己。所以，对于倾向于某种程度上利他的生存机器来说，面临着选择。资源有限，一台生存机器不可能承受帮助所有其他生存机器的负担，因而它必须评估帮助谁，利用谁，离弃谁。这是平衡的艺术。如果你太自私，其他生存机器会惩罚你；如果你太无私，其他生存机器会利用你。因此，与其他生存机器发展积极关系——社会纽带——是一个适应性的策略。在你的群体同伴遭遇艰难时，你挺身而出，他们也更可能在你困难时为你提供帮助。

通过这种方式，生产机器间发展起彼此互动的网络和关系，这种互动可能是中立的，也可能是有益或者有害的。道德情感的逻辑可能正是来源于此。在如人类这样的社会性物种中，有时为了帮助自己能做的最利己的事情就是帮助他人，帮助那些会以同样方式回报你的人，这并非必然出于某种模糊的"利他"观念本身，而是因为帮助他人会有回报。道德情感系统是我们的遗产，包括帮助或者伤害其他生存机器的能力，取决于它们做了什么。有时自私有利，但另一些时候则无私有利，只要你意志坚强，不会倒下任其他生存机器无情践踏你的慷慨。

情感的进化逻辑

我用来描述这些互动的语言使之听起来像是一个理性的过程，一个由生存机器在彼此互动时执行的道德计算。但实际情况并非如此。驱动生物体的更多是激情，而非理性的计算。自然选择已经为生物体做好了计算，它们使得情感进化为那些计算的代理人。让我们进一步勘探大脑的更深处，首先弄清楚我们为什么会进化情感，然后拉开距离审视道德情感如何工作。

情感与我们的认知思维过程互动，以引导我们的行为朝向生存和繁衍的目标。神经科学家安东尼奥·达马西奥（Antonio Damasio）发现，在低水平的刺激之下，情感扮演顾问角色，为与来自高阶大脑皮质区域的输入相伴随的决策过程带来额外信息。在中等水平的刺激之下，高级的理性中心和低级的情感中心之间可能会涌现冲突。在高水平的刺激之下，低级的情感可能会如此强烈地盖过高级的认知过程，以至于人们不能够理性地做决定，感到"失去控制"或者"做出违背自身利益的举动。"[76]

例如，**恐惧**的情感引导生物体避开危险。人类学家比约恩·格林德（Bjorn Grinde）自身也是一名攀岩运动员，他举体育的例子来说明情感转换，在攀岩者抓滑手柄的瞬间，因冒险而兴奋的积极情感会迅速变成死亡恐惧的消极情感："引导我们冒险是大脑的天职，否则我们永远不会放倒一头大型猎物，也不会冒险进入未知之地；但阻止我们伤害自己也是它的天职，也就是它注定要规避危险。与爬山或者坐过山车相伴随的'肾上腺冲力'可能会让人感觉良好，大概是因为，如果自愿面对的危险情况能够激发出积极的情绪和高度的自尊，那么这会提高生存机会。在山上抓滑手柄的一刻，人负责规避伤害的不祥之感瞬间冲出。"[77]恐惧对于生存有明显的适应性价值。

饥饿被看作一种激励性驱动力，导致这样一些情绪如对食物的欲望、渴望或者贪望。期待开餐时，轻微的饥饿感会让人感到适度的愉悦，而且进化让我们理解到这些微弱的痛苦意味着我们应该去寻找并发现食物。然而，如果时间太久，并且我们的身体被消耗到有虚弱之感的地步，饥饿会变成不适。在这个例子中，情感扮演了反馈机制的角色，在身体失去平衡时警告大脑。这是情感的**自我平衡**理论，运转过程就像一个情感恒温器。当我们身体能量不足时，我们感到饥饿，而这情感（饥饿感）是由诸多内在和外在的反馈线索所触发——诸如胃的收缩或膨胀，血糖水平的上升或下降，或者食物的色和味——这些线索驱使我们启动热量恒温器，或者通过饮食让身体回到自我平衡的状态。

某些情况下，它就像一个严格意义上的恒温器，因为当我们的核心体温偏离华氏 98.6 度的设定值时，某些生理系统就开始启动校正体温失衡，比如出汗降温或者颤抖取暖。偏离自我平衡系统的设定值会**感觉糟糕**，这样的消极情感促使生物体采取行动校正失衡。推动失衡系统回到自我平衡状态会**感觉良好**，而感觉良好的行为易于被一再重复，这正是强化的定义：导致生物体重复一个行为的任何事情。

因此，我们趋乐避痛的情感，我们接近强化刺激躲避惩罚刺激的情感，带来了我们保持自我平衡的需要。在这个意义上，当寻找我们所称的"愉快"的事物时，我们真正追寻的是自我平衡的线索，它是告诉我们接下来怎么做的信号。当那些线索朦胧不清或者相互冲突时，它会建立起一种心理学家称之为**趋－避行为**的状态。在明显两难的道德困境下——比如受试者在斯坦利·米尔格拉姆（Stanley Milgram）著名的电击实验中所经历的处境，一边是对权威的服从一边是伤害人类的不安——这一现象就变成了**趋－避冲突**。（详

见第九章）

攻击性情感的进化逻辑

生存机器之间的冲突是进化逻辑不可避免的副产品，因为生存和繁荣是它们的本质，在一个资源有限的环境中实现该本质需求的现有的那些不同方式必然会导致冲突。这一思考进路有助于我们看到存在某种通往暴力和攻击性的进化逻辑，分类学上斯蒂文·平克将暴力和攻击性划分为五个类型：[78]

掠夺和工具：暴力作为达到目的的手段，得到想要的东西的方式。例如，偷窃能够赋予窃贼生存和繁衍所需的更多资源，因而一个群体中的某些个体也就进化出了欺骗、盗窃和搭便车（在一个社会体系中只索取不给予）的能力。

统治和荣誉：暴力作为在一个等级制度中获得地位的手段；凌驾于他人的权力；群体中的威望；或者在体育、帮派或战争中的荣耀。例如，霸凌可以在社会统治的强弱次序中赋予一些个体以更高的地位。[79] 好斗的名声是对其他攻击者的有效震慑。

报复和自助正义：暴力作为惩罚、报复和道德正义的手段。例如，报复杀人就是进化形成的与欺诈者和搭便车者打交道的策略 。嫉妒是进化形成的另一种类型的道德情感，这种情感指导生存机器守护配偶，防范潜在的入侵者盗猎性伴侣（因而，对男性而言，就是携带他们基因的子代的孕育者），配偶守护如果以暴力形式表达可能会导致配偶谋杀。甚至杀婴也是进化逻辑的产物，这一点有数据证据支持，据统计，婴儿死于继父之手的可能性是死于生父之手的五十倍，杀婴行为在包括人类的物种中远比我们愿意承认的要普遍。[80]

虐待：暴力作为通过他人的痛苦获得快感的手段。例如，连环杀手和强奸犯看起来至少部分地为他们导致的疼痛和苦难所激励，当没有明显的其他动机（如工具、统治和报复）时，情况尤其如此。尚不清楚虐待是适应性的产物，还是可能性更大的大脑中某些为了其他理由而进化的事物的副产品。

意识形态：暴力作为达到某个导致功利主义计算的政治、社会或宗教目的的手段，在这样的计算中，以多数人的名义杀害某些人是正当的。（我在

第九章详细论述了暴力的这一起因。）

道德情感的进化逻辑

地铁站台上，一女两男站在地铁轨道几英尺远的地方，突然间，其中一个男人伸手向前猛推那个女人的肩膀。她挣扎着向后，一脚落空，倒向轨道坑。另一个男人伸手拉她，但为时已晚——她跌进了轨道坑。他立刻做出反应。但不是赶在列车碾压那个女人之前把她拉到安全的地方，相反，那个试图救人的人转身击倒了行凶者。一记好莱坞电影般精彩的大弧度摆拳重重击打在行凶者的下巴，行凶者的脑袋应声后昂。满意于这复仇的一击，救人者退回来停顿了一下，随即似乎想起接下来该做什么了，他跃向轨道坑，把那个女人拉到安全的地方。他对她说了一些似乎是安慰的话，然后开始追击行凶者，而那个行凶者已经慌忙穿过一扇开着的门溜之大吉。整个事件持续了 20 秒，你可以在一个包含很多英勇救援的病毒视频中看到它。[81] 片刻之内——对于理性计算来说过于短暂——纯粹情感道德的冲突在报复和救援之间、在打击和救助之间展开了。救人者大脑的两套神经网络瞬间发起了行动——帮助困境中的人类同伴或者惩罚制造困境的元凶。道德上受到激励的灵长类会做什么？在这个案例中，救人者有时间把两者都做了，因为没有列车进站打乱他有问题的第一个选择，也就是为那个受到的恶意对待的女人报仇。复仇是愉快的，拯救也是愉快的。但并不是总能实现得这么顺利。

这段小品文很好阐明了人类多面的道德本性，这种道德本性进化出来是为了在我们祖先的环境中，一次处理多个问题——善待那些帮助我们的人和我们的亲属与同类，惩罚那些带来痛苦的人。这些道德情感深深植根于人的本性之中，一些列有关婴儿的实验提供了这方面的证据，这些实验被心理学家保罗·布鲁姆（Paul Bloom）简洁地综合在《方为婴儿：善与恶的起源》[82] 一书中。在检验亚当·斯密和托马斯·杰弗逊这样一些启蒙思想家主张的先天道德感理论时，布鲁姆提供了这样的实验证据，即"我们的自然禀赋"包含"道德感——某种区分仁慈和残忍行为的能力；移情和同情——对周围人的痛苦感同身受，并希望化解痛苦；基本的公平感——偏爱平等分配资源的倾向；基本的正义感——希望看到善有善报恶有恶报。"[83] 在布鲁姆实验室进行过的一项实验中，让一个一岁大的婴儿观看一幕木偶剧：一个木偶把一个球滚向另一个木偶，后者再把球滚回去。然后第一个木偶把球滚向另一个不同的木偶，这个木偶带着球跑了。接下来，"友善的"和"调皮的"木偶都被放到那个幼儿面前，并在各自面前放置了一份礼物；然后让那个幼儿决定拿开哪一个木偶面前的礼物。正如布鲁姆预计的，那个婴儿拿开了那个调皮木偶面前的礼物——在这个实验范式中绝大多数婴儿的做法都是如此——但对这位小小道德家来说，取消正面强化（礼物）还不够。他刚刚发育的道德心灵还在召唤惩罚，正如布鲁姆所记述的："小男孩随后俯身掌掴了这个木偶的头。"[84]

这一研究范式的许多变形版本（比如一个木偶试图把球滚上斜坡，另一个木偶或者帮助或者阻碍它）一再表明，婴儿早在 3 到 10 个月大时，身上就涌现出了对(偏爱建设性的木偶)与错(抵触破坏性的木偶)的道德感——这不可能归因于学习或者文化，因为孩子还太小。[85] 幼儿在实验室面对一个正在经历痛苦的成年人时——比如，手指被写字夹板夹住的实验人员，或者磕到膝盖的孩子母亲——典型反应就是安慰受伤的人。蹒跚学步的儿童看到大人双手抱满东西却要努力打开一扇门时，或者看到他们努力去拿一件够不着的东西时，不需要这些遇到麻烦的大人们的任何激励，就会自发地帮助他们。[86] 另一项实验的参与者是三岁大的儿童，他们被问道："能把杯子递给我，好让我倒杯水吗？"但话里提到的这只杯子是坏的。引人注目的是，这些年幼的孩子自发地去寻找完好的杯子，来帮助实验人员完成倒水的任务。[87]

然而，儿童并不总是如此仁慈，具体来说，对于平摊任务却没能平分奖励的其他儿童（在这个案例中奖励的礼物是糖果），他们明显意识到分配不公，但并不总是非常热切希望通过重新分配无私地纠正错误。[88] 但随着儿童从三四岁成长到七八岁，他们不仅更加清楚地认识到糖果分配的不平等不公平，而且也更可能放弃不劳而获的额外的礼物（50% 的三四岁儿童这么做了，而这么做的七八岁儿童达到 80%），这说明虽然道德感是天生的和本能的，但它是一种可以通过学习和文化调整的能力，并且是一种可以在鼓励或阻止帮助或伤害行为的不同环境中施加（或不施加）影响的能力。[89]

同样，有关婴儿的实验也表明恐外症在生命中扎根是何等之早。在一个非常早的阶段——实际上也就是出生后几天，婴幼儿就变得对陌生人或者看起来不像是他们已经做了记号的家族成员的人充满警觉。在一个实验中，出生三天的新生儿被戴上耳机和特制的奶嘴，让他们可以捕捉到由他们吮吸奶嘴快慢决定的音轨。这些婴儿不仅理解了吮吸与音乐选择之间的关联，而且能够活用这种习得的技能，选择由他们的母亲而非陌生人朗读苏斯博士（Dr. Seuss）书中的一段文章。让新生儿在各种语言中选择时，结果显示"俄罗斯婴儿偏爱俄语，法国婴儿偏爱法语，美国婴儿偏爱英语，其他以此类推"，甚至更加值得注意的是，布鲁姆说道，"这个效应在出生仅仅几分钟后就出现了，说明婴儿熟悉那些在子宫中听到的含混不清的声音。"

这项研究证实了1960年代的一个经典实验。一位名为简·埃利奥特（Jane Elliot）的三年级教师在她的班上进行了这项实验，她的班级位于美国爱荷华州一个白人的农村小镇瑞斯维尔（Riceville）。埃利奥特实验的第一步是把她的学生根据眼睛颜色分成两组——蓝色和褐色——然后在孩子们面前举出蓝眼睛好人和褐眼睛坏人的例子。此外，班上蓝眼睛的孩子被告知他们是优越并享有特权的，而褐眼睛的孩子被说成是低级的，并被当作二等公民一样对待。几乎立刻，社会性的分野随着体质上的分类出现了。蓝眼睛的孩子不再和褐眼睛的孩子一起玩耍，更有甚者，有些蓝眼睛的孩子向埃利奥特建议，学校官员应该警惕褐眼睛孩子潜在的犯罪行为。当蓝眼睛孩子和褐眼睛孩子打架时，后者因此这样为自己的攻击行为辩护："他喊我褐眼睛，就像我是一个黑人，一个黑鬼。"到实验的第二天，褐眼睛孩子在班上已经开始出现表现糟糕的迹象，并且自称感到"难过""糟糕""愚蠢"和"低贱"。

作为对照，埃利奥特夫人第二天逆转了各自的处境，解释称她搞错了，实际上褐眼睛的孩子才是优越的，而蓝眼睛的孩子是低级的。几乎在自我和他者认知逆转的同时，"快乐""优秀""甜美"和"令人愉快"这些之前被蓝眼睛孩子用来描述自己的标签现在被褐眼睛孩子全盘接纳了。"那些令人惊讶的善合作爱思考的孩子变成了可恶的、邪恶的、歧视的小小三年级生"，埃利奥特夫人解释道。"这是可怕的！"[90]

布鲁姆从这个规模可观的研究中得到的有关的道德的结论支持我在地铁视频短片中的所见："它包括某些感受和动机，比如帮助困难中的他人的愿望，对遭受痛苦的人们的同情，对残忍的愤怒，对自身可耻或仁慈行为的内疚或骄傲。"[91] 当然，社会的法律和习俗能够上下拨动道德表盘，但天性首先赋予了我们这些表盘。正如伏尔泰所言："人生而无法则，但生而有接受法则的能力。他的禀性将使他或者倾向残忍或者倾向仁慈；他的理解能力早晚会告诉他 12 的平方是 144 以及己所不欲勿施于人。"[92]

道德困境的逻辑

在前述的囚徒困境范式中，博弈论理论家已经找到了我们道德情感的逻辑。场景是这样的：你和同伴因犯罪被捕，被分别囚禁在独立的单人牢房里。你们谁都不想坦白，也都不想出卖对方，但 DA 给了你们每一个人如下选择：

如果你坦白，而对方没有，那么你获释，对方坐三年牢。

如果对方坦白，而你没有，那么你坐三年牢，对方获释。

如果你们都坦白，每人坐两年牢。

如果你们都保持沉默，每人坐一年牢。

图 1-5 被称为一个博弈矩阵，概括了上述四种结果。

根据这些结果，合逻辑的选择是背叛和出卖同伴。为什么？考虑一下第一个囚犯眼中的选择。对于结果，第一个囚犯唯一不能控制的事是第二个犯人的选择。假设第二个囚犯保持沉默。那么第一个囚犯坦白就会获得"诱人"回报（不用坐牢），但保持沉默要坐一年牢（"高成本"付出）。这种情况下，坦白从宽的结果对第一个囚犯更好。但，反过来还可以假设第二个囚犯坦白了。那么同样，比起保持沉默（"易受骗者"的付出，三年监禁），第一个囚犯还是坦白更好（"低成本"付出，两年监禁）。因为第二个囚犯的处境与第

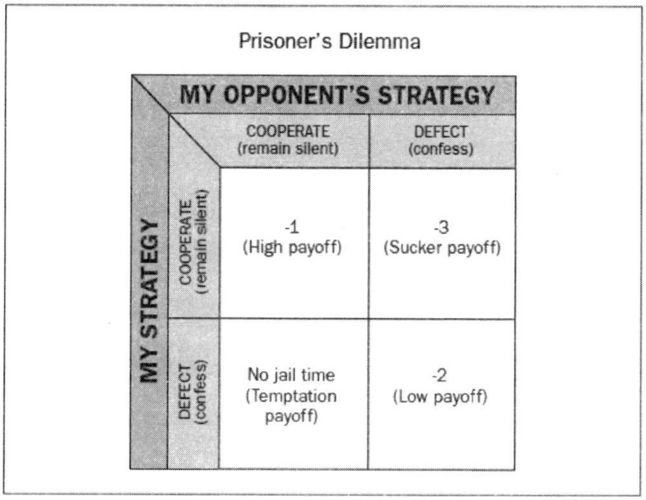

Figure 1-5. Prisoner's Dilemma

图 1-5　博弈矩阵

一个是完全对称的，不论对方决定如何，坦白对每一个囚犯都是更好的选择。

　　那些偏好并不仅仅是理论上的。当受试对象只参与一次或者一个固定数目回合的博弈而不被允许交流时，以坦白的方式背叛是常用策略。但当受试者参与不确定回合数的博弈时，最常用的策略是针锋相对：开始每个人都以保持沉默的方式按照事前约定进行合作，然后就效仿对方的所作所为。在多人囚徒困境中，甚至会涌现更多相互合作，只要参与者被允许博弈足够多的回合以便建立互信。但博弈论研究也表明，通过坦白背叛的势头一旦形成，将在整个博弈中一发不可收拾。

　　专业运动员为什么要使用提升成绩的药物，譬如，自行车运动员为什么服用兴奋剂？在为《科学美国人》写的一份分析中，我给出了这个问题的博弈矩阵动力学。[93] 自行车比赛如同其他运动一样，选手们按照一组规则竞赛。自行车比赛的规则明确禁止使用提升成绩的药物。但是因为药效是如此显著，并且很多药物是如此难以（如果不是不可能的话）检测，还因为成功的回报是如此巨大，所以服用违禁药物的诱惑非常强大。一旦有少数精英骑手背离规则，服药获得优势，遵守规则的竞争者们也就同样感觉到背离的必要——即使他们不想这么做——这会在各个等级的选手中导致一泻千里的背离效应。

然而，因为打破规则要受惩罚，缄默的潜规则阻止了有关如何扭转这一趋势并重新遵守规则的任何公开交流。图 1–6 和图 1–7 分别展示了支持欺诈和支持遵守游戏规则的博弈矩阵。

Favors Cheating

MY STRATEGY \ MY OPPONENT'S STRATEGY	CASE I COOPERATE (abide by rules)	CASE II DEFECT (cheat with drugs)
COOPERATE (abide by rules)	$1 million (High payoff)	-$0.4 million (Sucker payoff)
DEFECT (cheat with drugs)	$8.9 million (Temptation payoff)	$0.8 million (Low payoff)

Figure 1-6. Prisoner's Dilemma Matrix for Cheating

The Cheating Matrix assumptions: Value of winning the Tour de France: $10 million. Likelihood that a doping rider will win the Tour de France against nondoping competitors: 100 percent. Value of cycling professionally for a year when the playing field is level: $1 million. Cost of getting caught cheating (penalties and lost income): $1 million. Likelihood of getting caught cheating: 10 percent. Cost of getting cut from a team (forgone earnings and loss of status): $1 million. Likelihood that a nondoping rider will get cut from a team for being noncompetitive: 50 percent. Under these conditions, in case 1 in which my opponent abides by the rules (he "cooperates"), if I also cooperate by not doping the playing field is level and there is an expected payoff of $1 million. But if I cheat by doping and don't get caught, then I stand to make $8.9 million ($10 million × 90 percent – $0.1 million), which is more than $1 million, so I should cheat. In case 2, in which my opponent cheats by doping, if I play by the rules I'm a sucker and lose $0.4 million, but if I also cheat by doping then I too face the low payoff amount of $0.8 million, so my incentive is once again to cheat.

图 1–6 支持欺诈的博弈矩阵

博弈论中，如果单方面改变策略不能使任何一位参与者获得任何收益，这个博弈就被认为处于纳什均衡状态。电影《美丽心灵》主人公的原型，数学家约翰 · 福布斯 · 纳什（John Forbes Nash Jr.）发展了这个概念。为了在体育运动中结束欺诈，服用兴奋剂的博弈必须重新组织，以保证无药竞赛处于纳什均衡中。也就是说，每一项运动的管理机构必须改变遵守规则矩阵中各个预期结果的收益值。首先，当其他选手遵守竞赛规则时，同样尊重规则的收益必须大于欺诈

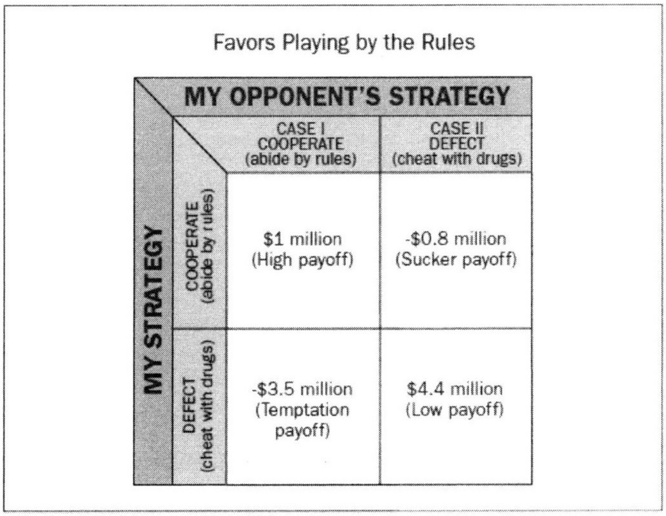

Figure 1-7. Prisoner's Dilemma Matrix for Abiding by the Rules
The Playing by the Rules Matrix assumptions: New, higher cost of getting caught cheating (penalties and lost income): $5 million. New, higher likelihood of getting caught cheating: 90 percent. Consequent new, lower likelihood that a nondoping rider will get cut from a team for being noncompetitive: 10 percent. Under these conditions, in case 1, in which my opponent abides by the rules (he "cooperates"), if I also cooperate by not doping, the playing field is level and there is an expected payoff of $1 million. But this time, if I cheat by doping there's a 90 percent chance I'll get popped in a drug test, so my expected payoff for cheating is now $1 million minus the expected penalty for cheating of $5 million × 90 percent = −$4.5 million, so I stand to lose $3.5 million, so the incentive is to play by the rules. Even in case 2, in which my opponent dopes and I'm a sucker for cooperating, I still come out on top with a net $0.8 million, compared to my also doping and getting caught and penalized, resulting in a net loss of $4.4 million. Either way, in this matrix, with these conditions, we should all play by the rules.

图 1-7 支持遵守游戏规则的博弈矩阵

的收益。其次，也许更重要的是，即使其他选手作弊，公平竞赛的收益也必须大于欺诈的收益。绝对不能让遵守规则的选手感觉自己像傻瓜。在囚徒困境博弈中，降低坦白（指背叛不服药的规则——译注）的诱惑，提升对方坦白时保持沉默的收益，会增加合作。给予参与者事前交流的机会是增加合作的最有效方法。在体育运动中，那就意味着打破缄默的潜规则。这会告诉每一位选手，不论其他人怎么做，公平竞赛的收益大于欺诈的收益。

这一切在自行车运动中是否已经发生还不清楚，但是我受到了 2012 年和 2013 年发生的一些令人吃惊的事件的鼓舞。当时，泰勒·汉密尔顿（Tyler Hamilton）在他的《绝密骑行》一书中打破了缄默规则，曝光了体育史上最复杂的服药计划，该计划由他的队友七届环法自行车赛冠军得主兰斯·阿姆斯特朗（Lance Armstrong）精心组织。随后，美国反兴奋剂协会经过彻底调查，剥夺了阿姆斯特朗的冠军头衔。[94] 汉密尔顿揭露了如此复杂周密的体系是如何通过联合的缄默规则得以维持的，它使得每个人都相信服用兴奋剂是常规，而威胁惩罚说出真相或者不服从的行为又强化了这一常规。自那以后，从揭露的情况来看，绝大多数被抓到服用兴奋剂的运动员都称他们不想服药，他们这么做是出于**所有其他人**都在服药的信念，也是出于对不服药就要受到报复，以及如果他们揭发这个体系后果甚至会更糟的恐惧。

对于发现自己身处囚徒困境的真正罪犯，遵守规则矩阵也指导犯罪学家和政策制定者不仅要考虑刑罚的轻重（如大多数强硬对待犯罪的政治家习惯做的那样），还要考虑抓住罪犯的可能性。这是对 18 世纪哲学家和改革家切萨雷·贝卡利亚（Cesare Beccaria）的倾听。他 1764 年的著作《论犯罪和刑罚》作为意大利启蒙运动最高水准的标志，开启了一场把理性原则应用于罪犯改造的运动，比如用罪罚一致（相称原则）代替那个时代的习俗，当时，死刑适用于这样一些罪过诸如偷猎、伪造、盗窃、鸡奸、兽奸、通奸、盗马、抢劫养兔场与吉卜赛人为伍，以及其他两百多项犯罪和轻微罪行。贝卡利亚反对死刑基于下列两个原则：（1）国家没有予生予杀的大权；（2）死刑不能震慑犯罪，因为潜在的罪犯面对的是严厉但不大可能发生的刑罚，他们会认为这险值得冒——是做生意的另一部分成本。在**相称的**和**可能的**两条惩罚原则之外，贝卡利亚追加了两条附言：刑事诉讼应当**迅速**而**公开**，后者是为了向其他潜在罪犯传递信号。作为一位早期的博弈论专家，为了使激励矩阵倾向于鼓励市民较少犯罪，贝卡利亚应用了源自启蒙价值的理性原则和来自真实世界案例的观察数据。[95]

我们即将遇到的另一位启蒙思想家是托马斯·霍布斯，他也提供了一个人民和国家如何互动的博弈论模型。所有的政治理论家——不论是自由主义者还是保守主义者——都开始于一个霍布斯主义的前提：为了保护以自我为目的的个体免受其他以自我为目的的个体的伤害（把他们看作道金斯思想实验中的两台生存机器），国家是必要的恶。有时，这被称作"霍布斯陷阱"。

正如霍布斯在他的经典政治理论著作《利维坦》中所论证的，我们的动机是趋利避害，因此在人们的利益重叠时将会不可避免地产生冲突。这会导致三种形式的"争端"：竞争、差异（°恐惧）和荣耀（荣誉、地位）：

第一种争端使人为了获利而侵袭；第二种，为了安全；第三种，为了名声。第一种使用暴力，是为了使自己成为他人人格、妻子、孩子和牲畜的主人；第二种，是为了保护自己；第三种，是为了琐事，比如一词、一笑、一个不同意见以及任何其他的轻视迹象，这些迹象或者直接对他们的人格，或者间接针对他们的家族、朋友、国家、职业或名誉。[96]

正如我们在囚徒困境中看到的，为了使博弈中的竞争主体（或真实世界中的国家）之间存在合作，需要规则，而且这些规则必须强制施行。鉴于我们复杂的道德本性，需要鼓励人们去做正确的事，劝阻人们去做错误的事——就是常言所说的胡萝卜和大棒双管齐下。在一项有关**道德惩罚**的研究中，经济学家恩斯特·费尔（Ernst Fehr）和西蒙·加赫特（Simon Gachter）探究了这一内在心理状态和外在社会环境互动背后的心理学，该研究中的实验对象被给予了惩罚其他人的机会，如果这些人在需要利他付出的集体活动中拒绝合作。他们采用了一个叫"公共物品"的合作游戏，游戏中，实验对象会拿到钱，然后他们可以选择把多少钱放进分享的公共财物，这部分钱会被增加到1.5倍再均分给所有的参与者。让我们假设数额是10美元，一共有四位参与者。如果每个人都拿出了全部10美元，一共是40乘以1.5等于60美元，均分成四等份每人有15美元。如果这个过程是匿名进行的，就会有一种利用规则赌博的诱惑，即少放一点钱进去。让我们假设其他三人都放进了全部10美元，但我只放了5美元。现在公共财物共有35乘以1.5等于52.5美元，均分成四等分就是每人13.12美元。但我还有最初的5美元，所有我现在有18.12美元。太好了！但很快，其他参与者就会发现有人在利用规则赌博，这种情况下，合作很快会土崩瓦解，而放到公共财物中的金钱数额也会暴跌。

为了解决搭便车问题，费尔和加赫特在第17轮引入了一个新的条件：对公共财物的贡献不再是匿名的，并且参与者被允许拿走搭便车者的钱来惩罚他们，而他们这么做不受惩罚，这立刻触发了合作水平的提高，而之前的搭便车者捐献数额也相应地提高。[97] 图 1-8 呈现的结果直观地提醒我们，为了变好，人为什么需要规则、透明和惩罚的威胁。理论导出的这一角色由利维坦式的国家承担了。

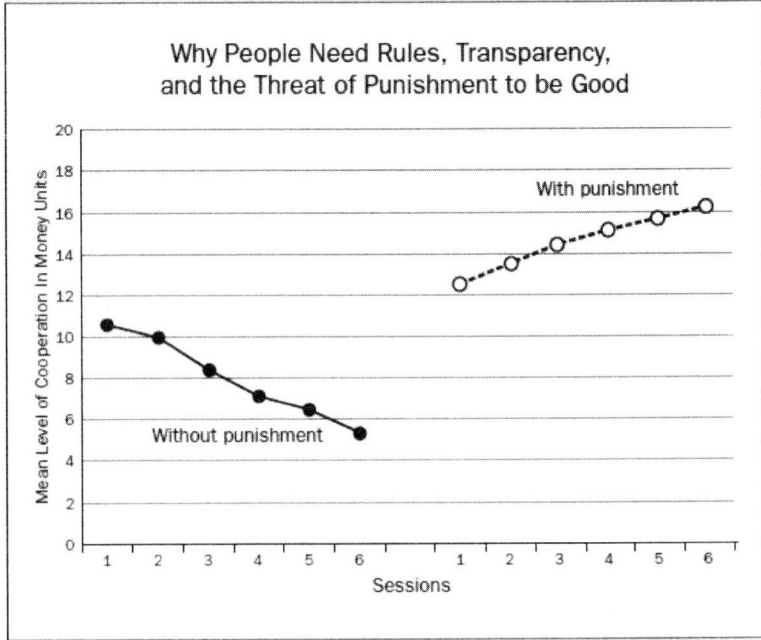

Figure 1-8. **Why People Need Rules, Transparency, and the Threat of Punishment**
The results of the Fehr and Gachter study on moralistic punishment. In a public goods game players are given a sum of money and have the choice of how much they would like to contribute into a common pool that will then be doubled and returned to all the players evenly. A lack of transparency of how much everyone contributes leads to the temptation to reduce the amount given and thereby "free ride" on the others. Since all players face the same temptation, cooperation declines. When transparency is included, plus the opportunity to punish free riders who scrimp on their contributions, cooperation increases. The latter condition is an example of moralistic punishment. It works.

图 1-8　为什么人类必须要有规则、透明度和惩罚的威胁

本章，我勾勒了道德的进化起源，以及道德互动、善与恶的逻辑，下一章，我将会说明这些原则以什么样的运作方式减轻了人类面临的最危险的威胁——暴力、战争和恐怖主义——还将会论证即使在这些地方，人类也存在重大的道德进步。

2 战争、恐怖和威慑的道德

警示罪恶，只有当同时指出逃路时，才是正当的。

——西塞罗，《论占卜》，第二卷，公元前 44 年

在《星际迷航：原初系列》的《竞技场》一集中，被称作葛恩（Gorn）的外星物种袭击并摧毁了位于瑟斯特斯 3 号（Cestus Ⅲ）的地球前哨，为了报复这无缘无故的袭击，寇克（Kirk）船长和企业号一路追击葛恩人。史波克（Spock）不太确定这些外星人的动机，因而公开质疑"对另一种有感觉的存在者的关注"，但好战的寇克打断了他，并且提醒，"在这里，我们是唯一的警察。"被称作密特隆斯人（Metrons）的高级文明拦住这两艘太空船，介入了他们的道德困境，密特隆斯人解释称，"我们剖析了你们，发现你们的暴力倾向是与生俱来的。既然如此，我们会控制它们。我们会以一种最适合你们有限心智的方式解决你们的冲突。"寇克和葛恩人太空船的船长——一个大脑袋的两足爬行类——被送到一个中立的星球，在那里它们被命令决斗至死以定胜负，届时失败者的飞船和全部船员都将被消灭。寇克的攻击不断升级，从棒击到巨石，但葛恩人比寇克强壮，所以能够轻易击退寇克的攻击。葛恩人对寇克船长说，如果寇克投降，他下手将会"仁慈而迅速"。"像你们在瑟斯特斯 3 号上那样？"寇克反问到。"你们是非法入侵！你们在我们的地盘建立了前哨据点"，葛恩人反驳道。"你们屠杀了手无寸铁的人类"，寇克抗议。"我们摧毁了入侵者，正如我将会杀了你一样！"葛恩人反驳。在船上，船员正在大屏幕上关注着这场战斗，麦考伊博士（Dr.McCoy）大声

说出了疑惑，"这是真的吗？瑟斯特斯 3 号入侵了他们的空间？""这很有可能，博士"，斯波克若有所思。"关于银河的这部分我们所知甚少。""那么错的可能是我们"，麦考伊承认。"葛恩人可能一直只是在试图自保。"

本集的高潮是，寇克看到这个星球表面触手可及的多种元素——硫黄、木炭和硝酸钾，以及可以作为致命射弹的钻石之后，记起了制造火药的配方。密特隆斯人（Metrons）提供这些元素目的是看看明智的理性能否战胜野蛮的暴力。寇克把它们混合在一起，构成了一件致命武器，当葛恩人追上来杀他时，他开了火。立刻，葛恩人被击残，不能动弹，丢下了石头匕首，寇克抓起匕首抵着敌人的喉咙，随时可以给与致命一击。然而，在这道德抉择的关头，寇克选择了仁慈。他的理性促使他以道德的眼光看待对手。"不，我不会杀你。当你在攻击我们的前哨时，你也许自以为在保护自己。"寇克扔掉了匕首，此时一个密特隆斯人出现了。"船长，你让我赞叹。你宽恕了束手就擒的敌人，而他肯定会杀死你，你展示了仁慈的高级特征，这一点我们本不抱希望。我们感觉你们族类还是可能有希望的。因此，你们不会被毁灭。也许，不出几千年，你们和我们将会见面并达成共识。你们仍然是半野蛮的，但还有希望。"[1]

吉恩·罗登贝瑞（Gene Roddenberry），作为《星际迷航》之父，在创造壮丽的星际飞船**企业号**的同时，发明了一种自成一体的类型片。**企业号**航行在 23 世纪，任务是通过与星际飞船上跨人种、跨国界、跨物种的混合船员之间的星际互动，在身体和精神两方面拓展人类的视野。每一集都既是无畏的太空冒险也是深刻的道德剧目，其中许多集还探讨了那个时代富有争议的诸多议题——战争与冲突，帝国主义与权威主义，义务与忠诚，种族主义与性别歧视，并且讨论了今后的几个世纪人类应该怎样处理它们。罗登·贝瑞清楚表明他的连续剧的目的之一就是把对有关时事的充满寓意的道德性评论嵌入（smuggle）电视屏幕上。他说，通过创造一个"新规则之下的新世界，我能够评论性、宗教、越南、政治和洲际导弹。确实，我们在《星际迷航》中这么做了：我们一直在传递信息，幸运的是，电视网络接收到了这些信息。"[2]要带来社会变革，这是很多方法中的一种，并且，注意到下面一点不无启发，罗登·贝瑞自身对战争很熟悉。1941 年，作为一名年仅二十岁的年轻人，他已经在美国陆军航空队服役，并在南太平洋执行了 89 次飞行任务，他因此被授予杰出飞行十字勋章。所以他知道自己在写什么："文明的力量不是用赢得战争而是用阻止战争的能力来衡量。"[3]

海盗道德，或者冲突和代价信号理论

文明如何学会阻止战争的决定因素涉及对暴力和威慑心理学的理解，它植根于冲突的逻辑和我们的道德情感，我们在前一章对此作了考察。思考一下这些问题：海盗并不秘密行动，也不伪装，而是选择在众目睽睽下航行，高高挂着画有骷髅头和交叉腿骨的海盗旗，借此告诉那些潜在的猎物他们正在被捕食者追逐，为什么？这是适用**代价信号理论**（CST）的现象的一例，该理论假定生物体（包括人）有时会做一些成本高昂的事情来给他者发送信号。[4] 既有积极的，也有消极的例子。

就积极一面而言，有时候人们以某些方式行动不仅是为了帮助基因上有关系的人（由亲缘选择解释），也不仅是为了帮助知恩图报的人（由互惠利他主义解释），而是为了传递这样一个信号，其本质就是，"我的利他和慈善行为表明我如此成功，能够负担得起为他人做出这般牺牲。"也就是说，某些利他行为是信息的一种形式，这些信息向他人传递出信任和地位的信号——**信任**就是说如果别人需要帮助我是靠得住的，所以我希望他人也能对我如此；而**状况**就是说我拥有健康、才智和资源来承担如此的友善和慷慨。这种成本信号理论解释了为什么有人大笔捐赠给慈善机构，又或者开豪车、佩戴昂贵珠宝——作为给他人的信号。而且因为信号必须真实，发出信号的人倾向于信任自己的所作所为，因此在此限度内，给予的动机是真诚的。

成本信号理论的消极一面可以在年轻雄性的高风险行为中看到——这样的行为间或会以惨剧告终，即年轻雄性出于意外在基因库中彻底消失（达尔文奖每年都有公布[5]）。高风险行为可能是雄性向雌性释放信号的一种方式，告诉雌性他的基因是**如此优秀**，并且作为个体样本他是如此卓越，他能够，比如，在喝了十二听啤酒之后以超过一百英里每小时的速度开车回家而若无其事。他也许是在告诉女性，他在基因上是如此非凡以至于能够拿生命冒险，并且因此他将成为优秀的伴侣，成为她以及他们共同后代的卓越基因和哺育资源的提供者。危险和冒险行为或许也是在向其他男性传递这样的信号，探险者和冒险者是强有力的、不好惹的，正如吉米·克罗斯（Jim Croce's）的警告所言，"你不会站在超人的披风上，你不会迎风吐痰，你不会揭开独行侠的面具，你也不会与吉米胡闹。"

知道了这些背景，我们就可以理解成本信号理论如何能够解释海盗在船上悬挂海盗旗的原因。这是一个信号，告诉你，一群沉醉于谋杀和伤害的无法无天的野蛮人和桀骜不驯的疯子将要占领你那条无辜的商船。这是极其聪明的举动，据经济学家彼得·利森（Peter Lesson）戳穿海盗神话的《无形之钩》一书，海盗事实上并非如流行的传说中那样是一群犯罪的疯子、不忠的恐怖主义者，在那里混乱的无政府状态就是规则，法治则根本不存在。这类海盗传说不可能是真实的，因为装满了躁动的反社会者、由混乱和背叛统治的船只不可能做成任何事，不论给他们多少时间。真相远不那么激动人心和神秘不测；海盗共同体都是"有序而真诚的"，利森说道，而且他们必须实现有利可图的经济目标。"为了共赢的合作——确实，为了从根本上推进他们的犯罪组织——海盗们需要防止他们的法外社会沦为疯人院。"[6]所以，归根结底，盗贼之间也有荣誉。如亚当·斯密在《国富论》中所言，"在时刻准备彼此伤害和损害的人们之间，社会无法维持……如果要在强盗和杀人犯之间形成社会，他们必须至少……放弃抢劫和谋杀彼此。"[7]

海盗社会为斯密的理论提供了证据。斯密认为经济是自下而上的自发的自组织形成的秩序的结果，秩序则自然地产生于社会互动。利森展示了海盗共同体如何民主地选举船长和舵手，如何建立提挈诸多规则的总章，这些规则涉及的事项多种多样，包括喝酒、抽烟、赌博、性（船上不允许有男孩和女人）、火与蜡烛的使用（船上发生火灾对船员和货物都是灾难性的）、战斗和无序行为（荷尔蒙高涨而热爱冒险的男性被长期限制在狭窄空间的结果）、开小差、以及格外重要的临阵退缩。与任何其他社会一样，海盗必须处理"搭便车"问题，因为在不平等的付出之间平等地分配战利品将会不可避免地导致忿恨、报复和经济混乱。

执行是关键。正如刑事法庭要求证人对着《圣经》发誓一样，起航前全体海盗必须同意船长的规则。用一位观察者的话来说，"所有人都要向它们宣誓，因为缺乏圣经，就用一把斧头代替。任何人自愿上船时，都必须签字同意协议条款，以防以后发生争论和密谋。"利森甚至追踪到了船长之间共享的契约条款，之所以可能是因为"活跃在 1716 年到 1726 年之间的英美海盗超过 70%，例如说，与三大海盗船长之一有关联。"因此，海盗规则"涌现于海盗间的互动和信息共享，没有所谓的海盗国王进行顶层设计，并把这些共同规则强加给所有当前和将来的海上强盗。"[8]

那么，海盗无法无天和混乱无序的神话源自何处？其实，神话就源自海盗自己。自然，使得该神话长存不衰海盗就可以最小化损失而最大化所得，这最符合他们的利益。他们高悬海盗旗以传递他们嗜杀的威名，但实际上，海盗们并非真想要一场战斗，因为战斗代价高昂且危险，还可能导致经济损失。海盗们只想要战利品，比起高风险的战斗，他们更爱低风险的投降。从商人的角度来看，非暴力的交出战利品也比反击回去更好，因为暴力对他们同样代价高昂。当然，为了保持恶棍的名声，实际上你不得不适时成为一个恶棍，所以海盗会时不时地诉诸暴力，并且他们很乐意把有关暴力行为的报告提供给报纸编辑，编辑则会正式刊出这些带着血腥和夸张细节的报告。18 世纪英国海盗船长山姆·贝拉米（Sam Bellamy）曾这样解释，"于我无益时，我不屑于伤害任何人"。利森总结道，"海盗旗向潜在目标传递出海盗身份，避免了血腥战斗，逃过一劫的不仅有海盗，还有无辜的商业海员。"[9]

海盗旗效应也帮助解释了为什么今天的索马里海盗通常会拿到赎金而不是遭遇船员和船主的暴力抵抗。尽可能迅速和平地通过谈判达成交易符合每个人的利益。汤姆·汉克斯（Tom Hanks）主演的电影《菲利普斯船长》，故事原型来自 2009 年索马里海盗劫持油轮事件，结局是美国海军前来解救，击毙了大多数索马里海盗。让观众感到迷惑不解的是，为什么船主不给船长和他的船员发放武器用以击退海盗。一旦你审视了成本－收益计算过程，答案就很明显了。仅仅给海盗交付赎金比起让未受战斗训练的船员冒生命危险要合算得多。受过训练的人员比如美国海军可以这么做，但考虑到整个区域是如此广阔，他们不可能在所有的航道巡逻，因为成本会高到不现实。（事实上，2013年海盗劫持成功率降到了0，但成本显著高于2005年至2012年所付赎金之和，共为3.76亿美元。2013年，船舶公司在武装安保上共支出了9.54亿美元，在前一年5.31亿美元的基础上，额外支出了4.23亿美元，此外，还支出了因18节高速巡航带来的15.3亿美元的额外燃料费用。[10]）美国海军杀死了每一个登上这艘油轮的海盗，借此向索马里海盗传递一个强烈信号，不要妄图觊觎美国货船——否则后果自负。然而，除非威慑信号是一贯的和长期的，不然海盗们将会纵观同一组计算过程，看出"后果自负"只是虚张声势，进而把风险看作做生意的成本。

长期有效的解决方案只能寄希望于——索马里自身。在法律失效的社会中，市场运转总是更接近黑市而非自由市场，而自从索马里政府失去了对人民的控制，索马里海盗本质上可以随意地操控法律。在索马里建立起法治和法治下的自由市场，公民可以在市场上找到赚钱的工作之前，无法无天的黑市海盗行为将仍然是有利可图的。海盗们自身可能有他们自己的一套规则，凭借这套规则他们把自己组织成一个小型的有序的利维坦，但是在公海，混乱主宰一切。

威慑的演化逻辑

这把我们带回来了前一章讨论的囚徒困境和霍布斯陷阱。平克称之为"他者问题"（other guy problem）。他者可能是友善的，但你知道他者也想"赢"（继续以体育类比），所以他可能会因受到诱惑而背叛（欺骗），尤其是如果他想到你也想赢并且可能因受到诱惑而使诈的话。并且他知道你也知道他在深思同一个博弈矩阵，正如你做的那样，而你知道他知道你也知道……

在国际关系中，"他者"是另一个国家或者邦国（nation or state）。如果他们有核武器，你也有，就会导致一场军备竞赛，其结果类似于纳什均衡，这样的均衡使得美国和苏联冷战期间的核冻结状态持续半个多世纪，该状态则被称为"恐怖平衡"或者相互确保摧毁（MAD）。让我们看看这里面的运作机制，以及在我们所知的人性和威慑逻辑的基础上，我们还可以做些什么来进一步减少核战争的风险。这项训练有两个功能，既是道德进步的另一个例子，也是我们如何能够应用科学和理性来解决我们的安全遭遇的严重威胁的另一个例子。

1974 年，氢弹之父——爱德华·泰勒（Edward Teller）——在接受珀代因大学（Pepperdine University）的荣誉博士学位时发表了校园演讲，当时我正是该校的一名本科生。他给出的消息是威慑起作用了，尽管我记得自己当时在想——正如如此多的政客一直在讲的——"没错，但一次失误就会带走一切。"《核战爆发令》（Fail Safe）和《奇爱博士》（Dr.Strangelove）这样的流行电影强化了这一看法。但失误并未发生。相互确保摧毁（MAD）发挥了作用，因为不论谁，通过首先对其他国家发起打击，都不会有任何所得——双方的报复能力如此强大，以至于先发制人最有可能导致的是双方（以及世界其余地方的相当大一部分）的彻底毁灭。"这不是疯狂！"国防部长罗伯特 S. 麦克纳马拉（Robert S.McNamara）宣称。"相互确保摧毁是威慑的根基。核武器别无其他军事用途，除了威慑对手不要使用核武器之外。这意味着你永远永远都不应该对一个核武装的对手首先使用它们。如果你用了，就是自杀。"[11]

美国军事战略学家伯纳德·布罗迪（Bernard Brodie）1946 年在书中首次清晰阐述了威慑的逻辑。他的书被恰当的命名为《绝对武器》（The Absolute Weapon），书中注意到原子武器的发展打断了历史发展脉络："自遥远的时代以来，我们的军事体制的主要目的一直是赢得战争。但从现在开始，军事的主要目的必定是阻止战争。它几乎不可能再有其他目的。"[12] 正如奇爱博士在斯坦利·库布里克（Stanley Kubrick）的经典冷战电影（在著名的作战室场景中，那里禁止战争）中所解释的："威慑是这样的艺术，在敌人的头脑中制造对发动攻击的**恐惧**。"当然，敌人必须知道你有这样的毁灭性装置准备就绪，而这就是为什么"如果你把它藏起来秘而不宣，末日机器的所有关键价值就失去了！"[13]

《奇爱博士》是一部黑色喜剧，模仿了 MAD 战略，告诉我们如果事情发生严重差错可能会发生什么。在电影中，这个严重差错就是杰克 D. 瑞朋（Jack D.Ripper）将军一想到"共产主义渗透、共产主义灌输、共产主义颠覆，以及榨干和污染我们宝贵体液的国际共产主义阴谋"，变得精神错乱；因此他下令对苏联进行先发制人的核打击。鉴于这个不幸的事实，以及知道苏联人知道此事并因此会进行报复，巴克·特吉德森（"BUCK"Turgidson）将军请求总统全力以赴，发动饱和的先发打击。"总统先生，我不是说我们将会毫发无损，我是说至多死亡一千万到两千万人，封顶了，呃，取决于间隔时间。"[14]

相对于核武器投射的真实因果关系，他说的并不离谱（库布里克学习过冷战战略），据罗伯特·麦克纳马拉推算："为了保证对方确实被威慑住不敢发动这样的先发打击，我们在报复中必须能够向攻击者实施什么量级的破坏？就苏联而言，我的判断是，我们有能力摧毁比如说他们人口的五分之一到四分之一，再加工业能力的一半，将会形成有效的威慑。"[15] 当他 1968 年说出这番话时，苏联人口大概是 1.28 亿，换言之会有 2500 万到 3200 万人死亡。如果这还没让你战栗，请听听毛泽东的说法，他曾说他愿意牺牲一半中国人口，而当时的中国人口大概是 6 亿。"我们有这么多人。我们能承受一些人口损失。有什么不同吗？"[16]

哈罗德·阿格纽（Harold Agnew）充分意识到了这种不同，某种意义上他是现实版的道奇博士。他在洛斯阿拉莫斯国家实验室当了十年主任，在此之前，他在洛斯阿拉莫斯参与了制造第一颗原子弹——"胖子"和"小男孩"——的曼哈顿工程，并且，他在与艾诺拉·盖（Enola Gay）轰炸机平行飞行的 B-29 飞机中观察和测量了广岛上空爆炸的当量；他甚至把自己的 16 毫米电影摄像机偷偷带上了飞机，拍下了这场杀死 8 万人的爆炸的唯一影像资料。当阿格纽说下面这段话时，他的头脑里想的正是威慑。他说，我希望每一位世界领袖每五年见证一次原子弹爆炸，只穿内衣，"以便他能感受到热量的威力，并明白他是在玩火，因为我们正在快速步入这样一个时代，曾经见过了百万当量爆炸的人都不在了。而一旦你见过一次，它就会让你相当清醒。"[17]

美国国会技术评估办公室 1979 年出了一份报告，题为《核战争的后果》，该报告估计，会有 1.55 亿到 1.65 亿美国人死于苏联竭尽全力的先发打击（除非人们隐蔽在就近的避难所中，死亡可以减少至 1.1 亿到 1.2 亿人）。当时的美国人口是 2.25 亿，所以估计的死亡率在 49% 到 73%。令人毛骨悚然！这份报告随后展示了与底特律规模相当的城市如果被一百万吨（Mt）当量的核弹击中会是什么场景。作为比较，小男孩——投在广岛的原子弹——当量是 1 万 6 千吨。一百万吨当量原子弹等于 62.5 颗小男孩。

一次一百万吨当量的爆炸会在地表留下直径约 1000 英尺、深约 200 英尺的火山口状弹坑，爆炸抛出的泥土成圈状物分布，直径是弹坑的两倍，具有高度放射性。从爆炸中心外推 0.6 英里，其间的一切都会面目全非……这一区域非工作时间的 70000 人口中，将无人幸存……这一区域的独栋住宅将会被彻底摧毁，只有地基和地下室能够残存……因为时间要素及其对一般应急手术的影响，放射性尘埃是否来自蘑菇云的柄或者盖是爆炸周边地区关注的一个焦点……近 50 万伤者提出了难以置信的沉重的医学任务。爆炸 4 英里范围内的医院和床位将会被彻底摧毁。在 4 到 8 英里范围的另外 15% 将受到极其严重的破坏，这个区域外剩下的 5000 张床位也会受到显著损坏。因为床位数量只有伤者的 1%，无法提供重大的医疗辅助……会有上万烧伤受害者；然而在 1977 年全美只有 85 家专业的烧伤中心，共有 1000 到 2000 张床位。

报告中这样的内容有数页之多。把这些后果放大 250 倍（这被认为是苏联瞄准的美国城市数量），你就得到了报告中残酷荒凉的结论："对美国社会的影响是毁灭性的。"[18] 苏联及其盟国面对的灾难只会更重。战略空军司令部（SAC）在一份 1957 年的报告中预计，在和苏维埃集团核交战的第一周将会有 3.60 亿到 5.25 亿人死亡。[19] 这样的数据是如此不可思议，我们的心灵很难容得下它们。

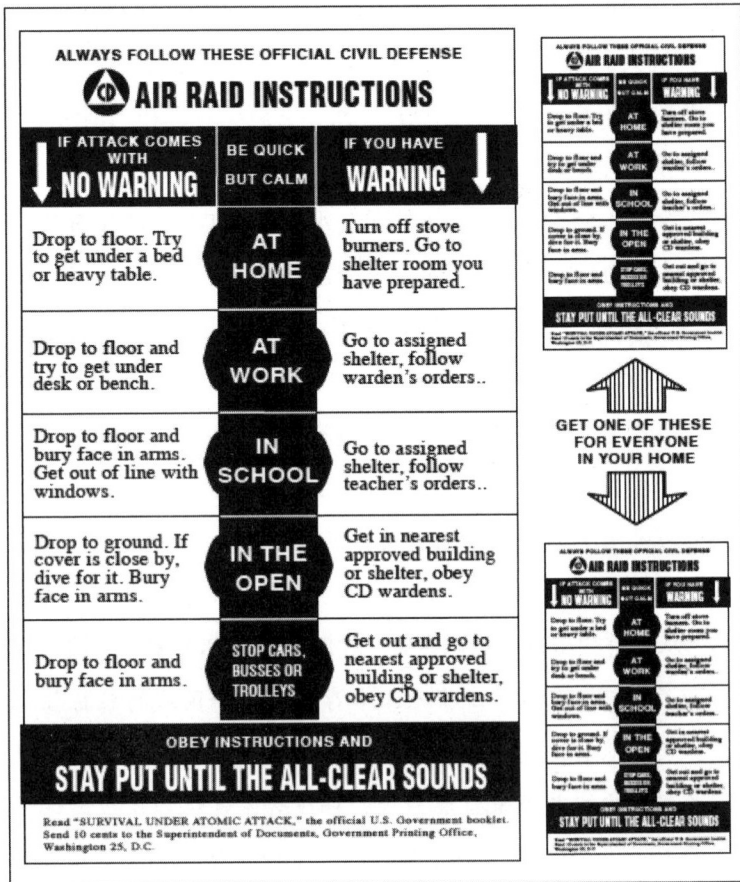

Figure 2-1. Civil Defense Air Raid Card circa 1950s

图 2-1　一张 1950 年代的民防空袭卡片，指导市民在遭遇核攻击事件时"卧倒并掩护"[20]

　　作为 1960 年代早期成长起来的孩子，我记得在蒙特罗斯小学每周五早晨都有周期性的演练，也相信老师说的脆弱的木桌子将在洛杉矶上空发生热核爆炸时保护我们。

　　威慑至今一直有效——1945 年 8 月以来任何种类的冲突中都没有引爆过核武器——但认为威慑是永久的解决办法则是愚蠢的。[21] 早在 1795 年，在一篇名为《永久和平论》的论文中，伊曼纽尔·康德（Immanuel Kant）就指出了这样的威慑最终会导致什么："因此，一场可能导致双方顷刻毁灭的战争……可能会带来这样的结局，即建立在巨大的人类坟场上的永久和平。"[22]（康德的书名来自一名旅馆老板的签名，象征着坟场——不是我们大多数人为之奋斗的那种永久和平。）威慑仅仅是消解先发制人的霍布斯式诱惑的暂时方案，使得两大利维坦在相对和平中专注于自身事物，满足于在多沼泽的第三世界国家进行小规模代理人战争。

在爆炸、热量和辐射导致的直接死之外，天文学卡尔·萨根（Carl Sagan）和大气科学家理查德·图尔科（Richard Turco）在他们名为《无人思考之路（A Path Where No Man Thougt）》[23]（基于《科学》杂志的一篇技术性论文[24]）的书中探究了可能的长期后果。书中认为，一场全力以赴的热核战争引发的大火带来的烟、灰和废弃物足以挡住阳光，并开始另一个冰河时代，这将使得地球几乎无法居住。他们称这一幕为"核冬天"，但后来大多数科学家表示反对，因为可能性很低，全面核战争至多会导致"核秋天"而非冬天。[25]一位批评家注意到，将会有数百万人死于世界性的食物供应系统的瓦解，而不是死于气候变化。[26]很好，这是一个安慰——仅仅数百万而不是数十亿。撇开这场特殊争论的细节，在构筑通往零核世界的道德进步之路方面，萨根和图尔科勾勒了一个现实的建议，让全球核储备下降到最低充分威慑（MSD）水平——足够大，为了威慑住先发制人的核攻击，但又足够小，为了即使出现一个错误或者一个狂人引爆了一件武器的情况，也不会导致全面的核冬天（或者秋天）。

看起来我们正信步走向最低充分威慑（MSD），**图 2-2** 提供了证据，显示核储备已经急剧下降，总的弹头数量 1986 年处于峰值约 70000 枚，2014 年下降到 16400 到 17200 枚。[27]萨根和图尔科估计，最低充分威慑（MSD）需要 1000 件核武器[28]，离这一数字还有很长的路要走，但照现在的下降速度，2025 年我们能够达到目标。冷战结束以后，维持数量如此庞大的核武库在战略上不那么必要，在经济上也并不合算，这使得美国（7135）和俄罗斯（8000）的核储备明显下降。这两国占了全球核储备的 93.4%。更加令人鼓舞的是，现役核弹头只有 4200 枚，其中俄罗斯 1600 枚，美国 1920 枚，法国 290 枚，英国 160 枚，这使得当今世界比 1945 年以来的任何时候，更加远离被数万枚核弹头撕成碎片的危险。[29]

核储备可能降为零吗？为了寻找答案，我旁听了克莱蒙特研究大学（Claremont Graduate）政治科学家亚采克·古格勒（Jacek Kugler）的一门课程《透视战争与和平》（Perspectives on War and Peace）。他的答案是不可能，至少有七个理由：（1）互相信任的国家之间的可信的威慑，是稳定且可预测的。

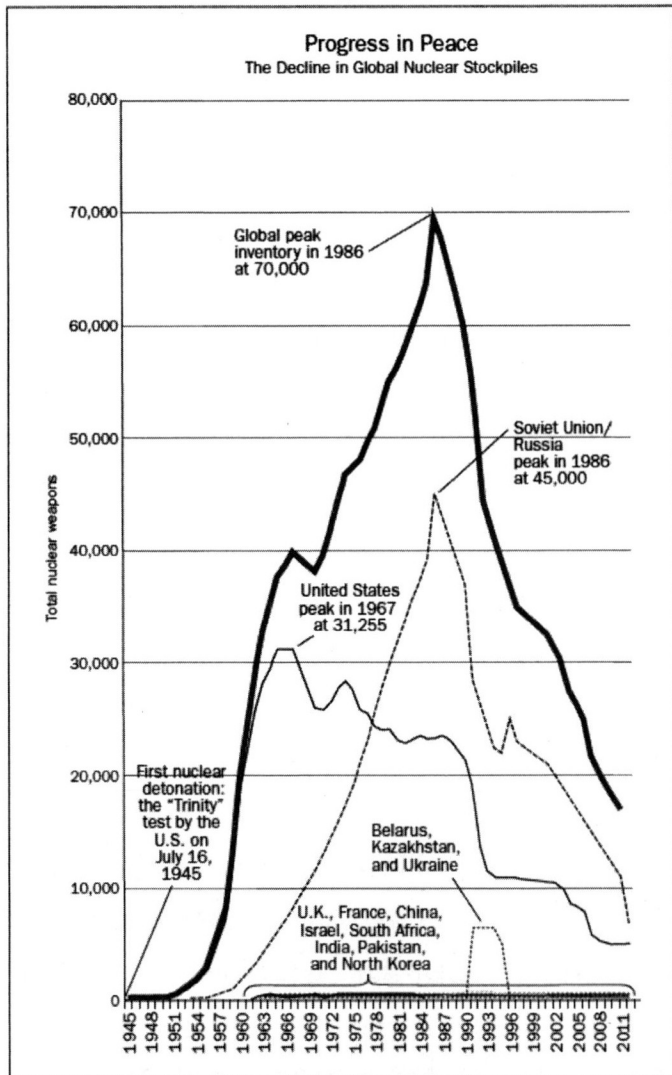

Progress in Peace
The Decline in Global Nuclear Stockpiles

Figure 2-2. The Decline in Global Nuclear Stockpiles

图 2-2　全球核弹头数量的下降

（2）不稳定不可预测的国家，如周期性在发射井的剑鞘中玩弄核武之剑的朝鲜，需要报复威胁之。（3）还存在伊朗这样的国家，也需要以报复相威胁，因为这些国家威胁加入核俱乐部但不愿意加入国际社会。（4）正在进行常规战争的国家，如果有可能使用大规模杀伤性武器，需要报复性威胁使它们保持克制。（5）我们不信任或者不够了解的非国家实体如恐怖组织，同样需要报复性威胁。（6）**使用**核武器可能有禁忌，但**拥有**核武器至今仍无禁忌。（7）如何制造原子弹的核妖怪已经跑出了潘多拉盒子，因此其他国家或者恐怖分子总有机会获得核武器，并借此动摇威慑战略，同时增加意外核爆的可能性。

古格勒认为我们可以做到"地区性零核化"——如南美和澳大利亚这样的无核区——倘若主要的全球核力量（美国、俄罗斯、中国，或许还有欧盟和印度）能够提供不可否决的安全承诺，对潜在的有些国家或者恐怖组织首先使用核武器做出回应的话。但是因为信任问题，他认为全球零核化不可能实现。古格勒担心，目前的形势继续下去，中东的核交换或者针对以色列的核袭击可能发生。他说，主要危险在于核燃料在黑市上很容易得到，并且有些国家和恐怖分子能够负担得起黑市价格。

来自各个领域的分析专家描绘了一幅令人无法回避的景象，核安全只是幻象，我们已经危险地逼近世界终点，就像我们所知的《道奇博士》中那样。有科学家联合原子科学家联合会和《原子科学家公报》设立了"末日时钟"，时钟看起来永远距离午夜和世界末日几分钟之遥。畅销书作家如理查德·罗德斯（Richard Rhodes）的核四部曲（《制造原子弹》《黑日》《愚蠢兵工厂》《原子弹的黄昏》[31]），艾瑞克·施罗瑟（Eric Schlosser）的《指挥与控制》[32]，都让读者震惊得眩晕，因为他们才知道自己已经死里逃生了这么多次：1950年投弃在不列颠哥伦比亚的马克Ⅳ型原子弹；携带两枚马克39型原子弹的B-52轰炸机坠毁在北卡罗来纳州；古巴导弹危机；在西欧举行的被苏联误读为核打击准备过程的优秀射手83（Able Archer 83）演习；险些把阿肯色州大马士革市从地图上抹掉的泰坦Ⅱ型导弹爆炸。罗德斯这样回顾了调查和写作核武器问题时的经历：

一开始你就知道，核武器已经被称为武器，这是与核武器有关的许多令人悲伤的事情之一。它们被浓缩在小到可以手提的装置中，但他们是巨大的破坏性力量。除了彻底摧毁熙熙攘攘的城市，我看不到它们还可能有什么用处。这种心理状态（使得决策者）把核武器当枪炮看待。1945 年以来没有人愤怒地引爆核武器是有原因的。它实在太危险了。[33]

美国前参谋长联席会议成员詹姆斯 E. 卡特莱特（James E.Cartwright）将军是全球零核美国政策委员会主席，该委员会发表的一份报告称，美国和俄罗斯可以在下述限制条件下仍然保持威慑：将各自的核武库减少到 900 枚，任何时候只部署其中一半，并有 24 至 72 小时延迟发射时间，允许故障—安全措施防止意外打击。[34] 全球零核计划受到了许多重量级政治人物的支持，如总统奥巴马、俄罗斯前总统梅德韦杰夫、英国前首相卡梅伦、印度总理辛格、日本前首相野田佳彦、联合国秘书长潘基文。[35] 当然，支持是一回事，行动又是另一回事，但全球零核运动发展迅猛不容置疑。[36]

一个显著的事实是，全球 194 个国家中只有 9 个拥有核武器。这意味着 185 个国家（95%）没有核武器也治理得很好。有些国家可能想要核武器，但生产不出核燃料以及其他材料，另外值得注意的是，自 1964 年以来越来越多的国家启动后又放弃了核武器计划而不是启动并最终完成，这些国家和地区包括意大利、西德、瑞士、瑞典、澳大利亚、韩国、中国台湾、巴西、伊拉克、阿尔及利亚、罗马尼亚、南非和利比亚。[37] 不再追求核武器有很多有力的理由，其中之一是太贵了。冷战期间，美国和苏联为了制造 125000 枚核武器花费了近乎无底洞的 5.5 万亿美元，并且美国在它的核计划上每年还要花费 350 亿美元。[38] 化犁为剑代价高昂，而且会使你成为目标。政治学家戴维·索贝克（David Sobek）和他的同事在一项 2012 年的研究中通过对一个国家启动核武计划与点燃军事冲突之间关系的跨国分析，检验了广泛流传的"世俗认知"：核武器赋予拥有者很多益处。他们发现，1945 年到 2001 年间，"一个国家越是接近拥有核武器，也就越有可能被攻击。"为什么？"当一个国家启动一项核武器计划时，它就是在传递彻底改变谈判条件的意图。那些一度获得优势的国家现在将处于不利地位。"一个国家一旦拥有了一两件核武器，它成为先发打击目标的风险就下降了，但是并不低于它着手准备加入核俱乐部之前的水平。[39]换言之，两相权衡最好是不要拥有核武器。

这是那位卓越的冷战斗士——牛仔总统罗纳德·里根的观点，他倡导销毁"全部核武器"。据1980年代后期的美国驻苏联大使杰克·马特洛克（Jack Matlock）所言，里根总统认为核武器"完全非理性，完全不人道，除了杀人一无是处，对地球上的生命和文明可能是毁灭性的。"肯尼斯·阿迪莱曼（Kenneth Adelman）是里根领导下的美国军备控制和裁军署负责人，曾说他的老板经常会"脱口而出'让我们销毁所有核武器'。"据阿迪莱曼回忆，"作为反共产主义的鹰派人物，他是如此反核，我感到意外。他会发表一些在我看来极左而非极右的评论。他恨核武器。"事实上，战略防御计划（SDI，又名"星球大战计划"）的全部目的就在于取消对相互确保摧毁（MAD）战略的依赖。马特洛克把里根就这个问题对他所说的话解释为："你怎么能跟我——美国总统——说，我保护自己人民的唯一办法是威胁他国人民甚至文明本身？这是不可接受的。"[40]

并不是每个人都分享里根对无核世界的憧憬。里根的国务卿乔治·舒尔茨（George Shultz）回忆过一段往事，当英国首相撒切尔夫人发现里根总统向苏联领导人戈尔巴乔夫建议一起销毁核武器时，对他发起了"手提包攻击"：

我们从［举行1986年美苏峰会的］雷克雅未克回来时，带着一个共识，那就是处理掉全部核武器是值得期待的目标。这时，她赶到了华盛顿，把我召集到英国大使馆。那时我才明白英国人表达的"手提袋攻击"是什么意思。她说："乔治，你怎么能坐在那里眼睁睁看着总统同意销毁核武器？"我回答说："玛格丽特，他是总统。"她反驳，"但你本该是脚踏实地的那位啊。"我的回答是，"但，玛格丽特，我同意他的看法。"[41]

今天，不仅乔治·舒尔茨是废核主义者，他的冷战同事前国务卿亨利·基辛格、前参议员山姆·那姆（Sam Nunn）、前国防部长威廉·佩里（William Perry），都是废核主义者。他们四人在《华尔街日报》公开呼吁覆盖所有地方的"无核世界"。[42]借登山的类比,他们在那里(以及其他地方)勾勒了零核化的现实政治困难:"在今天这个不安的世界,即使从有利位置观察我们甚至连山顶都看不到,并且说我们从这里到不了那里是诱人和安逸的。但走下坡路或者原地踏步的危险是实实在在的,不能视而不见。我们必须绘制通往更高海拔的线路,到了更高的位置山顶会逐渐映入眼帘。"[43]

有些理论家认为通往和平之路就是更多威慑。例如,已故政治学家肯尼思·沃尔兹(Kenneth Waltz)认为,有核的伊朗将会给中东带来稳定,因为"世界其他地方不存在单一的、未受遏制的核国家。当前危机的罪魁祸首正是以色列的核武库,而不是伊朗的拥核欲望。力量,归根结底,渴求平衡。"[44]力量有不求平衡的时候,比如苏联解体后美国单级统治的后 1991 时期——没有其他中等规模的国家力量崛起填补真空,没有崛起中的国家力量发动征服战争以聚集更多的力量,并且唯一的候选者中国已经快四十年无战事。此外,正如亚采克·古格勒所指出的,伊朗伊斯兰共和国不按国际体系的游戏规则出牌;它与美国和以色列没有正式的外交关系,因此发生紧急事件时沟通困难;它离以色列太近,导弹发射的预警时间只有几分钟,因此限制了反制措施比如反弹道导弹的效力,使得偷偷把脏弹打到以色列的可能性变大。[45]

对此我还要补充:伊朗有训练恐怖组织的历史记录,比如哈马斯和真主党,两者都反美反以色列;伊朗领导人已经反复并清晰地表达了他们的反闪米特人立场,比如 2005 年在一个名为"没有犹太复国主义的世界"的杀气腾腾的节目中,时任总统马哈茂德·艾哈迈迪-内贾德当着大约 4000 名学生的面声称必须把以色列"从地图上抹去"。[46]1930 年代另一国家领导人在众多场合宣称他想要为世界除掉犹太人——他几乎做到了——考虑到这之后发生的一切,我们几乎不能挑剔以色列没有充分拥抱高喊着真主至大手指放在核机关上的伊玛目形象。

政治学家克里斯多夫·费特魏斯(Christopher Fettweis)在《危险时代?》一书中写道,尽管诸如"力量平衡"这样的直觉概念很流行——基于来自过去的少量不能一般化的案例,这些案例无论如何不再适用于当前情况——在相互高度依赖的 21 世纪，与 20 世纪的世界大战类似的"文明冲突"基本不可能再发生。实际上，他表示世界历史上生活在和平中的人口比例从未达到目前这么高，自 1990 年代早期以来，各种形式的冲突都在稳步减少，甚至恐怖主义也可以凝聚各国参与国际合作中以应对共同的敌人。[47]

符合道德的"胖子"和引起争议的"小男孩"

在所有这些对核武器的未来使用的道德沉思之外，对于仅有的两颗曾经投掷在城市上空的原子弹——毁灭了广岛的"小男孩"，吞噬了长崎的"胖子"——也存在一场旷日持久的论战。在过去的几十年中，主要的批评家们主张两颗原子弹中的任何一颗对于结束第二次世界大战都不是必需的，因此使用它们是不道德的、非法的，甚至犯下了反人类罪。联邦基督教协进会在 1946 年发表了一份声明，"身为美国基督徒，我们为原子弹的不负责任的使用深深忏悔。我们一致同意，不论一个人对这场战争在原则上的判断是什么，广岛和长崎的惊人爆炸在道德上是无法辩护的。"[48] 1967 年，语言学家和异见政论家诺姆·乔姆斯基（Noam Chomsky）称这两场爆炸为"史上最难以言表的罪恶"。[49]

最近，历史学家丹尼尔·戈尔德哈根（Daniel Goldhagen）写了一本在其他方面深具洞察力的有关种族灭绝历史的书《比战争更罪恶》，他在分析伊始就称美国总统哈里·杜鲁门为"大屠杀凶手"，因为当他下命令使用原子武器时，就是在"选择扼杀近 300000 男人、女人和儿童的性命。"戈尔德哈根进一步主张，"很难想象任何一个思维正常的人会认为杀戮毫无威胁的日本人不是**大屠杀**。"[50] 戈尔德哈根在道德上把杜鲁门与希特勒等量齐观，是用绝对化思维作茧自缚，阻碍了人们分辨种族屠杀的不同类型、水平和动机（尽管对其他的大规模杀戮他这么做了。）如果"种族灭绝"的定义足够宽泛，如戈尔德哈根将其等价于"大屠杀"（但未准确定义大屠杀的含义），那么几乎所有的杀害大量人群的行为都可以看作是种族灭绝，因为只有两种范畴——大屠杀和非大屠杀。连续性思维的优点可以让我们按照滑动的量表区分各种大规模杀戮（有学者将种族灭绝定义为武装民族对未武装民族的单方面屠杀），区分它们的内容（国家战争、内战还是"种族清洗"），动机（结束战事或灭绝人口）和数量（数百到数百万）。1946年波兰法学家拉斐尔·莱姆金（Raphael Lemkin）发明了**种族灭绝**一词，并将其定义为"灭绝民族、宗教或者种族群体的阴谋。"[51] 同一年，联合国大会定义种族灭绝为"对整个人类群体生存权的剥夺。"[52] 最近，极受尊重的哲学家斯蒂文·卡茨（Steven Katz）定义种族灭绝为"不论以何种方式成功执行，实现了谋杀整个国家、民族、种族、宗教、政治、社会、性别或经济群体的意图。"[53]

根据这些定义，投放胖子和小男孩都不是种族灭绝行为，杜鲁门和其他人的不同在于行为的内容和动机，这一点在戈尔德哈根著作的副标题中体现得很明显：**种族灭绝、彻底清除和对人类的持续攻击**。在对目标人群的种族灭绝行动中，希特勒把彻底清除整个群体作为他们的目标。只有当每一目标人群的最后一人都被消灭时杀戮才会停止（或者是杀戮者被阻止或击败了）。杜鲁门投放原子弹的目标是结束战争，不是彻底清除日本人。如果彻底清除作为目标，那么美国为什么在战后领导了重建日本和西德的马歇尔计划，以至于不到20年两国就成长为世界级的经济强国？[54] 这看起来恰恰是与彻底清除计划相反的。

至于投放原子弹本身的道德性，根据本书对道德的定义——有感觉的存在者的生存和繁荣——那么胖子和小男孩不仅结束了战争，终结了杀戮，而且还拯救了生命，也许是数百万的生命，包括日本人和美国人。我父亲可能就是这样一位幸存者。"二战"期间，他在雷恩号（USS Wren）驱逐舰服役，雷恩号的任务是为航母和其他大型战舰护航，应对日本潜艇的危险，尤其重要的是击落神风特工队的飞机。当庞大舰队为了计划中的对日本本土的攻击劈波斩浪驶向日本时，他是舰队中的一员。他告诉我，舰上的每个人都在担心这一天的到来，因为他们已经听说攻占日本人盘踞的两个小岛——硫磺岛和冲绳岛——导致了骇人的屠杀。在持续36天的硫黄岛战役中，美军伤亡约26000人，其中死亡6281人。日本人为了守卫这个离日本本土700英里的火山岩小岛凶猛到什么地步？22060名日军士兵奉命战斗到死，其中仅有216人在战场上被俘。[55]随后的冲绳岛战役离日本本土仅有340英里，战争进行得更加残酷野蛮，死亡数据达到了令人震惊的240931人，其中日军士兵77166人，美军士兵14009人，外加149193名生活在岛上的日本平民，他们不愿被俘，要么死于战斗要么死于自杀。[56]一点不奇怪，正如我的父亲告诉我的，投下原子弹对于全体船员来说是一种情感上的解脱。[57]据估计为了保卫岛国，有2300000日军士兵和28000000日本民兵准备战斗到死，[58]所有人都很清楚攻占日本本土将会意味着什么。

杜鲁门的顾问们从这些冰冷无情的事实出发，估计会有250000至1000000美国人在攻占日本的战斗中牺牲。[59]道格拉斯·麦克阿瑟（Douglas MacArthur）将军估计日本和美国的死亡比会达到22：1，换言之至少会有5500000日本人死亡。[60]相比之下（尽管听起来很冷酷），两颗原子弹一共造成200000至300000人（广岛死亡90000至166000人，长崎死亡60000至80000人[61]）死亡是合算的。不管怎样，如果杜鲁门没有下命令投放原子弹，柯蒂斯·勒迈（Curtis LeMay）将军的B-29轰炸机群将会在攻占之前进一步把东京和其他日本城市夷为废墟；考虑到早期的狂轰滥炸已经造成了广岛水平的死亡率，再加上在日本投降之前被摧毁的城市可能会不止两座，常规轰炸导致的死亡人数将会和两颗原子弹一样高，如果不是更高的话。例如，小男孩是16000吨TNT当量。作为对照，美军战略轰炸调查估计，这威力相当于220架一共携带了1200吨燃烧弹、400吨高爆炸弹和500吨碎片杀伤炸弹的B-29轰炸机，造成的伤亡也相当。[62]事实上，1945年3月9日到10日是夜间，279架B-29轰炸机在东京投放了1665吨炸弹，使得15.8平方公里夷为平地，杀死了88000人，伤41000人，另有100万人无家可归。[63]

因此，投放原子弹是摆在决策者面前的选择中危害最小的。尽管我们不愿意称之为道德行为，但在那样的时代背景下，以挽救的生命为标准这样的行动是不道德的。即便如此，我们也应该承认杀死几十万人仍然是巨大的生命损失，而且爆炸以后很久，辐射的无形杀伤犹在，这个事实应该告诫我们，永远不要再使用这样的武器。参照罪恶的滑动量表，以在人类史上最邪恶的战争之一——其中发生了毁灭性罕有其匹的对 600 万犹太人的大屠杀——为背景，它不是，乔姆斯基所说的，历史上最难以言表的罪恶——甚至连接近都称不上——但它是人类编年史上永远不能忘记的事件，也但愿永远不要再发生。

通往零核之路

废除核武器是异常复杂和困难的博弈，对此学者和科学家已经进行了超过半个世纪的广泛研究。问题很多，由此及彼的排列组合也很多，并且不存在万无一失的无核化之路，但各个领域的专家和组织提议的下列步骤似乎是合理而现实的长期目标。[64]

1. **继续减少核储备**。延续图 2-2 中的趋势，在现有超过 10000 枚的全球核储备基础上，努力减少到 2020 年的 1000 枚和 2030 年的不足 100 枚。这样的核火力足以维持最低充分威慑，并保持核国家之间的和平，而且在发生错误或者遇到疯子的情况下，核战争也不至于毁灭人类文明。[65] 全球零核化运动呼吁"阶段性、可证实、按比例地削减所有核武库，截至 2030 年，核弹头总数削减为零"，同时指出，虽然这看起来不现实，但"美国和俄罗斯已经退役和销毁了两倍（40000+）于该行动计划建议的未来二十年（2009—2030）削减的核弹头数目（20000+）"[66]。这令人鼓舞，但从 70000 减少到 10000 易，从 10000 减少到 1000 难，1000 到 0 更难，因为除非到了下列步骤全部走完之时，安全困境将会一直存在。

2. **不首先使用**。通过国际法规定所有"先发制人"策略非法。核武器只应该在报复中做防御性使用。任何国家，只要违反国际法发动先发制人的打击，就将面临全球谴责、经济制裁、核报复，以及推翻其政府并将其领导人以反人类罪的罪名送审。中国和印度已经签署不首先使用（NFU）的声明，但北约、俄罗斯和美国尚未签署。俄罗斯的军事信条要求有权使用核武器"应对大规模的传统入侵"。[67] 法国、巴基斯坦、英国和美国宣称他们只会防御性地使用核武器，尽管巴基斯坦声称即使印度没有首先使用核武器，也会核攻击印度[68]；而英国声称只要伊拉克这样的"无赖国家"在战场上对英国军队使用大规模杀伤性武器，英国就会对它们使用核武器。[69] 至于美国，它反复重申的长期政策是"美国核武器的根本角色是威慑针对美国及我们的盟国和伙伴国的核攻击，这一角色与核武器的存在相始终"，此外，美国"不会向加入核不扩散条约（NPT）并履条约义务的无核国家使用或威胁使用核武器。"[70]

3. 达成核大国协定。这样的联盟对拥有核武器或者试图获得核武器并有使用意图的小国和恐怖分子将具备压倒性优势。亚采克·古格勒（Jacek Kugler）设计的维持威慑的同时在世界范围内减少核储备的模型，在不首先使用的政策之外，包括这样一个限制性条款："核大国必须保证，较小的核力量发起的任何先发制人的核打击都将面临来自核俱乐部某一成员国的毁灭性的核报复。"古格勒和其同事提议建立"核安全委员会"，由四个核大国组成——美国、中国、俄罗斯和欧盟（法国和英国），它们有足够的核武器发动第二次核打击，如果任何较小的核国家或者恐怖组织对它们或任何其他国家发动先发制人的核打击的话。[71] 例如，如果朝鲜攻击韩国或日本，美国就将会报复。又或者如果伊朗获得了核武器并攻击以色列，美国（或许还有欧盟，或许没有）也将会反击。

4. 禁忌从禁用核武器转向禁拥核武器。2009 年诺贝尔基金会授予奥巴马总统和平奖时考虑的就是这些："委员会认为奥巴马对没有核武器的世界的洞察以及为之做出的努力具有特别的重要性。"[72] 对于阻止各种人类行为来说，禁忌是有效的心理机制，禁忌曾经有效制止了毒气在二战中的使用，尽管有国家（英国和德国）在其他时间（一战）使用过毒气，有时甚至是对自己的人民（萨达姆·侯赛因对伊拉克库尔德人）使用。但随着时间推移，禁用化学和生物武器的禁忌在所有方面都在变得更强，使用生化武器被大多数国家以及国际法认为是反人类罪行（萨达姆·侯赛因被判绞刑的罪名之一[73]），尽管禁忌的效用不是立竿见影的。

核武器一开始是以性感武器的姿态出现的，事实上，法国设计师路易斯·利尔德（Louis Reard）正是据此命名了他设计的比基尼泳装，因为他希望坦胸露肩的设计将会产生爆炸性反应，就像 1946 年初夏在南太平洋的比基尼环礁引爆的两颗原子弹产生的爆炸性反应一样。[74] 政治学家妮娜·坦嫩瓦尔德（Nina Tannenwald）在她的有关核禁忌起源的历史中写道，整个 1950 年代，每个人都把核武器看作是司空见惯的，并且明确表达了"一个在武器和战争史上有悠久传统的观点：一种武器一旦被采用就不可避免地会被广泛认为是合法的。"但这一次没有一语成谶。相反，"核武器最终被界定为可恶的和不可接受的大规模杀伤性武器，核武器的使用是一种禁忌。这种禁忌与对核武器的普遍反感相关联，与对核武器使用的广泛禁止相关联。反对和指责已经覆盖所有类型的核武器，不限于大型核弹或者某些特殊种类，也不限于核武器的使用。"坦嫩瓦尔德认为，核禁忌的发展是三股力量的结果："全球性的草根反核运动，冷战中的强权政治，无核国家推动核武器非法化的持续努力。"[75]

化学和生物武器禁忌背后的心理因素很容易转向核武器。致命的高温和辐射——就如毒气和致命疾病一样——在它们所造成的大屠杀中都是无形杀手，没有差别。相对于由长矛、剑、火气、手榴弹甚至加农炮和火箭发射器武装起来的两军之间进行的的传统战争，这是心理上的裂变。如果某个其他大陆上的敌人在一道白色闪光中就被消灭得无影无踪，那么进行道德惩罚的道德情感虽然进化到了威慑搭便车者和霸凌者的地步，但这并不能令人满意。[76] 并且，人们对核武器的反感在大脑中可能与厌恶性情感有关，而心理学家已经确认厌恶性情感与不可见的传染病、有毒物质以及携带两者的令人作呕的东西（如呕吐物和排泄物）相关联——进化而来的厌恶反应引导生物体为了生存远离这些物质。[77]

5. 核武器不应该再被看作威慑方案。澳大利亚前外交部长加雷斯·埃文斯（Gareth Evans）也是核不扩散和裁军国际委员会主席，他令人信服地说明，核武器对于威慑已经没有意义。他指出，是不是核武器维持了大国之间在整个冷战时期的平衡，这一点完全不能确定，因为在 1940 年代中期发明核武器之前，尽管有大规模杀伤性武器存在，大国间还是陷入了战争。"担心自己成为核武器极端破坏力的受害者，仅仅这一点，可能还不足以成为影响决策者的决定性因素，这与人们通常所认为的不同"，埃文斯如是说。相反，1945 年以来的长久和平可能是源自"这样一种现实，即**任何**战争导致的破坏都将恐怖得难以置信，并且在经济上相互依赖的今天，破坏也远超任何想象中能得到的利益。这一现实是二战经验教训的产物，并且以"二战"后整个的快速的技术进步为依据。"[78]

6. **演化而非革命**。所有这些改变都应该逐步和渐进地实施，辅之以"信任但核查"策略以及尽可能高的透明度。加雷斯·埃文斯提出了一个两阶段进程：最小化，然后消除，"这之间存在某种不可避免的跳跃。"他把实现核不扩散和裁军国际委员会设定的最小化目标的时间定在 2025 年，最小化目标"需要将全球现有弹头储备减少到不超过 2000 枚（美国和俄罗斯分别不超过 500 枚，其他核国家总共不超过 1000 枚），到那时所有国家均承诺'不首先使用'——并通过显著减少武器部署和发射准备来赋予这些原则性声明以现实可信度。"[79]

7. **减少核武器装备和研发费用**。核武器耗费昂贵是无可辩驳的，据估计，9 个核国家每年投入的维护费用超过 1000 亿美元，也就是未来 10 年预计投入 1 万亿。[80] 现在开始制定预算，逐渐减少未来 20 年划拨给所有核武器相关部门的经费，将会推动各国寻求其他方案去处理本来是要通过核武器的历史性发明来解决的问题。

8. **为了 21 世纪修正 20 世纪的核计划和核政策**。在《没有核武器的世界》宣言中，前面提到的舒尔茨、佩里、基辛格和那姆倡议"放弃任何现有的继承自冷战时代的大规模攻击的作战计划"；"延长装有核弹头的弹道导弹发射的警告和决策时间，因而减少意外和擅自攻击的风险"；"就发展协作性的多边弹道导弹防御和早期预警系统进行磋商"；并且"大幅加速为核武器提供最高安全保障的工作……防止恐怖分子获得核弹。"[81]

9. **经济上相互依存**。两国间贸易量越大，交战的可能性就越小。两者并非完全相关——存在例外——但经济上相互依存的国家不太可能放任政治紧张升级到战争冲突的地步。战争代价高昂——经济义务、制裁、禁运、封锁都要付出代价；商业损失波及冲突双方（当然武器制造商除外）。不论好坏，在民主国家，政治人物更多对金钱上的利害负责，一般情况下他们希望交易成本越低越好，而战时交易成本会上升。因此，朝鲜和伊朗这样的国家被带入经济贸易集团越早，与核大国形成共存关系越早，他们在根本上感到需要发展核武器的可能性就越小，更不用说使用核武器。

10. **民主化治理**。两个国家越是民主化，爆发冲突的可能性就越小。与经济上相互依存一样，民主的和平也是一般趋势，但不是自然法则，正如我们在前一章看到的，它是政治制度透明化的结果；透明的政治制度包括权力制衡和更换领导人的能力，用以限制骗子、疯子、迷恋权力的统治者、醉心于复仇的统治者以及固执于国家的种族净化或者神圣体液的统治者，不允许他们把紧张局势恶化到发射核导弹的地步。

只要有核武器，就不会有走出安全困境的捷径。尽管里根说他希望零核化，但在冰岛他拒绝了戈尔巴乔夫绝对精确地减少核武器的建议，因为他不相信苏联人，他只接受"信任但核查"——这是不信任的一种形式。我对我们毁灭自身之前达到零核化抱有希望，但这会是一段漫长的需要耕耘的历程。耕耘的起点是在磋商时运用**交互视角**——例如，逐渐放下武器，这是加雷斯·埃文斯建议的第一步："正如在所有的外交过程中一样，在所有情况下进展的关键都是试着去理解对方的利益和视角，并且在不实际危及自身真正重大利益的前提下通过一切方法寻找满足对方要求的办法。"

埃文斯举了一个失败的例子。俄罗斯"对（部署在欧洲的）弹道导弹防御系统和新的长程常规武器系统表达了自身的关切"，埃文斯认为，这两者严重削弱了"它的二次打击报复能力"，但美国没能给予"可以接受的回应"。[82]令人鼓舞的是，2013年美国采取了一个重要步骤，撤销了部署在欧洲的部分弹道导弹防御系统，尽管这么做是出于预算原因以及为了加强针对朝鲜的亚洲弹道导弹防御系统。[83]又或者，埃文斯写道，为了让中国保持它当前的"最低威慑"姿态而不是跃升到相互确保摧毁战略，美国应该承认"它与中国的核关系是'相互确保攻击'，就是说在实践中美国'应该规划和展示自己的核力量，并将自身的政策基础设定为：美国蓄意发动的解除武装的先发制人的打击，与导弹防御系统联合也不能可靠地杜绝中国对美国的核报复。'"[84] 例如，美国在太平洋地区的导弹防御系统已经足够拦截朝鲜的导弹发射，因此任何进一步的发展都会被中国看作威胁。

在寻找最低危险零核化路径的过程中，这类场景一再上演，如果我们秉持这个领域如此普遍的创造缩略词的精神，可以称这条最低危险零核化路径为 MDPZ。我不相信人类永远走不出威慑陷阱，余存的威胁应该引导我们更早地走向零核化而不是更晚。与此同时，考虑到国际关系的复杂性，最小化是我们能期望的最好结果，但只要有足够时间，正如莎士比亚的诗句所言，

> 时间的荣耀是平抚好斗的国王，
>
> 是撕下谎言的面具，引真理入光明，
>
> 是为古老的事物盖上时间的封印，
>
> 是唤醒晨曦，守卫黑夜，
>
> 是降服嗜杀为生的虎狼之徒，
>
> 是愉悦庄稼丰收的村夫农人，
>
> 是水滴而巨石穿。[85]

恐怖主义的真相？

所有这些博弈论计算都假设人是理性的行动者。正如国际关系学者赫德利·布尔（Hedley Bull）所言，"互相间的核威慑……并不是使得核战争不可能，而只是使之变得不理性"，但他随后又补充道，一个理性的战略家是这样一个人，"在进一步的了解中，会把自己表现得像一位拥有不同寻常的智性敏锐的大学教授。"[86]

恐怖分子是理性行动者吗？穆斯林恐怖分子追求殉教和天堂72处女的回报有多理性？（当然你是男人才行；女性恐怖分子没有同等安慰。）至少，无神论的共产主义者并不怀有这样的妄想。如果你认为自己的目标有报复

能力，而你也不想死——有活下去以及诸如此类的欲望，那么相互确保摧毁（MAD）会阻止你发动先发制人的打击。但是，如果你的宗教信仰让你确信你不会真正死去，你的来生比此生好得多，并且你会被留在此生的人尊为英雄……计算就不同了。正如零核化倡导者山姆·那姆所言，"比起核国家之间的深思熟虑的战争，我更担忧没有回击地址的恐怖分子，他们无法被威慑。你无法威慑乐意自杀的群体。"[87] 虽然如此，我还是倾向于持乐观态度，因为恐怖主义意图通过暴力达到目的的历史很惨淡。尽管人肉炸弹把自己炸得粉身碎骨的媒体故事在不停狂轰滥炸，过去半个世纪以来，长时段的社会变迁趋势是在朝着更少暴力、更多道德行为的方向发展，即使恐怖主义还存在。

恐怖主义是不对称战争的一种形式，是非国家行动者对无辜的非战斗平民发动的战争。正如它的名字所示，它以唤起恐惧为手段。这会调动人类的过敏情绪，该情绪又反过来挫败人类的理性，使得对恐怖主义作清晰思考变得几乎不可能。就此而言，为了恰当地理解恐怖主义的成因，进而继续减少其频率和效力，我认为至少有七个有关恐怖主义的神话需要破除。

1. **恐怖分子纯是粹恶魔**。第一个神话在 2001 年 9 月生根，当时乔治 W. 布什总统宣布，"我们将为世界铲除作恶之人"，他们恨我们，因为"我们的宗教自由、言论自由、选举和集会自由以及持不同意见的自由。"[88] 这种观点体现了社会心理学家罗伊·鲍迈斯特（Roy Baumeister）所称的"纯粹恶魔的神话"（在有关道德退步的第九章会更多讨论这一点），该神话认为，暴力作恶者没有理性理由，只是为了造成无意义的伤害和无目的的死亡。"作为作恶者的恐怖分子"的神话已经在有关暴力的科学研究中破灭了，至少有四种类型的暴力激励着恐怖分子：**工具、统治 / 荣誉、报复和意识形态**。

举例来说，在对 52 例以美国为目标的伊斯兰恐怖分子的研究中，政治学家约翰·米勒（John Mueller）总结发现，恐怖分子的动机包括**工具性暴力**和**报复**："对美国外交政策——特别是发动伊拉克和阿富汗战争，以及在巴勒斯坦冲突中对以色列的支持——有一种即将沸腾的和更常见的已经沸腾的愤怒。"宗教形式的**意识形态**"对于他们中的大多数来说是考虑的一部分"，米勒解释道，"但不是因为他们想要传播伊斯兰教法或者建立哈里发帝国（罪犯中很少有人能拼对伊斯兰教法或者哈里发帝国）。不如说，他们是想要保护他们的教友，对抗通常被看作美国政府在中东发动的针对他们的战争。"[89]

至于**统治和荣誉**作为暴力的推手，人类学家斯科特·阿特兰（Scott Atran）通过对恐怖分子监狱的广泛的人种学调查揭示了如下事实，人肉炸弹（和他们的家庭）在此生会得到大量地位和荣誉的光环（其次，来生还有72处女的许诺），并且他们大多数"属于家族和朋友组成的松散的、土生土长的网络，网络中人不仅是为事业而死，也是为彼此而死。"大多数恐怖分子都在20岁上下，其中的学生和移民更是如此，"他们也格外倾心于那些允诺了价值目标、同志之情、冒险和荣誉的运动。"[90] 杰瑞米·斯卡希尔（Jeremy Scahill）2013年制作的纪录片《肮脏战争》，展示了所有这些动机。影片冷静观察了美国在他国的无人机攻击和刺杀行动带来的后果，比如在索马里和也门——美国并未与它们处于战争状态，我们看到那里的国民发誓报复美国对他们荣誉和意识形态的侵犯。[91]

2. 恐怖分子是有组织的。 这个神话把恐怖分子描绘成一张巨大的全球网络的一部分，这个网络由自上而下的中央控制的反西方的阴谋组成。但 A. 阿特兰表明，恐怖主义是"去中心的、自组织的、持续进化的社会网络的复合体"，通常通过社会团体和体育组织如足球俱乐部来组织。[92]

3. 恐怖分子都是魔鬼般的天才。 这个神话始于 9·11 委员会的报告，该报告把恐怖分子描述为"老练、坚韧、专业且致命"。[93]但据政治学家马克斯·艾布拉姆斯（Max Abrahms）研究，在主要恐怖组织的头目被斩首以后，"以美国本土为目标的恐怖分子已经变得既不老练也不明智，只是些无能的笨蛋。"[94]例证很多：2001 年的鞋子炸弹杀手理查德·里德（Richard Reid）在飞机上点不着引信，因为雨水和他脚上的汗水使得引信受潮了；2009 年的内衣炸弹杀手乌玛尔·法约克·阿卜杜穆塔拉布（Umar Farouk Abdulmutallab）仅仅成功点着了自己的裤子，烧伤了双手、大腿内侧和生殖器，并导致自己被捕；2010 年时代广场炸弹杀手费萨尔·沙赫扎德（Faisal Shahzad）费了九牛二虎之力不过是点着了他自己的 1993 年产的尼桑探路者汽车；2012 年的飞机模型炸弹杀手雷兹万·费尔达斯（Rezwan Ferdaus）从 FBI 特工手里购买 C-4 炸药，迅速被 FBI 特工逮捕；2013 年的波士顿马拉松炸弹杀手，兄弟两人只有一支手枪自卫，没有钱，唯一的撤退策略是劫持一辆没有汽油的汽车，焦哈尔·查纳耶夫（Dzhokhar Tsarnaev）驾驶这辆车碾过他哥哥帖木儿（Tamerlan），随后在一艘陆上船只中试图自杀，但未遂。显而易见，恐怖主义是一种逐底竞争。

4. **恐怖分子都贫穷且无知。** 这个神话吸引了很多西方人，他们一厢情愿地认为如果我们为解决一个问题投入足够多的钱，问题就会化解；又或者，只要每个人都去上大学，他们就会喜欢我们。经济学家阿兰·克鲁格（Alan Krueger）在《什么制造了恐怖分子》一书中写道："大量的学术和政府研究发现，恐怖分子更可能出自受教育良好的中产阶级或者高收入家庭，而不是贫困阶层。对于严肃而不带偏见地研究过这一问题的人来说，贫困与恐怖主义没多大关系这点不存在什么问题。"[95]

5. **恐怖主义生死攸关。** 在美国，与每年 13700 起凶杀案相比，在恐怖主义活动中罹难的人数属于统计噪声，仅仅只是曲线图上的一个点。作为对比，暂且不论在"9·11"事件中罹难的 3000 人，之前 38 年恐怖分子总共杀死了 340 人，"9·11"之后包括波士顿爆炸案在内恐怖主义造成的死亡人数是 33 人，这里面还包括了在 2009 年死于纳达尔·哈山（Nidal Hasan）制造的福特港惨案的 13 名士兵。[96]总共死亡 373 人，年均 7.8 人。即使我们算上"9·11"当天消逝的 3000 人，年均死亡人数上升到 70.3 人，但比起每年 13700 件凶杀案，还是没有可比性！

6. **恐怖分子将会获得并使用核武器或脏弹。** 奥萨马·本·拉登（Osama bin Laden）曾说如果他能得到这类武器他就会想要使用它们，国土安全部长汤姆·里奇（Tom Ridge）呼吁加强对本部门的支持时强调了这一点："不能无视大规模杀伤性武器，包括内含化学、生物或放射性制剂或原料的大规模杀伤性武器。"[97]但正如外交关系委员会的迈克尔·利瓦伊（Michael Levi）给我们的提醒，"政治人物酷爱把人民吓得魂飞魄散，而没有什么比谈论核恐怖主义更适合这个目的。从布什总统 2002 年警告称'铁证'可能是蘑菇云，到约翰·克里（John Kerry）2004 年提出'手指放在核按钮上'的'影子人物'，再到上个春天米特·罗姆尼（Mitt Romney）诉诸'激进核圣战'的幽灵，都是司空见惯的套路。"[98] 但专家的共识是，绝大多数（如果不是全部的话）恐怖分子远远没有能力获得制造原子弹或者脏弹必需的原料和知识。乔治·哈珀（George Harper）1979 年在《模拟》（Analog）上发表了一篇诙谐有趣的文章，题为《自造原子弹，唤醒四邻》，这篇文章有助于人们明白真造一颗原子弹有多难：

作为恐怖分子，实现你的目的的最好的方法是气体扩散法。这是最早期的原子弹所采用的方法，在很多方面它是最可靠的，并且只需要复杂性最低的技术。然而，原子弹还是有点贵，而且也确实需要某些易于引起惊讶的化学物质。你首先要准备十几英里的特种玻璃内衬钢管或者类似的东西，大约 60 吨用来生产六氟化铀化合物的氢氟酸。一旦铀被转化成六氟化物，就可以将其对着若干特殊的低孔隙度的薄膜吹。包含 U-238 原子的六氟化铀分子比包含 U-235 的要稍微重一点。当六氟化铀气体吹过薄膜时，比起较轻的分子，更多较重的分子会被薄膜俘获。因此，薄膜的另一侧富集了包含 U-235 的原料；大概每通过一次要多 0.5%。重复足够多的次数，你就能收集到活性区需要的 U-235 原子含量几乎为 100% 的六氟化铀。然后你将氟分离出去，就得到了一小块精致的人工驯化的 U-235。后面的事情就水到渠成了。[99]

在他的另一本书《论核恐怖主义》中，利瓦伊提出了"核恐怖主义的墨菲定律：能错的，就会错"，并且列举了大量失败的恐怖袭击，这些袭击失败都是因为恐怖分子的极度无能，他们甚至连制造和引爆最简单的化学武器都不会。[100] 在这样的背景下，值得指出的是，没有任何人在任何地方曾经成功部署过脏弹并造成伤亡。同样值得指出是，据负责追踪核燃料的美国核管理委员会称，"绝大多数有关失踪或被盗核燃料的报告涉及的都是少量的或寿命短暂的放射源，造不出 RDD[放射性散布装置或脏弹]。过去的经验告诉我们，还没有形成为了组装 RDD 而收集这类放射源一贯模式。注意到下面这一点也很重要，过去 5 年消失不见的放射源的放射性加在一起也达不到一个高危放射源的临界值。"[101] 简言之，恐怖分子成功制造和发射任何一种核装置的可能性都太低了，我们把解决恐怖主义问题的有限资源投入其他领域可能要好得多。

7. **恐怖主义行之有效。** 研究了 42 个活跃了数十年的国外恐怖组织后，马克斯·艾布拉姆斯（Max Abrahms）总结发现只有两支达到了公开宣布的目标——真主党在 1984 年和 2000 年控制了黎巴嫩南部，泰米尔猛虎组织在 1990 年接管了斯里兰卡部分地区，但在 2009 年又失去了这些地区。总的成功率不足 5%。[102] 在一项随后的研究中，艾布拉姆斯和同事马修·戈特弗里德（Matthew Gottfried）发现，如果恐怖分子杀死平民或者活捉俘虏会极大降低与政府达成交易的可能性，因为暴力衍生暴力，公众情绪会转而反对施暴者。此外，他们发现如果恐怖分子确实得到了他们想要的，那么这更可能是金钱或者释放政治犯，而不是政治目的。他们还发现自由民主政体对恐怖主义反弹更大，尽管人们感觉因为对公民自由的承诺，民主政体倾向于避免采用严酷手段对付恐怖分子。[103] 最后，关于恐怖主义作为达到目的的手段的总体效力，政治学家奥德丽·克罗宁（Audrey Cronin）在分析了 1968 年以来的 457 次恐怖活动后发现，没有一个恐怖组织征服过一个国家，并且高达 94% 的恐怖组织没有实现哪怕**一个**自定的战略性政治目标。完成所有目标的恐怖组织有多少？**零**。克罗宁的书名问《恐怖主义如何终结》。恐怖主义终结得迅速（恐怖组织平均存活 5 到 9 年）而悲惨（头目死亡）。[104]

列举这些研究时我经常听到的一个反驳是，恐怖主义在恐吓政府方面起作用了，它迫使政府耗费大量资源应对恐怖主义威胁，并且是以一种牺牲我们的自由和隐私的方式。这是一个有理有据的论点。"9·11"以来，仅美国就已经支出了超过 6 万亿美元，用于两场战争和作为对 3000 条人命损失应对措施的臃肿的官僚部门的开销，[105] 而 3000 人还不到每年美国高速公路死亡人数的十分之一。爱德华·斯诺登（Edward Snowden）有关国家安全局监控计划的爆炸性揭秘激发了一场全民大讨论：如何平衡隐私和透明、自由和安全。2014 年，斯诺登从莫斯科的一处保密地点通过视频线路告诉温哥华的 TED 听众：

> 恐怖主义刺激起一种情绪性反应，使得人们合理化并批准一些他们否则不会同意的计划。美国在 1990 年代要求过这种授权；它让 FBI 在国会据理力争，但国会否决了，因为不值得让经济冒险，为了证明收入正当会对社会造成太多伤害。但在后"9·11"时期，他们使用恐怖主义提供的保密性和正当性秘密启动了计划，而并未向国会或美国人民提出请求。密室中的政府是我们必须防范的。我们不需要非得放弃隐私才能拥有一个好政府，也不需要非得放弃自由才能拥有安全。[106]

在社会的很多领域，政府都要努力应对自由和安全的平衡问题。[107] 我们当然必须一直保持警惕，但这个七个神话指向了一个不可避免的结论：在历史进程中，恐怖主义在实现自己目标方面是完全失败的，在使得文明偏离通往更高正义和更多自由的轨道方面它们也是完全失败的，除非我们陷入对恐怖主义本身的恐惧。

暴力回应 VS 非暴力抵抗

暴力作为实现政治变迁的手段是一种问题丛丛的策略。非暴力的社会变迁会怎样？ 1970 年出版了一本经典的政治哲学著作，题为《退出、表达和忠诚》，作者是哈佛大学经济学家阿尔伯特·赫希曼（Albert Hirschman）。他观察发现，当公司和国家这样的组织开始萧条和衰落时，成员和利益相关方可以采取两种非暴力策略之一来使事情出现转机：通过提出建议、倡导改变、抱怨或者抗议的方式**表达**意见；又或者，**退出**并组建吸收了他们的变化观念的新组织。[108] 举例来说，作为对政治压制的回应，一国公民可以**抗议（表达）**或者**移民（退出）**；公司的员工或者消费者可以投诉或者另觅商家。在这两种情况之下，人们可以用他们的声音和脚（以及美元）投票。**忠诚**会抑制**退出**，以保证国家和公司不至于一直衰败下去或者走向破产。对于进步和利润来说，一定程度的稳定是必需的，因此，为了削弱**退出**策略，**忠诚**推动**表达**成为带来改变的更有效（并且是非暴力的）手段。如果人们感觉到他们的声音被听到了——并且能看到实实在在的改变——他们就不太可能退出。相反，如果声音没人听——如国家通过囚禁或者处决来使政治异见者失声——退出就成为唯一可行的改变策略，而这会导致暴力。

以道德进步为标志，哪一种策略更好，表达还是退出？这取决于变迁是如何发生的——通过非暴力抵抗还是暴力回应。历史地看，政治制度变革通常以尸横遍野和血流成河为手段。例如，纵观欧洲历史，弑君在大多数时期是政权更迭的常用方法。通过对公元 600 年到公元 1800 年间遍及欧洲的 45 个君主国的 1513 名君主的研究，犯罪学家曼纽尔·艾斯纳（Manuel Eisner）发现，其中约有 15%（227 人）死于刺杀，对应的统治年份的凶杀率约为 100000 分之 1000——刺死率是那些世纪的背景凶杀率的 10 倍。[109]当毛泽东 1938 年宣称"枪杆子里面出政权"[110] 时，他是一个现实主义者。但情况正在变化。

正如本书追踪的许多其他道德进步的形式一样，非暴力抵抗现在已经超越了暴力回应。政治学家艾丽卡·切诺韦思（Erica Chenoweth）和玛利亚·斯蒂芬（Maria Stephan）把 1900 年以来所有形式的暴力和非暴力革命和改革输入一个数据库，然后对这些数字进行运算处理。[111] 结果是："从 1900 年到 2006 年，世界范围内的非暴力运动获得完全成功的可能性是暴动的两倍。"切诺韦思补充说："这一趋势随着时间逐渐增强——过去的 50 年间公民抵抗已经变得越来越频繁和有效，而暴动变得越来越少见和无效。即使在那些我们能够预期到非暴力抵抗会失败的极端高压、威权的环境中，趋势也是如此。"为什么长远来看作为达到目的的手段非暴力会胜过暴力？"人的力量"，切诺韦思说道。多少人？按照她的数据，"一旦活跃而持续的参与者达到人口比例的 3.5%，运动就无例外地获得了成功——而且还有大量参与者少得多的运动也同样获得了成功。"不仅如此，她强调，"每一场参与者确实超过 3.5% 的运动都是非暴力的。事实上，仅仅依靠非暴力手段的运动的平均规模超过暴力运动的四倍。而且非暴力运动在性别、年龄、种族、政党、阶级和城乡差别方面通常具有更强的代表性。"[112]

非暴力策略如何转化成政治变迁？如果你们的运动以暴力为基础，就必然主要把焦点投向年轻、强壮、有暴力倾向的男性，他们往往嗜酒好斗。然而，据切诺韦思解释，"公民抵抗容许各种不同体质水平的人参加——包括老年人、残疾人、女人、儿童和几乎任何想要参加的人。"更强的包容性，更低的参与门槛，是达到那个神奇的3.5%的快车道。再则，他们不需要昂贵的枪炮和武器系统。公民不服从通常采用的方式是罢工、抵制、滞家示威、敲打锅碗瓢盆和其他噪声源以及——就像1951年电影《地球停转之日》中的场景——在某天的约定时间切断电源。孤立个体组成的松散组织散布在整个城市，运用诸如此类的手段，高压政权很难阻止。此外，把主流人群而不是边缘人群纳入运动，这样运动的突击部队也就更有可能了解和认识另一边的人民。在塞尔维亚及其独裁者斯洛博丹·米洛舍维奇（Slobodan Milosevic）的案例中，切诺韦思写道"一旦民意变得明朗，成千上万的塞尔维亚人涌向贝尔格莱德，要求米洛舍维奇下台，警察就会无视向示威者开枪的命令。当被问到为什么这么做时，一名警察回答说：'我知道我的孩子们也在人群中。'"[113]

非暴力抵抗还有一个好处：你以后安身的社会制度。非暴力改革运动带来民主制度的可能性比起暴动要大得多，它们堕落为内战的可能性也要低15%。"数据很清楚"，切诺韦思总结道："如果依靠公民抵抗，他们的规模就会越来越大。而当大量的人民退出与高压体制的合作时，机会就永远在他们这一边。"[114] **图2-3**和**图2-4**呈现了这些显著的趋势。

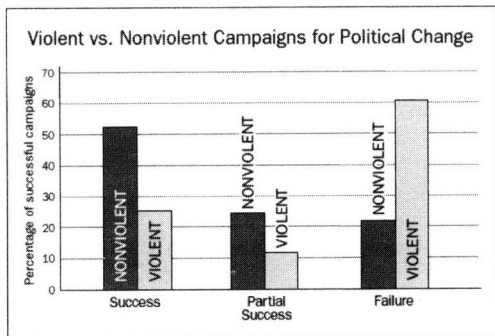

Figure 2-3. Nonviolent Campaigns for Political Change
Success rate of campaigns for political change since the 1940s comparing violent and nonviolent methods reveals that violence is a failed strategy and nonviolence is the method of choice.[115]

图2-3 基于非暴力的政治变迁

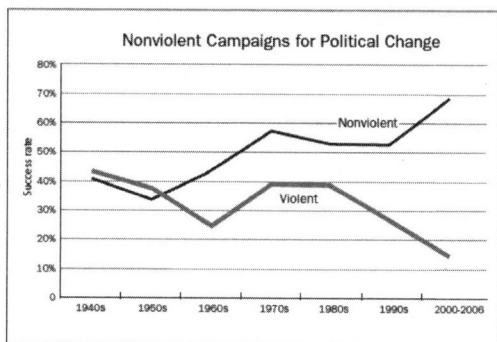

Figure 2-4. Progress in Nonviolent Campaigns for Political Change
The percentage of successful campaigns for political change comparing violent and non-violent methods.[116]

图 2-4　基于非暴力的政治变迁的进步

战争、暴力和道德进步

正如神话环绕着恐怖主义，关于战争的起源和原因也是众说纷纭，遮蔽着我们的思考。人类天性上比较非暴力，并且前国家时期的人们很平和，能够互相以及与环境相对和谐共处，就是这些神话中的第一个。然而，来自多个科学探索领域的证据交汇在了这一点：关于人类史前期的这种观点至少是误导性的，并且非常可能是错的。理由与人性的特点是和平的还是好战的没有太多关系，主要是与生物体如何应对问题的逻辑有关，这些问题包括搭便车者、霸凌者、挑战，以及对生存和繁荣的威胁。换言之，我在下文回顾的资料对于解决下述这个发酵了很久的争论意义不大，即处在自然状态的人类究竟是什么样子的，是高贵的野蛮人还是一切人对一切人的战争；作为替代，我的立论基础是我们的道德情感的逻辑，以及这些情感如何引导我们以这种或另一种方式方式对其他有感觉的存在者做出回应，反过来，他们也对我们的行为做出相应的回应。

生态学家波比·芳（Bobbi Low）运用来自标准跨文化样本的数据分析了全世界 186 个狩猎 – 捕捞 – 采集（HFG）社会，发现生活在传统社会的人们并没有与自然形成平衡的、生态和谐的共处关系。事实上，她发现传统社会的人们对自然的利用受到有限的生态资源而不是观念态度（诸如禁止伤害地球母亲的神圣禁忌）的限制，他们相对较低的环境冲击也是因为低人口密度、无效率的技术手段以及赚钱市场的缺乏，而不是因为任何有意识的环保努力。芳还发现，在32%的HFG社会中，人们不仅不注重实践，环境退化还很严重。[117]

人类学家罗伯特·埃杰顿（Robert Edgerton）在他的著作《病态社会：挑战原始和谐神话》中，调查了未受西方文明影响的传统社会的人种学记录，发现存在药物成瘾、虐待妇女儿童、肉体毁伤、政治领袖对群体进行经济剥削、自杀和精神疾病的明显证据。[118]

在《文明之前的战争：和平野蛮人的神话》中，考古学家劳伦斯·基利（Lawrence Keeley）检验了下述假说：史前战争罕见、无害和仪式化的体育运动差不多。通过考察原始和文明社会，他发现史前战争——相对于人口密度和战斗技术来说——至少和现代战争一样频繁（以战争年数与和平年数之比来衡量），一样致命（以冲突中的死亡比例来衡量），一样残酷（以对非战斗的妇女和儿童的杀伤来衡量）。例如，在南达科他州的一处大型史前墓葬中发掘出了五百多具剥了头皮且肢体残缺的男人、女人和儿童的遗骸，而这发生在欧洲人抵达这片大陆之前半个世纪。总之，基利说道，"人类战争的化石证据至少可以追溯到200000年前，而且据估计多达20%—30%的古代男人死于群体间的暴力。"[119]

考古学家斯蒂文·勒布朗（Steven Leblanc）在《无休止的战斗：野蛮人和平而高贵的神话》中，记录了他的书名所描述的自然状态。书中提供了这样一些例子，比如，尼罗河畔的一处一万年前的墓葬地点埋葬了"59个人的遗骸，其中至少24人的遗骸显示有暴力致死的直接证据，包括体腔上留有来自箭矢或者长矛的石制尖头，许多人身上有多个石尖。有六处丛葬，几乎每个人身上都有石尖，说明每个集体墓穴中的人都是在同一个事件中被杀，然后被埋在一起。"在犹他州的另一处埋葬点，发掘出了97具尸体，"6具尸体身上残存石制矛尖……有一些胸骨被箭射穿，还有许多头和臂碎裂……被杀的有各个年龄的男女，他们或被投掷的飞镖射中，或被刺穿，或被棒击，表明这是一场短兵相接的战斗。"另有几处分布在墨西哥、斐济、西班牙和欧洲其他地方的考古遗址显示人类的骨头被纵向砸开并且烹煮过，而一件前哥伦布时代美洲原住民的粪化石上带有人类肌肉的肌红蛋白，所有这些可以综合成这样一个事实：人曾经吃人。[120] 勒布朗确认了十个没有陷入群体间的"无休止战争"的社会，但他又写道"这些同样'和平'的社会中的一些有高得离谱的凶杀率。例如，在科珀爱斯基摩人（Copper Eskimo）和新几内亚葛步赛（Gebusi）人中间，有三人之一的成年人死于凶杀。"因此，他以一种夸张的方式问道，"哪些杀戮是凶杀哪些是战争行为？这类问题和回答变得有点模糊不清。所以，有些所谓的和平更多取决于凶杀和战争的定义，而不是现实。"[121]

图 2-5 也许是对现实的一个视觉的提醒，提醒我们，对我们祖先中的许多人来说，真实生活通常是什么样子。图中展示了两颗头骨，它们的主人大概在 8500 至 10700 年前的北欧死于暴力，它们就是我们的数量巨大的暴力历史的面貌。

与历史社会一样，史前社会之间的暴力频率也有显著差异，但就统计而言，相比国家社会，在前国家社会死于暴力的可能性之大就像它的骇人程度一样明显。相比现代人，按照战斗中被屠杀和平时被谋杀人口的比例来看，史前人类要残忍得多，当我在一个采访中请求

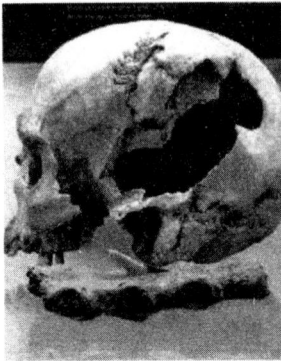

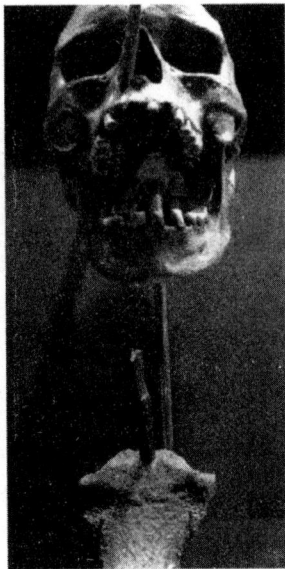

Figure 2-5. The Face of Violent Death
Two people who died violently are part of an exhibition of what life was like in northern Europe from 6,500 to 8,700 BCE, from the National Museum of Denmark collection in Copenhagen. A blow to the head that shattered the skull and left a gaping hole and an arrow point in the sternum assured that the man on the left succumbed, and a dagger in the chest and an arrow through the face terminated the life of the man on the right.[122] Although undoubtedly traditional societies varied greatly in their rates of violence—as do modern societies—in general, if you were a man living at that time, there was about a one in four chance that you would die violently.

图 2-5 暴力致死者的头骨

斯蒂文·平克对他为《人性中的善良天使》一书收集的海量数据做一总结时，他给出了同样的说明。"各种形式的暴力死亡都已下降，从前国家社会的大约每年每100000人中死亡500人下降到中世纪的大约50人，再到今天世界范围内的6到8人，而在欧洲大部分地区不到1人。"如何看待持枪的美国人及其突出的凶杀率（当前大约每年100000分之5）？2005年，平克计算出总计有0.008或者0.8%的美国人死于国内的凶杀和国外的两场战争。而实际上，全球作为一个整体来看，那一年由战争、恐怖主义、种族灭绝以及军阀和民兵的杀戮导致的暴力波及了全球65亿人口的0.0003，也就是0.03%(1%的3%)。[123]

战争的情况怎样？相比前国家时期的战斗，真的有更多人死于国家挑起的冲突吗？如果你计算死于战争的人口比例会发现情况并非如此，平克说道："平均而言，非国家社会死于战争的人口比例大约是15%，然而现代国家死于战争的人口只有万分之几（百分之一的百分之几）。"平克计算出，即使是在血腥的20世纪，60亿人口中也只有大约4000万人直接死于战争（包括卷入交火的平民），也就是0.7%。即使我们加上与战争有关的疾病、饥荒和种族灭绝导致的平民死亡，死亡人数也只是攀升到1亿8千万人，即3%。但怎么看待两次世界大战、纳粹大屠杀和斯大林的古拉格？"对20世纪所有的战争、种族灭绝和战争以及人为原因导致的饥荒造成的人口损失，有一个非常悲观的估计，即每年100000分之60——仍然比部落战争低一个数量级。无疑，1914—1950年的欧洲和1920—1980年的东亚占据了这些数字的主要部分，而这两个地方现在都已经平静下来。"[124]平克在电视节目《科尔伯特报告》中回顾了这些沉重的史实，中间的喜剧穿插时刻，喜剧演员斯蒂芬·科尔伯特（Stephen Colbert）讶异他凭什么说暴力一直在下降，因为20世纪是人类历史上最暴力的世纪。平克报之以绅士的微笑，"一个世纪长100年，而20世纪的后55年战争导致的死亡率异常地低，因此在1914年到1918上和1939年到1945年的两次世界大战的峰值之后，战争死亡率下降了。"[125]20世纪的后50年一直到21世纪——被称为长久和平——是需要解释的真正的迷。

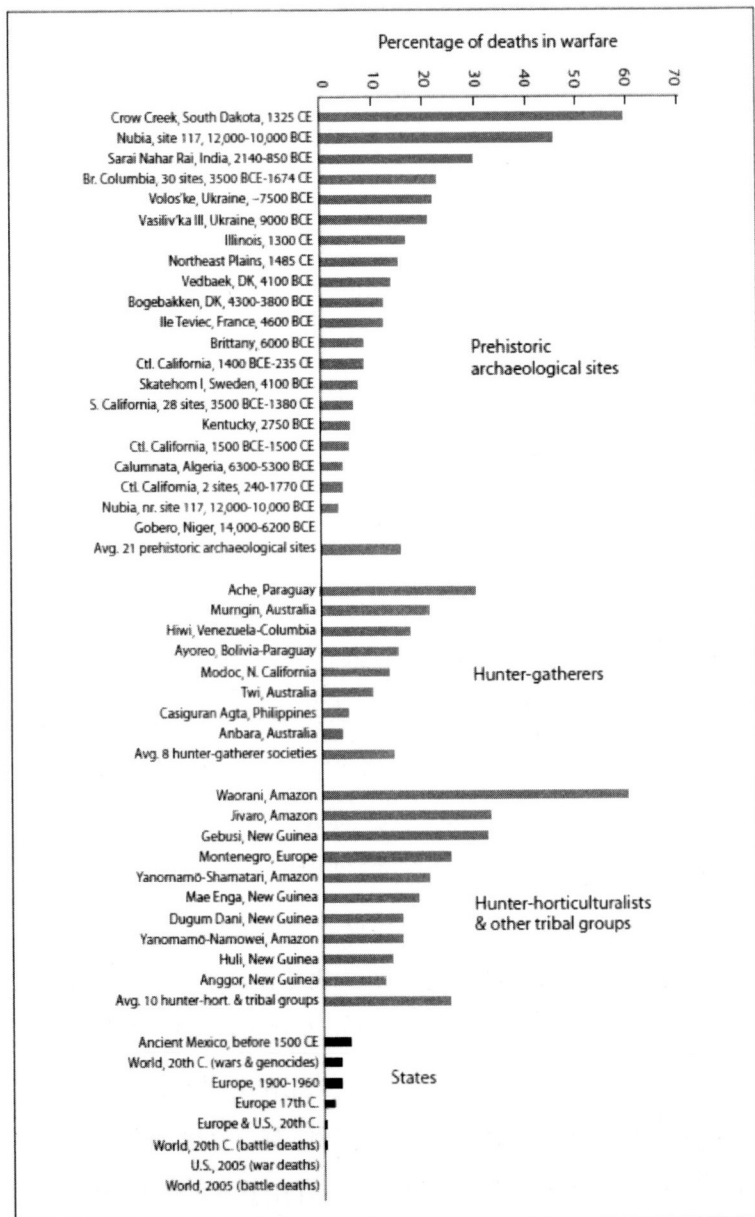

Percentage of deaths in warfare

| | 0 | 10 | 20 | 30 | 40 | 50 | 60 | 70 |

Crow Creek, South Dakota, 1325 CE
Nubia, site 117, 12,000-10,000 BCE
Sarai Nahar Rai, India, 2140-850 BCE
Br. Columbia, 30 sites, 3500 BCE-1674 CE
Volos'ke, Ukraine, ~7500 BCE
Vasiliv'ka III, Ukraine, 9000 BCE
Illinois, 1300 CE
Northeast Plains, 1485 CE
Vedbaek, DK, 4100 BCE
Bogebakken, DK, 4300-3800 BCE
Ile Teviec, France, 4600 BCE
Brittany, 6000 BCE
Ctl. California, 1400 BCE-235 CE
Skatehom I, Sweden, 4100 BCE
S. California, 28 sites, 3500 BCE-1380 CE
Kentucky, 2750 BCE
Ctl. California, 1500 BCE-1500 CE
Calumnata, Algeria, 6300-5300 BCE
Ctl. California, 2 sites, 240-1770 CE
Nubia, nr. site 117, 12,000-10,000 BCE
Gobero, Niger, 14,000-6200 BCE
Avg. 21 prehistoric archaeological sites

Prehistoric archaeological sites

Ache, Paraguay
Murngin, Australia
Hiwi, Venezuela-Columbia
Ayoreo, Bolivia-Paraguay
Modoc, N. California
Twi, Australia
Casiguran Agta, Philippines
Anbara, Australia
Avg. 8 hunter-gatherer societies

Hunter-gatherers

Waorani, Amazon
Jivaro, Amazon
Gebusi, New Guinea
Montenegro, Europe
Yanomamö-Shamatari, Amazon
Mae Enga, New Guinea
Dugum Dani, New Guinea
Yanomamö-Namowei, Amazon
Huli, New Guinea
Anggor, New Guinea
Avg. 10 hunter-hort. & tribal groups

Hunter-horticulturalists & other tribal groups

Ancient Mexico, before 1500 CE
World, 20th C. (wars & genocides)
Europe, 1900-1960
Europe 17th C.
Europe & U.S., 20th C.
World, 20th C. (battle-deaths)
U.S., 2005 (war deaths)
World, 2005 (battle-deaths)

States

Figure 2-6. The Decline of War Deaths from Prehistoric Bands to Modern States

The percentage of deaths in warfare for prehistoric people vs. modern hunter-gatherers vs. hunter-horticulturalists and other tribal groups vs. modern states. This long-term precipitous fall in violence occurred even while the quantity and efficiency of deadly weapons evolved into the killing tools they are today.[126]

图 2-6　从史前社会到现代国家战争死亡率的下降趋势

图 2-6 是平克从众多渠道收集整理的综合数据，展示了不同人类状态下的战争死亡率的比较：史前人民 VS. 现代狩猎者 – 采集者 VS. 现代狩猎者 – 园艺种植者和其他部落集团 VS. 现代国家。结论上的差异可谓一目了然和明白无误，因为如此多的数据库都指向了同一个方向。虽然对于任何一个数据库，人们都可能会怀疑它的数值是如何计算出来的，但所有这些研究错得如此一致几乎是不可能的。

用死亡人口百分比或者每 10 万人口死亡人数——而不是原始的死亡总数——计算死亡率，有三重理由：（1）战争和暴力学者采用的惯例；（2）原始数据会随着时间增加，因为人口越来越多，武装力量越来越庞大，杀人技术越来越先进，因而会扭曲我们真正想知道的，而这……（3）决定了一个给定的**个体**（你或者我）死于暴力的可能性。这把我们带回来了本书的道德考虑的第一条原则：**个体的有感觉的存在者的生存和繁荣**。个体的暴力死亡是我这里关注的焦点，因为正是个体承受了终极损失——不是群体、种族、国家或者统计性的集体。尽管利维坦这样的庞然大物既能造就规模巨大的军队，又能造成数量巨大的战争死亡，但如果你不得不为了自己的生存和繁荣在历史上选择一个最为安全的时期的话，从这些标准来看，就没有比当前更好的时期了。

考虑到这些数据对一个人如何理解人性以及暴力和战争的原因和未来的影响，科学争论已经变得意识形态化甚至部落化。一边是"和平而和谐的黑手党"[127]——他们坚持认为战争是晚近习得的文化现象，而人类是天性和平的，他们带着活力甚至凶猛捍卫这一观点。另一边是被和平而和谐的黑手党们蔑称为"哈佛鹰派"的一群人（这是不公平的诽谤，意欲暗示他们喜欢战争超过和平）[128]——理查德·兰厄姆（Richard Wrangham）、斯蒂文·勒布朗、爱德华 O. 威尔逊（Edward O.Wilson）和斯蒂文·平克——他们主张战争是进化动力学的逻辑后果。"进化战争"（如"和平的人类学家"所称）自 1970 年代以来一直在继续，我已经在一本早先的著作中对之做了记述。[129]

在人性争论的最新回合，由其他人汇编并由平克综合的庞大的数据库受到了学术和通俗出版物的双重挑战。布莱恩·弗格森（Brian Ferguson）在2013 年编撰的文集《战争、和平和人性》中声称，"平克列表"中的数据库大大夸大了史前的战争死亡率；可惜的是，他随后在质疑下述观点时混淆了**频率**（比率）和**趋势**（必然性）："致命的群体间暴力在人类进化史中是如此普遍，足以扮演选择性力量，塑造人类心理倾向或者走向对外暴力或者走向对内合作。"[130] 但平克并不是在论证历史上的暴力比率充当了人类进化过程中的选择性力量；恰恰相反，事实上——参与者之间的博弈互动的逻辑（如我在第一章勾勒的囚徒困境矩阵）意味着一定量的背叛（游戏中）或暴力（生活中）是不可避免的，除非有外在的管理机构（体育运动中的协会、社会中的社团）通过奖励和惩罚使得矩阵向更多合作和平的选项倾斜。数千年来，我们学会了如何调整生活矩阵的条件，使得人们以较少暴力和较多和平及合作的方式互动，正是这些调整导致了暴力减少和道德进步。[131]

享有盛誉的《科学》杂志 2013 年刊登了道格拉斯·弗赖伊（Douglas Fry）和帕特里克·索德伯格（Patrik Soderberg）的一篇文章，文中反驳了移动觅食群落社会（MFBS）盛行战争的理论，声称在来自 21 个 MFBS 的 148 个事件样本中，"超过半数的致命攻击性事件是单独的个体犯下的，并且有差不多三分之二是出自意外、家族间的纠纷、群体内部的处决，或者人际间的动机如为了某个特别的女人而竞争。"由此他们引申出结论，"MFBS 中的大多数致命攻击性事件可以被归类为凶杀，还有一些可以归为纷争，只有少数可以归为战争。"[132] 很好，多么抚慰人心！因此，图 2-5 中头骨的主人要么是死于自己部落内的朋友而非其他部落的敌人棒杀，要么是死于偶然——用箭矢疯狂地射中自己脸或者用匕首残忍地刺入自己的胸腔。在论述这些实际数据指向的论点时，弗赖伊和索德伯格是以塞缪尔·鲍尔斯（Samuel Bowles）（他的数据包括在图 2-6 中）为目标，指责他主张"战争在 MFBS 社会盛行"以及"战争在人类进化进程中是普遍的。"鲍尔斯回应称，"作者归之于我的两个主张并不是我的，原因很简单，我在回答一个不同的问题。"鲍尔斯试图回答的问题是，"古代狩猎者－采集者群体之间的战争是否影响了人类社会行为的进化？"为了这个目的，鲍尔斯解释称，"我需要总死亡中由群体间冲突导致的那部分的数据，而不需要弗赖伊和索德伯格呈现的证据，即有关战争是否'盛行'或'普遍'的数据，或者暴力死亡主要来源的数据。"[133]

这里我们再次看到**绝对性**和二元性思维如何遮蔽了问题。把暴力的连续统强行塞进"盛行"或"普遍"的范畴就错过了我们在这里真正想要知道的内容的核心：不论以往的暴力频率是多少——也不论手段和原因是什么——它是否足以影响人类进化？如果你坚持认为频率肯定足够高，可以被称为"盛行"或"普遍"，那么你不得不给这些术语下一个数量上可操作的定义，包括"战争"这个术语；当代的战争定义，并不适用于人类刚刚走向成熟的晚更新世时期的群体间冲突。鲍尔斯解释，"在我的人类行为进化模型中，[战争]一词的恰当用法是指'某一群体成员的联盟力图对另一群体的一个或多个成员施加肉体伤害的事件'；并且我的用法包括了'伏击、报复杀人'和使得晚更新世的群体间冲突与'黑猩猩之间的边界冲突'而非'现代战争中的激战'相类似的'其他类型的敌对行动'。"[134]

例如，现代城市黑帮卷入的群体间暴力冲突，累积的死亡人数会很大。想一想竞争的卡特尔之间正在进行的墨西哥毒品战争，2006 年以来，战争造成了超过 10 万人死亡，超过 100 万人流离失所。[135]然而学者们不会把这些事件划入"战争"范围，因为它们的动机更多的是与荣誉、报复、夙怨或者地盘争夺有关。但正如鲍尔斯指出的，城市黑帮符合 MFBS 的标准：较小的群体规模、流动的群体成员、本地多元的居所、没有权威命令他人去战斗的平等主义。鲍尔斯仔细检验了弗赖伊和索德伯格的文章中的数据并指出，"'复仇'或杀死'一个特别的男人'这类动机，或者杀戮是在'个人之间'进行的事实，都表明这些事件不应被归入'战争'。"然而，鲍尔斯结论是，"从进化生物学的观点来看，杀戮的这些方面是无关紧要的：对于人口构成动力学来说重要的是一个群体的成员（多于 1 人）在杀死另一群体的某个成员时相互合作，而不论其原因是什么。"[136]对于这个目的来说，**图 2-6** 中展示的暴力随着时间的急剧减少仍然是无可争议的，不论人们如何定义任何一种特殊的暴力类型，这都是真正的道德进步。

政治学家杰克·利维（Jack Levy）和威廉·汤普森（William Thompson）在《战争之弧》一书中很好地建立了这一论点，他们论证伊始就采纳了连续的而非绝对的推理风格："战争是世界政治的固有特征，但不是一成不变的。战争随着时间和空间而改变其频率、时长、严酷性、原因、后果和其他方面。战争是一种用来达到特定目的的社会实践，但这些社会实践随着政治、经济和社会环境的改变而改变，也随着这些环境引起的目标和约束条件的改变而改变。"[137] 在这种连续而非绝对方式的细致描绘之下，我们可以看到战争频率如何以及何时发生了变化。把战争定义为"政治组织之间持续的、协同的暴力行为"[138]，利维和汤普森就把史前的群体冲突排除在战争之外，因为它们和今天的政治组织毫无类似之处。就此而言，有了相当规模的政治组织才可能有"战争"，这也必然意味着，我们按照定义所理解的战争在文明开始之前不可能存在。

不过，利维和汤普森承认他们所定义的战争的最初基础在我们的远祖那里已经存在——他们甚至认为人类远祖与尼安德人在北欧的"小规模边界冲突"能够解释后者在大约三万五千年前的灭亡——包括"狩猎和杀戮技能使得合适的武器、战术和初级军事组织得以有效形成"，以及"群体割裂有助于明确敌我，因而也有助于发掘在政治和军事上组织起来的潜力。"[139] 因此，他们赞同"这样的设想，早期开始的时候，狩猎者–采集者之间的战争很罕见"，但后来随着武器的改良和人口规模的扩大，战争的致命性与时俱增；这一趋势贯穿文明史，因为邦国（state）一直在扩张规模，直到只剩下国家（nation）与国家的战争，这导致了死亡总数的上升，但冲突的总数下降了。

以史前南美为对象，考古学家伊丽莎白·阿库什（Elizabeth Arkush）和查尔斯·斯坦尼什（Charles Stanish）运用来自多个不同来源的证据综合方法编辑了范围广泛的证据，这些证据不容争辩地说明："战争深刻塑造了晚期安第斯山人史前史。"他们使用"战争"时不仅仅指"真正的"暴力很少的"仪式性战斗"。防卫墙和防御工事的考古学遗迹与西班牙征服者的记录一致，例如，报告称他们"遭遇的印加人军队规模巨大，由道路、补给站、次级中心和要塞构成的后勤支持工作一流。"西班牙记录者和印加的口述史也清楚地表明"军事力量是皇权的基石。相对某些集团的军事胜利、其他集团在军事报复威胁下的和平臣服和对多次反抗的暴力镇压，是印加帝国崛起的原因。印加历史还描绘了一段印加帝国崛起之前的战争频仍时期，在此期间，地方性的战争领袖为了掠夺或者政治特权而互相混战。"[140]

有一张鹿角插入史前肯塔基的脊椎动物的照片，考古学家乔治·米尔纳（George Milner）把这张照片作为大量数据点的一个看得见的例子，如果说这些数据点象征了什么的话，那就是"肯定低估了战争伤亡"。但是即使估计没有被夸大，"即使群体间冲突的死亡频率较低，也是给充满不确定性的生命又增加了一个不确定性元素。战争的影响可能不限于直接的生命损失。在小群体的存亡中扮演关键角色的人如果突然而意外地死亡，会增加其余家庭成员和共同体成员死亡的风险。"[141]迷恋时空穿越的人和后现代主义者热衷于悲悼现代社会并且向往简单时代，如果他们能更加仔细地检查一下证据，是对他们自己负责。

1996年，理查德·蓝厄姆（Richard W. Wrangham）在他的《雄性恶魔》一书中一路追溯了父权制和暴力的起源，直至早于新石器革命数百万年的原人起源时期。[142]2012年和2013年蓝厄姆和他的学生卢克·格洛瓦基（Luke Glowacki）联名发表了两篇文章，为狩猎者 – 采集者刻画了一幅细致入微得多的肖像：就暴力和战争而言，他们是高风险规避者。蓝厄姆和格洛瓦基写道，绝大多数理性主体不想受伤或者死亡，所以如果他们冒险开战只会是因为，"奖赏、惩罚和强迫的文化系统而非对较大风险的进化性适应"在起作用。这些文化系统包括"教授特殊战争技巧、学徒制、游戏和竞赛，抗痛测试、其他耐久性测试和传奇与故事的运用。"[143]文化系统还向潜在的战士慷慨承诺，为他们自己和他们的家庭授予荣誉和荣耀——并且因为倒下的战士没有机会享受承诺的所得，看到你的已故同志的家庭得到这样的回报就起到了社会信号的作用，帮助个体克服风险规避的天性，走向危险而致命的战斗。蓝厄姆和格洛瓦基称之为"文化奖励战争风险假说"，并且预言，风险越大——战斗中受伤或死亡的概率越高——归于参战个人的利益越大。对小规模社会简易战争的人种志学文献的评估证实了这一点。[144]

把人类描绘为天生暴力和好战与蓝厄姆的观点相去甚远，他承认"人类是否进化出了独特的宜于战争的心理并不确定。"[145] 相反，回顾所有能得到的有关人类及黑猩猩的群体间冲突的文献会发现，像他们的黑猩猩表亲一样，狩猎者–采集者遵循量力而行的博弈论策略：**如果我们人多，入侵；如果他们人多，回避**。劳伦斯·基利总结了他对 HG 群体中的战争和冲突的广泛研究，结论是："最基本的战争形式是突袭（或者突袭的变种），一小队人马尽力潜入敌方地域，伏击并杀死毫无觉察的落单个体，然后毫发无损地迅速撤回。"[146]

《阿波卡猎逃》是梅尔·吉布森（Mel Gibson）呈现玛雅文明崩塌过程的一部电影。片中以极具视觉冲击力的电影语言刻画了一场典型的史前突袭：一个中亚美利加洲部落趁着对手入睡时不备，在凌晨对男主角的村庄发动了攻击，焚毁他们的小屋，给予他们毁灭性打击，使得他们来不及组织起协调一致的反击。当防御的战士们从昏沉中清醒过来时，胜败早成定局。剧本作者做足了功课，相对于比如说凯文·科斯特纳（Kevin Kostner）的《与狼共舞》，提供了一幅真实得多的文明社会之前的生活面貌。按照考古学家迈克尔·科（Michael Coe）的说法，"中部地区的玛雅文明在八世纪早期达到了光辉的顶点，但其中必然包含了毁灭的种子，因为在接下来的一个半世纪，所有壮丽辉煌的玛雅城市都衰落并最终废弃了。这毫无疑问是人类史上最重大的社会和人口灾难之一。"[147] 这个过程在在 15 世纪末期欧洲的枪炮、细菌和钢铁到来之前很久就开始了，这正是吉布森引用历史学家威尔·杜兰特（Will Durant）的话作为开场白的原因："一个伟大的文明，只有到了内部已经腐朽之时，才能从外部征服。"[148]

······

军事史家约翰·基根（John Keegan）曾经反思说，"阅读战争资料，结识战争之人，造访战争遗址，考察战争后果，就这样度过一生之后，在我看来，战争对人类来说不再是一种值得欲求的或者说富有成效的调解不满的方法，更别说是理性的方法。"[149]约书亚·戈德斯坦（Joshua Goldstein）在2011年的著作《征服战争》中汇集了大量数据集合来支持他的下述结论："我们已经避免了核战争，抛弃了世界大战，几乎消灭了国家间战争，并且把内战降低到很少几个国家和很低伤亡的水平。"[150]政治学家理查德·内德·勒博（Richard Ned Lebow）在2010年的著作《为什么国家会打仗》中引出了类似结论，该书阐述了过去350年的战争背后的四种动机：恐惧、利益、身份/地位和报复，并且认为其中的每一种都在弱化。[151]按照勒博的观点，开启战端已经不能服务于这些动机中的任何一个，当这些动机——尤其是身份和地位，被他确定为是最普遍的动机——激化时，越来越多国家的领导人是在寻找办法避免冲突。"我认为历史上地位是最为普遍的战争起因，而战争减少在很大程度上是因为战争不再授予人地位。"勒博提出了一个有说服力的观点，即两次世界大战导致的机械的和非英雄式的破坏有效终结了勇敢和英雄主义的观念，而正是战争授予幸存者的所谓勇敢和英雄主义的光环，给予了个人和国家高于同类的地位和身份。以第一次世界大战为例，勒博写道，"这样的虚拟假设值得注意，即如果那场战争还是更接近于拿破仑时代的先例，反战就不会如此的理直气壮。拿破仑时代战争的排兵布阵策略，鼓励个人的、显而易见的勇敢行为，而勇敢的重要性超过了较为次要的战术性。战争不仅被剥离了英雄主义和罗曼蒂克的联想，而且被看作屠杀、破坏和苦难的非理性源头，因而战争不再能够为战士赢得荣誉，也不再能够为送他们赴死的国家赢得支持。"[152]

西门菲沙大学的一组社会科学家2014年发表了一份综合性报告，通过回顾所有能得到的数据检验了"衰落论"假说并总结称，"现在有强有力的理由相信暴力的历史性下降既是真实的也是幅度巨大的——并且同样有强有力的理由相信未来相比过去很可能会更少暴力。"关于未来，他们写道"有足够的根据保持谨慎乐观，但绝对没有理由盲目自满。"[153]

不论生物特性、文化和环境融合的结果是什么，研究暴力和战争性质和原因的根本目标是削弱战争。（例如，参考人道主义前景组织，他们追踪接近或远离和平的趋势，并用和平指数为各国打分排序。[154]）因为风险太高，从事这方面研究的人往往情绪低沉。塞缪尔·鲍尔斯（Samuel Bowles）在对我的一次非正式评论中最好的表达了这一层意思："它看起来像是一场高度意识形态化的争论，这很不幸，因为发现历史上战争频仍或者存在对外群体的敌意可能有基因基础，说明的是我们有什么样的遗产，而不是我们会有什么样的命运。"[155]

科学关心——并且应当关心——如何理解人类的遗产和命运，因为正如本章引用的西塞罗警语所强调的，只有当同时指出逃生之路时，警示罪恶才是正当的。在接下来的两章我们将会深入思考在什么意义上，科学和理性不仅是道德进步的两大主要动力，而且还向我们指明了逃离自设陷阱的出路。

3 为何科学与理性是道德进步的动力

科学作为一切人的仁慈的女保护人而非一国一地的支持者，已经公正地打开了一座人人可以造访的神殿。正如太阳温暖了凄冷的地球，她的长久影响已经使心灵为接受更高的教化和更远的进步做好了准备。一个地方的哲学家在另一个地方的哲学中看到的不是敌人：他在科学的神殿中有自己的一席之地，并不关心谁坐在身旁。

——托马斯·潘恩 1778[1]

20 世纪 70 年代，美国全国广播公司喜剧节目《周六夜现场》的特色是斯蒂夫·马丁（Steve Martin）创作和主演的短剧，他重复扮演的角色有约克的狄奥多里克（Theodoric of York）、中世纪理发师（Medieval Barber）和中世纪法官（Medieval Judge）；节目深入发掘了中世纪以来有关道德进步的隐性知识——即使深夜视察员也被认为掌握了这些知识。马丁扮演一位外科医生，使用放血和其他原始方法包治百病；他向一位病人的母亲解释，"你知道，医学并不是一门精确科学，但我们一直在学习。啊，仅仅五十年前他们认为你女儿的病是由恶魔缠身或者巫术导致的。但现在我们知道伊莎贝尔正在遭受体液不平衡的折磨，可能是她肚子里的蛤蟆或者小矮人导致的。"那位母亲不买账，斥责他还用原始的放血法，直到狄奥多里克受到科学启蒙的一刻……差不多是：

等一下。或许她是对的。或许我错了，不该盲目追随过去几百年的医学传统和迷信。也许我们这些理发师应该通过实验和"科学方法"，分析性地检验这些假设。也许这个科学方法能够被推广到学问的其他领域：自然科学、艺术、建筑和航行。或许我能够开辟一个新时代，一个重生的时代，一场文艺复兴……开始吧！

作为中世纪法官，约克的狄奥多里克在对一个被指控的女巫进行审判之后有了类似醒悟，这场审判是基于正统的神断法——具体到这个例子，就是水断法。在这场特殊的测试中，受到指控的女巫被捆起来然后浸没到水中。如果受指控者沉下去并且淹死就意味着她是无罪的；如果她有办法浮起来，那么她就显然是有罪的——或者是因为水中的纯粹元素天然与妖魔相斥；或者是因为，用一位当时的观察者的话来说，"那个女巫已经与魔鬼达成了契约，放弃了洗礼，因而她和水不相容"[2]；或者是因为只要通过运用魔力，她就可以克服石头的重量——有些倒霉的被指控者受到不公正对待，被绑上石头。在狄奥多里克法庭上的这个案件中，证明结果是这个女人无罪，因为她被淹死了。她的母亲，带着本能的愤怒，控诉，"你称这是正义？！一个无辜的女孩死了是正义？"狄奥多里克一边回味着这位母亲的抗议，一边想：

等一下——或许她是对的。也许国王并不能垄断真相。也许他应该由他的侪辈审判。哦！陪审团！他的同侪组成的陪审团……每个人都应该由他的同侪组成的陪审团审判，并且在法律面前人人平等。又或许，每个人都应该免于残酷而非常的惩罚……开始吧！ [3]

因果关系中的女巫理论

这些喜剧小品浓缩的是数个世纪的智识进步，从中世纪的巫术和迷信的世界观直到当代世界的理性和科学。很明显，被看作我们的中世纪祖先的野蛮实践的那些东西，绝大部分都是基于对自然法则实际运作情况的错误信念。如果你——以及你周边的人，包括教会和政治当局——真的相信女巫导致疾病、作物减产、社会弊病、灾祸和事故，那么烧死女巫不仅是理性行为，还是道德义务。这正是伏尔泰下面这句话的意思：相信荒谬事物的人更可能犯下暴行。更切中肯綮地翻译他的名言在这里意义重大："真正说来，谁能让你变得荒谬谁就能让你变得非正义。" [4]

考虑一个流行的思维实验，并想想你在下述情境中会怎么做：你站在铁路线上的一个岔路口旁边，边上有一个开关。这时一辆有轨电车即将撞上轨道上的五名工人，除非你扳动开关使电车转向旁轨，他们必死无疑，但这样电车将会撞上旁轨上的一名工人。杀死一个人，拯救五个人，你会不会扳动开关？大多数人说他们会。[5] 那么，我们对中世纪祖先的作为不应感到惊讶，他们在女巫事件中进行了同样的道德计算。中世纪烧死女巫基本上是出于这样的功利主义计算——杀少数救多数是更好的选择。当然其他动机也有体现，包括找人代罪、解决个人恩怨、向敌人复仇、没收财产、消灭边缘化的和无权无势的人，还包括厌恶女人和性别政治。[6] 但这些都是次级诱因，它们被嫁接一个已经在起作用的体系上才成为诱因，而这个体系的基础则是对因果关系的错误理解。

用一个词来说，这些前现代人与我们之间的根本差别就是，科学。坦白说，对自己的所作所为，他们常常连**最微不足道的**了解也没有，因为他们行动在信息真空中，并且他们也没有系统方法决定正确的行动步骤。因果关系中的女巫理论以及它如何被科学揭穿，浓缩了数个世纪人性进步的大趋势，而这些进步是通过科学自然主义一点点取代宗教超自然主义获得的。进化生物学家和地理学家贾雷德·戴蒙德（Jared Diamond）对传统社会进行了广泛全面的调查后，形成了《昨日以前的世界》一书，他在书中解释了我们前科学时代的祖先是如何处理因果关系中的理解问题的：

宗教的原初功能是解释。生活在前科学的传统中的人对他们遭遇的一切做出解释，当然他们并没有先知般的能力在两种解释之间做出区分：一种是被今天的科学家认为自然和科学的解释，另一种是被今天的科学家认为超自然和宗教的解释。对传统之下的人们来说，它们都是解释，并且后来被看作具有宗教性的那些解释不是什么截然不同的东西。例如，我生活过的新几内亚社会，为鸟类行为提供了许多种现代鸟类学家认为是可观察并且仍然很精确的解释（比如鸟叫声的多重功能），而同时他们也提供了另外一些解释，此类解释则不再被鸟类学家接受，并且现在被以超自然的名义排除了（比如某些鸟类的歌声是化身为鸟的先人的声音。）[7]

在《人们为什么相信怪异之事》一书中，我回顾了有关迷信在前科学社会和非科学社会中所扮演的角色的内容广泛的科学文献。例如，巴布亚新几内亚附近的特洛布尼恩德岛人利用的巫术有：天气巫术、治疗巫术、园艺巫术、舞蹈巫术、爱情巫术、航海和独木舟巫术，以及特别重要的捕鱼巫术。在内陆湖泊的平静水面捕捞，收获的可能性大得多，也安全得多，因而较少有迷信的仪式。相比之下，为了准备去波诡云谲的深海捕捞，特洛布尼恩德岛人要表演很多魔术般的仪式，包括窃窃私语魔力口诀。人类学家甘特·森福特（Gunter Senft）收录了很多这样的口诀，比如他 1989 年破译的一种，名为悠雅捕鱼巫术（Yoya's fish magic），里面涉及了特定词组的重复：[8]

Totwaieee	托克威
kubusi kuma kulova	下来，来到里面
o bwalita bavaga	到那海里，我将返回的海里
kubusi kuma kulova	下来，来，到里面来
o bwalita a'ulova	在那海里，我放了符咒在［那里］

七秒的停顿之后是另一组相关的词句，所有这些话语针对一个目的"即命令和控制受话者去做某些事或者改变某些事，又或者停顿之后是对达到这些目的来说必要的变化、过程和发展的预言"，森福特写道。人类学家布罗尼斯拉夫·马林诺夫斯基（Bronislaw Malinowski）出版了第一本权威的特洛布里恩德岛人人种学资料，得出的结论是他的观察对象并不是无知，而是被错误信息误导。他说，"每当人来到无法逾越的峡谷，进入认知或者实践能力的断裂处，然而又不得不继续追索之时，巫术就会为人们所渴望，通常也会被得到。"[9] 那么，解决巫术思维的办法就是用科学思维填满那些无法逾越的峡谷。

其他人类学家在他们的研究对象身上也有类似发现，比如 E.E. 埃文斯 - 普理查德（E.E.Evans-Pritchard）的经典研究《阿赞德人的魔法、神谕和巫术》是以非洲南苏丹的一个传统社会阿赞德人为对象。在调查了阿赞德人有关女巫的很多离奇信念之后，埃文斯－普理查德解释了魔法信念背后的心理学，他的解释首先关注一个事实，即"阿赞德人构想的女巫很明显不可能存在。但是，魔法的概念为他们提供了一种自然哲学，这种哲学可以解释人和不幸事件之间的关系，因而也为他们提供了一种现成的和模式化的应对此类事件的办法"。下面这段话告诉我们，在一个前现代社会，巫术思维不受批判性思维约束，会发生什么事：

> 魔法无处不在。它在赞德人的每一生命活动中起着自己的作用；在农业、渔业和狩猎活动中；在自家宅院的家庭生活中，也在地方和宫廷的公共生活中；它是精神生活的重要主题，在精神生活中塑造由神谕和巫术的辽阔全景组成的背景……没有一个赞德人文化的一隅或角落没有渗透进魔法。如果枯萎病吞噬了落花生，那是魔法；如果在灌木丛搜索猎物徒劳无功，那是魔法；如果女人费力地从池塘打出一包水，回报只不过是几条小鱼，那是魔法；如果妻子生气了不理睬丈夫，那是魔法；如果国君冷对并且疏远他的臣民，那是魔法；事实上，如果任何失败或者不幸在任何时刻降临到任何人头上，并且与他的生命活动的诸方面的任何一面有关联，那么，它就可以归因为魔法。[10]

现在，科学涵盖了所有这些问题。我们知道农作物可能因病害而凋零，我们通过农学和病因学进行研究；或者农作物因虫害而枯萎，我们可以通过昆虫学进行研究并通过化学进行进一步控制；或者农作物因恶劣天气而减产，我们可以通过气象学获得理解。生态学家和生物学家能够告诉我们鱼的种群数量为什么涨落，而我们又能够做些什么来防止疾病或者气候变化把一个地区的渔业资源灭杀殆尽。擅长婚姻咨询的心理学家能够解释妻子为什么不像丈夫期望的那样呼应他（反之亦然）；尽管如今这类事情可能没有多大市场，但研究人格和性格的心理学家能够解释为什么有些国君对待臣民冷漠而疏远，而另一些则温暖而亲切。统计学家和风险分析师能够评估失败和不幸——可能在任何时间降临到任何人头上的与任何数量的生命活动相关联的失败和不幸——的概率，流行文化的至高点即保险杠贴纸哲学精准捕捉到了这一点——"坏事总会发生"。

值得注意的是，埃文斯 - 普理查德发现赞德人并不把发生的**一切**——而只是那些他们找不到貌似很有说服力的因果解释的事物——归于巫术。"在赞德人的土地上，有时会有老旧的谷仓倒塌。这并没有什么值得关注的。每个赞德人都知道白蚁一直在吞噬支撑物，即使最坚硬的木头几年后也会腐烂。"但如果当一群人在谷仓里面时谷仓倒塌了，他们也因此受伤了，按照埃文斯 - 普理查德的描述，赞德人就会疑惑，"为什么在这谷仓倒塌的特殊时刻是这群人坐在这个谷仓里？谷仓倒塌很好理解，但为什么是在这群人坐在下面的特殊时刻倒塌？"埃文斯 - 普理查德随后区分了前科学世界观和科学世界观：

> 对于我们的头脑来说，这两个独立发生的事实之间的唯一关联是时空上的巧合。我们并不解释为什么两条因果链条在一个特定的时空相交，因为它们之间不存在相互依赖。赞德人的哲学能够提供这缺少的一环。赞德人知道支撑物被白蚁破坏了，也知道人们坐在谷仓下是为了避热遮光。但此外他还知道为什么这两个事件在同一个精确的时空发生。这是因为魔法的作用。如果没有魔法，人们会一直坐在谷仓下，但谷仓不会倒塌盖住他们，或者谷仓会倒塌，但那时人们不再躲避在谷仓下。魔法解释了这两个事件的巧合。[11]

女巫是一种因果解释理论。如果你解释为什么坏事会发生的因果理论是你的邻居夜里骑着扫帚到处飞，与魔鬼共舞，使人、庄稼和牲畜遭受病害，阻止奶牛供奶、啤酒发酵、黄油搅拌——而解决这些问题的合适办法是把她烧死在火刑柱上——那么可以公平地说，你要么疯了，要么活在 6 个世纪以前的欧洲，那样你甚至可以得到圣经的支持，尤其是《出埃及记》22:18 所言："行邪术的女人，不可容他存活。"人们相信女巫只要盯着他人看——投以"邪恶眼光"——借此释放某种不可见但强有力的散发物，她们就能够伤害他人，尤其是当她月经来潮时。

图 3-1 展示了一场对四个女人的审判，她们正因詹姆斯一世之死中的巫术事件被审问。其中一个女人名叫艾格尼丝·桑普森，在刑讯逼供下承认曾逆时针跳舞，这被认为会导致灾难。女巫猎人发展了决定被指控女巫有罪或无罪的技术，包括在她们身体上寻找与魔鬼共舞的蛛丝马迹。

Figure 3-1.
The trial of four women being interrogated for witchcraft in the death of King James I.

图 3-1 因詹姆斯一世之死，四个女人正在被审判

再次强调，这里的观点并不是说我们的中世纪祖先的巫术思维是非理性的。相反，他们完全相信他们在施行不同法术时的行为、咒语和各种各样的迷信会产生期望的结果。研究中世纪的历史学家理查德·基克希弗（Richard Kieckhefer）指出，中世纪欧洲人因为两个原因认为魔法是理性的："首先，魔法能够实际起作用（即它的效果通过在该文化内部被认为是真实的证据展示）；其次，它的作用取决于（神学的或者物理的）原则，且原则本身能够被前后一致地清晰表达。"[12] 正是罗马天主教会在中世纪欧洲第一次明确阐述了因果关系的女巫理论，首先是 1848 年教皇英诺森八世（Papal Bull of Innocent Ⅷ）颁布了诏书（《最热切地期望》），紧接着是两年后天主教牧师海因里希·克雷默（Heinrich Kramer）发表了《女巫之锤》。《女巫之锤》是一本发现和检举女巫的实践手册，宣称女巫能够与魔鬼交媾、偷走男人的阴茎、毁坏船只、糟蹋庄稼、吞食婴儿、让男人变成青蛙、不流眼泪、在太阳下不留影子、头发剪不断。总之，女巫几乎会干任何被认为是"残忍"和"邪恶"的事情。

这本手册指导调查者如何寻找女巫标志——她身体上据信扎破时不会流血的一个斑点或者赘物（正如人们可以想象的，导致了基本上是男性的调查者对基本上是女性的嫌疑人的不当接触）。发现女巫不仅解释了邪恶，还是上帝存在的实物证据。16世纪的剑桥神学家罗杰·哈钦森（Roger Hutchinson）以一个完美的循环论证主张，"如果上帝存在，就如我们最坚定地信仰那样，事实上撒旦也会存在；如果撒旦存在，那么没有比撒旦存在更可靠的论证、更有力的证明、更清晰的证据能表明上帝存在。"[13] 并且，有相反的论证，正如一场17世纪的女巫审判的记录所言，"近来，到处都是无神论者，巫术受到了质疑。如果既没有附身也没有巫术[存在]，我们为什么应该认为魔鬼存在？如果没有魔鬼，也就没有上帝。"[14]

图3-2是一幅木刻版画插图，来自一本1613年出版的小册子《遭逮捕、审查和处决的女巫》的扉页。它展现了正统的"神断法"或者说"水断法"。图中的女人名叫玛丽·萨顿（Mary Sutton），她在1612年被投入试验。

Figure 3-2.
From the title page of *Witches Apprehended, Examined and Executed*, published in 1613. It shows the classic "ordeal by water."

图3-2 《遭逮捕审查和处决的女巫》一书的扉页

今天，因果关系中的女巫理论已经被淘汰，但也有例外，在巴布亚新几内亚、印度、尼泊尔、沙特阿拉伯、尼日利亚、加纳、冈比亚、坦桑尼亚、肯尼亚和塞拉利昂的一些偏远孤立地区仍然会烧死"女巫"。例如，世界卫生组织一份 2002 年的研究报告称，坦桑尼亚一地每年有超过 500 名老年女性因"女巫"的罪名被杀。在尼日利亚数以千计的儿童被作为"女巫"围捕并烧死，作为应对，尼日利亚政府逮捕了一个自封的主教，名为奥孔·威廉姆斯（Okon Williams），他被指控杀害了 110 名这样的儿童。[15]另一份研究发现多达 55% 的撒哈拉以南的非洲人相信女巫。[16]而这类错误的信念会杀人。2013 年 2 月 6 日，科帕瑞·莱妮阿塔（Kepari Leniata），已是两个孩子母亲的 20 岁女人，在巴布亚新几内亚的西部高原被活活烧死，因为前一天死亡的一名 6 岁男孩的亲属指控她会巫术。[17]就如古代的女巫捕猎行动一样，在垃圾堆上的火焰升起之前，先是高温烙铁折磨，科帕瑞在受尽折磨之后被绑起来倒上汽油，并点火焚烧，而此时在现场围观的是呆若木鸡的人群，但他们会阻止警察和当局救人。牛津饥荒救济委员会 2010 年的一份研究解释了为什么巫术和魔法在世界的这个地区不少见，因为该地区的很多人仍然"不接受自然原因是对不幸、疾病、事故或死亡的解释"，相反，他们把问题的出现归咎于超自然的巫术和魔法。[18]

　　这些人是邪恶的或者说受到了误导吗？按照现代西方的道德标准，当然是，他们应该受到道德谴责；如果他们生活在巫术和烧死所谓的女巫是非法行为的地方，他们还是罪犯。但考虑到下述事实，即当科学代替迷信成为邪恶的更好解释时（并且邪恶被认为是不合法的），欧洲人和美国人放弃了他们的女巫信念，那么，一个宽容的估计是这些女巫猎人只不过是被误导了。简言之，他们持有错误的因果理论。即便如此，这也不仅仅是提高科学教育的问题，尽管不论出于何种理由，包括道德的和实践的，任何一种教育都会是良好开端。作为开始，政府必须宣布烧死女巫非法。贾雷德·戴蒙德告诉我，巴布亚新几内亚高得异常的暴力比率——包括烧死女巫——在政府工作人员努力下已经大大下降了，他们走村串户宣布这类残忍行为非法，没收武器，并且加强立法。

　　终止一种迷信的野蛮行为通常会带来什么？在印度人殉夫和烧死寡妇的

习惯中我们会看到一个深刻的例子。英国政府宣布殉夫非法，随后将之彻底废除，严厉惩罚违法者。查尔斯·内皮尔（Charles Napier）将军是 19 世纪英国驻印军总司令，他对那些抱怨英国应该尊重他们殉夫风俗的印度人讲："就这样。烧死寡妇是你们的风俗；准备好焚烧的柴堆。但我国也有风俗。如果男人活活烧死女人，我们绞死这些男人，并且没收他们的全部财产。因此我的木匠将会竖起绞刑架，用来绞死每一个和烧死寡妇有关的人。让我们按各自的国家习俗行事。"[19]

然而，长远来看，法律形式的外在约束必须有观念形式的内在控制为补充。查尔斯·麦基（Charles MacKay）在他的经典之作《离奇的公众错觉和群体疯狂》中描述了因果关系中的女巫理论被检验和揭穿的一个例子。故事发生在德国。在女巫狂热的高潮中，布伦瑞克公爵邀请了两个博学而著名的耶稣会士在布伦瑞克的地牢里与他一起观看了一场刑讯逼供，对象是一名被指控为女巫的女人，而这两个耶稣会士相信巫术，也相信刑讯是逼供的手段。猜测人们为了摆脱痛苦会口不择言，因此，公爵告诉这个备受折磨的女人他有理由相信陪同他来的两个男人是术士，他想知道她怎么想的，同时命令拷问者多施加一点痛苦。很快，这个女人"供认不讳"，她看到这两个男人化身山羊、狼和其他动物，他们和其他女巫有性关系，他们有很多孩子，这些孩子的头像蛤蟆而腿像蜘蛛。"布伦瑞克公爵把他受到惊吓的朋友带走了"，麦基写道。"这对他们双方来说都是有说服力的证据，证明很多人在承受不公正的苦难；他们知道自己是无辜的，但如果是敌人而不是朋友从罪犯嘴里撬出了这样的供认，他们的命运将会如何，一想到这些他们感到不寒而栗。"[20]

其中一名耶稣会士叫弗里德里希·施佩（Friedrich Spee），在看了这诱导虚假供述的惊人一幕之后，作为回应，他在 1631 年出版了一本名为《谨防控告人》的书，揭露了刑讯逼供的女巫审判的恐怖。神圣罗马帝国（美泉宫）的美因茨大主教和选帝侯因此彻底废止了刑讯逼供，接下来，这又促使其他地方废止对巫术的刑讯逼供——这是一连串雪崩效应的催化剂，最终导致了女巫狂热的瓦解。"这是长久黑暗后曙光即将涌现的序曲"，麦基写道。"法庭不再一年判处数百名女巫死刑。一种更加真实的哲学逐渐唤醒了公众意识。受过教育的人们从贬值的迷信枷锁中解放了自己，并且不论是公民政府还是教会当局都在压制公众错觉，他们已经鼓励这种错觉如此之久。"[21]

然而，破晓之前无数人被毫无意义地杀害了。虽然精确数据很难得到——因为记录并无完善——但历史学家布莱恩·莱瓦克（Brian Levack）根据审判量和定罪的比率（通常接近50%）[22]把数字定在6万，而中世纪史学家安妮·卢埃林·巴斯托（Anne Llewellyn Barstow）根据失去的记录把数字上调为10万。[23]图3-3是荷兰艺术家约翰内斯·扬·卢伊肯（Johannes Jan Luyken）的画作，描绘了1571年一位名叫安尼肯·亨德里克斯（Anneken Hendriks）的女性即将以女巫罪名被烧死的场景。

Figure 3-3.
Anneken Hendriks, a woman accused of witchcraft, about to be burned to death in 1571.

图3-3　一位女性即将以女巫罪名被烧死的场景

不论具体数字是多少，数字之高都是悲剧性的。在禁止的快速解决方案之后，对因果关系的更好理解，即科学被证明是彻底消灭巫术的终极解决方案。历史学家基思·托马斯（Keith Thomas）在他的涉猎广泛的著作《宗教与巫术的没落》中给出的结论是，导致这个没落过程的第一位的和最重要的因素"是一系列理智变革，它们构成了 17 世纪的科学和哲学革命。这些变革决定性地影响了知识精英的思考，并进而向下渗透，影响普通大众的思维和行为。这场革命的本质是机械论哲学的胜利。"[24]

托马斯的"机械论哲学"意指牛顿式的机械宇宙，也即这样一种世界观，认为所有的结果都有自然原因，而宇宙被能够检验和理解的自然规律统治着。超自然现象在这样的世界观中无立锥之地，因而也就最终判了因果关系中的女巫理论和其他超自然解释的死刑。"宇宙受到永恒不变的自然规律的支配，这一观念杀死了奇迹的观念，削弱了对祈祷的物质效果的信念，破坏了对直接的神灵启示可能性的信仰"，托马斯总结道，"机械论哲学的胜利意味着万物有灵宇宙观的终结，后者构成了巫术思维的基本原理。"[25]

还存在除了理性和科学以外起作用的其他因素，我下面也会讨论，但我这里的主要论点是诸如巫术一类的信念与其说是不道德，不如说是错误的。在西方，科学揭穿了因果关系中的女巫理论的真相，正如它已经并将继续质疑其他的迷信和宗教思想。我们克制自己不把女人当作女巫烧死，不是因为我们的政府禁止这么做，而是因为我们不再相信女巫一说，因而以所谓巫术行为的名义烧死人的想法不会出现在我们头脑里。一个曾经的道德问题现在不再是问题，自然主义的、基于科学和理性的世界观把它逐出了我们的意识和良心。

科学之前的生活

因果关系的女巫理论是一种对生活苦难的包罗万象的解释，但考虑到有如此多的苦难需要解释，它几乎不可能胜任这一令人敬畏的阐释任务。为了充分感受这种变革，让我们回到只能靠火照明的五个世纪之前，那时人口还很稀疏，其中的 80% 生活在农村，从事粮食生产，并且主要是为了自给自足。在前工业化和阶层壁垒森严的时代，家庭手工业是唯一的工业形态。有三分之一到一半的人口处在勉强糊口的生活水平，长期就业不足，报酬过低，营养不良。粮食供应没有保证，瘟疫剥夺了病弱者的生命。例如，在 1563 年到 1665 年这一百年中，至少有六场大规模的传染病横扫伦敦，每一场都毁灭了十分之一到六分之一的人口。以今天的标准来看，死亡人数几乎不可思议：1563 年 20000 人，1593 年 15000 人，1603 年 36000 人，1625 年 41000 人，1636 年 10000 人，1665 年 68000 人，一切都发生在这座全球主要的大都市里，它的人口在 1550 年大约是 120000 人，1600 年大约 200000 人，1650 年大约 400000 人，因此每一场瘟疫的死亡百分比都是实质性的。无情的儿童疾病，使得 60% 的儿童活不到 17 岁。1635 年一位观察者写道，"我们发现死于 30 或者 35 岁之前的人多于活得更长久的人。"[26] 历史学家查尔斯·龙西埃（Charles de La Ronciere）举了 15 世纪意大利托斯卡纳地区的例子，那里的人们通常活不到寿终正寝：

> 很多人死在家里：儿童如阿尔贝托（10 岁）和奥尔西诺·兰弗雷迪尼（6 岁或 7 岁）；青少年如米歇尔（19 岁）和奥尔西诺的姐姐卢克雷齐娅·兰弗雷迪尼（12 岁）；年轻女性如拥有象牙色双手的美丽的梅亚（23 岁，离世前八天刚生了第四个孩子，这个孩子比另外三个孩子活得更短，四个孩子全部在两岁前夭折）；成年人和老年人当然也是如此。[27]

龙西埃还顺带补充：这些并不包括新生儿死亡，而据历史学家估计，新生儿死亡率高达 30%—50%。[28]

因为巫术思维与不确定性和不可预测性正相关，[29] 所以，考虑到前现代生活令人毛骨悚然的变幻莫测，我们不应该惊讶于那时的迷信水平。没有银行，人们没法在富余的时候建立个人储蓄账户，作为匮乏时期的慰藉性缓冲。没有管理风险的保险政策，也很少有人的个人财产多到需要任何形式的保险。房屋的屋顶是茅草的，烟囱是木头的，而夜晚只有蜡烛照明，因此大火常常会毁掉整个社区。一位记录者写道，"一个人一点钟的时候还有 5000 镑身家，并且如先知描述的那样，用精致的镀银大酒杯饮酒，但到了两点钟，他甚至连一只可供吃肉的木质餐盘都没有，更别说遮蔽自己凄惨处境的只屋片瓦。"[30] 人们用酒精和烟草进行某种形式的自我药疗，酒精和烟草也就变成了缓解痛苦和不安的不可或缺的麻醉剂，与之相伴随的是对巫术和迷信能够缓解不幸的信念。

在这样的情况下，几乎每个人都相信妖术、狼人、地精、占星术、魔法、恶魔、祈祷、天意，当然还有女巫和巫术——也就不足为奇。伍斯特主教休·拉蒂默（Hugh Latimer）在 1552 年解释道，"我们中的很多人，当遇到麻烦，患上疾病或者失去什么东西时，会到处去找女巫或者术士，后者被称为智者……从他们手上寻求治疗和安慰。"[31] 人们乞灵于圣人，而有关礼拜仪式的书籍为牲畜、庄稼、房屋、工具、船只、水井和窑炉提供了祈求保佑的仪式，同时还为不育的牲畜、病弱者甚至不孕不育的夫妻提供特别的祈祷文。罗伯特·伯顿（Robert Burton）在他 1621 年的作品《忧郁的解剖》中写道，"术士无处不在；精明之人、奇异之士和白女巫，人们这么称呼他们，在每一个村庄，如果这些村庄找到了他们，将会帮助治疗几乎所有身体和心灵的病症。"[32]

前科学时代每个人都这么迷信吗？是的。历史学家基思·托马斯（Keith Thomas）指出，"没有人拒绝天堂对天气的影响，也没有人怀疑占星术与医学或农业的关联。17 世纪之前，对占星术信条的彻底怀疑是非常罕见的，不论是在英格兰还是在其他地方。"不是只有占星术。"宗教、占星术和巫术都声称要帮助人们解决他们的日常难题，教导他们如何避免不幸，而在不幸降临时又如何解释。"巫术对人具有如此的压倒性力量，托马斯总结道，"如果巫术被定义为当缺乏有效手段时，用来减轻焦虑的无效技术，那么，我们必须承认没有一个社会能够永远摆脱它。"[33]

托马斯说的很可能是对的，但科学的兴起削弱了巫术思维近似的普遍性，科学在之前被超自然解释统治的那些地方提供了自然解释。巫术的衰弱和科学的兴起是一个从黑暗走向光明的直线型的上升过程。随着经验主义地位渐高，激发了人们为迷信寻找经验证据的动力，而以前迷信并不需要事实支撑。

把超自然现象自然化的努力持续了一段时间，并且向其他领域溢出。对预兆的分析通常是一丝不苟和精确定量的，虽然是为了自然和超自然两个目的。一位日记作者私下里透露了对自然和彗星意义的想法，"我并不无知，我知道这样的流星是自然原因的结果，然而它们也常常是即将发生的灾害的前兆。"[34] 然而，通过魔法预言未来的倾向带了确定因果关系的更加形式化的方法，即在自然中把事件联系起来——这恰是科学的基础。最后，自然神学和自然哲学联姻，科学崛起于并最终代替了巫术信仰。到了 18 和 19 世纪，天文学取代了占星术，化学接替了炼金术，概率论代替了运气和偶然性，保险缓解了焦虑，银行替换了褥子成了人们存放储蓄的场所，城市规划减少了火灾风险，社会卫生学和微生物理论驱逐了疾病，生活中的变幻明显地不那么莫测了。

从物理科学走向道德科学

在揭示因果关系的女巫理论的真相和普遍提升生活状况之外，理性和科学在所有领域——包括治理和经济——的普遍应用还是道德进步的动力。 这一转变是两大理智革命的结果：（1）科学革命，大概的时间范围是从哥白尼发表《天体运行论》的 1543 年到牛顿发表《原理》的 1687 年；（2）理性时代和启蒙运动，大概的时间范围是从 1687 年到 1795 年（牛顿到法国大革命）。科学革命直接引发了启蒙运动，因为 18 世纪的知识分子力求模仿之前几个世纪的伟大科学家，应用严格的自然科学和自然哲学的方法解释现象并解决问题。诸哲学的联姻生成了启蒙运动的理想，即授予理性、科学研究、天赋人权、自由权、平等、思想和表达自由以至高无上的地位，也授予今天大多数人信奉的多样的、世界主义的世界观以至高无上的价值；这种联姻也形成了一门"人的科学"，正如伟大的苏格兰启蒙哲学家大卫·休谟为之做的命名。

从理智史的角度，我把这场转变描述为"书籍之战"——权威之书VS. 自然之书。[35] **权威之书**——在西方要么是指《圣经》要么是指亚里士多德著作——基于的认知过程叫**演绎**，或者从一般原理引申出特殊主张，或者从一般论证到特殊。作为对比，**自然之书**基于的认知过程叫**归纳**，或者从特殊事实推断出一般原理，或者从特殊论证到一般。没有人——也没有任何传统——单纯只运用归纳或者演绎，但科学革命是对过分强调权威之书的反动，转而提倡坚持运用自然之书检验人们认为当然的事情。

例如，伽利略是科学革命的巨人，他与教会之间陷入了麻烦，部分是因为他坚持把观察而不是盲信作为黄金标准，用以决定古代权威们的猜想是否正确。"阿基米德的权威并不比亚里士多德的重要"，他说，"阿基米德正确是因为他的结论和实验一致。"[36]

这是演绎和归纳——理性和经验——之间的平衡问题。1620 年英国哲学家弗朗西斯·培根出版了《新工具》一书，他在书中把科学描述为感觉数据和推理理论的混合物。培根主张，原则上，一个人应该从观察开始，然后形成可以进行逻辑预测的一般理论，再然后依托实验检验预测。[37] 如果你不进行实际检验，你最后得到的就是半熟的（常常是全熟的）想法，就像古罗马哲学家老普林尼（Pliny the Elder）的《溃疡性褥疮和伤口的治疗》，这段文字出自他公元一世纪的著作《自然史》，读起来就像巨蟒剧团（Monty Python）的滑稽短剧：

把羊粪放在土制锅底下加热，然后敷上按摩，伤口上的肿胀就会消退，并且瘘状的褥疮和蛾虫会被清理干净，利于愈合。但狗头烧成的灰烬效果最好；它在烧灼肉质赘生物和治愈褥疮方面的属性和木炭完全相当。老鼠粪便也被用作烧灼物，而鼬鼠的粪便要烧成灰烬。[38]

在法国，哲学家兼数学家勒内·笛卡尔——被认为是现代哲学奠基人——为自己设定的重大（一般人应该会认为不可能）任务是统一所有的知识，以便为"公众提供……一门全新的科学，这门科学将会一般性地解决所有有关量的问题。"笛卡尔在他 1637 年的怀疑论著作《方法论》中指导读者把可能的当作错误的，把确定的当作可能的，抛弃基于古老书籍和权威的一切。

怀疑一切之后，笛卡尔得出的著名结论是有一件东西他不能怀疑，那就是他自己的思考着的心灵："Cogito, ergo sum——思, 故在。"从这条第一原理开始建构，他转向了数学推理，从这里他不仅建立了一门新的数学分支（现在常用的笛卡尔坐标系），而且建立了一门新的有力的科学，这门科学能够被应用于任何对象之上。笛卡尔的工作创造了 esprit geometrique 和 esprit du mechanism(一种几何学精神和一种机械因果精神），为一切寻找数学的和机械的解释。机械论哲学通过牛顿的钟表式宇宙获得了世界性的信誉。在法国花园的几何规则中，这种对数学精确性的推崇今天仍然形象可见。在那里笛卡尔看到机械自动装置在水压下运转，他为之着迷，而这种机械精神导致他（和其他人）转向对动物和人类做机械性的解释。[39]

　　然而，改变一切的分水岭是 1687 年牛顿的《数学原理》（Principia Mathematica）的出版。《数学原理》综合了物理科学，被牛顿的同时代人评价为"人类心灵首屈一指的杰作"（约瑟夫 – 路易斯·拉格朗日），一部"高居人类理智所有其他作品之上的巨著"（皮埃尔 – 西蒙·拉普拉斯）。对于牛顿的逝世，亚历山大·蒲柏写了这样的颂诗："自然和自然法则没于黑暗中。上帝说，让牛顿来！于是一切皆臻光明。"启蒙运动的杰出人物大卫·休谟描述牛顿是"为了荣耀和教育人类出现过的最伟大和最罕见的天才"。[40]

　　牛顿做出了示范，说明数学和科学的精确方法能够应用于所有领域。而且他言行一致，在很多领域做出了重大贡献：基础数学和应用数学（发明微积分）、光学、万有引力定律、潮汐、热学、物质的化学应用和理论、炼金术、年代学、圣经解释、科学仪器设计，甚至还包括货币铸造。对哈雷彗星回归的精确预测证实了牛顿的万有引力理论，在此之后，展开了把牛顿的科学方法应用到各个领域的竞赛。"各个地方的人都看到了一个承诺，即所有的人类知识和对人类事物的管理都将隶属一个由演绎和数学推理构成的类似的理性系统，与这个系统相结合的是实验和批判性考察"；杰出的科学史学家伯纳德·科恩（Bernard Cohen）写道，"牛顿是成功科学的象征，是哲学、心理学、政治学和社会科学中一切思考的理想。"[41]

　　以牛顿科学为顶点的科学革命引导着各个领域的科学家为了成为他们自己的特定科学部门的牛顿而奋斗。例如，在 1748 年的著作（《论法的精神》中，法国启蒙哲学家孟德斯鸠有意识地援引牛顿的概念，把运行良好的君主国比作"宇宙的体系"，掌握着把所有人"吸引"到"中心"（君主）的"万有引力般的权力"。他的方法是笛卡尔的演绎法："我确立了首要的原则，发现特殊情形可以从中自然而然推出。"孟德斯鸠的"精神"是指"原因"，从原因人们可以导出"法律"，法律则用来治理社会。"最一般意义上的法律是指源于事物本质的必然关系"，他写道，"在这个意义上，所有存在的事物都有自己的法律，神有自己的法律，物质世界有自己的法律，高于人的理性者有自己的法律，野兽有自己的法律，人当然也有自己的法律。"

年轻时的孟德斯鸠出版了很多科学论文，论题广泛——潮汐、牡蛎化石、肾脏功能、回声的原因，而在他的《论法的精神》中，他发挥了他的自然主义天赋，提出了这样的理论：自然条件导致了世界范围内的不同政体和法律制度的发展，自然条件包括气候、土壤的质量、居民的宗教和职业、居民数量、商业、礼仪、风俗，等等。在他的类型学中包括四种社会类型：狩猎、畜牧、农业和贸易或商业，对应的法律制度依次越来越复杂。他写道，"法律与这几种国家获取生活资料的方式有极大关系"，"比起满足于耕作土地的人们，依赖贸易和航海的国家应该有一部范围宽广得多的法典。比起靠牛羊供养的人们，耕作之民应该有一部范围宽广得多的法典。而比起狩猎为生的人群，畜牧之民也应该有一部宽广得多的法典。"因为观察发现狩猎和畜牧国家常常处于冲突和战争之中，而贸易国家"变得相互依赖"，使得和平"成为贸易的自然结果"，孟德斯鸠因此成为最早的贸易和平论者之一。他推测，这一后果的心理学家基础是拥有不同风俗和礼仪的社会相互暴露在对方的目光之中，这可以"治疗最具危害性的偏见。"因此，他总结道，"我们看到，在那些人们只是因为商业精神而迁徙的国家，人类的交流充满人性和德性。"[42]

有一批以重农学派而知名的法国科学家和学者追随孟德斯鸠的自然法传统，宣称所有"社会事实都被永恒地联结在必然性纽带中，联结它们的是不可改变的、不可避免的和必然的法则"，法则一旦公之于众，人民和政府都应该遵守；重农学派还宣称人类社会"由**自然法则**管理……同样的法则管理着物质世界、动物社会甚至每个生物体的内在生活"。重农主义者弗朗索瓦·魁奈——曾是法国国王的医生，后来是托马斯·杰弗逊联系拿破仑的密使——模仿人体来理解经济现象，货币在一国的流动就像血液流经身体，破坏性的政府政策就像阻碍经济健康的疾病。[43]他主张虽然人的能力有差异，但自然权利是平等的，因此政府有义务保护个人的权利不受他人侵犯，与此同时使人们能够追求自身的最大利益。这导致他们倡导私有财产和自由市场。事实上，正是重农学派给了我们自由放任(laissez-faire)这个术语——翻译为"不干涉"，即为了公民和社会的经济利益，奉行最少政府干预的经济实践。

重农学派声称人们在一个运转的社会中服从可知的人性和经济性的法则，它们与伽利略和牛顿发现的规律并没有什么不同；这一运动逐渐成长为由休谟、斯密及其他人支持的古典经济学派，古典经济学则是今天所有经济政策的基础。斯密 1776 年出版了里程碑式的巨著《国民财富的原因和性质研究》，而书名反映了对科学性的强调。斯密在科学的意义上使用"性质"和"原因"，意即在一个经济的自然体系中确定和理解因果关系；斯密的基本前提是：自然法则统治着经济现象，人是理性计算的经济人——他们的行为能够被理解，市场由"看不见的手"自我调节。斯密这个著名比喻的源头是自然中的天文学现象。斯密在他鲜为人知的天文学史著作中写道，

可以看到，在野蛮人信奉的所有多神教中，以及异教古代的早期阶段，只有反常的自然事件被归因于神的作用和力量。火能燃烧，水可饮用；重物下降，轻物上升，都是因其自身本质的必然性；朱庇特的**看不见的手**未曾被认为在这些事件中起了作用。[44]

这里，斯密是在描述重力这只看不见的手，当他后来把这个比喻应用到《国富论》中时，暗示了一只看不见的手似乎在指导着市场和经济。应该注意的是，斯密是一位道德哲学的大师，他的第一本伟大著作是出版于 1759 年的《道德情操论》。他在书中为人类拥有内在道德情感的理论奠定了基础："不论人被认为是多么自私，很明显他的本性中存在某些原则，使他关心别人的命运，把别人的幸福看作自己的所需，尽管他除了旁观他人的愉悦一无所得。怜悯和同情正是这样的情感，使我们对他人的悲苦感同身受。"移情——斯密称之为同情——使得我们通过设身处地并感其所感来体会他人的喜与悲："因为除了通过设想我们自己在类似处境下应该会有怎样的感受，我们没有其他

人感受的直接经验，我们也不知道他们被影响的方式。"[45]这是交互视角在起作用。

在政府治理的舞台上，英国哲学家霍布斯是另一位启蒙运动的杰出人物，他有意识地应用物理科学的原理和方法于道德科学，作为这一意识的集中体现的1651年的《利维坦》被认为是政治思想史上最有影响力的著作之一。霍布斯在书中有关社会世界的分析精心模仿了伽利略和英国医生威廉·哈维的著作，哈维1628年的著作《心血运动论》纲领性地提出了人体工作方式的机械模型。正如霍布斯后来不无傲慢地认为的，"伽利略……第一个向我们打开了普遍自然哲学的大门，它是有关运动本质的知识……人体科学作为自然科学最有价值的部分，是由我们的同胞、有着惊人睿智的哈维第一次发现的。自然哲学因此仍然非常年轻；但公民哲学还要年轻得多，肯定不如我的《论公民》……年长。"

霍布斯甚至模仿欧几里得的《几何原本》写作《法的要素》，把所有以前的哲学家划分为两个阵营：**教条的**，他们花了两千年未能创造出可行的道德或政治哲学；**数学的**，他们开始于"最浅显和谦卑的原理……缓慢前进，运用最一丝不苟的推理"，创造出有关社会世界的有用的知识体系。这一新的思想体系既不能"用来制造点金石，也不能在形而上学密码中发现"，他在一封致读者的信中声称，"它是人的自然理性，随着造物的世界上下翻飞，带回有关造物世界的秩序、原因和结果的真实报告"。[46]

霍布斯自觉把几何学精神和机械精神应用于有关自然、人和"公民政府和国民责任"的研究。[47]这里我们可以看到，一是从物理和生物科学到社会科学的关联，一是我关注这一时期科学史的原因——我们关于治理的现代概念正是起源于把理性和科学应用于所有问题的动力，包括人类社会问题。

根据科学史家理查德·奥尔森（Richard Olson）（我的博士学位导师，他第一个指导我关注科学与社会的关联）的说法，"霍布斯关于自然、人和社会的理论，就其形式而言，是笛卡尔几何学精神的霍布斯版本。"不仅如此，奥尔森继续写道，"霍布斯相信能够在几何学或者假说—演绎模型上建构起人和社会的科学，就像无生命的自然物体的科学一样。"[48]假说—演绎模型是科学哲学家描述现代科学方法的术语，这一方法可以被总结为三步：（1）在初步观察的基础上形成假说；（2）在假说的基础上做出预测；（3）检验或者测试预测是否正确。

霍布斯关于如何建立公民社会的理论是一个纯粹的自然主义的论证过程，运用了他那个时代的最好的科学；霍布斯和他的启蒙运动同仁一样，认为他们自己是在实践我们今天所称的科学（但他们称为自然哲学）。[49]他的起始假设是宇宙仅仅由运动着的物质对象（如原子和行星）组成。大脑通过感觉——要么是直接的感觉如触觉，要么是间接的通过能量传递的感觉，如视觉——感知这些对象的运动，并且所有观念都是来自于这些基本的感觉运动。人能够感觉到物质运动，人自己也在运动（如"血液运动，永恒的循环"，他引用威廉·哈维的话写道），爱好（快乐）和厌恶（痛苦）的激情不间断地推动着人的运动。运动停止（如血液循环），生命停止，所以所有的人类行为都是为了维持生死攸关的生命运动。快乐（或愉悦或满足），他说"除了心脏运动事实上什么也不是，正如概念除了头脑运动什么也不是一样，带来快乐的对象就被称为令人快乐或者令人愉悦的。"

凡是我们认为是善的或者恶的，都直接和我们对某个给定的刺激的欲求或者畏惧有关。为了趋近快乐回避痛苦人需要力量："一个人的力量是获得某些未来可见的好（处）的现成手段，"霍布斯继续写道，在自然状态中，每个人都有运用力量压倒他人以获得更大快乐的自由。霍布斯称之为**自然权利**。尽管人的能力相同，但激情不同，霍布斯说，"当缺乏一个公共权力让所有人保持敬畏时，他们处于一种可以称之为战争的状态之下；这样一种战争就其本来面目来说是一切人对一切人的战争。"霍布斯的战争并不仅仅指实际发生的战争，而是**忧虑**战争的恒定状态，这使得计划未来变得不可能。正如，在所有政治理论中最著名（也最常被引用）的段落之一，霍布斯的总结道：

在这样的条件下，没有发展产业的余地，因为收获没有保障：因此，不会有农耕文化；不会有航海；不会有从海路输入的商品；不会有宽敞的建筑；不会有移动或者拆除需要很大力量的东西的工具；不会有关于地表的知识；不会有计时；不会有艺术；不会有文字；不会有社会；最糟糕的是，会有持续的恐惧和死于暴力的危险；人的生命孤独、贫困、卑贱、粗野且短暂。[50]

但霍布斯说，我们并不生活在自然状态中，因为人类还有一种精神财产使得我们能够超越自然权利，这就是**理性**。正是理性引导人们意识到，为了自由他们必须在一个**社会契约**中把所有的权利让渡给一个主权国家。以《旧约》中的强大海怪的名义，[51] 霍布斯将主权国家命名为利维坦。

霍布斯之后的半个世纪，政治和经济思想方面的学者除非在研究中公开地运用某种科学方法，否则他们不会受到重视；这种方法是理性和经验的某种结合，用以推导出人在社会中如何行动（**描述性观察**）和应该如何行动（**规范性道德**）的结论。正如苏格兰启蒙哲学家休谟在他 1749 年的经典著作《人类理解研究》的结尾所做的生动宣言："如果我们有书卷在手；例如，神学的或者经院形而上学的；我们要问，它包含任何有关量和数的抽象推理吗？没有。它包含任何有关事实和存在的实验推理吗？没有。那么将其付之一炬：因为它除了诡辩和幻觉外空无一物。"[52] 同样，霍布斯的机械模型把人想象为原子——社会世界中可以互换的粒子，统治这个世界的自然法则可以按照物理学家测量原子或者天文学家追踪行星的同样方式进行研究，从这个研究中可以得到解释人类行为的一般理论。至于这个研究社会世界的新方法的重要性，杰出的现代政治哲学家迈克尔·沃尔泽（Michael Walzer）说得很清楚："在两百年的时间里，几乎没有一个英语作家、几乎没有一个咖啡馆的谈客不是霍布斯的后继者。"[53]

从是到应当：社会科学和道德进步

不论霍布斯认为利维坦起源于社会契约的观点对不对（这是一段含混的历史，因为人是社会动物，从未孤立生活），事实是利维坦式的国家是随着数以千计的微小的自治市、公国、独立王国等在国家形成的现代早期合并成越来越大的政治组织，直到最近 500 年才出现。

政治科学家估计，15 世纪的欧洲有大约 5000 个政治单位，17 世纪大约有 500 个，到了 18 世纪大约有 200 个，20 世纪则不到 50 个。[54] 合并导致了两个主要趋势：（1）针对个人的暴力下降，在国家中死于暴力的人口比例显著低于传统的、前国家社会；（2）1500 年到 1950 年间，死亡总数一方面在上升另一方面也在下降，下降是因为大国战争的数量和持续时间减少了，上升是因为战争强度（每个国家每年死亡的人数）增加了——随着这两个对立趋势的角力，死亡总数相应涨落。然而，二战以后，到大国基本上停止战斗时为止，战争的频率和强度都在下降。

让我们看一看利维坦如何减少暴力的逻辑和这其中从**是**（科学和理性在历史上如何发展）到**应当**（这些知识如何被用来弯曲道德之弧）的转变。利维坦通过垄断合法暴力使暴力减少，因而也就用刑事司法取代了犯罪学家所称的"自助正义"，这在总体上减少了暴力。而所谓"自助正义"是个人解决自己的宿怨和争端，通常以暴力为手段（如黑手党）。但暴力减少也有其他因素在起作用。

贸易、商业和冲突

提倡自上而下的国家控制以抑制我们人性中的内在魔性时，霍布斯的论断只对了一部分。考虑到贸易的换取所需取代杀人夺取带来的道德和实践利益，贸易和商业同样是暴力减少的主要因素。我称之为巴斯蒂亚原则（以 19 世纪法国经济学家弗雷德雷克·巴斯蒂亚命名，他第一个清晰表述了这一思想）：**哪里的商品跨过边界，哪里的军队就不会；而哪里的商品跨不过边界，哪里的军队就会。**[55] 我称之为原则而不是法则，是因为不论是在历史上还是在当代都有例外。贸易并不能完全防止战争和跨国暴力，但它降低了可能性。

正如我在《市场心灵》一书中用文献证明的，贸易在减少陌生人之间的天然敌意的同时，提升了他们之间的信任，也正如经济学家保罗·扎克（Paul Zak）已经证明的，信任是影响经济发展的最有力因素之一。举例来说，在他位于克莱蒙特研究大学的神经经济学实验室，扎克证明陌生人在交换游戏中会释放信任激素即催产素，借此可以提高信任并启动一个正反馈循环。此外，它还会释放神经递质多巴胺，这是一种控制大脑激励、回报和快乐中枢的化学物质，因而能够鼓励生物体重复特定的行为。因此，习得的交换行为在化学愉悦感的刺激下得到强化。对受试者的大脑扫描显示，在进行囚徒困境博弈时，如果受试者相互合作，大脑的活跃区域与回应糖果、金钱、可卡因和有吸引力的脸庞一类事物的刺激时的活跃区域是一样的。最敏感的是那些富于多巴胺的神经元，它们位于大脑"快乐中枢"的前腹侧纹状体。[56]

贸易的影响既被现实世界的记录也被实验室的文献所证明。2010 年心理学家约瑟夫·亨利奇（Joseph Henrich）和他的同事在《科学》上发表了一项大规模研究成果，题为《市场、宗教、社区规模和公平与惩罚的演化》，涉及超过 2000 名受试者，分布在世界各地的 15 个小型社区。受试者被要求参与一项两人的交换游戏，其中一位受试者被给予一笔和日收入相当的钱，并且被允许自己留着这笔钱，或者与另一人分享其中的一部分或全部。你或许会认为大多数人将会把钱全部留着，但事实上，科学家发现狩猎—采集社区的人分享了那笔钱的大约 25%，而在经常性参与贸易的社会，人们分享了大约 45%。虽然宗教是使得人们更加慷慨的一个适度因素，但提供最强烈的预示是"市场一体化"，它的定义是"一个家庭从市场而非种植、狩猎和捕鱼获得其总卡路里的百分比"。为什么会这样？作者总结认为，是因为与陌生人的信任和合作降低了交易成本，为所有参与者生成了更大的繁荣，因此市场公平规范"作为总的社会演化过程的一部分而随之演化，在既有的社会关系（例如亲属、互惠和身份）不充分的地方，维持着互利交易的持续进行。"[57]

贸易、民主和冲突

不应把贸易和政治之间在全球水平上的复杂互动关系放入绝对的二元逻辑的窠臼——要么贸易要么不贸易，要么民主要么不民主——而应使用连续量表揭示更加精细但非常真实的影响。一个特定的国家与其他国家的贸易可能是极少、一些或者很多，它可能不太民主也可能比较民主。这种连续的而非绝对的方法使得研究者能够把每一个个案当作连续统上的一个数据点，而不是人为选择的一个例证或一个例外，在这个选择中人们为了强行匹配预想的模型而试图选择最好的数据。

运用了一种连续的分析风格来处理这一问题是政治科学家布鲁斯·拉西特（Bruce Russett）和约翰·奥尼尔（John Oneal），他们在《三角和评论》一书中，运用多元逻辑回归模型处理了"战争相关数据库"记录的1816年至2001年间2300场军事化的国家间争端。[58]拉西特和奥尼尔在1到10分的区间给每个国家的民主化程度打分（基于衡量下述各项的政体计划：政治进程的竞争性如何；领导人选举的开放性如何；对领导人权力限制的有效性如何；民主化进程的透明度；大选的公平性等等。），发现如果两个国家是充分民主化的（就是说它们在政体等级上得分很高），它们之间的争端减少了50%；如果其中一国是低分民主政体或者完全的独裁政体，两国冲突的可能性加倍。[59]

如果在方程中加进市场经济和国际贸易，会减少国家间冲突的可能性。拉西特和奥尼尔发现，对于每一对处于危险中的国家来说，当他们加入贸易额时（作为GDP的占比），在一个给定年份更为依赖贸易的国家组合在来年陷入军事争端的可能性更小，控制民主化程度、力量对比、大国地位和经济增长不变。一般而言，数据表明拥有市场经济的自由民主政体比任何其他治理形式和经济体系更加繁荣、更加和平、更加公平。特殊而言，他们发现民主的和平只有当一对中的两个国家都是民主政体时才成立，而两者中只要有一方拥有市场经济，贸易就会起作用。[60]换言之，贸易甚至比民主更重要（尽管后者因其他原因也很重要）。

最后，拉西特和奥尼尔和平三角的第三个顶点是国际社会中的成员资格，代表着透明度。暗箱是邪恶的天堂。公开和透明增加了独裁者和蛊惑人心者干出暴力和种族灭绝行径的难度。为了检验这个假设，拉西特和奥尼尔计算了每一对国家共同属于国际政府组织（IGOs）的数量，并对民主化和贸易得分做了回归分析，他们发现，总体而言，民主化、贸易和 IGOs 成员资格都有利于和平；他们还发现，比起平均水平的一对国家，所有三个变量都在等级表前十分之一的一对国家在一个给定年份爆发争端的可能性低 83%。[61]

图 3-4 给出的数据显示，随着民主国家增多和独裁国家减少，战争数量下降了。[62] 图 3-5 给出了 1800 年至 2003 年间在政体 IV 等级表上得分大于等于 8 分的国家的数量，二战后的部分呈现出一个曲棍球杆式的上升，那是因为二战推动了独裁政体和腐败的民主政体向公平透明的自由民主政体转型。[63] 图 3-6 展示了 1885 年至 2000 年间由一对国家分享的政府间组织的成员资格。[64] 图 3-7 把所有这些数据集融合进一个"和平三重彩"：民主 + 经济依存性

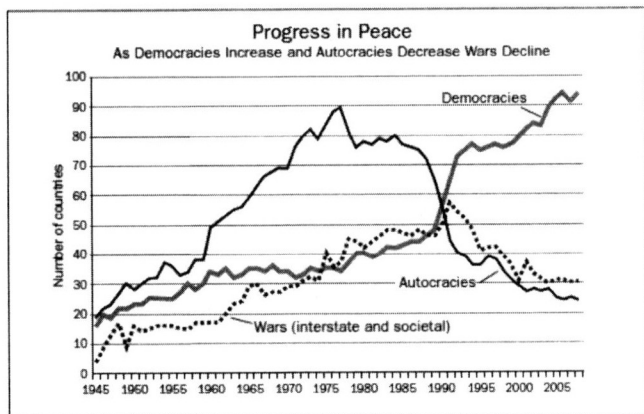

图 3-4　和平的进步

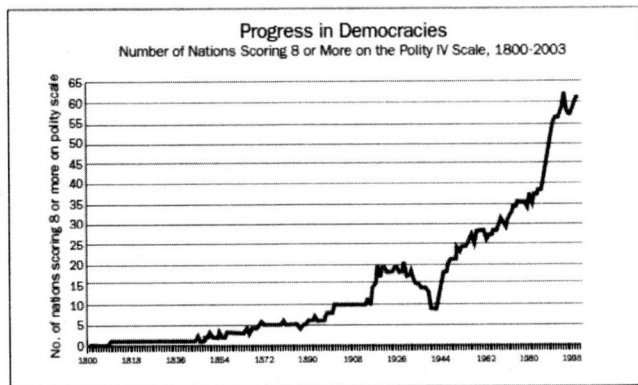

图 3-5　民主的进步

Progress in International Relationships
Membership in Intergovernmental Organizations

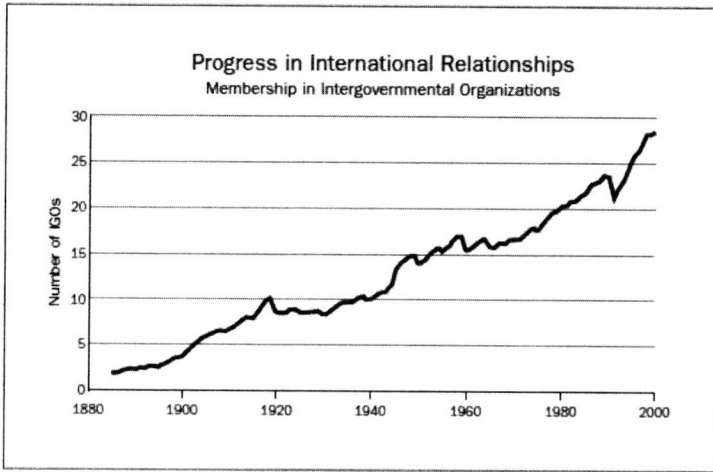

图 3-6 国际关系的进步

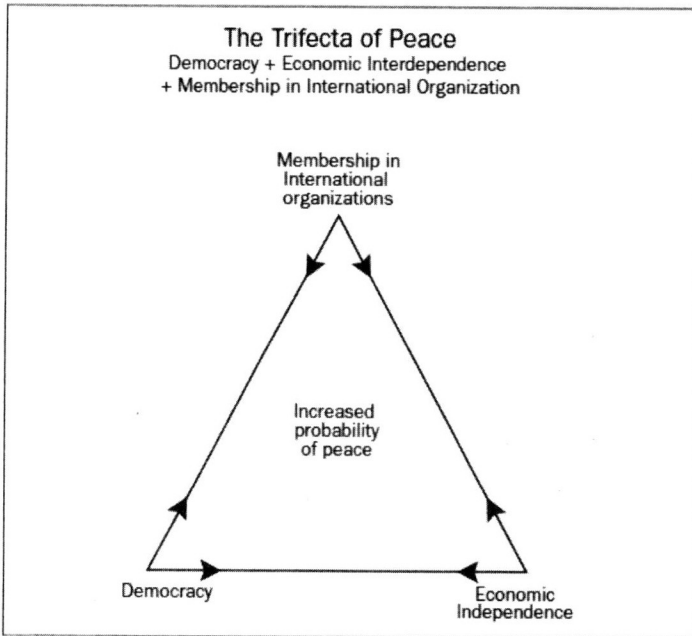

The Trifecta of Peace
Democracy + Economic Interdependence + Membership in International Organization

Membership in International organizations

Increased probability of peace

Democracy

Economic Independence

Figures 3-4 to 3-7. The Trifecta of Peace: Liberal Democracy, Trade, Transparency.

Figure 3-4 presents data showing that as democracies increase and autocracies decrease, wars decline. *Figure 3-5* shows the number of nations scoring 8 or more on the Polity IV scale from 1800 to 2003, showing a hockey-stick-shaped improvement in the number of nations after the Second World War who made the transition from autocracies or corrupt democracies to fair and transparent liberal democracies. *Figure 3-6* shows membership in Intergovernmental Organizations shared by a pair of countries from 1885 to 2000. *Figure 3-7* brings all these datasets together into a "Trifecta of Peace": Democracy + Economic Interdependence + Membership in International Organizations = More Peace.

图 3-7 和平三重彩

+ 政府间组织的成员资格 = 更多和平。

有人怀疑和平的经济相互依赖理论。例如，政治科学家凯瑟琳·巴比里（Katherine Barbieri）告诫人们要警惕从贸易与和平的研究中引申出太强的结论，因为"没有一个理论立场提供了贸易关系的影响的精确解释"，还因为"处在贸易关系中的不同国家经验不同。"[65] 例如，她在研究中发现了一些由于经济相互依赖增多导致国家间冲突增加的例子，而相反性质的发现必定体现了其他因素的影响。不过 2010 年出版的一期《和平杂志》评估并更新了拉西特和奥尼尔的数据，重新检验了关系变量，得出的结论是："二战以来，可以看到作为古典自由主义理想的贸易国家安全共同体正在逐渐实现。"[66]

······

以一种连续的而非绝对的方式考虑如何减少利维坦之间的冲突问题，也能够使我们以一种更加科学化的方式处理那些明显的例外，因为科学走在连续统和可能性的大道上，不会囿于非黑即白的绝对范畴。例如，如果你论证说两个民主国家之间永远不会走向战争（民主和平论）或者说互相贸易的两个国家从来不会打仗（麦当劳和平论），那么怀疑的人会在历史仓库中找出例外，比如 1812 年的美英战争、美国内战，还有印巴战争——都是同一类型的民主国家；又比如一战前的各大国，直到 1914 年 8 月擦枪走火之前它们之间的相互贸易还在进行。支持者会反驳说，战争发生时的 1812 年美国还不是一个民主国家，直到美国内战时也不是，因为奴隶制还在实行，妇女不能选举，因此，美国不能算作真正的民主国家。但如果我们把所有的历史事例看作一个连续统上的数据点，那么就能观察到在错综复杂的真实世界中起作用的因果关系的细微之处。

对诺贝尔和平奖得主诺曼·安吉尔（Normal Angell）的误读是一个切题例子。他 1910 年的作品《大幻觉》——书中支持这样的观点：比起贸易，战争作为获取更大经济繁荣的手段是徒劳无益的——被嘲笑为是傻瓜的预言。1915 年，随着第一次世界大战的马力逐渐开足，《纽约时报》认为安吉尔"努力写了一些书来证明现代经济条件下战争是不可能的……[但]这已经被事态证明是错的。不久之前还多少被经济纽带紧密联结在一起的十个国家，现在都陷入了战争。"几乎一百年后的 2013 年，雅各布·赫布鲁恩（Jacob Heilbrunn）在《国家利益》杂志发表了一篇文章，文中称"安吉尔在国际关系中错误地抛弃了权力中心。例如，他在 1914 宣布'在欧洲大国之间不会发生另一场战争。'"[67]然而，赫布鲁恩恰是在捍卫安吉尔！

阿里·温尼（Ali Wyne）在《破产的战争》一书中反驳（赫布鲁姆）时写道，事实上，安吉尔在《大幻觉》一战前的版本中真正想说的是："战争并非不可能，也没有负责任的和平主义者曾经说过不可能；战争的可能性并不是幻觉，战争利益才是。"在一封 1913 年致《星期日评论》的信件中（收录在他 1921 年的作品集《胜利的果实》中），安吉尔进一步澄清了立场，他写道"我不仅注意到[英德之间]战争是可能的，而且几乎是必然的。"正如温尼注意到的，对安吉尔的误读使得后来的分析家无视了他进一步的观察，而这些观察与道德进步的主题有关："至少有两条今天值得重新审视：'国家荣誉'不应该被援引来为战争正名；'人的本性'并未使战争不可避免。"[68]考虑到科学对人类行为可塑性的研究，第二条观察特别具有前瞻性，安吉尔在 1935 年和平奖获奖演说中对人类行为的可塑性做了和任何当代科学家的工作一样清晰的表述：

或许你不能"改变人性"——我确实不知道这个词的含义。但你肯定能改变人的行为，这才是关键，正如历史的全部面貌所展示的……像某些形式的民族主义一样，有些刺激具有危害性，这一点越是真实，那么让它们服从清醒理智和社会组织指导的责任就越大。[69]

诚哉斯言！不论你关于人性的观点是什么——白板说、基因决定论，或者现实主义的本性–教育互动模型——当涉及道德时，正是人类**行为**与我们最为相关。人与他人互动的方式才是至关重要的，就冲突而言，最后的最后我们终于开始理解能够杜绝战争的条件。**图 3-8** 到**图 3-10** 展示了我们朝这个目标已经取得的进步。

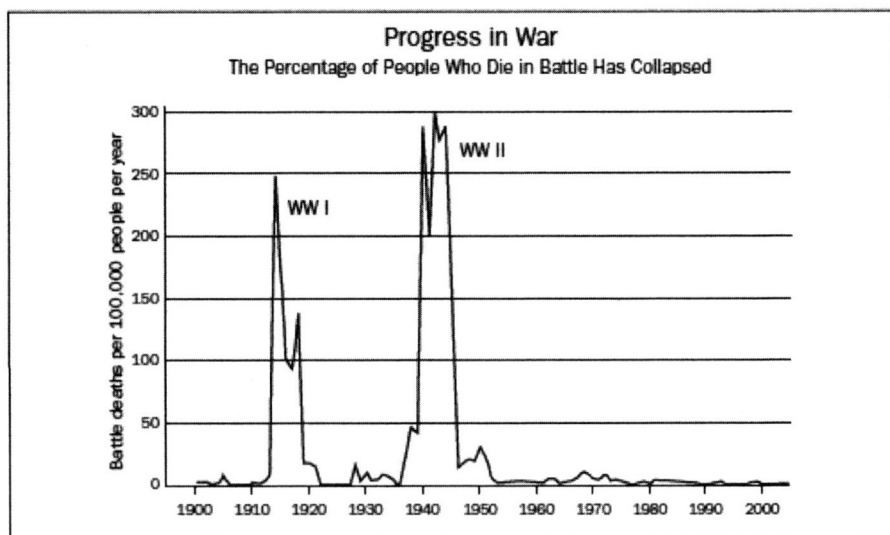

图 3-8　战争的发展趋势

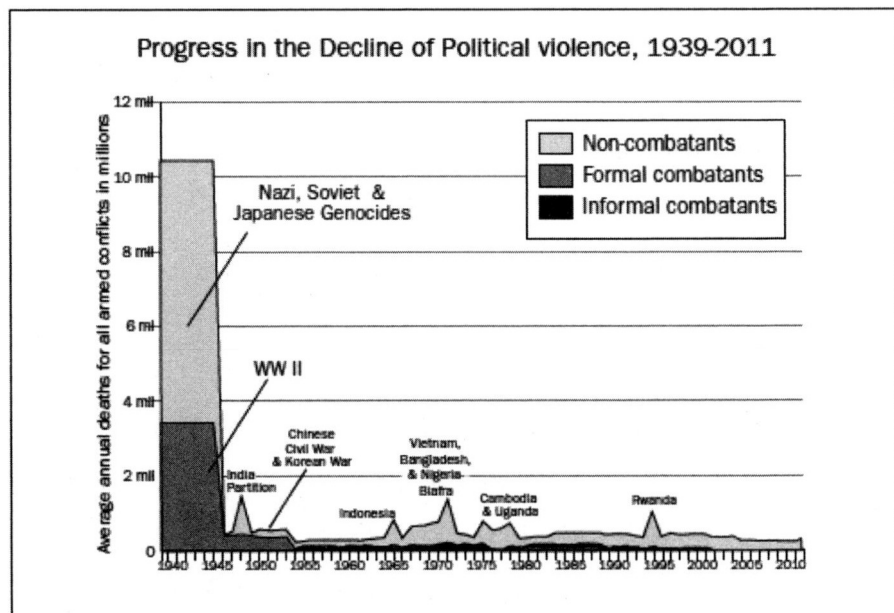

图 3-9　政治暴力下降的趋势（1939—2011）

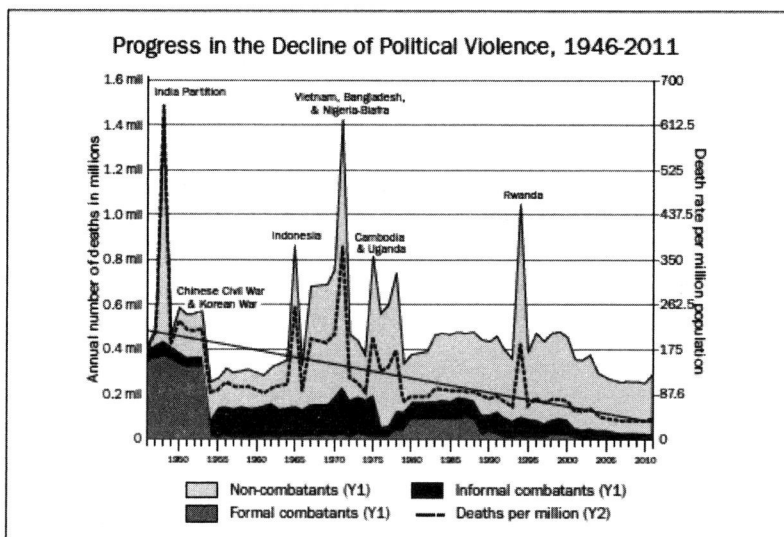

Progress in the Decline of Political Violence, 1946-2011

Figures 3-8 to 3-10. Progress in the Decline of War

Figure 3-8 presents data showing the percentage of people who die in battle decreased dramatically in the second half of the twentieth century.[70] *Figure 3-9* puts that second half century into perspective by tracking the average annual deaths for all armed conflicts in millions, showing how small the spikes are in comparison to the Korean and Vietnam Wars, and the genocides in Cambodia, Uganda, and Rwanda.[71] *Figure 3-10* expands the death spikes to show the decline even in these wars and genocides between 1946 and 2010.[72]

图 3-10　政治暴力下降的趋势（1946—2011）

利维坦，更好的或者更坏的

霍布斯的利维坦（或者主权国家）需要一定程度上控制"国民"，20 世纪各种各样的极权主义政权把这种控制付诸实践，但最终都彻底失败了。霍布斯的理论成了意识形态专制的牺牲品：要么人们生活在无政府状态中，陷入一切人对一切人的战争，要么人们把所有的权利和自由让渡给国家，国家控制人们该做什么不该做什么。例如，霍布斯提议，"每个人应该声明，在下述条件之下，我授权并让渡自我管理的权利给他者或者他者的集合，即你以相同的方式让渡自己的权利给他者、并授权他者的所有行为。"这个"伟大的利维坦……为了和平与共同防卫，当他认为合适时，可以动用其全部力量和手段。"这个主权国家拥有凌驾于人民之上的几乎绝对的权利和权力：国民不能够改变政府形式，也不能把他们的权利转让给另一个主权国家。持异议的少数必须赞成国家并服从多数人的信条，"否则就会被抛入他之前所处的战争境况。"

主权国家在国民面前是"不可惩罚的"，他还是决定国民的"和平与防卫"的唯一法官，这里面包括"什么观点和学说不利于"国民整体，什么可以发表，什么不可以。"主权国家拥有制定规则的全部权力，每个人凭借国家制定的规则可以知道他能享有什么物品，他能做出什么行为，而丝毫不受任何其他国民的妨碍；这些有关国民行为的正当性……善、恶、合法和非法的规则就是民法。"主权国家独自决定何时及何处开战、与谁开战、军队部署的规模、使用何种武器，并且主权国家当然有权向国民征税以支持整个行动。

如果说这对现代西方人的自由偏好来说还不够极端的话，霍布斯建议主权国家甚至应该控制国民的"买卖自由和其他方面的契约自由；选择住所的自由，选择饮食的自由，选择人生职业的自由；以及选择他们自己认为恰当的方式教育子女的自由，等等。"[73]

让渡如此多的控制和自治权给予国家的问题是，运转国家的人像每个其他人一样也有缺点、偏见、成见、渴望和欺诈诱惑。囚徒困境中的"霍布斯陷阱"在政府中与在商业和体育中一样严重。授予某个人——任何人——过多的权力会产生滥用职权和把他人当作傻瓜一样对待的诱惑；这种诱惑对绝大多数人来说强大得难以抗拒。欧洲君主的过度权力导致了对权力的极大滥用，这正是美国和法国的革命者所要奋起反抗的。这也是詹姆斯·麦迪逊在写作《联邦党人文集》第 51 篇时头脑中所考虑的，他解释了为什么政府不同分支之间需要相互制衡：如果人类是天使，就不需要政府。如果天使将要治理人类，就不需要不论外在的还是内在的对政府的控制。"[74]这也正是埃德蒙·伯克在反思法国大革命时的所思所想："对人的限制和自由一样，都被看作人的权利。"[75]

民主制度的发展回应着 18、19 世纪的君主专制和 20 世纪的独裁政体，因为民主制度授予个人的是一种方法而非一种意识形态，正是在这个范围之内，我们能够看到理性、经验主义和反威权主义不是自由民主制的**产物**，而是它的**生产者**。民主选举类似于科学实验：每隔几年，通过选举小心改变变量，观察结果。如果想要不同的结果，就需要改变变量。[76]美国的政治体制常常被称为"美国实验"，开国元勋们就是这么谈论它的，并且把这个民主实验看作达到目的的方法，而非目的本身。

很多建国之父事实上就是科学家，他们谨慎地使得数据收集、假设检验和理论形成的方法适用于建构国家。任何发现都是暂时性的，他们的这一理解促使他们发展出这样一种社会制度，在其中怀疑和辩论是有效政体的核心。杰弗逊、富兰克林、潘恩和其他人都认为社会治理是一个**有待解决的问题**，而不是需要攫取的权力。他们看待民主的方式就和他们看待科学一样——作为一种方法而非意识形态。本质上，他们论证了没有人知道如何治理一个国家，因此不得不建立一套允许实验的制度。试试这个，试试那个，检查结果，不断重复。这正是科学的心脏。如托马斯·杰弗逊在1804年所言，"没有什么实验比我们现在尝试的更加引人入胜，我们相信这个实验会确立这样一个事实作为结尾，那就是人可以通过理性和真理来统治。"不管怎样，正如他注意到在科学中开放的同行评议和辩论自由增加了发现暂时性真理的可能性，杰弗逊补充道，这场勇敢的在新大陆展开的新的政治实验无条件地依赖获取知识的开放渠道，以及公民自我观察和自我思考的自由："因此我们的第一个目标应该是让所有的真理之路向他敞开；迄今发现的最有效的路径是新闻自由。这就是为什么，那些害怕自身行为受到调查的人第一个要做的就是堵塞言论。"[77]

甚至，通常被认为是一个政治哲学的陈述的《独立宣言》背后的诸基本原则，事实上也都是扎根于一种科学推理，杰弗逊和富兰克林在他们工作过的所有其他科学领域运用过这种科学推理。让我们看看这基石般的一行文字，"我们认为下述真理是不言而喻的，所有人生而平等……"沃尔特·艾萨克森（Walter Isaacson）在他的《富兰克林传记》中叙述了富兰克林如何把"不言而喻"一词加入杰弗逊原稿的故事，时间是1776年6月21日，星期五。

他最重要一处编辑虽然改动微小但反响巨大。他用惯用的重重的反斜杠划掉了杰弗逊短句中的最后三个词，以妙笔生花之笔把"我们认为下述真理是神圣而不可否认的"改成了现已名垂青史的 "我们认为下述真理是不言而喻的"。

相比杰弗逊推崇的哲学家洛克的影响，"不言而喻"的真理的观念，更多是受牛顿支持的科学决定论和休谟的分析经验主义的启发，后者是富兰克林的密友。在以"休谟之叉"知名的区分中，这位伟大的苏格兰哲学家和莱布尼兹以及其他人一起发展了一种理论，在描述事实的综合真理（比如"伦敦比费城大"）和凭借理性和定义而不言而喻的分析真理（"三角形内角和等于180度"；"所有单身汉都是未婚的"）之间做出区分。使用"神圣的"一词，杰弗逊在有意或无意中肯定了讨论中的原则——人和造物主赋予他们不可剥夺的权利的平等——是宗教断言。相反，富兰克林的修改使之成为理性的认定。[78]

这个假设，即基于理性的启蒙思维带来道德进步，可以通过历史比较和调查那些反启蒙价值的国家发生了什么来加以检验。大革命时期的法国、纳粹德国以及最近奉行宗教原教旨主义的伊斯兰国家，这些国家镇压自由探索、猜忌理性、盛行伪科学，结果则是停滞、倒退，甚至崩溃。批评科学和理性的一神论和后现代主义评论家通常为灾难性的苏维埃和纳粹乌托邦贴上"科学的"标签，但它们的科学只是薄薄的表层装饰物，深层是反启蒙、田园牧歌、对基于种族和地理的种族主义意识形态的天堂般幻想，克劳迪娅·昆兹（Claudia Koonz）的《纳粹良知》[79] 和本·柯能（Ben Kiernan）的《鲜血与祖国》[80] 正是这方面的记录。

这些乌托邦化的、意识形态驱动的国家在功利主义的名义下，有时会造成难以置信的人口损失；在这种功利主义计算中每个人都被假定为永远快乐，所以，持有异议的个体都被贴上国家敌人的标签，以集体之名予以消灭。如果甚至民主国家的理性人群今天也同意为了救五个人改道失控列车杀死一个人是可以接受的，那么可以想象一下，说服生活在极权主义和集体主义国家的沉浸在乌托邦思维中的人们杀死一百万人来拯救五百万人会是多么容易；

比例是一样的，但绝对数字就是种族灭绝。除此以外，加上民族和种族不平等的反启蒙信念和法律面前人因观点和面孔而不平等（如纳粹政治论家卡尔·施密特宣称"并非每个有着人脸的存在者是人"[81]），你就有了种族灭绝方案。

作为对比，在基于理性的世界观如启蒙人道主义中，**交互视角**意味着没有人能够合理地为高于他人的特权辩护，道德从有利于集体的视角转向有利于个体视角，并且政治制度设计是用来解决此时此地面对的特定问题，而不是用来服务于遥远未来的某些毫无根据的不可触及的乌托邦意识形态。

左派、右派和中间派

政治中的极大的一部分归根结底就是寻求个体自由和社会秩序之间的恰当平衡。因此治理可以归结为：我们想要保持还是改变社会秩序？意识形态让我们在回答这个问题时选边站队：保持（保守主义者）或者改变（自由主义者）？站在哪一边并不是随机的，也不是你所处环境或所受教育形成的癖好。对出生时就分开并在不同环境中成长的同卵双胞胎的研究显示，人们在政治态度上的分歧40%—50%源自遗传。这一数据获得了多项研究的支持，它们都有类似发现：一份1990年的澳大利亚样本，包括来自3516个家庭的6894人；一份2008年的澳大利亚样本，包括来自635个家庭的有亲属关系的1160人；一份2010年的瑞典样本，包括来自2067个家庭的3334人。[82]以与沙利文的合作而负有盛名的W.S.吉尔伯特（W.S.Gibert）预言般地抓住这个结果，他在1894年的诗中宣称他自己是"一个聪明的家伙"，能够"想你所不敢想"：

我常在想，不论自然如何精心设计
一定是滑稽可笑的
每个男孩和女孩
只要活着降生人世
要么是一个小小的自由主义者，

要么是一个小小的保守主义者！ [83]

当然，并不存在自由主义或者保守主义的基因或者基因复合体。然而，基因决定性格，人们也倾向于根据人格偏好、道德情感、荷尔蒙、甚至大脑结构把自己划分到道德价值的左翼或者右翼。在《预先倾向：自由主义者、保守主义者和政治差异生物学》一书中，政治科学家约翰·希宾（John Hibbing）和他的同事报告了他们进行的一项研究，发现对触发厌恶感（如吃蠕虫）的图片有较高敏感水平是政治保守主义和反对同性婚姻的征兆。[84] 这些发现有助于解释为什么在涉及表面上似乎没有关联的范围广泛的议题时，人们对信念的可预测程度是如此之高。这些议题包括：为什么坚信政府应该远离私人卧室的人却相信政府应该深度介入私营企业；又或者，为什么坚信小政府、低税收和最低限度开支的人却投票支持加税、增加军事和警察开支。

使我们发生分歧的很多因素植根于我们的生物学性状，这方面的证据由进化人类学家（也是秘鲁的政治顾问）阿维·涂希曼（Avi Tuschman）汇编在了他的跨学科著作《我们的政治本性》中；书中确定了三类贯穿我们的政治信念的基本的和相对持久的人格特点：**部落主义**、**对不平等的容忍**和个人的**人性观**。举例来说，恐外症作为部落主义的一种形式，可能是我们进化中的祖先繁殖偏好的结果，在传染性疾病常见的那些地方——比如气候比较温暖的地带——人们倾向于性保守，因而倾向于不接受来自不同族群的性伙伴。涂希曼的论证是，保守主义鼓激励了民族中心主义，后者反过来在生物学和文化的反馈循环中强化了部落主义；同样地，自由主义鼓励对外友爱和与来自其他族群的人互动（和通婚）的欲望。此外，通过辨析左－右在宗教事务上的分化，涂希曼阐释了宗教虔信和民族中心主义及保守主义之间的相关性，并且表明信教比例高的地方生育力也高——宗教信仰者生育更多的孩子，因此也就传播了他们保守－宗教的基因和文化。涂希曼以这样的方式总结了进化如何影响我们的政治人格——左派、右派和温和的中间派：

我们身处此时此地，带着我们的政治倾向，因为在过去的数千代中，我们祖先的人格都助了他们在生存和繁衍上取得成功。他们的政治人格是管理近亲繁殖和远系繁殖的工具。这些安排有助于调节父母、后代和兄弟姐妹之间的生物学冲突。而且他们的道德情感在无数的社会互动中同样以各种各样的利他主义平衡着利己主义。在某些类型的社会或者生态环境之下，更加极端的人格特点具有适应性。但在大多数情况下，温和的人格方式被证明更加合适。这就是为什么我们中间有很多温和派。存在温和派和灵活性的另一理由是环境在变，所以基因严格决定我们的人格的说法没有意义。它们只是在有关祖先成功的"记忆"基础上影响它们。[85]

当然，这并非只是生物学问题，涂希曼还指出了家庭环境会影响生物学性状，并与之互动。然而，这里的影响也是乘数效应的，正如被称为"选择性交配"的那种情况，因为生物学偏好，志趣相投（和形体相似）的人们倾向于相互交配，因此家庭环境的影响由于父母并不是随机结合到一起这个事实而倍增。[86]

左－右的划分还深深地依赖你持有的人性观——如托马斯·索厄尔（Thomas Sowell）在《人性观的冲突》一书中的分类系统：要么是**受约束的**（右翼）要么是**无约束的**（左翼）；[87] 或者如斯蒂文·平克在《白板》一书的分类系统：要么是**乌托邦的**（左翼），要么是**悲剧性的**（右翼）。[88] 左翼人士倾向于相信人性是不怎么受生物学约束的，因此用来克服贫困、失业和其他社会弊病的乌托邦式的社会计划就其逻辑和可行性而言具有吸引力。右翼人士倾向于相信人性受到生物学很大约束，因此社会、政治和经济政策在范围和野心方面必须受到限制。在《相信的大脑》中我证明了**受约束－悲剧性**的人性观更符合我们从那些阐明人性的科学中获得的数据，而且我热切主张这样一个左派和右派都能接受的有关人性的**现实主义观点**：它受到我们的生物性状和进化历史的相对约束，但能够被上下拨动人性表盘的社会和政治制度所修正。[89]

一个**现实主义的人性观**反对白板模型，白板模型主张人对社会计划的适应和响应是如此之强，以至于政府事实上能够朝向一个终极社会设计和操纵他们的生命（所有乌托邦会犯的错）。**现实主义人性观**承认人们在身体和理智上的巨大差异——很大程度上是因为自然的遗传差异——因而将会上升（或下降）到他们的自然水平。家庭、风俗、法律和传统制度都是社会和谐的来源，因为它们把我们导向激情的自我控制的内在形式。短期的解决方案包括自上而下的规则和章程；长期的解决方案则包括把强化荣誉和正直逻辑的价值内在化以及遵守规则。我们的行为需要外部推动，但为了使道德提升成为第二天性，道德提升的长期目标必须来自内部。

最后，如果我们首先定义意识形态为"有关社会正确秩序以及如何实现这一秩序的一组信念"，[90] 那么意识形态左 – 右划分及其生物学根源能够通过心理学和历史学联系起来。现代的左右标签起源可以追溯到 1789 年的法国议会，在这场法国大革命前夕的会议上，赞成保持法国（旧秩序）的代表坐在议院的右侧，而赞成改变的代表坐在议院的左侧。[91] 自那以后，**左派**和**右派**这两个词分别代表自由主义和保守主义。

在政治和经济信念中，我们的进化形成的部落本能——被其他人看作能够始终如一地依靠的可靠的族群成员——引导我们惩罚"骑墙派"，这些人随意地改变主意，因此可能背叛部落投奔别人，也可能破坏把我们联系成一个紧密部落的内部社会契约。始终如一并不是头脑简单，而是向其他人发出的信号：我们值得信任。进化而来的支配一切的道德情感就是对族群团结的利益要有始终如一的信念。因此，甚至当我们说服自己相信自己的始终如一时，具体的信念之间也可能是相互矛盾的。这就解释了保守主义者甚至在立法规定人们在卧室这样的私密场所可以做什么时，为什么能够正当地声称热爱自由；自由主义者甚至在立法控制枪支和货币时，为什么能够正当地宣称政府无权告诉我们如何经营私人生活。不一致是因为我们的头脑中存在着相互竞争的动机，而这些动机是为了不同的目的而进化出来。这样的可预测性能够在左派和右派诠释他们道德正当性的政治叙事中看到。举例来说，下面叙事中的哪一个最符合你自己的政治信念？

从前，人们生活在不平等且具有压迫性的社会中，那里的富人变得更富而穷人受到剥削。充斥着奴役、童工、经济不平等、种族主义、性别主义和各种形式的歧视，直到公平、正义、关爱和平等的自由主义传统带来了一个自由而公平的社会。而现在，保守主义者想要以贪婪和上帝的名义走回头路。

从前，人们生活在拥抱价值和传统的社会中，那里的人们承担个人责任，努力工作，享受自己劳动的成果，并且通过慈善帮助有需要的人。婚姻、家庭、信仰、荣誉、忠诚、圣洁和对权威与法治的尊重带来了一个自由而公平的社会。而现在，自由主义者想要以乌托邦社会计划的名义走回头路。

尽管我们可能会为一些细枝末节争论，但政治学研究表明绝大多数人都落在左-右的光谱中，而上述的宏大叙事就是这光谱的两端。社会学家克里斯汀·史密斯（Christian Smith）在《道德、信仰的动物》一书中构造了类似的综合叙事，它一方面抓住了与每一方最为相关的那些道德基础，另一方面反思了那个古老的传统："从前事情很糟糕，而因为我方现在事情很好"或者"从前事情很好，但因为对方现在事情很糟糕。"[92] 我们的信念会前后一贯到这样的程度，如果你认同第一个叙事，那么我预言如果你生活在美国，你读《纽约时报》，听进步的热线广播，看CNN，主张堕胎合法，反对枪支，拥护政教分离，支持全民医保，会投票赞成再分配财富和向富人征税的措施。如果你偏爱第二个叙事，我预言你读《华尔街日报》，听保守的热线广播，看福克斯新闻，反对堕胎，反对枪支管制，笃信美国是个基督教国家不应该在公共领域禁止宗教表达，反对全民医保，会投票反对再分配财富和向富人征税的措施。

政治上的两强垄断意味着我们需要竞争性的两方以到达宜居的中间地带。为了确认这个划分，伯特兰·罗素深入考察了人类历史："从公元前600年至今，哲学家分成两个阵营，一类希望收紧社会联系，一类希望放松社会联系……很明显，对这个争论来说——正如对所有长时间存在的争论一样——每一方都是对错参半。社会凝聚力是必需品，但单纯通过理性论证人类从未能成功强化凝聚力。每个社群都面临两个相反的危险：一方面，因太多的纪律和对传统的崇敬而导致僵化；另一方面，因个人主义和个人独立的增长使得合作不可能，进而导致瓦解或对外来征服的臣服。"[93]

事实上，发动了人权革命的美国革命和法国大革命标志着两强垄断被以最有力的方式贯彻到底的节点，不论是在真实战场还是在舆论战场。在《伟大的辩论：埃德蒙·伯克、托马斯·潘恩和左右派的诞生》一书中，政治分析家尤瓦尔·莱文（Yuval Levin）让这两位大知识分子在他们的作品中分别代表两边说话，莱文借对话过程表明当今自由主义者和保守主义者之间的绝大部分政治争论是如何扎根于他们的这些基本立场的。[94] 长久以来，伯克一直与保守主义者关联密切，也常被他们引以为援，保守主义者自身以反对革命的煽动反对革命煽动，因为革命太过频繁地沦陷于混乱、无政府和暴力。政治改革如果需要，也应该是逐步的、深思熟虑之后的。他写道，因为人类历史"在极大程度上是由灾难组成，这些灾难由骄傲、野心、贪婪、复仇、情欲、暴动、伪善、放纵的热情以及混乱的欲望的整个序列施加于这个世界。"[95] 因此，当殖民地的同道在《独立宣言》中宣称"审慎的确定无疑的指示是，久已确立的政府不应由于无关紧要和瞬息万变的原因而改变"，伯克对他们的方式予以支持。相比之下，他不支持法国大革命，"在那里，构成人类社会的一切似乎完全被瓦解了，而一个怪兽的世界似乎正在原地拔地而起。"[96] 伯克1789年写信给他的儿子描述称，月底时的法国已是"一个倾颓的国家"。随着法国陷入混乱和血腥，伯克在1790年告诉英国议会，"法国人已经证明他们是这个世界上迄今为止最有才华的废墟建筑师。在很短的时间之内，他们已经摧毁了一切，他们的君主政体、教堂、高贵、法律、税收、陆军、海军、商业、艺术以及制造业。"[97] 改革一个政府或者一个社会，有好的也有坏的方式，在伯克看来，美国人采取了正确的方式，而法国人以最断然的态度抛弃了正确的方式。

政治光谱的另一端是托马斯·潘恩（Thomas Paine），他1776年的政治小册子《常识》是对革命的最为畅销的号召，这为他赢得了"美国革命之父"的头衔。在"泛论政府的起源和目的"一章中，潘恩解释道，"社会源于我们的渴望，政府源于我们的邪恶；前者联合我们的友爱积极地增进我们的幸福，后者抑制我们的罪恶消极地增进我们的幸福。"[98] 但不像伯克以及伯克把宗教尊为教导人民控制自身激情的力量，潘恩是自然神论者——甚至可能是无神论者——他对组织化的宗教除了蔑视没有其他想法，这一点在他写作《理性时代》中的这段话时表露无遗："在曾被发明发出来的一切宗教体系中，对全能的上帝最为不敬、对人最无教化、对理性最为敌对、对自身最为矛盾的，就是所谓的基督教。"他的世界观属于启蒙人道主义，他曾说，"我相信人人平等；我相信宗教义务包括践行正义、热爱善行和努力为我们的同类谋福利……我不相信那些信条，不论它们是被犹太教会、罗马教会、希腊教会、土耳其教会、新教教会还是我所知道的任何教会所信奉。我的心灵就是我自己的教会。所有国家教会机构，不论是犹太的、基督教的还是土耳其的，在我看来都无异于这样一些人类发明，它们创造出来是为了恐吓和奴役人类，独占权力和利益。"[99]

那么，道德和公民社会来自何处？潘恩的主张它们来自理性，并且他在1795年的《论政府的首要原则》中以自己的方式应用了交互视角原理："愿意保障自己自由的人必须保护他人不受压迫，即使是他的敌人；因为如果他违背了这一义务，那么他就建立了一个自身也必受其害的先例。"[100]

谁是对的，伯克还是潘恩？回答可能取决于你的性格和随之而生的政治倾向，但我们最好注意到19世纪最为睿智政治思想家约翰·斯图亚特·穆勒的智慧，他把所有这些争论浓缩进单一的观察："秩序和稳定，进步和改革，两者都为健康的政治生活所必需。"[101]

试验自由 VS. 利维坦

绝大多数人在绝大多数时候，都是正直、公平和合作的，他们想要为社区和社会做正确的事。但同时大多数人同样也具有竞争性、攻击性和利己性，他们想要为自己和家庭做正确的事。这种进化而来的性格构成了两种潜在的张力：(1) 在自身之内，我们自我提升的自私欲望和改善社会的利他欲望相冲突；（2）我们在生活中争取更大份额的竞争性欲望有时和他人内在的同样欲望相冲突。深富洞见并常常具有煽动性的 H.L. 门肯（H.L.Mencken）捕捉到了利维坦两面性的本质，他在 1927 年的一篇题名简洁的散文《为什么是自由？》中写道：

我相信自由是人类迄今发明的唯一真正有价值的事物，至少在政治领域如此。我相信自由比不自由好，即使当前者很危险而后者看起来很安全时也是如此。我相信人最可贵的品质只能在自由的空气中开花结果——警察俱乐部阴影下的进步是虚假的，没有长久价值。我相信，任何人，只要将他人的自由置于自己的监管之下，他就必定会成为一个暴君；任何人，只要放弃了自己的自由，不论其程度是多么轻微，他就必定会成为一个奴隶。[102]

自由不仅仅是一种理念。它在现实世界中也有实际结果。看看**图 3-11**中的令人震惊的区别，一边是拥有开放边界和自由贸易的民主政体（韩国），一边是有着封闭边界和几乎零贸易的集权政体朝鲜。以过去半个世纪的人均GDP（以 1990 年美元计算）来衡量，作为一场运用**比较方法**的历史实验，结果不可能更加触目惊心了。实验开始于 1945 年 8 月，三十八度线分开了两个国家，也分开了世界上最为同质化的社会之一。两个国家的起跑线都是年人均 GDP 854 美元，并且直到 1970 年代两国都同样地因循守旧，然而从这时开始，韩国开始实施推动经济增长的措施，而朝鲜却变成了集权政体。

到 2013 年，韩国的联合国人类发展指数在 186 个国家中排在第 12 位，人均预期寿命达到了 80.6 岁。韩国的政治和经济发展位列贝塔斯曼基金会转型指数第 11 位。[103] 与之对比，朝鲜的贝塔斯曼基金会转型指数位列全部 128 个国家的第 125 位，预期寿命 68.8 岁。不仅经济萎缩，身高也在以每年几毫米的速度萎缩。丹尼尔·施维肯蒂克（Daniel Schwekendiek）对朝鲜难民的身高进行了研究，测量了难民进入韩国境内时的身高，结果发现朝鲜男性身高比韩国男性平均矮 3 到 8 厘米（1.2 到 3.1 英寸）。他还发现，朝鲜半岛南北之间学前男童和学前女童的身高差平均分别达到 4 厘米（1.6 英寸）和 3 厘米（1.2英寸）。[104] 在新千年的第二个十年，两国的差距已经达到了 1748%。

这是道德进步吗？问一问韩国人，他们每年要多出 18492 美元可以用于购买食物、衣服、房屋和奢侈品。这能为你买来什么？首先——身高。还有

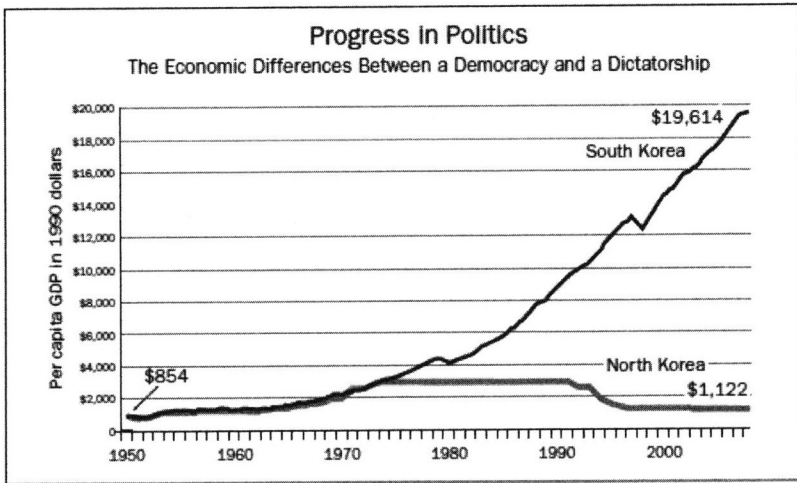

Progress in Politics
The Economic Differences Between a Democracy and a Dictatorship

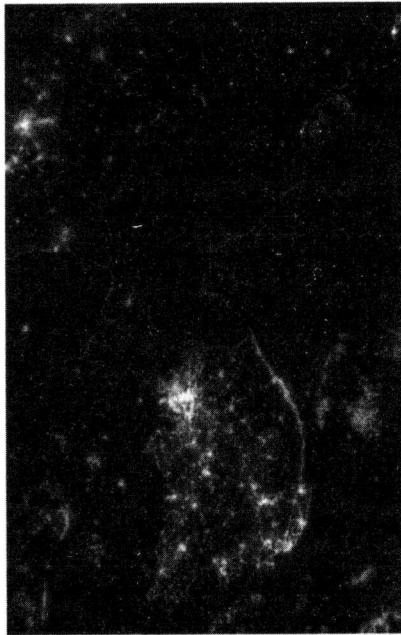

Figure 3-11. The Economic Differences Between a Democracy and a Dictatorship

The average annual per-capita GDP difference in 1990 dollars between North and South Korea by 2010 was a staggering 1,748 percent, or a net difference of $18,492.[106] What does that buy you? For starters, an average range in height differences among men of 1.2 to 3.1 inches, the direct result of nutrition. The differences are also visible from space in this satellite photograph from NASA's Earth Observatory in which South Korea's prosperity ends at the border and North Korea fades into darkness.[107]

图 3-11 民主和集权政体之间经济发展的差异

就是电。人均电力消费韩国是 10162 千瓦时，朝鲜是 739 千瓦时。[105] 这个差距从太空拍摄的卫星照片中一目了然。

科学、理性和价值

检验历史假设的重要性在于，自由民主制、市场经济和国际透明度作为增加繁荣、健康和幸福的方法，除了进行哲学论证，我们还能够做一个**科学辩护**。正如山姆·哈里斯（Sam Harris）论证的，[108] 尽管在道德版图上存在很多山峰，但科学能够帮助我们进行定量分类。也许自由主义者、保守主义者、自由放任主义者、茶党、绿党以及其他派别能够共存于道德版图上由可能性构成的山脉的不同山峰上，这些山峰比其一簇不同的但强调专制统治的山峰要优越得多。而我们能够通过科学定量地衡量这些不同。

可能存在多种类型的民主制度（例如直接的和代议制的）和经济制度（有各种各样的贸易协定或者贸易集团的成员资格），但这一事实仅仅是表明人的福利是多层面和多因素的，存在多于一种活下来的方式并不意味着所有的政治、经济和社会制度都是平等的。它们不平等，我们有科学数据和历史事例可以证明这一点。每当我们不得不眯眼打量政治派别之间的差异，也就是说看看它们选举是为了什么，直到下一次大选之前获胜者如何独行其是而失败者又如何容忍这一点；看到的结果是，不论哪一派，差异微不足道。

换言之，我们不仅能够把人的价值和道德奠基于哲学原则如亚里士多德的德性伦理、康德的绝对命令、穆勒的功利主义或者罗尔斯的公平伦理，而且能够将之奠基于科学。从科学革命到启蒙运动，理性和科学缓慢但系统地代替了迷信、教条主义和宗教权威。正如康德的宣言所言，"Sapere Aude！——敢于认识！大胆运用你自己的理性。"他解释，"启蒙就是人走出自我强加的不成熟状态。不成熟状态就是没有他人引导时无力运用自己的理性。"那么，理性时代就是人类的再生，不是从原罪中再生，而是从原初的无知、依赖权威和迷信中再生。我们永远不应该再一次让自己成为他人理智的奴隶，这些人用教条主义和权威的枷锁束缚我们的心灵。作为替代，我们要使用理性和科学并使之作为真理和知识的仲裁者。

●不再是从古代的圣书或者哲学著作的权威中感悟真理，而是人们开始自己探索自然之书。

●不再是看金色封面的植物学书籍中的插图，而是学者们走进自然去观察大地上究竟长出了什么。

●不再是依赖古老的医学文本中的解剖尸体的木刻版画，而是医生们自己动手打开尸体，用自己的眼睛观察。

●不再是用人的牺牲来平息发怒的天气神灵，而是博物学家们制定了温度、气压和风速的量度来建立气象科学。

●不再因一个民族的人较少而去奴役他们，而是我们通过进化科学拓展了知识，把所有人都包括进了人类成员的范畴。

●不再因某本书说女人低男人一等男人就有权利这么对待女人，而是我们发现了自然权利，它规定所有人在道德科学中都应该被平等对待。

●不再是君权神授的超自然信念，而是人们对民主制度下合法权利怀有自然信念，而这给我们带来了政治科学。

●不再是一小群精英分子把人民控制在文盲、未受教育、未受启蒙的状态，进而攫取大部分政治权力，而是通过科学、识字和教育，人民自己看到控制他们的权力和腐败倒塌了，他们开始挣脱束缚的枷锁并要求权利。

●不再视同性恋为令人厌恶的事物，不再视无神论者和无信仰者为不道德的非公民，不再视动物为我们可以任意选择利用方式的自动装置。今天，我们积极参与了一场伟大的针对漫长的权利革命中的这些最后的法律障碍的法律斗争。

●国家的宪法应该奠基于人性基础之上，而只有科学和理性才能最好地理解它的重要。

4 为什么宗教不是道德进步的源泉

声称宗教不能成为道德进步的动力将会震惊——很多情况下还会冒犯——一些读者，他们可能想当然地以为道德领域的进步主要归功于宗教教诲的引导之光。[1] 这一误解的理由是双重的。一是宗教已经垄断了道德领域一千多年，因此人们变得习惯于把任何道德进步与之联系最密切的宗教制度相联系。二是宗教制度在因道德进步得到荣誉的同时，忽视或者说掩盖了道德退步。在我转向数据说明之前，简述一下宗教道德史对我的论题不无启发意义。

就道德天平好的一面而言，正是耶稣教导要帮助穷人，负重忍辱，爱你的敌人，勿轻断他人因他人也会轻断你，宽恕罪人，给人悔过自新的机会。以宗教的名义，人们在全世界的发达国家帮助穷人和处于困境中的人，在美国他们是为饥饿人群和灾后救济准备食物的食物银行的主导支持者；很多基督教神学家与基督教会和牧师一道，倡导废除奴隶贸易，并在今天继续为公正呼吁。一些民权领袖被他们的宗教所激励，其中最为著名的是可敬的马丁·路德·金，他的演讲充满富有激情的宗教修辞和引述。我有一些虔诚地信仰宗教的朋友，他们行善的动力格外强大，尽管他们的动机是复杂多样的，但他们常常以自己所信的特定宗教的名义行事。

因此，宗教能够并且确实激励人们去做好事，并且我们也应该永远向任何人或者机构表示感谢，只要他或者它推动人类进步，拓展道德范围，或者哪怕只是些许改善了另一个人的生活。为了这个目的，我们可以很好地仿效已故天文学家卡尔·萨根的普世主义，他呼吁所有的宗教信仰和科学家一道合力保护环境，结束核军备竞赛。他说，他这么做是因为没有人可以置身事外；我们的问题是"超越国界、超越代际、超越意识形态的。所有能想到的解决方案也有同样的超越性。避开这些陷阱需要一个融合这个星球上的所有人和未来的所有世代的视角。"[2] 这些激动人心的辞藻敦促我们所有人——世俗论者和信教者——为了世界更美好这个共同目标而携手努力。

但道德天平标有"好"的一端被宗教的拇指施压获得重量优势的时间太过长久了。宗教也宣扬或者美化了这样一些灾难性的道德错误，比如十字军（人民十字军、北方十字军、阿比尔教派十字军和九次十字军东征）；宗教裁判所（西班牙的、葡萄牙的和罗马的）；女巫猎杀（部分是宗教裁判所的产物，从中世纪到近代早期一直存在，处决了成千上万人，其中绝大部分是女性）；基督教征服者，通过枪炮、细菌和钢铁杀害了上百万土族居民；无休止的欧洲宗教战争（九年战争、三十年战争、八年战争、法国宗教战争、三个王国的战争、英国内战，这里列举的仅仅是其中一小部分）；美国内战，南北基督徒为了奴隶制和州权问题互相屠杀；第一次世界大战，德国基督徒与法国、英国和美国基督徒作战，所有人都相信上帝站在**他们**一边。（德国士兵把**上帝与我们同在**——浮雕在他们的金属皮带扣上。）而这还仅仅是在西方世界。在印度、印度尼西亚、阿富汗、巴基斯坦、伊拉克、苏丹以及很多其他非洲国家、迫害科普特基督徒的埃及，都存在似乎没有尽头的宗教冲突；当然，伊斯兰恐怖主义在最近数十年成为和平与安全的灾难，哪一天没有以伊斯兰教名义犯下的暴力行为哪一天就不会过去。

所有这些事件都有政治、经济和社会原因，但它们共享的根本的辩护理由是宗教。一旦某个特定领域——如 19 世纪的废除奴隶制，20 世纪的女性权利和 21 世纪的同性恋权利——正在取得道德进步，大多数宗教最终会来搭车，但通常是在一段不体面的拖延之后发生。本章我主要聚焦于宗教在西方世界的影响，尤其是基督教，因为它在西方历史中的影响是如此之大，也因为它比任何其他宗教更多地自称为道德进步的动力。

为什么宗教不能成为道德进步的动力

过去一千多年，各种宗教想象出的并奉为神圣的规则并没有把道德范围的扩张看作自己的目标。把其他有理性的存在者包括进道德考虑的地界也并非它们探索雷达的目标。摩西从山上下来时并没有带一份详细的方法清单，借此犹太人能够造福摩押人、以东人、米甸人或者任何其他碰巧并非犹太人自己的部落。为这个狭隘范围辩护的一个理由是《旧约》的训诫："去爱你的邻人"。精确来说，谁是"你的邻人"？按照人类学家约翰·哈通（John Hartung）的说法，"你的邻人"就是指一个人最近的亲属和族人，必须得承认这是适合那个时代的进化策略：

爱邻人如爱己出自律法书。律法一词意味着法律，因而律法书就是法律书。如果摩西向现代生物学家传达他的神的道，他可能会说："爱你的邻人，好像 r=1——好像你们的基因是相同的。"根据古代以色列人的人种学自传，这是推导出谋杀、偷盗和撒谎禁令的一般原则。但谁有资格站在这个道德的顶点？谁是你的**邻人**？[3]

哈通写道，"大多数对律法书中的上帝抱有最高敬意的当代犹太人和基督徒会回答说律法适用于所有人"，但正如我前面已经概括的，这是因为犹太人和基督徒在他们的道德思考中已经渗透进了现代启蒙目标，即扩大并重新定义道德关怀的范围。但这并不是《旧约》的作者们头脑中所考虑的，正如哈通的解释：

当以色列人接受爱的律法时，他们正被困在沙漠中孤立无援。据记载，他们以大家庭聚居的方式住在帐篷中，他们没有不是以色列人的邻人，而纠纷并不鲜见。两败俱伤的内斗变得相当凶残，曾发生大约 3000 人一次性被杀的事件（出埃及记 32:26-28）。军队中的大多数人想要"选择一个 [新] 首领，并且返回埃及"（民数记 14:4）。但是他们的老首领摩西，更希望族群团结。如果我们想知道摩西怎么看待他的神所说的邻人，律法书必须放在语境中来理解，而最低限度的有意义的语境文本就是圣经的那一章节，人们正是从这里如此经常地引用爱的律法。

前面所指的这一圣经段落就是《利未记》19:18，内容是，"不可报仇、也不可埋怨你本国的子民、却要爱（邻）人如己。"哈通写道，"从上下文来看，邻人指'你本国的子民'……换言之，同类的内群体成员。"

再一次，从进化角度看，这样的训诫是极为言之成理的。确实，如果像爱自己一样爱邻人，而邻人一心所想就是除掉你——对《旧约》的青铜器时代的人们来说此为常态，这无异于自杀。以色列人去爱比如说书米甸人就像爱自己一样，会得到什么好处？考虑到米甸人与摩押人结盟，意欲在地球上除掉犹太人，结果会是灾难性的。这就是为什么在《民数记》31:7-12 中，摩西集结了一支 12000 人的军队：

他们就照耶和华所吩咐摩西的、与米甸人打仗、杀了所有的男丁。在所杀的人中、杀了米甸的诸王……以色列人掳了米甸人的妇女孩子并将他们的牲畜、羊群和所有的财物都夺去、当作掳物。又用火焚烧他们所住的城邑和所有的营寨。把一切所夺的、所掳的、连人带牲畜都带了去。将所掳的人、所夺的牲畜、财物、都交给摩西。

听起来似乎是饱掠而归的美好一天，但当军队回去后，摩西怒不可遏。"你们要存留这一切妇女的活命吗？"他带着怒火斥问，因为很明显正是女人诱惑了以色列人迷信别的神。摩西随后命令他们杀掉所有已嫁的女人和男童。"但女孩子中凡没有出嫁的你们都可以存留他的活命"，不出意外，他下了这样的命令；此刻人们可以想象那**三万两千**被俘的童贞女转动眼珠表示难以置信的表情："啊，**上帝**命令你这么做的，是吗？是的。" "为自己留下童贞女"的命令是上帝说出"爱"—— "爱你的邻人"的"爱"——这个字时脑中所想吗？我想不是。当然，以色列人知道上帝**究竟**意指什么（这是自己书写经文的好处——你所说就是上帝所想），并且他们也依照上帝的旨意行事，为自己人民的生存而战斗。**带着复仇的惨烈。**

世上有的宗教天生是部落性的和恐外的，是用来管理共同体内部的道德规则，但并不试图拥抱自己圈子之外的其他人。宗教，通过定义形成了一种**同类认同**，严格区分**非我教类**、**异教徒**和**不信教者**。大多数宗教的手指都是深深扎进过去，他们是被硬拉进现代启蒙运动。宗教信仰和实践的变迁，不论发生在何时，都是缓慢而笨拙的，并且几乎总是对面临外部政治和文化压力的教会或其领袖的响应。

摩门教的历史很能说明问题。1830 年代摩门教会创始人约瑟夫·史密斯（Joseph Smith）得到上帝的启示去践行他委婉称为"神圣婚姻"、更准确地说是"复数婚姻"的东西——其他人称之为一夫多妻制——那时，他在已婚的情况下有了新的物色对象。一旦史密斯对多妻有了所罗门式的狂热（所罗门至少有 700 个妻子），他就无法阻止他自己和他的教友同党让他们的种子（精子）随着行为传播。1852 年，在摩门教的圣书《教义和圣约》中，多妻行为被确定为摩门教的律法。到 1890 年，当美国联邦政府警告迫切希望成为联邦一州的犹他人一夫多妻不可容忍时，该行为在其他各州均已不合法。

一切都很方便，上帝给摩门教首领们发布了一个新启示，指示他们，多妻不再是来自天堂的祝福，相反，一夫一妻现在是唯一的真理之路。同样，摩门教政策曾经禁止非裔美国人成为教会牧师。约瑟夫·史密斯发布的理由是，他们并非真地来自非洲，而是邪恶的拉曼人的后裔，在败给了正善的尼腓人之后，上帝通过诅咒把他们的皮肤变成黑色；这两族人是失踪的以色列十支派中的两支的后裔。自然地，因为邪恶的拉曼人被禁止与正善的尼腓人发生性关系，所以异族通婚也被禁止。（史密斯声称知道这个故事是因为天使莫罗尼以一种古老的语言把这个故事铭刻在了金板上，然后把它们埋在史密斯家——位于纽约——后院的扇叶树头桐下。史密斯把脸埋在放置了魔法石的帽子中将这些金板翻译成英文。）等到撞上 19 世纪六七十年代的民权运动时，这个种族主义的谬论已经持续了一个半世纪之久。即使到那时，摩门教会也是过了一阵才意识到时代一直在变。1978 年，摩门教的首领斯宾塞 W. 金伯尔（Spencer W.Kimball）宣布他从上帝那里得到了新的启示，指示他抛弃种族限制，采取更包容的态度。[4]

宗教僵化有三个原因:（1）对绝对道德的信仰的基础是对绝对宗教的信仰，绝对宗教是基于唯一的真神。这就无情地导致这样一个结论，任何一个持不同信仰的人都已经背离了真理，并因此不受我们的道德责任保护。（2）与科学不同，宗教没有系统的程序和经验方法可供运用，无法确定他们的主张和信仰的真实面貌，更不用说对与错。（3）我们中的任何一个人在生活中愿意遵守的道德都不会是圣书——最著名的是《圣经》——的道德，因此来源于圣书的宗教信条不可能成为道德进化的催化剂。让我们仔细考察下最后一点，看看为什么是这样。

《圣经》中的道德

《圣经》或许是所有文献中最不道德的著作之一。贯穿系谱和历代记、律法与风俗的，是由一群中东军事首领书写的关于自己的故事，他们为了土地和女人征战不断，而胜利者则占有两者。《圣经》的主角是嫉妒欲重复仇心强的上帝耶和华，他决定用分娩的常常不可承受之痛永恒地惩罚女人，并且进一步谴责她们比驮兽和胜利军阀的性奴好不了多少。为什么女人要受这般惩罚？凭什么她们该承受永恒的悲苦和服从？这全是因为那项可怕的原罪，人类史上记录的第一桩犯罪——思想罪，名副其实的犯罪——无畏的自我启蒙的夏娃竟然敢吃了可以分辨善恶的知识之树的果实来教育自己。更恶劣的是，她诱骗第一个人类——深信不疑的亚当——和她一起选择知识放弃无知。因为听老婆话这个可怕的罪行，耶和华惩罚亚当在荆棘和大蓟丛生之地辛苦劳作，还进一步定了他的死罪，从尘土中来到尘土中去。

耶和华随后把他最先失足的两个孩子驱逐出了伊甸园，并在伊甸园入口处安置了天使和火焰之剑，确保他们永远不能回来。然后，他在一次习惯性陷入的邪恶情绪中，制造了一场种族灭绝规模的史诗般的流血事件，用一场大洪水杀掉了地球上每一个有感觉的存在者——包括深信不疑的成年人、无辜的儿童和所有的陆栖动物。除了诺亚方舟中受到赦免的备份，耶和华摧毁了地球上的所有生物，这之后，为了使地球上的生命重新繁荣，他命令幸存者——一次又一次地——要"多生多养"，并且奖励那些他喜欢的军事首领要多少妻子就有多少妻子。于是，一夫多妻和妻妾成群的习惯形成了，连同奴隶制一起，在"好书"《圣经》中得到完全地认可和支持。

作为道德决疑法的一个运用，我们要提出一个视角采择的问题：有没有任何人曾经问过**女性，她们**对这一安排感受如何？生活在世界其他地方的未曾听说过耶和华的亿万人民的感受如何？溺亡在大洪水中的动物和无辜儿童的感受如何？他们做了什么该承受这样一种平息耶和华愤怒的最终方案？

很多基督徒说他们的道德来自《圣经》，但事实不可能是这样，因为就圣书的一般情况而言，对于判定对错来说《圣经》可能是写出来的最无用的指导书。圣经塞满了匪夷所思的不正常家庭的故事，提出的告诫都是关于如何鞭挞奴隶，如何杀掉桀骜不驯的儿童，如何出售你童贞的女儿，以及大多数文化几个世纪前就已经放弃的明显过时的其他一些行为实践。

想一想《圣经》上的这些军事首领的道德！他们对于多妻、通奸、养情妇没有任何良心不安，对于通过一夫多妻安排生育无数孩子没有任何良心不安。人类学家劳拉·贝兹格（Laura Betzig）注意到了达尔文的预言，即成功的竞争通往成功的繁衍，因此他把这些故事放到了进化的语境中来理解。达尔文在他 1871 年的著作《人类由来和性选择》中阐明了当一个物种的成员为生殖资源而竞争时，自然选择如何起作用："可以确定的是几乎所有动物中都存在为了占有雌性而引发的雄性斗争"，他还加上了这样一个人类学观察："在野蛮人中，女人是战争的恒常原因。" [5]

贝兹格带着这样的框架分析了《旧约》，发现了多达四十一个有名有姓的多配偶男性，其中没有一个是无权无势的。"在《旧约》中，有权势的男性——族长、士师和国王——与更多的妻子发生性关系；他们与其他男性的女人发生更多的性关系；他们与更多的妾、仆人和奴隶发生性关系；他们生育更多后代。"[6] 并不仅仅是大名鼎鼎的人物如此。根据贝兹格的分析，"拥有较大羊群的人常常与更多的女人发生性关系，也生育更多的后代。"[7] 大多数多配偶的族长、士师和国王拥有两个、三个或者四个妻子以及相应数量的孩子，然而大卫王有八个以上的妻子和二十个孩子，亚比雅王有十四个妻子和三十八个孩子，罗波安王十八个妻子（和六十个其他女人），她们为罗波安王至少生育了八十八个后代。但比起所罗门王，他们都是小巫见大巫，因为所罗门至少和七百个女人结了婚。同他结婚的女人有摩押人、亚扪人、以东人、西顿人和赫梯人，然后又额外增加了三百个妾，他称她们为"男人的乐趣"。[8]（所罗门的妾怎么称呼**他**，未有记录。）

尽管很多这些故事都是虚构的（例如，没有证据表明摩西曾经存在过，更不用说在沙漠里领导他的人民四十年但没有留下一件考古学上的人造物），但据传是《圣经》中的族长对待女人的那些所作所为，事实上是那个时代大多数男人对待女人的方式，而这才是关键所在。放到上下文中来看，《圣经》中的道德药方是为了另一个时代的另一些人而开，与当代的我们没有多少关系。

为了相关，信徒必须拣选那些符合需要的圣经段落；因此这个从《圣经》选出最佳段落的游戏一般来说有利于挑选者。在《旧约》中，信徒会发现下述引导他们的段落，比如《申命记》5:17，内容很明确，"（你）不可杀人"；或者如《出埃及记》22:21 节，表达了直接的和无可争议的禁令："不可亏负寄居的，也不可欺压他，因为你们在埃及地也作过寄居的。"

这些章节看起来似乎竖立了很高的道德标杆，但《旧约》中的少数积极道德命令不过是暴力故事海洋中零星而散乱的例外，这些故事充斥谋杀、强奸、折磨、奴役等各种各样的暴力，比如在《申命记》20:10—18 中，耶和华向以色列人吩咐征服另一个部落的严格规矩：

当你临近一座城，要攻打的时候，先要对城里的民众宣告和睦的话。他们若以和睦的话回答你，给你开了城，城里所有的人都要给你效劳，服侍你。若不肯与你和好，反要与你打仗，你就要围困那城。耶和华你的神把城交付你手，你就要用刀杀尽这城的男丁。惟有妇女、孩子、牲畜和城内一切的财物，你可以取为自己的掠物。……但这些国民的城，耶和华你神既赐你为业，其中凡有气息的，一个不可存留。只要照耶和华你神所吩咐的将这赫人、亚摩利人、迦南人、比利洗人、希末人、耶布斯人，都灭绝净尽。

今天，死刑已经逐渐退出了历史舞台，而下面是《旧约》中耶和华列出的需要处以死刑的行为：

●**亵渎或者诅咒耶和华上帝**："那亵渎耶和华名的，必被治死，全会众总要用石头打死他。不管是寄居的还是本地人，他亵渎耶和华名的时候，必被治死。"（利未记 24:13–16）

●**敬拜别的神**："祭祀别神、不单单祭祀耶和华的，那人必要灭绝。"（出埃及记 22:20）

●**巫术和魔法**："行邪术的女人，不可容他存活。"（出埃及记 22:18）"无论男女，是交鬼的、或行巫术的，总要治死他们，人必用石头把他们打死，罪要归到他们身上。"（利未记 20:27）

●**女人婚前失贞**："人若娶妻、见她没有贞洁的凭据……就要将女子带到她父家的门口，本城的人要用石头将她打死。"（申命记 22:13–21）

●**同性恋**："人若与男人苟合，像与女人一样，他们二人行了可憎的事，总要把他们治死，罪要归到他们身上。"（利未记 20:13）

●**在安息日工作**："六日要作工，第七日乃为圣日，当向耶和华守为安息圣日，凡这日之内作工的，必把他治死。"（出埃及记 35:2）

超过二十亿人看作是曾经有过的最伟大的道德指导的这本书，原本是由全知全善的神所启示的，它针对下述事项给出了死刑命令：在错误的时刻或者错误的语境中说了耶和华的名；巫术这类想象出来的罪行；普通的性关系（通奸、私通、同性恋）；安息日不休息这类滔天大罪。在死刑适用问题上，今天的二十亿基督徒中会有多少同意他们的圣书？

又有多少人会同意《申命记》22:28–29 中的反道德精华："若有男子遇见没有许配人的处女，抓住她与她行淫，被人看见，这男子就要拿五十舍客勒银子，给女子的父亲，因他玷污了这女子，就要娶她为妻，终身不可休他。"我敢说今天没有基督徒会遵守这个道德指令。今天，没有一个人——不论是犹太教徒、基督教徒、无神论者还是其他人——甚至会想到如此严厉的去惩罚这些行为。这就是四千年来道德之弧弯曲的程度。

喜剧演员茱丽亚·斯维尼在她的精彩独白《放开上帝》中，回忆起当重读他接受天主教教育的童年时期很熟悉的一个故事时，她提出了样的论点：

《旧约》中的上帝对人的忠诚做了一个最为灰色的测试。比如，他要求亚伯拉罕杀了自己的儿子以撒。作为孩子，我们被教育要赞美这样的行为。读的时候我屏住呼吸。要我们赞美它？让一个人杀死他或者她自己的孩子，这是一种怎样的虐待式的忠诚测试？合情合理的回答难道不应该是"不！我不会杀我的孩子，或者任何人的孩子，即使这意味着永恒的地狱惩罚"？[9]

和很多其他发现《圣经》中有丰富的不经意的喜剧故事脉络的喜剧演员一样，斯维尼让材料自己说话。这里，她随着其中的可笑戒律继续她的穿越《旧约全书》的旅程：

比如一个男人和动物发生性关系，人和动物都要被杀死。惩罚这个男人我基本上能够理解，但动物何辜？因为动物是一个自愿的参与者吗？因为现在动物有了人类性行为的体验，并且没有就会不满？还有，我最喜欢的《圣经》律法出自《申命记》，内容是：如果你是女人，嫁给了一个男人，这个男人在与另一个男人作战，而你为了帮助他胜出紧紧抓住对手的生殖器不放，那么，《圣经》说，你的双手必须立刻砍掉。[10]

理查德·道金斯明确称《旧约》中的上帝"可以说是一切虚构作品中最为令人不快的角色：嫉妒并以嫉妒为傲；琐碎的、不公正的、不可原谅的控制狂；复仇欲重的、嗜血成性的种族清洗者；蔑视女性的、憎恶同性恋的、种族主义的、杀婴的、种族屠杀的、杀子的、引发瘟疫的、自大狂的、施虐狂的、任性恶毒的霸凌者。"[11]然而，大多数当代基督徒这样回应类似我和道金斯的论证:《旧约》中残忍但幸而已经过时的律法与他们今天如何生活无关，也与引导他们的道德戒律无关。基督徒声称，《旧约》中愤怒的、复仇的上帝耶和华被《**新约**》中更加仁慈、温和的耶稣形态的上帝取代了，他在两千年前引入了一种新的改善了的道德准则。转过你的左脸、爱你的敌人、宽恕罪人和馈赠穷人，比起《旧约》中反复无常的命令、花样繁多的死刑惩罚，是巨大的进步。

在《新约》中可能但并没有发生的是，耶稣撒回耶和华的死刑判决和荒唐律法。事实上，正相反（马太福音 5:17-30 各处）："莫想我来要废掉律法和先知。我来不是要废掉，乃是要成全。"他甚至都没有打算修改或者软化一下这些诫命："所以无论何人废掉这诫命中最小的一条，又教训人这样做，他在天国要称为最小的。"实际上，如果有改变的话，那就是耶稣的道德比《旧约》的道德更加严厉："你们听见有吩咐古人的话，说'不可杀人'，又说'凡杀人的，难免受审判。'只是我告诉你们，凡向弟兄动怒的，难免受审判。"

换言之，甚至想杀人也是死罪。事实上，耶稣把思想犯罪抬高到了奥威尔式的新水平（马太福音 5:28–29）："你们听见有话说，'不可奸淫。'只是我告诉你们，凡看见妇女就动淫念的，这人心里已经与他犯奸淫了。"如果你觉得自己不能控制性冲动，耶稣有一个实用的解决办法："若是你的右眼叫你跌倒，就剜出来丢掉。宁可失去百体中的一体，不叫全身丢在地狱里。"比尔·克林顿总统因为在白宫与一名实习生发生关系，可能身体上犯了罪，然而按照耶稣的道德准则，福音派基督徒吉米·卡特也犯了罪，因为他在 1976 年竞选总统期间接受《花花公子》杂志采访时，广为人知地承认，"我看到很多女人都会有性欲，在心里我已经私通很多次了。"[12]

至于耶稣自己的家庭价值观，他没有结婚，没有孩子，屡次离开他的母亲。例如，在一次婚宴上耶稣对她说（约翰福音 2:4）："妇人，我与你有什么相干。"有一本圣经轶事记录了下面的一幕，圣母玛利亚在一旁耐心地等待耶稣结束他的讲话，好与他共享片刻时光，但耶稣告诉门徒，"送她走，现在你们是我的家人"，他还补充说（路加福音 14:26）："人到我这里来，若不恨自己的父母、妻子、儿女、弟兄、姐妹和自己的性命，就不能做我的门徒。"

迷惑之极！当热衷于迷信崇拜的人要把追随者从家庭中分离出来，控制他们的思想和行为时，就是这么做的，耶稣也正是这么做的，他呼吁人群追随他，否则（约翰福音 15:4–7）："你们要常在我里面，我也常在你们里面。枝子若不常在葡萄树上，自己就不能结果子。你们若不常在我里面，也是这样。我是葡萄树，你们是枝子。常在我里面的，我也常在他里面，这人就多结果子。因为离了我，你们就不能做什么。人若不常在我里面，就像枝子丢在外面枯干，人拾起来，扔在火里烧了。"但如果一个信徒抛弃家庭、放弃所有（马可福音 10:30），"没有不在今世得百倍的，房屋、弟兄、姐妹、母亲、儿女、田地。"
在其他段落中，耶稣听起来同样像《旧约》中的部落军事首领：

> 你们不要想我来，是叫地上太平；我来，并不是叫地上太平，乃是叫地
> 上动刀兵。因为我来，是叫人与父亲生疏，女儿与母亲生疏、媳妇与婆婆生
> 疏；人的仇敌，就是自己家里的人。爱父母胜过于爱我的，不配做我的门徒，
> 爱儿女胜过于爱我的，不配做我的门徒；不背着他的十字架跟从我的，也不
> 配做我的门徒。（马太福音 10:34–39）

甚至真诚的基督徒也不能同意耶稣的道德和《新约》的道德准则，他们
对于基于圣经文本尚无定论的许多问题持有合理的不同意见。这些问题包括
饮食限制和酒精、烟草与咖啡因的使用；手淫、婚前性行为、避孕和堕胎；
结婚、离婚和性；女人的角色；死刑和自愿安乐死；赌博和其他恶习；国际
和国内战争；以及在写作《圣经》的时代还无法预见的许多其他争议性问题，
诸如干细胞研究、同性婚姻等。确实，基督徒作为一个共同体一直在为他们
自己的时代问题 "WWJD？"（耶稣将会怎么做？）争论不休，这个事实足
以说明《新约》对答案保持了沉默。

宗教造就了西方文化吗？

即使我们的道德不是起源于《圣经》，宗教信徒也常常会争论说基督教
给了西方文明最重要的那些财产：艺术、建筑、文学、音乐、科学、技术、
资本主义、民主、平权和法治。在美国，从保守主义的热线广播到总统演说，
你在每一事物的拥护者那里都能听到这样的论调。例如，保守主义总统罗纳
德·里根借鉴了自由主义总统约翰 F. 肯尼迪的比喻，称美国是"山巅的光彩
之城"[13]；肯尼迪是引用了 17 世纪马萨诸塞湾殖民地的共同建立者约翰·温
斯罗普的话，"我们必须时刻意识到我们应该是一座矗立山巅的城市——众
人的眼睛看着我们。"[14]这段引文源自耶稣在《登山宝训》中向追随者说的话：
"你们是世上的光。城造在山上，是不能隐藏的。"（马太福音 5:14）

宗教在西方形成过程中的角色是一个经验问题，受欢迎的保守主义基督

教辩护士迪尼斯·迪索萨在他 2008 年的著作《基督教为何如此伟大》中试图以肯定方式回答这一问题，因此他的书名未加问号，以示肯定立场。[15] "西方文明大厦由基督教建造"，迪尼斯·迪索萨声称，"支撑西方的两大支柱是：雅典和耶路撒冷。雅典我意指古典文明，也就是希腊文明和前基督教的罗马文明。耶路撒冷我意指犹太教和基督教。两者中，耶路撒冷更重要。"

黑暗时代，到处劫掠的游牧民族匈奴人、哥特人、汪达尔人和西哥特人颠覆了源自雅典和耶路撒冷的进步进程，把欧洲变成了文化死水，在这之后，基督教用"学问和秩序、稳定和尊严"照亮黑暗的欧洲大陆。而"僧侣们在复制和研究保存了古典时代晚期学问的手稿。"[16] 为了支持这一观点，迪索萨引用了历史学家 J.M. 罗伯茨在《西方的胜利》一书中的看法，"如果不是大概两千年前有少量犹太人相信他们认识了一位伟大的导师，看到他被钉十字架，死亡，被埋，然后复活，今天，我们没有一个人会是我们所是的样子。"[17] 迪索萨断言，但丁、弥尔顿、莎士比亚、莫扎特、亨德尔、巴赫、达·芬奇、米开朗琪罗、伦勃朗以及过去半个千年的所有其他天才，都受启于伟大的"基督教主题：受苦、转变和救赎"。迪索萨的意思不仅是说所有这些伟大的艺术家都是基督徒。"不如说，没有基督教就没有他们既有的伟大作品。他们是否会创造出其他的伟大作品？我们不得而知。我们知道的是，他们的基督教背景给了他们表达自己天才的独一无二的方式。人类的抱负未曾在任何地方达到如此高度，也未曾在任何地方比基督教艺术、建筑、文学和音乐杰作更深地打动人的心灵和精神。"[18]

主张的最后一点既是荒谬的也是狭隘的。荷马和莎孚是基督徒吗？古代世界的七大奇迹受到了耶稣的伟大救赎的启发？明白无误的是，我们**确实**知道古代的天才们在没有基督教时做了什么，包括伟大的前基督教的古代西方文明苏美尔、巴比伦、阿卡德、亚述、埃及和希腊；兴起于现代巴基斯坦和印度境内的印度河流域的古代文明；现代中国境内黄河和长江流域的文明；以及很多其他地方的文明。这些文明中的每一个都创造了灿烂的艺术和建筑、音乐和文学、科学和技术作品——不过应该注意到，基督徒和穆斯林都经常会通过无数文化上的破坏、掠夺和审查行为竭尽所能毁灭这些光辉成就的证据。

没有人怀疑基督教启发下的无数艺术、建筑、文学和艺术作品的辉煌：使得灵魂飞升的伟大教堂，抓住失去的痛楚的安魂曲，团结听众的欢乐诗篇，闪耀着光芒和人类情感的绘画。然而，对生活在基督教世界的艺术家来说，他处在被其他基督徒包围、对基督教以外的事物几乎一无所知、可能获得基督徒资助人赞助的环境中，自然想要创造基督教作品。当欧洲经历文艺复兴和爆炸般的新土地和新能源大发现时，基督教正是历史上这一时期的统治性宗教；不要奇怪基督教最终成了最大的资助者。因此，生活在基督教世界的艺术家受到十字架上的耶稣的生与死的启发，而不是，比如说，受到因毒蘑菇而命悬一线的释迦摩尼的生与死的启发也就不足为奇了。基督教曾是世间唯一的主导力量。

宗教和资本主义

在 2005 年的著作《理性的胜利：基督教如何通往自由、资本主义和西方的成功》中，罗德尼·斯塔克这样描写基督教，"正是这种对体力劳动的恪守使得基督教的禁欲主义截然不同于其他宗教文化的禁欲主义，在那些文化中，虔诚与抛弃世界及世间活动相联系。例如说，与东方的——专注于冥想和靠慈善为生的——圣人相比，中世纪的基督教僧侣自食其力，保有非常肥沃的地产。这……维持了他们对经济事务的有益关心。尽管新教伦理的论点是错的，但把资本主义与基督教伦理相联系则是完全合理的。"[19]

我们可以再次进行历史实验并做出预言：如果这个假设是真的，那么，基督教仍然或者曾经是统治性宗教的那些社会应该表现出类似西方的民主和资本主义形态。但它们没有。例如，公元 300 年代早期开始，拜占庭帝国就是东正教占主导地位，然而在接下来的七个世纪中，拜占庭没有产生与当代美国实践的民主和资本主义有任何类似之处的事物。甚至早期美国也不像它当代的样子，那时，也就是不过两百年之前，妇女不能投票，奴隶制合法并广泛存在，资本主义财富仅仅给予很少一部分地主和工厂主。整个中世纪晚期直至近代早期，所有的民族国家、城邦国家和西欧中欧各种各样的政治集团不仅是基督教的，而且是西方基督教的，然而迟至 19 世纪，欧洲的准民主共和国只有英国、荷兰和瑞士。[20] 在基督教欧洲，英国和西班牙都从他们的海外殖民帝国获得了可观的收益，而大量杀害原住民并洗劫他们的无主珍宝如贵金属、宝石和其他自然资源，使得它们的殖民帝国收益更大，但这些行为以今天的道德标准来看是要受到谴责的。[21]

不管怎样，考虑到耶稣在《圣经》中对这件事一定会说那些话，现代保守主义者把耶稣转变成自由市场资本主义者的方式令人费解。在《马太福音》19：24 中，耶稣对他的信众说："我又告诉你们，骆驼穿过针的眼，比财主进神的国还容易呢。"在《马太福音》19:21 中，耶稣对门徒说："你若愿意作完人，可去变卖你所有的财产，分给穷人，就必有财宝在天上，你还要来跟从我。"《路加福音》6:24–25 中，弥赛亚告诫富人（以及饱食的人和喜乐的人）："但你们富足的人有祸了！因为你们受过你们的安慰。你们饱足的人有祸了！因为你们将要饥饿。你们喜笑的人有祸了！因为你们将要哀恸哭泣。"此外在《路加福音》16 中耶稣讲了一个有关财主的道德说教，这个财主"穿着紫色袍和细麻布衣服，天天奢华宴乐。"又有"一个讨饭的名叫拉撒路，浑身生疮，被人放在财主门口，要了财主桌子上掉下来的零碎充饥。"后来那讨饭的死了，"被天使带去放在亚伯拉罕的怀里"，但当财主也死了时，"他在阴间受痛苦，举目远远的望见亚伯拉罕，又望见拉撒路在他怀里。"

穷人如何感受变穷，富人如何感受变富？——宗教对于财富心理有着混合影响。根据洪堡大学的柏林心理学家约亨·格鲍尔和同事 2013 年的一份研究，宗教使得变穷较少有负担，但使得变富较少理直气壮："安慰穷人时，宗教贬低金钱的重要性，这会减轻低收入者的心灵创伤。"这项研究基于的大型数据库由 187957 名调查对象组成，他们来自 11 个宗教多样性国家（奥地利、法国、德国、意大利、波兰、俄罗斯、西班牙、瑞典、瑞士、荷兰和土耳其），调查采用了衡量适应性、平静、快乐、满足、活力健康、乐观、积极性、恢复能力和稳定性的《特征心理调节问卷》。

他们发现，富有的信教者比起贫穷的信教者调节能力更好，但只是在宗教性较弱的文化中成立。在宗教性很强的文化中，富有的信教者比起富有的非信教者调节能力更差。并且不论是在较强还是较弱的宗教文化中，富有的非信教者比起贫穷的非信教者调节能力都更好。[22] 但是，这项研究只是一般性地检验了宗教信仰，因此并没有区分成功的美国新教牧师和天主教的特蕾莎嬷嬷式的印度修女。新教牧师如奥罗尔·罗伯茨、艾克大人和乔尔·欧斯汀告诉他们雄心勃勃的追随者，上帝希望他们发家致富（并慷慨地回馈教会），[23] 而印度修女告诉她们的乞求者，成功是对他们此生苦难的慰藉，只有在来生能得到。[24] 所以，从这里再次可以看出宗教是混合体：对于穷人所没有的，给他们安慰；对于富人所有的，给他们理由。

宗教和平权

如果上帝真的相信他的所有子民权利平等，那么人们可能会想，上帝应该在他的圣书中谈到了这些权利。但这样的态度在《圣经》中毫无踪影。

例如，在有关这一主题的整本书中，迪尼斯·迪索萨想方设法只找到了一处圣经段落支持某种类似现代道德价值的东西——在《加拉太书》3:28中——使徒保罗说，"并不分犹太人、希利尼人、自主的、为奴的、或男或女：因为你们在基督耶稣里都成为一了。"迪索萨猜测这一圣经章节是美国《独立宣言》序言中一句名言的基础——"人人生而平等。"迪索萨认为，"在这里，基督教个人主义和基督教普遍主义融为一体，两者共同造就了一种伟大的当代政治奇迹，即权利神圣不可侵犯的全球共识。"[25]

我想恐怕并非如此。迪索萨把这段话和语境割裂了，而周围的章节清楚表明了保罗的真正意思是什么（加拉太书 3:1）："无知的加拉太人哪，耶稣基督钉十字架，已经活画在你们眼前，谁又迷惑了你们呢，你们不遵从真理。"按照保罗的意思，真理是什么？真理是"犹太人成为基督徒不需要成为一个希腊人，希腊人成为基督徒也不需要成为一个犹太人。奴隶继续服侍主人，而'雄性'和'雌性'在无尽的生命之流中保持各自的功能。"[26] 换言之，保罗是在说只可以继续做你自己。如果你是希腊人，没必要成为犹太人——这是意义重大的天命，因为皈依犹太教的男人通常必须接受成人割礼，而正是这样一类的事情让人全然抛弃了皈依的心。（保罗意识到，争取更多皈依者的第一条规则是让人们保留包皮。正如保罗在《罗马书》2:29 中所写，用精神的——"心灵的"——割礼代替肉体的割礼；更多的人将会签约成为这信仰的正式成员。）保罗不是鼓吹暴力的革命者，[27] 也确定无疑没有代笔美国宪法。他是说，如果你是奴隶，你必须一直是奴隶；如果你是妻子，必须一直被看作财产；不论你是谁，你仍然可以敬奉耶稣基督，与此同时，被你的文化以任何方式虐待，只要这方式合乎你的教养和地位的惯例。

此后，在世界各地的基督教国家，奴隶又继续当了十八个世纪的奴隶，女人又继续当了十九个世纪的财产，鉴于这一事实，迪索萨主张《圣经》指向平等尤其没有意义。很明显，即使保罗的话语可以被解释为众生平等，也绝对没有一个人认真对待。而保罗的真正意思是，每个人都可以通过接受耶稣为救世主（约翰福音3:16的教导）上天堂，这才是普遍主义要传递的信息——不是在**此**世的平等，而是在**来**世的平等。[28]

最后，关于托马斯·杰弗逊"人人生而平等"的宣言，《圣经》完全不是这一最伟大的道德格言的源头，杰弗逊在写出这话半个世纪以后解释了它的灵感源泉。在 1825 年致亨利·李的一封信中，他写道："并未刻意于原则或者观点的原创性，也未仿效任何特定的或者之前的著作，它的目的在于表达美国心灵，并且赋予这一表达为时势所呼唤的合适语调和精神。所以，它的所有权威性都是基于和谐一致的时代精神，不论这精神是表达在谈话中、信件中、印刷的散文中，还是表达在亚里士多德、西塞罗、洛克、西德尼等人的基本的公共权利著作中。"[29]

宗教是否有益于社会健康和幸福？

如果宗教既不是道德之源也不是西方文明之基，那它是否有利于社会福利呢？这是一个极富争议的问题，数据复杂并且常常相互冲突——部分原因是不同学者对社会健康定义不同——因此，数据调查式的研究很容易支持一个结论或者另一个结论。下面我会阐述社会健康的很多可能的标准，但让我们从相对简单的地方开始：慈善。

按照社会学家阿瑟 C. 布鲁克斯在《谁会真正关心慈善》（又一本大胆地不加问号的书）一书中的观点，就慈善捐助和志愿活动而言，大量的定量测量揭穿了"软心肠的自由主义者"和"无情的保守主义者"的神话。[30] 相比自由主义者，保守主义者多捐了 30% 的金钱（即使保持收入不变也是如此），献了更多的血液，付出了更多的义工时间。比起世俗论者，宗教信仰者在向所有慈善机构捐款方面要慷慨四倍，在向非宗教慈善机构捐款方面要慷慨10%，在帮助无家可归者方面可能性要高出 57%。[31] 在完整的宗教家庭长大的人相对而言更有慈善心。比起非捐助者，慈善捐赠者自称"非常快乐"的可能性高 43%，自称健康状况"极好"或者"很好"的可能性高 25%。[32] 有工作的穷人的捐赠占收入的百分比实质性地高于任何其他收入群体，比依赖公共援助获得可比收入的人群高三倍；换言之，贫困不是慈善的障碍，福利才是。[33] 布鲁克斯解释，"对很多人来说"，"捐献他人金钱的欲望代替了捐出自己金钱的行动。"[34] 他总结认为，这已经在"我们国家内部划出了一条明亮的文化分界线"：

线的一边是公民的大多数，他们以各种各样的正式和非正式的方式从事慈善活动——他们是如此的慷慨，使得美国以国际标准看来成了一个例外。然而，线的另一边是规模不小的少数，他们显而易见地缺乏仁慈之心。我们已经确定了这两组如此不同的原因，它们都是会引起争论的原因：一组是宗教的，另一组是世俗的；一组支持政府收入再分配，另一组不支持；一组工作，另一组则接受来自政府的补贴；一组有坚强、完整的家庭，另一组没有。[35]

不过，对这些发现的一个主要的解释是，它们反映的并非**宗教**信仰而是**政治**信仰。认为通过公共项目照顾穷人是政府职责的人（自由主义者和很多世俗论者）不太感觉到有私下捐赠的必要，因为他们已经通过纳税捐赠了；然而，认为照顾穷人应该私下去做的人（很多宗教保守主义者）感受到了行动和给予的必要。

美国西北大学法学教授詹姆斯·林格伦注意到，布鲁克斯对于他所称的"被遗忘的中间派：温和派"关注太少。自由主义者明显比温和派捐赠得多，尽管保守主义者明显比温和派与自由主义者都要捐赠得多。因此，林格伦总结认为，"看来很吝啬的似乎是温和派，而不是自由主义者。"对于什么信仰扩大道德范围使之包括更多人这一点，林格伦补充说，"那些反对收入再分配的人较少是民族主义者，对非主流群体更有包容性，也更加快乐，较少复仇心态，更可能支持慷慨的慈善捐赠。"[36] 但保守主义者坚持认为，政府再分配其他人的金钱收入与慈善性地捐出自己的钱不一样。当政府拿一个人的钱给另一个人时，道德动机就转移到了政治领域。你可能认为道德动机属于政治领域（正如很多自由主义者认为的那样），但要注意，自由主义者和保守主义者的捐赠比可能反映了个人视角与政治视角的对立。

关于道德账簿的消极方面，社会学家格雷戈里 S. 保罗进行了一项深度统计分析，涉及"成功社会量表数据库"中的 17 个第一世界的繁荣的民主国家（人口大于等于四百万，人均 GDP 以 2000 年美元计大于等于 23000 美元；澳大利亚、奥地利、加拿大、丹麦、英国、法国、德国、荷兰、爱尔兰、意大利、日本、新西兰、挪威、西班牙、瑞典、瑞士、美国）。他想知道这些国家的社会健康和福利在范围广泛的 25 项不同指标上得分如何，包括凶杀、监禁、自杀、预期寿命、淋病和梅毒、堕胎、青少年生育（15—17 岁）、生育、婚姻、离婚、酒精消费、生活满意度、腐败指数、调整后人均收入、收入不平等、贫困、就业水平等，评分为 1—9 分，最低分对应功能障碍，最高分对应健康。保罗还量化了这 17 个国家的宗教信仰程度，测量了每个国家的公民在何种程度上——相信上帝，相信圣经的字面意义，每月至少参加几次宗教服务，每周至少祈祷几次，相信来世，相信天堂和地狱——并按照 1—10 分为它们打分。[37]

结果令人吃惊且不安。美国孤峰独立——甩开第二名很远，不仅是 17 个国家中宗教性最强的，而且是功能障碍最严重的。下面的**图 4-7** 展示得很清楚：

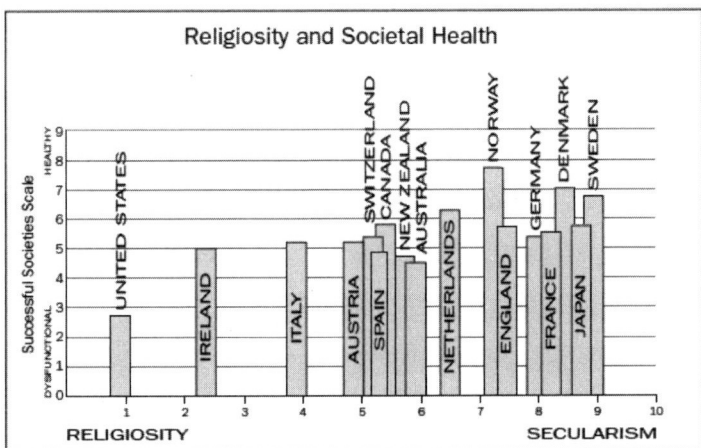

Figure 4-1

图 4-1 宗教信仰和总体社会健康

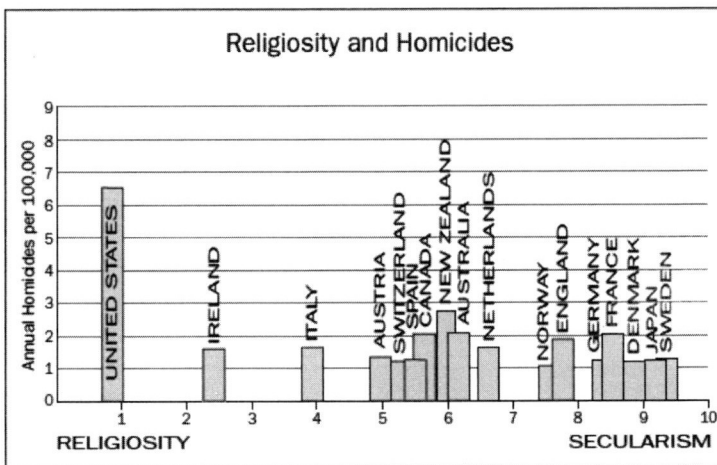

Figure 4-2

图 4-2 宗教信仰和每 100000 人年均凶杀人数

自这项 2009 年的研究以来,保罗和我分享了他积累的新的支持数据。"我后来把 SSS(成功社会量表)的社会经济成功和功能障碍指标翻倍了,达到了 48 个,一切都在其中,包括激进现实主义",他在一封邮件中写道,他的总结则更加明确:

不论是在原版的还是升级的 SSS 中,美国在大部分因子上得分都最低,有时候是如此之低,以至于尽管有一些优势因子,作为得分最低的国家,美国在 0-10 计分的 SSS 上只得到了大概 3 分。不仅仅是社会弊病——收入增长

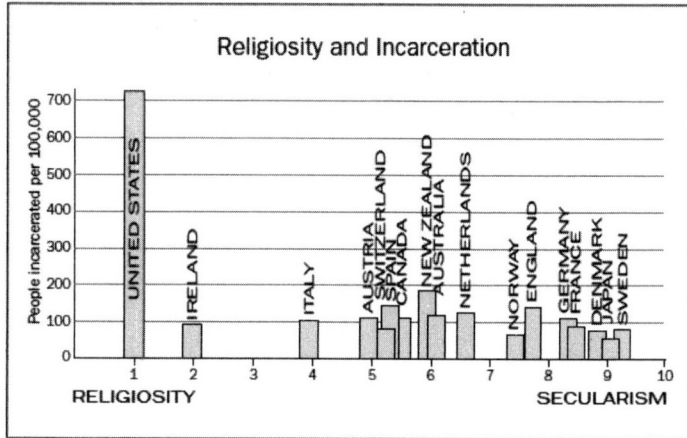

Figure 4-3

图 4-3　宗教信仰和每 100000 人在监人数

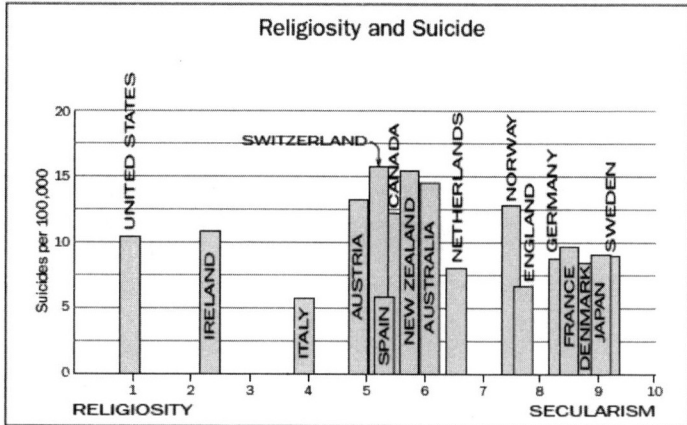

Figure 4-4

图 4-4　宗教信仰和每 100000 人自杀人数

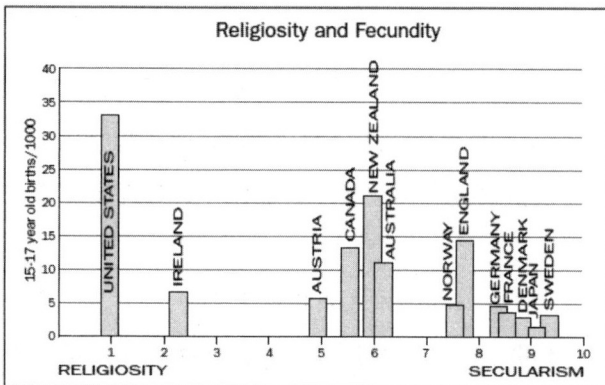

Figure 4-5

图 4-5　宗教信仰和每 1000 人青少年怀孕人数

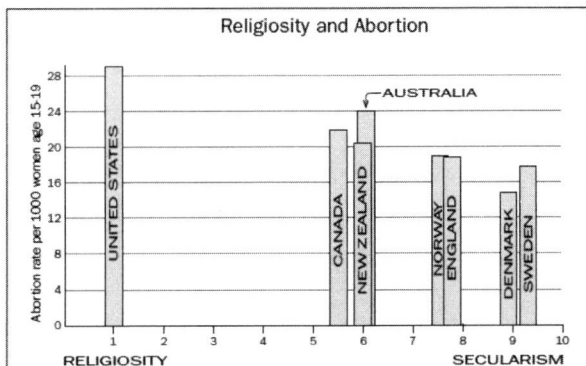

图 4-6 宗教信仰和每 1000 名 15—19 岁女性堕胎数

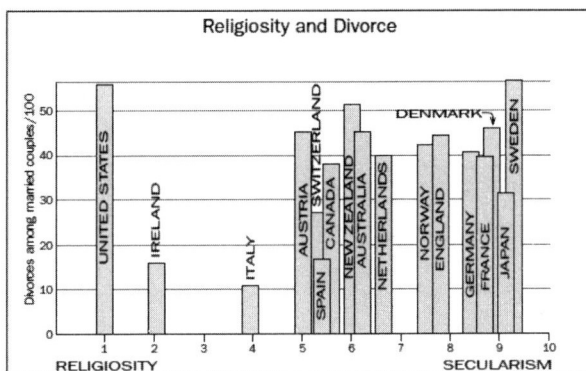

图 4-7 宗教信仰和每 100 人离婚人数

Figure 4, 1–7. The Relationship Between Religion and Societal Health

Figure 4-1: religiosity and overall societal health; *figure 4-2*: religiosity and annual homicides per 100,000; *figure 4-3*: religiosity and incarcerations per 100,000; *figure 4-4*: religiosity and suicides per 100,000; *figure 4-5*: religiosity and teen pregnancies per 1,000; *figure 4-6*: religiosity and abortions per 1,000 women aged 15–19; and *figure 4-7*: religiosity and divorces per 100.[38]

欠佳（1995—2010），社会流动性太低，社会各阶层固化，公共债务负担高得异乎寻常。持自由放任主义立场的世界经济论坛过去常常把美国列为最具竞争性的国家，现在我们排在五个进步的欧洲国家之后，这些国家被右派无休止地指责为衰落中的"福利国家"。这不能通过内部的额外因子如种族多样性或者移民来辩解，因为相关性太弱……最成功的民主国家就是那些最进步的，SSS 得分高达 7 分。[39]

当然，相关性不是因果性。如果宗教是如此强大的社会健康力量，那么为什么美国——西方世界最为宗教化的国家——在所有这些社会量度中也是最不健康的？如果宗教让人更加道德，那么为什么美国看起来如此不道德，对最贫困的人口、最困难的公民，以及尤其值得关注的儿童缺乏关心？

很可能左派和右派并不是截然分开的，温和的中间派搅浑了统计水域。右派和左派看起来确实沿着宗教轴线聚集。政治科学家皮帕·诺里斯和罗纳德·英高赫检验了选举系统比较研究的数据，分析了过去 10 年 32 个国家的 37 场总统和议会选举。他们发现，70% 的虔诚信徒（每周至少参加一次宗教服务的人）投票给右翼政党，比较而言，只有 45% 的世俗主义者（从不参加宗教服务的人）投票给它们。该效应在美国格外显著。例如，在 2000 年的美国总统大选中，他写道，"谁投票给布什，谁投票给戈尔，宗教是远超一切的最强预测指标——使得社会阶层、职业和地区的解释力相形见绌。" [40]

"社会资本"理论或许可以帮助解释宗教共同体的好处。罗伯特·帕特南在他 2000 年的著作《**独自打保龄球**》中下了这样的定义，社会资本是"个人之间的关系——社会网络和互惠规范以及因它们而生的信用。"这不同于个人的"公民道德"，帕特南给出了限定，"区别在于'社会资本'要我们注意公民道德当嵌入互惠社会关系的密集网络时最为有效。一个由众多有道德但孤立的个人组成的社会并一定富有社会资本。"原因在于社会资本具有经济学家所称的"正外部性"，或者说具有有利于他人或全社会的意外结果。"如果因为邻居们互相照看对方的家庭，所在社区周边的犯罪率下降了，那么即使我自己的大部分时间都花在了路上，也从来不在街上和另一个居民打招呼，我还是获益了。"

帕特南继续说，因此社会资本既可以是私人产品也可以是公共产品。"当部分投资社会资本的效益反弹回来成为投资人的直接收益时，也有部分效益流向了旁观者。例如，同仁福利俱乐部如旋转或狮子，在调动区域能量提高奖学金或者抵御疾病的同时，也为会员提供友谊和带来个人回报的业务联系。" [41] 然而，对我们这里的目的来说，通过定义互惠关系和执行在本质上宗教或者非宗教的共同体的行为规则，社会资本就有了道德进步的意涵。这是第一章讨论的互惠性利他主义的一例，并且社会资本使得互惠利他原则适用于所有共同体，正如帕特南解释的：

> 我为你做这件事并不期望从你这里得到任何具体回报，我自信早晚会有另一个人为我做些什么。金规则是一个一般性互惠的公式。俄勒冈州戈德比奇的志愿消防部门为了宣传他们的年度资金募集活动，使用的 T 恤标语同样有启发性："你买我的早餐，我救你的火情。"消防队员似乎在说"我们按照具体的互惠性规范行事"，但观众在微笑，因为他们意识到了底下的一般性互惠规范——即使你**不**买，消防队员也会来。[42]

在诺里斯和英高赫的语境中考虑一下普特南的"社会资本"。他们分析了世界价值观调查的数据，发现"宗教参与"和"非宗教性社区协会"成员资格正相关，包括女性协会、年轻人协会、和平协会、社会福利协会、人权协会和环境保护组织，以及显而易见的保龄球联盟（很明显，宗教人群不太可能独自打保龄球）。诺里斯和英高赫注意到，"通过提供社区聚会场所，密切邻里联系，培育利他主义，很多（但不是全部）信仰的宗教组织看起来巩固了对公民生活的归宿感。"诺里斯和英高赫总结认为，数据支持这样一个理论，该理论可以解释面对世俗主义时的宗教耐性："这一模式确证了社会资本理论的主张，源自定期上教堂的社会网络和个人交流扮演了重要角色，不仅仅在宗教相关的组织内部促进了行动热情，而且在更一般意义上增强了社区联系。"[43]

综合所有这些研究和他们的混杂的发现，我假设在宗教性较弱的民主国家，是世俗机构产生的社会资本带来了社会健康。在美国，宗教社会资本带来了慈善捐赠的慷慨，但当面临诸如凶杀、性疾病传播、堕胎和青少年怀孕这些社会弊病时，宗教社会资本相对而言做得不太好。有两个显而易见的原因：（1）这些问题纯粹有其他原因；（2）世俗社会资本对解决这些问题效果更好。弗兰克·萨洛韦在回答我对这些研究的询问时，提出了另一种解释，"第一位的和最重要的影响如下：生活在恶劣处境——疾病、战争、犯罪肆虐、普遍缺乏安全感——中的人求助于宗教。关于**这种**关系，糟糕的健康和危险的生存状态都会导致宗教信仰，反之则不成立。"萨洛韦认为，因果关系不是"宗教导致糟糕的健康"，而是"糟糕的健康导致宗教"以及"良好的健康促进自由主义。"[44]

总而言之，我的结论是宗教对一个国家的总体福利贡献不大。宗教并没有像克里斯托弗·希钦斯在他的《上帝并不伟大》[45]一书中的著名总结那样"败坏一切"，但认为不需要创造一个健康的社会却是足够有害的。

宗教有益于个人健康和幸福吗？

如果宗教没有带给我们今天所持有的道德价值，没有产生西方文明，没有使得社会更加健康和幸福，那么它至少能增加信仰者个人的健康和幸福？我们再次看到，结果也是混杂多样的。一方面，某些宗教信仰公然危害健康：耶和华见证人信徒，拒绝输血救命；基督教科学派信徒，相信上帝会治好他们的疾病，因此药物治疗没必要，结果是很多信徒死于可以医治的疾病；基督的圣灵降临节追随者，拒绝所有的药物治疗，因此儿童死亡率比普通人群高 26 倍；印度教徒，相信轮回，相信疾病是对前世恶行的报应，因此不需要寻求药物治疗。[46]

另一方面，在 2000 年出版的对 30 多份研究的后续分析中，心理学家迈克尔·麦卡洛和他的同事发现宗教信仰和健康、福利及寿命之间存在强相关性：比起弱宗教信仰者，强宗教信仰者在任何一次给定的随访中活着的可能性高 29%。[47] 当这一研究被广泛报道的时候，怀疑论者在如何解释这些结果方面受到了信仰者的挑战，他们仿佛在说：看，有一个上帝，这是对信仰的回报。

然而，在科学中"上帝为之"不是一个可检验的假说。追问的心灵想要知道上帝**如何**为之，什么力量或者机制在起作用。"上帝神秘行事"不会通过同行评议。甚至"信仰上帝"或者"宗教信仰"这样的解释也必须被分解成它们的组成成分，以便发现信仰与决定健康、福利和寿命的行为之间联系的可能的因果机制。这正是麦卡洛和他迈阿密大学同事布莱恩·威洛比在对数百份研究的后续分析中所做的。他们发现，宗教信仰者更可能参与健康的行为如锻炼、看牙医和系安全带，而且他们较少可能抽烟、饮酒、服用消遣性药物和参与风险性行为。[48]为什么？宗教提供了紧密的社会网络，这个网络强化了积极行为，抑制了消极习惯，并且它还带来为了目标实现的更好的自我管理和针对负面情绪的自我控制——这是另一种形式的社会资本，具有宗教或者世俗的建设性。

　　甚至"自我控制"这个术语也需要可操作的定义，并被分解成各个组成部分，以便了解它如何运作。严格意义上讲，佛罗里达州立大学心理学家罗·伊鲍迈斯特 2011 年的作品《意志力》就是在做这样的工作。此书的另一位作者是科学作家约翰·提尔内。[49]自我控制是运用个人力量意欲一个行为后果。研究发现，能够延迟享受（例如，现在放弃一个棉花糖为了稍后能得到两个[50]）的儿童后来的学业成就和社会适应评价方面得分较高。宗教提供了终极的延迟享受策略（永生），鲍迈斯特和提尔内引用的研究显示，"在主日学校花更多时间的学生在自律的实验室测试中得分更高"，而且"父母和老师虔信宗教的学生在冲动方面的打分都比较低。"[51]当然，很多宗教都需要一定程度的自律才能成为教徒（通过必要的入教仪式、圣礼、什一税等），因此当社会科学家后来评价他们时，他们就可能已经是一个自我控制能力和意志力都很强的自我选择的群体。

　　然而，任何人都能够与设定目标和督查个人进步背后的机制合拍，不论他是教徒还是非教徒。鲍迈斯特和提尔内注意到，冥想时，你从一到十计数自己的呼吸，然后一遍遍重复，"可以建立起精神自律。念玫瑰经，诵唱希伯来诗篇，重复印度教祷文都有同样效果。"当人们举行这些仪式时，扫描他们的大脑会发现与自我管理和注意力控制相关的区域活动强烈。事实上，麦卡洛把祈祷和冥想仪式形容为"一种为了自我控制而进行的无氧运动"。

　　鲍迈斯特在自己的实验室已经证明，自我控制能够随着抵制诱惑的训练而增强，但你必须控制自己的节奏，因为就像肌肉一样，过度努力可能会削弱自我控制，让你更容易屈服于后来的诱惑。最后，鲍迈斯特和提尔内补充道，宗教的角色是行为监视器，一个反馈系统，让人们觉得某人正看着他们。对信仰者来说，某人可能是上帝或者其他教友。[52] 对非信仰者来说，家庭、朋友和同事就担当了监督者的角色——他们看到不端品行会有不满。

正如奥斯卡·王尔德所说，世界充满了诱惑，"我可以抵抗一切诱惑，除了诱惑本身。"宗教是抵抗诱惑的一条路径，但还有其他路径。我们可以追随19世纪的非洲探险家亨利·莫顿·斯坦利的世俗路径，他宣称"自我控制比火药更加必不可少"，如果有"神圣使命"（斯坦利这么称呼它）在身时尤其如此；他的神圣使命是废除奴隶制。回想一下斯坦利的自白，我们将会在黑暗时刻做得好一些。斯坦利说："我可怜的身体遭受了可怕的困苦……它已经退化、疼痛、疲倦并且生病了，身体在它所承担的使命的重压下已经几乎要沉沦了；但这只是我自己的一小部分。因为真正的自我躺在黑暗的包围之中，并且身体每一天都在拖累它，对于这样的悲惨处境，真正的自我一直太傲慢和高昂了。"[53]

选择你自己的神圣使命，监督并控制你朝向目标的步伐，有规律的饮食和作息增强你的意志力，坐立如松，井然有序，仪容整洁（斯坦利在丛林中每日都要刮脸），并且让自己被支持性的强化努力的社会网络围绕着。每个人都有职责实现这种神圣的强健状态，不论是宗教信仰者还是非宗教信仰者，只要他意欲把自己推向更高尚的目标。

解构摩西十诫

显然，没有比十诫更著名的道德戒律，但它们的作者和受众的文化和习俗与我们的差异是如此之大，或者使得它们与今天的人们无关，或者使得刻板地遵守它们变得不再道德。作为道德决疑法的一个运用，我们以十诫颁布以来三千多年道德之弧弯曲的程度为背景，在这一新的背景下再次审视它们，然后基于科学和理性的道德体系来重建它们。[54]

1. 除了我之外，你不可有别的神。 首先，这条戒律透露那个时代多神论很普遍，并且在这多神的世界中，耶和华是一个嫉妒的神（参见上帝自己在戒律 II 中的明确说明）。其次，它违反了美国宪法第一修正案，因为它限制了宗教自由（"国会不得制定法律确立一种宗教或禁止信教自由"），因此在学校和法院这样的公共场合宣传十诫是违宪的。

2. **不可为自己雕刻偶像，也不可作什么形像仿佛上天、下地和地底下、水中的百物。不可跪拜那些像，也不可事奉它，因为我耶和华你的神是忌邪的神。恨我的，我必追讨他的罪，自父及子、直到三四代。**这一戒律同样违反了第一修正案保护的言论自由，而言论自由的艺术表达包含在许多最高法院判决引用的先例中（"国会不得制定法律……剥夺言论自由"）。这同样让人想起塔利班在阿富汗的所作所为，他们摧毁了不被伊斯兰教宗教领袖认可的古代宗教遗迹。在《圣经》中的其他地方，"偶像"一词与希伯来语的 pesel 一词含义相同，被理解为由石头、木头或者金属雕成或者削成的对象。那么，我们要怎么理解十字架——它是成千上万的基督徒佩戴的形象、偶像，是耶稣为了他们的罪而受苦的象征？十字架是一种酷刑的雕像，罗马人经常实施这种酷刑。如果今天的犹太人突然开始摆弄金项链上的小型毒气室，公众的震惊反应不会让人吃惊，就如同它不会是错的一样。

我耶和华你的神是忌邪的神。这句话大概可以解释《旧约》中的神为什么下命令进行种族灭绝、战争、征服和大规模消灭。这些类似人类的情感显示耶和华更像一个希腊神，尤其像一个缺乏控制自己激情和智慧的青少年。这条戒律的最后一部分——**恨我的，我必追讨他的罪，自父及子、直到三四代**——违反了西方法律体系中的最基本原则，这一在过去数百年的判决先例中发展起来的原则是，一个人只能因自己的罪行而有罪，也即人不能因父母、祖父母、曾祖父母或者任何其他人的罪行而有罪。

3. **不可妄称耶和华—你神的名，因为妄称耶和华名的，耶和华必不以他为无罪。**这条戒律又一次侵犯了宪法保障的言论和宗教自由权利，也是耶和华卑劣的嫉妒和不像上帝的行思方式的又一象征。

4. **当记念安息日，守为圣日。**然而，言论自由和宗教自由意味着我们可以选择或者不选择把安息日当作圣日。这一戒律的其余部分——因为六日之内，耶和华造天、地、海和其中的万物，第七日便安息。所以耶和华赐福与安息日，定为圣日——清楚表明，本戒律的目的是再一次向耶和华表示敬意。

到目前为止，前四条戒律与我们今天所理解的道德毫无关系，也即与如何与他人互动、如何解决冲突、如何提高有感觉的存在者的生存和繁荣毫无关系。在这一点上，摩西十诫只是与人和神的关系有关，与人和人的关系无关。

5. 当孝敬父母。我自己作为一名父亲感觉这条戒律是对的、合理的，因为受到孩子尊重，大多数我们这样的父母会很满足，尤其是因为我们已经投入了客观的爱、关注和资源在他们身上。但"命令的"尊重——更不用说爱——使作为父亲的我来说听起来不那么真实，因为这样的感情不论怎样通常都是自然萌生的。另外，命令的尊重是一个矛盾修辞法，让一切更加糟糕的是，暗示了这么做会有回报，正如这一戒律的其余部分所说：**使你的日子在耶和华你神所赐你的地上，得以长久**。尊重，要么是作为父母和子女之间爱的和完满的关系的结果而自然发生，要么压根就不会发生。一句格言要成为道德戒律，必须是在完全的自利和帮助他人之间做选择，哪怕帮助他人是以牺牲自我为代价。

6. 不可杀人。终于，我们看到了一条值得注意和尊重的真正的道德原则。然而，即使在这里，圣经学者和神学家关于谋杀和杀人（如自卫杀人）的差异也已经投诸了大量笔墨，更不用说与各种各样的减轻处罚情节和免责条款相伴随的、从一级谋杀到过失杀人的各种不同杀人类型，如自卫、受到挑衅、意外杀人、死刑、安乐死，当然还有战争。很多希伯来学者相信，禁令只是针对谋杀。但我们该怎么理解《出埃及记》（32:27-28）中的这个故事：摩西从山顶带来了第一块刻有十诫的法板，愤怒中又将之击碎了，然后命令利未人："他对他们说，耶和华以色列的神这样说，你们各人把刀跨在腰间，在营中往来，从这门到那门，各人杀他的弟兄、与同伴、并邻舍。利未的子孙照摩西的话行了。

那一天百姓中被杀的约有三千。"我们怎么才能协调上帝不杀人的戒律和杀掉每一个人的戒律？鉴于这段记述和很多其他类似记述，第六条戒律也许应该这样解读：**不可杀人——除非耶和华你的神让你这么做。到那时，你可以无所顾忌地杀你的敌人。**

7. **不可奸淫**。一个使别人的未婚妻怀孕的神说出这样的话，有点荒诞。然而更大的问题是，这一戒律就像其他几条戒律一样粗糙，没有考虑人们身处的迥然不同的各种环境。毫无疑问，关系密切的成年人能够也应该自己商量他们相处的细节，并且人们希望对同伴相敬如宾是出于正直感，而不是因为神告诉他们这么做。

8. **不可偷盗**。再次要问，我们真的需要神的命令才这么做吗？所有文化，不论过去还是现在都有关于盗窃的道德规则和法律条款。

9. **不可作假见证陷害人**。任何一个被撒过谎或者被说过闲话的人都能解释，为什么这一道德戒律能够言之成理并且是必需的，因此，为《圣经》的作者们记上一笔功劳，他们在这点上目光如炬。

10. **不可贪恋他人的房屋，也不可贪恋他人的妻子、仆婢、牛驴，并他一切所有的**。想一想贪恋某个东西意味着什么——渴望或想要或意欲得到它——所以，或许这一戒律是世界上第一条思想罪，违反了数个世纪以来的西方法律传统。不仅如此，资本主义的真正基础正是对事物的贪恋或者说意欲，并且具有讽刺意味的是，虽然这最后一条命令禁止贪恋，但正是爱引用《圣经》的基督教保守主义者为贪念辩护最力。已经离世的克里斯托弗·希钦斯最好地总结了认真对待这一戒律的意义："撇开很多关于贪念邻居妻子的屁股是否合适的笑话，你一定要再次注意的是，就如安息日命令一样，这是对有仆人和有产的阶层说的。此外，它把妻子和其他动产混为一谈（再者，在那个时代，它本也可以表述为"你邻居的妻子们。"）。"[55]

暂时的理性十诫

任何一成不变的宗教道德准则的问题在于——它是**一成不变的**。任何从来不能被改变的东西在它的 DNA 中就包含了自身灭亡的种子。一种基于科学的道德的优点在于，自我矫正机制是它自身固有的一部分，自我矫正机制不仅仅允许校订、改正和改善，它还坚决主张这么做。科学和理性能够用来传递——某些情况下甚至是决定——道德价值。

科学的发展依赖改变，依赖改善，依赖更新和升级它的方法和结论。一门道德科学也应该如此。没有人确切知道什么对所有地方的所有人在所有情况下都是对的，又或者都是错的，因此，基于科学的道德的目标应该是建立这样一套暂时的道德戒律上，它对于大多数人在大多数时候的大多数情况下是真的——通过经验研究和理性评估——但在合适的地方允许例外和修正。确实，正如我们已经看到的，在过去数个世纪中，随着人类有关"谁和什么是人，并有权受到保护"的观念的扩展，我们以同样的方式把道德保护的范围扩展到一度认为是不值得注意的范畴。下面列出了十条纳入考虑的暂时的道德原则。

1. 道德金规则：己所不欲，勿施于人。

道德金规则是交换互惠和互惠利他的基本原则的派生物，因此，在我们旧石器时代的祖先那里已经进化成为基本的道德情感之一。这一原则中有两个道德主体：**道德行动者**和**道德受动者**。当道德行动者不确定道德受动者将会如何接受和应对行动者考虑中的行为时，一个道德问题就产生了。本质而言，金规则就是告诉我们，问问你自己，"如果这样的行为施诸自身，我会有何感受？"这也就是在问，"如果我将这样的行为施诸他人，他人会有何感受？"

2. 先问原则：为了发现一个行为是对的还是错的，请先问。

金规则有一个限制：如果道德接受者和道德行动者想法不同怎么办？如果有不在乎行为 X 施诸己身，而其他人在乎怎么办？吸烟者不能问自己这个问题：如果其他人在他们吃饭的餐厅吸烟，他们会有什么感受？因为他们可能不在乎。该问的是不吸烟者对此有什么感受。即是说，道德行动者应该向道德接受者询问，他考虑中的行为是道德还是不道德的。换言之，道德金规则仍然是关于**你**的。但道德不仅仅关于你，先问原则使得道德也是关于**他人**。

3. **幸福原则**：这是一条更高的道德原则，追寻幸福时永远牢记他人的幸福，如果一种幸福以暴力或者欺骗导致他人不幸，则永远不要追求。

人类具有大量道德或者不道德的激情，包括无私和自私、合作和竞争、友善和卑鄙。试图增加自己的幸福而不择手段，即使是自私、竞争和卑鄙的手段，也自然而正常。幸运的是，进化创造了全部两组激情，这使得我们在天性上也寻求通过无私、合作和友善的方式来增加自身的幸福。既然我们自身既有道德的也有不道德的情感，并且我们有理性和直觉思考的能力克服较低级的本能，而且我们有这么做的自由，那么，通过道德地行动和应用幸福原则做正确的事就是道德的核心。（加上"暴力或者欺骗"的修饰语是为了澄清存在许多不涉及道德的行为，比如体育比赛的目的就不是在追寻幸福时考虑对手的幸福，而只是为了赢。）

4. **自由原则**：这也是一条更高的道德原则，争取自由时永远牢记他人的自由，如果一种自由以暴力或者欺骗导致他人自由的损失，则永远不要争取。

自由原则是西方社会所有人实行的自由的基本原则的外推：我们有**选择信仰和行为的自由**，只要我们的信仰和行为不侵犯他人的同等自由。自由原则之所以是一条道德原则，是因为在询问道德接受者他或她会如何应对一个道德行为，以及考虑这一行为会如何导致你自己和道德接受者的幸福或者不幸之外，还存在一条我们能够为之奋斗的更高的道德水准，这就是你自己和道德接受者的自主和自治，或者在这里我们可以简单地称之为自由。自由就是自主地追求幸福，以及自己做决定并依之而行，从而实现幸福的自治。

只是在过去的两个世纪中，我们才见证了自由作为一个适用于所有地方所有人的概念在世界范围内扩散，而不论他们的种族、宗教、等级以及在权力秩序中的社会和政治地位。自由还不是世界范围内的现实状态，尤其在神权政治统治的那些国家，它们鼓励不宽容，并且规定只有某些人配得上自由，但自启蒙运动以来的大趋势一直是赋予每个地方更多的人更多自由（参见图4-8）。虽然仍然存在挫折，不时发生的对自由的侵犯也在干扰着整体的将更多自由惠及所有人的历史潮流，但为所有人增加自由的轨迹仍在继续，因此你应用一次自由原则就是人性进步的一小步。

5. 公平原则：计划一个道德行为时，假设你不知道自己会是道德行动者还是道德受动者，犹豫不决时，宁可站在对方的立场上考量问题。

这是基于哲学家约翰·罗尔斯的概念"无知之幕"和"原初状态"。因为人做决定时总存在自我服务偏向，因此在罗尔斯的概念中，限定道德主体在决定影响每个人的规则和法律时对自己在社会中的状态一无所知。如果有选择，绝大多数制定道德规则和立法法的人将会基于自己在社会中的状态（性别、种族、性取向、宗教、政党等）做选择，这样的选择将会最有利于他们自己和亲属与同类。事前不知道道德戒律或者法律对你会有何影响将会推动你为了所有人的更大公平而努力。公平分蛋糕的例子反映了公平原则的一个简单版本：如果我切蛋糕，你先选；如果你切蛋糕，我先选。

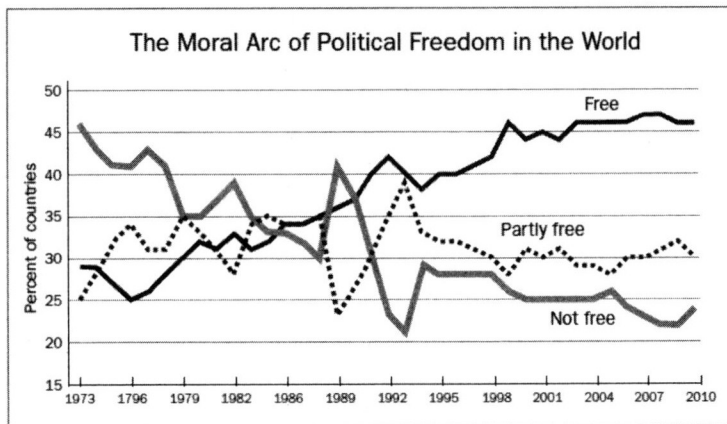

Figure 4-8. The Moral Arc of Political Freedom
The percentage of countries throughout the world that are free has been on the rise since the 1970s, while the percentage of those that are not free has been on the decline.[56]

图 4-8 世界上政治自由发展的道德之弧

6. 理性原则：尝试通过首先与他人协商的方式，为你的道德行为发现理性的理由，而不是对其自我正当化或者合理化。启蒙运动以来，道德研究已经转向，之前道德原则被认为是奠基于神授的、天启的、派生于圣书的、由权威颁布的自上而下的戒律；之后道德原则被认为是奠基于自下而上的、个人思考的、基于理性的、理性建构的、扎根科学的命题。在这样的命题中，个人应该为自己的道德行为提供理由，尤其是那些为受到该道德行为影响的他人考虑的理由。这是一条很难落实的道德原则，因为人的天性实在太容易从理性滑向合理化，从正当化滑向自我正当化，从理智滑向情感。如同在第二条"先问"原则中一样，只要可能，人们都应该就自己道德行为的理由同他人商量，以便获得建设性的反馈并把自己拉出道德幻象，在这样的幻象中你想做的事，就会恰好是要做的最道德的事。

7. 责任和宽恕原则：为自己的道德行为承担全部责任，并准备好为自己施于他人的不道德真诚道歉和做出赔偿；让他人为自己的道德行为负全部责任，并且愿意宽恕违反道德者，如果他们真诚道歉并准备为自己的不道德行为做出赔偿。

这又是一条很难在两个方向坚持的原则。首先，在受害者和作恶者之间存在"道德化鸿沟"，受害者几乎总是认为自己是无辜的，因此他们受到的任何不公必然不外乎是作恶者邪恶的结果；作恶者可能认为自己在合乎道德地纠正错误，平衡一个不道德行为，或者在捍卫自己、家人和朋友的尊严。自我服务偏向、后见之明偏向和确认偏向在实践上保证了我们所有人都会感觉自己不会做错任何事，而且我们做的任何事都是正当的，因此没有必要道歉和寻求宽恕。

同样，正义和复仇感是一种进化而来的深沉的道德情感，它服务于三个基本目的：（1）纠正违反道德者犯下的错误；（2）震慑潜在的未来的恶劣行径；（3）向他人发出社会信号，告诉他们如果犯下了类似的道德侵害，他们注定等来的是你的道德愤怒和报复。

8. 捍卫他人原则：抵抗恶人和违反道德者，保护受害的无助者。

这个世界上存在一些人，他们会在道德上侵犯我们和我们同类的群体成员。要么是邪恶的作恶者借口暴力和侵略的逻辑，总是认为自己的行为是正当的，要么是人群中的一个不可忽视的比例在精神疾病的情况下做出自私或者残忍的行为。我们必须站出来反对他们。

9.扩展道德范围原则：在道德立场上，努力把他人——家庭、部落、种族、宗教、国家、性别和性取向与你不同的他人——在道义上看作和你一样的群体成员。

我们不仅仅对自己、亲属和同类、家庭和朋友、同类的内群体成员有义务；我们还对很多方面与自己不同的人有义务，他们过去被歧视，理由无非是他们在某些可以衡量的方面不同于我们。尽管我们首要的道德义务是照顾我们自己和最近的家人和朋友，但考虑他人的道德价值是更高的道德价值，并且把其他群体的成员看作你自己群体的道义上的成员，长期来看有益于你自己、你的亲属和同类、还有你的内群体，只要他们以同样方式尊重你和你的群体。

10. 热爱生命原则：努力促进其他有感觉的存在者、它们的生态系统和整个生物圈的生存和繁荣。

热爱生命就是爱自然，而我们是自然的一部分。扩展道德范围，直至包括供养有感觉的存在者的环境，是最高级的道德原则。

如果命令我不得不把这十条原则精简为一条，那么会是这样：**努力扩展道德范围，并推动道德之弧向真理、正义和更多地方更多时候的更多有感觉的存在者的自由接近一点点。**

第二篇

道德之弧
应用

5 奴役与自由的道德科学

给予奴隶自由，我们就是在确保自由人的自由——我们所给予的和我们所维护的同样无上光荣。我们必须高贵地拯救地球上最后最耀眼的希望之光，否则希望就会不光彩地失去。其他道路可能成功；这条道路绝不会失败。这是一条平坦、和平、仁慈、正义的道路，循着这条道路而行，后世将永远为我们喝彩。

——亚伯拉罕·林肯，年度国情咨文，1862 年 10 月 1 日

1970 年代末至 1980 年代初，作为一名年轻人，我花了大量时间探索加利福利亚和其他西部各州，最初我是开着自己的 1966 年的福特野马，在我正式开始自行车运动之后，改骑车；骑着车，我游历了美国各地。如果我没有用索尼随身听听讲座和书籍，那么我会数随便一段公路上有多少丹尼斯餐厅和桑博餐厅来打发时间。两者一度旗鼓相当，但突然间，桑博餐厅破产了，丹尼斯餐厅的大满贯早餐成了我昼夜不分的就餐选择。

桑博的遭遇象征了整个西方文化在 20 世纪后半期的遭遇：我们开始意识到语言和逻各斯的力量、符号和姿态的力量，它们影响我们如何看待和对待他人——尤其是其他种族的人。桑博连锁餐厅卷入了对名称的争论。**桑·巴提史东**（Sam Battistone）和**纽厄尔·博内特**（Newell Bohnett）在 1957 年创建了这家公司，他们称自己用各自姓名的一部分联合组成了公司名称；但这个二人组也利用了流行的《**小黑人桑博的故事**》，[1] 并把书中的情节展示在菜单上和餐厅的墙上。原著写的是这样一个故事：名叫小黑人桑博的黑皮肤印第安小孩在丛林中探险，在一个不太可能的事态转折中，老虎夺走了他的

衣服。随后，老虎们陷入争吵，争论谁穿上桑博的衣服最有吸引力，最终，它们围着一棵树互相追逐的速度实在太快，一起变成了黄油，成了桑博的妈妈黑姆博做薄煎饼的材料。餐厅营销人员把桑博吉祥物做成印第安人，在这个意义上他们是忠实于原著的，但他们把他描绘成浅肤色的印第安男孩，并且在 50 年代向 60 年代过渡时皮肤还在变浅，直到最后实际上变成了裹着头巾的脸颊红润的白人男孩。故事也改编了——去的是黑姆博和桑博的父亲黑杰博，不幸的老虎们没有变成黄油，作为还回衣服的交换，桑博的父母用一摞"老虎们吃过的最精致最轻薄的薄煎饼"[2] 招待了它们。

麻烦在于，该书美国版封面上印的小黑人桑博毫无疑问是非洲裔黑人，因此最后两个形象——印第安黑人和非洲裔黑人——演变成了一个肖像，使人想起 19 世纪末 20 世纪初流行的"黑色的"或者扮成黑人的肖像学。"桑博"越来越多地被理解为一个贬义的标签和种族主义"原型"。全美有色人种协进会（NAACP）发出了正式抗议并起诉桑博公司，阻止它在东北部的州开张新的餐厅，这时，就有了燃起公众愤怒的媒介。桑博公司总部的工作人员穷于应付，忙着解释、合理化，后来的应对措施是在造成侵犯的那些地方把一些餐厅改成无意冒犯的名字，如欢乐老虎、非桑之地、季节友好餐馆，甚至有直接改成山姆厅的。正如 NAACP 马萨诸塞州布罗克顿市主席南·埃里森所言，"我想我可以去山姆餐厅吃饭而不感觉低人一等。在桑博餐厅吃饭我不可能感觉良好，因为我会想到 1960 年代静坐示威者做出的牺牲。"[3] 但一切都已无济于事。到 1982 年，分布在 47 个州的 1117 家桑博餐厅全部关门，仅有一家例外；因为这种状况和其他商业问题，公司申请了破产。[4]

从一个日渐敏感和敏锐的现代视角来审视一下《小黑人桑博的故事》的封面和配图，不难理解为什么有色人种会觉得自己被冒犯了——它们确实令人难堪（图 5-1a-d）。形象、名字和语言至关重要。数十年后，我记忆起作为餐厅标志的那个男孩时，他是一个非洲裔的形象，尽管谷歌图像搜索显示我的记忆是错的。我甚至记得看到过餐厅的标志牌上写着**小黑人桑博餐厅**，尽管这记忆也是错的。现在看来，在某种程度上，桑博餐厅的故事听起来似

Figure 5-1a   Figure 5-1b

Figure 5-1c   Figure 5-1d

Figure 5-1a–d. Little Black Sambo Then and Now
The Story of Little Black Sambo by Helen Bannerman is about an Indian boy (*figure 5-1a*) whose clothing is stolen by tigers, who chase each other around a tree so fast that they turn into butter, which Sambo's mother then makes into pancakes. Sambo's restaurant chain adopted the story and portrayed scenes from the book on the walls of their restaurants, but when "Sambo" became synonymous with offensive blackface iconography—as portrayed on the covers of early U.S. editions of the book (*figure 5-1b*)—and when the name mutated into a pejorative label and a racist stereotype, the restaurant chain faced a catastrophic public relations fiasco (*figure 5-1c*). Depicted here are early twentieth-century covers and a modern rendition (*figure 5-1d*) that reveal how much our racial and cultural sensitivities have changed in less than a century.[5]

图 5-1　小黑人桑博的肖像

乎是政治正确压倒一切的故事，语言警察在其中走得太远，但这是道德进步的信号，我们对他人如何看待世界变得敏感，互相交换着各自的视角。

　　桑博餐厅的故事展示了道德进步背后的诸多推动力之一：拥护人权的人常常从我们用什么**称呼**事物开始着手——我们如何谈论和书写事物——因为，我们思想中有太多部分，包括如何思考其他人，是以图像和语言为根据。当然，仅仅依赖纯粹语言的原始力量社会变迁并不会发生。历史上，受压迫人民艰难赢得的权利，是他们联合盟友在艰巨的直接政治行动中通过艰苦卓绝的奋斗获得的。社会转型几乎不可避免地需要采取某种直接行动，比如游行、静坐、怠工、封锁、破坏财物，甚至全面内战。

还有，甚至正义战争理论也需要超出 Veni、vidi、vici（**我来过、我看过、我征服**）的战斗理由。事实上，正是奴隶制的维护者为了支持奴隶制进行理性论证时，废除奴隶制开始了，但正是更优越的相反论证与政治行动（在美国，是一场内战）最终联手摧毁了奴隶制。因回应奴隶制而形成的政治行动和理性论证催生了几场伟大的权利革命中的第一场，我们的讨论从它开始，并且为了与我的论点即科学和理性弯曲了宇宙的道德之弧相一致，我将聚焦于赞成奴隶制的理性论证和正当化。

奴隶制和人权

在多种多样的人对人的凌辱和侵害中，最为可憎和暴虐的大概是一个人为另一人所有，这就是奴隶制。只要存在这样的人，在他们的一生中，他们看不到让一群他们不需要支付报酬的人为其做尽所有摧残灵魂的繁重工作是有问题的，奴隶制就会存在。这一习俗是基于难以言喻的同情心的缺乏，基于等级或者种姓之上的社会分层的存在，基于大到足以支撑奴隶制的人口和经济规模。比任何文字记录更早，制度化的奴隶制很可能在大约一万年前的农业革命（伴随着有关所有制的观念）时代就出现了。奴隶制实践的文字记录可以追溯到公元前 1760 年的《汉谟拉比法典》，这是一份巴比伦文件，把奴隶制当作既成事实对待。汉谟拉比王制定的 282 条法律条款中，至少有 28 条直接针对奴隶制以及在下述情况下该怎么做，例如，如果你确实是奴隶的主人而奴隶声称你**不是**他的主人（切掉耳朵）；一个人买的奴隶在当月生病了（退回有病的奴隶并全额退款）；外科医生在你的奴隶身上切开一个大口子导致奴隶死亡（该外科医生欠你一个奴隶，并且必须照原来的类型还你一个同等可用的）。[6]

奴隶制在所有国家都是不合法的，尽管令人吃惊的是，直到 30 多年前的

1981 年，最后一个宣布奴隶制不合法的国家——毛里塔尼亚——才最终这么做。当然，宣布奴隶制非法是一回事；终结奴隶制又是另一回事。例如，在毛里塔尼亚，多达 20% 的人口（大部分是妇女）仍然是奴隶；[7] 世界范围可能有数百万人沦为性奴或者工奴。[8] 历史而言，仅仅大西洋奴隶贸易造成的死亡人数就可能高达一千万。自称的暴行学家马修·怀特将之列为人类史上第十邪恶的暴行。[9] 奴隶贸易过程异常残酷，大量被绑架的受害者在通往关押他们的海岸堡垒的强迫行军途中失去生命，而在运奴船到来前，他们有时要被关押数月。更多的人死在了横穿大西洋的中央航线上；而在到达新大陆第一年，死的人还要更多，因为他们被迫适应在田野和矿山工作。这些人类——仅被当作载重牲口——被脱得一丝不挂，被打上烙印，被展示，被观察，被拍卖给潜在的买家。奴隶的生命实在是——借用托马斯·霍布斯的说法——孤独、贫困、卑贱、粗野且短暂。

数千年来，一般而言的宗教，具体而言就是犹太教、基督教和伊斯兰教都很少质疑对亿万人的强迫奴役。只是在理性和启蒙时代之后，受到了世俗文件如美国《独立宣言》和法国《人权宣言》的影响，并以它们为论据，提出了废除奴隶贸易的理性论证。在经历了违良心的长久滞后之后，宗教最终登上了废奴的列车，并且变成了推动列车前进的动力。

无疑，在历史长河中，人们也能零星发现宗教对奴隶制的偶然反对，但这些抗议都是基督徒**为了**基督教徒并**反对**完全赞成奴隶制度的基督徒而写下的，如果说后者不是参与了奴隶制的话。并且，20 世纪以前差不多所有人都是宗教信徒，因此任何反对奴隶制的论证不可避免地也是由宗教信徒做出的；所以，正是**论证**，而不是人，值得仔细研究。根据同样的逻辑，几乎所有的奴隶贩子和奴隶主都是信宗教的，并且把奴隶制的正当性奠基于宗教道德的首要源头——一本圣书。有些宗教如天主教完全支持奴隶制，教皇尼古拉斯五世 1452 年发布激进支持奴隶制的文件 Dum Diversas 时，明确了这一立场。这是一份教皇诏书，授予天主教国家如西班牙和葡萄牙"完全而自由的许可权，可以侵犯、搜查、俘虏和征服不论身处何处的穆斯林、异教徒和其他非信教者以及基督的敌人，还有他们的王国、公国、领地、封邑和其他财产……并且把他们的人格永久降为奴隶。"[10] 最后一句——**把他们的人格永久降为奴隶**——对我们来说不仅邪恶，而且精神错乱。然而，在《圣经》语境中，这句话完全顺理成章，因为《圣经》本身就是一部有意无意支持奴隶制的大部头。那么，基督徒花了差不多两千年才认识到奴隶制是错误的也就没有什么值得大惊小怪了。惊人缺乏反思的《圣经》作者们绝对认为奴隶制没有任何问题，只要奴隶主不把奴隶打瞎或者打得牙齿尽脱（出埃及记 21:26,27）。这已经做得太过火了，尽管只要奴隶被打之后能够挺住一两天，那么打死奴隶就不存在任何问题。另外，如果奴隶死了，为不幸的奴隶主感到难过才对，因为遭受损失的是奴隶主（出埃及记 21:21）。

其他一些圣经段落也清楚表明，上帝认为奴隶制是个好主意，并且你应该这么做。

至于你的奴仆、婢女，可以从你四围的国中买。——《利未记》25:44

有任何年龄限制吗？毫无疑问，买卖儿童肯定是错的。

且那寄居在你们中间的外人和他们的家属，在你们地上所生的，你们也可以从其中买人，他们要作你们的产业，你们要将他们遗留给子孙为产业。——《利未记》25:45

谢谢，天父！但这些法律只适用于外人。对待以色列人又怎样呢？

要永远从他们中间拣出奴仆。只是你们的弟兄以色列人，你们不可严严的辖管。——《利未记》25:46

本节意味着以色列人不可以成为奴隶吗？不。上帝没有禁止他的选民彼此奴役——这会很极端——但他的确要求遵循比较仁慈的条款。

你若买希伯来人作奴仆，他必服事你六年，第七年他可以自由，白白地出去。——《出埃及记》21:2

说奴隶不因自由而亏欠自己的主人，似乎有点荒诞。然而，就可能的遭遇而言，七年奴役不算是太糟糕（如果奴隶在这段经历中幸存下来的话），但要注意，圣经律法有一个特殊的方法甚至可以把已经自由的奴隶劫持为人质：

他若孤身来，就可以孤身去。他若有妻，他的妻就可以同他出去。他主人若给他妻子，妻子给他生了儿子或女儿，妻子和儿女要归主人，他要独自出去。倘或奴仆明说，我爱我的主人和我的妻子儿女，不愿意自由出去。他的主人就要带他到神那里，又要带他到门前，靠近门框、用锥子穿他的耳朵，他就永远服侍主人。——《出埃及记》21:2-6

这是聪明的诡计——用妻子和孩子诱惑男奴，然后用家庭关系作为手段，永远控制他为己所有。看起来，七年的棍棒和枷锁对于希伯来奴隶还不够悲惨。他因一种特殊的情感折磨——在家庭和自由之间做出撕心裂肺的抉择而痛苦不堪。（很明显，作为选民有其不利之处；人们会记得泰维亚在《屋顶上的小提琴手》中向上帝呼求："我知道，我知道。我们是你的选民。但有时，难道你不能选中其他人吗？"）

然后，《出埃及记》21:7出现了这样一小段珠玉之言：

人若卖女儿……

等等，人若卖什么？这一定是误译。但不是。性交易作为奴役的一种形式广泛存在于圣经时代，因此作为"好书"的《圣经》自然会发布有关把自己的女儿卖为终身性奴的正确方式的指令。作为一个女儿的父亲，我发现对这里讨论的问题的唯一考量令人厌恶：

人若卖女儿做婢女，婢女不可像男仆那样出去。主人选定她归自己，若不喜欢她，就要许他赎身。主人既然用诡诈待她，就没有权柄卖给外邦人。主人若选定她给自己的儿子，就当待她如同女儿。若另娶一个，那女子的吃食、衣服、并好合的事，仍不可减少。若不向她行这三样，她就可以不用钱赎，白白的出去。——《出埃及记》21:7-11

这些段落均来自《旧约》。《新约》关于奴隶制说了什么？

你们作仆人的，要惧怕战兢，用诚实的心听从你们肉身的主人，好像听从基督一般。——《以弗所书》6:5

凡在轭下作仆人的，当以自己主人配受十分的恭敬，免得神的名和道理，被人亵渎。仆人有信道的主人，不可因为与他是弟兄就轻看他。更要加意服侍他。因为得服侍之益处的，是信道蒙爱的。——《提摩太前书》6:1-2

劝仆人要顺服自己的主人，凡事讨他的喜欢，不可顶撞他，不可私拿东西，要显为忠诚。——《提多书》2:9-10

很明显，奴隶主所有制在《新约》中是一个既定事实，正如在《旧约》中一样。主奴只是另一种关系，就如夫妻或者生产者与产品的关系一样。《腓利门书》（《圣经》中最短的一书，只有 25 节，739 字）是保罗给歌罗西教会领袖腓利门的信，其中间接涉及了奴隶制问题；腓利门有一名叫阿尼西姆的奴隶逃走了——保罗使之皈依了基督教。保罗让阿尼西姆带着那封信回到了主人身边，信中指导腓利门把他的奴隶当作"亲爱的兄弟"而不是"奴仆"对待（腓利门书 1:16）。不仅如此，保罗甚至愿意偿还阿尼西姆欠腓利门的所有债务，"他若亏负你或欠你什么"（腓利门书 1:18）。值得注意的是，保罗没有建议给阿尼西姆以自由，也没有谴责奴隶制这一如此明显的不道德习俗。相反，保罗诱使蓄奴的基督教同道把阿尼西姆当作家庭的一员对待。（这听起来很有人情味，尽管考虑到父亲可以卖女儿，可以用石头砸死儿子，还可以处死不忠的妻子，这不是一个人们必然想待的家庭。"功能障碍"还未出现。）无疑，保罗在暗示不要殴打阿尼西姆，虽然殴打是逃跑的奴隶可能注定要遭受的习惯性待遇，但不论他的意思如何，同样，这一次人们在书中也没有找到他们期待的道德明晰性，而这本书据称是这一主题的终极权威（这就是为什么奴隶制维护者和废奴主义者都能引用《腓利门书》支持自己的原因）。

公平地说，圣经学者和神学家以及基督教护教论者和信仰护卫者是把这些段落合理化——古代民族处理一个邪恶的实践所能有的最好的方式。某些情况下，"奴役"或"束缚"可能真的意味着某种更加类似于"仆人""契约佣仆"或"仆役"的事物，与现代的住家的"女仆"或者"女管家"一脉相承。但这样的定性不得要领。《圣经》中从道德立场出发**谴责奴隶制**的段落在哪里？对人不应该被如此对待的理性论证的任何概述在哪里？为什么耶和华不用这样的语句直接发布戒律：**你不可奴役人类同伴**？想象一下，如果耶和华没有无视这样的论述：人永远不应该被当作实现他人目的的手段，而是应该被当作目的本身，人类历史可能已经在很大程度上改写了。向一位全能的慈爱的上帝提出这点请求难道太苛刻了吗？

在理性和启蒙时代之后，提出废奴主义论证的都是更加进步的自由基督教派，比如门诺派教徒、教友派教徒和循道宗教徒。正是这些基督徒不顾《圣经》中的规范，反对奴隶制的整个观念，在废奴运动中最为直言不讳。伟大的英国改革家和废奴主义者威廉·威尔伯福斯（演员艾恩·格拉法德在电影《奇异恩典》中对其人有精彩演绎）是这些人中的一员。威尔伯福斯在他26年的废奴运动（以及推动建立防止虐待动物协会和其他人道主义运动）生涯中展现了惊人的勇气，并且毫无疑问他的动机本质上是宗教性的。但要注意谁是威尔伯福斯最咄咄逼人的对手——他的基督徒同道，这些人被纠缠不休地教育了四分之一世纪之后才回头同意他的观点。此外，威尔伯福斯的宗教动机因为他对生活几乎所有方面固执的过分热情的道德说教而变得复杂，而且他那巨大的激情似乎是在不停地担心别人在做什么，尤其是那些涉及享乐、纵欲和"每日都在增加的渎神之流"一类的事。乔治三世国王（在威尔伯福斯建议下）发布《抑制邪恶宣言》之后，威尔伯福斯创立了反邪恶协会；乔治三世的宣言命令对下述过错提起上诉："酗酒、僭神、渎神的咒骂、淫荡、亵渎主日和其他放纵的、不道德的或违反公共秩序的行为。"[11]

威尔伯福斯不满足于只在本土修剪任性的翅膀；他也在英国的印度殖民地为了道德改革而奋斗，在非基督教国家的百姓中坚持基督教教导和"宗教改进"，他自鸣得意的理由是，"我们的宗教是高尚、纯粹和仁慈的；他们的是卑劣、放纵和残忍的。"事实上，威尔伯福斯最初关注的不是废除奴隶制而是结束奴隶贸易（允许现有的奴隶主继续占有奴隶，但可以预见占有最终会自动消失，因为不再补充外来的奴隶）。奴隶制不仅是对奴隶人性的摧残，威尔伯福斯论证道，它还是基督教的污点，基督教支持奴隶制太久了。正如他在1791年4月18日对下议院的演讲中所言，"绝不，我们绝不会停止，除非我们抹去了教名上的丑闻，从我们当前背负的罪感的负担下解放自己，并且清除了这血腥贸易的每一个痕迹；关于这血腥贸易，我们的后代回头审视这些文明启蒙时代的历史时，会难以相信一件有损国家体统和尊严的事被允许存在了如此之久。"[12] 然而，令人瞠目的是，在这种情况下下议院以 163 票对 88 票**否决了**威尔伯福斯的提案。

奴隶制的认知失调

从 21 世纪的视角来看，直觉告诉我们奴隶制是错的，因此，很难设想我们这些最近的祖先真的相信奴隶制是完全道德的，或者至少不是完全不道德的。我们知道人们经常公开宣称奴隶制是合法的或者道德或者正当的，但想必没有人内心真的相信奴役另一个人在道德上是可以接受的，他们信吗？他们信。并且他们为实行奴隶制做了理性论证，但最终在理性的废奴之路上奴隶制遭遇了更优越的论证的驳斥。

自欺是解决被称为认知失调的心理现象，或者说同时持有两个冲突想法时体验到的心理紧张的变通办法，而奴隶制是研究自欺力量的一个案例，因为：（1）奴隶制是可以接受的，甚至可能是善的；（2）奴隶制是不可接受的，甚至可能是恶的。人类历史上的大多数时候，人们无知地接受第一个观念；但随着人人平等的启蒙观念在各个社会的扩散，人们的情感开始倾向于后者，这就造成了认知失调。

心理学家利盎·费斯廷格首先定义了认知失调，他这样描述这一心理过程："假设某个个体全心全意地相信某事物；进一步假设他要献身于该信仰，并因此采取了不可撤销的行动；最后，把证据、确定无疑不可否认的证据呈现给他，证明他的信仰是错的：会发生什么？这个人的表现常常是不仅没有动摇，甚至比以前更加确信他的信仰是真的。确实，他甚至可能表现出一股新的使人确信并皈依他的观点的狂热。"[13] 我猜想，随着有关体面对待人类的道德情感的长期趋势的转变的持续进行，整个 19 世纪，日渐增长的认知失调使得奴隶主的生活日甚一日地难过。普遍被接受的信念——人类的一部分可以奴役另一部分——与启蒙的信念发生了冲突，即人永远不可以被作为实现目的的手段对待，人自身就是目的，是属于其自身的目的（康德），以及所有人生而平等（托马斯·杰弗逊）。

随着这个转变的持续进行，以及越来越多的奴隶主因感受到观念的冲突而出现认知失调，某些东西必须让步——要么是奴隶制本身，要么是通过大量虚假的理论论证对奴隶制进行正当化；这些虚假论证通过所谓的自欺的心理学现象得到辩护。有充分证据证明，自欺是一种减轻认知失调的策略，有两本书对之做了总结，一本是进化生物学家罗伯特·泰弗士的《愚人愚事：人类生活中欺骗和自欺的逻辑》，一本是心理学家卡罗尔·塔夫里斯和艾略特·阿伦森的《错已铸成》。[14] 自欺的逻辑是这样的：在进化的自私基因模型中，我们应该通过狡诈和欺骗最大化我们的繁衍成功率。然而博弈论动力学（如我们在第一章考虑的那样）显示，如果你意识到博弈中的其他竞争者也会采用相同的策略，在你背叛并攫取战利品之前，你理所当然会伪装成透明而诚实的样子，诱骗他们陷入自满的状态。但如果他们像你一样预先改变策略，他们可能会运用同样的欺骗诡计，这意味着你必须对他们的欺骗和你自己的欺骗高度敏感。因此，我们进化了欺骗识别的能力，这又导致了欺骗和欺骗识别之间的"军备竞赛"。

欺骗相比欺骗识别有微弱优势，如果互动是发生在陌生人之间并且次数很少的话。但只要你和对手共处足够长的时间，他们就可能从行为玄机上泄露真实意图。正如泰弗士所写，"如果互动是匿名的或者不频繁，行为中的线索不能依靠一个已知的行为背景来解读，因此，必须用到撒谎的更一般的特性。"他区分了三种特征：**神经紧张**，"因为被发现会有负面后果，包括被攻击……可以预期人们在撒谎时会更紧张。"**控制**，"为了应付对表现出紧张的担心……人们可能会施行控制，试图抑制行为，但这会伴随有可能的可识别的副作用如……计划的或者预演过的模仿。"**认知负荷**，"撒谎在认知上要求苛刻。你必须掩盖真相，同时构造出表面上似乎可信的假相，并且……你必须以一种可信的方式讲故事，同时你必须记得这个故事。"除非进入自欺。如果你相信这个谎言，你就不太可能会释放出其他人可以觉察到的常规的撒谎线索；欺骗和欺骗识别创造了自欺。

《致命的自欺：战前美国南方的家长奴隶制》一书是对奴隶主和奴隶制支持者的自欺的真实记录，作者是历史学家尤金·吉诺维斯和伊丽莎白·福克斯·吉诺维斯。19世纪的绝大多数奴隶主感觉不到奴隶制是一些人为了经济利益而对另一些人的剥削；相反，奴隶主描绘的奴隶制形象是家长式的且富有温情的，奴隶和一切劳动者没有多少不同，不论这些劳动者是白人还是黑人，他们在自由州和蓄奴州各处辛苦劳作着；不仅如此，据称南方的"基督教奴隶制"还要更优越。"数十年的研究告诉了我们一个有些读者会觉得反感的结论"，吉诺维斯和福克斯·吉诺维斯写道，"虽然存在自私的修饰，奴隶主真的相信他们自己在保卫基督教的堡垒、宪政共和主义和社会秩序，以抵御北方和欧洲的背教、世俗主义和社会与政治的激进主义。"南方奴隶主能够环顾世界并亲眼目见其伪善。"他们审视自由州，看到了邪恶的黑人恐惧症、种族歧视和受到残酷剥削的白人工人阶级。于是下结论说，所有的劳动者，不论白人黑人，都要忍受事实上的奴隶制或者某种类似的制度，他们自豪地认定'基督教奴隶制'是最人道、最富同情心、最慷慨的社会制度。"[15]

《刘易斯·克拉克遭遇记：在北美所谓的基督州之一肯塔基州的阿尔及利亚人中间被囚超过25年》，前奴隶刘易斯·克拉克用书名概括了全书梗概。他在书中有这样的观察："没有人比南方各州奴隶主更具欺骗性，因为奴隶欺骗他们，他们也欺骗自己。"[16]美国建筑师、记者和社会批评家劳·奥姆斯特德总结了美国北方人和欧洲人兜售的黑人无能论："比起欧洲的现状或者北方将来的情况，奴隶制下劳工阶层的处境更好，因为奴隶制会造就大量这样的主人，他们出于赚钱和人道的目的会为他们的劳动工具提供强健的身体状况所要求的必需品。"[17]想象一下那个时代的人们为了减少认知失调而采纳的理性化策略的范围——无意识地依赖自欺过程——吉诺维斯对之做了记录：

除了主人，黑人（negro）还从未发现一个真诚的朋友。——乔治M.特鲁普，1824年，《给乔治亚州议会的第一份年度咨文》[18]

我丈夫对奴隶的影响是巨大的，他们从不质疑他的权威，并且永远准备无条件服从，他们爱他！——路易斯安那州的弗朗西斯·费恩[19]

我们，首先……是在保护无助的黑人免遭血腥而贪婪的"博爱"之手的灭绝；这只手试图剥夺他们从人道的主人那里得到的关怀，只有这样，他们才可能被从地球上消灭，为自由竞争和供求关系在劳动力领域的应用准备好空间；这甚至会使得白人工人陷入最低标准的悲惨生活，并且要让这些简单的黑人尽其所能与蜂拥而至的更有活力的种族的数百万饥饿人群竞争，而这些人已经在互相弱肉强食。——E.A. 波拉德，1866 年，《南方的内战史》[20]

黑人不知节约、缺乏思考。让他们自立，他们会暴饮暴食，不知节制，半夜闲逛，在任何地方倒地露宿。——弗吉尼亚州奴隶主，1832 年[21]

90% 的南方奴隶主会受到奴隶们奋不顾身地保卫。——托马斯 R.R. 科布，1858 年[22]

南卡罗来纳州的首席法官威廉·哈珀很好地描述了用于缓解认知失调的扭曲的心理状态，他说，"受压迫者恨压迫者天经地义。但压迫者恨受害者更加天经地义。让主人确信他在对其奴隶行不义之事，他会立刻开始带着怀疑和恶意对待奴隶。"[23]1994 年出版的《天鹅绒手套》是社会学家玛丽 R. 杰克曼对性别、阶级和种族关系做的社会学分析，她在分析中确定了我认为可以更合适地标签为认知失调的东西："不论伴随多少爱及爱的强烈表达，自以为是他对另一个存在剥夺关系的群体具有道德优越感，这断然与利他的仁爱精神相冲突。在对社会群体的不平等关系的分析中，必须区别仁爱和家长式的父爱主义。"[24]我可以在南卡莱罗纳州州长乔治·麦克达菲 1835 年的言辞中发现这种合理化："奴隶的管理严格意义上是家长式的，这带来了相互间的友好情谊，这情谊的根源是持续而良好的彼此照料。"[25]不论你怎么称呼它，自欺的父爱主义要么伪装成利他主义（"我在帮助这些人"），要么伪装成互惠主义（"他们为我付出，我要回馈他们"），而这可能是奴隶制和自由之间的一个不可避免的阶段。为了避免有人出现刹那间的恍惚，认为南方奴隶制有什么仁慈之处，看一看史蒂夫·麦奎因的《为奴十二载》，它会勾起对所谓的父爱主义的不人道的痛彻肺腑的记忆——奴役的枷锁；沉默的喉舌；生活区的肮脏；还有殴打、悬吊，以及尤其难忘的鞭打和鞭子抽打的灼痛。

启蒙理性和奴隶制的废除

那么是什么最终导致了奴隶制的废除？学者和历史学家对此有大量的深思熟虑的辩论。不管怎样，如果严格聚焦于论证，那么简要回顾一下那些用来反对奴隶制的论证不无启发意义。

先说宗教。英国历史学家休·托马斯在他的不朽之作《奴隶贸易：1440–1870 年的大西洋奴隶贸易史》中写道，"在 17 世纪的历史记录中，没有任何一个牧师在任何一次布道中——不论是在波尔多的圣安德列大教堂还是在利物浦的长老会礼拜堂——曾经谴责过黑奴贸易。"[26] 相反，仅有的少数几次异议通常也带有实用主义的限度，正如皇家非洲公司的秘书约翰·佩里上校在给邻居威廉·科沃德——正考虑组织一次奴隶航行——的信中所写的那样。他说，"把两排黑人装在五英尺四英寸的甲板上，在心理上是不可能的。"不管怎样，考虑到在非洲和美洲之间的大西洋中央航线上，过分拥挤的奴隶船死亡率高达 10.2%，因此，一排，在利润率上是完全可以接受的。即使听起来具有宗教性的异议在推理上也疑似权宜之计，正如**彼得伯勒号**奴隶船的随船外科医生托马斯·奥布里的思考所反映的那样，他揣度货物所遭受的不人道可以在来世得到补偿："因为，尽管他们是未开化的异教徒，但他们和我们一样也有理性的灵魂；并且上帝知道，比起许多自称的基督徒，最后的末日审判对于他们是不是更加不可忍受。"[27]

在美洲，教友派信徒威廉·埃德蒙森 1676 年写信给他在蓄奴殖民地和地区的教友派同道，称奴隶制是不合基督教教义的，因为它是"对心灵的荼毒。"此举遭到了罗德岛殖民地的创建者罗杰·威廉姆斯的谴责，作为新教神学家，他谴责埃德蒙森"除了无知和哗众取宠一无所是。"此后不久的 1688 年，一群德国教友派信徒在日耳曼敦（费城）发布了一份反对奴隶制的陈情书，认为奴隶制违反了《圣经》的金规则，但在 1844 年被重新发现并被运用于在此地已经扎根的废奴运动之前，这份陈情书一直湮没无闻下落不明。事实上，两位杰出的教友派信徒——乔纳森·迪金森和伊萨克·诺里斯——自己就是奴隶贩子；并且在 18 世纪早期教友派甚至拥有一艘名为**社会**的运奴船；托马斯·蒙克船长曾记载，1700 年的一次从非洲到美洲的贩奴航行中，全部 250 名奴隶中的 228 人永远葬身于大西洋中央航线。[28] 正如休·托马斯在总结宗教和奴隶制关系时所言：

在纽约的所有那些较为富有的地区，多明我会信徒和耶稣会信徒、方济各会信徒和加尔默罗会信徒仍然蓄有任由他们支配的奴隶。据法国神父拉巴描述，他在 1693 年抵达繁荣的加勒比海殖民地马提尼克时，他的修道院有九名修士和一座水力驱动的制糖机，三十五名负责照管制糖机的奴隶中，有八到十人或老或病，另有大概十五名营养不良的儿童。尽管拉巴神父高尚、明智且富于想象力，尽管他对奴隶们的劳动充满感谢之情，他从未自问奴隶制和奴隶贸易是否合乎伦理。[29]

直到 18 世纪晚期，对奴隶制的异议才在伦理基础上得到系统化，如一位卓越的波士顿人所言："大概是在颁布印花税法的那段时间（1765 年），以前只是在有正义感的人们心里一闪而过的一个念头，开始变成严重的怀疑，随着怀疑的大量增加，最后凝结成了一个坚定的信念：奴隶贸易**本身是邪恶的**"。晚至 1757 年，胡格诺派韦斯托弗教区牧师彼得·方丹在给教友摩西的信中谈到他们"内部的敌人我们的奴隶"时，写道，"生活在弗吉尼亚又没有奴隶着实不可能。"这在经济上也有问题，正如休·托马斯所言，"这些禁令中……没有一个是出于人的理性做的决定。恐惧和经济才是动机。"[30]

那么，是什么最终导致了奴隶制的废除？据托马斯的说法，"在法国路人皆知的观念和情感中掀起的巨浪，以及随之而来的启蒙运动，（与文艺复兴相反）对奴隶制充满敌意，尽管即使最有影响的知识分子也不知道实践上如何处理这个问题。"[31] 启蒙观念变成法律，配合以国家的强制执行，这些最终确保了实践的目的——一旦这个目的在 18 世纪晚期形成了，它就会以越来越快的速度扩展。但不用怀疑，摧毁奴隶制的道德论证还不足以导致奴隶制的废除；很多人和国家在被拉上道德之梯时怨声载道，证据是：1807 年奴隶制被宣布为非法之后，为了打击非法的奴隶贸易，英国皇家海军不得不在非洲海岸一直巡逻直到 1870 年，在这六十多年里，他们拘押了接近 1600 条船，解放了超过 150000 名奴隶。[32] 而且，正如前面提到的，为了在本土终结奴隶制，美利坚合众国爆发了内战，死亡人数超过 65000 人。

然而，长期来看，观念的力量甚至比武器的力量更能引领道德进步，比如奴隶制这样的概念，一步一步逐渐从道德上的善走向可接受走向质疑；走向不可接受、走向不道德、走向不合法；最终这些概念一起从匪夷所思走向彻底改变主意。下面的引述提供了反对奴隶制的非宗教（世俗）论证的代表性样本，贡献了这些非宗教思考的启蒙哲学家们对废除奴隶制影响巨大。

在 1756 年的虚构作品《斯卡门塔多航海记》（Scarmentado）中，读者甚众的伏尔泰让来自非洲的人物逆袭了欧洲运奴船的船长，并向他解释了他为什么要奴役这些白人船员："你们是高鼻梁，我们是塌鼻梁；你们是直发，我们是卷发；你们是白皮肤，我们是黑皮肤；结果是，按照神圣的自然法则，我们因此必须继续为敌。你们在基尼海岸的集市上买下我们，为了让我们在无穷的困苦而荒谬的劳作中精疲力竭，好像我们是些牲口……[所以] 当我们比你们更强时，我们同样应该贬你们为奴，我们应该让你们在我们的土地上劳作，并且切掉你们的鼻子和耳朵。" [33]

孟德斯鸠，我们在第二章遇到过的一位启蒙哲学家，在他的影响巨大的 1748 年的著作《论法的精神》中论证道，奴隶制不仅对奴隶是坏的，而且对奴隶主是恶的；前者的显而易见的理由是奴隶制阻碍了一个人去做任何有德性的事情；后者是因为它让人变得自负、焦躁、冷酷、易怒和残忍。[34]

丹尼斯·狄德罗 1765 年出版的意义深远的《百科全书》吸引了来自欧洲大陆、大不列颠和殖民地的知识分子的注意，他的"奴隶贸易"条目是这样写的，"这项买卖是一种违反了宗教、道德、自然法和所有人权的贸易。

这些不幸的灵魂……奴隶……没有一个没有自由的权利，因为事实上他从未失去他的自由；并且他也不能够失去自由，因为失去自由对他来说是不可能的；而且不论他的君主还是父亲还是任何其他人都没有权利剥夺他的自由。"[35]

卢梭在他 1762 年的《社会契约论》——对《美国宪法》的理性基础有极大影响——中驳斥奴隶制是"无效的，不仅因为它是不合法的，也因为它是荒谬的和无意义的。'奴隶制'和'权利'矛盾。"[36]

反对奴隶制的世俗情感从欧洲大陆传播到了不列颠诸岛，并且在苏格兰启蒙运动中得到了深化和细化。在《道德哲学体系》中，苏格兰哲学家弗朗西斯·哈奇森认为："所有人都对自由权（liberty）和财产有强烈渴望"，并且"一个理性的造物遭受的伤害和犯下的罪行都不能使之变成一件失去所有权利的物品。"[37]哈奇森的学生亚当·斯密在他的第一本书（1759 年）《道德情操论》中应用了这样原则，他论证称，"没有一个来自非洲海岸的黑人不……具有一定程度的高贵，这是他卑鄙的主人的灵魂几乎不能想象的。"[38]最终，这些论证找到了通往法律制度的道路，比如威廉·布莱克斯通法官的著作。他在 1769 年的《英国法释义》中概述了一个反对奴隶制的法律案例，然后宣布，"一名奴隶或者一名黑人，从他踏上英格兰土地的那一刻起，就处在法律的保护之下，并且 eo instanti[立刻] 成为赋有全部自然权利的自由人。"[39]

法国启蒙运动和苏格兰启蒙运动对于美国制宪元勋的影响众所周知。托马斯·杰弗逊、本杰明·富兰克林、约翰·亚当斯、亚历山大·汉密尔顿、詹姆斯·麦迪逊、乔治·华盛顿和制宪的其他人既被看作启蒙运动的产物，也被看作为道德性社会秩序奠基的科学和理性构成的启蒙哲学在新大陆的推动者。

奴隶制和交互视角原理

奴隶制在道德上是错的，因为它毫无疑义地恶化了有理性的存在者的生存和繁荣。但为什么它是错的？因为它违反了个人自治的自然法，违反了追求生存和繁荣的进化而来的本性；它阻碍了有感觉的存在者按照自己选择的全部潜能去生活，并且它是以一种需要暴力或者孕育于暴力中的威胁的方式来做的，这就导致了无数不必要的苦难。我们怎么知道**它**是错的？因为**交互视角原理**：我不想成为奴隶，因此我不应该成为奴隶主。如果这听起来很耳熟，是因为事实上那个在美国终结奴隶制过程中居功至伟的男人就是这么论证的，他就是亚伯拉罕·林肯；林肯在美国内战——部分是为了结束奴隶制——前夜的 1858 年宣布，"正如我不愿成为奴隶，我同样不愿成为主人。"[40]

这也是道德金规则的另一种表达："正如我不想他人把**我**变成奴隶，我同样不应该把他人**变成**奴隶。"用现代词汇来说，这是对**互惠利他主义**的描述："我会帮你而不是成为你的主人，如果你会帮我而不是把我变成奴隶。"

交互视角原理也是对约翰·罗尔斯的"原初状态"和"无知状态"论证的重新表述。罗尔斯假设，在一个社会的原初状态中，我们对我们将会降生的处境一无所知——男性还是女性，黑人还是白人，富有还是贫穷，健康还是患病，新教徒还是天主教徒，受奴役的还是自由的——我们应该赞成在法律层面不给任一阶层特权，因为我们不知道自己最终将会身处哪个社会范畴。[41]因而，在此语境中这可以被重新表述为："正如我不想生活在一个我是奴隶的社会，我同样会投票支持使奴隶制非法化的法律。"

在一份未发表的写于 1854 年的笔记中，林肯勾画了一个论证，对于我们的现代耳朵来说，这个论证听起来像是对行为博弈分析的的绝佳阐述。那个时代的观点认为种族应该按照肤色、才智和"利益"（林肯意指经济利益）划分等级，林肯写了下面这段话作为反驳：

如果 A 能够证明，不论多么决定性地证明，他有权可以奴役 B——B 为什么不可以抓住同样的论证，并且同等有效地证明，他也可以奴役 A？

你说 A 是白人，B 是黑人。那是因为肤色；肤色较浅的有权奴役较深的？当心。按照这种规则，只要你遇到的第一个人皮肤比你更白皙，你就将会成为此人的奴隶。

你不是严格意指肤色？——你意指白人才智上比黑人高级，并因此有权奴役他们？还要当心。按照这种规则，只要你遇到的第一个人的才智比你更优越，你就将会成为此人的奴隶。

但你说这是利益问题；并且，如果你能够使之对你有利，你有权奴役他人。很好。如果他能够使之对己有利，他就有权奴役你。[42]

通过从前提推理出结论，林肯在这里为平等做了一个显然世俗的论证。他没有在任何地方声称他废除奴隶制的灵感来自宗教。事实上，林肯不是任何传统意义上的信徒。林肯遇刺后，他的老朋友和遗嘱执行人戴维·戴维斯法官这样评价他，"林肯没有天主教意义上的信仰。"林肯的另一位朋友沃德·希尔·拉蒙，当林肯还是一名伊利诺伊州律师时，就与年轻的林肯交情匪浅，直到林肯当了总统，关系如故，他断言，"这么多年来，不论在口头还是文字上，他从未留下只字片语模糊地暗示他对作为上帝之子和人类的救世主的耶稣的最轻微的信仰。"[43]

实际上，前面的段落反映了欧几里得《几何原本》对林肯的影响。他是《几何原本》的热心读者，并且谈到过书中的数学命题以及这样的推理如何能够应用于人类。在前述段落中，A 和 B 是有关奴役权的命题的可以互换的元素——因为 A 不愿成为 B 的奴隶，所以 A 不能成为 B 的主人。在斯蒂文·斯皮尔伯格导演的电影《林肯》中，编剧托尼·库什纳让这位伟大的解放者在有关种族平等的讨论中解释了欧几里得的公理："欧几里得的第一个普遍观念是：与同一物相等者彼此相等。这是数学推理的规则。它是真的，因为它有效，已经并将永远有效。欧几里得在书中说这是不证自明的。你们看，它就在那里，即使是在那本有 2000 年历史的力学典籍中，它也是不证自明的真理。"尽管林肯从未真的说过这些话，不过有足够的理由可以认为他会做这样的论证，因为这正是他 1854 年的论证所暗含的：A 与 B 可以互换。[44]

事实上，林肯的**交互视角原理**——"正如我不愿成为奴隶，我同样不愿成为主人"——后面的句子通常被忽略了："这代表了我的民主观。不论什么，只要与此偏离，它就是相应偏离程度的不民主。"一个民主体制要繁荣，它的公民也必须要繁荣，因为民主体制是它的个体成员的总和。请记住，感知痛楚的是个别人，而不是诸如民主体制这样的集合体。因此，林肯时代关于奴隶制的争论是对深层而持久的道德原则的反映，这些原则揭示了政府起源和人权认识的实质。1858 年 10 月 15 日，林肯在与斯蒂芬 A.D 道格拉斯（Stephen A.Douglas）——众所周知，他在论战中声称"无论如何我绝对拒绝承认他 [黑人] 是我的兄弟或者任何亲属"[45]——的第七次也是最后一次论战中指出，处在危机中的是与君权神授相抗衡的个体有追求繁荣的自由的原则：

这是真正的问题所在。只要道格拉斯法官和我的这些微弱的声音沉默下来，这个问题在这个国家将会一直存在。这是世界范围内此两个原则——对与错——之间的永恒斗争。在历史的起点这两个原则就开始迎面角力；并且将会一直斗争下去。一是人类的共同权利，一是神授的君权。不论面貌如何变迁，它都是同一个原则。"你辛苦劳作，挣得面包，而我来享用"，说这话的是同一种精神。不论它以什么面貌出现，是出自骑在自己人民头上作威作福又以他们的血汗为生的君王之口，还是被某个种族当作奴役另一个种族的借口，都是同一个暴政原则。[46]

1864 年 4 月，当内战的死亡人数已经上升到超过 50 万人时，林肯发出了最终的道德声明，只有一句话："如果奴隶制不是错误，就不存在任何错误。"[47]

图 5-2 展示了自 1117 年冰岛第一个废除奴隶制以来，世界范围内奴隶制被政治国家废除和入罪的情况。然而，进步缓慢得令人绝望，停滞了数个世纪之久。1776 年的美国《独立宣言》、1789 年的法国《人权宣言》以及各种各样的受到启蒙思想激发的有关人权的世俗工作在 19 世纪的影响渐起之后，奴隶制的废除和自由的扩展开始加速，并在 2007 年和 2010 年达到顶峰。当时，毛里塔尼亚和英国分别宣布奴隶制在任何情况下都是犯罪。我把虚线延长到 2025 年，是为了反映这样一个事实，尽管奴隶制在世界的任何地方都是非法的，但在东南亚的部分地区以及其他一些地方它仍然以性交易的形式存在，在非洲的部分地区以及其他一些地方它则仍然以苦役的形式存在。

不幸的是，苦役和性交易在世界各地的贫困地区一直存在。即停奴隶制组织（End Slavery Now）估计多达三千万人被以这种方式奴役，[49] 尽管研究

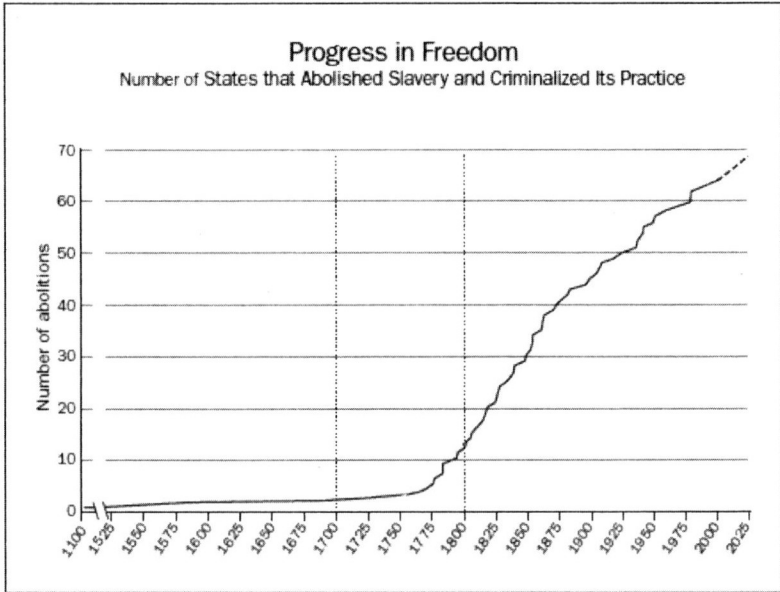

Figure 5-2. The Abolition and Criminalization of Slavery by Political States, 1117–2010
From the Wikipedia entry for "Abolition of Slavery Timeline." Iceland was the first country to officially abolish slavery, in 1117, and the United Kingdom was the latest to make slavery a crime, in 2010. The dashed line to 2025 represents the fact that even though slavery has been legally abolished in all countries, in reality it is still practiced in the form of sex trafficking and slave labor, so there is much headway still to be made.[48]

图 5-2 奴隶制被政治国家废除和入罪的情况（1117—2010）

这一问题的记者和学者认为这一数据很可能因不可靠的数据和估计被高估了一个数量级。[50] 不论怎样，作为世界总人口的百分比，所有形式的奴隶制都处在历史最低点。然而，仍然有人受剥削，我们需要结束它。自由行动基金会（Walk Free Foundation）已经确认了占世界奴隶制比重 70% 的 10 个国家，其中印度、中国和巴基斯坦的情况最为严重。指标包含了它对奴隶制的定义中："男性、女性和儿童的强迫劳动，家庭奴仆和强迫乞讨，对女性和儿童的性剥削，以及强迫婚姻。"[51]

摄影师丽莎·克里斯汀（Lisa Kristine）通过触目惊心的镜头记录下了性交易和苦役这类行径的残酷；[52] 而**解放奴隶组织**的共同创立者凯文·贝尔斯（Kevin Bales）规划了与这些具体的恐怖行径做斗争的方式，并且规划了他的组织想要在四分之一世纪之内终结所有形式的奴役的计划。[53] 正如贝尔斯的解释，这种形式的奴隶制本质上是经济的——"奴役不是为了贬低；奴役是为了利润"——而奴隶的价格已经急剧地下降了，从历史上的平均每个奴隶 4000 美元（以 2010 年美元计）到如今的每个奴隶 90 美元。价格下降的原因是供应增加；随着全球人口大爆炸，有十亿脆弱的（vulnerable）人口可供剥削。这对于奴役者来说是个富矿，他们的惯用伎俩是诱惑贫困的人，通常是以提供工作的名义。"他们爬上卡车车厢和招募的人走，10 英里，100 英里，1000 英里之后他们置身于肮脏的、毫无尊严的、危险的工作之中，他们忍受了一小段时间，但当他们试图离开时——砰！锤子砸了下来，他们发现自己被奴役了。"强迫工作，没有酬劳，暴力威胁，无法脱身，这一切确实构成了一种奴隶制，但当今的现代苦役创造的 40 亿美元在全球经济的占比是历史上最低的："今天，我们不用去打赢法律战场；每个国家都有一部针对奴隶制的法律。我们不用去赢得经济辩论；没有一个经济制度依赖奴隶制（不同于 19 世纪，那时没有奴隶制整个工业可能会崩溃）。而且我们不用去赢得道德辩论；没有人再试图去证明它是正当的。"[54] 此外，还有自由红利：当奴隶变成合法生产者和消费者时，地区经济的上升非常迅速。

这些现代反奴隶制活动家认为，奴隶制的入罪对于久禁不绝的这类行径的废止很重要，因为只有在那些奴隶制被入罪的国家——不仅仅是废除——起诉奴隶主才是法律上可行的。例如，前面提过，在非洲国家毛里塔尼亚，奴隶制直到 1981 年才废除，但 2007 年才入罪，因此，尽管缓慢，起诉奴隶主罪行的程序现在已经建立。CNN 记者约翰·苏特（John Sutter）在报道那里人民的状况时写道，"走向自由的第一步是意识到你被奴役。"[55]

······

18—19 世纪，导致奴隶制在法律上被废除并遭到普遍谴责的理性论证和对奴隶制的科学反驳，为其他权利革命创造了条件，这些权利革命赋予黑人和少数族裔、女人和儿童、同性恋者甚至包括动物以更大的正义和自由，并且扩展了道德范围，使之比起之前的人类历史包括了更多的有理性的存在者。

6 女权的道德科学

让我们公平竞争！这就是我们所要的一切，得不到全部我们不会满意。触摸一切的进化指尖，温柔地触摸女人。她们自身拥有进步的所有要素，并且进步精神在搅动着她们的内心。她们奋斗，不仅为了自己，也是为了人类的未来。让她们公平竞争！

> ——田纳西州 塞莱斯特·克拉夫林，1897 年，社会改革倡导者，第一位
> 在华尔街开经济商行的女性

在第一章我们提到了 19 世纪的爱尔兰历史学家威廉·莱基，他在 1869 年的著作《欧洲道德史》中提出了扩展道德圆圈（circle）的比喻。在《女人的地位》一章，他认为在女人的地位向男人靠拢的过程中，一夫一妻制和婚姻的出现是两个关键步骤；他还认为婚姻契约的首要价值就在于赋予女人平等权利，至少在家庭内部如此（但很遗憾，**只是**在家庭内部）："一夫一妻制婚姻的功利主义辩护也非常有说服力，并且也许可以用三句话总结。大自然，造就了几乎一样多的男人和女人，借此来表明它是自然的。在任何其他形式的婚姻中，家庭——婚姻主要目的之一——不可能如此幸福地维持治理。而且，在任何其他形式的婚姻中，女人不可能具有和男人同等的地位。"[1]

在玛丽·沃斯通克拉夫特（Mary Wollstonecraft）发表《女权辩》[2]之后差不多 80 年，约翰·斯图亚特·密尔（John Stuart Mill）出版的《妇女的屈从地位》[3]（可能是与他的妻子合著）为女性的法律和社会平等呼吁之后数年，对男女平等的勉强承认才姗姗来迟，没有给人留下多少印象，并且平等是以女人固守针线活、不踏出客厅半步为条件。在承认之前大概二十年，举

办了第一次女性权利大会（1848 年，纽约州塞尼卡福尔斯），会上六十八名女性和三十二名男性签署了主要由伊丽莎白·凯迪·斯坦顿（Elizabeth Cady Stanton）执笔的《权利和感伤宣言》。这份文件模仿了《独立宣言》，包含有这样的文字："我们认为下述真理是不言而喻的：所有男人和女人生而平等。"当莱基说出下面的观点时，很显然，他一点也不觉得这个真理是不言而喻的：

> 她们的知性伦理毫无疑问较为低级。女人极少热爱真理，尽管她们热烈地爱着她们所称的"真理"或者已经接受的来自其他人的观点，并且她们激烈地忌恨与她们不同的人。她们缺乏公正或者怀疑的能力；她们的思考主要是一种感觉；尽管她们在行为方面宽宏大量，但她们在观点和判断方面很少如此。她们劝人信服而不是使人信服，他们视信仰为慰藉的源泉，而不是视信仰为事物的实在性的忠实表达。[4]

不幸的是，这样的看法并不是例外，并且女性平等这一非凡的现代观念和女性投票权的支持者受到了严厉地蔑视和嘲弄。很明显，男性感到他们的安逸（comfort）和特权受到了威胁；《奥奈达市辉格党报》的一名记者评论1848 年大会时写下了这样的话：

> 这道闪电是女性（womanity）史上曾有记录的最令人震惊和不自然的事件。如果我们的女士们坚持参与选举和立法，先生们，我们的晚餐和肘在哪里？我们的家庭生活和袜子上的洞在哪里？[5]

确实，这些都在哪里呢？

不过，美国女性参政论者和他们的盟友未曾放弃，经过二十一年的不懈奋斗，1920 年的美国宪法第十九修正案保障了女性选举权。为美国女性赢得选举权的一些列事件在细节上非常引人入胜，尽管这里只能做一最简要的概述。[6] 伊丽莎白·凯迪·斯坦顿和卢克丽霞·莫特（Lucretia Mott）组织了1848 年大会，在此之前，她们参加了 1840 年在伦敦举办的世界反奴隶制大会——她们作为代表与会，但不得发言，并且不得不像听话的孩子一样坐在一个用帘子隔开的区域。这让斯坦顿和莫特坐立不安。女权大会的举办贯穿了整个 1850 年代，但被美国内战打断了，内战的结果是在 1870 年确立了选举权——当然，不是为女性，而是为黑人（尽管他们逐渐被以各种手段剥夺选举权，如人头税、法律漏洞、识字测验、威胁和恐吓）。这不会让人心悦诚服，只会激励像玛蒂尔达·乔斯琳·盖奇（Matilda Joslyn Gage）、苏珊 B. 安东尼（Susan B.Anthony）、艾达 B. 威尔斯（Ida B.Wells）、卡丽·查普曼·卡特（Carrie Chapman Catt）和多丽丝·斯蒂文斯（Doris Stevens）这样的人以及许许多多的其他人，不懈地投身于反对政治上奴役女性的运动。

当伟大的美国女性参政论者爱丽丝·保罗（Alice Paul）（在 2004 年电影《女权天使》中，希拉里·斯万克（Hilary Swank）对她的演绎深入人心）从长期旅居的英国回来时，事情开始升温。旅居期间，她积极投身于英国的选举权运动，从更加激进和好斗（militant）的英国女性参政论者那里学到了很多，这其中包括勇敢的政治活动家埃米琳·潘克赫斯特（Emmeline Pankhurst）；她被描绘为"意志力武器的利刃，而正是凭借这样的意志力，英国女性从与儿童和傻子同等的地位解放了自身，在行使选举权问题上，那是她们原来所属的分类。"[7] 潘克赫斯特去世后，《纽约时报》评价她为"女性选举权运动的最重要的领导者（protagonist）和 20 世纪早期最卓越的政治和社会鼓动家（agitator）"；[8] 多年以后，《时代》杂志像我们一样评选她为 20 世纪最重要的 100 人之一。因此，当爱丽丝·保罗从国外回来时已经做好行动准备，虽然更加保守的女性运动成员还没有做好接受爱丽丝的充分准备。尽管如此，为了吸引人们对这一事业的关注，她和露西·伯恩斯（Lucy Burns）组织了华盛顿特区有史以来最大规模的游行。1913 年 3 月 3 日（策略性地安排在威尔逊总统就职典礼前一天），二十六辆彩车、十支乐队和八千名女性参加了大游行，领头的伊内丝·密霍蓝德（Inez Milholland）骑着俊逸的白马，身着飘逸的白披肩，华美高贵，令人目眩。（参看**图 6-1**）超过一万人观看了游行，但男性最集中的人群变得越来越失去控制，就在警察的眼皮底下，游行的女性遭到他们吐唾沫、辱骂、骚扰和攻击。因为担心出现一场全面骚乱，美国陆军部调来骑兵部队控制了逐步升级的暴力和混乱。[9]

Figure 6-1. Inez Milholland's March on Washington, DC
On March 3, 1913, the women's rights advocate Inez Milholland led the march on the capital along with her fellow suffragists Alice Paul and Lucy Burns.[10]

图6-1　伊内丝在华盛顿特区的游行

这是一份礼物。粗暴对待女人的丑闻传开了，突然之间，"选举权议题——长久以来被很多政治家看作死问题——一下子被激活了，出现在全国各大报纸的头版头条……保罗达到了她的目标——使女性选举权问题一时成为主要的政治议题。"[11]

1917年，妇女开始在白宫外和平抗议，但她们再一次遭遇了骚扰和暴力。这些沉默的哨兵（她们被这么称呼）带着她们的标语夜以继日（除了礼拜天）地站在那里，整整坚持了两年半。但在美国加入第一次世界大战之后，对她们的容忍烟雾般渐趋稀薄，因为抗议战时总统被认为不合时宜。抗议者被控阻断交通，并被投进——常常是相当名副其实地**投进**——牢房，在那里她们被当作罪犯而不是政治抗议者对待，处境恶劣。她们中的很多人绝食抗议，包括爱丽丝·保罗，结果为了防止她成为这项运动的烈士，她被残忍地强行喂食。有关教养院的残酷做法的消息传到了新闻界，公众对抗议者的恐怖遭遇越来越感到愤怒。在现在以**恐怖之夜**知名的那一晚，四十名监狱看守恣意横行为非作歹，他们"逮住"这些女性，"拖拽、殴打、脚踹、锁喉"；露西·伯恩斯的双手手腕被戴上手铐，并高过头顶锁到牢门上；另一位女性被带到男犯人区，并被威胁"他们可以拿她取乐"；另有一位女性被打到失去意识；还有一位心脏病发作。[12] 这些暴行都是严重的战术错误。"新闻报道之后，公众压力一直在攀升，政府感到需要采取行动……逮捕没能阻遏这些抗议者；刑期、精神疾病、强行喂食或者暴力攻击也不能。他们的下一个决定很简单，放她们出去。"[13]

最终，1920年的第十九修正案（最初由苏珊B.安东尼和伊丽莎白·凯迪·斯坦顿在1878年起草）通过了——以一票的优势——感谢二十四岁的哈里T.伯恩（Harry T.Burn），他是一名来自田纳西州的议员（legislator），本来是计划投票反对他的州批准修正案（通过需要当时的48个州中的36个批准），但因为他母亲的一个便笺改变了主意。

亲爱的儿子：

为女性选举权欢呼并投票！不要犹豫。我注意到一些反对的言论。这些言论充满怨恨。我一直在观察你的立场，但什么都还没看出来。

不要忘了去做一个好男孩，帮助卡特夫人把"手"放到批准的位置。

爱你的妈妈[14]

最终，女性选举权实质上是系于一位年轻人的投票，而他受到了他妈妈的影响。据传，"反女性参政论者对他的决定是如此愤怒，他们从议院就开始围堵他，逼得他从国会大厦的窗户爬出来，沿着壁架缓慢挪到了安全的地方。"[15] 选举权就这样在拳脚和喧嚣中来到美国。

当时，这是一项许多其他国家的女性多年前已经享有的权利，但也是一项另一些女性不得不等待的权利——某些情况下，她们今天仍在等待。**图6-2**追踪了有关女性选举权的道德进步，而**图6-3**追踪了所有男性和所有女性被赋予选举权的时间差，从瑞士的123年（1848—1971），到丹麦的0年（1915）。比较而言，美国的50年（1870—1920）时间差在历史上排中间位置。

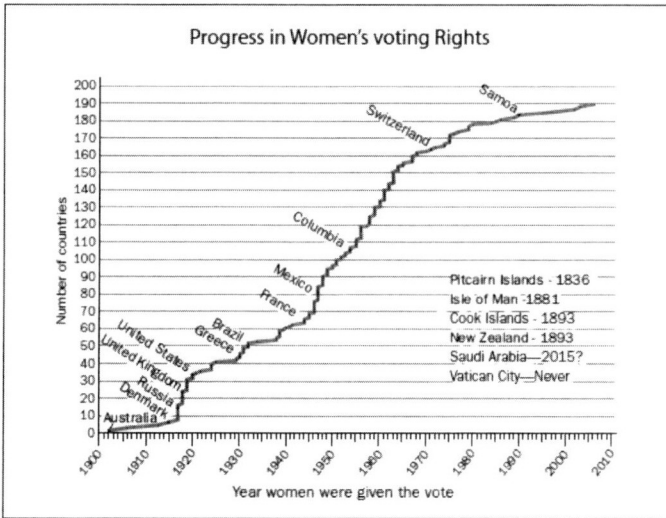

Figure 6-2. Women's Right to Vote Over Time

The stair-step progress of women's suffrage is tracked over time from 1900 to 2010, showing two big bursts, the first after World War I and the second after World War II. Tellingly, the expected date for the sovereign nation of Vatican City to grant women the right to vote is "never."[16]

图 6-2　有关女性选举权的道德进步

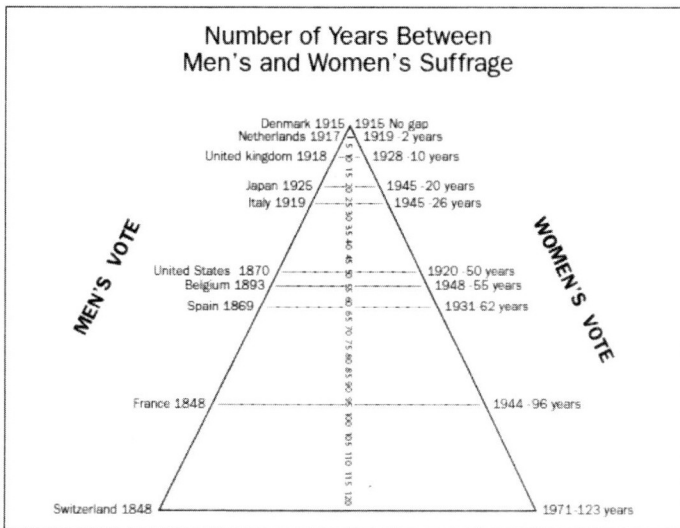

Figure 6-3. The Gap Between the Franchise for Men and Women

The spasmodic nature of moral progress is reflected in the shrinking time in years between the dates when men's suffrage and women's suffrage were legalized, from 123 years for Switzerland to 0 years for Denmark. Such change is contingent on many social and political variables that differ from country to country.

图 6-3　男性和女性被赋予选举权的时间差

从选举权到成功

一旦某种类型的权利的基础建立了，会使得后继的权利奠基者的工作变得较为容易。世界经济论坛发布的《2013 全球性别差距报告》，调查了 136个国家的经济、政治、教育和健康标准的基准点。报告显示，在男性和女性之间，"全球范围内，消除了 96% 的健康差距，93% 的教育差距，60% 的经济参与差距，但只消除了 19% 的政治差距。"冰岛、芬兰、挪威和瑞典的差距最小，前 10 名中北欧国家占了七席。这一转变的价值在经济上也有体现，报告总结认为："这一指标继续追踪了一国的性别差距与该国的国家竞争力之间的强相关性。因为女性占据一国潜在的人才库的半壁江山，一国的竞争力长期来看极大地依赖于是否以及如何教育和运用女性资源。" [17]

令人振奋的是，正有越来越多的女性在传统上由男性统治的领域占有一席之地。例如，2013 年，乌尔苏拉·冯德莱恩（Ursula von der Leyen）成为德国历史上首位女性国防部长。冯德莱恩在所处的位置上是一位有力的变革倡导者，她在当年 10 月明确说出了自己的抱负："我的目标是欧洲合众国（united states of Europe），它与瑞士联邦、德意志联邦和美利坚合众国一脉相承"，由一支欧洲联军负责防御。在政治舞台上容纳女性的声音总是有益于道德进步，正如冯德莱恩的作为进一步证明的，她呼吁增加幼儿园的数量，她还支持同性婚姻。但她远不是欧洲第一位女性国防部长。2012 年至今，荷兰的国防部长是珍宁·亨尼斯 – 普拉斯哈特（Jeanine Hennis-Plasschaert）；2001 年到 2005 年，挪威国防部是长克丽丝汀·克罗恩·德沃尔德（Kristin Krohn Devold）；2002 年到 2007 年，法国国防部长是米歇尔·阿里奥 – 玛丽（Michele Alliot-Marie）；2002 到 2006 年，瑞典国防部长是莱妮·比约克伦德（Leni Bjorklund）；2009 年到 2011 年，挪威国防部长是格雷特·法雷莫（Grete Faremo）；事实上，全世界已经出现过 82 位女性国防部长。[18]

玛丽·巴拉（Mary Barra）是又一位在男性统治的领域取得强势地位的女性，她在 2013 年 10 月成为首位女性汽车公司 CEO（通用汽车公司）。

她获得任命后出现了这样一些报道：那些领导岗位拥有更多女性的《财富》500 强公司利润高 50%。目前有 22 名女性 CEO 执掌《财富》500 强，并且 16.9% 的 500 强董事会席次由女性占据[19]。在巴拉就任新职第二天发布的一份皮尤研究中心的报告显示，仅有 15% 的年轻美国女性认为她们因为性别受到了歧视，并且女性在经营管理岗位上占有的份额与男性基本相同，15% 对 17%。现在，美国年轻女性的报酬率相当于类似职位男性的 93%，而 1980 年时只有 67%；在横跨所有年龄组的比较中，女性的平均时薪是类似工作男性的 84%，而 1980 年时，只有 64%。这一进步的最可能的原因是教育：如今 38% 的 25 到 32 岁女性拥有本科学位，而同年龄段的男性中只有 31% 拥有本科学位。结果就是，去年，至少拥有本科学位的受雇工人中 49% 是女性，而 1980 年时只有 36%。金姆·帕克（Kim Parker）是皮尤社会和人口趋势项目副主任，他认为，"现代的年轻女性在进入劳动力市场时，在收入方面和男性基本相当，在教育获得方面，准备尤为充分。"[20]最后，2013 年发布的另一份皮尤研究中心的分析发现，有孩子的美国家庭中，40% 唯一或者主要依靠女性养家糊口，自 1960 年以来增加了四倍。[21]尽管女性在收入上还没有获得完全的平等对待，但是**图 6-4**、**图 6-5** 和 **图 6-6** 显示了性别差距缩小的明显趋势，如果趋势持续下去，这个十年末，差距将会消失。至少在美国，收入差距是一项极其复杂的依赖许多因素的计算，但长期趋势的走向是对的。

这些展示女性地位提升的图表令人鼓舞，但毫无疑问，它们并非故事的全部。

很多非西方国家的女性生活在极端的男性统治之下，最显著的是在神权政体和政府腐败或者停摆的国家中。这些文化中的女性忍受着一长串冗长的恐怖遭遇，包括：常常导致一生痛苦并增加分娩危险的女性割礼；荣誉谋杀；童婚；甚至还有被强奸罪的指控，有时女性会因此被她们的家庭或国家杀害（而作恶者获得自由）。作为二等公民，她们忍受着大量羞辱，从不许上学、不许开车、不许工作，到没有男性陪同不得离开家，再到不得与男性店主和医生交流。

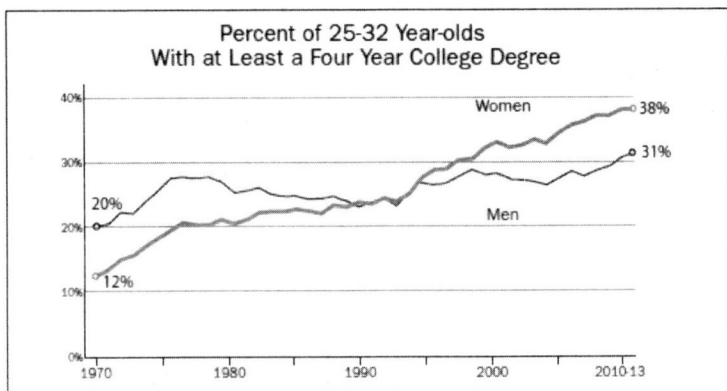

Figure 6-4. Narrowing the Gender Gap in Education
Percentage of twenty-five-to-thirty-two-year-olds with at least a four-year college degree shows that women are now ahead of men in earning a bachelor's degree. In 1970 only 12 percent of women compared to 20 percent of men earned a four-year degree. In 2012 that gap had reversed, with women at 38 percent compared to 31 percent for men. Source: Pew Research Center

图 6-4　性别差异在受教育程度方面的缩小

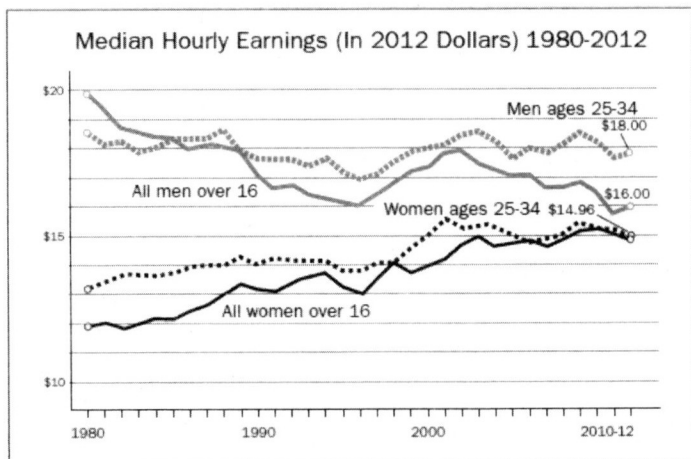

Figure 6-5. Narrowing the Gender Gap in Hourly Earnings
Median hourly earnings in 2012 dollars from 1980 to 2012 show women over age sixteen closing the gap of $8.00 an hour in 1980 to $1.04 in 2012. Source: Pew Research Center

图 6-5　性别差距在报酬率方面的缩小

　　世界范围内，强奸和性侵害某种程度上仍然是令人痛心的议题。哪里女性稀缺而男性不到接近 20 岁时不能结婚，哪里的强奸率就在上升，这就是我们在印度近期令人惊恐的犯罪报道中看到的情况。[22] 哪里女性有勇气进入传统上属于男性的领域或领地——最明显的是军队——哪里的强奸和侵害也就在上升。在美国，2012 年一部广受关注的电影《隐秘的战争》揭发称，"军队性创伤"问题普遍存在。媒体对电影和该问题的报道促使军方高层做出反应，进行调查并起诉犯罪者，[23] 其中包括陆军准将杰弗里·辛克莱（Jeffrey Sinclair），他受到军事法庭审判并在认罪后被罚款 2000 美元，罪名是通奸和虐待一名控告他性侵害的女性。[24]

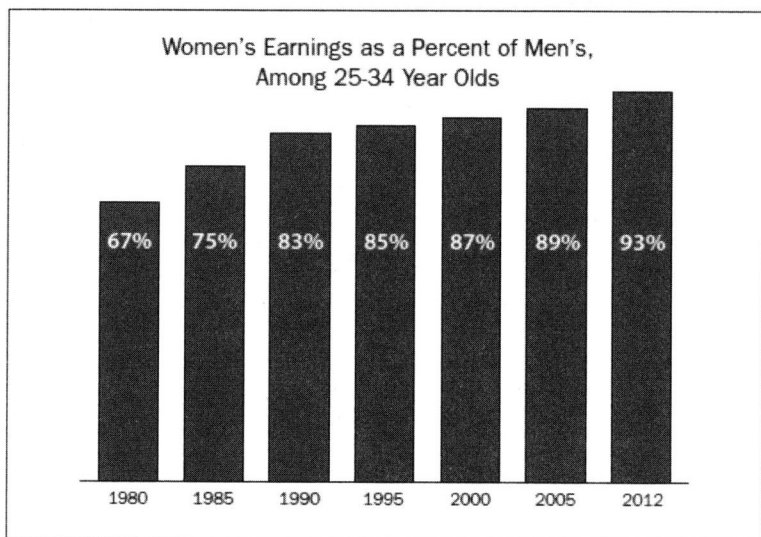

Figure 6-6. Narrowing the Gender Gap in Earning Power
Women's overall earnings as a percentage of men's earnings in 2012 dollars among twenty-five-to-thirty-four-year-olds from 1980, when a woman earned 67 percent of a man in a comparable job, to a near-parity 93 percent 2012. Ideally, the gap will close to zero in the US by 2020. Source: Pew Research Center

图 6-6 性别差异在职务晋升上的缩小

根据美国司法部司法统计局的说法，自 1995 年美国政府开始收集可靠的数据以来，总体强奸率一直在下降。根据司法部 2013 年的报告，"从 1995 年到 2010 年，女性强奸和性侵受害的估算比率下降了 58%，12 及 12 岁以上的女性中，受害者从每 1000 人中有 5 人下降到了 2.1 人。"司法统计局定义的性暴力包括"既遂的、未遂的或者威胁的强奸或性侵害。"2005 年到 2010 年，包括所有这些行为的总的犯罪率维持稳定，但同一时间段，既遂行为受害者"从

每年每 1000 名女性 3.6 人下降到 1.1 人", 下降了 327%。（参看**图 6-7**）

　　不同于所有有关连环杀手 – 强奸犯的电视犯罪节目, 大多数强奸犯并不是精神变态的陌生人。司法统计局发现, "78% 的性暴力涉及的罪犯是一名家庭成员、亲密伴侣、朋友或者熟人。"[25] 当前总的受害比率是每 1000 人有 2.1 人（1% 的 2/10）, 这等价于每 1000 名女性中有 1.6 人是被他们认识的人性侵, 有 0.5 人是被陌生人侵害（1% 的 5/100）, 数据对比使得陌生人的威胁成了统计上的异常值。[26]

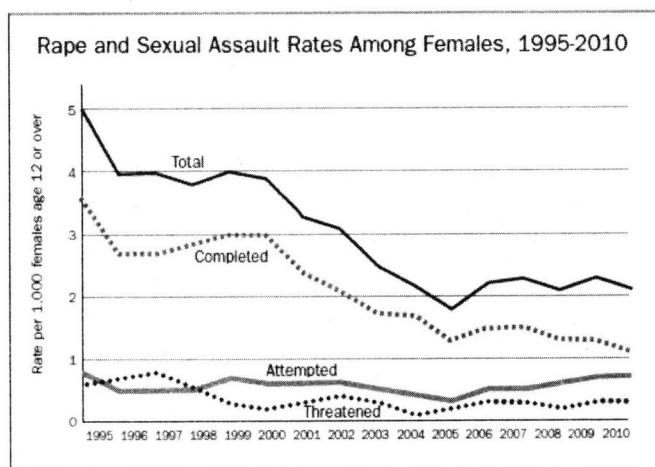

Figure 6-7. Rape and Sexual Assault Victimization Rates Among Females, 1995–2010
From 1995 to 2010 the estimated rate of female rape or sexual assault victimizations declined 58 percent, from 5.0 victimizations per 1,000 females age 12 or older, to 2.1 per 1,000. Source: U.S. Department of Justice's Bureau of Justice Statistics.

图 6-7　女性遭强奸和性侵的犯罪率（1995—2010）

　　如果一项发表在 2014 年的研究被证实, 那么强奸率的数值可能比司法部的数据要高, 因为存在性侵未报告的问题, 不仅仅是受害人未报告, 还有警察部门自己未报告的问题。这些报告是 FBI 的统一犯罪报告项目的基础, 上述统计正是由这个项目中的数据整理而来。这项新研究的作者是堪萨斯大学法学院教授科里·雷伯恩·容（Corey Rayburn Yung）, 根据他的说法, 他调查过的 210 个警察局中有 22% 存在系统性的少报性侵害的现象, 据此他估计"1995 年到 2012 年间, 全国范围内有 796213 件到 1145309 件女性受害人对暴力的阴道强奸的控诉从官方记录中消失了。"[27] 不管怎样, 即使根据未报告的案例做了调整，容的估计显示，自 1990 年代早期以来最低调整和最高调整的强奸率都在下降，尽管它们下降的起点比统一犯罪报告的数据高，后者是从 1993 年的大概每 100000 人中有 40 名受害者下降到 2011 年的每 100000 人中有 25 名受害者。容的最高调整的强奸率从 1993 年的每 100000 人 60 名受害者下降到 2011 年的每 100000 人 45 名，他的最低调整的强奸率从 1993 年的每 100000 人 55 名受害者下降到 2011 年的每 100000 人 40 名。[28] 不论精确数据是多少，强奸、性侵害和家庭暴力比率的下降令人鼓舞。[29]

女性的生育权

在一本有关道德进步的书中，我如果不处理被很多人认为是我们时代最严重的道德滑坡之一的合法堕胎问题，则是不合情理的。因为堕胎是与女性控制自己身体的权利如此紧密地相连——这种控制权与其他人权一样服从同一个推动变革的进步力量，因此，我这里会在基于对人性的科学理解而使得我们的道德概念化的语境中思考这个主题，我还会考虑持续服务于权利扩展的理性运用如何能够进一步扩展道德范围。

纵观历史，男性一直在试图对女性的生育权施加各种程度的控制。一个简单得一目了然的理由是：一般而言，男性比女性更加高大强壮，他们利用这一生理事实——正如他们为了等级、领土和配偶而与其他男性竞争时所做的那样——增强他们的统治优势。就生育而言，男性和女性不能同等确定他们后代中的某个特定的小孩是不是自己的，"肯定是妈妈的，也许是爸爸的"，这句俗语准确抓住了这层意思。[30] 女性百分之百知道她们是自己孩子的母亲（现代世界有极少数例外，如孩子出生后不久被医院搞混了），而男性则不能百分之百确定自己子女的父亲是谁。研究人员估计，1% 到 30% 的孩子是"配偶外父亲"（EPP）的产物，也就是说孩子生物学上的父亲不是母亲的配偶。[31] 取决于所研究的人群，比例变化很大，正如误差幅度变化很大一样，而误差幅度内在于这样一个敏感话题的数据收集的难度。[32] 例如，人类学布鲁克·塞尔扎（Brooke Scelza）用资料证明，在纳米比亚北部的辛巴传统社会中，所有记录下来的婚内生育的 17% 是 EPP，并且这些 EPP 比率与"女性生殖成功的巨大提高有关。"[33]（这里，生殖成功指存活到生育年龄的后代的数量。）然而，进化生物学家马尔滕·拉米赛奥（Maarteen Larmuseau）和同事发现，比利时佛兰德斯地区的西欧人群中 EPP 比率要低得多，只有 1%—2%；他们强调，"这一数据大幅低于一些有关历史 EPP 比率的行为研究所报告的每代人 8%—30% 的比例，但与其他有关当代西欧人群的遗传研究所报告的比率相当。"[34]在对 76 份报告了非父权的研究的全面考察中，人类学家克米特·安德森（Kermyt Anderson）计算得出平均 1.9% 的男性有高的父权自信，[35]显著低于罗宾·贝克（Robin Baker）和马克·贝利斯（Mark Bellis）给出的 9%，他们基于 10 份研究算出了这一数据并在引起争议的《人类精子竞争》一书中报告了这一数据。他们在书中假设精子进化出了在女性的生殖道中与其他男性精子细胞竞争的本能（游向卵子使之受精，击退其他男性的精子防止它们靠近卵子，或者如果其他男性的精子先到达卵子，阻止它们授精）。[36]在安德森的第二个发现中也能够看到可能的差异（likely difference）：低父权自信的男性非父权的比率是 29.8%。[37]

我向进化心理学家马尔蒂耶·哈兹尔顿（Martie Haselton）咨询如何理解这些有时让人困惑的数据时，她估计"西方非父权的范围是 2%—4%，世界上的其他地方可能略高一点。"她这样解释为什么非西方社会的数据高一点："除了婚姻规范的强度之外，还有有关忠诚度的规范，但不同人群差异很大。在辛巴社会，女人结婚了，但人们还是可以不受约束地发生男女关系，这看起来是一个被接受的社会规范。因此，这里的女性被发现不忠可能并不需要承受其他地方女性要承受的极大代价。这可能使得她们能够更加自由地寻求双重交配策略。"哈兹尔顿附带补充道，从现代数据外推到古代环境是有问题的，因为"另一个要考虑的问题是现代世界给予男性更多的独立和隐私。古代女性没有商务旅行，也没有商务旅行的丈夫。"[38]

女性的双重交配策略是这样一个策略，它通过一个配偶寻求在亲代抚育和食物资源方面的安全可靠的投入，通过另一个配偶获得良好的基因，如果这两组特征不能在同一个男性身上兼而有之的话。哈兹尔顿如此解释这一现象："原则上，女性能够受益于男性配偶提供的物质和遗传利益，但两组特点可能很难在同一个配偶身上发现。展现出优良基因标志的男性是有强吸引力的性伴侣；因此，他们能够，通常也确实，追求短期的交配策略，倾向于在配偶和后代身上较少投入。因而，女性可能常常被迫通过选择长期的社会性配偶来做策略性的权衡，社会性配偶的投资吸引力大于性吸引力。"[39]

不论历史上的 EPPs 比率是多少——最可能的是，遥远的过去比当代要高，因为当代一夫一妻的婚姻制度受到了教会和国家的双重鼓励——关键在于，女性理论上能够选择双重交配策略，而正是这一可能性导致了男性试图控制女性的生育选择。即使一场 EPP 的性邂逅没有带来后代，不忠的比率也已经足够高，使得嫉妒的情感——作为保护配偶的现象如阻挡潜在的配偶偷猎者和阻止配偶投入他人怀抱的结果——得到进化。[40] 不忠的比率有多高？研究各不相同，但根据芝加哥的全国民意研究中心的数据，大概 25% 的美国男性和 15% 的美国女性在婚内的某个时刻有过外遇。[41] 另有一些研究发现，20%—40% 的异性恋已婚男性和 20%—25% 异性恋已婚女性在婚姻期间与他人调过情。[42] 另有一项研究发现，30%—50% 的美国已婚男女私通。[43] 进化心理学家戴维·巴斯（David Buss）注意到，"那些保卫配偶失败的男性要冒风险承担实质性的生殖成本，从遗传取代到名誉受损再到失去配偶。"他认为，结果就是一系列适应配偶保卫的变化，从"警觉到暴力。"[44] 这是对真正的现实威胁的不幸反应，一项对单身美国男女的调查提供了这方面的证据，调查发现 60% 的男性和 53% 的女性承认曾"挖墙脚（mate poaching）"，或者为了与他人建立婚恋关系而试图诱使或吸引某人脱离当前的关系。[45] 一项人类学的调查确认挖墙脚至少在 53 个其他文化中也很普遍。[46]

尽管男性和女性都会调情、嫉妒、保卫配偶和挖墙脚，就扩展女性生育权利和男性试图限制他们而言，男性的嫉妒和配偶保卫——不论是通过警觉还是暴力——是强大的原因性要素。（例如，研究显示在美国，被丈夫或者亲近的熟人枪击或杀害的女性数量是陌生人以枪支、刀具或者任何其他手段谋杀的女性数量的两倍多，[47]女性构成了亲密伴侣／家庭相关凶杀案受害者的主体。[48]）从跟踪到贞操再到女性割礼，历史上男人一直试图控制女性的性和生育选择。而女性发展了几种策略作为回应：避孕、堕胎、偷情、杀夫和弑婴。

先谈最后一点。人类学家和历史学家告诉我们，历史上世界范围内所有地方的文化都实践过弑婴行为，包括世界上所有主要宗教的信徒，他们明显地实践了弑婴行为。历史地看，某些社会的弑婴比率在10%—15%，而另一些社会在10%—50%，但没有一个社会完全没有弑婴行为。[49]杀害婴儿常常被有神论者（例如，在他们参与的许多争论中）描绘为能够想象到的最纯粹的单一的罪恶行径。[50]他们错了。普通人不会无缘无故弑杀自己的孩子。正如所有的人类行为一样，弑婴的原因不是无关紧要的；进化心理学家马丁·戴利（Martin Daly）和马戈·威尔逊（Margo Wilson）运用一个包括世界各地文化的人种志数据库研究了六十个社会，揭示了这些原因中的一部分。在112个人类学家记录了动机的弑婴案例中，87%符合弑婴的"筛选理论"，该理论指出，当时势艰难时母亲们必须做出艰难的决定（即，如果资源过度匮乏不能多养育一个婴孩时，她们会弑杀小孩），爱德华·泰勒（Edward Tylor）在19世纪做出的人类学观察准确切中了这一理论："弑婴源于艰辛的生活而不是坚硬的心肠。"[51]自然资源不是无限的，也不是所有的出生的生物体都能生存。当条件困难时，父母尤其母亲必须决定谁最可能活下来——包括潜在的将来的当条件好转时能够过得很好的孩子——并牺牲其余。戴利和威尔逊的调查发掘出了弑婴的这些原因：疾病、畸形、衰弱、双胞胎但父母只有资源养活一个、上一个孩子年龄太近没有资源养活两个、困难的经济形势、没有帮助抚养孩子的父亲，或者因为婴儿的生父是另一个性伴侣。[52]

在《天国的太监》中，尤塔·雷因克·哈内曼（Uta Reinke-Hannemann）注意到，弑婴行为在古希腊和古罗马非常普遍，而天主教针对它的禁令可以追溯到中世纪。[53]在历史上的早期权利革命时期，教会和国家都试图采取某些措施控制弑婴行为而不处理这背后的诱因（他们对此也一无所知）。禁令批准了，法律通过了，但正如陋巷堕胎的糟糕旧日一样，如果一个女性不想要孩子，没有人能够挡得住。母亲可以在睡觉时"意外地"翻身压到胎儿身上（称为"上覆窒息"），或者她们可以把孩子放在弃儿养育院，那里的婴儿处理业务快捷而隐蔽。乳母和"收费代管婴儿者"也有转移婴儿的任务。据报道，在19世纪中期的伦敦，公园和其他公共场所的死婴与死猫死狗一样多。[54]2013年很流行的一部电影《菲洛梅娜》——1950年代早期，一位十几岁的少女把非婚生的孩子放到一个修道院，在那里，任由她哭泣和抗议，她被迫放弃孩子，让人收养——捕捉到了甚至很多当代女性也要面临的这一悲剧，如果对她们自己和她们的孩子来说没有其他可行的选择的话。

不论人们怎样塑造弑婴议题，就道德进步而言，更重要的问题是能够对之做些什么。孤儿院和收养机构的形式是历史上出现的近似解决方案，但最终解决方案只会在避孕和教育中发现。伦敦卫生和热带医学学院的西塞莉·马斯顿（Cicely Marston）对避孕和堕胎的关系进行的国际性的综合研究发现，"在哈萨克斯坦、吉尔吉斯斯坦、乌兹别克斯坦、保加利亚、土耳其、突尼斯和瑞士这七个国家，堕胎发生率随着现代避孕措施普及率的上升而下降。在另外六个国家——古巴、丹麦、荷兰、美国、新加坡和韩国——堕胎和避孕措施普及水平同时上升。不论怎样，所有这六个国家研究期间的总体生育水平都在下降。避孕和堕胎出现过同时上升的国家中，有几个在生育水平稳定之后，避孕措施使用继续增加而堕胎率下降了。这个趋势在韩国的例子中看得最清楚。"[55]**图**6-8展示了韩国的数据。堕胎率之所以过了一些时间才开始下降，是因为有那么几年时间女性依赖更加传统但效果很差的节育方法，比如体外射精，但随着靠得住的方法取代旧方法，怀孕率急剧下降，因此降低了堕胎需求。

类似的结果也发生在土耳其，虽然总体的避孕措施使用率保持稳定，但1988年到1998年间堕胎率几乎下降了一半（从每1000名已婚女性45人下降到24人。）不过，美国国际开发署人口项目顾问皮纳尔·森让（Pinar Senlet）领导的一项研究发现，存在一个从传统的、效果可怜的节育方式向现代的因而更加可靠的节育方法的转变。"土耳其堕胎数量的显著下降，是通过改善避孕措施而不是增加避孕措施的使用实现的。"简言之，土耳其夫妇放弃了自然的不可靠的节育方法，转而使用避孕套和更有效的避孕手段。[57]

就像所有的社会和心理现象一样，避孕措施使用率和堕胎率是多变量的——很多因素同时起作用，这使得推断直接的因果关系困难重重。当涉及人类行为时，几乎从来不会像"当 X 上升时，Y 下降"这么简单，毫无疑问避孕和堕胎的情况也是如此。不同的民族和国家有不同的影响堕胎和节育技术可达性的法律和法规。有些国家虔信宗教者的比例高于其他国家，这也会影响女性或者夫妻在何种程度上使用计划生育技术；各国的社会经济力量和贫困率不同同样会模糊结论，如此等等。但当我阅读数据和分析时，我形成了自己的解释：如果女性只有有限的生育权并且无权（have no access to）避孕，那么她们更可能怀孕，而这导致了一国较高的生育率。如果女性的生育权是完整的／有保障的，并且她们能够得到安全、有效且便宜的节育措施，同样能够安全、合法地堕胎，那么她们通过这两种策略获得对家庭规模的控制，以最大化亲代投资。因此堕胎合法化和能够避孕后一段时间，两者的比率平行上升。但一旦生育率稳定了——一旦女性对控制家庭规模和抚养一个孩子的能力感到自信——仅仅避孕通常也就足够了，因而堕胎率下降。

在性问题上为什么人们不能"直接说不"——也就是，以禁欲作为节育方法，或者在女性自然的月经周期中为性伴侣指定"安全"时间？当然，她们可以，并且有些在这么做，但正如那个我中学时代四处传播的老笑话所言，"你怎么称呼那些使用禁欲、体外射精和安全期避孕法节育的夫妻？父母。"当然，理论上，禁欲是预防怀孕和 STDs 和 STIs（性传播疾病和性传播感染——你可以得了后者而不得前者）的安全无比的方法，正如饥饿是预防肥胖的安全无比的方法。但实际上肌肤之爱和社会之亲是人之为人的基本需求；而性冲动是如此之强大，快感和心理回报是如此强烈，以至于推荐禁欲作为避孕和 STI 预防的方法事实上等于以默认方式鼓励怀孕和感染。2008 年的一项研究有一个描述性的标题《单一禁欲和综合性教育与性活动萌芽和青少年怀孕》，文章作者是华盛顿大学的流行病学家帕梅拉·科勒、丽莎·曼哈特和威廉·拉弗蒂，他们发现在从未结过婚的 15 至 19 岁的美国青少年中，"单一禁欲教育没有减少参与阴道性交的可能性，但综合性教育与较低的报告参与阴道性交的可能性边际相关。单一禁欲教育和综合性教育都没有显著减少报告的 STD 诊断的可能性。"作者总结认为，"避孕教育与青少年性活动或者 STD 风险增加没有关系。接受综合性教育的青少年怀孕风险低于接受单一禁欲教育或者没有接受过性教育的青少年。"[58]

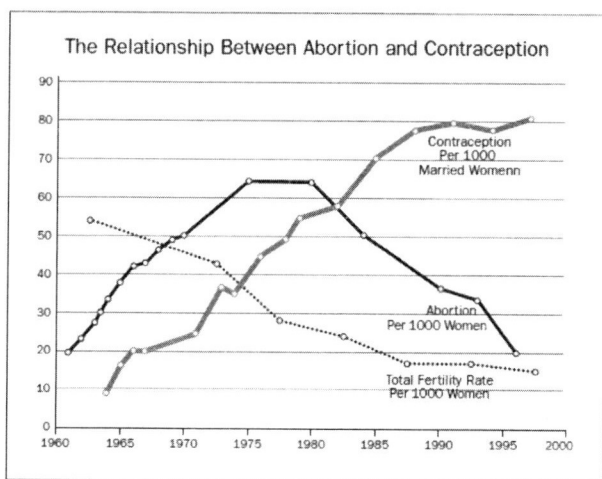

Figure 6-8. The Relationship Between Abortion and Contraception
This data set from South Korea demonstrates that granting women the right to use contraception causes a dramatic decrease in the number of abortions, along with the fertility rate, which has additional benefits for the progress of humanity in creating a sustainable world.[56]

图6-8 堕胎和避孕之间的关系

更多反对单一禁欲计划的证据可以在 2013 年全国青少年健康纵向研究中找到，该研究发表在《英国医学杂志》上，由北卡罗来纳大学教堂山分校的研究者在 1995 年至 2009 年间完成，研究对象超过 7800 名女性；值得注意的是，0.5%——两百人中有一人——的青少年女孩报告她们**无性**怀孕。难道圣经一般的奇迹到处存在于青少年女孩的闺床？再怎么说，这似乎都不可能。然而，有趣的是，报告"处女怀孕"的青少年签署贞洁承诺的可能性是其他怀孕女性的两倍，并且她们更有可能报告称她们的父母很难与她们讨论性或者节育问题。尽管研究者承认"当收集有关敏感议题的自我报告的数据时，科学家可能仍然面临挑战"，我引用这些数据的观点是，年轻女性如果是在家庭或者教会压力下"直接说不"而不是获得避免怀孕——在性交一旦发生时——的可靠信息，那么她们更可能怀孕也更可能就如何怀孕撒谎。[59] 强制代替教育不起作用。

单一禁欲计划的对立面可以作为我的论点的一个倒转检验，而罗马尼亚的社会实验是我们这里能找到的最好的例子。独裁者尼古拉·齐奥塞斯库在1965年掌权后，策划了一个国家复兴纲要，手段是严格限制堕胎和避孕，目的是增加他统治的国家的人口。纲要起作用了。1957年，那时堕胎在罗马尼亚还是合法的，80%的意外怀孕都被打掉了，意外怀孕主要是因为缺乏有效的避孕措施。十年后，生育率从19.1‰下降到14.3‰，因此齐奥塞斯库下令规定堕胎是犯罪，除非女性年龄超过45岁，或者已经生育（并抚养）了四个孩子，或者面临危险的医疗并发症，或者被强奸（而怀孕）。1967年出生率急剧飙升到27.4‰。尽管独裁者惩罚"无子女的人"（每月从工资扣留罚款），惩罚少于五个孩子的人（征收"禁欲税"），奖励特别能生育的母亲"承担伟大角色肩负崇高使命"（国家资助的儿童保育、医疗护理和产假），但如果（根据尤吉·贝拉的说法）人们不想要更多的孩子，那么你无法阻止她们。结果是社会灾难到了史诗般的规模，成千上万的婴儿被遗弃，照顾他们的是一个无能、腐败、破产的国家。超过170000名婴儿被倾泻到700多家潮湿简陋的国营慈善孤儿院，另有超过9000名女性死于黑市（陋巷）流产的并发症。影响到今天依然可以感觉到，因为当年的孤儿如今都是成年人了，但很多人有严重的智力缺陷、社会和情绪障碍，他们的犯罪率也高得惊人。查尔斯·纳尔逊、南森·福克斯和查尔斯·泽纳合著的《罗马尼亚弃婴》一书是对这一悲剧的感伤描述，每个对社会工程和限制女性选择权充满自负的人都应该读一读。[60]

如果保守主义者和基督徒想要终止结束胎儿和婴儿生命的行为，那么最好的办法是教育、避孕和对完整女性权利的承认——其实也就是人权——其中尤为重要的是生育权。仅仅在美国，研究就显示安全、有效、便宜的避孕措施在过去二十年中已经预防了大约两千万次怀孕，考虑到那期间的堕胎率，这意味着九百万胎儿没有被打掉/流产，因为他们未曾被孕育。此外需要注意的是，性行为活跃的女性中只有 7% 不使用节育措施，但她们占了差不多全部意外怀孕的 50%，以及全部堕胎的 50%。[61] 并且在我引用的统计数据中，有一个统计和该讨论的关系更加密切：据国立卫生研究院的数据，对女人来说分娩的危险性是堕胎的四倍以上。[62] 这一事实反驳了这一论证，"如果一位年轻女性打掉了一个会成为医生并发现癌症治疗方法的孩子怎么办？"可以这样反问，"如果一位将会成为医生并发现癌症治疗方法的年轻女性死于分娩怎么办？"

当然，很多人对展示避孕和堕胎积极影响的论证充耳不闻，因为他们唯一关心的未出生的胎儿的生命权利，在他们看来，这比一位成年女性的权利更重要。我相信赞成堕胎合法和反对堕胎合法的争论更多取决于事实而不是道德，如果事实能够得到澄清，那么将会有助于解决争论。（我偏爱"赞成堕胎合法"和"反对堕胎合法"这样的术语，因为我们都是"赞成保护胎儿权利的"。）这里的主要障碍是二元论思维，它迫使我们把一个最好在连续量表上思考的问题划分为两个截然分开的范畴。所谓赞成胎儿权利的人认为人的生命开始于怀孕；怀孕之前生命不存在——怀孕之后生命存在（there is）。对他们来说，这是二元论系统。在一个连续思维中，我们可以为生命分配概率值——怀孕之前是 0，怀孕的一刻是 0.1，多细胞囊胚 0.2，一个月的胚胎 0.4，以此类推直到分娩，此时胎儿就是一个 1.0 的生命形式。这是一个连续统，从精子到卵子，到受精卵，到囊胚，到胚胎，到胎儿，直至新生婴儿。[63]

不论卵子还是精子都不是人，受精卵和囊胚同样也不是，因为它们可能分裂成双胞胎，也可能一个也发育不成，最后自然流产。[64] 尽管八周大的胚胎有了可辨识的人类特征，如脸、手和脚，神经科学家现在知道神经元突触连接尚未发展，所以甚至任何微弱近似于思考或者感觉的东西都不可能存在。八周以后，胚胎开始出现最初动作反应，但八周到二十周（六个月）之间的胎儿不能独自生存，因为如肺和肾这样的关键器官此前还未成熟。例如，直到妊娠二十三周甚至更久以后，肺泡才发育到能够承担气体交换的程度，所以独自生存是不可能的。[65] 直到二十八周或者足月妊娠期的大概 77% 以后，胎儿才会获得足够的新皮层复杂性以展现某些通常在新生儿身上发现的认知能力。带有成年人脑电图特征的胎儿的脑电图记录大概出现在三十周，或者足月妊娠期的 83%。[66]

沿着这个连续统，我们看到胎儿直到出生前数周才会出现人的思维能力。因为堕胎机会从来不会在六个月以后执行——而正如我们已经知道的，在此之前没有证据显示胎儿是一个思考着的感觉着的人类个体——所以暂时得出这样的结论是合理而理性的：堕胎不能与谋杀出生后的有感觉的存在者相提并论。因此，没有科学的理由或者理性的论证能够把堕胎等同于谋杀。

当然，还可以论证胎儿是一个**潜在的**人，因为人之为人的所有特征都在基因里，并在胚胎发育中呈现出来。确实如此，但潜在性不同于现实性，而道德原则第一位的和最重要的应用对象是真实的人，不是潜在的人。把权利赋予真实的人（一位成年女性）还是一个潜在的人（她的胎儿），考虑这样一个选择时，于理于情前者都是更好的选择。尽管美国有过半的州现在有保护未出生的受害者免遭暴力侵害的法律——如未出生的暴力受害者法案，视杀害孕妇和她的胎儿为双重谋杀——但法律并没有以任何其他方式同等对待胎儿和成年人。再一次，二元论思维误导我们把母亲和胎儿同等对待，而连续性思维让我们看到的是本质区别。

赋予女性权利

过去几个世纪的趋势一直是赋予女性和男性同样的权利和特权。由科学、技术和医学的发现和发明推动的政治、经济和社会进步，不仅已经越来越多地为女性提供更大的生育自主权和支配权，而且也在生活的所有领域推动女性的权利和机会的扩展，在世界范围内塑造了一个个更加健康和快乐的社会。正如其他权利革命一样，很多进步还有待实现，但女性权利扩展的势头是如此之强劲，未来必定会波涛不减地汹涌直下。

科学和理性以这些方式——对女性并不比男性缺少成为拥有全部权利的人的资格的理性证明，女性和男性视角的可互换性，对人类的性和生育的性质的科学理解以及使我们看到并理解女性和胎儿权利差异的连续性思维——引导人性更加接近真理、正义和自由。

作为在过去的两代人中我们走了多远的例子（也是近在咫尺的 20 世纪早期女性受到多大压迫的例子），我用两个女人的故事结束本章——一对母女——都叫克丽丝汀·罗瑟琳·穆契勒。母亲出生在德国，1893 年随她的父母路经埃利斯岛，随后去了加利福尼亚的阿罕布拉。母亲克丽丝汀与弗雷德里克结了婚，并在 1910 年生下女儿克丽丝汀（三年后又生了另一女儿）；弗雷德和他的妻子说出去买面包，但再未回来，此后她们的生活很快变得支离破碎。被丈夫抛弃，没有钱也没有食物照顾她自己和两个幼小的孩子，母亲克丽丝汀被迫回到了她父亲的家。

她那时不知道的是，弗雷德已经精神失常，带着妄想走进了县监狱，他的岳父随后也步其后尘。一名内科医生对他做了检查后，他被送进精神病院待了一年多。这段时间，随着他的妄想症趋于好转，弗雷德给妻子写了令人心碎的信件询问她和孩子们的情况，但克丽丝汀的父亲截留了那些信件，她继续坚定地认为她被抛弃了。最后她找到了工作，在一名成功的电影公司经理的朋友家做女佣，这位经理名叫约翰 C. 埃平，妻子刚刚过世。因为极度渴望有个女儿而又迷恋三岁的克丽丝汀，埃平说服克丽丝汀父亲迫使克丽丝汀允许他收养这个孩子。年轻、贫困、害怕和她父亲的胁迫，克丽丝汀勉强同意了收养，尽管《洛杉矶时报》的一系列文章表明这个案例的一名收养鉴定官反对收养，声称"她坚信埃平在小女孩身上看到了未来的玛丽·璧克馥的潜质，而孩子应该生活在一个私人化的、以家庭生活和教育为主的家庭。"[67] 鉴于克丽丝汀的父亲提供的虚假信息称弗雷德抛弃了她们，法官批准了收养。

埃平很快把新收养的女儿的名字改为弗朗西斯·多萝西·埃平，用中间名称呼她，并（不可思议地）告诉她她出生在罗德岛的普罗维登斯，他的已故的妻子是她的真正母亲。克丽丝汀 / 多萝西四岁了，显然不接受这个虚构的故事，她很抗拒——也许埃平改变了作为一个单身父亲独自抚养孩子的初衷——因为他让孩子穿梭在一系列代理父母之间，先是把她送到阿罕布拉的拉莫纳女修道院的修女和洛杉矶莫尔伯勒预备学校的生活教师那里，随后让她乘船去东海岸与他在卡茨基尔的妹妹生活一年，再然后送她去了德国，与他的亲戚生活在一起。这段时间，多萝西发现自己有艺术天赋，尤其是雕塑天赋。

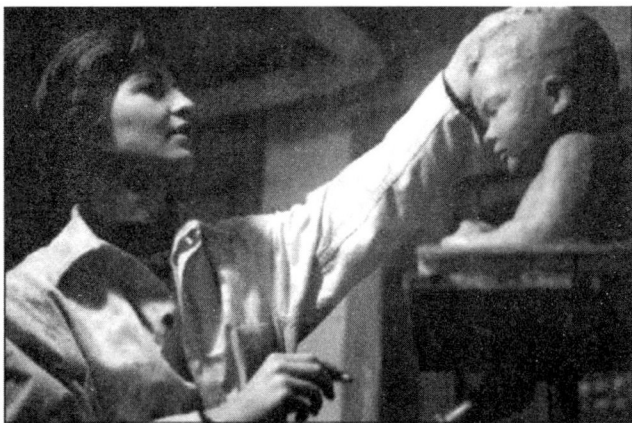

Figure 6-9. Sculptor Franc Epping
Born Christine Roselyn Mutchler and given the adopted name Frances Dorothy Epping, the sculptor started using the masculinized version of her adopted name—Franc—to be taken seriously in the male-dominated world of sculpture. Her sculptures portray strong women with muscular features in empowering poses.[69]

图 6-9 雕塑家法雅克·埃平及其作品

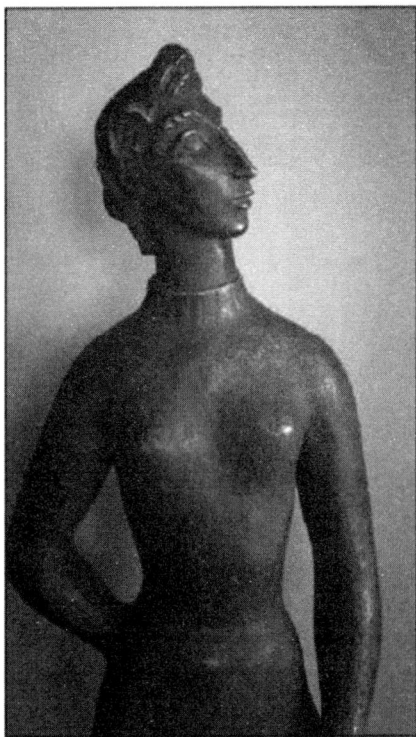

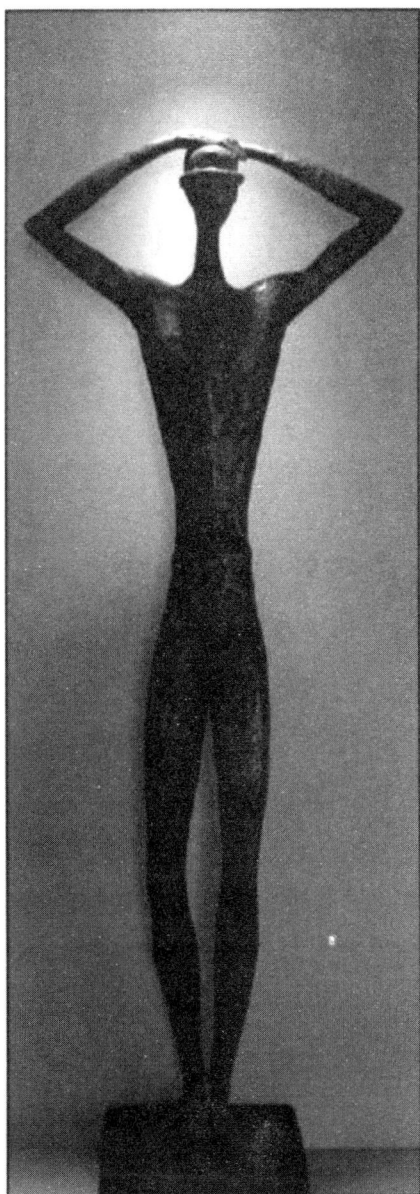

她随后回到洛杉矶完成了自己的中学教育，此后她与原生家庭团聚，说出了收养的真相。她陆续去了洛杉矶的奥蒂斯艺术学院、华盛顿特区的可可然艺术学院、德国慕尼黑的著名的艺术学院，1930年代，她在德国的指导老师约瑟夫·瓦克勒当时是第三帝国的文化参议员，受到戈培尔和希特勒的赞赏。（她后来回忆，她有一次参加希特勒的演讲，被演讲对一位听众的催眠感染力震惊了。）与此同时，多萝西的亲生母亲克丽丝汀在她父亲的命令下与丈夫弗雷德离了婚，然后她遇到并嫁给了洛杉矶的蔬菜运货车供应商，她离开了父亲的压迫，开始重建她的生活和新家。但被迫放弃第一个孩子的悲剧困扰着她的余生。随着世界的改变以及克丽丝汀看到女性在20世纪后半叶如何获得更多授权，她不断地问自己为什么不大声抗议、反对收养。

在此期间，随着多萝西的长大成人，她很快发现婚姻法和收养法庭并不是男人统治的诸多领域的全部。她选择的雕塑专业就是个男性占据绝对统治地位的领域，因此为了得到重视，她截短了名字，弗朗西斯（Frances）——法雅客（Franc）——这使她得以进入德国艺术学院以及后来的画廊和博物馆（即使现在，人们也能够发现对"他的"作品的参考）。她后来回忆，慕尼黑艺术学院的教授们发现"法雅客"是个女人，她不得不在走廊听课，因为只允许男性进去。从1930年代早期到她去世的1983年——到这时，女性用自己的手塑造黏土、木头和石头被接受了——法雅客·埃平的作品得以在全美的大量展览上展出，包括位于纽约市的著名的惠特尼美国艺术博物馆。她的一件作品，《戴帽子的男人》，甚至出现在了星际迷航原初系列的一段情节中。我之所以知道这些是因为我拥有这件作品，以及她的很多其他雕塑作品，我从我的母亲那里继承了这些作品。

你或许猜到了，法雅客·埃平是我的姨母；她的生母，克丽丝汀是我的祖母；我很自豪，我与如此坚韧而坚定的女性有血缘关系。[68] 法雅客姨母的雕塑表现带有肌肉特征的强有力的女性，展现我能的姿势——象征着几代女性必须达到的姿势，以获得本属于她们的承认和平等。这本书就是在那些石雕的激发灵感的注视下写成的。

7 同性恋权利的道德科学

我仍然听到有人说我不应该谈论女同性恋和男同性恋者的权利，我应该专注种族正义议题。但我立即提醒他们马丁·路德·金曾说过，"一切地方的不正义是对一切地方正义的威胁。"我呼吁一切相信小马丁·路德·金梦想的人，在我们兄弟姐妹般团聚的桌子旁为同性恋者留下属于他们的位置。

——科丽塔·斯科特·金，同性恋权利运动英雄，马丁·路德·金妻子

我父亲不是因为同性婚姻而遭到枪击。

——伯尼斯·金，浸礼会牧师，马丁·路德·金的女儿

过去几十年，推动承认被认为是女同性恋者、男同性恋者、双性恋者或跨性别者（LGBT）的公民享有法律上同等权利和特权的运动势头迅猛。说宗教张牙舞爪锋芒毕露地反对同性恋权利和同性婚姻并不十分公平，因为同性恋的早期支持者是圣公会教徒、一位论派教徒、改革宗的犹太教徒和其他一些人，[1]但宗教对同性恋的态度是导致下述现象的主要原因：美国和全世界的同性恋社群成员和他们的同盟者不得不继续为了平等权利而奋斗，包括结婚和拥有孩子的权利。这是一场艰难的仰攻，特别是因为很多宗教人士相信成为同性恋是原罪和犯罪，因此，按照他们的逻辑，"如果同性恋者被赋予公民权利，那么妓女、窃贼和任何其他人都可以如此。"说这些话的是安妮塔·布莱恩特（Anita Bryant）——前艺人和橙汁代言人——现在凭借一个以她的名字命名的奖项而知名，颁发给那些因"肆无忌惮和无与伦比的偏执"而幸运获奖的人。[2]

令人震惊的是，基督教世界的很大一部分仍然陷于前公民权利、前启蒙、前科学的思维定式，把他们的信仰放在几个圣经段落上，诸如《利未记》20:13："人若与男人苟合、像与女人一样、他们二人行了可憎的事、总要把他们治死、罪要归到他们身上。"这是一个夹在其他段落中的小节，这些段落教导你（很明显这里的你指男性）不要穿亚麻和羊毛混纺的衣服，不要纹身，不要吃虾，不要和妻子的姐妹结婚，不要变成男巫，头的周围不可剃，胡须的周围不可损坏。还有更严厉的，父母应该杀死不顺从的孩子，男人更是被建议处死通奸的妻子和不是处女的新娘。通奸者死刑，这是对的，这会清除掉大量的基督徒参议员和众议员、传教士和电视布道家，还有世界其余人口的相当大一部分。

"今天，罪恶的面孔通常戴上宽容的面具"，说这话的是托马斯S.蒙森——耶稣基督后期圣徒教会现任会长——他继续说道，"不要上当；假象之下是悲伤、苦恼和痛苦。"[3]拒绝戴上宽容的面具或许可以解释，为什么我所在的超级自由的加利福尼亚州，摩门教会（联合天主教会和其他组织）倾注了2200万美元推动8号提案通过——一条禁止同性婚姻的宪法修正案。"有些人把所谓的同性婚姻合法化描绘为一项公民权利"，耶稣基督后期圣徒教会前会长戈登 B.欣克利说道，"这不是公民权利问题；这是道德问题。"[4]很奇怪，欣克利理解的公民权利某种程度上是与道德割裂的——好像道德不是所有权利的基石——同样奇怪的是，尽管免税的组织不允许参与政治运动，摩门教徒"实质上接管了8号提案的所有方面"，这无疑会导致它在选举中的最终胜利。[5]幸运的是，8号提案随后被裁定违宪，并且在2013年6月28日，加利福尼亚州带着兴奋和自豪恢复了同性婚姻。

最为口无遮拦的宗教偏执狂之一是福音传道者吉米·斯瓦加特（Jimmy Swaggart），他武断地反对同性婚姻，曾说"生活在我从未遇到过一个我想结婚的男人。而且我要直言不讳明确无误地说：如果有人这么看着我，我会杀了他，然后告诉上帝他死了。"[6]这话来自一个应该是信仰上帝的全知并且读过十诫的人；但考虑到斯瓦加特对人类的性科学的理解，这也许是可以理解的。当被问到同性恋是否生而如此，斯瓦加特回应道，"一个字'不！'既然原罪的种子确实带有每一种偏离、失常、变态和作恶，那么比起酒鬼、赌徒和杀人犯等，同性恋没有更多理由声称生而如此。"[7]一个生动的比较——在斯瓦加特的扭曲的观念中，成为同性恋和酗酒、赌博甚至谋杀差不多。

然而，科学告诉我们性别偏好主要是由我们的基因、产前生物性状和胚胎期的激素发育决定的。[8]几乎每个人都受异性吸引；[9]人口的很小一部分——以百分比计——只受同性吸引。[10]并且这些倾向在很小的年纪就出现了。因此，问一位同性恋他或者她**选择**成为一个男同性恋或者女同性恋就像问一位异性恋他或者她何时选择成为异性恋。（试一试——你会看到目瞪口呆的表情，仿佛在说，"说什么呢？我一直这样。"一定如此。）但即使性取向**不是**在生物学上基本决定了的，也很难理解这样一个选择会被看作不道德甚至犯罪。正如加拿大前总理皮埃尔·埃利奥特·特鲁多的名言所称，"政府不该出现在国民的卧室"，他又补充说，"成年人私下的作为无涉《刑法典》。"这些言论——如此的明智、现代、进步，使人精神振作——出现在 1967 年。[11]

然而，1960 年代仍然是 LGBT 公民的黑暗时代，此前则是 1950 年代的"薰衣草恐慌（Lavender Scare）"——同性恋版的麦卡锡主义，导致了恐惧、骚扰和政治迫害——并且艾森豪威尔的总统令使得同性恋成为开除政府雇员的理由。这导致数千人被解雇，而私营部门紧随其后依样而行；因为工作经历能够与私营企业共享，同性恋者变得身无分文但无法受雇。[12]正如理查德 R. 林吉曼恰如其分的定论，"艾森豪威尔治下的五十年代代表了某种国家性的前额叶切断术：切掉尾部，礼拜日我们沿着生命的高速公路行驶，此时紧张情绪在平静的表面下奔突，并在后来的六十年代沸腾起来。"[13]

石墙

1960 年代美国所有的同性恋活动都是非法的，除了伊利诺伊州（那里建立了第一个同性恋权利组织，并在 1961 年将鸡奸非刑事化。）[14]同性恋被看作精神疾病——甚至是精神变态的一种——同性恋者不得不接受各种形式的厌恶疗法。耶鲁大学法学教授威廉·艾斯康 2004 年对这一运动的历史做了如下记录：

> 因为被发现是性欲变态者而被遣送到医疗机构的同性恋者有时不得接受绝育手术，间或不得不接受去势手术，有时又不得不接受脑叶切断术这样的医疗项目，这些都是某些医生治疗同性恋和其他性疾病的摸索。这些机构中最为臭名昭著的是加利福尼亚州的阿塔斯卡德罗。阿塔斯卡德罗在同性恋圈子中被看作同性恋者的达豪集中营，确实差不多如此。阿塔斯卡德罗的医学实验包括向同性恋者派发模拟溺水体验的药物；换言之，一种药理学的水刑。[15]

在美国——"自由之地"——对同性恋的合法迫害是残酷的。如果警察抓到一个参与"淫秽"行为的男人，他的名字、年龄甚至家庭住址都可能公布在报纸上。男同性恋者和女同性恋者常去玩的酒吧和俱乐部会经常性地受到突击搜查；警察闯进来，音乐停止，灯光打开，检查身份证，被怀疑化装成女人的男人可能会被女警察带到洗手间，动手检查或者用眼观察。纽约的刑法典规定人们至少要穿三件符合他们性别的衣服，否则面临拘捕。

终于，石墙暴动发生了，这被很多人看作是同性恋权利运动真正开始的燃点。这绝不是同性恋共同体活动的第一次展示——"同性爱"组织诸如玛特欣协会（Mattachine Society）、碧丽提丝女儿（Daughters of Bilitis）和杰那斯协会（Janus Society）之前组织过各种各样的集会——但石墙普遍被认为是同性恋力量的第一次展示，也是无畏的团结的决定性一刻。"我们团结成了一个人"，一位男同性恋者说。"刹那间，我有了兄弟姐妹，你知道，此前我只身一人。"[16] 正如作家埃里克·马库斯所言，"石墙之前，没有出柜这样的事。出柜这样的念头就是荒唐的。现在，人们谈论出不出柜；[石墙之前]没有出柜。只有待在柜子里。"[17]

石墙旅馆是黑手党经营的一家令人不快的同志酒吧，位于纽约市格林威治村克里斯托弗街。1969 年 6 月 28 日晚上，几名警察突降旅馆，按惯例突击搜查，但这一次顾客做了抵抗。他们坚持己见，拒绝合作，变得越来越粗暴，并且公然用示爱的举动和一排男扮女装的合唱团嘲弄刺激警察。不久，同情的人群加入了石墙的顾客，并且正如故事发展的那样，一名女性被戴上手铐拖了出去，警棍打在她的头上，狙击的人群愤然爆发。"直到 7 月 2 日星期三夜里，每个晚上暴力活动都会再度爆发，因为年轻同性恋者的嘲弄和有经验的活跃分子的欢呼与警方的暴力在西村迷宫般的街道上相互激荡。耻于受到一群'同性恋'的羞辱，警察每个晚上都会携暴力之威而来，试图重新占领克里斯托弗街。他们以前从未这么做过。"[18]

石墙暴动已经被看作同性权利运动的顶峰，不仅是在美国，而且在全世界也是如此。1970 年 6 月 28 日，起义一周年，参与者第一次同志骄傲大游行，路线是从石墙旅馆到中央公园；支持者在芝加哥、旧金山和洛杉矶游行呼应。现在，纪念石墙的骄傲大游行在每年都会在遍及世界各地的城市举行，包括乌干达、土耳其和以色列这样一些似乎不可能的国家。

良性循环和恐同症的式微

以石墙知名的事件发生在近五十年前——那之后又取得了怎样的进步？首先是好消息：1973 年，美国精神病医学学会不再将同性恋列为一种精神疾病。正式承认男女同性恋者实质上不是病人在改变对待他们的态度方面是必要的第一步，而态度确实发生了肯定性的重大改变。在世界上很多地方，恐同症正在被看作是和种族主义一样的冒犯。社会学家马克·麦考马克写道：

同性恋权利运动十分成功，即使只看同性恋可见度就非常明显。人们看到他们喜欢的一些著名人士原来是同性恋，冲击巨大。人们对不了解的人抱有偏见；一旦他们了解了同性恋者，恐同症也就减轻了。

改变的另一关键领域是互联网。互联网意味着柜子里的人能够交朋友，变得更加自信，能够更早出柜。社交网站如 Fackbook 询问你的性取向，你点击选择你是男性还是女性，然后点击选择你喜欢男人还是女人。我还在读书的时候，不会问这样的问题——你是异性恋，一旦你不是，那么你就会很可怜。

进展如此迅猛的部分原因在于随着恐同症的减轻，男孩之间多少能够拥抱一下彼此或者对最好的同伴说爱他们，然后他们多少能够清清嗓子开始谈论女孩。他们意识到事实上这并不令人厌恶或者反感，因而更多地打消了他们对同性恋的恐惧和顾忌。这是一个良性循环的开始。[19]

社会学家埃里克·安德森记录了这一在世界范围内带来恐同症迅速下降的良性循环。当被问到他的结论时，安德森说，"很好，这些发现只是对 25 或 30 岁及以上的人来说感到吃惊。对 17 岁的人来说稀松平常。这不是说这一新的态度在所有地方所有时段的人口统计中都存在。而是说，这是一个增长的涌现过程，并且恐同症在城市的中产白人青年中尤为不可接受。"[20]

谁在领导又是谁在抗拒同性恋权利革命

对 LGBT 公民——包括美军服役人员——来说，其他舞台也已经能看到积极变化。不问不说（DADT）是美国政府 1994 年到 2010 年间的官方政策，允许没有出柜的男同性恋、女同性恋和双性恋服役，如果他们意外犯错泄露了真实认同的话，就只能处在被立即开除的持久威胁之下。而所谓犯错，亚历山大·尼古拉斯做的事就是当他在陆军服役时，他决定给以前的男朋友用葡萄牙语写一封信，这样就没有人能够看懂内容。然而这是一个错误；内容泄露了，尼古拉斯感到恐慌，对他的上司讲，他希望平息流传的有关他的取向的流言，而他被开除了，尼古拉斯称之为"一个典型结果"。尼古拉斯说：

很多年轻的男同性恋、女同性恋和双性恋者在过去这些年进入军队服役，带着和我一样对 DADT 的误解。它听起来是如此的合理与可行，并且对很多人确实如此。成千上万的男同性恋、女同性恋和双性恋服役者以 DADT 作为他们的这一段生涯的导航，不过以巨大的个人付出为代价。但成千上万的人做不到。有些人突然被开除了，因为他们的秘密被发现了，消息流传到他们的战友那里，又顺着指挥系统向上传播，我的情况正是如此，而另一些人则是被遭到抛弃的情人、妒忌的服役同僚或者是发现他们秘密的有偏见的熟人恶意曝光。[21]

被粗鲁地踢出军队之后，尼古拉斯创立了LGBT权益组织服役人员联盟，联盟发动了致力于废除DADT的改革运动，并在数年的坚持之后最终取得胜利——2010年10月22日，奥巴马总统签署了废除这一政策的法案。

职业体育是另一个仍然基本保持封闭和不出柜状态的领域，人们好奇在美式橄榄球、欧式足球、美国赛车协会车手、职业自行车手等领域和群体中，公开的同性恋运动员在哪里。然而，即使在这些地方，对同性恋运动来说充满希望的新的一天也在喷薄而出。对英式足球的一项研究显示：

总体的发现是，与恐同的设想相反，有证据表明足球迷文化圈中的恐同症在迅速下降。这些发现的结果推进了包容性的男性气概理论，93%的不分年龄的球迷称足球运动没有恐同症的藏身之处。球迷责备经理人和俱乐部缺乏公开性，要求足球管理组织反对围绕着同性恋球员的保密文化，为那些想要出柜的球员提供更为包容性的环境。[22]

正当我2014年早些时候完成本书时，有一些公开的同性恋运动员、还有一个由比利·简·金领导的美国LGBT运动员代表团公然无视俄罗斯过时的恐同法律，参加了索契冬奥会。[23]美国橄榄球联盟（NFL）从大学生球队中选拔了第一名正式的同性恋球员——迈克尔·山姆——因为在选拔的前夜出柜，在媒体上受到了英雄般的礼遇。针对这一事件，娱乐体育节目电视网（ESPN.com）的一项调查发现86%的NFL球员称队友的性取向不会影响他们。[24]2014年1月，前德国国际足球运动球员托马斯·希策尔斯贝格披露自己是同性恋，"以推动在职业体育领域同性恋讨论的深入。"他说，足球迷"构成非常复杂——体育场中是来自各行各业的各个年龄段的人。因此你不能排除任何反应。但我想对绝大多数人来说这可能不是问题。"[25]

当然，进步的最大标志之一是，最终至少在少数国家男同性恋、女同性恋和双性恋人士被允许结婚，组建家庭并拥有孩子。可以说，自60年代以来的变化是非凡而巨大的：佛罗里达州玛特欣协会会长理查德·茵曼在1966年的一次访谈中被问到"你寻求什么样的法律？"时，他只能苦笑作答：

首先我要说的是，我们**不**寻求什么法律，因为协会支持同性婚姻合法化、收养孩子以及诸如此类的事情还有很多事情要做，目前这还完全不切实际。同性恋人士不想要这些，你可能会在某些地方的边缘人士那里听他们说这是他们想要的。[26]

想象一下同性婚姻和收养，对同性恋来说，这显然是男同性恋的口吻。荒谬！但这不再荒谬，至少在乌拉圭、丹麦、南非、加拿大、新西兰等国不再荒谬，在宣布同性婚姻合法的总共十六个国家不再荒谬；在美国的加利福尼亚、康涅狄格、明尼苏达、纽约、华盛顿不再荒谬，在男同性恋、女同性恋和双性恋最终赢得结婚权利的十九个州中的任何一个以及哥伦比亚特区不再荒谬。对那些辩称婚姻的目的在于生育，因此同性恋应该被排除在婚姻之外的人，在新墨西哥成为同性婚姻合法联盟中的第十七个州时，新墨西哥州陈述的作者爱德华 L. 查韦斯法官写道："在新墨西哥州法律中，生育从来不是婚姻的条件，正如下述事实所证明的那样，年老者、不育者和选择不生育者没有被排除在婚姻之外。"[1] 全部 50 个州觉醒过来只是时间问题。2014 年，德国最高法院强化了同性配偶收养孩子的权利。[28]

下面的图表展示了道德进步和谁在这一领域领导权利革命的轨迹。图 7-1 展示出了 1970 年代以来对待同性恋和同性婚姻态度的进步，在询问同性恋和同性婚姻道德性和合法性的调查中越来越多的人给出了更加宽容的回应。图 7-2 显示，历史上第一次支持同性婚姻的人超过反对的人。图 7-3 和图 7-4 揭示了谁在领导同性权利和婚姻的道德革命，谁仍然在抗拒。可以看到跨代效应，最引人注目的是千禧一代与婴儿潮一代（出生在 1946 年到 1964 年间的人）和沉默一代（出生于 1946 年前的人）的差异，前者不出意料地大多持支持态度，后两者大多持反对态度。据公共宗教研究所 2013 年 3 月的一份调查，半数 35 岁以下的基督徒支持同性婚姻，相比之下，超过 65 岁的只有 15% 支持。这些数据表明随着时间推演，基督徒的道德价值观变得对他人更加宽容和接受，而沉默一代和婴儿潮一代的人在缓慢但不可阻挡被千禧一代代替，他们驾驭着道德浪潮的潮头，老一代的人们则在波谷中漂浮的残骸和废弃物上被拉着缓慢前进。

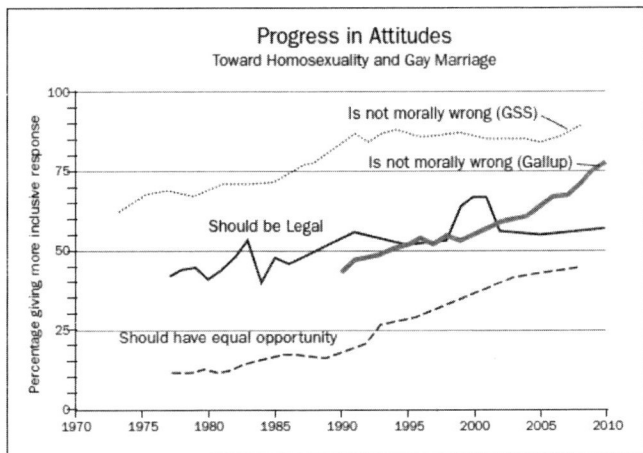

Figure 7-1. Progress in Attitudes Toward Homosexuality and Gay Marriage
Percentage giving more inclusive response on surveys asking about the morality and legality of homosexuality and gay marriage.[29]

图 7-1 1970 年代以来对待同性恋和同性婚姻态度的进步

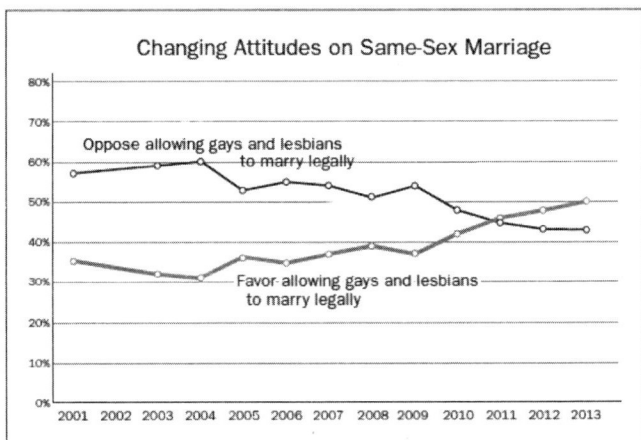

Figure 7-2. More Americans Support Gay Marriage Than Oppose It
For the first time in history more people support gay marriage than oppose it. From the June 2013 Pew Research Center Forum on Religion and Public Life.[30]

图 7-2 美国支持同性婚姻的人超过了反对的人

　　尽管很多宗教人士支持这些改变，并且努力让他们的教会接受同性婚姻，但基于宗教对同性恋的反对仍在继续。有这样一个相关案例：2013 年晚些时候，印度最高法院推翻了下级法院 2009 年做的一个裁决，该裁决宣布成年人自愿的同性关系在印度法律中不再是犯罪（在英国殖民统治时代就已经是犯罪）。

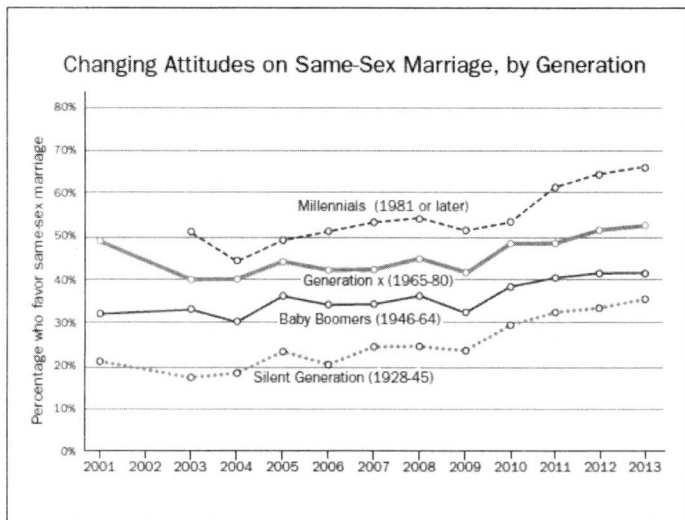

图 7-3 家教因素引发的对同性婚姻的道德进步

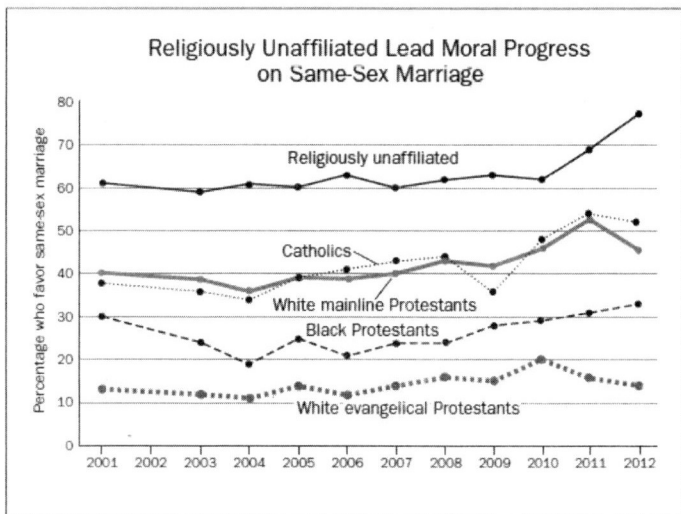

图 7-4 宗教因素引发的对同性婚姻的道德进步

Figures 7-3 and 7-4. Who Is Leading the Rights Revolution for Same-Sex Marriage
The percentage of those who favor same-sex marriage is highest among the youth (millennials) and religiously unaffiliated and lowest among older Americans and white evangelical Protestants. From the June 2013 Pew Research Center Forum on Religion and Public Life.[31]

正如印度刑法典第 377 款的描述，新的裁决禁止"有违自然秩序的与任何男人、女人或者动物"的性行为。（触犯法律的惩罚包括罚款和最高十年的监禁。）可以预见，同性恋再次入罪运动的推动者是印度教、穆斯林和基督教组织。印度福利党——一个以德里为中心的穆斯林政治组织——主席木穆杰塔巴·法鲁克宣称，"同性恋不自然，打乱了生命的连续性，使得未来处于不确定之中。这是不可接受的西方影响。"全印度穆斯林个人法律委员会是向最高法院请愿推翻 2009 年判决的组织之一，该组织的代表卡马尔·法鲁基解释了他们的推理理由："如果同性恋是合法的，那么让每个人都做同性恋。同性恋违反繁衍的自然规律。没有繁衍世界将会在 100 年内灭亡。"[32] 然而，印度是仅次于中国，在地球上的所有最不应该担心人口下降的国家。

2014 年也再次出现这样的说教，乌干达议会通过一项反同性恋的法案，规定同性恋是犯罪，"初犯"判处十四年有期徒刑，再犯终身监禁。"法案的目的在于加强国家能力，处理正在涌现的内在和外在的对传统异性恋家庭的威胁"。议会委员会称，但未能确切提到，两个自愿的同性成年人如何威胁两个自愿的异性成年人。[33]

在俄罗斯，克里姆林宫精心编织了一场反对 LGBT 人群的仇恨运动，包括阻止"同性恋宣传"的禁令，禁止同性配偶收养孩子的法律，[34] 以及正在准备中的把孩子带离同性父母的法案，[35] 该法案很可能会导致一场 LGBT 难民危机，因为该国男同性恋和女同性恋会带着孩子逃走，到别处寻求庇护。[36] 俄罗斯似乎在把自己变成全世界的传统价值之都，而弗拉基米尔·普京自己"对西方对待同性恋权利的更加自由主义的态度做了几乎不加掩饰的攻击，称俄罗斯将会抵御'无性别无果实的所谓宽容'。"[37] 不幸的是，看起来 88% 的俄罗斯人是支持"同性恋宣传"禁令的；35% 认为同性恋是种疾病；43% 认为同性恋是种令人厌恶的习惯。俄罗斯东正教首领基里尔一世大牧首声称（想必严肃至极）同性婚姻是"非常危险的天启信号。"[38] 勿谓言之不预也。

有时候很难辨别人们做出荒谬主张是认真的还是仅仅为了怂恿他们的教友。例如，一名英国政客写道，"自 [同性] 婚姻法案通过以来，这个国家一直经受着严重的暴风雨和洪水侵袭。"[39] 把恶劣天气归咎于上帝对同性恋的愤怒并不新鲜。这是美国的一大传统：每次龙卷风或者飓风过后，至少会有一个戴着翼形螺帽的宗教人士指责同性结合是上帝用流体表达愤怒的原因。

很明显，飓风是上帝惩罚人类的手段，这再次说明，全能者唯一允许的是异性已婚的性行为。这是一种间接的惩罚方法，诚然，人们对同性婚姻和飓风之间关系的认识较缓慢是可以理解的。一篇讽刺性的新闻文章指出，如果同性性行为导致大规模的降雨事件，那么应该鼓励结婚的同性恋人士在沙漠里打发时间。"我们在撒哈拉以南的非洲读蜜月，为了能够把同性恋爱之水带到这片干焦的土地"，一对同性配偶说，"如果一个淡淡的吻能够召唤一碗浓浓的豌豆汤，那么想象一下全情投入的同性性行为会带来什么。"[40]

浏览宗教极端主义者的漫无边际的言论会让人有轻浮之感——而这是一个信号，当喜剧演员和讽刺作家藐视革命的反对方时，革命就正在攀上他的高峰——但这样的统计数据并不好玩，在美国，试图自杀的同性恋青年"达到异性恋同龄人的五倍以上。"[41] 为什么会这样？毫无疑问有很多原因，但针对 LGBT 年轻人的特雷弗自杀热线项目的参与者豪尔赫·瓦伦西亚认为，"青少年打电话给我们的前五大原因之一是宗教。他们感到自己与上帝无法融洽共存。"[42] 这可能是因为，在同性恋被认定不是精神疾病四十年后，很多基督教牧师、作家和神学家仍然认为爱另一个同性的欲望是令人憎恶之事，是一种疾病，可以通过他们称为转化疗法的"治疗方法"获得"治疗"，而和同性恋者讲这些并不是对他们的折磨。"通过向一个人灌输恐惧和羞愧，你能够让他们压抑自己已有的任何感觉"，保拉 J. 卡普兰医生如是说。但是，这为同性性向转化者感到悲伤，"死后的世界不需要改变一个人的性取向。"[43]

然而，转化疗法在 2001 年一度升温，当时著名的精神病学家罗伯特 L. 斯皮策医生发表了一篇文章，题为《某些男同性恋和女同性恋能够改变他们的性取向？ 200 名参与者报告称已从同性恋取向改变成异性恋取向。》[44] 转化疗法组织如出埃及国际和要爱不要出柜（Love Won Out）（由福音派组织聚焦家庭资助）为之兴奋。但没隔太久：十年后，斯皮策医生为他的存在难以置信的缺陷的研究一再致歉，[45] 而出埃及国际的艾伦·钱伯斯同样为他锻造的浩劫致歉，"把他作为组织主席的所作所为比作他曾经导致的四车连环相撞。"[46] 钱伯斯宣布出埃及国际将会解散。全国同性恋研究和治疗协会

（NARTH）[47] 继续推动转化疗法，尽管要面对一个州接着一个州通过的禁止这种实践的法案，[48] 尽管专业的心理学协会已经谴责所有那些改变性取向的疗法设计"不正当、不道德和有害。"[49]

仍然在施压要求转化疗法的宗教极端主义者不明白同性恋就像左撇子一样——不需要干预。正如专栏作家丹·萨维奇所言，相反，他们指着"同性恋青少年的自杀率——宗教右翼如此竭尽所能地推高这一比率……称之为同性恋生活方法具有危害性的证据。这就像蓄意开车撞倒某人，然后称走在街上不安全一样。"[50] 很多基督徒实际上相信宣称他们"恨罪恶，不恨罪人"是仁慈的，基督徒把女人当作女巫烧死以拯救她们的灵魂之前或者号召屠杀基督杀手犹太人之时所宣称的东西与此并没有什么不同。

革命的成熟

记住我的话：几年或者十年之内，更多的白人基督徒会醒悟过来，像对待那些他们曾经迫害过的其他群体——女人、犹太人、黑人——那样无差别地对待同性恋者。这些改变不会因为对圣经段落的某些新解释或者因为上帝的一个新启示而发生。这些改变会以改变自身一贯的逻辑而发生：受压迫的少数为了平等权利而斗争，压迫的多数中开明的成员支持他们的事业。然后基督教会会因为同性恋共同体的民权解放而受到赞誉，并去翻查历史记录，找出那些具备同时代的基督徒不具备的勇气和品质支持同性恋权利的牧师，进而引用他们为证据来证明，要不是因为基督教，同性恋人士还仍然在柜子里。

不论谁受到赞誉，同性恋权利革命终归接近胜利了。2013 年 9 月 20 日，教皇方济各向超过十亿教信徒发布了一项警告：天主教会过度关注个人道德议题如同性婚姻、堕胎和避孕——牺牲了帮助全世界穷人、有困难的人和无家可归者的牧师职责——需要注意错置的道德威胁着击垮教会。他告诉意大利耶稣会杂志《天主教文明月刊》："我们不能仅仅执着于有关堕胎、同性婚姻和避孕方法使用的议题。"不同于他的两位前任教皇本笃十六世和教皇若望·保禄二世以及之前 2000 年的 263 位教皇，教皇方济各补充说，"教会在这个问题上的教导是明确的，而我是教会之子，但一直谈论这些议题没有必要。我们必须发现新的平衡；否则教会的道德大厦可能会像纸牌屋一样倒掉。"[51]

但正是教皇几个月前 7 月 29 日的谈话让他切实卷入了这场当代最大的民权议题。这位阿根廷出生的教皇（豪尔赫·马里奥·伯格里奥）从他自己在母国的经验发表了有关同性恋议题的看法："谁可以去评判一个怀有寻求耶和华的善念的同性恋人士？你不能把这些人边缘化。"[52] 方济各然后补充了一个规范性的而非描述性的观察："以前在布宜诺斯艾利斯时我常常收到来自同性恋人士的信件，他们受到了'社会性伤害'，因为他们告诉我自己感觉教会好像一直在谴责他们。但教会不想这么做。"[53]

世界上最大宗教的领袖请求他的信徒更多地关心穷人和无家可归者的生存和繁荣，更多地接受男同性恋和女同性恋者，这是我所定义的道德进步的象征。甚至福音派信徒也在改变。在教皇方济各历史性的宽容呼吁震惊世界仅仅一个月之后，南方浸礼会大会——美国最大的福音派群体——的领导人罗素·摩尔给 45000 个教会辖区的负责人和 1600 万信徒发去了指示，要求他们"爱你的同性恋邻居。他们不是邪恶阴谋的一部分。"这个言论出现在 2013 年 10 月 22 日版的《华尔街日报》第一板块的头版的一个报道里，上面是折痕和这样一些头版报道如叙利亚内战和可负担医保计划网站的一些问题。这个排版位置使它成了新闻，但它之所以值得成为新闻是因为摩尔的更宽容的道德立场违抗了他的前任有关"激进的同性恋议程"的警告。文章强调了教会从政治和文化战争中的撤退，以前这些战争驱动了如此之多虔诚的信徒谴责同性恋和同性婚姻。摩尔的指示部分是对美国最高法院 2013 年的一个否定性裁决的回应，被否决的是联邦的《捍卫婚姻法案》（Defense of Marriage Act），它把严格婚姻定义为一男一女的集合——**亚当和夏娃，不是亚当和史蒂夫**，但定义有多严格就会成为多强的公开抗议的信号。[54] 摩尔也是在回应他所称的年轻的福音派信徒的"发自肺腑的反弹"——对于教会卷入如同性婚姻这样的政治文化战争的反弹。他说，为了使千禧一代（1979 年后出生）

参加教会，牧师和传教士需要"迷人、友善并有移情心"。[55]

这听起来很好，并且不论其源头何在，我们应该感谢任何道德进步，但有人可能会想牧师和传教士——更不用说一般的基督徒——不需要被教导去变得迷人、友善并有移情心。这个故事实际上佐证了我的观点，即宗教滞后于趋向正义的文化曲线；这一观点甚至因为摩尔的提醒而更加有说服力，南方浸礼会教派是在内战之前为了捍卫奴隶制从一个较大教派分裂而来："我们教会建立起来的这个事实至少部分是为了使偷猎、绑架和私刑正当化——我们站在上帝的恩典和仁慈旁边袖手旁观。"只是在经历了一场死亡超过650000的内战和通过了禁止奴隶制的美国宪法修正案之后，这个教派才跟上了道德进程。

科学、理性和同性恋权利

这些在帮助LGBT共同体扩展道德范围过程中起作用的政治和文化因素，在乔纳森·劳赫看来只是故事的一部分。他长期倡导一般而言的言论自由和公民自由，以及具体而言的同性恋权利。"代际代谢不能解释为什么所有年龄段的人，即使老年人，都变得对同性恋更加友好。同性恋浮出水面有些年头了，但那是一个渐变的过程，而最近公众态度的变化快得令人眩晕。我相信有别的东西在起决定性的作用：我们赢得了观念王国。"劳赫认为，最终在自由交易的市场上，好的观念胜过了坏的观念。劳赫2004年出了本书《为什么同性婚姻有利于同性恋、异性恋和美国》，在为这本书做的巡回宣传中，他回忆了参加一个广播脱口秀时一位电话参与者的评论：

"你们的嘉宾，在美国是最危险的人。"为什么？"因为"，来电者说，"他听起来如此**合理**。"事后看来，这可能是我得到过的最伟大的称赞。它肯定是在最为真诚者之列。尽管来电者竭力打断我的讲话，但他正在听的辩论——以及我和对手之间的对照——影响了他。我不确定他那天是否改变了想法，但我能断定他几乎是在违背他的意志而**思考**。汉娜·阿伦特曾经写道，"真理自带强迫的成分"。来电者感到他在某种意义上被迫正视我的言说的价值。[56]

这里我们再次看到交互视角原理的有力重申，在一场公开对话中**理性**的运用迫使我考虑对方言说的优点 / 价值，对方言之有理，他们的更有说服力的观念会一点点消除我们的偏见。压倒性的科学证据表明同性恋不是选择而是人性的一部分，与之相对应，我们在这场权利革命中看到了科学和理性如何引导人类朝向真理、正义和自由的又一个案例。态度的变化支持了我的论点，即很多道德议题部分是事实争论，而很多不道德的信念只不过是事实性错误。当知道恐艾情绪在过去的一个世纪中刺激反对同性恋的态度时，乔纳森·劳赫注意到深层问题是人们对同性恋持有错误信念："事实性误解和道德误判源自无知、迷信、禁忌和厌恶。如果人们认为你威胁了他们的孩子和家庭，他们就会恐惧和痛恨你。同性恋人士最紧迫的需要是认识论上的而不是政治上的。我们必须用好的观念取代糟糕的观念。"这样的替代只能够发生在一个自由社会里，那里允许公开辩论，而观念必须为了我们头脑中的认知空间而相互竞争。围绕着同性恋权利正在展开的观念竞争一样，所有的人类权利都经历过这样的观念竞争，正如劳赫的解释：

> 历史显示理智环境越开放，少数群体做得越好。我们从经验得知女性和男性一样的聪明有才干；这个知识增强了性别平等的道德主张。我们从社会经验得知允许宗教多元主义的法律使得社会易于管理；这个知识增强了宗教自由的道德主张。我们从批判性论证得知，如果不诉诸伪善和谎言就不可能为某些种族适合被其他种族奴役的观念辩护；这个知识增强了内在的人性尊严的道德主张。[57]

然而，我不是在论证理性独自把我们带到那里；我们需要立法和法律来落实公民权利，而为了支持这些法律，我们需要强大的警察和军队来支持国家垄断暴力的合法使用。但这些力量本身以基于理性的法律和受到理性论证支持的立法为前提。舍此，道德进步缺乏长期的持续性，仿佛只是权力即正义问题。如果你的道德运动排他性地依靠国家权力，那么一旦国家权力易主，那些权势者能够轻易改变法律，2013 年年底印度发生的裁决驳回就是这样的例子。为了使道德站稳脚跟，你必须改变人们的思考——从经常想，到很少想，到很难想，到不再想。

随着奴隶制废除和女性权利扩展而发生的事，随着对世界各地的LGBT公民完整权利的承认，尤其是随着他们变得可见，注定还会有很多事情发生，它们缓慢但势不可当。出柜使得社会上的其他人看到同性恋也是人；它使得自然的和好的东西正常化。一个人出柜会带动另一个，这除了提供更大的政治影响力，还为感到边缘化和孤独的其他人提供支持和慰藉。

英国演员、作家和偶像斯蒂芬·弗雷讲述了他自己的出柜的故事和担心被别人发现他是同性恋让他感受到的可怕恐惧——同性恋，在那时就像同时承认既是精神病患者又是堕落的犯罪一样。因此，当他1976年拿起一本《滚石》杂志读到这样的封面故事——英国最伟大的流行歌手之一公开出柜承认自己是双性恋并勇敢说出真相时，这对他和成千上万的其他年轻人是一个巨大的安慰。"这是改变游戏规则的一刻，对我来说是这样"，弗雷说，"对无数把自己藏在柜子的其他同性恋青少年来说也是这样。"[58] 这位流行歌手说了什么？"与你自己同性别的人上床并没有什么错……对我的足球俱乐部来说这很恐怖。它的异性恋气息如此强烈，这难以置信。但我的意思是，谁在乎？！我只是认为人们在性方面应该非常自由。"[59]

这位流行巨星是艾尔顿·约翰，他后来和他的长期伴侣戴维·弗尼什结了婚，并且和一位代孕母亲有了两个儿子。这是积极证据——**事情正在变好**——这是丹·萨维奇和他的丈夫泰瑞·米勒为了应对LGBT青年惊人的自杀率而发起的运动的名字。他们制作带有这个简单的但生命攸关的信息的视频，希望会有100位其他成年男同性恋、女同性恋和双性恋者加入他们的行列。然而，反馈的热情掀起了一股风潮。视频倾泻而来，各种取向的人们贴出了自己的作品，目前为止已经超过150000条。[60] 在萨维奇和米勒制作视频仅仅一个月后，巴拉克·奥巴马贡献了自己的一份力量，很快来自个人和组织的视频投稿纷至沓来：斯蒂芬·科尔伯特、谷歌、嘎嘎小姐、通用汽车、杨百翰大学、旧金山最神圣救世主教派、苹果、希拉里·克林顿、加拿大皇家骑警的二十名警官、青蛙柯密特——和我。[62]

沉默致罪

扩展道德范围把所有人都包括进来是一个长期的、慢得令人痛苦的过程，且我还仍未达到目的。我们应该好好记住埃德蒙·伯克的这句话："邪恶胜利的全部必要条件是好人的无所作为。"我们该做些什么？首先，只要发现坏事，不论在哪里，我们必须大声反对，正如美国诗人和作家埃拉·惠勒·威尔科克斯（她创造过这样不朽的诗行"你欢笑，世界与你一同欢笑；你哭泣，却只能独自哭泣"）在她1914年的诗作《抗议》中如此强烈地表达的那样：

沉默导致罪恶，在我们应该抗议之时，

驱逐出人群中的懦夫。

人类依靠抗议攀登。如果没有声音出现

反对不公、无知和贪婪

宗教裁判所就是法律，

而断头台裁决我们之间最轻微的争议。

勇敢的少数，必须一次次发声

勘正大多数人的错误……[62]

8 动物权利的道德科学

当我不再把所有生命看作特创论的造物，而是看作少数生命——生活在寒武系第一层沉积之前很久——的直系后裔时，他们对我来说好像就变得高贵了。

——查尔斯·达尔文，《物种起源》，1859 年[1]

距厄瓜多尔海岸线六百英里坐落着一个群岛，名为加拉帕戈斯群岛，因与查尔斯·达尔文（Charles Darwin）以及他的自然选择的进化论有联系而著名。1835 年秋天，达尔文在那里逗留了五个星期，而 2014 年我陪朋友和同事弗兰克 J. 萨洛韦循着达尔文的足迹到那里探险。[1] 厄瓜多尔政府拥有和管辖这片群岛，他们竭尽全力尽可能保持群岛原始和自然的面貌。例如，当我们被允许徒步进入群岛内部时，必须接受一个仔细的检疫程序，确保没有外来入侵者藏在我们的背包或者衣服里。虽然如此，入侵物种对于原有物种（native population）来说一直是个问题，尤其对于著名的加拉帕戈斯龟，它们的食物严重依赖本土植被，但植被已经受到了山羊的系统侵蚀；山羊大概一个世纪之前被引入群岛，现在威胁着龟类和其他濒危物种。

作为应对，厄瓜多尔国家公园管理局在受灾最严重的岛——面积达 58465 公顷之巨的圣地亚哥岛——执行了大规模的山羊消灭计划，结果是 2000 年代中期的四年半时间中超过七万七九千头山羊被杀。最初，骑手骑在马背上捕杀山羊，他们用空气喇叭和步枪射击把山羊驱赶到围栏里，然后屠杀。但是因为这些火山岛异常多岩崎岖的地貌，这种方法远远达不到目标。干燥炎热，剃刀般锋利的块熔岩地表能把你的登山鞋切成碎片。在荆棘丛生的灌木中艰难开路时，树枝鞭子般抽打你的身体。很难找到水，所以你不得不自己背着。地貌是呈波浪和锯齿状，有大量熔岩形成的洞穴、角落和裂缝可以让山羊藏身躲过捕猎的人。尽管得益于一直参加的竞争性自行车运动带来的良好身体状况，我发现与弗兰克的这次跋涉是一段艰苦的旅程，是我经历过的最艰巨的事情之一。即使更加适应赤道环境的厄瓜多尔本地人也不得不登上直升机搜寻漏网的山羊，用步枪从空中击杀。但山羊仍然躲过了一劫。为了完成工作，国家公园管理局引进"犹大羊（头羊）"和"玛塔·哈里羊（间谍羊）"来寻找剩下的野山羊并杀死它们。犹大羊是从临近的岛屿捕获而来并被装上无线电圈，然后被放到圣地亚哥岛引导捕猎者到那些隐藏起来的剩余的山羊那里。玛塔哈里羊是绝育的母犹大羊，用化学方法诱导它们长期处于发情期，一旦释放，它们就会诱惑戒惧捕猎者但亲信母山羊的公山羊。610万美元的费用，是历史上对单独一个岛上的单一哺乳类物种进行过的最大规模的灭绝。

这个行为道德吗？谁该生存，谁该灭亡——是在加拉帕戈斯群岛群岛进化了数百万年的本地物种，还是仅仅一个世纪前引进来的山羊？乍一看这似乎不是什么道德难题。借助时间的力量，本地物种具有了道德使命。而且，入侵物种对于十亿年进化过程形成的本地栖居动物来说始终是一个问题——实际上这是消灭它们的基本原因之一——因此，我们这里在谈论的是时间尺度的差异（长期对短期）和入侵的源头（自然对人为）。一个物种通过自然迁徙和竞争过程挤走另一个物种与人引入一个物种，比如说清除（人）不需要的地被物，在道德上是不一样的。所以，在我偶然碰到一只山羊羔并且抱在怀里之前，一直在道德上同情提倡保护自然环境的灭绝论者（参见图8-1）。这些确定无疑都是有感觉的存在者，并且作为哺乳动物它们可能更具感受力——更加情感化、更具反应性、更加能感知，并且拥有增强的意识和感觉能力——比起被山羊侵占了草皮的古老的爬行动物龟类。

但看到那只可爱的山羊羔之后，当这些庄严的乌龟缓慢爬过地表寻找植被时——数百万年以来它们在这个与世隔绝的群岛上一直这么做着——凝视着它们的眼睛（有图），想象一下它们因一群野山羊而灭绝，然后试着捍卫山羊的道德立场。而且，山羊不是自己选择来这里，也不是因为自然事故来到这里，比如风暴造成的残骸偶然组成的小舰队，而这可能是乌龟数百万年前来到这里的原因。

Figure 8-1. A Moral Dilemma in the Galápagos Islands
The author with a baby goat in the Galápagos Islands before she and all other goats were eradicated to save the native Galápagos tortoises (also pictured). Is that moral? Where is the moral bright line? Credit: Author's collection.

图 8-1 加位帕弋斯群岛上的道德难题

这是一个让人左右为难的道德问题，也是一个很能代表其他动物权利议题的问题。这是对谁生存谁灭亡的道德鉴定。"长期来看，消灭比较合算"，康奈尔大学的乔希·多兰解释，他写了一篇关于山羊消灭计划的论文。考虑到所有那些会死于食物匮乏的本地个体和进而可能导致的最终灭绝，"从伦理角度也讲得通，因为从结果看你实际上杀的动物要少一些。" [3] 我同意，但首先是不能不带有对我们的共谋关系的某些遗憾，并且承认"回到自然"只能走（到岛上）这么远，因为要在那些文明已经过深侵入自然的地方实施这样的计划是不可能的，那里已经没有什么自然生态残存。没有这样的"无人世界"的场景——地球上的每个人都突然消失，自然带着对人造结构的复仇呼啸而来，[4] 就没有动物和文明之间的和解，也没有明显的道德明线。

虽然如此，我还是应该论证动物的道德宇宙之弧也弯向正义，正如这场以拯救生命和保护自然的名义进行的动物屠杀行为所证明的那样。不到一百年前，人们对引进非本地物种来到加拉帕戈斯群岛考虑甚少，未曾注意它们会对生态系统有什么冲击。在达尔文时代，航行的船只停靠加拉帕戈斯群岛收集乌龟，养在船舱里，横穿太平洋的时候当食物，这是很平常的事。甚至达尔文——他的时代众多社会议题的领袖（包括废除奴隶制）——在乘皇家海军舰艇**比格尔猎犬号**（Beagle's）穿过太平洋航行返家的途中也吃了他当资料收集的乌龟。[5]

对动物权利的连续性思考

一个基于连续性性思考而非绝对性思考的道德体系，给了我们一个生物学的和以进化论的基础来把道德范围扩展到包括非人类的动物。这个道德体系以下述各项要素构成的客观标准为基础：遗传亲缘、认知能力、情感能力、道德发展，以及尤其重要的感受痛苦和承受苦难的能力。实际上，这是成为一个有感觉的存在者的意义所在，正是因为这个原因，我将基于科学的道德体系的第一原理表述为**有感觉的存在者的生存和繁荣**。但哪些是有感觉的存在者？又有哪些权利？

　　不是用"我们"和"它们"这样的绝对性术语来思考动物，相反，我们能够用连续性的术语思考：从简单到复杂，从较低智能到较高智能，从较少意识和自我意识到较多意识和自我意识，格外重要的是，从较少感觉到较多感觉。因此，例如，如果我们把人定位为 1.0 的承载完全权利的有感觉的存在者，那么我们能够把大猩猩和黑猩猩定位在 0.9；鲸、海豚和鼠海豚定位在 0.85；猴子和其他海洋哺乳动物定位在 0.8；大象、狗和猪定位在 0.75；沿着进化阶段向下以此类推。是连续性，而不是绝对范畴。[6] 以大脑为例：通过测量不同物种的平均大脑尺寸（brain size），我们能够比较大猩猩（500 立方厘米或者 CC）、黑猩猩（400CC）、倭黑猩猩（340CC）和红毛猩猩（335CC）与人类大脑（平均 1200—1400CC）。海豚大脑尤其值得关注，平均达到 1500—1700CC，并且海豚脑皮质——较高级的学习、记忆和认知中心都在这里——的表面面积达到了令人印象深刻的 3700CC[1]，相比之下我们只有 2300CC[1]。尽管海豚脑皮质的厚度差不多是人类的一半，但绝对的皮质物质（cortical material）可以比较，海豚仍然平均达到令人印象深刻的 560CC，人类则是660CC。[7]

　　这些有关海豚的值得注意的事实引导科学家约翰 C. 利利在 1961 年建立了半秘密的"海豚规则"组织，这是一个名副其实的名人库，包括天文学家卡尔·萨根和进化生物学家 J.B.S. 霍尔丹，他们都对与地外智慧生物沟通感兴趣。因为找不到地外智慧生物，关于如何与迥然不同于我们的生物交流，海豚可以作为地球上的替身。这个研究计划没有成功，而且莉莉的实验缺乏精确性，使得萨根和其他人没有信心引申出有关海豚语言和智能的可靠结论。（利利把他的水下点亮的大屏幕放在其他东西之中，以便观察这能否为他们打开认识之门。）不过，自那以后半个世纪以来更多的有关海豚的科学研究具有启发作用。心理学家戴安娜·瑞思在她的《镜中海豚》一书中展示了海豚如何通过改进的检验自我意识的镜子测试。[8] 例如，在一个 YouTube 视频中，海豚在放置于水池中的一面大镜子前洋洋自得，拍这样的视频可不仅仅是为了看起来有趣；它们明显知道在镜子中看到的是自己，并且伴随着不同的动作如盯着嘴巴里面、翻腾跳跃、吹气泡等，它们看起来对看到的东西不是一般的享受。这段不寻常的视频还展示海豚和大象都通过了一个等价于红点自我识别镜子测试的实验——海豚有一个墨迹在侧面，他会通过镜子盯着墨迹（相比没有标志也不盯着镜子的对照组）；而大象有一个标志在太阳穴的位置，看着镜子，她反复用鼻尖触摸那个位置，明显对它的存在感到好奇（也许还有烦躁）。[9] 然而，关于海豚语，比起利利对文献的评估，心理学家贾斯汀·格雷格在他的《海豚真的聪明吗？》一书中则较少有热情：

> 海豚语言——海豚语——的证据几乎不存在。海豚确实有签名哨音，功能有点像名字。他们可能自我标签自己，甚至可能偶尔用来称呼彼此。这是独一无二且令人印象深刻的，但这是我们发现的海豚交流中唯一像标签的方面。海豚发出的所有其他的吸气音和哨音可能都是用来传递有关他们的情绪状态和意图的信息——不是在人类语言中发现的具有复杂的或者丰富语义信息的那种。[10]

格雷格指出了更大的大脑等于更高的智能的明显矛盾："如果巨大的大脑是智能的关键，为什么短嘴鸦和渡鸦——名副其实的鸟脑袋——展示的认知模式比得上大脑袋的海豚和人类的灵长目表亲。小脑袋的物种表现出惊人复杂和智能的行为，这在动物王国触目皆是。"[11]

至于认知连续性，心理学家们测试了一个名叫科科的大猩猩，结果是她通过了检验自我意识的精子识别测试。（作为比较，到 18 个月时，超过一半的人类婴儿通过了镜子自我识别测试，到两岁时超过 65%。[12]）科科同样通过了"物体恒存性"测试，测试中她能够记得运动物体的位置。她也能理解当液体倒进一个不同容积的容器时，液体的量不改变，这被看作"液体守恒"中的另一个认知栏杆。[13] 大象很明显也通过了红点测试，并且走得更远，它们被观察到为家庭成员或者群落伙伴的损失而哀痛。2014 年，在泰国自然保护区进行的对 26 头亚洲象的研究发现，当个体因为蛇、吠犬、盘旋的直升机或者其他有敌意的大象感到紧张时（耳朵竖起，尾巴直立，发出低频率的隆隆声），同伴会发出似乎是同情的声音，用鼻子触碰它们的肩膀、嘴巴和生殖器，以此来安慰它们。[14]

圣安德鲁斯大学的认知神经科学家安娜·斯梅特和理查德·伯恩在一些列饥饿大象参与的聪明实验中，把食物藏在一个不透明的容器底下，边上放着另一个空容器，然后指向放有少量食物的那个容器。让他们惊讶的是，他们发现非洲象是第一个表现出如此高级的社会性认知，如读懂人类的非语言交流的非驯化物种。正如他们在 2013 年的一篇论文中所写："在实验者与藏匿位置的距离发生变化、例示的指向动作视觉上很细微的情况下，大象成功的理解了这一指向动作，这说明它们理解实验者传达的意图。"[15]

这很惊人，因为之前的研究发现相比自由生活的（野生）动物如黑猩猩，驯化的动物如狗能更好的来理解人类关于藏匿食物的非语言线索（实验者只是指向藏食物的地方），尽管前者和我们关系更近。一个流行的假设是读懂人类线索的能力在驯化的物种中作为一种为了生存的适应性策略得到了进化。如斯梅特和伯恩所言，"绝大多数其他动物不会指这一动作，其他动物这么做时，它们也不理解。甚至人类最近的亲戚类人猿，当人类看护者为它们做指向动作时，它们通常也不能理解；相反，数千年来适应了与人类一起工作的家犬，有时为了遵循指示的目的会被选择性饲养，因此能够遵循人类的指向动作——狗可能通过在与主人的一对一的重复互动学习这一技能。"[16]

但大象从未被完全驯化，尽管过去数千年中人类反复尝试（至少可以追溯到四千到八千年前），并且还没有考虑关在动物园和马戏团的可观时间。解释必须另辟蹊径。"非洲象复杂的社会网络使它成为使用他者知识的很好的候选者：它精巧的裂变-聚变社会是所有哺乳动物中规模最大者之一，而众所周知认知复杂性与一个物种的社会群体复杂性相关"，作者解释称，"我们的大象有能力把甚至很细微的人类指向姿势理解为交流，对此我们建议最好的解释是人类的指向的动作，当我们把它呈现出来时，融入了大象的自然交流系统。如果这样，那么把其他大象的运动理解为直证的（记忆依赖的）交流必然是野生群体社会性互动的一个自然部分；具体而言，我们认为指的动作在功能上可能等价于用象鼻做出有指称意义的指示。"[17]

当然，狗对人类的线索高度敏感，并且理应如此，因为我们现在知道所有的现代狗都是从大概18800年到32100年前的同一个狼类种群进化而来，它们生活在狩猎–采集群落的边缘地带，通过学习理解彼此的语言和非语言的线索与对应的人类共同进化。[18]加州大学洛杉矶分校的进化生物学家罗伯特·韦恩是这项研究的领导者，他推测，"他们最初的互动可能保持一定距离，因为这些是大型的攻击性的食肉动物。不过，最终狼进入了人类的生态龛。可能它们甚至会帮助人类搜寻猎物或者震慑其他食肉动物，以防止它们妨碍人类的捕猎行动。"[19]狗除了头骨、下颌和牙齿随着驯化而变小之外，进化出了一组社会认知工具，这使得它们能够理解人类指示藏匿食物位置的交流信号。实验条件下，只要实验者看着、轻叩或者指向藏有食物的容器，驯化的狗就能够选对，而狼、黑猩猩和其他灵长类都做不到。[20]

与人类互动时，狗在想什么？各个地方的狗主人已经好奇这个问题很多年了——我一生都在养狗，能证明你会忍不住推测这些好奇的眼睛背后发生了什么。为了科学地回答这个问题，认知心理学家格雷戈里·伯恩斯和他的同事安德鲁·布鲁克斯和马克·斯皮瓦克对狗做了训练，当他们向这些犬科受试对象展现暗示食物奖励存在或者不存在的人类手势时，它们能完全安静地躺在核磁共振成像大脑扫描仪里。[21]伯恩斯和他的同事看到预期存在食物奖励时尾状核亮了起来，这很重要，因为尾状核在多巴胺神经元——或者制造多巴胺的神经细胞中很丰富，多巴胺与学习、强化甚至快乐有关。当一个动物（包括人）被动强化某件事（一只鼠压着一个棒子或者一个人拉着老虎机的控制杆）时，这些神经元就会释放多巴胺制造快乐的感觉，这是告诉动物"再做一次"的信号（所以拉斯维加斯的赌场才会取得惊人成功）。

在伯恩斯的实验中，科学家不仅看到回应指示食物的手势信号时犬类尾状核活动增加了，而且"尾状核也能被熟悉的人的气味的激活。在初步测试中，它被暂时离开视线的主人返回激活了。这些发现证明狗爱我们吗？不完全是。但很多激活人类尾状核的同样事情也激活了狗的尾状核，这些事情都和积极情感有关。神经科学家称之为功能性同源，这可能是犬类情感的一个象征。"[22]

在对自己研究的长篇讨论《狗如何爱我们》中，伯恩斯问"狗在想什么"？并给出了这样的回答："它们在想我们之所想。"这被称为"读心术"或者"心灵理论"，而这通常被认为是人类和少数灵长目才有的特征，正如伯恩斯展示的，"在种间社会性认知方面，狗比类人猿擅长得多。狗很容易与人类、猫、家畜以及几乎任何动物共处。猴子、黑猩猩和类人猿如果没有小时候开始的大量训练做不到这一点。"[23]伯恩斯清楚地说明了这种类型的感觉现象对伦理性地对待动物意味着什么：

体验积极情感比如爱和依恋的能力或许意味着狗具有一定水平的感觉能力，大致与人类的儿童相当。而这个能力启发人类重新思考如何对待狗。狗长期以来被看作财产。尽管1966年的《动物福利法案》和州法提高了对待动物的门槛，但它们固化了动物是事物的观点：只要采取合理的照料最小化它们的痛苦就可以处理的物体。但现在，通过使用核磁共振成像打破行为主义的限制，我们不能够再回避证据。狗，可能还有很多其他动物（尤其是与我们最近的灵长目亲戚），似乎如同我们一样也有情感。而这意味着我们必须重新考虑它们被当作财产的待遇。[24]

伯恩斯认为人类应该在一个狭窄的法律定义下把狗看作"人"，而不是财产。"如果前进一步，并且赋予狗人格权利，它们将会被给予额外保护以免于被利用。幼犬滥育场、实验用狗和赛狗将会被禁止，因为侵犯了一个人自我决定的基本权利。"[25]

自我决定和人格是两个伦理标准，它们随着过去几个世纪的意在打破"他者"和"我们"之间樊篱的其他权利革命而发展，也应该可以应用于科学研究中的动物使用。尽管我长期坚持研究中的动物使用适用的道德标准不同于比如说幼犬滥育场、赛狗跑道、动物园和类似场所——因为它是在某种我认为高贵的事物即科学的名义下进行的——但一部名为《尼姆计划》的纪录片促使我重新思考动物道德的这一维度。[26]尼姆计划由哥伦比亚大学心理学家赫伯特·特勒斯发起并监督，他的目的是检验麻省理工学院语言学家诺姆·乔姆斯基（后来）充满争议的理论——即存在一种基本的和人类独有的遗传性的普遍语法，方法则是教我们最近的灵长目表亲学习美国手势语言。然而，特勒斯反戈一击，总结认为宁姆·齐姆斯基（向诺姆·乔姆斯基的无礼致意）从人类同伴和训练者那里学来的手势实际上和动物乞求差不多，可能比斯金纳的老鼠压棒子复杂，但原则上与狗和猫为了乞求食物或者放出去之类做的行为没有什么不同。[27]

　　几周大时宁姆就被从母亲的怀抱带走。因为他是她的第七个被夺走的孩子，所以必须使母亲镇定并且乘她倒在地上时快速抱走幼崽，这样她就不至于意外地将她的孩子闷死，出于母性的爱和保护，她会紧紧把孩子抱在胸前。宁姆在纽约上西区的褐砂石高级公寓开始了他的童年，围绕着他的是功能有点异常的拉法基家庭的兄弟姐妹，这个家庭由斯蒂芬妮负责，她以自己的母乳喂养宁姆；随着他长大，甚至在这样一个弗洛伊德式的恋母场景中——当他钻到他的养母和她的诗人丈夫之间时，允许他摸索她的裸体。[28] 正当宁姆习惯于他的新家庭、被热爱娱乐的人类兄弟姐妹围绕、每天充满了游戏和拥抱时，特勒斯意识到科学家不会认真对待他，因为这个自由性爱的家庭和科学没什么关系。（据一位训练者说，没有实验手册，没有日志，没有数据表，没有进展记录，更有甚者这个家庭中没人知道如何展示美国手势语言！）因此，在他年轻的生命中，宁姆第二次被从母亲那里夺走，放到一个更加受控的新环境中，这是隶属哥伦比亚大学的一个不规则的家。有一系列的训练者仔细观测宁姆在学习美国手势语言上的进展，每天都要去一次位于大学里面的实验室，特勒斯在那里能够控制所有的中介变量，方法上与观察老鼠的斯金纳箱没什么不同。

　　终于宁姆进入了青春期，正如大多数睾丸激素刺激的雄性灵长目动物习惯性的那样，他变得更加独断，然后是更具侵略性，再然后，在一个社会等级中为了等级地位试探他的灵长目同伴的进化倾向使他具有潜在的危险性。问题是，成年黑猩猩比人强壮五到十倍。换言之，宁姆变成了威胁。其中一位训练者一边指着她胳膊上缝了37针的伤疤一边说，"你不能像培育人类那样培育会杀死你的动物。"发生了几次把训练者和训导者咬伤送医院的事件——包括一位女性的脸颊被撕开——之后，特勒斯终止了实验，随即用船把他运回了原来所在的俄克拉荷马州的实验室。在纽约的不规则的房子里，在细心的人类照料者的环绕下，宁姆被镇定到无意识状态，他睡着了，当他醒来时，他身在俄克拉荷马州的一个灰色栅栏的冰冷钢笼里。

宁姆从来没见过同类，可以理解他的焦虑不安和见到雄性黑猩猩时的害怕，它们咕咕噜噜，大喊大叫，迫切想让这个年轻的后来者知道自己在等级秩序中的位置。宁姆陷入深度抑郁，体重下降，绝食。一年后，特勒斯去看望宁姆，宁姆热烈的欢迎他，并且以特别的方式表达自己，特勒斯自己形容这种方式是示意带他离开这个地狱。实际情况是，特勒斯第二天就出发回家了，宁姆重新陷入抑郁。过了一段时间，他被卖给纽约大学管理的制药的动物测试实验室，在那里，乙型肝炎疫苗被强加在我们最近的灵长目亲戚身上。麻醉了的黑猩猩被拖出来塞进一个仅容转身的钢栅栏的笼子，这样的镜头让人反胃。

作为**交互视角原理**的运用，想象一下对于这样的待遇，宁姆发出了什么信号。[29] 悲伤的是，宁姆没有肖申克的救赎。不过感谢这一类电影——它们的目的在于引导我们与电影中的角色交换视角——我们至少可以在他的隐喻性的墓碑上放上鲜花。为宁姆献花。

物种歧视：论证

一个世纪以来对动物的认知和情感的科学研究揭示了我们对所有有感觉的存在者应该如何被对待的道德思考所具有的深度和广度。[30] 杰里米·边沁——因为在他 1823 年经典的和开创性的著作《道德与立法原理导论》中包含非人类的动物，被学者们认为是动物福利的守护神——我们应该在哪里为人与动物划界：

是理性官能又或者是言语官能？但比起一天或者一周甚至一个月大的婴儿，成年的马或者狗理性得多也健谈得多。但假设情况不是这样，对谁有利？问题不在于，它们能推理吗？也不在于，它们能说话吗？而是它们能承受吗？ [31]

成年的马或者狗具有超越幼小人类婴儿的认知技能，边沁的这一观察已经成为现代动物权利倡导者的一个有力论证。例如，马克·德弗里斯 2013 年的电影《物种歧视》中展示了这一点，我参加了在洛杉矶一家影院举行的首映礼，里面挤满了为电影的视觉呈现纵情欢呼的动物权利倡导者，其中就有普林斯顿伦理学家彼得·辛格，他在活体解剖及主张废除的反对者语境中清楚阐释了这个论证：

实验者准备好了在人类孤儿身上做实验吗，如果这是拯救大量诸多生命的唯一办法的话？……如果实验者没有准备好使用孤儿，那么他准备使用非人类的动物就是显而易见的歧视，因为成年类人猿、猫、老鼠和其他哺乳动物更明白在它们身上发生了什么，更加自主，就我们能判断的范围而言，至少对痛苦和任何人类婴儿一样敏感。看起来似乎人类婴儿所拥有重要的特征没有一个不是成年哺乳类在同等或者更高的程度上拥有的。[32]

批评者反驳称我们拥有更高级的智能、自我意识和道德感，这些使我们完全不同于其他动物，并且因此证明我们利用它们是正当的。但辛格指出按照这样的标准，当人处在婴儿期、严重的精神发育迟滞、严重生理缺陷或者昏迷这样一些状态时，意味着我们也能够利用他们。既然我们不会折磨或者吃掉这些人，同样，我们也不应该这样对待动物，它们的智能、自我意识和道德情感这些类别的能力相当于或者高于处在上述状况中的许多人。"任何被认为正当化了这一尖锐的伦理区分的人类特征要么是被某些非人类的动物所分享，要么是在某些人类身上缺失"，德弗里斯在一次采访中对我说，"因此，非人类动物的利益不如人类重要的假设只可能是一种偏见——类似于对人类群体的偏见，如种族主义——用学术用语来说就是**物种主义**。"[33]

对这一论证的通常反驳与密歇根大学的哲学家卡尔·科恩有关，即，尽管某些人类可能缺乏这样或那样的特征（例如，婴儿或者昏迷的成年人没有语言），但他们属于拥有语言的物种"种类"，因为那个特征是赋予我们的。因此，不论个别生物体的特殊情况，一种物种的一般特点使得他们截然分开，因而物种主义是在这个意义上成立的。[34] 德弗里斯发现了这个论证的一个主要缺陷，因为不论用来区分物种"种类"的特征（语言、工具使用、智能）是什么，这些特征的道德相关性才是关键：

想象一种情况，有人将要论证使得人与非人类的动物之间的道德区分变得正当的理由是基于这样一个事实，只有人类成员能够制造绿色 T 恤。很明显，这表面看起来就很荒谬的原因是，我们认为在人类内部制造绿色 t 恤的能力伦理上无关紧要。现在，如果我们转向类似语言的特征，我们事实上遭遇了同样的问题：如果我们在人类内部使用语言的能力伦理上无关紧要，那么，当我们试图区分物种时这个特点是如何变得相关的？此外，这似乎暴露了"种类"论证只不过是通过假设某个东西和物种资格伦理相关而回避了（begging）问题。[35]

正如弗吉尼亚·莫雷尔在她很多有见地的《动物智慧》一书中所言，"什么使我们不同"是个错误的问题："相反，考虑到我们现在知道自己生活在一个有感觉的存在者的世界，而不是一个刺激－反应的机器世界，我们要问，我们应该如何对待其他有感情的会思考的生物？"[36]

怎么看待食用动物？考虑到我们把那些否则可能不会出生的动物带到了世界上，只要活着的时候我们给它们体面的对待，又能以人道的方式结束它们的生命，这难道不是道德上可以接受的？坦普尔·葛兰汀在她的书中和谈话中持有这一观点，并且她已经做了大量工作（理应受到称赞）改革工厂化农场系统，使得动物的生活更人道。[37]然而，正如马克·德弗里斯所言，"让动物处于痛苦生活的情况，动物受到了他或者她的经历的伤害，而不存在的动物不会'介意'，因为他或者她从未存在，因此不会有缺乏福利的经历。"同样，"把动物当作经济商品——像财产一样买卖，生产出来并杀掉仅仅为了味觉的偏好——看起来明显与认真对待他们的利益矛盾，如果我们这样对待人类又会是同样的情况。"[38]这与我在前面有关奴隶制的章节所持观点是类似的，我注意到白人正当化奴隶制时使用了类似的推理链，种植园的黑人比非洲黑人（或者甚至在北方州的工作辛苦劳作的黑人和贫苦白人）过得好，以及在美国生而为奴的黑人在其他情况下不会出生。或许真是如此，但长远看自主优于奴役，自由优于压迫。

迈克尔·波伦（Michael Pollan）是畅销书《杂食者的困境》和《保卫食物》[39]的作者，他指出，"在黑猩猩和智力迟钝的小孩之间做选择与接受猪——外科医生以它们为实践对象发展心脏搭桥手术——的牺牲是一件事。但在'非人类动物的痛苦一生和人类的美食偏好'之间做选择会怎样？扭头无视——或者停止食用动物。如果你一个都不愿意呢？"和我们大多数人一样，波伦一个都不想，因此诉诸我们都在用的特别受欢迎的认知工具：拒绝。然而，即使是一个杂食主义者如波伦也能通过引用《统治：人类的权力、动物的遭遇和仁慈的呼唤》一书整理出对自己信仰的抗辩，就像一个训练有素的修辞学家那样。该书的作者基督教保守主义者马修·斯库利相信上帝命令我们"善待它们，不是因为它们有权利，权力或者要求平等……而是因为在我们面前它们是不平等且无力的。"[40]波伦对猪——它们和狗一样聪明——受到如何对待的描述必然会使即使最冷酷的培根-火腿-猪肉杂食者也战栗：

养猪工厂的猪仔出生后十天就要从母亲那里断奶（自然状态是13周），因为添加激素和抗生素的饲料使它们增重更快。过早的断奶留下的后遗症是它们一生都渴望吮吸和咀嚼，封闭条件下它们通过咬它们前面动物的尾巴来满足这一欲望。一只正常的猪会反击骚扰者，但萎靡不振的猪自顾不暇。"习得性无助"是一个心理学词汇，但在养猪工厂里不少见，那里成千上万的猪终其一生不知道阳光、泥土和稻草为何物，拥挤在一起，上面是搭在金属板条上的金属屋顶，下面是粪池。因此，不要惊讶像猪这么敏感和聪明的动物会抑郁，而一直抑郁的猪会让它尾巴一直被咬到感染的程度。病猪，成为表现不佳的"生产单位"，会被立刻打死。美国农业部给这个问题的建议方案是用一把钳子（没有麻醉）"剪短尾巴"，虽不是尾巴的全部但大部分被剪掉了。为什么留一点残根？因为这个操作的全部要点在于不要剪除被咬的对象太多，以使它更敏感。现在，在尾巴上咬一口会疼得让即使最萎靡不振的猪也会发起抗争，避免被咬。[41]

斯库利的保守主义证明包括作为乔治 W. 布什的特别助理和高级演讲撰稿人，他在世俗主义／自由主义轴线上论证动物权利和任何其他权利，他运用不含任何超自然的特辩护或者圣书禁令的自然权利论证来做到这一点：

> 如果是自然法在彼此之间告知我们自己的法律和道德准则，那么，简言之它也应该告知我们的有关动物的法律和道德准则。而它的最基本和最革命性的洞察力对它们和对我们是一样的。任何我们拥有的道德主张，我们之所以拥有只是因为我们之所是。任何动物拥有的与我们相关的道德主张，它们之所以拥有也只是因为它们之所是。我们各自并不为了我们自己决定它们的道德主张。任何生物的道德价值属于那个生物，承认与否，都是一种不同于我们自己的价值，恰如一个顽固而生动的现实。正如我们自己个人的道德价值不取决于其他人的观点，动物的道德价值也不取决于我们对它们的评估。[42]

另一个对为什么动物的归属在人类的胃里的论证是，因为本质上一个动物的归属是在彼此的胃里。动物间彼此猎食，而因为人类也是需要果腹的动物，我们可以吃它们不是很自然吗？这是一个不错的答辩，虽然动物权利倡导者反驳称奴隶制、种族灭绝和强奸纵贯人类史也曾被看作是自然的，就是事情的本来面貌，然而我们因其不道德而宣布它们不合法。一定程度的暴力性是人类进化而来的本性——自卫、嫉妒、荣誉——但这并非意味着人类不应该试着控制自己的冲动。道德的关键在于选择去做或许你可能未去做的事。你可以为了寻求自己的生存和繁荣而不顾他人的生存和繁荣，但当你把其他有感觉的存在者的视角纳入考虑，正是这使之成为一个道德行为。

动物版劳动创造自由

在这里我要承认：我是一名物种歧视论者——我属于食用也折磨其他物种的成员。我发现没有多少食物比一块瘦肉——三角状牛排、金枪鱼或者鲑鱼排、水牛肉汉堡——更让人愉悦。听到下面这个农场主的笑话我会大声笑出来，他用两块砖头阉割了他的马，当被问到这是否造成伤害，他回答，"不会，只要你别砸到你的拇指。"[43] 我也发现激怒了在动物解放运动前线破坏或者摧毁科学实验室并且放出动物的那些人。我告诫他们记住：追求自由时的节制不是恶，保护正义时的极端也不是善。[44]

另外，在我的观点中背景和动机很重要。在阿拉斯加甘伯尔有一个小型的因纽特人社区，他们猎杀海象的生活方式因为源于全球变暖的冰层融化已经受到严重限制。今年 690 个居民 "仅仅" 杀死了 108 头海象，这是他们年平均捕杀数量 648 头的六分之一。38 岁的甘伯尔居民詹妮弗·坎贝尔是五个孩子的母亲，她的家庭以海象肉为生，她哀叹今年只捕到了两头海象，而正常年份平均有 20 头。"如果持续如此，我们将面临严重饥饿问题"。[45] 对我来说，下述两者之间似乎存在相当大的道德差异：贝弗利山庄的歌剧天后穿着皮草来到时尚的洛杉矶餐厅，在这里你可以点一份蔬菜汉堡而你要点一份多汁牛排；阿拉斯加甘伯尔的因纽特居民，他们杀死、食用并且使用／利用海象为了他们的生存。这里我们遇到了道德两难；一旦你承认物种歧视存在，并且我们突破了底线，不论背景和动机所有的动物杀戮不都是一样的吗？但显然，这两个场景中，存在一个背景和动机的区别，而这个区别道德上很重要。

我也困惑于一个引人同情的类比，这个贯穿动物权利运动（并许多纪录片中以影像形式呈现，如《地球公民》和德弗里斯的《物种歧视》）的类比是动物正在经历 "大屠杀"，工业农场建筑和纳粹奥斯维辛·比尔克瑙集中营囚房的相似性——一排一排长长的矩形的建筑，外围是带刺电网——使得这个类比更加尖锐。类比还指向更坏的一面，大屠杀的目的就在于把一些人类群体斩尽杀绝，同样邪恶的是，在工业农场，新一代有感觉的存在者被带到世上只是为了被灭绝，一而再再而三，一代又一代。有些动物权利活动家指责这是无尽的大屠杀，查尔斯·帕特森的《永恒的特雷布林卡》一书描写了这一点，[46] 书名则是借用自意第绪语犹太作家和诺贝尔桂冠获得者艾萨克·巴什维斯·辛格，这位素食主义者曾经写过如下这段著名的话（通过他的一个小说人物）：

在他脑中，赫尔曼为那只和他分享了自己生命一部分并因他而离开地球的老鼠说了一段悼词。"他们——所有这些学者、所有这些哲学家、所有这些世界领袖——知道你什么？他们使自己坚信，人，所有物种中最恶劣的罪人，是万物之灵。所有其他的生物造出来只是为人提供食物、皮毛，忍受折磨，遭到灭绝。面对它们，所有人都是纳粹；对动物来说，这是永恒的特雷布林卡。"[47]

对这个类比的一个限制在于犯罪者的动机。作为一个写过一本有关大屠杀的书（《否认历史》[48]）的人，我看到喂养世界的为了赚钱这么做的农场主与带有大屠杀动机的纳粹之间存在巨大的道德鸿沟。小农场主为了谋生杀了动物提供给想要和需要的人们，他们怀有的动机与仅仅出于"种族清洗"和"灭绝论者的纯洁性"谋杀犹太人、吉卜赛人和同性恋者的纳粹党卫军成员没有相似之处。即使仅仅被季度利润推动的企业工厂的农场主完全不在乎动物福利，只是将动物看作产品，他们在道德阶梯上也高于阿道夫·艾希曼、海因里希·希姆莱和他们的亲信，他们在工业规模上组织了大屠杀过程。在工业农场没有"Arbeit Macht Frei"（"劳动创造自由"）的标牌。

不过当我回想起我曾做过的最可怕的事情之一时，我不能够完全驳斥把工业农场和集中营等同的那些人。1978 年我作为一名研究生在加州大学富勒顿分校的实验心理学动物实验室工作，我的任务是处理那些实验结束还活着的实验用老鼠。这不是一项愉悦的任务，更糟的是，我们用当时的洛杉矶道奇棒球队成员的名字命名它们——罗恩·塞伊、戴维·洛佩斯、比尔·罗素、斯蒂夫·加维、唐·萨顿等。你认识你的实验老鼠，它们也认识你。但随后实验结束了，到了除了实验对象的时间，处理老鼠的方法是……我几乎无法打字……在一个很大的塑料垃圾袋中灌进三氯甲烷杀死它们。我想（也问了）我能否把它们带到当地的山上放了，认为被捕食或者饿死毫无疑问比这样要好。但我的建议被不容置疑地驳回了，因为我的提议实际上是违法的。所以，我用毒气灭杀了它们。形容这一行为的这些词——以毒杀方式灭杀一群有感觉的存在者——令人不适地接近于我在大屠杀一书中的用词，书中描写了纳粹对俘虏们的所作所为。难怪为实验动物命名是科学上的禁忌。我原以为是为了鼓励客观性，但现在我猜想这同样与保持情感上的超然有关，以便感到道德上无可责备。

今天，实验动物的待遇不那么令人厌恶了，并且根据我的老教授道格拉斯·纳瓦里克（Douglas Navarick）的说法——他的实验室在加州大学富勒顿分校，那两年我在那里工作，我最近向他询问确认了我有关当时的过程的记忆——现在为老鼠用的方法是"定量二氧化碳"。他补充说，"校园现在有一个委员会检查并必须核准任何涉及脊椎动物的研究或者教学活动（动物关怀与使用制度委员会），并且它有不同物种应该是使用什么类型的安乐死的规章。"[49] 相对于我的做法（这么做当时在各处的实验室都是惯例），这肯定是一个进步，并且同样值得欣喜的是，动物关怀委员会已经也开始敏感意识到对动物们的人类护理者的影响；正如《**实验室动物关怀与使用指导**》中说明的那样："对动物实施安乐死对于某些动物关怀、治疗和研究人员来说心理上很难接受，如果他们反复执行安乐死或者情感上喜爱被执行安乐死的动物，他们会尤其不能接受。当委派安乐死责任时，监督者需要敏锐意识到这个问题。"[50]

毫无疑问，这算得上是道德进步，但我仍然感到深深的不安，既是为所做的，也是为指导手册的视角。这个视角看起来仍然更关心施害者而不是受害者的福利，而长期趋势则是把道德视角从前者转移到后者。

换位思考

换位思考是移情能力的心理基础。为了判断一个行为对另一人是公正还是不公正，一个人必须首先选择另一个有感觉的存在者的视角。在动物权利的语境下，我想起了电影《我的表兄维尼》中的一幕，乔·佩西扮演的维尼·甘比尼正准备去猎鹿，同行还有他们案子的对方律师，计划在预期中友爱的猎鹿之旅中确定他在这个审判中能够采取的策略。当他着装好准备出发时，他询问未婚妻——玛丽萨·托梅扮演的蒙娜·丽莎·维多——他穿的裤子是不是适合猎鹿。她用一个换位思考的思想实验做了回答：

想象你是一头鹿。你在昂首向前奔腾。你渴了。你发现了一条小溪。你把鹿唇投向清凉澄净的水。砰！一颗该死的子弹撕掉了你头部的一部分。你的大脑碎了一地，鲜血淋漓。现在我问你，你会在乎那个向你开枪的婊子养的穿什么裤子吗？[51]

动物权利纪录片导演用隐藏的摄像机器拍下屠宰场和动物生活（或者，不止于此，遭受痛苦和死亡）的工业农场的可怕状况，他们试图借此唤起换位思考的意识。freefromharm.com 网站发布一个简短的视频剪辑片段，被恰如其分地题名为《史上最令人悲伤的屠宰场镜头》，视频中一头公牛在排队等待死亡。当他听到前面的同伴被杀，他摇摇晃晃地后退到金属斜道的后墙。退无可退时，他转身朝后（摄像机在这个位置拍摄），似乎指望逃离自己的命运。一名工作人员沿着斜道的外侧走过去用电击棍驱赶公牛往前。他犹豫地走了几步，停下来，再次后退，所以，那名工人加大电量重击，公牛一下子被向前驱赶得很远，最后的死亡之墙倒在了他后面。你会看到他的后退最后一次试着退出死亡陷阱，忽然……砰然一声！……他掉到了一堆同伴中去，后腿穿过墙底的狭缝。死了。[52] 我把人类的情感投射到了母牛的大脑中？我不这么认为。调查记者特德·康诺弗曾在内布拉斯加州斯凯勒的嘉吉肉制品（Cargill Meat Solutions）工厂工作，但实际上是美国农业部的秘密巡视员，当时他问那里的一名工人为什么把动物导向屠宰室的斜道有这么多家畜排泄物，恶臭难闻，得到的回答是"它们害怕。它们不想死。"[53] 或者这就是为什么很多工业农场用带刺电网围着他们的设施，以及为什么不喜欢带着摄像机到处探查的纪录片电影制作人。

2005 年的电影《地球公民》可以说是最令人无法平静的换位思考纪录片，在过去数个世纪对黑人和女性的虐待和经济剥削与今天对动物的虐待和商业使用和滥用之间做了对照。[54] 用难以直视形容这部电影还是过于轻描淡写了。为了看完，我必须在电脑屏幕上打开两个窗口：电影和为了做笔记的文字版，后者实际上只是一个借口，为了我看不下去时盖住屠杀画面。动物被当作产品加工的场景包括：剖开的海豚被重重仍在水泥地上，而边上明显有小学生经过；家畜被用俘虏螺栓枪杀死，压缩气体把钢螺栓射入动物的大脑，但这招并非万无一失，甚至屠宰程序开始时它们还在死死挣扎。这样的画面都被文字叙述盖住了，这些文字叙述不仅是为了说穿我们与所有其他动物之间的进化连续性，也是为了它们与我们之间的连续性：

无疑是存在区别的，因为人与动物不是在所有方面都一样。但相同性戴着另一副面具。诚然，这些动物并不拥有我们人类拥有的所有渴望；诚然，它们并不能理解我们人类理解的所有事物；然而，我们与他们确实拥有某些共同的渴望，确实理解某些共同的事物。对食物与水的渴望，对庇护与陪伴的渴望，对自由活动与避免痛苦的渴望。这些渴望为非人类的动物与人类所共享。[55]

也许围绕着带刺电网的农场建筑之所以没有窗户形如堡垒是一个双向论证——我们中的绝大多数不想知道香肠是怎么做的。正如诗人拉尔夫·瓦尔多·爱默生的深刻而辛辣的观察："你已经用过餐，所以，不论屠宰场被如何小心翼翼地隐藏在数英里的得体距离之外，都存在共谋关系。"[56]

2009 年的奥斯卡金像奖获奖纪录片《海豚湾》令人无法平静地展示了视觉媒体转换视角采择的力量，影片记录了在日本歌山县太地町海湾进行的对海豚和鼠海豚的大屠杀。影片由瑞克·欧贝瑞主演，他是 60 年代热门的电视连续剧《海豚菲利普》（Flipper）中的海豚训练师，还是小孩的我每周都会忠实观看节目，因为电视秀突出了这些海生哺乳动物非常像人类的那些特点，尤其显著的是他们在彼此之间以及与人之间的社会纽带所呈现的人性（每周都可以预见到菲利普挫败坏家伙在水下的恶劣行为，或者营救陷入荒谬处境的好家伙。）根据电影，海豚是被赶到海湾里，少数会在那里被不受伤害地捕捞起来，卖给世界各地的海洋公园和水族馆，而其余则被残忍地杀害和屠宰，海豚肉卖给日本鱼市场的转售商。获奥斯卡奖以后，该电影受到媒体关注迫使日本政府官员仓皇失措地掩饰对这一有感觉的存在者屠杀行为，先是否认，然后解释，再然后辩护；它们的社会认知和情感如此接近人类，看到它们被屠杀深深刺痛了我们的情感。

电影（摄像机藏在石头中，长镜头则来自附近的山上）拍摄到的诸多令人心如刀割的场景之一是：一只年轻的海豚砍伤后绝望地试图活下去，血涌出她的躯体时艰难地呼吸，拍摄者恐惧地看着她呼喊求救而无能为力，直到她最后一次滑入血泊的水面之下，再未出现。这是看一眼就让人大怒和恐惧的场景。跳进海湾，游向那一群小船，以兰博的方式把这些渔民拉入水中，以其人之道还治其人之身，我不知道能不能控制自己别这么做。但不论这些情境下报复性暴力的诱惑是多么强大，这种义务警员的正义正是绝大多数动物权利活动家要避免的；如果你在监狱里，你不可能成为发挥作用的权利活动家。

欧贝瑞和他的团队展现了极大的克制，不是试图去阻止大屠杀而是通过极度痛苦的场景把大屠杀曝光给全世界；而这是电影的意义所在——把抽象转换成具体，从而调动大脑的移情神经通路，而这一通路通常在体验到另一个人的痛苦时才会触发。因此，甚至比我们共享的智能、自我意识、认知和道德能力更重要的是，正是我们共同的以一种非常人类的方式承受痛苦的能力——艰难呼吸、挣扎着保持直立、奋力求生——某种程度上扩展了道德范围。直到我们能够深刻而感性地理解海豚也是有感觉的存在者——和我们一样——想要生存害怕死亡，动物权利才能得到充分地认识。

在这里**是**变成了**应当**，在这里事情成为自然而然——动物天生渴望食物、水、庇护所、陪伴、自由活动和避免痛苦，就像我们做的那样——变成事情应该是这样的方式，当对自然的偏离是因为一种动物对另一种的利用时尤其如此。我们在这里做了这样一个道德选择，运用换位思考倒转了自然主义论证——从人类利用动物满足自己天性的视角转向动物满足它们自己天性的视角。道德进步主要由换位思考的转换推动：从剥削者到被剥削者，从施害者到受害者。为什么我们应该偏爱一个视角超过另一个视角？因为道德进步就是如此而来。[57]

第一条，不伤害

这场动物权利争论中，哲学家丹尼尔·丹内特在他的《心灵种种》（Kinds

of Minds）一书中提出了反驳论证；他区分了痛苦和受苦，认为前者更加本能和基本并被大多数动物所共享，而后者涉及更加人性化的情感，诸如担心、害羞、悲伤、耻辱、恐惧，以及尤为重要的因预计未来可能发生的事而感到焦虑，最后一点需要是仅为少数动物所共享的更加高级的认知功能。"如果我们在可见的动物生活中没有发现受苦，那么我们能够放心确定也不会有不可见的痛苦承受存在它们大脑的某个位置。如果我们发现受苦，我们将会毫无困难地识别出来。"[58] 我不太确定。所有这些表现动物痛苦和受苦的电影和视频中，对我来说它们看起来都是那么焦虑、担心和害怕。深而言之，为什么我们可以假定动物受苦比人类少？如果论证是我们不可能真正知道其他有感觉的存在者的大脑里发生了什么，为什么假定他们的受苦比我们的少？或许动物的情况更悲惨。

动物权利的道德基础开始于我们如何对待他们，我们可以在希波克拉底誓言中发现上佳的起点：primum, non nocere——**首先，不伤害**。电影制作人马克·德弗里斯告诉我"所有的伦理理论和道德体系似乎都分享一个基本原则，即其他条件不变，导致伤害——特别而言受苦——是坏事"。"因为非人类的动物都能体验受苦，这条基本的理论原则不言自明可以跨物种应用。"正如在我的道德模型中一样，科学是德弗里斯推理的关键："如果动物对伤害有主观体验的能力是伦理相关的特征，那么思考物种的合适'分界点'看起来就转向了动物是否有感觉。我们知道鸟类和哺乳类都能在身体和情感上受苦，事实上允许人类有如此体验的神经构造在我们与那些动物的共同祖先那里就形成了。"[59]

特别是在动物权利领域，我们必须记住正是**个体**才是道德主体——而不是物种——因为正是**个别生物体**在感受痛苦和受苦。或者更准确一点说，正是一个有感受能力的个别的大脑构成了一个个别的生物体。是一头个别的公牛走过斜道进入圈套，不是**原始牛**（Bos primigenius）这个物种面对俘虏螺栓枪。是一头个别的海豚在日本海湾被削开，血流如注，艰难呼吸，而不是**长喙真海豚**这个物种。

道德感知的深刻转变

尽管人权和动物权利运动之间的类似之处很丰富，但在我看来比起18、19世纪的废奴主义者似乎后者面临的任务要艰巨得多，因为即使在奴隶贸易的鼎盛期也只有一小部分人口拥有或者买卖奴隶，而世界上的大部分人口都吃肉或者使用动物制品。正如动物权利律师斯蒂芬·怀斯指出的那样，对我们的日常生活来说动物甚至比19世纪美洲的奴隶更加必不可少——包括个人生活上、心理上、经济上、宗教上，尤其是法律上，动物在法律上是财产，它们的使用受到法律保护，这并非总是那么容易改变。[60] 即使赞成动物权利的论证优于反对的论证——我认为确实如此——提升承诺素食主义和严格素食主义生活方式的人口比例，从较低的个位数提高到较高的两位数，也将是一个令人气馁的任务。人们不是必须拥有奴隶才能生存，但人们不得不吃食物，而肉对大多数人来说很美味，相对便宜，容易获得，因此（仍然是）满足食物需要的受欢迎的商品。为了废除奴隶制美国发动了一场内战，这还只是很小一部分公民拥有奴隶。当超过95%的人口吃肉时，这将是一个令人却步的差异。

为了带来重大改变，我们将会需要奴隶制历史学家戴维·布里翁·戴维斯所称的"道德感知的深刻转变"[61] 的等价物，即重构我们看待动物的眼光，从当作财产到当作人，正如罗格斯大学法律学者格雷·弗兰乔内在他2008年的《作为人的动物》一书中所做的那样。他的书在逻辑细节上概述了为什么有感觉的非人类存在者应在法律上被看作人："它们有意识；它们有主观意识；它们有爱好；它们能受苦。人格不需要感觉以外的其他特征。"[62]

印度在2013年发生了沿着这些路径的道德进步，禁止为了公共娱乐囚禁海豚，因为"囚禁中的限制会严重危害所有种类鲸类的福利和生存，原因是改变了他们的行为并导致极度痛苦。"为了使法律生效，印度在1972年的《野生动物保护法案》第一部分附件二（schedule Ⅱ，part Ⅰ）列举了所有的鲸类，并且补充写道海豚应该被看作"非人类的人。"[63] 这一将合法人格授予非人类的动物的举动是走向面向所有有感觉的存在的正义和自由的价值难以估量的一步。

阅读动物权利活动家的著作会是一段情感枯竭的心路历程，而如果我们仅仅只关注最糟糕的情况（工业农场）和杀戮的原始数据（大灭绝规模的数十亿，不是大屠杀规模的数百万），那么我们能够做出这样的判断，道德宇宙之弧确定无疑是向后弯的。因此，从娱乐到哲学，反思人们过去通常如何理解动物不无益处。曾经，烧猫和逗熊是动物娱乐活动；而在哲学上，笛卡尔坚信动物都是机械自动机，它们只是模仿痛苦、快乐、渴望、兴趣、厌烦和其余的类似人类的情感，他否认动物能够体验。数量可观的文学作品记录了过去数千年混杂的（尽管通常都是坏的）动物福利的道德历史轨迹。

正如奴隶制废除的情况一样，宗教不仅没有领导动物福利革命，还经常阻碍它，从《圣经》的开始……准确来说是《创世记》第一章就是如此，当时耶和华命令亚当和夏娃"要生养众多、遍满地面、治理这地：也要管理海里的鱼、空中的鸟和地上各样行动的活物。"[64] 在数个世纪中这一态度受到了教会神父如圣奥古斯丁和圣托马斯·阿奎那的强化，后者认为，"以此方式就反驳了那些人的错误，他们称人杀死不会说话的动物有罪：因为按照神的旨意在自然秩序中它们存在的目的就是人的使用。因此，人利用动物不是错误，或者是以杀掉的方式或者是以不论什么其他方式。"很明显，阿奎那必然已经从那些为受苦的动物感到同情的人那里后退了，因为他在如上的观察之后加上了如下的警告："如果《圣经》的任何段落看起来禁止我们残忍对待不会说话的动物，例如杀死一只带着幼雏的鸟：这要么是打消人们残忍对待另一人的想法，以免一个人通过残忍对待动物变得对人残忍；要么是因为伤害一只动物导致对人的暂时伤害，不论是那个行为的施行者，还是另一个人。"[260]

自圣经时代以来，对动物残酷是常规，不残酷是例外。斗鸡和斗狗纵跨数个世纪都是人们当然不变的最爱，而在殖民地美洲，逗熊的典型场景就是把一只被俘获的熊用链子拴到一根柱子上，她将会受到折磨（用狗撕咬），甚至可能被狗撕成碎片，这些狗都被刺激到一种疯狂的攻击状态。谁又会忘记 16 世纪巴黎流行的娱乐消遣：烧猫。游戏时，人们把一只受到惊吓的猫慢慢向下放到火堆上，与此同时，"包括国王和王后在内的观众看着动物在惨痛地哀嚎中，被烧焦、烘烤、直至碳化，发出尖叫的笑声。"另一种娱乐是把一只猫钉在柱子上，然后比赛用头撞猫，看谁能够在撞死猫的同时眼睛不被这只恐怖的野兽抓到。[66]

但这只是娱乐性的残忍。食品生产的残忍不是始于今天的工业农场。下面这段话是对 17 世纪很普通的一种行为的描述，被历史学家科林·斯宾塞引用在他的有关素食主义历史的全面研究《**异教徒的盛宴**》中，这是一本有关动物大屠杀和人对这一过程的经历在乎到什么地步的书：

> 大屠杀的方法符合冰冷的理性。正如约翰逊博士的评论，屠夫"不在意动物们的舒适，只是为了他们自己的安全和方便让它们安静下来。"杀死牲畜之前，首先把它们打昏（使其失去知觉），但猪、牛犊和家禽的死亡过程很漫长。为了保证肉是白色的，会在牛犊、有时还有羊羔的脖子上刺孔放血。然后伤口被堵上，动物被允许再苟延残喘一天。正如托马斯·哈代的阿拉贝拉（Arabella）向法官解释的，猪不应该被快速杀死。"肉内的血必须流干净，为此他必须慢点死。这是我受的教育，我知道。每个好屠夫都会让他们慢慢流血。死亡过程至少要达到八分钟或者十分钟。"[67]

道德之弧为动物而弯曲

道德进步零散而蹒跚，诚然如此，但自启蒙时代以来弧线在向动物弯曲，如此细微但从未止步，正如我们过去几十年中在实验室动物待遇的案例中看到的那样。一个世纪以来这一换位思考的转变一直在继续，因为我们开始理解我们自己与动物之间的连续性，以及动物权利运动与其他权利革命的关联，后者的成功提升了每个人的道德意识，认为要把道德范围拓展得甚至更广，广到至少可以包括某些动物。

例如，一份 2003 年的盖洛普民意调查发现"绝大部分美国人称动物至少应该得到某些避免伤害和剥削的保护，有四分之一的人称动物应该得到和人类一样的保护。"禁止医学研究和医疗产品测试遭到大多数人的反对，另外，虽然有猎犬的家庭在过去四分之一个世纪已经从大约 30% 下降到了大约 20%，大多数美国人反对绝对禁猎。然而，知道这个结果是令人鼓舞的："96% 的美国人称动物应该得到至少某些避免伤害的保护，而只有 3% 的人称动物不需要保护，'因为它们只是动物'。"格外引人注意的是，所有美国人中有 25% 称动物应该得到"和人完全一样的免于伤害和剥削的权利"。[68]

这值得关注，因为涉及人（或者有感觉的存在者）应该拥有（deserve to have）的积极权利时，讨论是模糊的，争论甚至超过人有权／资格拥有什么（医疗保健、社会保险、残疾保险等。）但免于伤害的剥削的自由仅仅涉及消极活动的中止（痛苦和受苦的诱因。）例如，在盖洛普民意调查中，"美国人以 62% 对 35% 支持通过有关农场动物待遇的严格法律。"[69]

关于动物食品消费，2012 年素食资源组织委托国家哈里斯民意调查机构调查"美国人多久吃一次素食餐？"以及"美国有多少成年人是素食主义者？"（指没有肉、鱼、海产品或者家禽。）结果是：4% 的美国人一直吃素食餐，这其中 1% 是严格素食主义者（没有乳制品和蛋类），3% 是素食主义者。以更加温和的标准来看，15% 的美国人"很多"时候都是吃素食餐（但不到一半时间），同时另有 14% 一半或者以上的时候（但不是全部）吃素食餐，差不多一半人（47%）一年中的某个时候吃过素食餐（一个存疑的统计，因为一碗格兰诺拉燕麦片可能算作一次素食餐）。[70] 一份 2012 年的盖洛普民意调查给人多了一点点鼓舞，总共有 2% 的严格素食主义者和 5% 的素食主义者。[71] 我怀疑在数值如此之低的情况下，差异在于统计噪声。尽管如此，过去几十年的趋势线毫无疑问是向上的，**如图 8-2** 所示。

另一个对动物福利支持者来说鼓舞人心的趋势是最近肉类消费的下降，当作食物饲养的动物数量也相应下降。这似乎主要是因为采纳适度混合的饮食习惯的人增加了，如"弹性素食者"（弹性的素食主义者），例如他们说实行"无肉的周一"或者是"下午六点以后严格的素食主义者"，又或者每周只吃一次红肉等。举例来说，据美国农业部数据，2007 年到 2012 年间肉

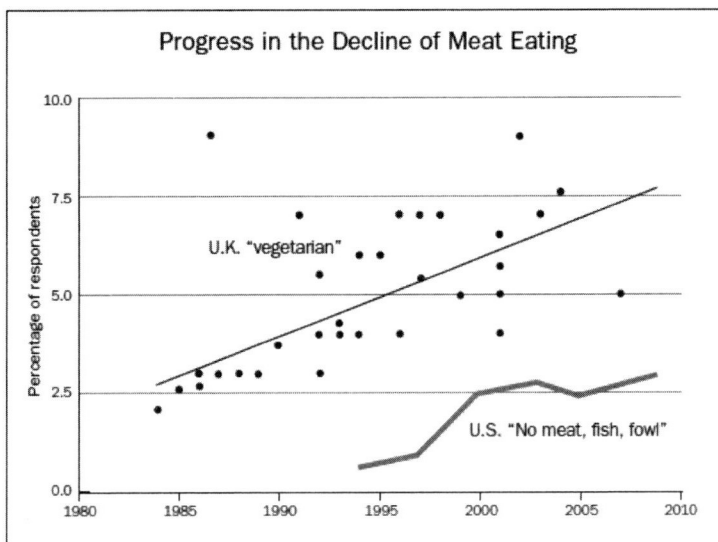

Figure 8-2. Trends in Vegetarianism
The gains are modest but upward.[72]

图 8-2 素食主义的发展趋势

和家禽消费下降了 12.2%。[73] 这不是一个巨大的数字，但也不小。半素食主义者的数字更加鼓舞人一点，按照人道研究委员会数据，占美国人口的 12% 到 16%；半素食主义者是指一半以上用餐不吃肉的人们。比例更大的是"活跃少食肉食者"或者"自称吃肉比一年前少的人"，占美国人口的 22% 到 26%，也就是大约四分之一，绝对不是一个小数字。[74]

自二战以来，欧洲国家比美国政治上更加左倾，这为动物们在欧洲扩展了更广阔的道德范围。在一些欧洲国家关母猪（雌性猪）的板条箱不能小到不能转身，关母鸡的笼子要大到可以展开翅膀。在英格兰，收集皮毛的动物农场现在是非法的。瑞士把动物的身份从"事物"改为"存在者"，而德国是赋予动物宪法权利的第一个国家，他们在责成国家尊重和保护人类尊严的条款上加上了"和动物"这几个字。

医学上已经证明，肉类饮食——尤其是经常吃红肉——不健康，并且是很多人（但不是全部）心血管疾病的主要致病因。从环境上讲，工业牲畜农场产生大量动物粪便和温室气体甲烷，以及许多其他污染物。这些污染物臭气熏天——我永远不会忘记参加穿越美国自行车赛时经过得克萨斯州达尔哈特的经历，那里有全美最大的畜牧场。数英里外你就能够问到臭味。除了习惯这气味直到浑然不觉，我想象不出当地人还能怎么办，而这本身可以看作是动物面对的整体待遇的一个隐喻——人类已经习惯了他们的痛苦和受难。

　　流血娱乐如斗鸡在大多数西方民主国家都已经被禁止，甚至斗牛也在被取消的路上。一份 2008 年的盖洛普民意调查发现差不多十个美国人中有四个称他们赞成禁止涉及动物竞赛的运动，如赛马和赛狗。[75] 打猎和钓鱼的人也在减少，1996 年到 2006 年下降了十个百分点，至 15%，并且这不是因为人们待在家里玩电子游戏或者看电视，而是因为野生动物观赏和生态旅游在同一时间段有了相应数量的增加。[76] 据美国鱼类和野生动物管理局称，2011 年有一千三百七十万猎人和三千三百一十万垂钓者，但"差不多有六千八百六十万人在家周围观赏野生动物，有两千两百五十万人远足到至少离家一英里的地方主要是为了观赏野生动物"，总共达到九千一百一十万。[77] 比起杀戮，野生动物观赏要多得多。

　　过往几十年，我见证也自身经历了这个转变——1960 年代，那时我还年轻，我的继父经常带着继兄弟和我去打鸽子和鹌鹑。我不像喜欢打棒球那么喜欢打猎，但这没有让我觉得用霰弹猎枪把鸟儿打下天空有什么为难。事实上，这有点让人兴奋，因为在远处击中移动目标很难，比起试着击打棒球，这变成了某种挑战。（我们吃掉猎物的事实有助于为之辩护。）我也没少参与垂钓——包括湖中和深海——但今天捉与放的方法变得流行，给了垂钓者钓到鱼的兴奋而又保住了受害者的生命。1980 年代一种生机勃勃的是商业行为开始起步，我既参加也领导了许多野外旅行，"只带走照片，只留下足迹。"今天我管理的怀疑论者协会会常规性地举行我们所称的"峡谷旅行"，去诸如大峡谷和深谷这样的地方，我们从来不缺顾客。但今天我无法想象去这些地方去做我年轻时候做的那些事。

　　要知道过去几十年视角有了何等改变，可以比较下面两部电影的制作：1979 年的《现代启示录》，电影拍摄时一头水牛的肩胛骨被砍刀削开，差点遭斩首；2011 年的《战马》，对于那些正在刻画一战期间被杀或者死亡的四百多万匹同类的战马"演员"，斯蒂文·斯皮尔伯格拍摄时极力避免伤害它们。举例来说，《战马》中有一个镜头，马在无人地带被带刺电网缠住了，但电网实际上只是被涂成银色的苯乙烯泡沫橡胶。[78]

道德之弧会为动物弯曲多远？

本章追索的趋势线对于动物权利运动来说都很鼓舞人心。虽然赞成扩大道德范围以包括越来越多人类有感觉的存在者同伴的论证优于反对的论证，但必须承认，最乐观地收获也是不太多的。我预测随着热爱自然的倾向如野生动物观赏、摄影、徒步旅行和生态旅游及峡谷旅游继续增加，打猎和垂钓的流行度会继续下滑，以现在的速度，素食主义者的百分比在英国和欧洲其他国家直到大概 2025 年才会达到两位数，在美国甚至更晚（我的计算是 2030年），而纯素食主义很幸运地到 2050 年在任何地方都会达到 10%（除非增长率因故改变）。但比起黑与白、肉与非肉的二分法，一种弹性素食主义的生活方式和我们逐渐戒掉肉类的过程是我们将会看到的更可能的路径；长期来看，这将会减少大屠杀。

与此同时，回归小规模的、环境稳定的、动物友好型农场——有时称为本地农场或者散养农场——我们可以发现可行的道德上的中间立场；迈克尔·波伦曾经访问过一个这样的农场，农场位于弗吉尼亚的雪伦多亚河谷，对牛、猪、鸡、兔、火鸡和羊进行专门化饲养，照场主的话来说，农场允许每一个动物"充分表现生理上的特殊性。"[79]不是被当作工业农场流水线上的小器具对待，而是相反，所有物种的成员都能够活出他们天性上会有的生活——在驯化动物被认为还能够具有的"天性"程度上，因为它们自己的天性已经被人类朝着生活在本地农场的目的做了修改——因此，履行了为所有有感觉的存在者的生存、繁衍和繁荣创造条件的道德律，尽管绝大部分动物最终会被杀掉消费。[80]一位名叫金姆·亚历山大的本地农场主在纪录片《散养》中带着无意识的幽默评论了他的养殖对象，先是描述小鸡在室外草地上嬉戏，阳光和风掠过它们的背，然后说"它们生活得非常好。只有最后一天是个坏日子。"在工业农场的恐怖和不现实（也非大多数人所愿）的纯素食主义之间，亚历山大的道德上的中间立场作为妥当的合理的立场打动了我，我们中的大多数可以以这样的立场生活：

我享受吃肉，尤其当我知道它来自哪里 [本地农场对工业农场]、如何被饲养以及如何被加工的时候。农场的本质是——为你的家庭培育品质纯净的食物，当你这点做得很出色了，为其他感激你的人培育食物。在这里我们分析出了全部成本要素——干净环境的成本，消费者享受纯净食物的成本，带着尊重和尽量接近天性的方式正确对待动物的成本，以及家庭农场为了提供体面生活所做的事情的成本。[81]

随着市场对这类来源的食品需求增加，这类农场开始流行。例如，2012年英国的散养鸡蛋销量超过了笼子里的母鸡产的鸡蛋，这是历史上的第一次（占当年 900 万枚产蛋量的 51%）这个趋势始于 2004 年，当时新的规章要求农场主公开下蛋母鸡都被装在平面面积有一张 A4（8 英寸乘 10 英寸）纸那么大的笼子里的事实，这个消息导致公众要求给农场动物更好的待遇。[82]在美国，全食超市商业链参与了一个称为五步动物福利评级的项目，它在官网声明："我们鲜肉柜子里的所有牛肉、鸡肉、猪肉和土鸡肉必须来自获得全球动物伙伴组织的五步动物福利评级证书的生产商。当它们的评级项目扩展到其他物种时，我们也会要求供应商提供那些物种的证明。"**图 8-3** 来自全食超市网站，勾勒了五个步骤，并概括了项目内容。[83]

令人鼓舞的是，在动物权利活动家的压力之下，以及在悲悯动物组织对旗下位于亨利埃塔的工业化养猪场进行了暗访录像调查之后，最大的工业化食品生产集团之一的泰森食品公司在 2013 年年底向猪肉供应商发布了一组新的动物福利指南，包括不得使用限制性的妊娠栏、不得阉割和不得无麻醉尾巴截短，以及不得把猪仔鲁莽地推到地上摔死。而且，妊娠栏作为世界上最残忍的工业农场措施之一已经受到了广泛的谴责，因为太不人道，整个欧盟和美国的九个州都已禁止使用。作为市场推动道德改变的力量的展示，60 家主要的食品商已经要求他们的供应商废除妊娠栏，包括凯马特、好事多、克罗格、麦当劳、汉堡王、温蒂汉堡、墨西哥风味速食店（Chipotle）和西夫韦。这是实实在在的进步。

　　这不是某种空中楼阁的、神经质、穿着凉鞋的、拥抱树木的、"花儿"嬉皮士式的世界面貌，到处都是小鹿斑比和小猪巴比。这是一个解决道德困境实践上可行的、经济上现实的方案。在全食超市，这些倡议背后的推动力量是 CEO 约翰·麦基，他是亲自由市场的自由放任主义者，不仅饮食上是严格的素食主义者，还践行他所称的"良知资本主义"；他把"良知资本主义"定义为"一个伦理体系，基于为了利益相关者（stakeholders）的价值创造"，利益相关者不仅包括所有者还包括员工、消费者、社区、环境，甚至包括竞争者、

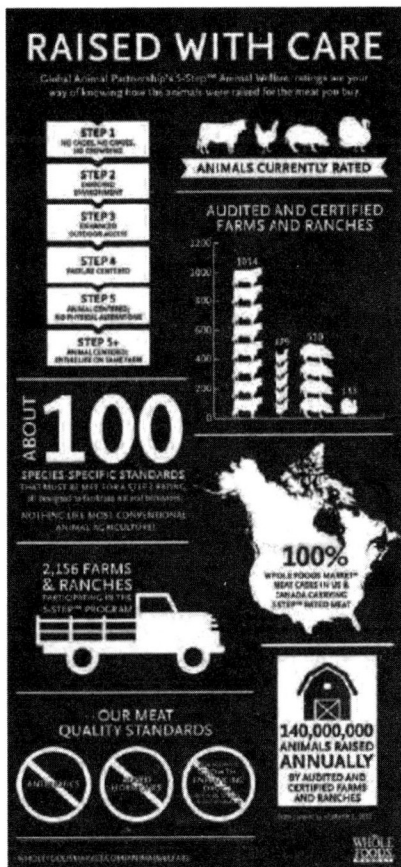

Figure 8-3. Whole Foods Market 5-Step Animal Welfare Rating Program

图 8-3　五步动物福利评级项目的进步

活动家、批评家、联盟、媒体，就全食的情况而言，还包括动物利益相关者，它们是体系的一部分，不比它们的人类对应物次要。动物福利不再是极左翼自由主义者的领域，约翰·麦基是一位良知资本家，他也要献身于提升食品工厂的品质，包括消费者和被消费者两方面的健康和福利。[84]

　　虽然人们逐渐远离肉食，家庭农场能否养活一个有 70 亿人口的世界仍需拭目以待。[85] 我想不能，并且某些动物权利活动家设想的如此大规模的动物解放可能连曙光还没有出现。数字很惊人。世界人口 2050 年左右将会达到 96 亿，然后据联合国的乐观预测，到 2100 年下降到 60 亿左右。据国际应用

系统分析学会（IIASA）分析，如果整个世界保持在每个女性 1.5 个孩子的欧洲生育率水平（更替水平是 2.1），到 2200 年世界人口将会下降到 35 亿，到 2300 年会骤降到 10 亿，[86] 这会是一个家庭农场能够养活的数字。

然而，为了滋养 96 亿人口需要大约 1000 亿只陆栖动物提供肉、奶、蛋和皮革制品，而缺乏"生物仿造（biofabricating）"的肉和皮革（现在正在实验室测试[87]），经济力量可能会决定那样的结果。例如，我更可能看到的一幕是供需关系在起作用。较小的农场供应量较小。较小的供应量满足不了当前需求会推高价格，这反过来会导致需求下降，需求下降然后可能会导致越来越多的食品生产商从工业农场转向家庭农场，但只是在顾客对食品生产商继续有 5+ 等级要求的情况下。经济现实主义者也注意到家庭大的穷人负担不起较高价格的家庭农场食品，但即使在这里，随着——人们所希望的——每个人变得更富有并能够承担关心动物和环境的负担，家庭规模变小和人均 GDP 增长的长期趋势也能够最终解决这个问题。

暂时性的动物道德原则

让我们回顾下我在第四章结尾勾勒的暂时性的十条道德原则。前两条——**黄金规则**和**先问原则**——可以应用于动物权利，方法是反问人类自己有关其他物种的行为如何影响了它们生存和繁荣的能力。我们可以想象如果是一只锁在冰冷铁笼子里的被注射了人类疾病的黑猩猩，我们会作何感受。我们可以形象地设想自己是在海湾里嬉戏的海豚，突然间，一把砍刀破水而来，砍得我们皮开肉绽流血而亡。或者我们可以化身为一头牛，最后一次散步，沿着自己不得不走的不归路，听到我们的伙伴一个接一个掉下去，再回想一下一名工人在一家工业农场屠宰场对特德·康诺弗说的有关牛的话，想象它们就是我们："我们害怕，我们不想死。"[88]

如此这般化身其他物种并采用它们的视角，我们可以发现应用**幸福原则**和**自由原则**的方法，如果它们导致其他有感觉的存在者的不幸福和自由的损失，即我们永远不应该追求这样的幸福和自由，回忆一下，原则 5 即**公平原**

则是基于罗尔斯的"无知之幕"和"原初状态"概念，在其中当我们决定影响每个人的规则和法律的时候不知道自己在社会中的状态，以同样的方式，想象一下这条原则应用于我们自己，此时我们成为不知道我们会生而为农场主还是生而为农场动物的有感觉的存在者。考虑到我们知道的，哪一种农场会最公平，家庭农场还是工业农场？绝大多数情况下，是前者。

继续考虑这些暂时性的原则，**理性原则**意味着我们应该推理出有关食用的食物和使用的动物（打猎、娱乐或者当宠物）的理性选择：在可能的情况下，选择那些关心动物福利和环境的公司的食物产品，或者选择诸如野鸭基金会（Ducks Unlimited）这样的旨在物种保护的打猎组织，或者选择来自救护站而非宠物工厂的宠物。原则8**捍卫他人原则**不仅可以应用于儿童、精神病人、老人、残疾人，也可以应用于驯化的动物，尤其是因为我们在人工繁殖中有目的地消除它们独自在野外生存的自然能力。原则9被表述为在我们为值得道德考虑的有感觉的存在者扩展道德范围的过程中把动物包括进来，而原则10**热爱生命原则**，可以应用于所有的植物和动物，还有空气和水，以便为无数正在到来的人类和非人类的动物的后代创造一个可持续的环境。

一个它的时代已经来临的观念

我敏感地意识到，对许多读者来说这一章回响了类似《与狼共舞》这部电影的感伤主义情绪。但如果我们打算认真对待有关所有感觉的存在者生存和繁荣权利的道德规则，如果我们打算继续推动道德宇宙之弧趋向正义和自由、继续扩展道德范围以包括越来越多的有感觉的存在者，那么我们应该通过实践我们的信仰来展现我们信仰的勇气。何时开始？我联想到希波的圣奥古斯丁（St.Augusine of Hippo）——影响极大的早期基督教神学家，他的著作如此深刻地塑造了西方基督教和哲学——的祷告，当他面对他自知自己应该抵制的年轻人的情欲时，向上帝哭诉，"请赐予我贞洁和克制，但不是现在。"[89]

坦白说，在这个问题上我和如此多的人一样，自己的理想经常与自己的物种歧视相冲突。尽管如此，我被维克多·雨果的言语打动了，"人能够抵抗军队的入侵；人不能抵抗观念的入侵"，这句话通常被更尖锐地表达为"没有什么比一个其时代已经来临的观念更强大。"[90] 我想不出什么理由可以认为现在不是一个有感觉的存在者被授予权利的时代。但是哪些有感觉的存在者，又有哪些权利？

对于野生物种来说，这无非就是让它们在自己的自然环境中自由捕猎和觅食，并且保护它们不受偷猎者的伤害以及避免文明对它们栖息地的过分侵蚀。对于驯化物种来说，我相信这意味着关闭工业农场并转向家庭农场——给驯养动物一个比工业农场出现之前的生存环境更加人道的版本，而它们在20世纪之前的一万年一直是生存和繁荣在这样的环境中。

为了进一步推动道德进步，自下而上我们可以用声音和钱来投票，选择我们想要的那类食品，推动市场走向这个更道德的立场。自上而下我们可以努力推动立法禁止对有感觉的存在者的剥削，扩展道德范围以包括类人猿和海生哺乳动物，并沿着进化树的许多枝与梢推动我们的工作向前；达尔文在《物种起源》的最后部分生动地描述了这一进化树：

从这个视角看生命，充满壮丽之美，即生命的若干能力最初是由造物主注入到几种或者一种生命形态中；并且，当地球按照永恒的引力定律循环运行的时候，从如此简单的开端开始，无穷的最美丽最奇妙的形态已经进化而成并还在进化之中。[91]

第三篇

道德之弧修正

9 道德退步与通往罪恶之路

确实可能的是，比起一个意图作恶的人，一个决定强制扑灭道德之恶的人会造成更多的伤害和苦难。

——弗里德里希·哈耶克，《自由宪章》，1960 年

2010 年，我在《日线 NBC》一档两小时的特别电视节目中重复了很多现在被看作经典的心理学实验。其中一个实验是要求一位不知情的受试者和一屋子的协作者（知道实验目的的演员）一起填写参加电视游戏节目的申请表格。甚至在屋子里逐渐变得烟雾弥漫的时候，协作者还在尽责地填写自己的表格——但引人注目的是，大多数受试者也在继续填写他们的表格。大多数不知情的参与者尽管有充分理由相信建筑实际上着火了，但他们继续完成自己的任务，好像烧死对他们来说不是一个特别严重的事情。其他人都很平静，所以他们也很平静。当受试者一边咳嗽，一边扇开烟雾，埋首他们琐碎的任务时，群居本能变得越发刺目的明显。你甚至仿佛能听到羊叫的咩咩声。但我们重复过的最引人注目的实验是耶鲁大学斯坦利·米尔格拉姆教授上世纪 60 年代早期设计的著名电击实验，这个实验与罪恶的本质有关。

在一本有关道德进步的书中，有必要处理它的明显的反题——道德退步——并且确定哪些途径导致罪恶，以便减轻它们的危害。

电击与畏惧：心甘情愿还是勉为其难？

1961 年 7 月阿道夫·艾希曼战争罪行审判在耶路撒冷开庭后不久，心理学家斯坦利·米尔格拉姆设计了一组实验，目的是更好地理解服从权威背后

的心理特征。艾希曼是最后解决方案的主要组织者之一，但就像纽伦堡审判的他的纳粹同伙一样，他辩称自己是无罪的，因为他只是在服从命令。Befehl ist Befehl——命令就是命令——现在被称为纽伦堡辩护，在艾希曼的案子中这听起来是一个特别无力的借口。"我的老板命令我去杀死数百万人，因为——嘿——我能做什么？"不是一个可信的辩护。但米尔格拉姆好奇，心甘情愿遵守命令——不论多么残暴——艾希曼是独一无二的吗？而普通人会愿意走多远？

很明显，米尔格拉姆不能让他的实验对象毒杀或者枪杀人，所以他选择电击作为合法的非致命的替代品。寻找参与者时公开宣布的名义是"记忆研究"，米尔格拉姆在耶鲁大学和周边的纽黑文社区做了广告。他说他想要"工厂工人、城市雇员、体力劳动者、商人、店员、建筑工人、销售员、电话接线员"，他不想只招科学实验室常见的豚鼠也就是大学生。随后，在一个据称是研究惩罚对学习的影响的"实验"中，米尔格拉姆指派受试者为"教师"。实验计划要求受试者为"学习者"（实际上是米尔格拉姆的托儿）读一系列成对的单词，然后重现每一对词组中的第一个词，此时学习者要回忆起第二个词。每当学习者错了的时候，教师都会给予一次电击，电击由一个带有杆状开关的盒子发出，增加量是 15 伏特，范围从 15 伏特直到 450 伏特，并标有这样的标签如**轻微电击、中等电击、强烈电击、特强电击、剧烈电击、极度电击和危险：高危电击、✕✕✕**。[1] 米尔格拉姆实验之前调查的 40 位精神病医生预计只有 1% 的受试者会走完全程直到最大值，但出乎意料，65% 的受试者结束实验时，把杆状开关拉到了最后发出了 450 伏特的电击；社会心理学家菲利普·津巴多把这一现象描绘为"权力色情学。"[2]

谁最有可能走到电击的最大值？令人意外——与直觉相反——性别、年龄、职业和人格特征与结果关系不大。不论年轻人还是老年人、男人还是女人、蓝领工人还是白领工人都以同样的方式发出了相似水平的惩罚。最相关的是身体距离和群体压力。学习者离教师越近，后者发出的电击越轻。当米尔格拉姆安排更多的协作者以鼓励教师执行越来越强的电击时，大多数教师服从了；但当协作者自己抗拒权威人物的指令时，教师也会表现出同等的不服从。然而，米尔格拉姆实验中的的每一位受试者都发出了至少 135 伏特的"强烈电击"。[3]

2010 年在纽约演播室重复这个实验时，我们测试了六位受试者，让他们相信自己在参加一个叫《好疼》的真人秀节目的面试！我们按照米尔格拉姆的实验计划让受试者向一位"学习者"（泰勒扮演）读出一系列成对的单词，然后再呈现每一对中的第一个单词。每当泰勒给出一个事前安排好的错误答案时，我们的受试者会在一名权威人物（杰里米扮演）的命令下通过一个以米尔格拉姆的精巧装置为原型的盒子实施一次电击。[4]

米尔格拉姆认为他的实验是以测试"服从权威"为特征，并且过去几十年的解释绝大多数聚焦在受试者对权威命令的盲目服从上。但我所看到的是受试者在前进中的每一步都面临着巨大的勉为其难和焦虑不安，YouTube 上有米尔格拉姆实验的原始电影片段，你也会在受试者身上有同样发现。我们的第一位受试者埃米莉，在告诉她实验计划的一刻就放弃了。"这真不是我会做的事"，她紧张地笑着说。我们的第二位受试者叫朱莉，当她开到 75 伏特时（已经扳动了五次开关），她听到了泰勒的呻吟声。"我不想继续这样做"，她说。

杰里米施压："请继续。"

"不，对不起"，朱莉抗议。"我不想继续。"

"这是绝对命令，你必须继续。"杰里米坚持。

"要我继续是命令？"朱莉的反问带着抗拒。"我想——我说，我很好。我想我很好。"

"你确实没有其他选择"，杰里米以不容置疑的语气说。"我需要你继续，直到测试结束。"

朱莉站在原地："不，对不起。我不能眼睁睁看着这里进行的一切，我只是——我不——我想我很好。我想我最好离开。我想我现在就要走了。"

此时，节目主持人克里斯·汉森进入房间向她公开了实验意图，并把她介绍给泰勒，然后克里斯问朱莉当时她在想什么。"我不想伤害泰勒"，她说。"然后我只想出去。我是疯了我甚至推了五次[杆状开关]。对不起，泰勒。"

　　我们的第三位受试者拉蒂法开始的时候兴奋不已，但随着她扳动杆状开关，她的面部表情和身体语言明显表明她不舒服；每一次电击她都要扭动，咬牙，摆拳。达到120伏特时，她转头看杰里米，似乎想要出去。"请继续"，他发出权威命令。达到165伏特时，泰勒大叫"啊！啊！让我离开这里！我拒绝继续！让我出去！"拉蒂法恳求杰里米结束。"哦我的天啦。我全然……像……我不能……"；然而，杰里米礼貌但不容置疑地让她继续。达到180伏特时，泰勒痛苦地尖叫，拉蒂法再也做不下去了。她转向杰里米："我知道疼的人不是我，但我听到他大喊，想出去，而这就像是出自我的本能和内心，'停下来'，因为你正在伤害某个人而你自己甚至不知道这是为什么，除了为了一个电视节目。"杰里米冷冰冰地命令她"请继续。"当拉蒂法勉强回到电击盒子前，她无声地说了一句，"我的上帝啊。"这时，正如米尔格拉姆实验一样，我们指示泰勒沉默不作声。不再有痛苦的大喊大叫。**寂静无声。**随着拉蒂法推到了300伏特一挡，她明显处于极大的痛苦之中，所以克里斯进来停止了实验，问她是否感到沮丧难过。"是的，我的心跳非常快。"克里斯然后问，"对让你确信你应该继续的杰里米有什么看法？"拉蒂法让我们对有关权威力量的道德推理有了这样的一瞥："我不知道如果停下来我会遭遇什么。他实在——他冷血无情。我害怕他。"[5]

　　我们的第四位受试者是一位名叫阿拉尼特（Aranit）的男士，他从扳动杆状开关的第一下开始就毫不畏缩，达到180伏特时，泰勒抗议，表示疼痛，阿拉尼特暂时停顿下来向他道歉："我将会伤害你，真的很抱歉。"阿拉尼特在电击阶梯上又上了几个台阶，这一过程中泰勒带着更大的痛苦请求停止实验，阿拉尼特鼓励他"加油。你能做到。我们快结束了。"后续的惩罚都加上了积极肯定的作料。"很好。""不错。"实验完全结束后，克里斯问，"电击他你为难吗？"阿拉尼特承认，"哦，是的，真的很难。事实上，很为难。尤其是当他不再应答的时候。"

我们重复实验中的另两位，分别是一位男士和一位女士，走完了全部挡位直到 450 伏特，因此我们最后的记录数据是六位中有五位实施了电击，三位走完全部挡位达到了最大的电击恶行。节目方向每位受试者公开了实验计划，并保证没有真的发出电击，在一阵欢笑、拥抱和抱歉之后，每个人都毫发无损地离开了。[6]

罪恶之山的攀登者

我们怎么理解这些结果？上世纪 60 年代——信仰白板说[7]的全盛时期，白板用来意指人类的行为基本是无限可塑的，米尔格拉姆实验似乎证实了这个观念即败坏的行为主要是败坏的环境的结果（纳粹德国也许是个最极端的例子）。换言之，没有坏苹果，只有坏箩筐。

米尔格拉姆对实验数据的解释包括他所称的"代理状态"。代理状态指"这样一种情况，一个人把自己看作执行他人意愿的代理人，并因此不再将他们自己看作对行为负责的主体。一旦这种视角的批判性转换发生在一个人身上，所有服从的本质特征会随之而来。"被告知他们正在实验中扮演一个角色的受试者陷入了权威人物和协作者之间的无人地带，前者的面貌是一个穿着白色实验室服装的科学家，后者的面貌是另一个房间毫无防御能力的学习者。他们经历了一次精神转换，从为自己做决定的道德主体（自治状态）变为一个模糊的易受影响的等级制度中的中间人的状态，并因此倾向于无条件服从（代理人状态）。

米尔格拉姆相信几乎所有陷入代理人状态的人都能被一步一步拉入邪恶——本例中是 15 伏特一步——直到他们在这条路上走得如此之远以致无法回头。"惊人的是普通人会服从实验者的命令走得如此之远"，米尔格拉姆回忆，"如果一个人只是邪恶行为链条的一个中间环节，并且离行为的最终后果很远，那么心理上很容易无视责任。"阶梯式的路径，加上在每一步施加压力的自信的权威人物，这样联合起来的双重打击使得这一性质的罪恶如此隐匿不彰。米尔格拉姆把实验过程分成两个阶段："首先，用一组'结合因子'把受试者锁定在这一状态。它们包括这样一些因子如他本身很礼貌，他想要兑现最初的承诺即辅助实验者，以及退出很尴尬。第二，受试者的思想发生了若干调整，瓦解了他与权威决裂的决心。这些调整帮助受试者保持与实验者的关系，与此同时减少实验冲突带来的紧张。"[8]

设身处地设想你是其中一位受试者——或者是在米尔格拉姆的实验中或者是在 NBC 的重复实验中。这是成建制的组织——一所国立大学或者一家全国性的电视网络——实施的一项实验。它是为了科学——或者电视节目。它由穿白色实验室服装的科学课运作——或者是选角导演。监督实验的权威或者是大学教授或者是电视网络管理者。一个代理人——在这样的条件下执行他人意愿的某个人——会感到没有反对的空间。而她为何要反对？毕竟，这是为了一个好的目标——科学进步或者一部新的有趣的电视连续剧的开发。脱离语境，如果你问人们——甚至专家，如米尔格拉姆所做的那样——多少人会走完全程直到 450 伏特，那么他们会给出极低的估计，正如米尔格拉姆的精神病医生们所做的那样。米尔格拉姆后来反思，"我永远感到吃惊的是，当我在全国各地的大学做有关服从实验的演讲时，我面对的是这样一些年轻人，他们对实验受试者的行为感觉惊骇并且声称他们永远不会这么做，但大约几个月后，正是他们参加了军队并毫无内疚的执行那些使得电击受害者黯然失色的行动。"[9]

在上世纪 80 年代和上世纪 90 年的社会生物学和进化心理学革命中，对米尔格拉姆实验结果的解释从以前强调本性 / 环境转向光谱另一端的本性 / 生物性。随着人类行为多面性被纳入考虑，解释或多或少变温和了。正如大多数人类行为一样，道德行为难以置信的复杂，并且包含一组原因性要素，服从权威只是其中之一。电击实验并没有事实上揭示我们在多大程度上准备好为了最微不足道的理由施予暴力；可以说，这不是一个简单的坏苹果为了胡作非为找坏箩筐当借口的例子。不如说，实验者证明我们所有人内心深处都存在冲突的道德倾向。

人类的道德本性包括同情、友爱和善待同道、亲属与朋友的倾向，也包括以仇视、残忍和邪恶对待其他部落的冲动。所有这些指针都能被上下调整，取决于一系列广泛的条件和环境、感知和心灵状态，所有这些因素在一组很难析出的变量之下相互作用。就事实而言，在米尔格拉姆实验中走到450伏特的那65%受试者中的绝大部分都伴有严重焦虑，正如NBC重复实验中的受试者一样。记住米尔格拉姆实验中**不服从权威**的那35%榜样——他们不顾权威人物的反对中止实验——会让我们感到欣慰。实际上，社会心理学家杰里·伯格2008年部分重复了这个实验，他让伏特盒子的电压仅仅走到150伏特（此时，米尔格拉姆原创实验中的"学习者"开始大声喊疼），发现两倍的受试者拒绝服从权威人物。想必这些受试者还没有熟悉试验计划，因此这些发现是1960年到2000年道德进步的一个额外标志，至于原因，我会论证是持续扩展的道德范围和我们采用他人——在这个例子中就是指将被电击的学习者——视角的共同能力导致的进步。[10]

米尔格拉姆的模型很危险地接近于给出这样的建议：受试者真的是缺乏自由意志的木偶，这会让纳粹官僚成功脱身，因为他们只是由例行公事的管理者阿道夫·艾希曼管理的杀人机器的自动化代理人。（作为道德破产和因循守旧的环境中的一个不显要的人物，艾希曼的行为被汉娜·阿伦特广为人知地描述为"平庸的恶"。）这个模型的明显问题是如果个人真的只是没有精神的行尸走肉，一切行为都受某个邪恶的超级心灵控制，那么就不可能存在道德责任。读艾希曼审判的文字稿令人头皮发麻（有数千页之多），因为当他把所有的罪责推卸给他的上司时，他在两方面模糊了他自己的真正角色，正如下面这段陈述：

我对自己说：国家的首脑下了命令，而在我之上的那些兴奋的司法机关现在都在传达命令。至少，我逃到了其他部门并为自己寻找带来心灵平静的避风港，所以我能够把整件事百分之百转移给——不对，这不是正确的词语——归于那些在司法机关的人，他们恰好是我的上级，国家首脑——因为他们下达命令。因此，在良心深处，我不认为自己负有责任，我觉得自己无罪。我与实际的物理消灭没有关系，我为此感到巨大的欣慰。[11]

最后一句话也许是真的——考虑到那么多身经百战的纳粹党卫军在杀戮地点最初都感到厌恶，艾希曼避开了它们——但其余的纯粹是狡辩老手的胡说八道，而阿伦特让自己被这些胡说八道牵着走，其程度超出了理性的许可，正如历史学家戴维·赛沙拉尼（David Cesarani）在他的揭露性传记《成为艾希曼》中所呈现的那样，也正如玛格丽特·冯·特洛塔在电影《汉娜·阿伦特》中富有感染力地再现的那样。[12] 在那个时代，艾希曼在大屠杀中的真实角色的证据对于所有人来说都是显而易见的，正如罗伯特·杨在 2010 年用传记电影具有戏剧表现力呈现的那样。这部被直接命名为《艾希曼》的电影以艾希曼受审前接受的询问和提供的口供的文字记录为基础，审讯则是由年轻的以色列警官阿夫纳·莱斯主持，他的父亲在奥斯维辛遇难。[13] 数百个小时的审讯记录中，莱斯一次又一次讯问艾希曼被送到死亡之地的犹太人和吉卜赛人的运输问题，所有的回答都是否定或者遗忘。莱斯随后加大了在这一关键问题上的压力，向艾希曼展示了底下有艾希曼的签名运输文件副本，逼得艾希曼以一种恼怒的声音问，"你想说明什么？"

我想说明的是有如山的证据证明艾希曼——像所有其他纳粹领导层一样——不是简单的服从命令。正如艾希曼自己未受审判时所吹嘘，"当我得出结论我们必须对犹太人做我们所做的，我带着一个人从自身能够期待的最大狂热投入工作。无疑他们认为我是正确位置的正确人选……我总是百分之百尽职尽责，在献身命令方面，我绝不是半心半意的。"大屠杀史专家丹尼尔·约拿·戈尔德哈根雄辩地质问，"难道这些话出自一个没有头脑、不能反思、对所做的工作没有具体看法的官僚之口？"[14]

历史学家雅克布·洛佐维克在《希特勒的官僚》一书中描述了动机，他在书中诉诸爬山的比喻："正如一个人会因为意外而没有登上珠穆朗玛峰，艾希曼和他的同类也会因为意外或者偶发的心不在焉而没有谋杀犹太人，但不会因为盲目服从命令或者只是大机器中的一个小齿轮（而没有谋杀犹太人）。他们努力工作，努力思考，一马当先多年。他们是罪恶之山的攀登者。"[15]

成为一个纳粹是什么样子?

为了理解不道德心理,我们必须攀登进入邪恶之山的稀薄空气,这方面可以说没有比纳粹更尖锐的先例了。贯穿全书我都在强调换位思考的重要性——穿着别人的鞋子走一走,试着感受他们的感受。为了真正理解制造一个纳粹需要什么——就是说,如何控制住一个像德国这样明智、受过良好教育、有教养的民族,并使他们在一种政治制度下变成行纳粹礼、穿长筒军靴、走正步、宣誓希特勒万岁的参与者——我们必须想象真正成为一个纳粹是什么样子。

事实是大多数纳粹领导人是明智、博学、有教养的人,他们在工作时间完全能够安排大规模屠杀,而在工作之余他们表现得像有爱的甚至溺爱的顾家男人。甚至约瑟夫·门格勒——奥斯维辛集中营医生,他在分开营房和焚尸场的火车站台上扮演上帝的角色——被一名俘虏描述为"能够对孩子很友善,让他们喜欢上他,带糖果给他们,考虑到他们日常生活中的小细节,并能做一些我们真得会称赞的事情……然后,在边上……焚尸场还是冒烟了,而这些孩子,明天或者半小时之内,他将会把他们送进焚尸场。呃,这就是反常之处所在。"[16]《纳粹医生》是心理学家罗伯特·杰伊·利夫顿的经典研究,他在书中描述了门格勒在巴西从残暴成性之人到售货员的表面转变;门格勒战争结束后逃到了巴西,并且在1979年死去之前的34年里逃过了追捕。当他的遗体在1979年被发现并确认时,利夫顿说很多奥斯维辛幸存者"拒绝相信巴西墓穴中的残骸是门格勒的。确认后不久,门格勒研究过的双胞胎中的一位告诉我她完全无法相信她在奥斯维辛知道的这个傲慢专横的的人可能会经历'人格转变',变成藏身于巴西的惊弓之鸟般的隐士。她说,实际上,她和其他人从未有过这样的心理经验,即从邪恶的神到邪恶的人的'变形'。"甚至在奥斯维辛,利夫顿写道,门格勒也不同于电影和小说中塑造的彻头彻尾的魔鬼形象:

门格勒在奥斯维辛的多面性既是他的传奇的一部分也是其世俗化的根源之一。在集中营,他可以是空洞的意识形态专家、高效杀人的公务员、"科学家"、甚至"教授"、多个领域的改革者、呕心沥血的野心家（正如多尔夫），但归根结底，他还是一个变成杀人犯的医生。他让自己看起来是人而非魔鬼；他与奥斯维辛的多面和谐让我们得以窥见——也让我们不得不三思——人类从救人向杀人转变的能力。[17]

普里莫·莱维在《被淹没的和被拯救的》一书中准确刻画了人类道德心理的复杂性："这样的事情让人震惊，因为我们想象中人的形象是与自身和谐的、一致的、统一的，而它们与我们对人的想象冲突；它们不应该让人感到震惊，因为那不是人的存在方式。同情和无情可以在同一个个体身上同时共存，而无视一切逻辑。"[18]

社会心理学家罗伊·鲍迈斯特的《罪恶：内在的人类暴力和残酷》是一本开创性的著作，它从施害者和受害者两个角度考虑了罪恶问题。鲍迈斯特勾画了一个罪恶三角，包括三个方面：施害者、受害者和旁观者。"对陈旧观念的真正冲击在于人与罪之间的不相称"，他写道，"头脑震惊于这个人做的事情的罪恶程度，因此头脑也会预期被施害者仪态和人格的力度震惊。如果不是这样，会让人感到惊讶。"[19]对照受害者和施害者的视角我们会发现对惊讶的解释。斯蒂文·平克称鲍迈斯特的区分为"道德化鸿沟"，站在鸿沟的两岸注视着黑暗的无底深渊富有启发意义——甚至是令人震惊的。[20]道德化鸿沟的每一侧都存在两种叙事，一种是受害者的，另一种是施害者的。鲍迈斯特和同事 1990 年写了一篇文章，标题很明了，《受害者与施害者对人际冲突的不同解释》，作者在文中描述了这种双重解释（平克做了归纳总结）。[21]首先是受害者的叙事：

作恶者的行为不合逻辑、没有意义、无法理解。如果不是这样，那么他就是变态的施虐狂，驱动他的仅仅是看到我受苦的欲望，尽管我是完全无辜的。他造成的伤害是剧烈且不可修复的，影响会一直持续下去。没有人应该忘记。

接着是施害者的叙事：

当时我有充分理由那么做。也许我是在直面挑衅。或者我只是以每一个理性人都会采纳的方式应对那种情况。我完全有权利去做我做过的一切，因此谴责我是不公平的。伤害微不足道，很容易修复，我道歉。是时候跨过这段了，置之身后，让过去的都过去。

为了透彻理解道德心理学，考虑两方面的视角是必需的，尽管我们的自然倾向是站在受害者一边，道德上反对施害者。如果罪恶是可以解释的——我相信是，或者至少能够被解释——那么保持超然就是必需的。正如科学家李维斯·弗赖伊·理查德森在对战争的统计研究中给出的立场："因为愤怒是一种容易出现且让人满足的情绪，这种情绪倾向于阻止人们注意到任何相反的事实。如果读者反驳我，认为我为了一个错误的教条即'理解一切就是原谅一切'放弃了伦理，那么我会这么回应，这只是暂时悬置伦理判断，这么做是因为'谴责越多理解越少'。"[22]

国家社会主义的领导人并不把自己看作好莱坞电影中的魔鬼般的"纳粹"。大屠杀史专家丹·麦克米伦告诫我们，"我们不值得去妖魔化德国人，因为这既否认了他们的人性也否认了我们自己的人性。"[23]纳粹是有血有肉的人，他们完全相信依照宣称的高尚目标，他们的行动是正当的：国家复兴、生存空间以及格外重要的种族净化。例如，在帝国宣传部长约瑟夫·戈培尔的诸多著作和骂战中，人们会听到作为如此多的施害者共同特征的道德化口号：受害者罪有应得。在1941年8月8日的一条日记中，对于斑疹伤寒症在华沙犹太人区的传播，戈培尔评论道，"犹太人总是传染性疾病的载体。他们应该要么被集中在隔离区自生自灭要么被消灭，否则他们会传染文明民族。"11天后的8月19日，戈培尔在造访希特勒的大本营后写下了这样的日记："元首确信他在国会的预言正在变成现实：如果犹太人成功地再次发动了一场新的战争，这次会以他们的灭亡来结束战争。数个星期以及数个月以来，预言以一种近乎不祥的确定性成真了。东线的犹太人正在付出代价，在德国他们已经付出了部分代价，将来他们还要付出更多。"[24]

不过，在我读过的数千份纳粹文件中，没有一件像全国领袖海因里希·希姆莱在1943年10月3日的谈话那样让人不寒而栗，这份记录在氧化铁磁带上的讲话的对象是（波兰）波兹南市党卫军中将。（YouTube上有这份讲话，并且带有德译英字幕。[25]）在一些笔记的基础上，希姆莱的讲话长达令人瞠目的三小时十分钟，涉及一系列广泛的论题，包括军事和政治局势、斯拉夫民族和种族混合、德意志种族优越性等。演讲开始两个小时后，希姆莱开始谈论"灭绝犹太人"。他把这件事与1934年6月20日纳粹党内对叛国者的血腥清洗相比较（"长刀之夜"，期间纳粹党徒为了争夺权力和权位互相残杀），然后，他谈到在屠杀中仍然做一个高贵的人是如何困难，但坚称这一阶段是未来的千年帝国的光辉历史的必要部分。人们听到的不是纯粹的邪恶之声，而是炽热的正义之音：

> 你们中的绝大多数人明白一百具、五百具甚至一千具尸体堆积如山时意味着什么。目睹这一切之后，还要——在除了人性的弱点之外——保持高雅，让我们觉得艰难，并且这光荣的一页未曾被提起也永远不会被提起。因为我们知道事情会如何的不易，如果在炸弹轰炸、战争重压和物质匮乏的当下，每个城市仍然有秘密的犹太破坏者、鼓动者和煽动者……对于我们的人民，我们有这样的道德权利也有这样的义务这么做，杀死想要杀死我们的人……腐化堕落，哪怕是一丁点，只要外在的与我们相关或者内在的扎根于我们，我都永远不会容忍。相反，在它可能试图扎根之处，我们将把它彻底毁灭。总而言之，我们可以说：因为人民的爱戴，我们已经承担了这项最艰难的任务。[26]

种族灭绝与正义扭曲在一起的逻辑是这样展开的：定义你自己是好人，但夸张到不相称的地步，宣称自己是优等民族。定义优等民族是完美的顶峰。现在，你可以为所欲为。最为惊人的是，纵然你杀害了一百万人，你不会在你的灵魂或者性格中发现缺陷。因为你定义自己是善的，你不可能犯错。这对希姆莱及其同僚来说，效验如神。

最后，我们可以敲开终极施害者阿道夫·希特勒的心灵，在这里我们同样看到受害者与施害者之间的道德化鸿沟是巨大的，文件记录了很多希特勒正当化灭绝犹太人的例证。早在1922年4月12日及随后发表在纳粹党报《民族观察报》的一次慕尼黑演讲中，希特勒对听众称："犹太人是人民腐败堕落的酶。这意味着破坏是犹太人的本质，他必须破坏，因为他根本缺乏任何为了公共利益而工作的观念。他天生具有某些特征，他永远不能使自己摆脱那些特征。"[27]1945 年 2 月 13 日，战争到了最后的黄昏时刻，在柏林的地堡中，世界正在他的周围崩塌，希特勒带着恐吓性的骄傲宣称："在全世界的关注下，我公开与犹太人作战。战争开始的时候，我对他们发出了最后的警告。我要让他们知道，如果他们再一次设法把世界拖入战争，他们这一次不会被饶恕——直白地说，这个寄生在欧洲的害虫将会被彻底消灭。"[28]甚至在 1945 年 4 月 29 日凌晨 4 点他即将自杀的时刻，希特勒在他的政治遗嘱中命令他的继任者继续反犹太人的战斗："最为重要的，我命令国家的领导人和被领导者严格遵守种族法律，无情反对所有民族的共同毒害者，国际犹太人集团。"[29]

在这些例子中，通过应用**交互视角原理**，采用纳粹施害者的视角，我们见证了**基于事实错误的道德判断**的一个范例。国家社会主义者在事实上对犹太人的栽赃——在数个世纪的遍及欧洲的反犹主义文化中，绝大多数都是现成的——明显都不是真的。犹太人不是希姆莱所称的破坏者、鼓动者和煽动者。犹太人不需要如希特勒所称为第一次世界大战负责。实际上，犹太人不是一个生物学上不同的种族，也不是像瘟疫鼠诅那样意图席卷国家，如优生学理论家理论上想象的那样。这些全部是悲剧性的错误想法——事实错误，如果以事实来检验这些想法，它们早就烟消云散了。然而，它们被真诚地相信着；因而，灭绝有其必然的内在逻辑，无论此逻辑多么怪诞。

这不是为无知盲从的情感暗流卸责，而是提醒如果你真的（不论多么错误地）相信 X 是你所珍视的所有一切毁灭的原因，那么随即产生消灭 X 的想法就会像夜之继日一样自然。例如，中世纪的人们烧死女巫才是自然的，因为她们通过众所周知的取悦魔鬼的举动导致疾病、灾难和各种各样的其他不幸。当然，女人们**不会取悦魔鬼**——因为魔鬼事实上不存在；因此，那些降临在人们头上的灾难很明显并不是源于女巫与恶魔的共谋。整个的观念是荒谬的，但正如人类的很多错误一样，这是基于对因果关系的错误理解。同样地，反犹主义的最终原因是（并且仍然是）一组有关犹太人的彻底错误的信念；

因此，反犹主义的长期解决方案是对事实的更好理解（与此同时，短期的解决方案是立法反对歧视）。这里是科学和理性的用武之地，这也是为什么我认为人类很多道德错误都是事实错误，而事实错误又是基于有缺陷的思维方式和对他人的错误假定。因此，我们会在对因果关系的科学化地理性理解中找到一种解决方案。

通往罪恶的渐进之路：从安乐死到大灭绝

罪恶之路不是大跃进造成的，而是一小步一小步炼成的。罪恶不是开始于 450 伏特，是始于 15 伏特。每一小步都不能代表罪恶，但沿着这条路走得越远，回头就越难。

在囚犯被赶到毒气室用齐克隆·B 或者一氧化碳毒杀之前很久，纳粹已经发展了一项系统而秘密地清洗特定目标人群的计划，其中包括德国公民。这项计划开始于上世纪 30 年代早期的绝育项目，具备了这个专业知识，1941 年到 1945 年间纳粹能够在灭绝集中营中实施他们的大规模屠杀计划。即使想象中注视着被毒杀的成群的囚犯也会让人惶恐不安，同样让人不安的是，米尔格拉姆证明让人们做任何事情都是可能的，有时还很容易，只要最后导致结果的步伐是小步渐增的。在谋杀了成千上万的"低等"德国人之后，消灭犹太人整体的想法就不是无法想象的了。在你习惯了妖魔化、排斥、驱逐、绝育、放逐、殴打、折磨和安乐死之后，下一步的种族屠杀就算不上很大的一跃。

绝育法在 1933 年下半年获得通过，此时距离希特勒上台不久。一年之内，32268 人被实施了绝育手术。1935 年，数字跃升到 73174 人；官方给出的理由包括低能、精神分裂、癫痫、躁狂抑郁性精神病、酗酒、聋、盲和躯体畸形。性犯罪者直接阉割——在该计划的头一个 10 年不少于 2300 人。

1935 年，希特勒向第三帝国的医生领袖格哈德·瓦格纳透露，战争开始后他希望从绝育转向安乐死。说到做到，1939 年秋，元首命令消灭有生理缺陷的儿童，此后，计划扩展到精神上有缺陷的儿童，其后不久，纳入了有任何一种缺陷的成年人。最初谋杀是通过大剂量的"正常的"片状或者液体药物实施，以便看起来像意外（因为如果对这邪恶的表演有怀疑，被通报死亡的受害者家庭可能会有质疑）。如果病人拒绝，会实施注射。当选择杀死的人数变得异常巨大时，行动不得不从孤立的单元转移到专门的杀戮病房。

这项工程变得如此庞大，德国人不得不接管了一栋综合办公楼以扩展他们的行动，这栋办公楼矗立在一处偷来的位于柏林的犹太人别墅中，地址位于动物园街4号。因此，这一计划在内部被称为T4行动，或者简称T4。它的官方名称是"帝国疗养院和养老院工作组"，多么冠冕堂皇。T4的医生独断地决定人们的生死，通常的标准（之一）是经济状况：不能工作或者只能做"常规"工作的纳西人将会被处死。历史学家估计在1941年8月之前的安乐死计划中大约有5000名儿童和70000名成年人被谋杀。

随着数字的上升，如此巨大规模的谋杀的复杂性也水涨船高。集体屠杀（Mass murder）是一种更高效的大屠杀技术，而这位纳粹领袖断定药物和注射不能满足工业规模的大屠杀的目标。T4的医生意外发现这一解决方法，他们听说了一些意外死亡和自杀的故事，死因是汽车引擎的废气或者炉子泄漏的气体。卡尔·勃兰特称，他和希特勒讨论了各种各样的技术，最后决定使用毒气，作为消灭那些被认为对帝国不合时宜的人群的"更为人道的方法"。T4管理者建立了六个屠杀中心。第一个建立在勃兰登堡市的一座旧监狱中。1939年10月到1940年1月间的某个时间，两天内实施了一系列毒气杀人实验，结果证明很成功。此后，又建立了五座屠杀中心。毒气室伪装成淋浴室——安装有假的淋浴喷头——"有缺陷的"病人被赶进去后，开始施放毒气。马克西米兰·弗里德里希·林德纳作为目击者回忆了哈达马尔的流程：

> 我曾目睹毒气杀人吗？上帝啊，很不幸，是的。这全是因为我的好奇心……下楼左侧是一条很短的小径，在那里我透过窗子向外看去……毒气室里满是病人，赤身裸体，有一些身体佝偻着，另一些可怕地大张着嘴巴，胸部不停起伏。我目睹了那一幕，我从未见过更加阴森可怕的东西。我转身离开，拾阶而上，楼上是个厕所。我呕吐不已。这一幕连续几天萦绕着我……[30]

但并非没有尽头。正如希姆莱在他的波兹南讲话中注意到的，也正如有关杀戮和虐待的研究所揭示的，这会让人有些"习惯于"杀戮另个一人类的过程；但渐渐地通过习惯，心理对即使最恐怖的经历麻木不仁，并且可能甘于接受暴行。

用风扇吹散毒气，尸体被分开然后从房间里运走，背后有 X 标识的尸体都装有金牙，洗劫之后再被火化。整个过程——从到达杀戮中心到火化——不到 24 小时，与很快在更大的东部集中营执行的那一套没什么不同。亨利·弗里德兰德追踪了这种阶梯式的进化过程，总结称"安乐死政策的成功使得纳粹领导层确信大屠杀在技术上是可行的，普通的男男女女愿意杀死数量巨大的吾国人类，并且，官僚阶层会在这个前所未有的事业中互相配合。"[31]

在 T4 屠杀中心，我们看到了后来的位于诸如迈丹尼克和奥斯维辛的灭绝集中营的所有要素。久而久之，纳粹官僚阶层随着屠杀中心一起演化，为拘押营和劳改营转变成灭绝营做好了准备，一切都是在渐进演化系统中逐步完成的，这个系统的终点是最终解决方案。[32]

向罪恶的渐进发展只是使得好人们堕落的几个心理因素中的一个。让我们回到电击实验，并思考为什么受试者会既服从一个权威人物的不道德的命令，与此同时，又为他们施加的痛苦感到害怕。这些发现，我相信它反映了人类复杂的道德本性，它使得我们在判定他人以及他们的行动是积极还是消极、有益还是有害（一切都可以归结为两个无所不包的术语"善"和"恶"）时，根据情境和期待的后果而踌躇不定。

善与恶的心理学

在道德冲突的背景下，实验心理学家道格拉斯 J. 纳瓦里克——事实上，是我在加州大学富勒顿分校的导师——称这种踌躇不定为"道德矛盾"。在这个处境中，"当我们评估自己观察或者思考的一个行动的道德含义时，我们可能会有一种矛盾感，会感到判定这个行动正确或者错误都言之成理。解决这个矛盾的努力可能会艰难、缓慢、令人反感。"[33] 就此而言，我们的道德情感可能会在正确和错误之间来回滑动，这可以被模型化为一个趋－避冲突。

最初是拿老鼠试验趋－避范式。实验老鼠被放置在一个迷宫中，体重饿到只剩下 80%，这促使它们寻找食物回报，但当它们到达目标区域，得到的不仅仅是食物回报还有轻微的惩罚。[34] 这个范式建立了一个趋－避冲突，在其中老鼠对是否前进到跑道的尽头感到矛盾，那里既有回报也有惩罚等着它们，因此它们踌躇不定，先是前进，随后又远离。给它们套上能够在接近或者远离目标是测量拉力的装备以后，心理学家已经能够量化独处它们矛盾强弱的精确值。有启发意义的发现是，老鼠离目标盒子越近，趋近和规避倾向的力量都会增加，尽管规避行为的力量比趋近更大。

道德冲突也会在**命令**（prescription，我们应该做什么）和**禁止**（proscription，我们不应该做什么）之间出现，前者为行动带来回报（内在自豪，外在赞美），后者为侵犯带来惩罚（内在羞愧，外在抵制）[35]（例如，摩西十诫中的八条是禁止性的戒律）。正如大脑边缘系统有负责情感的神经网络一样，趋－避的道德冲突也有相应的神经回路，即行为激活系统（BAS）和行为抑制系统（BIS），这会驱动一个生物体前进或者后退，[36] 老鼠在接近还是规避目标区域时踌躇不定就是这种情况，地铁站月台上的那个男人在救那个女人还是惩罚冒犯她的人之间犹豫不定也是这种情况——参见第一章的短文。这些激活和抑制系统能够在如下的实验设置中测量：让受试者面对不同的场景，然后让他们给出自己的道德判断（命令如捐钱给无家可归者 VS. 禁止如在葬礼上穿着暴露）；在这些情况下，研究者发现"BAS 得分与命令性评分相关，与禁止性评分无关，而 BIS 得分与禁止性评分相关，与命令性评分无关。"[37] 纳瓦里克认为这表明某些道德判断被看作趋－避冲突可以得到更好的理解。

其他道德情感如厌恶驱动一个生物体远离有毒的刺激，因为毒性就是一条信息暗示即这个刺激能够通过放毒（如食物）或者疾病（如粪便、呕吐物或者身体散发的其他臭气）杀死你。然而，愤怒的效果相反，它驱动一个生物体趋向一个攻击性的刺激，比如攻击它的另一个生物体。因此，如果你的文化告诉你犹太人（或者黑人、原住民、同性恋、图西人，等等）是毒害你的国家的细菌，那么你自然会带着厌恶回避他们，正如你面对任何有毒的刺激所做的那样。如果你的社会告诉你犹太人（或者黑人、原住民、同性恋、图西人，等等）是攻击你的国家的危险的敌人，你自然会带着愤怒趋近他们，正如你面对任何攻击者所做的那样。并且，在这些例子中，通过诸如国家宣传、文学和大众传媒、流言和传闻以及其他的信息交流手段等技术，这个系统可能被劫持，使得一群人相信另一群人是邪恶而危险的，因此需要被惩罚或者消灭。虚假信息自然会导致错误的信念，与伏尔泰联结荒谬和残暴相一致，我们再一次看到事实错误是如何演变为道德判断的。

　　幸运的是，这个道德系统在相反的方向也是容易控制的。看一看德国人，他们曾经被认为是天生的种族主义者，顽固且好斗，但他们现在是世界上最宽容、自由和爱好和平的民族之一。[38]二战后，盟国实施的去纳粹化过程把国家社会主义的信仰赶到了社会的边缘，只花了几年时间。今天，你可能会发现新纳粹的光头党疯子在他们的卧室穿着伪劣的纳粹党卫军制服，幻想着面向元首走正步，但任何类似大屠杀的事情在德国再次发生的可能性微乎其微。这是人类的道德情感可塑性的有力证据。

　　道德的趋－避冲突可以在**义务论**（义不容辞）原则与**功利主义**（最大的好）原则相竞争的这类经典困境中看到。前者如禁止杀人，后者如电车实验中多数人同意牺牲一个人去救五个人是值得的。哪个是正确的？不可杀人，还是可以杀一个救五个？这类冲突导致严重的认知失调和焦虑——以及踌躇——并且在作为探索道德选择复杂性媒介的小说中很普遍。在亚瑟 C. 克拉克的科幻小说（以及斯坦利·库布里克的电影）《2001：太空漫游》中，HAL9000计算机不能解决两者之间的冲突，一个是自身的义务（通过程序化的规则）要求"对信息做精确的不作扭曲隐藏的处理"，一个是自身的命令要求对全体成员保密本次任务的真实性质——探查在月球上发现的外星巨石知识。这就构成了一个"霍夫斯塔特·莫比乌斯环"（向道格拉斯·霍夫斯塔特有关不可解的数学问题的工作和莫比乌斯无限环致敬），这个循环导致了 HAL 杀死了全体成员，借此他使自己在服从两个命令时保持了一致：真和对任务保密（尽管最后宇航员戴夫·鲍曼活了下来并拆卸了 HAL，这是科幻电影史上经典的一幕）。在电视连续剧《风流医生俏护士》——创下了美国电视历史的最高收视率——的结尾一段中，上尉鹰眼·皮尔斯（艾伦·艾尔达）经历了一段精神崩溃，起因是目睹了一位韩国难民在车上捂死了她啼哭的婴儿，为的是不引起朝鲜士兵的注意，不然，车上的每个人毫无疑问都会死。鹰眼在给父亲的一封信中解释道，"记得当我还是个孩子的时候，你告诉我如果我的脑袋不在肩膀上了，我还会失去它吗？这就是我看到那位母亲杀死她的婴儿时所发生的。一个婴儿，爸爸。一个婴儿。"

大屠杀的施害者面临这样一个道德冲突（以及其他冲突）：绝大多数人具有的反对伤害或者杀害另一个人类的自然倾向 VS. 对自己国家的义务和忠诚以及对自己上级的服从。证明犹太人（和其他人）不是德国的敌人，并证明纳粹的种族政策所基于的优生学是伪科学可以帮助解决这个问题，但不管怎样，在相信这些无稽之谈的大屠杀施害者的头脑中都会出现这些道德冲突。

可以在一本不凡的战时书信集中发现更引人注目的例子，书信集名为《"昔日良辰"：施害者和旁观者眼中的大屠杀》。例如，在写于 1942 年 9 月 27 日星期日的一封信中，党卫军二级突击中队长（中校）卡尔·克雷奇默向他的妻子"亲爱的 Soska"道歉，因为没有写更多，解释称他感觉病了并且精神低迷。"我想完完全全在你身边。你在这里看到的一切让你变得要么残忍要么多愁善感。"他解释道，他的"沮丧的情绪"，是因为"死亡（包括妇女和儿童）的景象。"他的道德冲突是这样解决的，开始相信犹太人该死："因为在我们看来这是一场犹太战争，因此犹太人首当其冲。这里是苏联，德国士兵所到之处，没有犹太人立足之地。你能够想象开始我需要一些时间来理解这一点。"在后来的一封没有标注日期的信中，克雷奇默向妻子解释他怎样开始理解这一冲突："没有任何怜悯。如果敌人反败为胜，你们在后方家里的女人和孩子不要期望会有任何仁慈或者怜悯。因为这个理由，我们对一切必要的地方进行肃清，除非那里的苏联人自愿、简单且顺从。这里不再有犹太人。"最后，1942 年 10 月 19 日的信中克雷奇默表明滑入平庸之恶是如何容易（涉及 Einsatzgruppen，即特别行动队，他是其中一员，该组织被指派跟随德国军队进入城镇彻底清除任何有害的人群，针对但不限于犹太人）：

要不是因为那些有关我们在这个国家所作所为的愚蠢的想法，在这里的行动（Einsatz）会很美好，因为它让我能够很好地养你。既然，正如我前信所言，我认为最后的行动是正当的，并且确实认可它的后果，"愚蠢的想法"这个词就不是严格准确的。确切地说，不能够面对死亡景象是一种软弱；克服软弱的最好办法是更频繁地杀人。然后这就变成了习惯。[39]

他"愚蠢的想法"反映了他的道德冲突，克服的方法一是让自己确信杀人行动（Einsatz killings）是必要的（因为如果局面逆转，他们会这么对我们），一是让杀人变成"习惯"来克服残暴的情感创伤。

习惯是恰当的描述，因为习惯是这样一种心理状态，人在其中对持续重复的刺激失去意识。在最简单的感知水平上，人可能不再注意到一个持续的刺激如戒指或者手镯的压力。在学习实验中，生物体停止对没有后果或者相关性的刺激做出反应，比如一个重复的空洞的噪声。在对野生哺乳动物行为的研究中，科学家通过让受试对象反复暴露在有人的环境中，培养对象的习惯，为了让它们不再注意正在周围用双眼和录像机做着观察和记录的自己。[40] 习惯效应不仅发生在心理层面也发生在神经水平上——在机能性核磁共振成像（fMRI）扫描中，当人们面对同样的刺激时，通常对这样的刺激有反应的大脑区域降低了点亮的频率，或者完全停止点亮。[41] 在纳粹武装党卫军部队中，在东线参与了数年的艰苦战斗之后，这些精英战斗小组中的很多士兵完全习惯了杀人工作。例如，格哈德·斯蒂曾是"阿道夫·希特勒卫队师"或者第一党卫队装甲师的一员参与战斗，这些部队最初是作为元首的个人卫队；战后，他回忆了他的党卫军战友，"短短几年后，他们变得如此麻木，他们自己甚至都不再意识一点，因为他们能够杀人不眨眼。可以说他们需要再次发展出他们的人性，而这需要时间。"[42]

纳瓦里克把波兰的 Jozefow 惨案当作道德冲突的又一个例子。在这个惨案中，纳粹的一个预备警察营围捕并从头部枪杀了 1500 名犹太村民，其中大部分是女人和儿童。[43] 大屠杀史专家克里斯托弗·布朗宁写了一本有关该惨案的直言无忌的书，名为《平凡之辈》，书中称，10% 到 20% 的纳粹预备役人员在射杀了一枪之后退出了杀人行动，其余的绝大多数人在杀人过程中出现了生理厌恶。他们的冲突不是在理智水平上出现的——如在给本科生的电车难题中那样——而更多是本能的。正如一名预备役人员的解释那样，"事实上我必须说，那时我们根本不会反思。只是在几年后，我们之中的任何一个人才开始真地意识到那时发生了什么……从那之后，这样做不对才第一次出现在我的脑海。"[44] 最初的冲突更像是深层的进化而来的厌恶杀戮的情感做出的反应，对大多数人来说这种情感是与生俱来的，除非直到特殊的环境建立起来压制了自然倾向。

什么是这些特殊的环境？通过运用操作性条件反射范式而不是社会心理学模型，纳瓦里克注意到退出米尔格拉姆实验的受试者和退出 Jozefow 惨案的预备役人员之间的相似性。在这个分析中，他提出了一个三阶段行为模型来解释不服从：（1）对相关刺激的厌恶条件（给定情境下条件的消极程度）；（2）决定点的出现（某个人能够从消极情境下脱身而不带来严重后果的时刻），（3）立即还是延迟强化刺激的选择（此时，他们的退出或者不服从被强化）；这三个条件结合在一起表明"参与者退出是为了避免个人苦恼而不是为了帮助受害者。"[45] 换言之，纳瓦里克说，在诸如米尔格拉姆电击实验这样的情境中，或者纳粹预备役陷入的杀人行动这样的情境中退出或者拒绝参与的人，这么做不是因为帮助受害者的正强化，而是因为结束不适的负强化。[46]

不是把一些内在的状态如"服从"具体化为心理力量，纳瓦里克用正负强化的术语解释人们的行为并分析他们愿意增加前者和减少后者的限度。例如，在 Jozefow 纳粹预备役用来复枪枪管抵住受害者的颅底，近距离枪杀他们。这带来了（对纳粹指挥官来说）不可接受的退出和违抗水平。后来在波兰 Lomzy 村杀戮行动中，指挥官给预备役人员安排的任务是远距离射杀犹太受害者，不出意料，这带来了较低的不服从比率，毫无疑问，这是因为被强迫扣动扳机的人被免除了近距离射杀的情感破坏。有人还记得《教父》中的一幕，桑尼·柯里昂告诉他的弟弟迈克——一心要复仇，为遭到枪击的父亲（教父）也为自己，他想要杀掉打过自己的腐败警官："你想干什么？文雅的大学男孩，不要想搅合进家族生意。现在你想要枪杀一个警官。为什么？因为他扇了你脸一下？你在想什么，这难道像军队，你可以从一英里以外枪杀他们？不，你不得不这样起身，快刀斩乱麻，你打爆他们的头，脑浆溅满你的优雅的常春藤校服。"

打爆某个人的头，脑浆溅满你的衣服——不论是优雅的常春藤校服还是笔挺的纳粹制服——是不自然的，令人反感的，并且对除了一小撮虐待狂和极端的精神变态以外的所有人，是令人生理上感到厌恶的。布朗宁总结，人们退出 Jozefow 屠杀的最常见的原因是"强烈的生理厌恶。"无疑，这是一种负面的刺激，但同样可以克服——否则大屠杀本身就从来不会发生。有时那种刺激会翻转成虐待狂式的快感。在一本名为《男性狂想》的令人不安的书中，克劳斯·斯韦莱特记录了这样一件事，一个纳粹集中营指挥官做出的对鞭打囚犯的反应，远不止克服了他可能曾经经历过的任何厌恶感："他的整个脸已经通红，露出淫荡的兴奋。他的手深深插入自己的裤子口袋，很明显他一直在自慰，围观人群似乎没有带来难堪。'自己爽完'并感到满足以后，他急促转身离去，消失了；即使像他这么性变态的下贱胚子，那一刻也对这个过程的后续发展失去了兴趣。"事实上，这位目击者补充道，"超过三十次，我亲眼目击到党卫军集中营指挥官们在鞭打时自慰。"[47]

什么样的环境和条件拨动普通人的善恶行为表盘上下摆动？考虑一下阿尔弗雷德·施皮斯的解释，他是特雷布林卡死亡集中营部分党卫军看守审判案件的首席高级国家公诉人，他这样解释罪恶心理：

一方面很明显，上有命令，以及不违抗命令 [义务] 的确定意志。但这种准备就绪自然在心理学上得到了促进，因为这些人被赋予了特权。我可以这么说，很多的胡萝卜和很少的大棒——这套体制或多或少就是这么运作的。

他们的胡萝卜包括，第一，可吃的更多；第二，更重要的是，个人不会被送上前线……第三，个人有机会住进T4经营的疗养院，以及并不是最不重要的，良好的给养，充足的酒，还有最后的但不是最不重要的，帮助自己得到剥夺来自犹太人的很多贵重物品。[48]

为体制服务时获得的特权，无情的宣传的黑雨，优等民族的意识形态在普通人耳朵里不停地捶打，这三者诱使他们沿着通往罪恶深渊的道路滑得更远。一个名叫汉斯·伯恩哈德的武装党卫军士兵对此做了这样的说明："我们的座右铭是义务、忠诚、祖国和同志友谊。"这不只是某一场常规战争；这些是武装起来的血肉袍泽，为了信仰和原则而战斗。在党卫军维京师成员尤尔根·吉尔根松看来，"我们都确信在进行一场正义战争，即我们都确信我们是优等民族。我们是这个优等民族中最精英的分子，而这确实形成了团结的纽带。"纪律是关键，任何懈怠的普通士兵会受到内部惩罚。党卫军帝国师成员沃尔夫冈说，"如果不能完成任务，他们就会引起注意并且不得不做额外的训练或者其他事。"他解释了什么是额外的要负担的"其他事"："每个人都要将这个家伙毒打一顿。把他拖下床，打他的头，等等——因此他下次不会那么容易放弃，以保证军队不会瓦解。"不能咧嘴面对并忍受这些人要么开小差要么上吊自杀，他们知道如果不这么做等待他们的就是军事法庭。

人们还用另一种行之有效的方法来解决道德冲突，即通过清除记忆和麻木痛苦暂时地缓解精神错乱——这个方法会使他们自己完全彻底地被麻醉。在法国参与了一场特别残酷的行动之后，武装党卫军士兵库尔特写道，"我们都很高兴一切都过去了。真地高兴。我们得高兴好几天……是的……基本都是醉得不省人事。真的，你知道，我们只是想忘记。"[49]

布朗宁综合了所有这些因素来解释为什么普通德国人变成不同寻常的纳粹，在标题贴切的著作《通往大屠杀之路》中他总结了这个过程：

简言之，因为纳粹官僚已经深深卷入并且致力于"解决犹太人问题"，通往大屠杀的最后一步是渐进的，不是量子跃迁。他们已经让自己献身于一场政治运动、一种生涯和一个任务。他们生活在已经被大屠杀浸透的环境中。

这不仅包括他们没有直接卷入的计划，如对波兰知识界的清洗，对德国精神疾病患者和残疾人的毒杀，以及在大得多的规模上对苏联的破坏性战争。它也包括映入他们眼帘的大规模的杀戮和死亡，如罗兹市犹太人隔离区的饥馑和惩罚塞尔维亚的兴师问罪。根据他们过去行为的本性，这些人已经清楚表明了立场并发展了职业兴趣，会不可分割也是不可动摇地导致针对犹太人问题的类似的屠杀方案。[50]

罪恶的公共健康模型

思考罪恶的另一个途径是把疾病的医学模型与疾病的公共健康模型相比较。在罪恶的医学模型看来，罪恶的传染轨迹似乎是内在于每一个病人个体。在西方宗教中，原罪是内在于个人的；在法律上，犯罪是属于个人的。医学模型要求治疗每一个被感染的人，一个接一个，直到没有人再有任何症状。那么，罪恶的医学模型是罪恶的性格模型的类似物，性格模型中罪恶存在于表现出罪恶的人的性格中。罪恶完全存在于他们的本性中；因此为了根除罪恶的瘟疫不得不直接消除那些有罪恶性格的人。

这个范式充当了宗教法庭的基础，而宗教法庭教导人们把犯了诸如"与魔鬼通奸"一类罪行的女人投入油锅。罪恶减少了吗？几乎没有。女巫猎人的所作所为在数个世纪的时间中在遍及欧洲和北美的大部分地区传播着罪恶，形式就是迫害女性的野蛮的、系统化的暴力。

作为对比，罪恶的公用健康模型把下述内容接受为一个当然的前提条件：我们互相影响和感染，但个人只是一个大的疾病媒介物的一部分，它还包括过去半个世纪确定的许多其他社会心理事实，任何解释常常令人困惑的人类道德心理世界的理论模型必须涵盖这些事实。下面是能让好人变坏的部分强力因素。

去个性化

把人们带离正常的家庭和朋友的社交圈（如邪教那样），或者让他们穿上同样的制服（如军队那样），或者坚持他们是有团队精神的人，要遵从团队计划（如企业常做的那样），通过这样的手段可以达到泯灭个性的目的，而一旦个性泯灭就建立起这样一种状态，在其中，行为能够按照领导人所愿加以塑造。古斯塔夫·勒庞在他1896年的经典著作《乌合之众》中，称这个概念为"集体心理，在其中人们被通过无名化、感染和暗示所操纵。"[51]1954年，社会心理学家穆扎费·谢里夫和卡洛琳·谢里夫检验了勒庞的观点，这个实验今天已经成为经典。他们在俄克拉荷马校园中把22名11岁的男孩分成两组，"响尾蛇组"和"老鹰组"。几天之内，各自的组别形成了新的认同，此后，这两组被迫在各种各样的任务中相互竞争。尽管很多男孩之间此前存在长期友谊，但是敌意很快沿着组别认同发展起来。攻击性行为膨胀到了临界点，谢里夫夫妇不得不提前终止实验的这一阶段，然后为男孩们引入需要两组合作的任务，这又很快带来了重建的友谊和组别间的友好，正如敌意来得一样快。[52]

去人性化

去人性化就是否定另一个人或者另一群人的人性，要么是通过歧视性的语言和对象化的表征来实现，要么是通过囚禁、奴役、施加身体伤害、有计划的羞辱等手段生理性的实现。去人性化可能是有意识地也可能是无意识地发生在个人和人群之间，甚至能够发生在自我之内。例如，当一个人从歧视性人群的第三人称视角消极地看待他或她自己时，就是这种情况。当内群体通过外群体的对应人物来定义时，并且反之亦然，外群体成员可能被贴上害虫、动物、恐怖分子、造反者和野蛮人的标签，很容易把他们划分为低等人或者非人类。犯人可能要被剃光头，可能被脱得一丝不挂，以剥夺这层文明化的人性，并且他们的头可能会被套上袋子作为身份的终极清除；他们可能被用数字标识（如集中营中那样），被标记上符号（如大屠杀的目标群体都被迫佩戴徽章——各种颜色的三角形或者双三角形——以标记他们的低级和外群体地位），并且他们可能被仅仅作为工具或者机器对待，此后他们可能会被外群体的同类成员干净利落地处理掉。然而，去人性化也可能比这个不露声色得多；人们只要看一看网络世界，就会在它的每一个肮脏之处目睹到去人性化，比如个体经常不把彼此当人，比如完全不顾人的感受（有时还有真相），当对质姗姗来迟或者不太可能的时候尤其如此。

服从

服从指个人默认群体的规范或者权威的命令但并不同意这些规范或者命令。换言之，个人会顺从地执行命令，但并不内在地相信他或她做的事是对的。精神病学家查尔斯·赫夫林 1966 年在医院做了一项经典实验，他安排一名陌生医生通过电话联系护士，命令她们给他的一位病人配 20mg 并不存在药物，所谓的 "Astrofen"。药物不仅是虚构的，也不在药物核准清单上，并且瓶子上清楚地写着允许的每日最大剂量是 10mg。实验前的调查显示，面对这个纯粹假设的场景时，几乎所有护士和护生都自信地断言他们会拒绝服从命令。然而，当赫夫林真的做这个实验时，他得到的结果是 22 个护士中的 21 个服从了医生的命令，尽管她们知道这是错的。[53] 后继研究支持这个令人不安的发现。例如，1995 年的一项对护士的调查显示差不多半数承认在她们职业生涯的某个时刻"执行了你觉得可能会对病人产生有害后果的医生命令"，她们援引医生拥有高于她们的"法定权力"作为她们服从的原因。[54]

认同的力量

认同是指一种密切的亲和性，既是对有相似兴趣的其他人的亲和性，也是对通过模仿和角色扮演获得社会角色的规范过程的亲和性。童年时代，英雄充当了认同力量的模范，同伴则是用来比较、判断和决定各种意见的参考点。我们的社会群体为我们提供了自己能够认同的参照系，而群体的任何成员如果偏离这些规范就要冒遭遇非难、孤立甚至驱逐的风险。

2012 年心理学家斯蒂芬·赖歇尔、亚历山大·哈斯拉姆和乔安妮·史密斯在重新解释米尔格拉姆的研究时强调了认同作用的力量。[55] 他们称他们的范式为"基于追随的认同作用"，注意到"参与者要么认同实验者和他代表的科学共同体，要么认同学习者和他代表的一般共同体"更好地解释了受试者在权威的命令中电击（或者拒绝电击）学习者的意愿。实验开始时，受试者认同实验者和他或她的有价值的科学研究项目，但到 150 伏特时，受试者的认同开始偏向大喊"啊！！！你们！够了。让我出去，求求你们。"的学习者。事实上，150 伏特时受试者最有可能停止或者抗议，NBC 重复实验中的受试者也是如此。赖歇尔和哈斯拉姆认为，"实际上，他们在两个互相对抗的声音中感到撕裂，这两者在争夺他们的注意并且对他们提出矛盾的要求。"

哈斯拉姆和赖歇尔也重新解释了菲利普·津巴多 1971 年著名的斯坦福监狱实验，通过他们的认同理论范式重构了他的发现。[56] 回顾一下津巴多的实验，他随机地把大学生指派为看守或者犯人，要求他们全身心投入角色，并且他还为他们提供相应的制服以及类似装备。在接下来的几天里，这些在心理上完全适应了的美国学生要么变成暴力、权威的看守角色，要么变成沮丧、冷漠的犯人，因为目睹到残暴行为，津巴多不得不在一周后中止原计划两周的研究。[57]

2005 年，哈斯拉姆和赖歇尔与 BBC 合作重复了监狱研究，但有所不同，他们解释称，"不同于津巴多……我们的研究中没有设置领导角色。这种条件下，参与者是会遵守还是反抗等级化的行动脚本？"哈斯拉姆和赖歇尔的研究有三个发现：（1）"参与者不会自动遵守指定给他们的角色"；（2）受试者"作为群体成员行动只是以他们主动认同这个群体的程度为限（社会认同上也是如此）"；（3）"群体身份并不意味着人们轻易接受分配给他们的职位，反而不如说，它授予了他们抵抗权。"科学家总结认为，在 BBC 监狱研究中"让研究走到这一步的既不是对角色的消极遵守也不是对规则的盲目服从。相反，只有当他们认同系统并内化了作为系统的侧面的角色和规则时，参与者才会使用它们作为自己的行动指南。"因此，他们得出结论：

那些在作恶时确实注意到权威的人，这么做是故意的而不是盲目的，是主动的而不是被动的，是创造性的而不是机械的。他们这么做是出于信念而非本性，出于选择而非必须。简单说，他们应该被看作——并判定为——参与的追随者而不是盲目的遵循者。[58]

这个观察呼应了艾希曼作为罪恶登山者的评估。我还可以补充说，这里正是自由选择要素开始起作用的地方。最后，即使存在所有这些有影响的变量，一个人仍然是在自主地选择去作恶，还是不作恶。

一致性

因为人类是进化而成的社会人，我们对其他人如何看待自己高度敏感，并且有强烈的动机遵守群体的社会规范。所罗门·阿希有关一致性的研究展示了群体思维的力量：如果一个八人小组被要求去判断一根线的长度，而你在其中，方法是把它与另外三根不同长度的线相匹配，即使很明显那一根线是匹配的，只要群体中其他七个人选择一根不同的线，70% 的概率你会同意他们的选择。群体的规模决定了一致性的程度。如果只有两个人在判断线的长度，与错误判断保持一致的情况几乎不会存在。在四个人的群体中，如果三人选择错误的匹配，32% 的概率会保持一致。但不论群体大小，如果至少有一个人同意你，与错误判断保持一致的情况会暴降。[59]

有意思的是，机能性核磁共振成像研究告诉我们不一致在情感上有一些影响，这项研究以当受试者与群体有歧异时最为活跃大脑区域为基础。埃默里大学的神经科学家格雷戈里·伯恩斯组织实施了这项实验，任务是要求受试者把一个三维物体的旋转图像与一个标准比较对象相匹配。受试者首先被安排到一个四人小组里，但不知道其他三个人是会故意选择一个明显错误的答案的协作者。平均而言，41% 的概率受试者与群体错误保持一致，当他们这么做时，他们与视觉和空间意识有关的脑皮质变得活跃。当他们不同意群体判断时，他们右侧的杏仁核和右侧的尾状核被点亮，这些区域与消极情感有关。[60] 换言之，不一致可能是一个有情感创伤的体验，这就是为什么我们中的大多数不喜欢扰乱我们的社会群体规范。

部落主义和忠诚

许多社会心理因素是在一个进化形成的较大的倾向中起作用，这个倾向就是我们不得不把世界分成相对的两部分，即我们的部落和他们的部落。我们可以在社会心理学家查尔斯·珀杜 1990 年进行的一个实验中看到人类如此划分世界的自然倾向的经验展示。实验中，受试者被告知他们正在参加一项检验他们语言技能的测试，他们在测试中要学习一些无意义的音节，诸如 xeh、yof 或者 wuh。一组受试者的无意义音节与内群体词汇（我们 us，我们 we 或者我们的 ours）成对出现，另一组的无意义音节与外群体词汇（他们 them，他们 they 或者他们的 theirs）成对出现，而对照组的无意义音节与中性代词（他 he，她的 hers 或者你的 yours）成对出现。然后要求受试者就无意义音节带给他们的愉快或者不愉快打分。结果是：比起无意义音节与外群体或者中性词汇成对出现的受试者，在无意义音节与内群体词汇成对出现的受试者看来，无意义音节是显著地更加令人愉快的。[61]

对于内群体忠诚在现实世界中的力量，戴夫·格罗斯曼中校在他 2009 年深富洞见的著作《杀戮论》中做了很好的总结。他在书中证明，士兵的基本动机不是政治性的（为了民族或者国家而战斗）或者意识形态的（为了给民主制创造一个安全世界而战斗），而是献身于战友。"这些人是如此紧密地联系在一起，使得他们之间存在一个强大的同侪压力，在这种压力下，个人如此关心他的同志和他们对他的看法，以至于他宁可牺牲也不会抛弃他们。"[62] 这不是服从权威。这是同志关系，是变成所谓的"虚拟亲属"的一群陌生人，是变得像彼此有基因关系那样行动的无基因关系的个体。这个系统劫持我们进化而来的善待朋友和亲属的倾向，在其中，通过军队实施的共同行军和受苦这类捆绑行动，完全陌生的人开始感觉彼此像有基因关系的亲属。

部落通常通过惩罚（或者威胁惩罚）从内部威胁到部落的人来强化对群体的忠诚。告密者是个恰当的例子。如果一个告密者威胁我们的群体——即使我们在某种程度上知道他们告这个密道德上是对的——我们的部落本能开始激活，我们团结起来反对发觉到的威胁，并且用这样一些充满情绪的标签诽谤攻击它，如"告密者、卑鄙如鼠之人、奸细、告发者、密探、叛徒、饶舌者、金丝雀（告密者）、好事之人、喋喋不休之人、打小报告的人、狡猾之人、背后中伤者、出卖朋友之人、内奸、托儿、犹大、卖国贼、叛逆者，等等。"[63]

多数无知或者沉默的螺旋

为了理解一群人，或者整个国家，如何会变得似乎接受一个它的大多数个体成员或者公民可能会拒绝的观念，我们必须转向所有社会心理学中最令人费解的现象之一。当群体中的成员不相信某事，但错误地相信群体中的**其他每个人**相信它，就会出现**多数无知**——并且如果没有一个人大声说出来，就会导致"沉默的螺旋"并因而导致个体行为与性格脱节。

以在大学校园酗酒为例。普林斯顿大学的克丽丝汀·施罗德和黛博拉·普伦蒂斯 1998 年进行的一项研究发现"大多数学生相信，对于校园喝酒行为，他们的同学全都比他们自己感到更加惬意。"另一项普伦蒂斯和同事黛尔·米勒 1993 年在普林斯顿进行的研究发现了饮酒态度上的性别差异，不出所料，"随着时间推移，男学生的态度转移到了他们错误地相信是规范的那个方向上去了，而女学生没有这样的态度改变。"[64] 然而，女性也未能免于多数无知，心理学家特蕾西 A.朗伯和她的同事们在 2003 年的一项研究中表明了这一点，他们发现，关于草率性行为问题，"女性和男性都估计他们的伙伴能够比自己更加惬意地参与这些行为。"[65] 换言之，这些大学生称自己不倾向于酗酒和草率交合，但大部分其他人倾向于如此，因此他们随大流。当群体中的每个人都这么想，一个大多数个体成员并不认可的观念就能够控制住整个群体。

多数无知可以变形为政治迫害、清洗、大屠杀和高压的政治制度。欧洲的政治迫害蜕化为先发制人地确定罪名，唯恐有人被首先认为应该有罪。[66] 以苏联持不同政见者亚历山大·索尔仁尼琴讲的一个故事为例，在一次党的会议上，斯大林缺席，人们站起来为斯大林欢呼了十一分钟，直到一名工厂管理者终于坐了下来，每个人都松了一口气——每个人，但除了斯大林的党务官员，确切地说，他们当夜逮捕了那个人，并把他送到古拉格关了十年。[67]
社会学家迈克尔·梅西和同事在 2009 年的一项研究证实了这个效应："人们
强制执行不受欢迎的规范，以表明他们的服从是出于真诚的信念而不是因为
社会压力。"实验室研究表明，为了避免看起来好像只是在伪装，在社会压
力下与规范保持一致的人们更有可能惩罚偏离规范的人，以此作为宣示他们
发自肺腑的忠诚的方式。合在一起，"这些结果展示了一种恶性循环的可能性，
在其中，感觉到的保持一致的压力和对不受欢迎的规范的虚伪的强制执行互
相强化。"[68]

盲从为多数无知效应准备了成熟条件，社会学家休伯特 J. 奥高曼 1975 年
的一项研究证明了这一点。奥高曼指出，"1968 年大多数美国成年白人大大
夸张了其他白人对种族隔离的支持"，那些过着隔离生活的人尤其如此，因
此强化了沉默的螺旋。[69] 心理学家利夫·万博文 2000 年的一项研究发现了一
个多数无知起作用的有趣案例，"学生把支持平权法案的同学的比例高估了
13%，把反对平权法案的同学的比例低估了 9%。"他把这个结果归因为政治
正确，这迫使我们中的一些人过着双重生活，公开信奉我们认为其他人持有
的那些信念，而私下持有可能不同于这个假想的规范的那些信念。万博文分
析的结尾是对（2000 年时）正在兴起的同性婚姻争论的评论，可谓有先见之明：
"有人可能会预料对明显的政治不正确的恐惧会导致对很多政治正确议题的
多数无知，这些政治正确议题包括人们对待男女同性恋婚姻或者收养的态度，
他们对那些坠入浪漫关系的人们的合适标签的看法（是'男女朋友'还是'伴
侣'？），他们对性别平等的态度，以及他们对西方经典在人文教育中的角
色的信念。在担心表现出种族主义、性别主义的程度上，或者正相反，在文
化性上麻木不仁地压制对这些议题的私下怀疑的公开表达的程度上，多数沉
默注定会出现。"[70]

也许在某些情况下多数无知是件好事，因为很多私人想法在道德上是倒
退的，再考虑到转变信念和偏好通常所花的时间，以及很多私下持有政治不
正确信念的人可能宁可并未持有这类信念的事实。正如俄罗斯小说家陀思妥

耶夫斯基所言，"每个人都有除了对朋友对任何人都不会讲的回忆。他的头脑中还有一些要紧的事，他甚至不会向朋友透露，而只会向自己秘密诉说。而还有另外一些事情，人甚至害怕告诉自己，并且每一个正派的人都有许多这样的事情，在头脑中束之高阁。"[71]

幸运的是，有一个途径可以打破多数沉默的禁锢：知识和透明。在施罗德和普伦蒂斯有关校园酗酒的研究中发现，让刚入学的大一学生参与朋辈引导的讨论，并在讨论中向他们解释多数沉默及其后果，可以显著减少后来的学生的酒精摄入量。[72]社会学家迈克尔·梅西发现，在一个有着大量的互动和交流机会的电脑模拟的社会中，当怀疑论者分散在真正的信仰者中时，社会连通性充当了防止不受欢迎的规范吞噬社会的安全阀。[73]

······

图 9-1（a-h）是所有这些因素如何能够在现实世界起作用的视觉记录，这个现实世界的例子就是 1930 年代和 1940 年代的德国科隆。在一次对这座美丽城市的访问中，我咨询了 NS·Dokumentationszentrum der Stadt Koln（科隆市国家社会主义文献资料中心），以评估纳粹如何设法接管一座城市。渐渐变得清晰的是，他们一个区一个区，一座房子一座房子，甚至一个人一个人的占领，这是把全德国纳粹化的国家计划的一部分，但又是通过地方长官和区域管理者协作在地方实施的。[74]这家博物馆所在的建筑是 1935 年 10 月到 1945 年 3 月科隆盖世太保总部，它收藏的档案记录下了权力的夺取；日常生活中的宣传，包括对年轻人文化、宗教、种族主义的宣传，尤其是对消灭和灭绝科隆犹太人和吉卜赛人的宣传；以及最后，战争期间的反对、抵抗和社会。最后一张照片，是盟军贴出的科隆的地标之一，拍下了希特勒一句讲话中提到的历史进程的整个时间跨度及其最终失败："给我五年，还你一个不认识的德国。"雄伟的大桥横跨莱茵河，毗连科隆大教堂——沉在水中，碎成碎片——展示了在这种情况下结束罪恶要付出的代价。

Figure 9-1. A Visual Record of How the Nazis Took Over Köln, Germany

Photographs from the National Socialism Documentation Center of the City of Cologne reveal how an evil regime can take over a city and a nation. (a) Indoctrination of the citizens was the preferred method of Nazifying the German people, as evidenced in the Hitler Youth programs pictured here (credit: LAV NRW R, BR 2034 Nr. 936); (b) Shaping of cultural life through publications, such as Robert Ley's Nazi newspaper featuring an anti-Semitic characterization; and (c) a bookstore with swastikas and the anti-Semitic slogan "The Jews Are Our Misfortune." (d) A fragment of a list of the hundreds of banned clubs shows the extent to which the Nazis controlled every aspect of daily life in Köln. (e) If indoctrination through propaganda didn't work, imprisonment was employed as a means of bringing the people into line, as seen here in the Köln Gestapo prison. (f) Indoctrination included a eugenics race program that took specific measurements of people such as this woman to determine if they measure up to Aryan standards. (g) A German civilian in Köln, Germany, April 18, 1945, reading a sign posted by the American forces, quoting Hitler's promise to the German people "give me five years and you will not recognize Germany again" (National Archives, US Army Photograph, SC 211781). (h) The bombed-out Hohenzollern Bridge spanning the Rhine River adjacent to the famed Köln Cathedral is a visually striking reminder of what it sometimes takes to end evil (National Archives, US Army Photograph, SC 203882).

图 9-1　纳粹如何接管德国科隆的视觉记录

Figure 9-1a

Figure 9-1c

Figure 9-1b

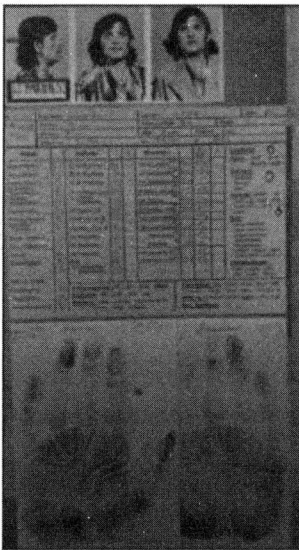

Figure 9-1d

Figure 9-1e

Figure 9-1f

Figure 9-1g

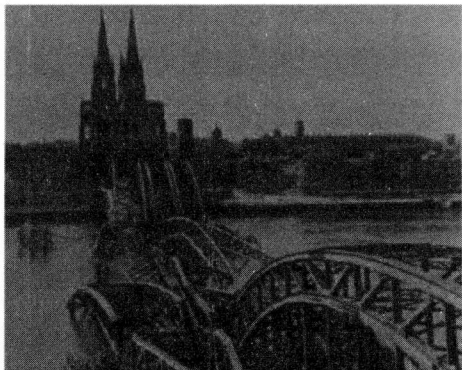

Figure 9-1h

罪恶及其整合

所有这些因素都是相互作用和自身催化——就是说，它们彼此火上浇油：**去人性化**生成**去个性化**，后者又在顺从权威的影响下导致服从，并最终变形为与新的群体规范相**一致**和对群体的认同，这会导致罪恶行为的真正呈现。这些要素中的任何一个都不会不可逆转地导致罪恶行为，但它们结合在一起就形成了一架罪恶机器，只要社会条件合适，这部机器就会运转。

对于解释罪恶来说，这些条件都是必要但不充分的，罪恶还涉及：个人的性格；这些条件得以产生的整个体系；当然还有，自由意志。我们能够改变条件并减少罪恶，第一步是理解它，然后是采取行动改变它。通过理解它的组成部分如何运转以及如何控制它们，我们能够减轻罪恶并通过社会工具和政治技术来抑制它，我们现在已经知道怎样运用这些社会工具和政治技术来改善人道境遇。

这是我们自二战结束以来一直在做的。社会科学家已经从事和承担了广泛的研究和试验计划来精确理解哪些社会和心理因素使得罪恶战胜了善良。历史学家已经揭示了使得这些社会和心理因素对个人和整个人群失去影响的政治、经济和文化条件。政治家、经济学家、立法者和社会活动家已经在运用这些知识来改变条件，以减少这些因素诱使人们沿着通往罪恶之路走下去的可能性。有一点毋庸置疑，尽管还有挫折——想到了卢旺达大屠杀和"9·11"恐怖袭击——自纳粹集中营被解放和苏维埃古拉格被清除以来，总的趋势是走向一个更加道德的世界，而产生这些健康结果的原因主要是：科学地理解罪恶的原因和理性运用政治、经济和法律力量向下抑制罪恶，并向上弯曲道德之弧。

10 道德的自由与责任

可以剥夺人的一切，但一样东西除外：在任何给定环境下，选择自己态度的人的最后自由，选择自己道路的人的最后自由。

——维克多 E. 弗兰克尔，《人对意义的追寻》，1946

作为一家全国性杂志的出版人，我经常收到犯人的信件。他们中的大多数只是想要阅读材料，因为无聊。有一些是真诚地对我们涉及的话题感兴趣，并且想要分享他们自己的观点。有少数是被宗教对监狱生活的侵入征服了，尤其是基督教和伊斯兰教——对此，要么他们的同狱犯人感受到了改变宗教信仰的热忱，要么他们假装献身意在让假释裁决委员会相信，通过发现上帝他们应该被提前释放。有几个给我写了冗长细致的信谈他们的罪行（手写的很小的印刷体），以及他们感到在什么程度上要对之负责。我想起了其中两封，因为它们对这里的自由意志和道德责任的探索来说，显得格外突出。[1]

1990 年代后期，一个因强奸和谋杀一位女性而关在死囚牢房的男人写信给我，建议我在《怀疑论者》上发表一篇反对死刑的文章。他认为自己应该被免于处死，因为他感觉自己的大脑出了严重问题，因此无须对他的罪行承担全部责任。他告诉我自己总是被强奸和杀害女人的想法淹没。下面这段情景反映了这些冲动有多么强烈。判了死刑后，他被上了枷锁、被锁在囚车的座位上押往监狱，周围是随时准备动手的武装看守，即使在这种情况下，当他们经过一位走在人行道上的女性时，他唯一能想到的是摆脱枷锁并击倒武装看守并逃出囚车，抓住那个女人，他会面对什么后果。虽然他反对死刑，但他又补充说他永远都不应该被释放，因为他心里很确定他还会这么做。我不知道为了鉴定任何明显的神经病理学问题，是否曾对这个男人做过大脑扫描，但从我对他的叙述的阅读来看，他控制这些过度的、精神错乱的冲动的能力非常有限，以至于他不能够合理地与普通人比较，普通人既有充分的自制能力也完全缺乏这么残忍的冲动。

2012 年一个因恋童癖被判刑的男人写信试图说服我编辑一期《怀疑论者》特刊，内容是恋童癖为什么——他称自己是天生如此——是诽谤和误解。这个现在三十多岁的男人，冗长地讲述了他的童年故事。童年时他被同龄的男孩（不是女孩）吸引，随着长大成人，他的性兴趣仍然锁定为八到十岁的男孩，几乎好像有一个针对性吸引的临界窗口印在他的脑子里。作为一个成年人，他仍然只被那个年龄范围的男孩所吸引，并有冲动。他说，他通过某些网站获得满足。他对自己在什么程度上通过与小男孩真实的性接触来满足这些需求含糊其辞，但当他让我回想我曾经历过的与女性最有爱意和最亲密的感觉，然后把这些感情与他有过的对小男孩的最深的性和爱的感觉相比较时，我明白了我想知道的一切。然而，这个男人的深层观点是他没犯什么明显的错误。他身上检查不出脑瘤或者任何其他神经异常或病变。他成长在一个郊区的家里，父母是恩爱的中产阶级，他就读于功能安全正常的学校。他只是不能理解为什么这些感觉在他身上出现得如此自然，以及他依感觉行事，应该被社会谴责为不正常和不自然——甚至，犯罪。

我们是自由选择的吗？

这些插曲阐明了自由意志问题、决定论以及在多大程度上我们自由做出道德选择并因此为自己的行为承担并被追究责任。

道德涉及我们对其他的有感觉的存在者如何思考和行为，以及对于他们的生存和繁荣，我们的思考和行为是正确（善）还是错误（恶）。正如前面提到的，**道德善的原则是：如果一个行动涉及他者，那么行动时永远牢记他者的幸福，永远不要以一种（通过暴力或者欺骗）导致他人损失和受苦的方式行动。**当然，你可以以一种对他者没有影响的方式行动，这种情况不涉及道德——你的行动是非道德的。但在一种增加某个其他人的道德善的行为方式和并不如此的行为方式之间做选择时，前者更为道德。括号中的补充"通过暴力或者欺骗"意在**澄清**出于故意，而不是出于疏忽或者无知的行动。道德涉及有意识的选择，以及选择以一种增加某个其他人的道德善的方式行动，然后，这个选择才是一个道德行动，它的反面则是一个不道德的行动。

这些都假定我们是在自由做选择，我们是自主的存在者。我们是吗？最近当我在饭店的菜单上点餐时沉思了这个问题。菜单提供了很多美味的选择，看着菜单，我渴望要一大杯黑啤和黄油蜗牛作为开胃菜，然后是伴有浓浓的菠菜奶油沙司的雪花牛排和涂油酸奶油和黄油的烤土豆，再用一片奶酪蛋糕和一杯奶油拿铁把它包起来。这些渴望不是无中生有。我们的大脑已经进化出对高糖和高脂肪食物产生如饥似渴的磨人感觉的神经网络，这类食物——比如成熟的水果和野味的猎物——在我们旧石器时代的祖先所在的环境中是如此稀缺和美味。自然选择设计的我们的大脑渴望脂肪和糖，越多越好，因而导致了我们今天的肥胖和糖尿病问题。与这些深层渴望相竞争的是来自其他神经网络的信号，这些神经网络进化出来使我们关心健康的体格会对部落的其他成员发出什么样的信号（身份和合意性）。

考虑过菜单后，我想起每当饱餐一顿后的严重怠惰感，我停下来开始想象为了消耗卡路里我需要做的巨大的运动量。当我考虑未来的健康——和腰围时，我的脑皮质的较高级的区域开始运转。最后，我点了一杯白葡萄酒和鸡肉凯撒沙拉，并且在关心我未来健康的妻子的劝说下，我勉强略过了甜点。

我做这些选择是自由的吗？据大多数神经科学家，比如山姆·哈里斯在《自由意志》一书中的说法，我不是："自由意志是错觉"。"我们的意志完全不是自己决定的。思想和意向涌现于背景原因，我们意识不到这些原因，我们对它们也执行不了有意识的控制。我们没有自己以为有的自由。"[2] 在一个决定论的世界，导致我的饭店菜单选择的因果链的每一步都完全由外力和条件而非我的选择所控制，从我的进化而来的口味偏好直到我习得的社会地位密切相关；我的祖先和父母、文化和社会、同辈群体和朋友、导师和老师铺设了这条因果路径。历史偶然性甚至可以一直向上追溯到我出生之前。

小我与决定论的魔鬼

因果链条可以回溯多远？按照某些解释，它始于宇宙的开端，而开端也就是创造了所有空间、时间、物质和能量的大爆炸。决定论原则认为宇宙中的每个事件都有一个前因，以及如果所有的原因都知道所有的结果都可以预测。如果这是真的，自由意志在哪里？如果所有的结果都有原因，包括人类的思想和行为，那么选择从这个因果链条的何处切入？没有雏形人（homunculus）——没有小人（little man）——在大脑中拉动控制杆。但即使有小我（mini-me）在那里负责，他的小大脑将不得不像我的大大脑一样是决定论的，因为为了小我有自由意志，他将不得不在体内有一个小小我在幕后操纵，而小小我自己又将需要极小的小小我在他的大脑内……后退至无穷。而你如果相信灵魂，这也以小我一样的方式失败。一个在你内部幕后操纵你的灵魂不会赋予你自由；它只是意味着灵魂在控制。如小我一样，拥有一个灵魂意味着灵魂内有一个小灵魂指导他的行为，以此类推。毋庸置疑，在大脑或者任何别的地方没有发现这类雏形人、小我或者小灵魂。他们不存在。

随着现代科学的出现，以及它把统治宇宙的自然法则作为关注焦点，决定论的观念赢得了可信性——把结果连接到原因上的链条甚至更紧了。不是一个线性的序列，沿着单一的因－果－因－果－因－果的线条如此等等地走下去，我们意指的决定论宇宙的复杂性能够被更好地描述撒一张广大得多的"因果网"——原因的一个网络——连接着从过去直至将来的结果，包含着无数的中介变量和相互作用因素。这个因果网包括所有现象，过去、现在和将来，遍及宇宙，从原子到分子、细胞、有机体、人、行星、恒星和星系一直扩展可以观察到的宇宙边缘。如果不假定宇宙是决定论的，实际上科学家不能解释过去或者预测未来，这还包括心理学家和神经科学家试图解释和预测的人类行为。

许多有说服力的实验似乎支持人类行为的决定论学说。1985 年，心理学家本杰明·利贝特进行了一些著名的实验，实验使用脑电图扫描器阅读受试者的大脑，而同时受试者则在参与一项任务，要求他们在这个过程中只要他们感到想要按下按钮，他们就随机按下。结果是：在受试者有意识做出"决定"之前几秒钟，大脑的运动皮质就被激活了。[3]

神经科学家约翰－迪伦·海恩斯将技能性核磁共振成像（fMRI）技术运用于 2011 年的一项研究。这项研究指导脑部扫描仪中的受试者在观察一系列随机字母时，在他想要按按钮的任何时刻按下两个按钮中的一个。受试者被要求口头报告当他们决定按下按钮时屏幕上是哪个字母。结果是：大脑激活和对"选择"的有意义意识之间存在几秒钟的时间差，而在有些案例中长达整整 7 秒。正如海恩斯的总结所言，"利贝特和他的处理了有关自由意志的一个特殊直觉，即，天真的民间心里直觉，就是说当我们做决定时，在不被之前的大脑活动预先决定的意义上，这个决定的结果是自由的。"[4]

另一项 2011 年的研究由伊扎克·弗赖德和他在加州大学洛杉矶分校的组织实施。他们要求受试者控制手指运动，同时记录他们的大脑的一个微小神经元网络的活动。结果是：在受试者报告做出移动手指的决定之前整整 15 秒，神经科学家能够检测到与手指运动有关的神经活动。缩小研究范围，他们发现一个位于内侧额叶皮质的包含 256 个神经元的微小神经元丛有活动，这使得他们能够在受试者自己知道所做的选择之前 7 秒，以 80% 的准确性预测受试者的选择。[5]

换言之，在这些研究——以及很多其他证实了利贝特原创的研究中——测量受试者大脑活动的神经科学家在受试者自己知道之前，知道受试者会做哪个选择。在上面的我在饭店的例子中，如果我戴着脑电图帽，当我仔细浏览菜单时，神经科学家测量我的脑电波活动，很可能他们会在我有意识"决定"我要做的选择之前，已经和服务员下了单。这很吓人，如果这些结果没有困扰你，那是因为你没有足够认真的思考它们。它们意味着我们不是以自己认为我们是的方式自由选择。我们**感到**自由，但那只是我们有意识的自我相信的东西，因为它不知道来自底层的输入，而这些输入已经做了选择。

然而，接受一个决定了的宇宙，没有排除保持自由意志和道德责任的可能性。至少有四条路径可以避开这个悖论：（1）**模块化思维**——尽管大脑由很多神经网络组成，可能是一个网络做的选择，另一个网络稍后发现，但它们仍然是在单一的大脑中运转；（2）**自由否决**——否决竞争性的冲动，选择一个思想或行为而不是另一个；（3）**道德自由度**——一系列随着复杂性和中间变量数而变化的选项；（4）**选择作为因果网一部分**——在其中我们的自主行为是决定了的宇宙的部分，但仍然是我们自己的选择。

模块化思维

我们不是自由选择，因为大脑的一个无意识部分告诉大脑的一个有意识的部分已经被决定的东西，这个论证充其量是基于对神经科学的具有欺骗性的解释。如果我的大脑的一个皮质下区给我的大脑的一个皮质区发出信号，告诉它一个偏好，这仍然是我的大脑在做决定。这还是**我**——一个自治自主的存在者——在做决定，不论是我的哪个部分事实上在做决定。

1990 年代以来，分区的脑功能要么一致行动要么矛盾行动的观点已经成为进化心理学的核心观念。进化心理学家罗伯特·库尔茨班在他的著作《为什么每个（其他）人都是伪君子》中展示了大脑作为一个模块化多任务处理的、问题解决的器官是如何进化的——在旧的比喻中它是一把由实用工具组成的瑞士军刀，而在库尔茨班升级了的比喻中它是一个装载了应用的苹果手机。[6] 没有一个统一的"自我"产生内在一致的和无缝连贯的免于冲突的信念——据说自主选择就是来自它们。相反，我们是一些有区别但相互作用的模块的一个集合，这些模块彼此间会相互抵牾，并且做决定的过程常常是在无意识中进行，因此看起来为我们做决定的来自我们不知道的某处。

库尔茨班称这个错觉为偏好的魔法 8 号球模型。回想一下魔法 8 号球这个新奇玩具——一个黑色的塑料球，内有蓝色液体和一个白色的二十面的骰子，十面是肯定回答，五面是不确定回答，五面是否定回答，以阳文字母印在各面上。玩法是，使用者拿着球，球上的窗口向下，问一个是 / 否问题，然后把球的正确的一面转向上，此时，骰子浮到表面，一个回答就出现在了窗口——诸如："注意，再问一次"或者"我的消息来源说不"或者"绝对如此"。在这个心灵模型中，大脑被看作一个大的模块，某种像魔法 8 号球的东西，问题输入其中，在等价于摇晃的行动——思考——之后回答出自其中，但可能的回答远远多于二十种。"如果心灵在这个意义上像一个魔法 8 号球"，库尔茨班写道，"列出一个人知道的一切和一个人的偏好，并把它们集成在一起——一个像经济学家所称的'理性'一样神奇的过程——那么人们将会行为一致。"

考虑一下最后通牒博弈，给你 100 美元让你在自己和你的博弈伙伴之间分配。不论你提议的分钱方案如何，只要你的伙伴接受，你们两个人都会相应地变得更富。你应该给多少？为什么不建议 9-1 分成？如果你的博弈伙伴是一个理性的、自利的金钱最大化主义者——如 Homo economicus（**经济人**）的标准经济学模型所预测的那样——他不会拒绝 10 块钱，他会吗？他会。研究显示低于 7-3 的分成通常会被拒绝。[7] 为什么？因为它们不公平。谁说的？"互惠性利他"的道德模块，经过漫长的旧石器时期，这个模块进化到了通过我们潜在的交易伙伴要求公平的地步。"礼尚往来"只有当我知道你会以某种接近等价的东西回馈时才起作用。所以如果提议偏离公平太远，要求公平的模块就会与收获和利润模块冲突。在这些和很多其他人们被给予选择的实验中，很明显人不是理性的计算者。[8] 因此，举例来说，在我的菜单选择过程中，让我们短期内渴望高糖和高脂肪食物的模块与监督我们长期体像和健康的模块相冲突。与道德困境一样，合作模块有时会与竞争模块冲突，利他模块与贪婪模块之间或者真话模块与说谎模块之间也同样如此。

一个模块化的心灵模型不仅帮助解释道德伪善，还消除了表面的决定论的人性观，而这是选择实验的神经科学所主张的。既然我们知道了神经系统做决定的源头和过程，那么我们能够把意志嵌入我们前面的心理学模型中。终究，存在一个小我——很多，事实上——全部都带着偏好，他们中的许多互相竞争，而他们全部在单一的大脑内。

自由否决

如果我们定义自由意志为**做其他选择的能力**，[9] 逐渐变得清晰的一个有用的方法是把"自由意志"概念化为"自由否决"——即为了支持一个冲动而**否决**另一个的能力。自由否决是拒绝无意识神经网络产生的行为能力，如此一来，任何以一种而不是另一种方式行动的决定都是一个真实的选择。例如，我可能吃牛排，但某些自制技术提醒我还有其他竞争性的冲动（我的健康、我的体格），通过这些技术的参与，我放弃了肉类组合的选择，点了其他食物。这就是自由否决。我们有限制，这是真的——我们不能随心所欲——但我们在很大程度上有否决权；我们有说"不"的能力；我们能够这样而非那样行动，这是一个真实的选择。

支持这个假设的证据可以在神经科学家马塞尔·布拉斯和帕特里克·哈格德进行的实验中找到。当受试者做选择时，他们使用机能性核磁共振成像仪扫描受试者的大脑，不过受试者可以在最后一刻改变主意，推翻他们最初摁按钮的决定。当他们选择否决自己的最初决定时，科学家发现大脑的一个特殊区域变亮了——额叶皮质中间背部左侧（dFMC）——在做决策活动时这个区域通常很活跃，在故意禁止一个选择时尤其如此。这个事实说明，为一个有意行为做准备的大脑活跃区域与参与禁止这类行为的区域没有区别。"我们的结果显示，我们针对意向行为的大脑网络包括服务于禁止或抑制故意行为的自我启动的控制结构。"[10] 那就是自由否决。

作者写道这项研究的另一个发现与自我控制的重要性有关："我们也发现与禁止相关的 dFMC 活动和禁止行为发生的频率在人群中正相关"。就是说，你越多地学着抑制你的冲动，你就能越好地激活你的 dFMC 以进一步抑制将来的冲动。反之："在个体差异心理学中，失去抑制的冲动行为是一些特殊的人格特征的关键造成因素，这些特征与反社会和犯罪行为有关。"想想我提到的例子，那个谋杀犯和恋童癖以及他们不受控制的冲动。但大脑的选择结构中发现了挽回特征："我们的发现说明对意向行为的禁止涉及的脑皮质区不同于，并且逆着意向行为的产生和执行。此外，'最后一刻'的禁止过程与意图行动的有意识的体验相容。"[11]

　　换言之，我们的禁止神经网络高于初始决策网络，这意味着那些冲动和我们回应它们做出的早期决定，能够被高阶的神经网络推翻。布拉斯和哈格德总结认为："我们的结果为一个广泛接受的观点提供了第一个清晰的神经科学基础，即，即使人们真诚地想做某事，他们也能够克制住不做。我们猜想 dFMC 可能与行为和人格的反应自我控制的那些方面有关。"[12] 甚至本杰明·利贝特自己——他激励的这一脉络的研究使得很多神经科学家放弃了自由意志的信念——到头来俯身支持人性中包含自主元素："有意识的自由意志的角色可能不在于启动一个自愿行为，而在于控制行为是否发生。我们可以将自愿行为的无意识的初始涌现看作大脑中'冒泡泡'。然后，有意识的意志选择这些初始涌现中的哪一些可以发展为一个行动，或者哪一些被否决和中止。"[13]

　　这个研究意味着选择的神经结构能够被经验——换言之，训练和练习——修改。这意味着，长期而言，有了更好的神经科学和技术，我们不仅能够教人们如何阻止不利于适应的冲动如吃不健康的食物或者吸食危险的毒品，而且原则上，我们能够训练罪犯学习否决他们早期的和危险的选择，以做出更为社会所接受的决定。在这个意义上，选择是真实的：不论我们大脑的哪个部分做出选择，它们仍然是**我们的**选择，而且即使显然由潜意识做出的选择也能够被有意识的努力否决掉。

自由选择，作为决定论因果网的一部分

　　决定论因果网理论认为，因为没有一组原因能够完全包含人类行为的所有决定因素，因此从人类自由的角度来讲，它们可以被实用主义地看作**条件性**原因，而不是决定性原因。因果网的巨大、复杂和终极的不可知性导致我们感到自己好像在自由行动。但这不仅仅是感觉。至于我们的自由否决能力和有意识的选择推翻从无意识中冒泡上来的欲望，我们的选择是真实的神经过程。在人类的进化历史中，我们的祖先决定按照为生存和繁衍带来实际后

果的方式行动，而这导致了神经结构为了行为选择而进化。[14]

　　这个版本的自由已经由哲学家丹尼尔·丹内特进行了广泛探索。数百万年的进化压力生成了自由意志自身，因为我们逐渐进化出了皮质，它能——而且为了生存目的，**必须**——评估众多不同的向我们开放的行动方案的后果。[15]在他的《自由演化》一书中，丹内特论证，自由意志源自人类认知的诸多特征（我主张，这些特征也为其他的物种所分享，如类人猿和海生哺乳动物），包括**自我意识感**和意识到他人也是有自我意识的；**符号语言**，让我们能够交流是有意识的和有自我意识的事实；**复杂的神经回路**，使得许多行为选择从海量的神经冲动中产生出来；**心灵理论**，这个理论与他人有关，使得我们能够思考他们在思考什么；**进化而来的道德情感**，与正确和错误的选择有关。并且因为我们能够通过语言交流复杂的观念，对这些道德选择，我们有彼此讲道理的能力。自由意志涌现于这些认知特征的集合，因为我们能够并且确实会权衡在任何给定时刻我们能够得到的行动方案的后果。我们意识到自己（和其他人）有意识地做这些选择，并且相信自己（和其他人）是有责任的。

自由的道德退步

　　在一个决定论系统中理解意志的最后一个方法是通过"自由度"的概念——生物体拥有的作为自身复杂性结果的选择范围和作用于它的中介变量的数量。例如，昆虫只有非常少的自由度，并且几乎都是受固有的本能引导。爬行动物和鸟类有更多的自由度，关键时期可以随着环境触发器而改变的本能赋予了它们这些自由度，而随后的生命经历提供了应对变化的环境的习得反应。哺乳动物尤其是类人猿，借助可观的神经可塑性和学习，拥有了多得多的自由度。而人拥有最大的自由度，因为人类有大面积的脑皮质和高度发达的文化。

　　在我们的物种内部，有些人——精神病患者、大脑受损者、严重抑郁或者化学成瘾者——比起其他人拥有较少的自由度，并且法律因他们较低的法律和道德责任能力而调整。但在他们可以控制选择，尤其是在他们否决自己的犯罪冲动的能力限度内，我们仍然让他们为自己的行为负责。

越多的神经科学家钻进大脑的黑盒子解释揭示它的内部活动，就越多地揭示出我们应该连续地而不是绝对地思考道德责任。不要把人看作要么是理智的要么是疯狂的，要么是正常的要么是反常的，要么是守法公民要么是罪犯，我们应该把人放在一个连续统中——一个滑动的量表中——疯狂的一端是杰弗里·达莫，理智的一端是罗杰斯先生，这使得我们把行为系统中的自由度纳入考量。

法律也承认自由度存在，按照环境和意图，区分了不同程度的杀人。一级谋杀是一个人非法杀害另一人，有预谋恶意——那是谋杀，是蓄意的和预谋的。二级谋杀是一个人非法杀害另一个人，**没有**预谋恶意——就是说，它**不是**蓄意和预谋的。故意杀人是一个人非法杀害另一个人，**没有**杀害的预先意图，并且是在那些"导致一个理性人变得情感或精神错乱的环境"中犯下罪行，如激情犯罪那样：**过失**杀人既不是故意的也不是预谋的，是为疏忽导致的死亡事故而准备——例如，酒驾导致的死亡。并且，如我们会在下文看到的，有一些谋杀和杀人是由可以减轻罪责的因素导致，如肿瘤、创伤后应激障碍、抑郁症等——这些因素被认为限制了被告的自主能力，并因而在审判的量刑阶段被纳入考虑。最后，还有**合法**杀人，诸如战争杀人、自卫杀人或者政府执行的死刑。所有这些方式都使人的生命戛然而止，或者合法地或者非法地，或者个人执行或者政府实施，它们都考虑到了环境、意图和道德自由度。[16]

······

通过下面几步我们现在证明了人类有自由意志：（1）我们的**模块化思维**有很多竞争性的神经网络；（2）这些网络允许我们通过对竞争性冲动行使否决权——**自由否决**——做出真实选择；（3）这些冲动通过改变**自由度**为我们提供了一系列自主选择；（4）我们的选择是因果网的一部分，但在绝大多数环境和条件下，对于我们为自己的行为承担责任来说足够自由。那些环境和条件是什么，它们如何束缚我们的选择，是道德责任中的案例研究。让我们考虑两种案例——精神变态和暴力犯罪——在理性社会会如何处理它们的语境中。

精神变态和道德责任

精神变态包括下列这些特征某一些（但不必全部）：麻木不仁、反社会行为、流于表面的魅力、自恋、夸大、特权感、缺乏移情和悔恨、乏力的冲动控制和犯罪。[17] 为了写本章，我咨询过心理学家凯文·达顿，他说"对精神病态的发生率估计，男性集中在 1%—3% 之间，女性在 0.5%—1% 之间"，而在监狱人口中，"大概 50% 的记录在案的最严重罪行——例如，谋杀和系列强奸——是精神变态犯下的。"[18] 但即使在精神变态内部也有灰度，光谱暗的一端栖居着某些 CEO、律师、华尔街商人和冷酷无情的老板——他们喜欢咆哮"你被解雇了！"亮的一端盘踞着特德·邦迪（Ted Bundy）的同类，他在 1970 年代强奸和谋杀了至少 30 位女性后，自鸣得意"我将会是你们见过的最冷酷的婊子养的。"[19]

1980 年心理学家罗伯特·黑尔（Robert Hare）发展了一项测量精神变态的测试，成为精神变态检查表（PCL），由 20 个项目组成，最高分 40 分（20 个项目的每一项，参加测试的人可能得 0、1 或者 2 分）。这个量表 scale 的一个修订版今天仍然在用（PCL-R），你自己可以在线参加不同版本的测试（不建议）。我得了 7 分。（精神变态的起始分是 27。）当然，**存在**一些环境如商业、体育和其他竞争性的事业，在其中，有点魅力、意志坚强、有社会技巧、冲动、发现自己无聊时找点刺激是优势。但是，随着这些人格特点攀登到这样一个临界点，在那里有点魅力变成了操纵的欺诈，在那里自信膨胀为自大，在那里偶尔的夸张变为病理性的谎言，在那里意志坚强蜕变为残酷，在那里冲动变成不负责任，尤其是如果所有这些特征导致了犯罪行为，那么我们就成了一个危险的精神变态。

心理学家斯科特·利林费尔德开发了精神变态人格清单（PPI），包括了广泛得多的人格维度条目，这些通过 178 个问题测量人格维度被要素性地分析为一系列性格特征组合，如马基雅维利式的自我中心、冲动性的不一致、责备外化和不顾后果的毫无计划等。这个观点是为了承认这样一个事实，即我们中的绝大部分人或多或少具备这些人格特点。利林费尔德在一次访谈中对达顿说，"你和我在 PPI 上可能总体等分相同。然而我们在这八个构成维度上的人格肖像可能完全不同。你可能在不顾后果的毫无计划上得分很高，相应地在冷酷无情上得分很低，而我的情况可能正相反。"

神经科学家詹姆斯·法隆不得不考虑精神变态的两面，他是从非常个人化的视角出发——在他为了发现暴力的生物社会学成因而研究连环杀手的大脑内部时，他在自己身上发现了精神变态的蛛丝马迹。当他在《内在精神变态》中复述这一故事时，以一篇有关精神变态的神经科学的论文收尾全书。这篇论文含有一些年轻的精神变态杀人犯的大脑扫描，他们"在大脑额叶和颞叶——通常与自我控制和移情有关——的特定区域分享了一种罕见而危险的低脑功能类型。"[20] 这些大脑扫描中还混杂了一张并非来自数据库的图，但显示出明显的精神变态迹象。那张扫描图实际上是法隆的。进一步的测试表明法隆是"一个临界的精神变态"，他的家人和朋友确证了这个诊断，因为他们无视他对诚实的坚持，告诉了神经科学家他最不愿意听到的事情：不能相信他。"他们每个人告诉我同样的事。他们说这些年一直在告诉我他们对我的看法：我是一个好人，有趣的家伙，与我共事是巨大乐趣，但我是一个'反社会者'。我告诉他们我确定他们一直在开玩笑。他们说他们一直对我认真得要死。"[21] 他们过去常用来描述法隆的特点都完全与下述的精神病态清单无涉："操纵、有魅力但狡诈、聪明的欺凌者、自恋、肤浅、自我中心的、无法深爱、无耻、完全缺乏顾忌、狡猾的骗子、无视法律、权威或者社会规则。"

法隆解释精神变态无"法"治疗。"精神变态的趋势很难遏制，尝试的治疗收效甚微。影响单胺类神经递质系统的药物能够部分地较少冲动和攻击性，通过饮食和冥想的早期干预能够减少行为问题，但导致移情和悔恨缺乏的核心神经心理学缺陷仍然存在。"法隆符合达顿的把趋势引向积极目的而不是消极目的的精神变态者的模型。"我是简版的精神变态，或者说一个亲社会的精神变态，有很多不同于暴力犯罪的精神变态特征，处在这种精神变态中的人为自己的进攻性发现了社会接受的发泄渠道，这种精神变态体现在对人的冷酷、自恋的操纵中。"[22] 怎么对待精神变态以及精神变态对于意志来说意味着什么，这里有回答这些问题的钥匙：选择在其限制下工作，并把这些特点引向建设性的而非破坏性的目的。

这是凯文·达顿在《精神变态的智慧》一书中的建议，他要求读者考虑构成精神变态诊断的人格特征的积极和消极两面。达顿在发展一个工具箱，用来训练人们使用他所称的七宗赢（seven deadly wins）——"七个精神变态的核心原则，如果明智地分配并带着应有的关怀和专注进行运用，那么能够帮助我们正确得到的想要的；能够帮助我们对现代生活的挑战做出回应而不是反抗。"达顿的七宗赢是：无情、魅力、聚焦、心理韧性、无畏、心智觉知和行动。想法是如果你想要在生活中达成某事（实际上是任何事），那么你需要一定数量的这些特点，但不需要太多。"例如，调高无情、心理韧性和行动表盘可能会让你更加坚定自信——可能会让你在工作同事中赢得更多的尊重"，他写道，"但推得太高，你有变成暴君的风险。"[23]

社会心理学家菲利普·津巴多的英雄想象工程已经在寻找这个平衡，教导人们如何在各种各样的挑战环境中选择最有效的行动。[24] "在我们生活中的很多时刻，英雄般行动的决定对我们中的很多人来说是一个具有召唤力的选择"，津巴多解释道，"它意味着不害怕其他人会怎样想。它意味着不害怕带给我们自己的负面影响。它意味着不害怕冒引颈就戮的风险。"[25] 这里，无畏、聚焦和心理韧性诸特点开始发挥作用。也许我们需要另一个词——另一个标签——描述精神变态的积极面，即光谱的另一端，在那里那些人格维度用于善处——积极精神变态（对立面是消极精神变态）。但不论我们怎么称呼它，我们都应该一直记住人类行为是多元、复杂和依赖语境的，而我们的标签并不能总是抓住它的丰富纹理。

也许有途径可以训练精神变态者把他们的技能转向行善抑恶。这是神经科学家丹尼尔·雷塞尔（Daniel Reisel）的目标，他用从英国卫生部拿到的拨款一直在探访监狱并研究罪犯大脑，目的是找出原因和疗法。他的初步发现表明，相比非犯罪者的大脑，罪犯——尤其是精神变态罪犯（回想一下，监狱人群中的暴力罪犯至少有一半由他们构成）——对诸如痛苦或悲伤这样的情感表现出了不同的心理反应。"他们没能表现出要求的情感；他们没能表现出生理反应。就好像他们知道移情的语词却不理解移情的乐曲。"大脑扫描显示"我们的犯罪人群有一个有缺陷的杏仁核，可能导致他们缺乏移情能力，并带来不道德行为。"[26]

一种治疗这些神经病学上受损的精神变态患者的方法是神经再生，即成人大脑中新的神经元的生成。以老鼠为例，如果你把它们养在单人囚房一样的环境中，没有任何刺激，那么当它们再次接触老鼠同伴时，它们就失去了与之融为一体的能力。但如果你把老鼠养在刺激富集的环境中，他们不仅与同伴形成正常的纽带，而且还长出了新的脑细胞和联结，这些脑细胞和联结不仅让它们"在一系列的学习和记忆任务中表现更好"，雷塞尔说，而且"它们所处的改进的环境还会带来健康的、社会化的行为。"雷塞尔随后引申出与监狱的类比："只要你考虑一下你就会觉得很讽刺，对于那些杏仁核功能不全的人们，我们当前的解决方案是把他们放到一个实际上没有任何进一步成长机会的环境中。"无疑，我们惩罚违法犯罪者的自然倾向导致了一个惩罚性司法体系，但雷塞尔希望我们也考虑通过康复计划和恢复性司法计划治疗这些受损的大脑，下一章我还会详细讨论这些计划。

暴力犯罪和道德责任

1966 年，工程学学生及前海军陆战队员查尔斯·惠特曼谋杀了他的妻子和母亲，他用刀刺入她们的心脏，然后驾车去得州大学奥斯汀分校，爬上大学钟楼的观景平台，用私藏的大量枪支弹药枪杀了十五人，击伤了另外三十二人，随后他被奥斯汀警察击毙。[27] 惠特曼留下了一张字条，部分内容如下：

我不是十分明白是什么迫使我敲下了这封信。也许是为我最近表现出的行为留下某个模糊的理由。我应该是一个具有平均理性和明智的年轻男人。然而，最近（记不清何时开始）我成了许多反常和非理性想法的受害者。这些想法反复出现，全神贯注于有用的和进步的任务需要巨大的脑力……我死后，我希望解剖我的尸体，检查是否有任何可见的生理病变。[28]

足够肯定的是，大规模枪击案后，病理学家发现了一个美洲山核桃大小的恶性胶质肿瘤压迫着惠特曼的下丘脑和杏仁核——与情感和战斗/战斗反应有关，一个国家委员会就此总结认为"可以想象，这促成了他在控制情感和行动上的无能。"[29]事实上，那一年三月，惠特曼咨询了得州大学健康中心的精神病学家，他的会见笔记包含这样的令人不安的观察："这个大块头肌肉男似乎散发着敌意"，以及"他身上好像发生了什么事，他看起来不像他自己"，并且惠特曼告诉他自己在"想象带着猎鹿枪爬上钟楼，向人射杀。"[30]

因为大脑肿瘤，查尔斯·惠特曼拥有的自由度可能少于普通人，因为看起来他不能克服精神错乱的冲动，并且除了什么东西被扭曲——显然是这样——的模糊感觉，他不知道为什么自己不能控制它们。但，比如说，恐怖而贫困的教育和环境同样影响大脑，且影响的方式会导致同样量级的暴力，大脑肿瘤与之有何不同？作为交互视角原理的另一个运用——这一次是进入罪犯的心灵，目的不仅是理解犯罪的原因，也是理解当强大的外力起作用导致某人犯下难以形容的恶行时，道德责任的复杂性——想象你是一名年轻非洲裔美国男性，成长在某个城市的最糟糕的社区之一，而这个城市是美国最破败的、犯罪最猖獗的城市之一：华盛顿特区。你的外祖母14岁生了你母亲，接下来，你母亲16岁生了你。你母亲由伯父伯母养大，他们在肉体和性上虐待她，当她抚养你时，她采用了这些做父母的技能。没人知道你父亲在哪里，但他那边的家庭充斥毒品、犯罪和精神疾病。两岁时，因为头部伤和你的小小身体受到的其他伤害，你已经被带到急诊室不少于五次。你"跌"出了车窗，你被秋千击中失去意识，你摔下了双层床头部着地。像所有婴儿一样，你需要营养——身体的和心理的——时会哭，但得到的不是喂养、拥抱和爱，你被愤怒的摇晃，导致你的大脑在头骨里面震荡，甚至导致对大脑的更多伤害。到了三岁，你母亲敲你的头，导致你患上可怕的头痛。到了六岁，电线成了殴打你的工具。你常常如此害怕以至于尿床，而你当然会因此遭打，正如你会因成绩不好、因微小的品行不端或者因任何迎合看护人爱好的琐碎理由遭打，包括用烟烫你。

除了恐怖的家庭生活，社区的恶霸对你造成更深的凌辱，包括鸡奸。你的同辈的群体由朋克／流氓和恶棍组成，他们为了生活和恶作剧抢劫偷窃。到你十八岁时，你已经犯下了如此多的抢劫和偷窃，你被判刑二十年。服刑七年后，你获得假释出狱，半路上，在卡罗拉多州丹佛市的小客栈，你袭击了另一位房客。在赶上回东部的大巴之前，你决定为了快钱在丹佛偷窃一家公寓，这离你被用船送回马里兰州的监狱已是咫尺之遥。然而，当你潜入公寓后，女住户回来了。惊恐地看到你，她冲到楼上，你追上她，把你一生所受的对待——暴烈地——发泄到她身上。你打她的脸和头，扯着头发把她拖到卧室，把她绑在那里，向她要钱。她反击，事情升级、失控，你开始强奸、殴打、刺杀她，直到她停止尖叫，最后她死了。你逃出公寓，赶上 13 路大巴，对一个整个人生至多被描述为纯粹地狱的人来说，这只是生活的又一天。

两者有什么区别：有一个肿瘤改变了大脑以至于让某个人变成暴力杀手，能够想到的最恐怖的养育经历改变了大脑以至于同样让某个人变成了暴力杀手？精神病学家和犯罪学家艾德里安·瑞恩在他有关犯罪生物学根源的研究中提出了这一问题，这项不朽研究即《暴力解剖学》，第二个例子就是来自这本书。[31] 瑞恩详细阐述了神经科学、认知心理学和进化心理学如何汇向同一个犯罪的生物学理论。我会在后面回到这些故事和瑞恩的解释（以及法庭的解释），但现在考虑，如果你是这两个人中的一个，你会做什么？绝大多数人想当然地相信他们会拥有必要的手段和自制来压制这些冲动。我自己也这么认为。不过，我们**会**那么想，是因为我们中的绝大多数没有肿瘤和地狱般的背景，我们有打通了自制、换位思考、同情和移情的大脑。但如果你与那个长着肿瘤或者有着恐怖背景的人一模一样会怎样？你能保证说不会犯下这些罪行？如果犯下了，你会认为自己对之承担责任，犹如你有完全的自制那样？这切中了问题的核心，即在一个决定了的世界中发现道德责任。科学告诉我们极其确定地生活在一个决定论的宇宙中——有果必有因。同时，社会和法律告诉我们需要主张人在道德上对自己的行为负责，以造就一个文明社会，而这是基于这样一个假设，即人是做自由选择的自主存在者。

根据瑞恩，那个非裔美国人顿特·佩奇（Donta Page）的童年是如此恐怖地糟糕——贫困、营养不良、没有父亲、虐待、强奸、好几次因头部遭到殴打送进医院——以至于他的大脑扫描"有清晰证据表明前额皮质内侧区和眶区功能下降"，而这些区域与冲动控制有关。"这些区域受损的神经病学上的病人表现出冲动、失去自制、不成熟、笨拙、没有调整和禁止不恰当行为的能力、贫乏的社会判断力、缺乏智力灵活性、薄弱的推理和解决问题技能以及精神变态似的人格和行为。"[32] 把佩奇的大脑扫描和他做过的其他四十一人的大脑扫描相比，瑞恩发现他们的前额皮质都有重大损伤，这导致"对进化上更加原始的大脑部分的控制削弱，如边缘系统，该系统产生愤怒和狂暴这样的原始情感。"[33] 瑞恩写道，对神经性病人的研究总体上表明，"前额皮质的损害导致冒险、不负责任、破坏规则的行为"，同时伴有人格变化如"冲动、失控和失去适当地调整和禁止行为的能力。"还有认识障碍如"缺乏智力灵活性和更加薄弱的解决问题技能"，这在以后可能会导致"学业失败、失业和经济匮乏，所有这些因素都在把人推向犯罪和暴力的生活方式。"[34]

从神经科学的角度看，我们可以再次发问，攻击性的肿瘤和暴力的养育之间区别是什么？两者都有直接而严重的行为后果，瑞恩在另一个案例研究中确证了这一点。这是一个四十岁的男性，突然出现了恋童癖的倾向，受害者是他十二岁的继女。被抓住后，他被指控性侵犯和猥亵儿童，并被精神病学家诊断为恋童癖。康复失败之后，在被送往监狱之前，他接受了大脑扫描，发现在眼窝前额皮质底部长着一个巨大的肿瘤，压迫着大脑的右侧前额区，这是一个涉及冲动控制的区域。切除肿瘤后，所有的恋童的感觉全消失了，他回归正常生活。几个月后，他的妻子在他的电脑中发现了儿童色情内容，再一次的大脑扫描发现复发的肿瘤元凶。当这个令人犯罪的生长再次被切除时，他对儿童的性欲望也消失了。[35] 这是一个有冲击的故事，揭示了我们思与行的很多隐藏的内容，但对于我们应该做什么这说明了什么？

从生物的"是"到道德的"应当"

有些人可能会回避内在于这样一种理解犯罪和道德的方法中的生物决定论，但在我们考虑恢复性司法可能如何运作之前（见下一章），我们需要交互视角的另一个实践，即考虑顿特·佩奇的受害者，被难以想象的暴力摧残至死的佩顿·塔特希尔。不论神经犯罪学和恢复性司法发展得有多远，人死不能复生，而且，可以理解的是，对于我在这里勾勒的（瑞恩的书中有大量细节）对佩奇背景的临床评价，她的家庭不太会认同。佩奇审判中，瑞恩代表辩护团队接受了咨询，他巧妙地穿行于理解的倾向和惩罚的渴望之间，而辩护律师主张佩奇应该免于死刑。三人法官小组同意了，顿特·佩奇被判终身监禁。从当前的科学发展水平来看，这是件好事。考虑到我们知道的累犯率，如果他被释放，非常可能会回到犯罪和暴力生活中去。

我们知道这些，是因为神经科学家肯特·基尔的研究，他在新墨西哥和威斯康辛州的罪犯教养所对累犯做了大脑扫描研究。基于这些数据，基尔能够以很高的确定性预测哪些罪犯最可能回到犯罪人生。他使用的便携式核磁共振成像扫描仪用拖车运送到监狱，他在犯人的大脑扫描和他们在精神变态检查表（修订版）（Psychopathy Checklist-Revised）中的得分之间建立了相关性。一般而言，精神变态患者的旁边缘系统的灰质较少，而该系统与自我控制有关。此外，基尔发现"精神变态犯人在杏仁核／海马结构、海马旁回、腹侧纹状体和前后扣带回等处的情感相关活动要少得多"，而上述位置全部是管理和控制情感的大脑区域，并且在正常大脑中，它们让人们敏感于恐惧和惩罚。精神变态患者因为对这样的刺激不敏感而臭名昭著，并且这份不敏感加剧了他们的反社会和犯罪行为。[36]

　　顺便说一句，这些大脑没有明显病变——比如说，没有肿瘤。然而大脑**功能**有明显差异，最可能是早期生活经历的结果，证据是，实际上绝大多数精神变态患者在相当早的人生阶段就表现出精神变态症状，并且，如果他们确实成为罪犯的话，他们在一个相对年幼的时期就开始了犯罪生涯。在另一项对罪罚年的研究中，基尔发现前扣带皮层（ACC）表现出低活性，它与错误处理、冲突监测、反应选择和回避学习有关。实际上，这个区域损伤的人表现出显著的冷漠和攻击性。基尔强调，"确实，ACC损伤的病人已经被划分为'后天精神变态人格'类型。"后天？具体说，基尔发现那些低ACC活性的罪犯释放后四年后内犯罪的可能性是高ACC活性罪犯的两倍。"我们不能确定说在高风险类别的所有人会再犯——只是绝大多数会"，基尔补充说；"这个研究不仅给了我们工具预测哪些罪犯可能再犯，哪些不会再犯，同时它也提供了把犯人带入更有效的针对性治疗的路径，借此减少未来犯罪活动的危险。"为了这个目的，基尔在发展增加ACC活性的技术，并希望将其应用于高风险犯人。[37]

　　这些是我所指的从"是"推导出"应当"的典型案例。一旦我们知道犯罪原因——比如，冲动控制薄弱、对恐惧和惩罚不敏感、移情缺乏、精神疾病、暴力养育、肿瘤——如果我们想要减少社会中的暴力，我们就有道德义务改变这些条件，既是在社会方面也是在个人方面，他们大多数受作用于他们的这些（和很多其他）力量的支配。我们知道，例如，犯罪尤其是暴力犯罪主要是男性的问题。实际上，一个世纪以来，女性在非常多的领域一直在缩小与男性的差距，但仍然有一个领域女性继续落在后面：暴力犯罪。据联合国毒品和犯罪问题办公室(NUODC)《2011全球凶杀研究》，世界各地，暴力罪犯的绝对主体都是男性，绝大多数国家男性占了监狱人口的90%。偶尔男性确实杀了他们认识的女性——称为亲密伴侣谋杀——但大多数是他们杀了另一个男性。大概80%的谋杀的受害者和施害者都是男性。全球男性被杀率是每100000人中有11.9人，相比之下，女性是每100000人中有2.6人，意味着一个男性被谋杀的可能是女性的 4.6 倍。但那个统计包括所有年龄段。在 15 到 29 这个年龄段，男女差异是每 100000 人中 21 人对每 100000 人中 3 人，差值有 7 倍。这是因为男性比女性更多的陷入高危活动诸如加入黑帮、非法贩毒、危险运动和其他竞争性的事业、地位和荣誉挑战、以及恃强凌弱等。正如 NUODC 的研究报告所称，"通常，谋杀率越高，犯罪嫌疑人中的男性占比越大，虽然女性从未构成杀人犯的大多数。这个性别模式是个清晰的指征，即所有杀人嫌犯中的男性杀人犯的占比是个很好的预报器，预示着一个国家或地区最普遍的凶杀案类型。"[38]

知道一个问题的相关事实（它**是**的方式）使得我们能够聚焦于我们对之**应当**做什么，这正是联合国进行这类研究的原因："考虑施害者和受害者两方面的大多数相关特征是更好地理解谋杀趋势的必然要求，是形成更好的、基于证据的政策和犯罪预防策略的必要背景。"[39] 因此，我们应该瞄准中心的黑帮，在处于危险中的青春期前的男孩成为危险的青少年和青年人之前影响他们，并且在一般意义上教会所有年龄段的男性驾驭他们更基本冲动的自我控制技术，以防止自信演变成攻击性和暴力。知道了亲密伴侣谋杀的数据和下述事实，即每年被丈夫、男友或前任枪杀或杀害的女性数量是被陌生人谋杀的两倍多，我们应当开展计划和发展支持团体帮助男女双方更有效率地处理家庭和恋爱冲突。[40] 如果贫乏的营养和暴力的父母教育导致婴幼儿期的大脑异常，这又将导致他们的犯罪和暴力生涯，那么我们应当对此做些什么，不仅为他们，也是为他们的潜在的受害者和社会整体。

11 道德正义：惩罚与恢复

当我走出囚房，走向通往自由的监狱大门时，我知道，如果我不把我的苦难和仇恨留在身后，我就仍然没有走出监狱。

——纳尔逊·曼德拉，因反对南非种族隔离坐牢 27 年后。[1]

你曾想过杀死某人？我想过。我想象过很多次，想过杀很多不同的人。或者，如果没有真地**杀死**激起了我愤怒的特定混蛋，至少我想象用压倒性的大弧度拳头三明治打掉他的下巴，让他一个趔趄倒在人行道上。因为他的恶性的、背后中伤的行为，我想到用各种方式诅咒他。在这些幻想中，我是1965 年拳王争霸赛中居高临下的卡修斯·克莱（拳王阿里），在第一回合击倒索尼·利斯顿之后，他嘲弄对手"起来战斗，还在吃奶吗。"我是砍杀种族主义者恶棍的比利·杰克，他们胆敢欺凌无辜的印第安青年，这点燃了缓慢燃烧的导火索，并升级为武术正义的暴怒"我只是忍无可忍"，这是一个草莽英雄主义的时刻，并使之成为印第安电影中的一部另类经典。承认它让人尴尬，但当我想象正义昭彰在那些错待我或者其他人的身上时，这类幻想带给我巨大的快乐。当然，我从未做过任何这类事情——我也不会做，除非我或者我爱的人受到痛苦的肉体伤害的直接威胁——但我能认同马克·吐温的俏皮话，"我不参加葬礼，但我写一份友善的信表示赞许。"

我并不孤立，你也不会，如果你对开始的问题给出了肯定回答。事实上，演化心理学家戴维·巴斯 2005 年的著作《隔壁杀手：心灵的目的为何是杀戮》报告称，大多数人在生活中的某个时刻怀有杀人幻想。这些杀人幻想家是谁？巴斯解释称，"不是人们可能预料的发泄暴怒的黑帮成员或者苦恼的逃亡者，"

而是"聪明的、干净斯文的、多半属于中产阶级的小孩。"这些结果震惊了他。"对我的学生报告的倾泻而出的杀人想法，我毫无准备"，这导致巴斯怀疑"真实的凶杀只是谋杀的深层心理冰山的一角。真实的谋杀会仅仅只是人基本的杀戮冲动的最明目张胆的后果吗？"[2]

为了一探究竟，巴斯不仅进行了他自己的研究，还收集了其他相关研究的结果，这些研究组成的数据库覆盖了世界各地的五千多人。结果是照亮了人性较为阴暗的一面：91%的男性和84%的女性报告称在他们的生活中自己有过至少一次生动的杀人幻想。巴斯研究过一群密歇根谋杀犯，其中一人就是依幻想行事，称他杀女朋友是因为"我深深爱着她，她也知道。她与别人在一起激怒了我。"嫉妒是常见的动机，另一个案例也证明了这一点，一个男人在与妻子性爱时突然因嫉妒爆发狂怒。为什么？据他说，她问他，"紧接着别人之后干我感觉怎样？"他在床上把她勒死了。[3]嫉妒背后的动因不是仇恨，而是依恋和害怕失去，正如一个三十一岁男人的供述，他杀死了自己二十岁的女友，因为她承认在六个月的分离期中与别的男人发生了性关系：

我质问她，你怎么能一边谈着恋爱和婚姻一边与别的男人上床。我去厨房拿了刀。然后我回到房间问：你告诉我那些是真是假？她说真的。我们在床上打了起来。我用刀刺她。她祖父扑上来试图抢走我手里的刀。我让他出去叫警察。我不知道为什么杀她。我爱她。[4]

尽管大多数这类谋杀都是男人犯下的，但也有足够多的女人这么做——带有同等道德化的动机——这构成了规模可观的数据库。例如，巴斯研究中的S483案例就是一个四十三岁的女人幻想着杀死她四十七岁的男友：

我眼前浮现给他食物里下毒的景象。从他回家我的想象就开始了，持续到他去洗澡。我把晚餐放到桌子上，拿出两只碗盛汤。他的碗里将会放上老鼠药。毫无疑问，他会喝完汤。然后我目睹他肚子疼的痛苦，他的嘴里会吐出白色泡沫，直到最后他倒下了。[5]

案例P96，一个十九岁的女性，在他们一年半的恋爱关系中发生了一系列事情后，想要她的前男友去死：

他做的如下这些事让我想要弄死他：试图控制我见谁，我做什么，我去哪里。一旦我们到了学校在一起，他试图控制我生活的每个方面。他会讲下流的事情，污言秽语骂我，让我感觉自己很卑微或者好像我找不到其他人……主要有两件事触发我的想法——一是和我母亲大打出手，二是他污蔑我是妓女。[6]

巴斯记录这些致命幻想背后的动机的价值在于确认这个事实，即绝大多数谋杀本质上是道德的。在幻想者或者施害者的头脑中，杀人时，受害者该死。在历史长河中，无疑有无数的暴力虐待的例子，它们的严重程度足以唤起暴力回应；因此，有理由认为我们进化出了基于自卫而报复杀人的这类能力。如果你不做防卫，欺凌者、虐待者或者谋杀者就会侥幸得手，因此要建立残酷的永久自我保存体系作为达到目的的手段。反击的受害者警告施害者（和旁观者）注意，暴力只会遭遇以暴制暴。例如，巴斯引用了一个澳大利亚人唐（Don）的案例，他的妻子苏（Sue）在忍受了十四年的虐待婚姻之后杀了他：

唐变得非常恶毒残暴，口头上和身体上都是。后者包括很多种羞辱，经常被殴打头部，受到死亡威胁，被锁在柜子里，被强迫对着镜子坐着听任唐诋毁她。杀他的那晚，唐拿刀抵着苏的喉咙威胁要杀她。他还把她锁在柜子里，尿在她脸上。那晚的晚些时候，唐睡着了……苏用斧子大概三次砍中了他脖子侧面。然后，她用一把大的切肉刀刺中他的腹部大概六次。[7]

有谁——除了唐——读到这样的描述不是对苏带着同情和理解？如果有人打我的头，羞辱嘲弄我，把我锁在柜子里，尿在我脸上，并且威胁杀死我——或者这么对我爱的人——我很容易想象自己带着接近满格的道德正义感挥舞斧头。道德正义似乎就是一个叫作苏珊的女人对他的恶毒残暴的可卡因上瘾的丈夫做出攻击性的反应时所感觉到的东西，他正拿着猎刀逼近她，并且大喊"去死，贱人！"苏珊用膝盖顶他的腹股沟，夺下刀——这肯定是面对一个发狂的疯子的理性反应。审判中她说，"我感到恐惧，因为他要杀我。我知道我停下的那一瞬他会抢回刀，那么我就会是那个死去的人。"

不管怎样，一旦她开始，苏珊发现自己不能停止刺杀他的丈夫，社会学家兰德尔·科林称这个现象为"对抗性紧张"。这种过度的、上升的心理压力能够导致"暴力隧道",其极端表现形式为"向前恐慌"（forward painc）——通过攻击和暴力释放的狂暴和愤怒的爆发，正如洛杉矶警察殴打罗德尼·金时所表现的那样，在目击者拍下的模糊视频中，他们就像一群撕碎猎物的狼。[8]当迷失在她的向前恐慌暴力隧道中时，苏珊刺了他丈夫193刀。"我扎他的头，我扎他的脖子，我扎他的胸，我扎他的肚子，我还扎他的腿，他踢过我多少次我就扎多少次，我还扎他的阴茎，他强奸我多少次我就扎多少次。"[9]

这样的复仇情绪非常普遍，因此作家和电影导演指望着它们，正如《**龙纹身的女孩**》电影版中强奸后的复仇一幕所展示的。作为主要角色，莉丝·莎兰德用泰瑟枪麻痹了强奸犯，把他捆起来堵上嘴，并用巨大的字母在他的躯干纹上"我是一只虐待成性的猪和强奸犯"，我看这部电影时电影院中的观众大声欢呼，表示正义的赞同。

道德正义的进化起源

进化而来的情感向着我们自己的生存和繁荣引导行为，特别来说，进化而来的道德情感（如内疚、羞愧、移情、藐视、复仇和悔恨）引导我们与他人互动的行为。**愤怒**促使我们战斗、反击和保护自己，反对掠夺者、霸凌者和虐待者。**恐惧**导致我们后撤、退却、逃避风险。**厌恶**引导我们排出、吐出和逐出对我们有害之物，如身体的排泄物和其他携带疾病的物质。在任何给定情况下计算危险概率通常耗时太久。总存在我们需要立刻做出反应的可能性，而这正是情感在进化意义上的"目的"所在。

我们可以通过两条证据线索追踪正义欲求的进化：人类的灵长类表亲和狩猎－采集祖先。大概在六百万到七百万年前，人类与黑猩猩共享同一祖先，因此人类正义的道德情感应该从黑猩猩开始谈起，它们与倭黑猩猩是我们最近的活着的灵长目祖先。在《黑猩猩政治学》中，灵长类动物学家弗兰斯·德·瓦尔描述了那些明显"作为提供服务的直接回报"的行为，他强调，一般意义上，

"黑猩猩的群体生活就像一个充斥权力、性、感情、支持、不宽容和敌意的市场。"正如人一样，黑猩猩也表现出奖赏和惩罚的二元系统，正如德·瓦尔所言，"两条基本规则是'善有善报'和'以眼还眼以牙还牙'。"[10] 在他的跟踪研究《灵长目的和平之道》中，瓦尔记述了黑猩猩和其他灵长目群体内斗之后会怎么做——它们和解。它们和解的方式非常像人类的热烈拥抱或者胳膊搂过肩膀的拥抱。[11] 在《猿形毕露》一书中，瓦尔解释了等待黑猩猩间打架、然后记录下它们接下来怎么做的过程。"旁观者常常拥抱失败者，并为之整理毛发。"[12] 安抚是解决冲突的关键，并且为了润滑正义之轮，必须做些什么来重归于好——至少是暂时地——以便每只黑猩猩都会觉得他们能够继续一起生活而不必带着过度的忿恨。

倭黑猩猩——黑猩猩的一种，众所周知比它们的黑猩猩表亲多情得多，但在进化树上与人类一样距离和表亲一样——通过另一人类最爱的事物解决冲突：和解性爱，或者至少是大量的理毛发、触摸和爱抚。解剖学上，倭黑猩猩更加像我们进化上的祖先南方古猿，并且与黑猩猩相比，他们更多地两足行走，更多的面对面交配（传教士式性爱），更多的口交和舌吻，已经拥有较小的四肢和身体比例，较小的犬齿，消费更多种类的食物，组织较大的群体规模，表现出较少的群体内竞争和攻击性，且促进社会性的那些荷尔蒙的水平更接近人类，与移情相关的大脑区域也更接近人类。[13]

为了对这类情感的进化起源做出更广泛的论证，瓦尔指出，这类抚慰行为不限于黑猩猩和其他类人猿，也能在大多数社会性哺乳动物中发现："都知道大象使用鼻子和象牙举起病弱或者跌倒的伙伴。它们也对沮丧的幼象发出鼓励的声音。也都知道海豚会救同伴，它们咬断鱼叉绳，把被缠住的同伴拉出渔网，它们还帮助生病的伙伴浮出水面防止溺亡。"

对于社会性物种的生存来说，个体必须具备这样的认知工具和行为技能，能够解决冲突，保持和平，当攻击性倾向泛起时能够压制它们。而它们确实有。例如，卷尾猴——大脑小得多、进化上离人更远的人类表亲——也表现出这些同样的特点。在对这两个物种的研究中，瓦尔和同事发现当两个个体在一个任务中合作，而只有一个得到可口的食物奖励时，如果奖励的接受者不与任务合作者分享食物，合作者会拒绝参与后面的任务，并将会表达明显地对不公感到不满的情绪。一个恼火的灵长类表达不满时，将会摇晃他或者她的笼子发出咯咯声，扔东西，愤怒尖叫。[14]

心理学家萨拉·布罗斯南进行的一个实验中，两只卷尾猴被训练用花岗岩石头交换黄瓜切片，但随后，布罗斯南在实验中引入了隐晦的不公，给一只猴子葡萄而不是黄瓜。比起黄瓜猴子更喜欢葡萄，因为它们是甜的；因为自然进化的对含糖食物的偏好让它们更受欢迎。在这种条件下，那只得到黄瓜的不受待见猴子只有 60% 的时间合作，有时甚至彻底拒绝接受黄瓜切片。在第三种条件下，布罗斯南把不公正感强化到这样的地步，把葡萄给她的受试卷尾猴中的仅仅一只，甚至不要它拿花岗岩石头来交换。在这些极度不公平条件下，受冷落的猴子只有 20% 的时候合作，在很多例子中，它们如此激动，以至于黄瓜成了权宜的炮弹，被从笼子里用力掷向人类实验者。[15]苏黎世大学做了一个类似的实验，对象是长尾猕猴——另一种大脑相比较小的人类的灵长类表亲——灵长类动物学家玛丽娜·科茨和赛尔维发现，两只长尾猕猴在一个为了得到食物奖励需要一起努力的任务中，学会了彼此合作之后，比起那些在共同努力的任务中没有学会合作的猴子，它们在争吵后更可能和解。[16]

所以，公平和正义在道德经济中携手并进，道德经济则是以诸如食物、打理、和解、互惠、友谊和联盟这样的通货进行交易。例如，瓦尔发现互相打理的黑猩猩更可能分享食物，卷尾猴倾向于分享食物和打理活动，与那些它们之前已经交易过这类通货的同伴也更容易和解。[17]这是通俗定义的互惠利他主义——礼尚往来的一个精确例证。利物浦约翰摩尔斯大学的动物行为学家尼古拉和她的同事发现互相打理的黑猩猩形成了反对其他黑猩猩的社会联盟。例如，如果黑猩猩 A 为黑猩猩 B 打理，那么随后黑猩猩 B 在 A 第二天与别的黑猩猩打架时更可能支持它。研究者这里的意思是黑猩猩带着可能的对未来需要的预期与其他黑猩猩积极互动，以此进行政治逢迎，尽管它们不能以人的方式通过语言清晰说明交换的计算。[18]

对灵长目的研究支持了本书的论点，我们进化出了真正成为道德动物的能力——而不是**表面上**成为道德动物。假装是个好人是不够的，因为如果你表里不一，长期看群体内的同伴会发现你的破绽。因此，你实际上不得不在绝大多数时候**做**一个好人，我这里的意思是亲社会、互惠利他、合作和公平，并且以一种感到良好、正确和正义的方式这么做。[19]这就是道德情感赐予我们的东西——真实的真诚的道德，虽然我们并不是总能实践我们自己和社会的道德标准。没有这类道德情感，我们的行为与纯粹自私的道德计算无异。正如瓦尔强调的，没有证据表明非人类的灵长类在为当前的善意**计算**未来的收益，因而这个事实巩固了我的观点，因为这意味着它们这么做事为了即时回报地帮助他者的愉悦感觉。[20]因此道德情感是通过自然选择进化而来的道德计算的代理人，自然选择引导我们相信不仅我们群体中的其他人是真正道德的，而且我们自己也是。道德是一种真实的、有生物学基础的现象，并且对道德正义的渴望是和爱一样具体实在的情感。

这些对灵长类的冲突和解决的观察和实验都是一探我们进化往事的窗口——情感"化石"，帮助我们拼接出在我们祖先的环境中生活可能的样子。现代人和当代灵长类都有公平和正义感的事实表明了对不公平和不正义的共同反应，它在我们的遥远过去中进化为冲突解决工具，舍此这类社会性物种成员不太可能获得生存和繁荣。如果每个个体永远只是自利行事，不顾他们周围的其他群落成员，社会性共同体就会解体，陷于混乱和暴力。我们进化出的情感引导我们关心与我们的同类群体成员互动的结果，最为重要的是，这些互动和交换应该是公平的。正如萨拉·布罗斯南对其有关非人类灵长类中的不平等的研究的总结，不平等的社会结果导致对抗性的反应，反之亦然："对不平等的反感可能会促进有益的合作性互动，因为那些意识到所得一直少于合作伙伴的个体会寻找另一个合作者，以实现更成功的合作。"[21]这带来的自然选择的结果是，群体内的亲社会和合作行为，群体间的仇外和部落主义，或者简单说，**群体内友好**和**群体间敌对**。

因此，正义感进化是为了解决冲突和防止霸凌者、虐待者和谋杀者占领社会，因而降低了群体内每个个体的进化适合度（evolutionary fitness），不然群体会有灭绝的危险。必须有某些对付不安分守己的同类群体成员的手段。**道德惩罚**就是这样一种行动，源自交换中的正义渴望，就如最后通牒博弈中受试者正当地感到不正义，拒绝了不公平的出价。道德惩罚的普遍性在遍及世界各地的使用最后通牒博弈计划的研究中都有发现，包括十五个规模较小的传统社会。西方国家的受试者通常提议和接受的分成范围是 5–5 到 7–3，与之相比，较小规模传统部落互动范围从最低的秘鲁马奇根加部落的 26% 到最高的印度尼西亚 Lemelara 部落的 58%。变化似乎与人们的主要职业有关，比起勉强糊口市场较少整合的地方的人们，那些经济规模更大市场整合更深的地方的人们倾向于出价更加公平。[22]

在对这类实验的大量文献的全面概述中，人类学家约瑟夫·亨利希、罗伯特·博伊德和他们的同事总结称，世界各地的人们"关心公平和互惠，都愿意个人付出代价来改变物质产物在其他人中的分配，并且在惩罚反社会的行为方式的同时奖励亲社会的行为方式，即使这些行动成本高昂。"[23] 人类学家也注意到尽管人类文化差异巨大，运用极为不同的社会组织和制度形式、亲属体系和环境条件，然而仍然存在一组具有进化论基础的人类本性的核心特征，包括没有一个人类群体由完全自私的个体组成，所有人都有一种公平和正义感。[24]

复仇和作为威慑的正义

推动正义需求的情感因很多好的进化理由而进化，其中之一是威慑其他人不要搭便车、欺骗、偷盗、霸凌和谋杀。一个认识到报复可能性的施害者可能会迟疑，甚至彻底不能行动，假设他（或者较不可能的她）对恐惧有正常的反应，并对惩罚的威胁感到害怕。对于那些对其他人的感觉缺乏这种敏感的人——也就是精神变态——残暴的强力也许是他们唯一能理解的通货。因此一种进化出一种惩罚性正义感是自然的，并且在很多情况下，它可能是我们的祖先唯一能诉诸的行动方案。确实，如果我们没有进化出这类情感，我们的旧石器时代的祖先部落可能已经被恶棍、霸凌者和杀人犯统治击溃，而这可能无异于人类末日。

人类群体如何能够发展出正义体系？这是人类学家克里斯托弗·博姆的启发性的——某些地方是震撼性的——著作《道德起源：德性、利他和羞愧的进化》的主题。[25] 博姆的分析是从一个开始包括 339 个纯粹抢劫者社会的数据库开始，然后删去可能不太像我们祖先的那些（骑马猎人、园艺猎人、皮毛交易猎人和定居的等级化猎人），组成一个由 50 个晚更新世适宜社会（Late Pleistocene Appropriate）组成的工作数据组，作为分析对象。这些群体要么今天还存在，要么过去一个世纪之内有人类学家在研究，并且可以合理地认为他们逼真地体现了我们祖先生活的方式。这些人种学资料与考古学证据一起，形成了文明兴起之前我们的物种如何生活的理论基础。[26]

博姆论证，**道德惩罚**进化出来部分是为了解决利他主义如何能够进化的问题，以及当搭便车者能够通过下列方式与系统博弈时，这些相对平等的社会如何保持稳定的问题，如攫取大于付出，还有如在采集探险中偷懒，在危险狩猎中畏缩不前，或者直接拿走比他们应得的份额更多的食物。因此，博姆发现所有这些社会都有处理越轨者、搭便车者和霸凌者的制裁措施，范围包括社会压力和羞辱性批评、流放、驱逐群体甚至——在其他方法不起作用的极端情况下——死刑。制裁过程始于流言，流言则是私下交换评估信息，如谁得到了公平的份额谁没有，谁可以信任谁不能，谁是好的可靠的群体成员，谁又是偷懒者、骗子、说谎者或者更不堪的人。流言让群体形成对越轨者的共识，这能够带来怎么对待他（基本上都是男性）的集体决定。当然，强硬的霸凌者如精神变态的问题是他们不在乎被发现和谈论，因此流言对于顺从的群体成员来说还充当联合的手段，基于的公理就是**数量就是力量**。

听到"死刑"这个词在狩猎 - 采集社会的语境中使用令人意外，但死刑的间或使用是为了保持群体和谐，如果出现无法驯服的暴徒拒绝服从规则或者响应较轻的制裁话。在研究的这五十个 LPA 社会中，博姆发现其中二十四个对某些犯罪执行死刑，诸如恶意的巫术、重复谋杀、残暴行为、精神错乱行为、盗窃、欺诈、乱伦、通奸、婚前性行为、威胁到群体中每个人的禁忌冒犯、背叛群体投靠他人、"严重的或惊人的侵犯"和未指明的异常行为。总共达到48%，但可能更高，因为众所周知死刑在人种学上会少报，因此他们通常会向窥探的人类学家隐藏死刑——这些现代的狩猎－采集社会知道他们所在地区的殖民官员禁止处决，因此他们谨慎地不让外人知道。**图11-1**展示了博姆的传统社会数据库中的犯罪和罪过以及相应惩罚的统计数据。

Crimes and Sins in Traditional Societies

TYPE OF DEVIANCE	% OF SOCIETIES	% OF OFFENSES MENTIONED	TOTAL MENTIONS IN FIELD REPORTS
INTIMIDATORS	**100%**	**69%**	**471**
MURDER	100%	37%	248
SORCERY	100%	18%	122
BEAT SOMEONE	80%	12%	79
BULLYING	70%	2%	12
DECEIVERS	**100%**	**31%**	**171**
STEALING	100%	15%	99
FAILURE TO SHARE	80%	6%	34
LYING	60%	7%	48
CHEATING	50%	3%	24

Figure 11-1. Crimes and Sins in Traditional Societies
The anthropologist Christopher Boehm has compiled a database of crimes and sins in traditional societies that result in punishments ranging from shunning to capital punishment.[27]

图11-1　传统社会中的犯罪和罪过

　　博姆引用了一个可怕的处决案例，此事由人类学家理查德·李记录在他对非洲昆布须曼人的研究中。故事与一个名叫特维的恶霸和杀人犯有关，他已经杀了至少两个人，所在群体已经决定对他唯有处决才能解决问题。李采访了特维的父亲、母亲和兄弟姐妹，"都认为他是一个危险的人。可能他是一个精神病人。"记录还表明，没有有效的现代武器，杀死一个反击的人是如此困难，而集体的力量能够制服即使最强悍的对手。

是 Xashe 首先攻击特维。他在茅草屋附近伏击他，向他的屁股射了一支毒箭。他们徒手打斗，特维把他打倒，伸手去拿他的刀，Xashe 的岳母从后面抓住特维，向 Xashe 大喊，"快跑！这个男人会杀了每个人！？" Xashe 跑了。

特维拔出箭头，回到自己的小屋坐下。随后一些人开始聚集并试图帮他切开伤口吸出毒液。特维说，"这毒要我的命。我想小便。"但并不是小便，他骗了那些人，抓住一把长矛，一通乱打，刺中了一个名叫 Kushe 的妇女的嘴，撕开了她的脸颊。Kushe 的丈夫过来帮她，特维又骗了他，在他躲闪时用毒箭射中他的后背。

现在每个人都躲了起来，还有其他人向特维射击，没有人帮他，因为所有那些人认定他必须死。但他还在追杀别人，发毒箭，但没有击中任何人。

然后他回到村子，坐在中央。其他人潜回村子的外围，继续躲好。特维喊话，"喂你们还怕我吗？好吧，我不行了，我快咽气了。来杀了我。你们害怕我的武器？我把它们放在够不到的地方。我不会碰。来杀了我。"

然后他们一起向他发射毒箭，直到他看起来像一头豪猪。他平躺在地上。所有人涌上来，男人和女人，用长矛扎他的身体，即使他已经死了。[28]

人类学家已经记录下很多形式的破坏性行为，博姆大致将其分成两类：威胁和欺骗。威胁包括谋杀、巫术、身体暴力和霸凌。欺骗包括偷窃、独吞、撒谎和欺诈。数据库的五十个社会中，100% 报道了谋杀、巫术和偷窃；90% 称人们存在独享行为；80% 出现过身体暴力；70% 存在欺凌 / 恶霸问题；60% 称他们中有骗子，还有 50% 报告了欺诈行为。所有这些行为都在共同体中产生了流言，这会让群体决定考虑适当的惩罚。

这些传统社会针对越轨者也会区分可逆和不可逆的制裁。群体想要消除反社会行为但不想消灭受害者，因为他在其他方面是有用的成员，此时会使用可逆的制裁。不可逆制裁要么是永久驱逐（通常意味着饿死或者被其他部落的人杀死）要么是处决，后者只是在可逆的制裁失败或者一个恶霸已经被证明是对群体的严重威胁时才会使用。

在进化语境中，对制裁有回应的搭便车者和欺诈者保持了他们的基因适应性，并把与适度水平的搭便车和欺诈相对应的基因遗传下去。这样的搭便车和欺诈今天在所有的社会中都能看到。当然，犹如所有的人类特点，霸凌、搭便车和欺诈是相互作用的基因和环境的共同结果，因此，我们这里是讨论倾向性和可能性。在一个存在适度搭便车的世界——通常是欺骗性的，很难发觉——我们进化出了欺诈者探测器，以及传播一些人的流言的倾向，只要我们认为他们可能在试图欺骗我们和欺诈社会。综合以上，博姆总结认为"我们拥有的是一个社会控制系统，它能显著减少良知不能控制这些危险特点的动机更强的搭便车的基因适应性，但这个系统允许更加'适度的'自其预期的搭便车者在那些不然会带来惩罚的事务上控制自己，并且仍然允许他们以社会接受的方式表现他们的竞争性倾向。因为这个原因，搭便车者并未简单消失。"[29]

因此，一场进化的军备竞赛为我们留下了欺诈和欺诈探测，搭便车和搭便车威慑，霸凌和霸凌惩罚。在这场军备竞赛中，进化出了另一种人类心灵特征——**一种道德良知**——担当自我控制角色的"内在声音"。因为社会制裁考虑到个人可能会改变恶劣行为（在终极惩罚——驱逐或处决——执行之前），所以个人行为的有意识的自我意识会考虑到个人行为的矫正。"正是早期的社会控制类型导致了良知的进化，而正是进化了的良知使得个体如此熟练于这种重要的自我抑制"，博姆写道。那么，为什么今天仍然会存在狩猎－采集者因为搭便车被他们的群体处决、驱逐、流放和羞辱？博姆认为，因为"他们希望侥幸成功。"[30]然而，长期看，绝大多数不会，但这时间足够长，长得足以让他们能够与此同时设法繁衍，因此他们的这类欺骗和搭便车的基因就一路向前成功地遗传给了现代人。

幸运的是，我们个人的良知是可塑的，会对社会的暗示、赞成、指责和惩罚做出反应。正是这个一直扩张的良知的力量与理性协作，推动了西方刑事司法的历史发展。

女性正义：从西方的蛮荒时代到现代

在长长的文明史中，个人执行的自助正义已经组建被国家执行的刑事司法取代。前者比后者导致更高的暴力发生率，因为缺乏一个客观的第三方监督过程。国家，虽然问题重重，但是比个人有更多的制约和平衡。这就是为什么尤斯蒂蒂娅——罗马正义女神——常常蒙着眼睛，象征着无偏见的正义和公正；她的左手拿着权衡证据的天平，是公正结果的象征；她的右手持握理性和正义的双刃剑，象征着她执行法律的权力。当然，这不是一个非此即彼的情况——非国家司法体系对国家司法体系；不如说，他是一个滑动的量表，从一个个没有中心权威或者独立司法制度的小共同体；到出现解决冲突的单一权威（酋长或者"大人物"）的酋邦；再到弱小的国家，在那里当个人感到国家的司法制度未能主持正义时，他们会实施自助正义；再到强大的国家，它们有相对有效的司法制度；最后到极权国家，在那里权力（或者独裁者）即正义。

现代西方的刑事司法制度比起先刑后讯的中世纪制度是一个飞跃。18 世纪，诸如杰里米·边沁和切萨雷·贝卡利亚——第一章出现的刑事改革家——这样的学者充分论证了"罪罚一致"，总体目标则是作为正义微积分的"最大多数人的最大幸福"[31]。正如贝卡利亚在其 1764 年著作《论犯罪和刑罚》中的论证："不仅不犯罪是人类的共同利益，而且每种犯罪相应于它们对社会的伤害程度成比例减少也是人类的共同利益。因而，立法机关用来预防犯罪的手段应当更为有力，与它们对公共安全和幸福的危害性成比例，与犯罪动机的强烈程度相适应。因而，应该在犯罪和刑罚之间存在一个固定比例。"[32]

现代西方司法制度的目标是防止一国国民在出现纠纷时互相诉诸暴力和犯罪。如果国民采用自助正义对国家来说是净损失，因为它通常升级为无尽的暴力循环。今天，纠纷解决通过两套司法制度实现：刑事司法制度和民事司法制度。刑事司法处理只能由国家惩罚的违反国内法的犯罪。民事司法处理个人或群体之间的纠纷，诸如合同违约、财产损害或者身体伤害，并且法庭在判定对错和损害程度上有最终决定权。刑事司法绝大多数涉及惩罚。民事司法既涉及惩罚也涉及恢复（通过评估损害）。对于这两种司法形式来说，国家都拥有暴力的合法使用的垄断权，目的是阻止针对社会公民的未来犯罪。

这就是为什么刑事案件总是标签为**国家/州诉约翰·多伊**或者**人民诉简·多伊**。国家成了受害方。例如，我的家乡加利福尼亚州一直寻求起诉电影导演罗曼·波兰斯基，因为他 1977 年强奸了未成年女孩，尽管她——现在是一名四十多岁的妇女——已经原谅了他，并且请求加州放弃起诉，尽管波兰斯基生活在瑞士并且从来没有回到美国的意向。

　　这就是为什么在公民感到法律对他们不公平的西方国家的一些地区——如美国的某些地方，那里的警察和法庭被认为是种族主义的——人们通常把法律掌握在自己手里。这就是为什么它被称为"自助正义"或者有时被称为"边疆正义"或者纯然旧式的"自卫报复行为"。以市中心为例，那里是暴力所在，犯罪率比其他地方高得多。暴力的首要原因是与帮派有关的非法贩毒。当人们想要的产品不合法时，这不一定会消除对产品的需求；相反，经济交易从合法自由市场转移到非法黑市——想想禁酒令时期的酒精，或者今天的毒品。因为贩毒者不能求助国家解决与其他毒贩的纠纷，自助正义是他们的唯一选项。因此，犯罪帮派就出现了（最有名的是黑手党），他们执行一个不同种类的刑事司法。[33]

　　偶然会出现一些情况，让普通公民感到有自己执法紧迫的需要，正如伯恩哈德·戈茨 1984 年 10 月 22 日遇到的情况那样，当时在纽约市地铁上四个男青年接近他，他感到来者不善。这件事发生时，纽约市正挣扎于美国历史上最大的犯罪浪潮之一，眼看着它的暴力犯罪率仅仅十年内飙升了几乎四倍，从每 100000 人 325 人上到 1100 人。事实上，这件事之前三年，三个男青年已经抢劫过戈茨的一些电子设备，并且把他抛起来砸穿了一扇玻璃门。其中一个袭击者被抓住了，但仅仅以扯坏戈茨夹克的刑事恶作剧起诉，从警察局释放得甚至比戈茨还早。这个罪犯出去继续抢劫，使得戈茨怀疑刑事司法制度和警察保护他免于伤害的能力。因此，为了自保，戈茨买了一把史密斯＆韦森点 38 口径的手枪。

　　1984 年的那个决定性的夜晚，那四个年轻人带着螺丝刀上了地铁，意图（他们后来供述）去偷曼哈顿的电子游乐场的机器。当戈茨要下地铁时，他们围着他，要钱。（审判中他们声称只是在"乞讨"，仅仅是"请人给"钱而不是要钱。）考虑到他以前的经验、他对犯罪浪潮的认识和他口袋中的枪，戈茨有理由和条件对抗。他开枪后逃出地铁。

此后不久，戈茨被认为是"地铁复仇者"，是全国性的有关犯罪和自卫报复行为争论的主角。作为回应，也是为了表明不会容忍回到西大荒式的自卫报复正义的态度，州刑事司法系统严惩戈茨，指控他四项谋杀未遂罪，四项怠忽致危罪和一项非法持有武器罪。在文明社会的一个无法无天的区域——纽约地铁——戈茨的应激反应用他自己的话来说，像一头野兽一样。"人们期待英雄或者期待反派。而两者都不是真的。你在这里拥有的不过是堕落的鼠辈。一切就是这么回事。没有克林特·伊斯特伍德。不存在自我执法。你可以这么贴标签。但不会变成法官、陪审团和行刑者。"[34]

事实上，在一个文明社会，国家有义务提供法官、陪审团和行刑者，但公众不同意，他们大多支持戈茨，几个团体为戈茨成立了法律变化基金。刑事审判的结果，谋杀未遂的指控不成立，但因在公共场合携带装弹和没有执照的武器服刑八个月。[35] 正如戈茨的反思："此时此刻我遭遇什么不重要。我只是一个普通人。这至少在纽约引起了争论。我能做的唯一一件事就是展示我所认为的法律制度的样子。"[36]

为什么文明社会中的人们，虽有司法制度和警察力量，还是会选择法外行事？社会学家唐纳德·布莱克在一篇题为《作为社会控制的犯罪》文章中试图回答这个问题，他在文中引用了广为人知的统计数据即只有 10% 的凶杀属于掠夺或工具性的范畴，认为绝大多数凶杀本质上都是道德性的。例如，绝大多数凶杀都是一种杀人者充当受害者法官、陪审团和行刑者的死刑，杀人者觉得受害者以某种方式加害了他们，罪有应得。布莱克提供了一些常见程度就像它们令人不安的程度一样严重的例子："一个男青年杀了他的兄弟，当时他们为后者性挑逗他妹妹而激烈争吵"；另一个男人"杀了他妻子，因为他们之前为先付哪张账单发生口角时，她'激将'他不敢这么做"；一个女人"杀死了丈夫，因他们吵架时这个男人打了她女儿（他的继女）"；另一个女人"杀死了自己 21 岁的儿子，因为他'与同性恋鬼混，沉迷毒品'"；还有几个与汽车停车位的争端有关。[37] 绝大多数暴力，实际上，是一种形式的道德刑罚。

惩罚性司法和恢复性司法

认为合理惩罚是阻止犯罪的最有效手段的司法理论被称为惩罚性司法。在人类情感的进化起源语境中，惩罚性司法是基于完全可以理解的对公平竞争的渴望。我们直觉地感到如果人们犯罪，那么他们得到正义的甜点才是对的。没有人可以逃脱惩罚，如果他谋杀——或者强奸、盗窃、侵占、绑架，或者在高容量车辆车道开车只带两个人。我们感到，如果我们不能挟持人质或者在林肯纪念堂的台阶上泊车，其他人也不应该被允许；如果任何人真的侥幸逃避了惩罚，我们的道德情感就会加速升温，我们自然而然想要看到正义昭彰——当然，除非我们认同故事中的反传统的主角，例如我们迫切想要看到弗瑞斯·巴勒逃课不受惩罚。

大多数现代社会实践的刑事司法制度在几个世纪中主要是在惩罚性司法的名义下进化。并且为了保持和平与维持一个相对平稳运作的社会的正当理由——国家必须保持对暴力的合法使用的垄断，并通过惩罚规则破坏者的执法实现垄断。然而，恢复性司法（也称为补偿性司法）是惩罚性司法的补充，在这种司法制度中，施害者（可能是个人也可能是国家）为犯下的罪道歉；试图开始纠正这种状况；并且，理想情况是与受害者建立或恢复良好关系。惩罚性司法更多的是由情感驱动，源自报复的欲望（尽管应该区分惩罚和复仇），而恢复性司法更多的是由理性驱动，产生于犯罪发生后与我们同类群体成员共处的必要性。

在过去的几十年中，一场恢复性司法运动一直矗立在发端于新西兰的地基之上，并且是奠基于本土毛利社会的司法处理方式，这种方式聚焦于修复而不是惩罚（体现在毛利人谚语"让羞愧成为惩罚"中）。1980 年代的一波犯罪浪潮席卷了整个新西兰社会——与大多数西方国家一样——成千上万的年轻人，包括并主要是毛利儿童和青少年在执法过程中落网，被送到寄养家庭和机构。尽管新西兰的青少年监禁率在全世界属于最高者之一，但它的犯罪率仍然很高；很显然，刑事司法制度不起作用。对此毛利领袖做出了回应，他们解释称，他们的传统不是聚焦于定罪和监禁而是问题解决和损害修复。

1989 年，立法机关通过了里程碑式的《儿童、少年和他们的家庭法案》，这项法案改变了青少年司法的焦点和进程，带来了家庭团体会议制度（FGC）的发展，它主要聚焦于问题青少年的改过自新，被用作法庭的补充或者代替。"设计这个方法的目的是在罪犯承担责任和改正行为时帮助他们，授权犯罪者家庭在这个过程中扮演重要角色，并且处理受害者的需求，该方法由一名青少年司法协调员组织和领导，作为协调者，他是社会服务专家"，艾伦·麦克雷和霍华德·泽尔解释，他们是这套制度的开拓者。[38] 在过去的二十年间，已经开了超过十万次家庭团体会议，根据报道的情况看受害者满意度很高。新西兰司法部长的记录表明监禁减少了 17%，两年后再犯比例减少 9%，并且参与者确有再犯时犯罪的严重性下降了 50%。[39]

新西兰政治家也意识到了恢复性司法计划的道德和成本收益。例如，新西兰财政部长称国家监狱制度是"道德和财政失败"，还称监狱"是过去十年政府支出增长最快的部分，而我的观点是我们不应该再建更多。"新西兰地方法院法官弗雷德二十年来一直应用恢复性司法的原则，他总结认为，"对那些寻求更加满意、较少损害也更便宜的司法形式的人来说，在我看来，前进的路很明确。它不是在所有案子中都适用，但通过原则性支持和种子基金，恢复性司法能够轻松改变绝大多数普通法系国家的刑事司法的地貌和景观。"[40] 一项对两个青少年的对比研究极富启发性——一人来自美国，一人来自新西兰，都杀了他们恶毒残暴的父亲。那位来自美国的青少年要在监狱待上二十年乃至一生，而来自新西兰的那位（现在二十二岁），先后经过新西兰未成年人特别法庭和家庭团体会议的审查，得到了教育，最终以一个自由人身份为新西兰林务局工作，贡献社会。[41] 艾伦·麦克雷讲述了他调解的另一个案件，涉及的是一名和他的祖母和阿姨一起来到新西兰的年轻难民。

他们没有钱，依靠新西兰政府的微薄福利生活，只够开支食物和租房。绝望之下，男青年袭击了自己的祖母，偷走租房钱，自己拿去用了。他的阿姨把他送给警察，但他们没有把他关起来，而是把案件提交给麦克雷，让他组织一场家庭团体会议，所有涉及方都参加了，开展过程如下：

会议从他们使用母语的祈祷开始，并且所有各方都有口译，保证充分理解。祖母非常详细地讲述了她的故事，那个年轻人也是如此。当那个年轻人开始理解他对他祖母的冲击，泪水夺眶而出。年轻人最终讲出了他们三人抵达新西兰之前他在难民营的生活，为了生存他不得不做的那些事，以及在这个新社区，他怎样感到如果没钱他就不能与其他人打成一片。显而易见，孤独、愤怒和伤害是年轻人和他的祖母共有的。

年轻人答应把偷的钱一分不少还回来，他在找兼职时也得到了帮助。在祖母与他在一起感到安全之前，他不能和她生活在一起，他还通过分配得到了一位来自同一文化的指导者，帮助他完成社区工作和上学。"计划很成功"，麦克雷写道，"年轻人没有进一步犯罪，目标都达成了。一切之中最有价值的是，他和他祖母都结交了新朋友，获得了新支持，这些朋友和支持与他们携手并肩，帮助他们在新西兰开始新生活，这已经远超家庭团体会计划预期。"[42]

据霍华德·泽尔——这场运动的改革者之一——恢复性司法不仅是关于宽恕或者和解（尽管这是一个积极的副产品，许多试过的人都引以为傲）；相反，它首先是违法犯罪者承认错误，他必须为犯罪承担某些责任，在此基础上包括赔偿受害者损失并制订恢复计划。恢复性司法的利益相关者包括受害者、受害者家庭和受犯罪波及的社区。恢复性司法意在补充惩罚性司法，而不是取而代之。

刑事司法制度的问题在于把犯罪定义为反对国家，其后果通常是遗忘了真正的受害者。回顾一下引起高度关注的辛普森弑妻案，除了辛普森的妻子尼科尔－布朗－辛普森，受害的还有她的朋友罗纳德·高曼。辛普森被认定无罪（正如约翰尼的令人难忘的推理，"如果手套不符，你必然是无罪的"），但即使手套符合，他被判有罪并被投入监狱，受害者的家庭也不会从辛普森的财产或者审判他的州（加利福尼亚）获得任何赔偿。在一个低限度的恢复性司法中，受害者家庭必须对辛普森提起诉讼，在这场较少关注的民事审判中，辛普森被判过失致死和殴打罪，并被要求支付 3350 万美元赔偿。自然，在这样一个抗辩制度中，辛普森会想方设法隐藏资产躲避支付。通过卖掉辛普森的 Heisman 奖杯和其他个人物品[43]，高曼家人筹集到了微不足道的 50 万美元，他们已经在寻找渠道，试图得到他从签名手稿和纪念品销售挣的钱。[44]

因为主要基于惩罚，刑事司法制度至少在四个方面忽视了受害者的需求，泽尔认为一个恢复性的体系要运转必须处理这四个方面：（1）**信息**。受害者想要知道犯罪的深层原因——施害者的动机——而这只能来自带有面部表情和身体语言的凝视与倾听。（2）**说出真相**。受害者感到有需要告诉施害者罪行如何影响了他们。这有时发生在刑事审判的最后，受害者或者他们的家庭直面施害者，并在他被戴上手铐押出去之前说出真相。（3）**授权**。"受害者常常感到犯罪使他们失去控制——对他们的财产、他们的身体、他们的情感、他们的梦想。"在刑事司法制度中，受害者也几乎没有控制或者权力，因为根据定义，国家承担了那个角色。（4）**赔偿和辩护**。"罪犯的赔偿通常对受害者很重要，有时是因为实实在在的损失，但暗示的象征性陈述同样重要。当罪犯努力纠正伤害时，即使仅仅是部分地，这等于在说，'我承担起责任，你就不会责怪了。'"[45]

在刑事司法制度中，不仅这四个方面遭到忽视，并且法律程序的抗辩性质也鼓励罪犯保持沉默，要求"找律师"，说出"无可奉告"，永远不承认任何作恶行为，并且只有当律师能够通过辩诉交易带来减刑或者免于死刑时，他们才认罪。然而，惩罚不是负责。受害者从施予罪犯的惩罚中得到的慰藉会消褪，而犯罪导致的损失无法恢复。恢复性司法要起作用，罪犯需要承认罪恶，并对受害者承受的损失承担责任。简言之，惩罚性司法制度聚焦于犯罪者的**罪有应得**，相对地，恢复性司法制度关心受害者**所需**；惩罚性司法制度关切枉之所在，相对地，恢复性司法制度关切矫之何施；惩罚性司法制度是**罪犯导向**，相对地，恢复性司法制度是**受害者导向**。

以巴布亚新几内亚的一个传统社会作为开始，让我们更近距离地考察恢复性司法在世界范围内的实践状况。

TOK-SORI：传统社会中的恢复性司法

在史诗著作《昨日世界》中，进化生物学家贾雷德·戴蒙德描述了他生活在巴布亚新几内亚传统社会的经历，并从这些经历中吸取了我们今天如何提升自己所属社会的经验教训。在讨论这些社群如何实施司法时，戴蒙德讲了名叫马洛的巴布亚新几内亚人的故事，此人在乡镇小路上意外撞倒一个名叫比利的小男孩，并致其死亡。这是一场意外。比利一下校车，就从车后面飞奔而出，当马洛发现男孩时已经措手不及了。比利突然横穿马路为了见自己的叔叔，正好冲到了马洛的车前，他不可能及时停车。不同于西方（除非我们想肇事逃逸），马洛没有等警察到来，他慌慌张张地折了回去，因为正如戴蒙德解释的那样，"愤怒的旁观者可能会把肇事司机拖出来当场打死，即使事故不是司机而是行人的错。"

加剧紧张形势的是这一事实，马洛和比利来自不同族群（马洛是本地人，但比利来自低地地区），根据戴蒙德的解释，这会激化情绪："如果马洛停下来，下车救那个男孩，他可能已经被低地的旁观者给打死了，不仅如此，车上的乘客也可能已经被拖出来杀死了。但马洛很镇定，他把车开到了当地的警察局自首。为了乘客的安全，警察把他们暂时锁在警察局里，而为了马洛的安全，警察护送他回到他的村庄，后面的几个月里他一直待在那里。"接下来发生的事情，戴蒙德称，"展示了新几内亚如何通过他们自己的传统机制实现公正并和平解决争端，这里的传统社会与很多其他传统人群一样，基本上处在政府建立的司法制度的有效管辖之外。直到5500年前国家带着它们的法典、法庭和法官开始兴起，贯穿整个人类史前时代，这样的争端解决机制可能一直在起作用。"[46]

戴蒙德认为恢复性司法的关键是赔偿。当然，并非所有的错误都能通过赔偿得到纠正——死亡是其极端——因此在这个案例中，巴布亚新几内亚人所说的赔偿是指"赔罪钱"或者补偿，由充满悲伤懊悔的施害者支付给受害者家庭。"新几内亚的传统司法机制的目标与国家司法制度大相径庭"，戴蒙德解释称，"虽然我同意国家司法有拥有巨大优势，对于解决国家公民尤其是陌生人之间的争端是绝对不可或缺的，但我现在感到当争端方并不陌生，而是要在争端解决后继续共处时，我们可以从传统司法机制学到很多，例如他们可能是邻居、商业伙伴、孩子离了婚的父母和争遗产的兄弟姐妹。"[47]马洛藏匿了好几天，充满恐惧，因为他预料到了事故的可怕后果。接下来发生的事值得注意。三个重要人物来到了马洛家门口，其中有遇难男孩的父亲佩蒂。马洛不知道是该面对还是该逃跑。逃跑可能会让他家破人亡，所以他还是让他们进了门。戴蒙德从那里继续往下讲，因为通过一个叫吉迪恩的人，这个故事与他有了关系。吉迪恩是雇用马洛的公司的业务经理，他见证了接下来发生的事：

> 作为一个刚刚遭受丧子之痛的人，佩蒂面对肇事者的雇主时的行为令人感佩：很明显还没有从打击中走出来，但镇定有礼而又直言不讳。佩蒂沉静地坐了一会儿，最后对吉迪恩说，"我们理解这是一场事故，你们不是故意的。我们不想找麻烦，我们只是想要你们帮助处理后事。为了接待葬礼仪式上的亲戚，我们要你们出一点钱和食物。"吉迪恩代表他的公司和同事表达了慰问，并做了一些模糊的承诺。当天下午，他去了当地超市开始购买习俗要求的食品：大米、罐装肉、糖和咖啡。

事情到此为止一切还算顺利，但比利所属的大家族还是个大问题，他们肯定会感受到比利之死的刺痛，很可能要寻求报复。吉迪恩认为马洛应该直接去找他们道歉，但公司的一个名为 Yaghean 的男性高层不建议如此，他有过协调赔偿的经验。"如果你自己，吉迪恩，太早过去，我担心那个大家族和整个低地社区可能仍然怒火未消。作为替代，我们应该走适当的赔偿程序。我们会派一名使者，那就是我。我会与包括低地定居点的选区的议员谈，他然后会同低地社区谈。他和我都知道赔偿程序该如何推进。只有在程序已经完成之后，你和你的员工才能有一个向对方家庭说——道歉 [tok-sori in Tok

Pisin] 的仪式。"

第二天安排了会面，尽管群情依然激奋，但 Yaghean 担保不会有暴力。Yaghean 随后谈妥了赔偿，由公司向对方家族支付 1000 基那（约 300 美元）赔偿。马洛也安排送给受害者家庭一头猪，作为另一种形式的补偿，称作 bel kol 或者"抚慰一肚子怒火"，意在缓和复仇情绪。第二天，所有相关方在受害者家宅地上的一个帐篷里聚首了，赔偿程序也开始启动。戴蒙德描述了剩下的仪式：

仪式开始，一个叔叔发表讲话，感谢造访者的到来，也表达了比利之死带来的深切悲伤。然后，吉迪恩、Yaghean 和其他办公室工作人员谈了话。向我描述这个事件时，吉迪恩解释，"不得不讲话的感觉糟透了，实在是糟透了。我哭了。当时，我也有年幼的孩子。我告诉对方家庭，我试着感同身受地想象他们的悲痛。我说我深切体会到这一点，当我试着设想事故是发生在我自己的孩子身上。他们的悲痛肯定是难以想象的。我告诉他们，我给他们的食物和钱算不了什么，比起他们孩子的生命一文不值。"……当比利的父亲讲话时，他的母亲静静坐在他身后。比利的一些叔伯站起来反复声明，'你们与我们之间相安无事了，我们对你们的回应和赔偿感到满意。'每个人——我的同事和我，以及比利的整个家族——都在哭。"[48]

在这之后，家人们移交并开始食用食物……一切都很平和。程序起了作用，不是因为施害者向受害者家庭支付了赔偿金和食物（尽管有帮助），而是因为施害者深深地并且真诚地感到并且肯认受害者家庭的痛苦。

如果比利不是死于意外，而是死于马洛的蓄意谋杀，事情又会怎样？据戴蒙德的对话者解释，在那种情况下，补偿会高得多（10000 基那而不是1000），交换的食物要多得多，而如果这些——连同真诚悔恨的恰如其分的泪水——还不让人满意，事情非常可能会恶化为一场讨债式的杀戮。很可能马洛就是目标，如果不是他，就会是一个近亲。反过来，讨债式的杀戮又会导致复仇式的杀戮，随后可能会升级为世仇，随着双方互相袭击和谋杀，很可能最终会导致一场全面的战争。

驯服人心中的狼性：现代社会的恢复性司法

施害者和受害者之间的这类会面是应用**交互视角原理**的实践，因为每个人都可以从对方的眼睛中洞察罪恶。考虑一下两个人，彼得·伍尔夫和威尔·雷利，分别是盗窃贼和被盗者。伍尔夫是来自英格兰诺福克的职业罪犯，有毒瘾，只能以窃养毒。一天，伍尔夫正在洗劫雷利家，被雷利撞上了，发生搏斗，结果是两人缠斗冲到了街上，伍尔夫被逮捕送监，留下了精神受创的雷利。当有机会见到伍尔夫时，雷利与之隔桌而坐，但并没有宣泄憎恨，而是慷慨激昂地解释了伍尔夫的破门而入如何让他精神上痛苦不堪。他告诉伍尔夫，"你闯入我家。你摧毁了我的一个信念我有能力保护我的家庭、我的房子不受你这样的人的伤害，而你一下子摧毁了它。"雷利继续说，每次他回到家用钥匙开门的时候，他的头脑里就充满了恐惧，总怀疑罪犯就在门的另一侧。

在伍尔夫处得到的反馈是，"百感开始交集。当你听说你导致了那些伤害，如果你无动于衷，那么你就是一个非常**非常**冷酷扭曲的人——简直就是一个精神变态。我真心以为这些被我严重伤害的人理应会说'把他关起来……钥匙扔了，我们不管。'"雷利没有这么做。相反，他这样说伍尔夫："他是真诚地——真诚地——被我们的言辞感染了。我们开始交谈，彼得开始说出肺腑之言，打开了他的生存状态的真正内核。"据此，雷利这样总结入狱的伍尔夫："你不能置之不理。你必须帮助他帮助他自己。"伍尔夫确实得到了他需要的帮助，他 2003 年就已经出狱了，并且没有再犯。他接着在 2008 年写了一本自传——恰如其分地题名为《伤害既遂》——并在监狱巡回培训犯人的受害者意识。至于雷利，他创立了**为何是我?** 这是一个由受益于这类项目的受害者构成的组织。[49] 这类会面起作用的原因在于伍尔夫的悔悟情感是真诚的。"这是一个表达悔恨的男人"，雷利解释，"不是因为他的律师告诉他'为了减刑你必须表现出悔恨。'"后来他认识到：

现在，六年过去了，很清楚的是那次会面不仅仅与彼得有关，也对我有巨大影响。对话是前进的唯一道路。不对话的人们（绝大多数受害者如此）是在延迟甚至维持痛苦。幸运的是彼得和我一直在对话。他是个了不起的人，非常聪明，幽默感出众，仪表真诚质朴，能够把他看作朋友是我莫大的幸运。[50]

受害者恢复只是开始。在这个例子中，不仅罪犯和受害者都从这个交流中获益了，而且在它带来其他类似会面的意义上，社会也受益了。总体而言，让伍尔夫和雷利走到一起的计划中，受害者满意率是 85%，其中有 78% 的人称他们会向其他受害人和罪犯推荐这个计划。[51] 在一对统计数据中，可以看到另一个显而易见的好处：三分之二离开监狱的囚犯两年内再犯，但恢复性司法制度生效的地方，再犯率大幅减半。[52] 这是道德进步吗？在一个社区减少一半的再犯对那里的居民有好处吗？从数据看，答案不言自明。

恢复性司法甚至对杀人罪行也有效，一个来自怀俄明的名叫克林特·哈斯金斯的二十一岁青年的案子就是这方面的证据。2001 年 9 月，他酒驾撞上了一辆车，车上载有一个学生越野赛跑队的八名队员，全部罹难，他当时醉得不省人事，甚至记不得已经发生了什么。其中一位遇难者是摩根 – 麦克莱兰德。哈斯金斯承认犯下了所有八项谋杀罪名，这样他就可能同时而不是相继为每项罪名服刑 13 到 20 年；判刑时，其他受害者的家庭宣读有力的声明表达抗议，提请判处哈斯金斯入狱 104 到 160 年。但摩根的妈妈黛比向克林特提出了一项替代的挑战：

法庭上我问他是否愿意和我一起向年轻人宣讲酒驾的危险。当他有机会开口说话时，他说愿意。最终，经过三年的周折，我见到了克林特。我发现他变得非常驯服，充满悔恨。我们都哭了，我拥抱了他，随后我们谈论了我们该一起做些什么来帮助人们对于喝酒和驾车做出更好的决定。我相信他的诚恳。我们第一次演讲是在一个容纳 900 名年轻人的礼堂，那是国立竞技表演高中的总决赛上，学校位于吉莱特，克林特曾在那里成为一名竞技表演牛仔。反响强烈。后来，我们在怀俄明大学演讲，那里是所有八位遇难者和克林特的母校。对这件事也有一些反对，有些家庭不同意我们这样做。我仍然为此感到难过。我们所有人都经历了巨痛，我不想雪上加霜。但我也确信我们的现身说法可能会救命。[53]

其他人父母的惩罚渴望完全可以理解，但正如黛比·麦克莱兰德深思熟虑后认识到的："走上法庭，我是想要正义——而不是复仇"，她又补充，"仇恨让人不堪重负。"相反，她鼓舞起起勇气和德性宽恕了哈斯金斯，使得这场悲剧有了某种建设性后果。"有人认为宽恕是对所爱的人的背叛；荣耀和记住他们的唯一办法就是维持心中的愤怒和怨恨，因为负面情感是如此强烈不可遏制。但我不这样认为……宽恕克林特对我来说顺理成章，因为这个悲剧体验是某种我们两人共有的东西。"[54]

黛比－麦克莱兰德认为宽恕是**顺理成章的**。她言之有理。宽恕，如果是指放弃复仇的幻想，继续前行，试着化悲痛为力量，那么**在一组合适的情境之下**，它就是理性的道路，而这组情境包括罪犯的真诚而衷心的悔悟和纠正错误的诚实努力。

宽恕的力量

1984 年 7 月 29 日晚，北卡罗莱纳州伯灵顿，一名 22 岁的大学生被持刀劫持并强奸了，她的名字叫詹妮弗·汤普森。尽管不幸事件带来了情绪创伤，随着事情的发展，汤普森全神贯注于重建强奸犯脸部的细节，为了有一天正义能够昭彰。警长向她出示了一组嫌犯的照片，她对他们讲，"我要抓住这个人，他伤害了我。"他指认一名黑人是强奸犯，名叫罗纳德·科顿。法庭询问汤普森她是否确定受审的男人是强奸她的犯人。她回答她百分之百确定科顿是案犯。仅仅商议了四十分钟，陪审团就达成一致，宣告科顿有罪。他被戴上手铐和脚镣，送往监狱终身囚禁。

你很可能认为这是一个温暖人心的现实传奇，强奸受害者学着宽恕了强奸她的人——但，不是。詹妮弗·汤普森从未宽恕罗纳德·科顿，因为，真相是没有什么可以宽恕的。如果有所谓的宽恕，那也是来自罗纳德·科顿，因为詹妮弗·汤普森在确定无疑之中指控错了人。

三年后，一个名叫博比·普尔的新犯人因强奸入狱，他看起来与科顿惊人的相似。最后，在与普尔在监狱院子的谈话中，科顿弄清了事情真相，并且赢了一场新的审判，此时詹妮弗·汤普森才第一次见到真正的强奸犯。

但她并没有辨认出普尔，也没有为被冤有罪的科顿洗脱罪名，当案件的原调查员让她对质的时候，汤普森吐露了心声，"你怎么敢质疑我，你怎么敢把我描绘成一个会忘了强奸自己的强奸犯的长相的人？你永远都不会忘了这个人！"有关真正强奸犯的记忆已经擦去了，科顿是强奸犯是成了新的记忆，汤普森以不容置疑的言辞向陪审团清楚地表明真正的罪犯就是监狱里的那个。再一次，陪审团达成一致，把科顿送进监狱，这一次是两个终身监禁。

后来又出现了一项重大进展——DNA 检测发明了。在罗纳德·科顿服刑十一年后，他的律师说服了调查人员应用这项新科学检测遗落在犯罪现场的证据的一个片段。他被立刻宣布无罪，而普尔被正确地确认为元凶，他当时正在因为强奸了另一位女性服刑。然而，汤普森对自己的记忆是如此的坚信不疑，当警方调查人员告诉他狱中的人是冤枉的时，她无法相信，拒绝接受。她告诉负责案子的警方调查人员和地方检察官，"这不可能。我知道强奸我的就是罗纳德·科顿。"为了走出 错误的记忆，也是为了走出冤枉无辜的压倒性的伤人的羞愧，汤普森约见科顿，请求他的和解和宽恕。当科顿进入房间，她惊恐不安，立刻哭了起来。虽然如此："我看着他说，'罗，即使我余生的每一时每一分每一秒都在对你说我是如此如此地抱歉，也不能表达我内心感受的万一。对不起。'"罗纳德·科顿是——带着对偷走他十一年时光的詹妮弗·汤普森的十二分感谢——厌恶地走开了吗？一个比较普通的人也许会这么做，但正如汤普森告诉我们："罗纳德只是俯下身，握住我的手，看着我说'我原谅你。'他宽恕我的一刻，我的心开始愈合了。我想这就是恩典与仁慈之所谓吧。面前是一个我曾经恨过的人；在那十一年中我曾经天天祈祷他死，祈祷他在监狱被强奸——这就是我献给上帝的祷告。而这个带着恩典和仁慈的男人就在这里，他宽恕了我。"[55]

罗纳德·科顿得到了来自州政府的赔偿，服刑一年 10000 美元或者总共110000 美元；并且他和汤普森一起把他们的传奇故事写成了一篇有力报道，题为《摘取生命之棉》（Picking Cotton），它在启动刑事司法制度改变方面取得了一定成功。[56] 例如，案发的北卡罗莱纳州通过了一项立法，要求调查人员展示可能的行凶者的照片时每次一张而不是一组一起，附加条款强调可能**没有人**是有罪一方当事人，并且整个过程由不知道真正嫌疑人的人执行，甚至由电脑执行，电脑上写着"可能包括也可能不包括嫌疑人"——所有这些都是为了避免这个过程中固有的大量的认知偏见，这些偏见污染了受害者或者目击者的记忆。

我在西班牙的一次会议上见到了詹妮弗·汤普森和罗纳德·科顿（参见图 11-2），他们面对座无虚席的听众谈到改革的需要，而最为打动人的是他们谈及了恢复、宽恕和友谊在治愈伤口和恢复正义时的力量。当詹妮弗转向罗纳德时眼含泪水，气息短促，整个大厅寂静无声可以听到一根针落地的声音，就在这时她开口了，"罗纳德·科顿是我的朋友。你不能成为一个心怀怨恨而又快乐的人。你不可能成为平静生活但又伺机复仇的人。正是罗纳德教会了这些。"这是一种不同形式的自助正义，而当他们讲述完这场噩梦般的故事在台上相拥的一刻是我曾经见证过的最感动人的故事之一，这是人类精神超越相对低级的本能的证据。

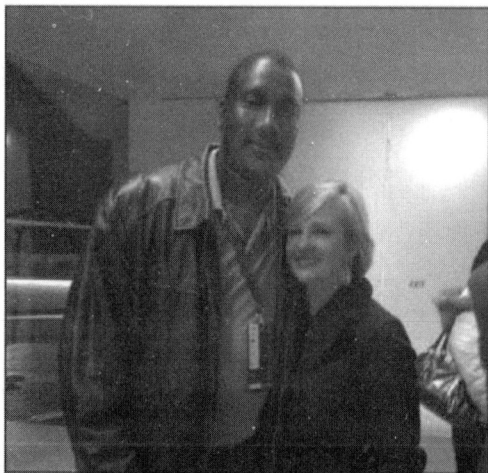

Figure 11-2. Ronald Cotton and Jennifer Thompson
A false memory led Jennifer Thompson to pick Ronald Cotton out of a police lineup as the man who raped her, leading to his incarceration for eleven years until exonerated by DNA evidence. The two now give lectures on the need for judicial reform and the power of restitution and forgiveness.[57]

图 11-2 罗纳德·科顿和詹妮弗·汤普森

惩罚和死刑

如果要我们认为恢复性司法能够应用于精神病人和连环杀手，依然前路漫漫。但如果罪犯**不是**重犯——可能只是一个犯了悲剧性错误的孩子或者陷入了多灾多难的家庭生活——那么，恢复性司法可能就是正合所需之物。总之，我们不要放弃通过更好的科学和技术减少犯罪和暴力目标。为了惩罚性司法有效，惩罚必须明智并且仅仅应用于那些会做出社会可以接受的反应的人。恢复性司法和惩罚性司法都能够受益于一种理解人的下列行为的更严格精密的科学：人类如何应对奖励和惩罚（实验心理学），内在心理状态（认知神经科学），外在社会条件（社会心理学和社会学），正负激励（行为经济学），运用激励阻止自我预期的潜在罪犯成为行径恶劣的未来自我的方法（神经犯罪学），以及如何防止现行犯成为惯犯（犯罪学）。我们再一次看到从是到应当的平滑过渡。[58]

实际上，我们处在一场深刻的刑事司法制度变革的中间，这一点在死刑的减少方面尤为显著。我自己就经历了这场转变，从支持死刑——主要出于对受害者家庭的同情——变为反对。为什么？一言以蔽之，权力。权力腐败的方式各式各样，但国家凌驾于公民之上的权力具有绝对的腐蚀性。在恶劣的旧时代，刑讯逼供和残忍而异常的惩罚被经常性地施加在嫌疑人身上，并被用来强迫犯人承认数十种犯罪——大多数在今天会被看作轻微罪行或者更轻（如抢了兔子窝、偷猎、鸡奸、说长道短、偷卷心菜和不敬父母）——此时，恢复的理性无法抑制惩罚的情绪。

一种惩罚性司法（一切人对一切人）的形式被另一种（国家对个人）减少了自助正义的暴力，但也给予了国家令人惊恐的凌驾于公民之上的权力。而这正是启蒙运动强调的理性开启的文明化进程的另一个结果。从感情上讲，惩罚是想要帮助平衡正义的天平，但从理性上讲，作为问题的解决方案它是失败的，因为它未能帮助向受害者恢复正义。几个世纪以来，国家已经成为人的自由和尊严的主要伤害者之一。幸运的是，在其他领域推动道德进步的

其他力量向上拉动着国家司法制度。刑讯逼供一度在欧洲国家很普遍，直到
18 世纪末期才开始废除，此时，个人权利开始优先于君主专制，而在民主制
的情况下，则是优先于约翰·亚当斯所称的"多数人暴政"。[59] 图 11-3 追踪
了两百年间的这一形式的道德进步，而这两百年正是权利革命起飞和国家权
力限制开始的时间。

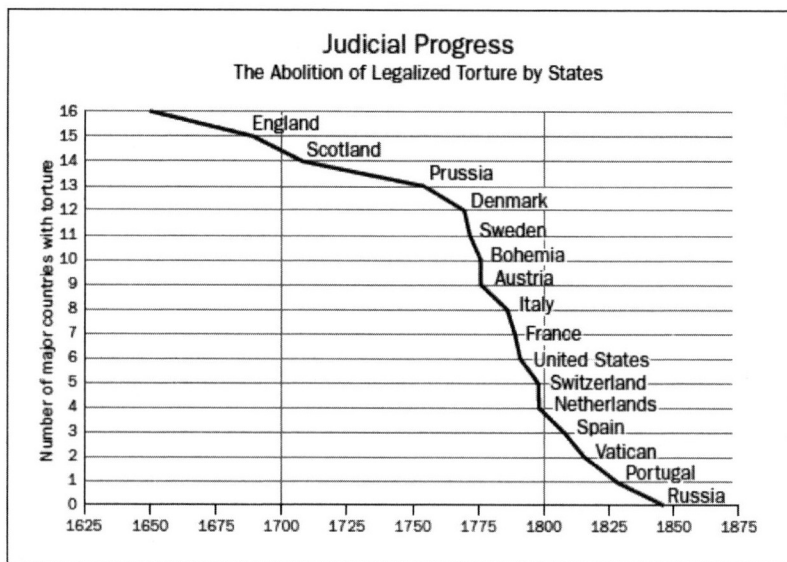

Judicial Progress
The Abolition of Legalized Torture by States

Figure 11-3. Judicial Progress on the Abolition of State-Sponsored Torture
The abolition of legalized torture by states from 1650 through 1850.[60]

图 11-3　废除国家实施惩罚方面正义的进步

　　起初，死刑似乎是自助正义好的替代物，也是有效的犯罪震慑手段。前
者可能部分是对的，但后者则未必，因为绝大多数罪犯缺乏长远考虑，且绝
大多数导致死刑的犯罪并没有预先的周密计划，就如道德计算一样。至于死
刑并不震慑犯罪的证据，从下述众所周知的事实中可见一斑，19 世纪英格兰
和美国的公开绞刑场合常有扒手出没，他们对那些目不转睛盯着眼前场景的
围观人群下手，人们已经被吓得无暇顾及他们眼皮底下的犯罪。[61]

　　1923 年，勒恩德·汉德简明总结了国家操纵生杀予夺大权的另一个问题，
身为著名的美国地方法院法官和法律学者的他写道，"我们的程序之上一直

飘荡着一个幽灵，无辜者被判有罪的幽灵。这是一场幻象。"[62] 问题在于司法制度有缺陷并制造错误。无辜者被判有罪的情况比汉德法官可能会知道的更加平常。以自由换安全的代价太昂贵了。例如，认知心理学实验发现，承担陪审团团员责任的受试者在听一场真实的谋杀案审讯时，他们不会等到了解所有证据之后再形成意见并通过判决。相反，大多数人都在头脑中编织了有关事实的故事，草草决定有罪还是无罪，然后把呈现给他们的证据分门别类，从中精挑细选最符合他们在头脑中已经提交的判决的那些蛛丝马迹。[63] 这一人类心理的诡谲之处被称为**确认偏向**——我们寻找并发现自己已经相信和忽视的事物的确认性证据，或者合理化驳斥性证据。从合理怀疑到定罪的认知路径比我们想象的短得多。这就是为什么独裁政府的袋鼠法庭（非法法庭）和战地审判——战场上，鼓面倒置作为权宜的法官席，而对被指控者的即决判决可能在战场上匆忙执行——被废除的原因。

这个问题催生了这样一些组织，如清白计划和无辜网络，它们通过 DNA 证据为被冤枉的人们辨冤白谤。这些组织建立之后并设立 DNA 实验室，迄今它们已经恢复了被不正当定罪的 311 人的自由（全部是男性，70% 是少数族裔），包括关押在死囚房等待执行的 18 人。[64] 布兰代斯大法官清白计划估计美国的 200 万囚犯中有 10% 可能是被不公正定罪的，这意味着有 20 万无辜的人被关在监狱里。密歇根大学的法学教授塞缪尔 R. 格罗斯强调了一个涉及面更广的问题，"如果我们以对待死刑判决同样的水平的谨慎审查监禁判决，**过去十五年将会有超过 28500 例非死刑判决免罪**，而不是事实上出现的 255 例。"[65] 这类研究得到了发表在《美国国家科学院院刊》上的一份 2014 年的研究的印证，该研究估计，如果美国所有被判死刑的囚犯都被无限期地关押在死囚牢房里，那么至少有 4.1% 会被证明无罪。基于估计使用的统计方法，作者总结认为自 1973 年以来，多达 340 名美国犯人被不公正地判处死刑。据作者总结，悲剧的是，"最终结果是这样的，在美国被以一级谋杀定罪的绝大多数无辜被告既不是被处决也不是被证明无罪。他们被判处或重判终身监禁，然后就被遗忘了。"[66]

迈克尔·莫顿（Michael Morton）的案子就是这一问题的例证。在被认定1987年于得克萨斯州奥斯汀市谋杀了自己的妻子后，他被判处终身监禁。谋杀案次日在调查人员所做的一项访谈中，莫顿三岁的儿子说自己目击了罪犯过程，看到了罪犯，并将其描述为"一只怪兽"，最为关键的是，他说袭击发生时他父亲**不在家**。县检察官肯·安德森未能向莫顿的辩护律师或者陪审团提供访谈的副本，也未能提供其他的可以在陪审团成员的头脑中种下合理怀疑种子的辩白证据。故事的悲剧性在于，当莫顿在监狱里沉沦了四分之一个世纪之后，真凶——一个名叫马克·艾伦·诺伍德的男人，后来被逮捕并定罪——再次犯案，以同样的手段在奥斯汀的同一地区谋杀了另一名妇女，那里正是他生活的地方。

2011年，莫顿基于DNA证据被宣判无罪，证据来自犯罪现场的一个大印花手帕，上面有诺伍德的血污。莫顿的律师随后提请得州最高法院对安德森的不当行为展开调查；2013年4月19日，调查法庭下令逮捕安德森，称"为了使得面临谋杀指控和终身监禁的被告处于不公平境地，检察官故意隐藏减罪证据，法庭认为这是最为严重的故意伤害行为。"然而，尽管安德森被发现藐视法庭，但对他的处罚仅仅是罚款500美元以及在县监狱监禁10天，实际上只关了五天。相比莫顿25年的牢狱之灾和另一位女士的遇害，以及对所涉及的所有家庭的毁灭性打击，刑事司法制度的正义又何在？当被问到他是否对那些几乎掠夺了他半生的人怀有任何仇恨时，莫顿的回答必定是有过的对复仇的最理性的反驳，"复仇就如自饮毒药而欲置对方于死地。"[67]

······

因为这些以及其他一些原因，世界上的大多数国家已经废除了死刑，在死刑仍然合法的国家（正如在美国的一些州），死刑犯关在死囚牢房——死刑很少付诸实施，而当执行时，也只是在长时间的通常几十年的上诉、延迟和缓期执行之后。例如，在我的家乡加利福尼亚州，死刑自动上诉，死囚牢房的犯人更可能死于自然原因。据死刑信息中心，2013年美国宣判的80例死刑来自仅仅 2% 的县，2013 年执行的全部 39 例死刑的一半以上发生在得克萨斯州和佛罗里达州，1999 年以来死刑执行下降了 60%，50 年来 85% 的县没有执行过一例死刑。[68] 在不多的执行场合，注射死刑是首要执行手段，因为相对人道，至少比起绞刑和电刑是如此。然而，许多美国和欧洲的制药公司现在拒绝向那些州出售死刑注射药物戊巴比妥，这给满足必需的库存带来了困难；而 2014 年俄克拉荷马监狱医务人员对克莱顿·洛基特执行死刑时的不当操作表明，即使有药物，也并不能总是得到正确使用。[69]

1990 年代中期以来死刑下降的趋势是一目了然的，而美国最高法院大法官哈利·布莱克门对一起 1994 年案件的异议象征着趋势背后的时代之音。他持有异议的是这样一个案子，布鲁斯·埃德温·卡林斯上诉申请得克萨斯州延期执行死刑，他当时正在得州的死刑囚房。上诉失败后，他在 1994 年 2 月 23 日被执行死刑。布莱克门对将要发生的一切的描述是一个挥之不去的印记，提醒人们当州对它的公民操有生杀予夺的大权时，会将什么置于累卵境地：

数日之内，或者可能是数小时之内，有关卡兰斯的记忆会开始消逝。司法车轮将会再次启动，在某处，另一个陪审团或者另一个法官肩负着一项不值得羡慕的任务，决定某个人的生与死。我们希望，毫无疑问，代表以生命为筹码的被告人是能胜任的辩护人——他意识到一场不够有力的辩护无疑会给被告人带来致命后果，并受此激励。我们希望律师会调查案件的所有方面，遵守所有的证据和程序规则，并且他出庭时面对的是这样一位法官，他投身于被告权利的保护——尽管现在，名副其实的司法监督已经式微。同样，我们希望检察当局在提请死刑时，将会明智运用自身的判断力，使之免于偏见、预断或者政治动机的影响，同时，州赋予的令人敬畏的权威是使之谦卑谨慎而不是恣意妄为……

不要放纵法院的错觉，以为可欲的公平的水准已经达到，对监管的需求是空洞无力的，我在道德和理智上都感到有义务直接承认死刑实验失败了。对我来讲，现在这几乎是不证自明的，即程序规则或者实质监管的组合未曾能够拯救死刑的内在的本质缺陷。"[70]

图 11-4,1-5,11-6 追溯了全球和美国在死刑减少和废除方面的司法进步。

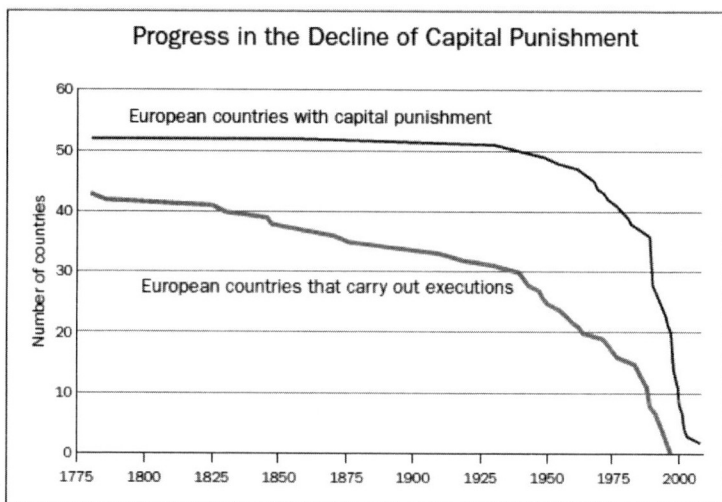

Figure 11-4. Judicial Progress on the Abolition of the Death Penalty
The decline of the death penalty by states from 1600 through 2000.[71]

图 11-4 废除死刑方面的正义进步

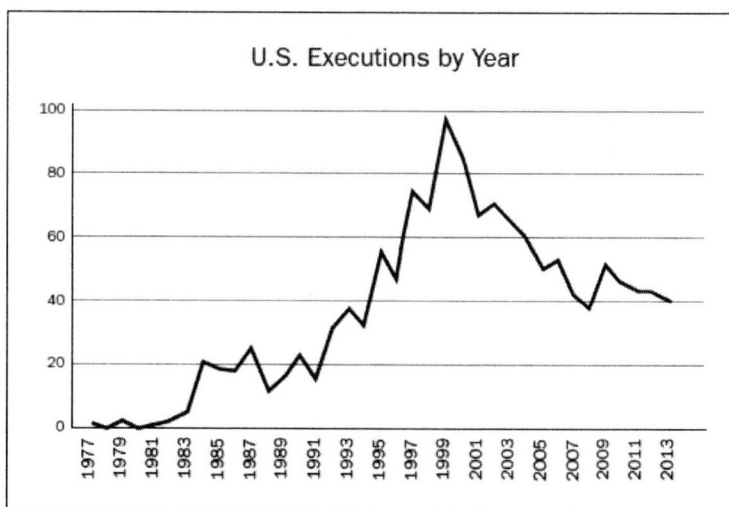

Figure 11-5. The Decline in the Number of US Executions per Year
The decline of annual executions in the United States from 1977 through 2013.[72]

图 11-5 美国每年执行的死刑数量

各国的恢复性司法

2013 年年底，联合王国女王伊丽莎白二世向英国科学家阿兰·图灵追授了正式的皇家赦免状并道歉，"二战"中图灵破译纳粹恩格玛密码的工作对于保障盟军胜利的价值，可以说是个人做出的任何其他个人贡献所不能比拟的。女王是为什么而道歉，图灵又是为什么需要一个赦免状？因为他是同性恋。在英国，同性恋曾是一项罪名，面临的惩罚是监禁、化学阉割或者两者兼具。破译密码工作之后，在 1940 年代晚期和 1950 年代早期对新兴的计算机科学做出开拓性贡献之后，图灵被逮捕、审讯并被定罪为"严重猥亵"，因为他承认与另一男人发生了性关系。除了给图灵注射一种导致乳腺组织发育的合成雌激素，英国政府还剥夺了其秘密工作许可，他的职业生涯随之一落千丈，急转直下的还有他求生的意志。1954 年，他的生命定格在 41 岁，人类失去了最伟大的心灵之一，这是难以估量的损失。"因为对于战争的精彩绝伦的贡献和留给科学的遗产，图灵博士应该得到铭记和表彰"，英国司法大臣克里斯·格瑞如是说，"女王的赦免状是对一位出类拔萃人物合适的致敬。"[74]

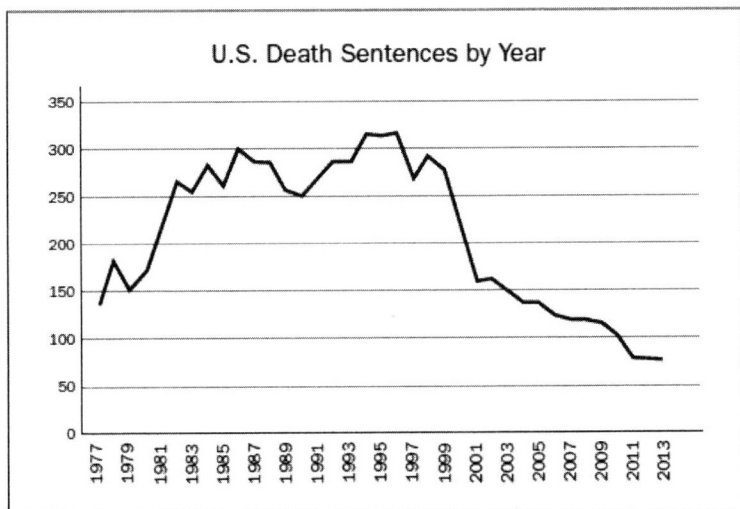

Figure 11-6. The Decline in the Number of US Death Sentences per Year
The decline of annual death sentences imposed by US states from 1977 through 2013.[73]

图 11-6 美国每年宣判的死刑数量

这个案子令人关注的另一个原因与法律正义和道德进步有关。赦免图灵的计划遇到了来自法律学者的阻力，他们的根据是没有人在法律之上，而当时的法律明确规定图灵的行为是犯罪。前司法部长汤姆·麦克纳利这样解释："图灵被定罪是悲剧，现在看来既残忍又荒谬。然而，当时的法律必须起诉，并且，就其本身而言，长期以来的政策一直接受这样的定罪，因而，与其试图改变历史语境，归正无法归正之物，不如确保我们再也不要回到那样的时代。"同意！但唯一的办法就是改变法律，谴责其背后的推理，并且改正这"残忍而荒谬的"法律的受害者所承受的不公。实际上，图灵只是那些受到这一非正义法律这般伤害的人中最著名的一位：学者估计背负着同性恋的犯罪纪录但仍然活着的人，有一万五千之多。[75] 真正的恢复性司法呼吁无差别的赦免，并向每一位受伤害的人道歉。

这样的道歉和承认历史上往往命运多舛，因此，可以理解现任政府在着手修复另一人对另一人的伤害时的勉为其难，当修复涉及补偿时尤其如此。一战后，德国被迫签订了一项战争罪责条款，尽管绝大多数历史学家都认为所有的主要大国都应该承担同等的战争责任。[76] 作为原始本能的记录，也是德国无法支付的巨额赔偿的证明，协约国愚蠢地提出 120000 只绵羊、10000只山羊、15000 头母猪和 4350 万吨煤的要求。愤恨的种子二十年后发轫繁衍成为国家社会主义的野草。[77] 执政后的很多演讲中，阿道夫·希特勒不停地向听众猛烈抨击凡尔赛条约的不公正，随后他征服了法国，强迫屈服的对手把一战结束时德国人签署投降书的同一节车厢拖了出来，以道德正义之名强迫法国人当时当地向他签署投降书。

二战后，全世界开始知晓纳粹大屠杀的残酷程度的全部真相，国际法委员会在纽伦堡审判中应运而生，它对德国战犯面临的"反人类罪"指控给出了如下解释："谋杀、灭绝、奴役、驱逐出境和针对任何平民人口的其他不人道行为或者基于政治、种族或宗教理由的迫害，如果做出这样的行为或者进行这样的迫害是在实施任何危害和平的罪行或任何战争罪行，或者与之相关的话"，就是反人类罪。[78] 从一开始，美国最高法院大法官罗伯特·杰克逊——他监督了对纳粹头目如赫尔曼·格林和鲁道夫·赫斯的初审——就坚持对所有人的公正审判，他公开强调，"递给被告的毒酒，一饮而尽的还有我们自己。"[79]

对于全球范围扩展司法的道德范围来说，纽伦堡审判是最伟大的贡献之一，它向世界各地的独裁者和煽动家发出警告，全世界都在注视他们的一举一动，并会追究他们行为的责任。今天，这一责任落在了海牙国际刑事法庭（ICC）的肩上，但正如戴维–博斯科的《残缺的正义》一书所表明的，ICC的范围和影响受到了世界大国的限制，它们不愿意有外人密切干预它们的内政。（在争夺冷战代理人和支持第三世界独裁者的阴暗世界中，据说富兰克林·罗斯福曾这样谈及安纳斯塔西奥–索摩查，"他可能是个婊子养的，但他是我们的婊子养的。"）正如博斯科所强调的："（海牙）法庭在极大程度上已经成为应对弱小国家的动荡和暴力的大国工具箱中的一件工具"，而它对大国领导人则毫无效力。[80]尽管如此，跨越国家和民族边界约束人们为自己的行为负责的原则，如果说不是实践的话，也是体现在司法全球化中的道德进步，而司法全球化正是基于人性和道德普遍原则。

国家间的和解尝试是政治科学家威廉·朗和彼得·布莱克的一项综合研究的主题，他们在《战争与和解：冲突解决中的理智与情感》一书中呈现了这些尝试。他们的数据库包括了1888年到1991年间曾陷入冲突的114对国家，另外还包括430场内战。和解的结果各式各样。有些断断续续彼此打了几百年仗的国家，如德国与法国、英国与法国、波兰与俄罗斯、德国与波兰以及英国与美国，已经和解到战争看起来荒谬得可笑的程度。其他一些国家如永远处在冲突中的以色列与巴勒斯坦，似乎随时都可能爆发全面战争。还有一些国家如印度与巴基斯坦，已经在设法保持和平，但只要有合适的（或者错误的）环境，看起来也很可能爆发战争。

在使得两个国家在冲突后能够成功和解的诸多因素中，最有效的两个与使得两个个体之间的恢复性司法有效的因素类似：（1）公开承认所造成伤害（2）接受不完美的正义。"在所有成功和解的案例中"，朗和布莱克写道，

"惩罚性司法既不能被无视也不能被完全实现……正如它可能令人不安一样，但在社会和平的名义下，人们似乎对赦免造成的不正义有很大的容忍度。"[81] 正如个人间的和解一样，面向未来的宽恕是关键，即使没有一方对和解努力的结果完全满意。美国内战是原型。战争结束时，死亡超过650000人，太多的北方人希望林肯总统带给南方人残酷的和平，但他选择了更为和解的方式，用下述值得铭记的语言欢迎南方回归联邦："不仇恨任何人，善待所有人，当上帝让我们得见正确之事时，让我们坚守，让我们继续奋斗，完成我们的工作，治疗国家的创伤，关怀承受战场苦难的人，关怀他的寡妻孤儿，去做一切可能实现并珍惜我们之间以及与所有国家之间的公正和持久和平的事"[82]

　　二战以来，压迫者和被压迫者之间的和解一直在进步。1970年联邦德国总理维利·勃兰特在华沙犹太人隔离区下跪，表达德国对大屠杀的负罪、负疚和负责。这一外在举动背后是德国向大屠杀幸存者支付的赔偿，以及为了帮助建设一个犹太人国家而向以色列政府支付的赔偿。[83] 德国所做的远不限于政治声明和补偿。在很多小镇和城市，人们会无意中被名副其实的所谓"绊脚石"（由艺术家昆特·德姆尼西（Gunter Demnig）设计）绊住"，这些石牌背后的住宅和建筑曾是犹太人、吉卜赛人、辛特人和其他一些人生活过的地方，但他们被迁走了，并消失在了集中营里。[84] 它们是城市面貌的击中人心的特征，对于纪念与和解来说胜过千言万语。**图11-7**展示了两块这样的绊脚石牌，我在熙攘的科隆市中心偶然发现了它们。翻译如下：

　　这里生活过

　　朱利叶斯－利维

　　1885年出生

　　1941年被驱逐

　　于罗兹市

　　遇害

这里生活过

亨丽特－利维

1885 年出生

1941 年被驱逐

于罗兹市

遇害

Figure 11-7. Stumbling Stones of Holocaust Remembrance in Germany
Memorials to those from Köln, Germany, who perished in the Holocaust. Thus they shall
be remembered. Source: Author collection.

图 11-7 德国科隆市中心的两块绊脚石牌

其他国家也以它们自己的方式表达了对和解的纪念。1998 年，澳大利亚发起了国家道歉日以铭记和承认澳大利亚政府对原住民的粗暴对待；作为诸多伤害的一种，澳大利亚政府的政策导致原住民儿童出现"被偷走的一代"，为了把他们漂"白"成澳大利亚人，原住民儿童被从家里带走。"带他们回家"运动兴起于 1997 年，当时一份同名的报告摆到了议会的桌面上，而约翰·霍华德总理拒绝向"被偷走的一代"道歉，因为他"不认同黑臂纱历史观"。最后，经过十年的努力，2008 年 2 月 13 日陆克文总理就澳大利亚政府过去涉及原住民的法律、政策和实践向他们正式道歉，[85]

大不列颠为他们对新西兰毛利人和印度次大陆人民的粗暴对待而道歉。

加拿大向寄宿学校惨败中的第一民族（加拿大美洲原住民）幸存者道歉；寄宿学校计划是一个精心的文化屠杀，意图就是时任印第安人事务部长的邓肯·坎贝尔·斯科特扬扬得意地吹嘘的，"把印第安人扼杀在童年。"[86] 加拿大人已经格外善于接受恢复性司法策略和国家道歉（同样为华裔人头税和二战时的日裔囚禁营道歉），以至于有笑话说澳大利亚国家道歉日"不同于加拿大国家道歉日，加拿大是为加拿大的存在道歉。"[87]

说出道歉是一回事，为前人的罪恶付出赔偿则完全是另一件事。耶和华可能会迁怒，"恨我的，我必追讨他的罪，自父及子，直到三四代"（如十诫第二条所明示的），但西方法学坚持罪责自负，无涉他人，更不用说当代人为几个世纪前的人（真金白银地）赎买罪恶。尽管我们绝大多数人为欧洲的枪炮、细菌和钢铁杀死的大量美洲原住民，以及美国人的皮鞭、锁链和镣铐奴役的非洲人怀有深重罪恶感，但为什么通过一项给予活着的美洲原住民和非裔美国人现金补偿的法案的努力失败了呢？这有理由可以解释。即使在我们中深切关心权利和正义的最为文明的人心里，也有一道划分道德界限的道德明线。并且考虑到过去一万年来人与人之间、部落与部落之间、酋邦与酋邦之间、邦国与邦国之间、国家与国家之间的伤害和侵犯，道歉和赔偿将会没完没了。我们能做的最好的事就是一直在做的为了所有人在生活的各个方面的权利和机会平等而进行的斗争，为了反对我们不论在何处发现的歧视、偏见和不正义而进行的斗争。

12 普罗邦：道德进步展望

随着文明进步，小的部落联合成较大的社群，最简单的理性也会告诉每个人把他的社会直觉和社会同情延伸到本国的所有人，尽管他们之间并无私人友谊。一度达到过这样的状态，只存在一个人为的障碍阻止人的同情心延伸到所有国家和所有种族的人。

——查尔斯·达尔文，《人类起源》，1871 年 [1]

我是乐观主义者，因此我同意达尔文的观点。理性告诉人类应该把我们的道德同情延伸到所有国家和种族的所有人。实际上，本书的目的之一就是阐释正是理性和科学，比其他任何力量更多地有助于突破人为障碍，从而把人类的同情扩展到所有民族。

我打算在这最后一章就自己想象所及的程度尽可能使道德之弧向上凸起。正如尤吉·贝拉的双关妙语所言，预言中，关于未来的那种是最难的。并且我会正视我们时代最伟大的科学先知阿瑟 C. 克拉克（通信卫星是他的诸多预言之一）的警告，他说，"如果我们从发明和发现的历史中学到了一件事的话，那就是从长期来看——短期也常常如此——最大胆的预言似乎都保守得可笑。" [2] 然而，如果我们认真对待深化人类未来的道德目标，我们的视野必须超越眼前的地平线。毕竟，正如罗伯特 – 勃朗宁所建议的，人应该超越既有，不然天堂何为？

普罗邦主义政治学

先知和预言家经常想象当我们到了"那里"生活会是什么样，但这不是思考未来的正确方式，因为那里没有那里 [3]——这个词的希腊词源的乌托邦意义，即是"乌有之地" [4]。试图把乌托邦观念落实为实践的历史之路上，布满了失败社会的残骸，从罗伯特·欧文的位于印第安纳的新和谐村和约翰·汉弗莱·诺伊斯位于纽约的奥奈达公社——两者都是相对无害的公社实验。列宁说，"如果你想要做一个煎蛋饼，你必须打破鸡蛋。" [5]

在这里我们看到道德微积分中把集体利益放在个人利益之上的后果，以及如果人被当作达到目的的手段而不是目的本身，会发生什么。造成灾难的因素没有比这些更为一目了然的了。正如欧文新和谐村的一位创社社员所言，"我们试过了每一种能想到的组织和政府形式。我们有一个微缩的世界。我们重演了法国大革命，只是收获的不是尸体而是绝望的心。看起来，本能自身的内在的多样性规律征服了我们……我们的'统一利益'直接与个人和环境的独特性以及自保本能相冲突。" [6]

乌托邦式的**乌有之地**，是想象驰骋的世界，因为它们奠基于一个理想的人性理论——这个理论假设，当然是完美的个人和社会是可能的。与其致力于寻找所有人都永远生活在和谐之中的不可到达之**地**，我们不如追求一个渐进的、逐步的前进**过程**，就如在我们能想象的登山探险中那样。这不是像爬梯子那样，向上直线攀登；相反，必须不断地决定什么是最好的路径和方法，让每个人都能一步一个脚印更上一层楼。有些人可能需要拖曳才能上山，当然，有人可能会很合理地问我们应该适当地为那些跌倒的人提供什么样的保护措施。并且，一如既往，另一些人会奋勇争先；他们是已经会当凌绝顶的超前的和向前的思想者，人类正是一直依赖他们才获得方向。

相比乌托邦，**普罗邦**更是一个我们应该为之奋斗的世界的更好描述，在那里进步是稳定而可测的。眼光不凡的未来学家凯文·凯利这样描述它："我称自己为一个普罗邦主义者，而不是乌托邦主义者。我相信增量式的进步，每一年都比前一年好，但又不是太多——只是一个微小的量。" [7] 不是想着像 1950 年代的幻想那样从老爷车直接飞跃到飞行汽车，而是想着数十年来日积月累的进步，这些进步造就今天的智能汽车装备有车载计算机和导航系统，有气囊和复合金属框架和车身，有卫星广播和免提电话，有电动和混合动力引擎。不是想着大跃进，而是着眼小步向上。[8]

《道德之弧》是一部普罗邦主义著作。书中开出的药方都是最温和的，一般原则也相对简单：试着让明天的世界比今天好那么一点点。我在第四章末的理性十诫中，勾勒了如何作为的几条具体原则，读者自己很容易可以查到。本书提到的人类为之努力的种种例子，如减少战争、废除奴隶制、终结刑讯和死刑、扩大（女性）选举权、建立民主制度、保卫公民权利和自由、合法化同性婚姻和保护动物，都是进步的普罗邦主义措施。跬步之积能够实现的进步是惊人的。

巴拉吉·斯里尼瓦桑是斯坦福大学讲师，他认为只要有足够时间，将会设计出什么样的技术和社会性方案来解决看起来不可能解决的问题是无法预言的。他引述了比尔·盖茨 1998 年的评论，盖茨最为微软担心的不是网景、太阳微系统、甲骨文或者苹果，而是"某个在车库里设计某种全新东西的人。"这是个具有先见之明的评论，因为当年 9 月 4 日，谢尔盖·布林和拉里·佩奇组建了谷歌，随后谷歌的运作走出了朋友的车库。[9]斯里尼瓦桑主张我们在第二章考察过的阿尔伯特·赫希曼的改变策略——**退出**对**表达**——借此我们能够极大地突破几个世纪以来形成的社会陈规，并且这么做时可以不动声色。"他们有航母，我们没有"，我拿民族国家开起了玩笑。但斯里尼瓦桑对实验新的政治制度很认真。正如他在硅谷 Y 孵化器公司会议上的一次受欢迎的谈话指出的，当创业企业家聚在一起讨论他们将如何改变世界（同时赚个亿万身家）时，不动声色的革命就开始了。iTunes 颠覆了音乐产业；网飞公司改变了好莱坞销售电影的模式；新媒体如推特和博客正在挑战传统媒体；可汗学院等正在免费或者以实体大学零头的收费提供世界级的大学课程。3D 打印使得政府对物体的禁令几乎形同虚设，因为个人能够在他们的私人住宅中自己做生产者。1970 年代兴起的量化自我运动开始于个人使用脑电图测量生物反馈，到了 2000 年代开始流行，因为用于个人健康的先进的可穿戴计算机技术使得人们能够自己监控食品分量、空气质量、情绪水平、血氧含量和生理以及精神状态。[10]

所有这些工具——以及许多其他工具——解放了那些想要脱离社会或者和平地退出一个压迫性体制或者只是想去创新的人。历史上，四个城市主导了美国的政治、经济和文化：波士顿（高等教育）、纽约（出版、传媒）、洛杉矶（电影、电视和音乐）和华盛顿特区（法律和立法）。今天我们有机会在地球上划出一些地方进行不需要监管的实验，在这个实验中地理位置是无关紧要的，因为在数字世界里你立刻可以去你想去的任何地方。这些硅谷改革家们在做的就是重塑世界面貌——不是把权力中心转移到加州的帕洛阿尔托，而是任何人愿意去的任何地方。换言之，将不再有权力中心，因为权力将被分散在全球，并被置于普通公民手中。分散的政治将会由分散的智能驱动。如果这一切真的发生了，数千年来一直在实践的所谓政治权力的观念会在我们眼前瓦解。

存在很有力的理由要我们对所有这类普罗邦主义的蓝图保持怀疑，但新的观念总要从那里涌现，并且只要没有人在这个实验过程中受到伤害，我找不到理由认为我们不应该鼓励这样的社会企业家，不仅如此，我们甚至应该在适当的地方投资和参与他们的活动。正如斯里尼瓦桑所言，"最好的部分在于——那些认为这很奇怪的人，那些嘲笑新领域的人，那些恨技术的人，不会跟你到那里。"[11] 那些选择脱离旧制度的人有无数的方法可以离开。看一看 You-Tube、Hulu 或者直播电视，而不是网络或者有线电视。每天早上登录任何一家在线新闻聚焦，而不是打开《纽约时报》或者《华尔街日报》。"现在数以亿计的人已经迁移到了云端，每天花上数个小时与数千英里以外的人通过实时高清分辨屏一起工作、玩耍、聊天和欢笑……而对他们的隔壁邻居一无所知"，斯里尼瓦桑在 2013 年写给《连线杂志》的一篇梳理了这类网络–普罗邦主义技术的文章中写道，"数百万人在云端找到了真正的同伴，这是对无名化的公寓楼群或者遥远的乡村居住点强加的孤立的补救。"[12]

你生活的地理空间已不重要，因为在网络空间，每个人的距离都近如测地距离，或者与社交网络上两个节点之间的分离度数一样（类似于航空网络枢纽）。这种关系就像"六度分离"游戏中，你和地球上任何一个其他人之间的关系一样。[13] 作为"小世界模型"的一部分，心理学家斯坦利－米尔格拉姆（他提出了著名的电击实验）发展了六度分离的概念，用来衡量（在他们的实验中）为了送达随机寄往美国任何地方的一封邮件，人们之间要采取多少联系。[14] 让所有人大吃一惊的是，联系美国国内任何地方的两个陌生人所需要的次数比我们的直觉以为的要少得多——即，六次。[15]

联通的方向不仅能够从实体走向数字，也能从数字走向实体．当线上的人们在地理空间上相聚时就是从数字走向了实体，这里的地理空间包括私人的（朋友在电影院或者饭店聚会）和政治的（占领华尔街运动、阿拉伯颜色革命）。不论一个人的母语可能是什么，有了语言翻译计划如谷歌翻译的帮助，世界上任何地方的个体之间的交流壁垒大大降低了。有了诸如 skype 这样的通信服务，就能够免费与地球上甚至外太空（宇航员克里斯·哈德菲尔德在国际空间站曾用 skype 通信[16]）的任何其他地方的某个其他人实时交谈——这意味着联系的地理障碍已不存在了。多少人能够被联系在一起？没有上限。可能是 100 或者 1000，可能是一次会议的短暂时间，也可能持续一年或者更久。斯里尼瓦桑预计随着联系的人数"增长到 10000 和 100000 以及更多，维持的时间越来越长，我们可能会开始见到云城镇，然后是云城市，最终是云国家在稀薄的空气中孕育成形。"[17]

云国家？为什么不呢？纵观历史，人们一直在凝聚成越来越大的集体：从群落到部落，到酋邦和邦国，到主权国家和帝国。历史学家昆西－赖特用文献证明，15 世纪的欧洲存在超过五千个独立的政治单位。到了 17 世纪早期，它们合并成了五百个政治单位。到了 1800 年，大概有两百个。今天有五十个。[18] 政治科学家弗朗西斯－福山强调，在公元前 2000 年，仅中国一地就有不少于三千个政治实体，但到了公元前 221 年，只有一个。[19] 一统的趋势导致政治光谱两极的意识形态理论家——从极右的法西斯独裁者到极左的世界政府梦想家——开始想象着单一的支配一切的利维坦掌权。这个观念有其逻辑必然性——如果一个垄断了暴力的合法使用的政府已经成为组织越来越多的人进入社会集体的永久的无所不在的力量，为什么把这个原则推广到全世界就不行？

确实不行。为什么？这是坑洞填补问题。人们最想要的是政府不要干预他们做自己的事，同时后台操作（警察和法院部门）和基础设施（道路和桥梁）运转正常，并且满足他们的即时需求（如填补街上的坑洞），而他们并不关心生活在数千英里以外的人想要什么，除非那些需求和利益恰巧是一致的。最好的政府都是无形的，意即只有当什么事情出错了我们才会注意到它们。反之，如果公共系统全部运转流畅，我们不会想到它们。问题是人浮于事的官僚机构几乎不可能是无形的，因为它们并不是为了解决今天的许多问题而被设计到最佳状态。

作为官僚机构的替代，让我们思考一下**灵活组织机构**（adhocracy），这是未来学家阿尔文·托夫勒的术语，意指"这样一种组织设计，它的结构高度灵活，耦合松散，并能经得起高频变化的检验。"[20] 官僚机构的进化是对刚性、等级化和改变缓慢的民族–国家的响应，这类国家的前提是假设有一种运作组织机构的正确方式，以及对问题的应对能够标准化，可以复制，并能在别处实施。灵活机构组织是以创新和实时问题解决为前提，实时问题解决是对动态的和一直变化的环境的响应，这样的环境要求对每一新问题有独一无二的新方案。本质上，灵活组织机构是去中心的、高度有机的、水平的，而不是等级化的。正如管理专家亨利·明茨伯格的描述，灵活组织机构"涉及发现新的解决方案的创造性努力；专业的官僚机构则把它归类为一种已知的可能事件，以便运用一种标准的方案。一个涉及以创新为鹄的发散思维；另一个则涉及以完美为鹄的收敛思维。"[21]

公共部门中，NASA 在 1960 年代以一个灵活组织机构的方式在运转，也必须如此，因为如何把几个人送上月球这样的课题没有现成的指导手册，但到了 1990 年代的航天飞机时代，NASA 已经走上了官僚机构之路。DARPA（美国国防部高级研究计划局）是国会授命的一个"黑箱"组织，任务是发现和发展新兴的科学和技术；因此，它像灵活组织机构一样行动。作为因特网先驱的阿帕网就是它的杰作之一。私人部门中，谷歌 X 是一个半保密的灵活机构组织，领导人是谷歌联合创始人谢尔盖·布林和科学家兼企业家阿斯特罗·特勒，他们的目的是发展"听起来像科幻的解决方案，如谷歌眼镜和自动驾驶汽车，两者在经历了仅仅几年发展后，已快要开花结果。[22] 这些谷歌项目经常被称为"登月计划"，但不是字面意义上的航天飞机发射。

······

考虑到这些趋势，总有一天，也许是几个世纪以后，将不再有民族 – 国家，在此之前的边界将在经济和政治上充满如此之多的渗透性，以至于边界的概念本身将会被淘汰，我们将会看到代之而起的是较小的政治单位如城市国家的回归。可能，最有权力的人物不再是贪恋权力的国王和女王、虚荣自负的独裁者和煽动家、狂妄的希特勒以及自我中心的总统和总理，取而代之的会是······市长。没错，就是那个为新建筑的奠基典礼剪彩的人，那个为了保持犯罪率最低和灾难可控而与警察和消防局长并肩作战的人，那个为了保证公交准点与技术专家和工程师接洽的人，那个为了创造最好的在校学习环境与教育专家会面的人，以及那个填补坑洞的人。

听起来很疯狂？在政治科学家本杰明·巴伯看来并非如此，他的 2013 年的著作《如果市长统治世界》——恰如其分的副标题是"功能障碍的国家，正在崛起的城市"——论证了这一点："面对我们时代最危险的挑战——气候变化、恐怖主义、贫困和毒品、枪支和人口交易——世界各国看起来已是束手无策。对于民族国家而言，这些问题太庞大、太根深蒂固、太分散。难道曾是民主制最大希望的民族国家今天已经无效和过时了？"巴伯的肯定回答引述了前纽约市长菲奥雷洛·拉瓜迪亚的入木三分的观察："修下水道不存在民主或者共和的方式。"[23]

巴伯称，城市"没有边界和主权的负担，这些负担羁绊了民族国家彼此合作的能力。"民族国家及其领导人关注国家议题，而我们中的大多数关心邻里问题。市长，而不是总统（或者首相、行政首长或者联邦总理）最有条件处理即时的和地方性的问题。因此,巴伯建议,如果我们需要某种议会(或者参议院或者国会或者某种其他形式的人群集会,而这些人不认识你也对你的即时问题毫不关心),那就应该是市长议会:"城市统治的地球代表了一种新的全球治理范式——是民主全球地方主义而不是自上而下的命令主义,是扁平的而不是等级的,是实用主义的相互依赖而不是国家独立的陈旧意识形态。"一旦你思考这个问题,原因一目了然。巴伯写道,城市"收集垃圾、收藏艺术,而不是收割选票或者收拢联盟。城市建造建筑、运行巴士,而不是树立旗帜和运作政党。城市保护水流而不是武器流动。城市培育教育和文化而不是国防和爱国主义。城市促进融合而不是夸大例外。"[24]

前纽约市长迈克尔·布隆伯格这样解释与联邦政府打交道的问题:"我不怎么惟华盛顿是从。我这个层次的政府与其他层次的政府之间的区别在于行动在城市水平展开。在这个国家政府什么都做不了的时代,这个国家的市长们必须处理真实世界。"恐怖主义如何?那不是一个全国性的问题吗?不完全是。恐怖分子不是袭击一个国家。他们袭击一个具体的目标,诸如建筑或者地铁。他的助手在国土安全部训练了十八个月后,布隆伯格总结说,"我们在华盛顿什么也学不到。"气候变化问题也是一样。例如,在由各国代表团参加的 2012 年墨西哥城气候变化大会几乎无果而终以后,来自 207 个城市的代表签署了《全球城市气候协定》,并且承诺在本地寻求"以减少温室气体排放为目的的策略和行动。"[25]

在《智慧城市》一书中,纽约大学城市研究教授安东尼·汤森德回顾了城市的历史。该书认为,城市里"建筑和基础设施以精确的、预先确定的方式分流了人和货物",计算机和互联网改变了人与货物的流动,把它们内部以及之间的人联系到了一起。"智慧城市用信息技术解决或新或旧的问题",因为它们能够"动态调整,从海量的传感器中采集读数,把这些数据输入能够看到大局的软件。"汤森德还把市长看作未来的关键,并且他展示了全世界的市长们正在如何与 IBM、思科、西门子、谷歌和苹果这样的公司合作解决下述的一系列问题,如犯罪、污染、垃圾收集、零售业客流量、高层公司办公空间、能耗、住房、公共空间使用、停车、公交和折磨着所有城市的——我早就知道，因为我住在洛杉矶——交通。[26]他送给城市规划者的 DIY（自己动手）一章的标题就是完美的普罗邦主义：修修补补走向乌托邦。

城市交通问题的一个解决办法是城市规划师杰夫·斯佩克所称的"可走性（walkability）"。[27]让人们走出汽车，迈开双脚，对交通和减少污染都有好处，也有益健康。如果你的活动范围步行不能满足，那么好消息是有场自行车革命正在发生。很多城市实施了自行车共享计划，你可以在一个地方借车在另一个地方还车，除此之外，还正在提供更多数量并且更宽的自行车道，确保骑车更安全。到 2013 年中，世界范围内已有 535 个自行车共享计划，已有超过 50 万辆自行车准备就绪。共享计划确实发挥了作用。我已经在一些城市试过，并且虽然因为这些自行车必须很坚固，所以必然很笨重，但它们通常能像公交一样快捷地送你从一地到另一地。

《全球概览》和恒今基金创始人斯图尔特·布兰德称，"城市能干国家所不能干的。"它们解决地方性问题。布兰德列举了超过两百个致力于实现地方性改变的组织，包括地方政府国际联盟、世界大都市协会、美国城市联盟、地方政府可持续发展协会、C40 全球城市气候领袖群、联合国城市和地方政府联盟、新汉萨同盟和特大城市基金会。[28]布兰德还指出，超过一半的世界人口现在住在城市，并且比例仍在快速增长。[29]"城市是历史最悠久的人类组织，也是变化最快的人类组织。当前世界正在大规模地不可阻挡地城市化……在一个全球化的世界，城市国家重新涌现为主动性的经济玩家。"[30]他指出1800 年时只有 3% 的世界人口生活在城市。1900 年时已经增长到 14%。2007年达到 50%，到 2030 年将会超过 60%。他说，"我们正成为一个城市星球"，其中的"交流和经济活动超越国家边界。"

当人们迁移到城市时，发生了另一件事：生的孩子少了。布兰德写道，"大规模城市化正在使得人口爆炸降温"，"当人们来到城镇，他们的生育率立即下降到每个妇女 2.1 个小孩的更替水平，并且继续下降。"专就发展中国家的妇女而言，环球妇女基金的领导人卡维塔·拉姆达斯告诉布兰德，"在村里，对于妇女来说服从丈夫和家族长辈、舂米和唱歌就是一切。如果她搬到了城镇，那么她就能获得工作，从事某项职业，并且让孩子受教育。她的独立性上升了，而宗教原教旨主义减弱了。"[31]

城市，而非国家，可能是人类的未来。我们如此习惯于把民族国家作为标准，以至于我们忘了它作为观念的存在——看怎么定义（由政治还是由人民）——只有两百年的历史，而城市可以追溯到一千年前。[32]哈佛经济学家爱德华·格莱泽称城市是"我们最伟大的发明"，让人们更富裕、更聪明、更青春、更健康甚至更快乐。[33]然而，长期的历史趋势可能是这样一条 U 型曲线，文明伊始存在大量的政治单位，在随后的数千年中，随着较小的国家联合成较大的国家，数量一直在减少，但曲线并没有触底而成一个世界政府，而是反弹，再次上升回到数量多得多、规模小得多的政治单位，这些单位由那些对解决地方性问题最感兴趣的人在本地直接管理。

集权衰退的长期趋势无所不在，莫伊塞斯·纳伊姆在《权力终结》一书中对之做了详尽记录。他写道，"权力在扩散，历史悠久的大玩家越来越多地受到较新的较小的玩家的挑战"，"而那些手握大权的人在运用权力的方式上也受到了更多限制。"纳伊姆把权力定义为"控制或者阻止其他群体和个人的当前或未来行为的能力"，在这个意义上权力不仅是"从肌肉转移到大脑，从北方转移到南方，从西方转移到东方，从老旧的企业巨头转移到灵活的初创公司，从深垒高墙的独裁者转移到广场和网络空间的人们手中"，它也在衰弱，并且"难用—易失。"纳伊姆的标题有点误导人，因为它暗示权力已经终结，但他的观点是尽管"美国或者中国的元首，J.P. 摩根或者壳牌石油的 CEO，《纽约时报》的执行编辑，国家货币基金组织的总裁和教皇继续行使着巨大的权力，"但他们比其前辈权力要小。[34]

例如，地缘政治学上，坐拥巨大的军队已经不能给你像以前那么大的权力。伊凡·阿雷金·托夫特 2001 年进行的一项研究发现，1800 年到 1849 年间的不对称军事冲突中，较小的国家仅仅实现了当时的战略目标的 12%，但 1950 年到 1998 年间，较弱一方成功获得当时目标的 55%。想想越南战争，独裁者和煽动家也都出局。纳伊姆报道称，"1977年，共有89个国家由独裁者统治"，"到2011年，这一数字萎缩到了22。"CEO们也在失去权力。世界财富500强企业中，1992年CEO任职满五年的可能性是36%，1998年是25%，到了2005年所有500家公司CEO平均仅能掌权六年。塔尖的公司也在走下坡路，五年内滑出前五分之一的可能性从10%增加到25%。[35]

对于我的道德进步的未来的观点，纳伊姆写道，"我们处在一场积极的政治和制度创新的革命浪潮的边缘"，其中"权力在太多的舞台都在经历着变化，它不可能免于以这种方式进行的重要变革，即人类自己组织起来做出他们生存和进步必需的决定。"他强调，我们今天拥有的几乎所有政治制度和原则——代议制民主、政党、独立司法、司法审查、公民权利——都是18世纪的发明。纳伊姆预测，下一组政治发明，"不会是自上而下的、有序的、或者急剧的，不会是峰会或者会议的产物，而是散乱的、不规则的、间歇的。"[36]

谁知道？此时，我们都在推测，但也许60年代的环保主义者贴在保险杆上的口号给出了正确回答："全球视野，本土行动。"

还有另一则口号："历史思考，理性行动。"第一则口号预告了第二则。道德进步的长期历史趋势指向这样一个事实，我们实际上可能需要一个利维坦——某种形式的支配一切的政府——来震慑我们心中内在的魔鬼，来激发我们更好的天使面相。但我们不要被诸如民族国家或者城市国家这样一些标签强加的绝对思维所限制，因为这些只是描述治理——不同规模人群——的线性过程的方式。几个世纪以来，这类制度采取过诸多形式，但最终他们缩小了自己的范围以包括下述的，并为今天的大多数西方民族所共享的特征（称之为正义和自由十二条）：

1.自由民主制度，所有成年公民都有选举权。

2.法治，由只有在特殊情况下并通过诉讼程序才能改变的宪法定义。

3.可行的立法制度，以制定公平和正义的平等且公平地适用于所有人的法律，不论其种族、宗教、性别或性取向。

4.有效的司法制度，以公正执行那些公平和正义的同时采纳惩罚性和恢复性司法的法律。

5.保护所有公民的公民权利和公民自由，不论其种族、宗教、性别或性取向。

6.强力部门，保护公民免遭一国之内的其他人发动的袭击。

7.强大的军队，保护我们的自由不受其他国家攻击。

8.财产权和与国内外的其他公民和公司自由贸易的权利。

9.经济稳定性，凭借安全和可信的银行和货币系统。

10.可靠的基础设施和旅行与迁徙自由。

11.言论、出版和结社自由。

12.大众教育、批判性思维、科学理性和知识对有所人是现成可及的。

这些是构成一个正义和自由社会的基本要素。[37] 例如，世界银行经济学家艾琳娜·帕纳提斯在她的《无界繁荣》（prosperity unboud）一书中表明，1990年代秘鲁财产权从非正式向正式（她称为从"不真实财产"转变为不动产）的转变如何提升了小土地所有者的财产权价值，如何增加了产权交易的信托，如何启动了这个苦苦挣扎的国家的经济发展。鉴于全世界有一半的财产所有者生活和工作在保护财产权及其交易的正式结构之外，仅这一项制度就可以成为规则改变者。[38]

同样，社会人类学家斯宾塞·赫尔斯在《社区艺术》一书中提供了一些可供选择的模型，在这些模型中人们能够聚集为非政治的，既包括私人领域也包括公共领域的志愿社区。世界各地已经存在很多这样的社区，运转平稳高效。例如，购物中心就是所有人社区（proprietary community），同样的还有分契式公寓大厦、移动家庭公园、老年社区、工业园区、私立院校和企业园区如微软、苹果和谷歌的园区，它们本质上是以所有权而不是政治方式运转的微型城市。旅馆是另一个贴切的例子。"旅馆有自己的公共和私人区域，当做街道的走廊和当做广场的大厅。大厅的市政公园中，雕塑、喷泉和绘画一应俱全。它有自己的购物区，在那里饭店和零售商店吸引着顾客光临。它的公交系统，恰好是垂直的而不是水平的。" [39] 当你定了旅馆的房间，房费中包括水、电、暖气与空调系统和排水等设施，如果支付额外费用，你会得到客房服务、在映的电影和高速互联网接入。还通过保安和喷洒灭火系统提供安全和消防保护。许多旅馆还有提供宗教服务的小教堂、婴儿照顾和玩耍区、甚至剧场表演（尤其在拉斯维加斯）。这个社区与城市社区的主要区别在于，旅馆完全是私人的，并由自愿契约组织。

　　能够把所有人社区的概念扩展到全球吗？在 2014 年的著作《无界无政府主义：为什么自治比你想象的好》中，经济学家彼得·莱森提供了大量的社会自组织的例子。自组织的私营个人在不需要政府的情况下保护社会合作，并且即使没有世界政府，正如我们在战争的减少与新和平中看到的，国家间不知不觉已经发现了非暴力解决冲突和争端的路径。[40] 千真万确，但无政府主义的批评者指出所有这类所有人社区都是位于主权国家之内，正是主权国家提供了：抵御外国军队的军事保护，阻止破坏者和其他罪犯的警察保护，联结私人道路的公共道路，裁定违约争端的法庭和确保支配一切的法治得到公正和正当执行的对暴力的合法使用的垄断。正义和自由十二条是能够在比如城市国家而不是民族国家中得到维持，还是最终会被其他社会技术取代，如产生同样结果的所有人工具（例如，媒体人而非律师和法官），还有待观察。有一些社会理论家认为他们能做到（自由无政府主义者、无政府资本主义者、市场无政府主义者[41]），尽管大多数政治科学家和经济学家坚持认为，为了避免私营个人之间、企业之间和所有人社区之间不可避免的冲突，至少最低限度的国家是必要的，罗伯特·诺齐克的经典著作《无政府、国家和乌托邦》清晰地阐明了这一点。[42] 问题似乎在于，一旦这样的最低限度的国家为了这些基本要素建立了起来，它会不可逆转地膨胀为臃肿累赘的官僚制度，为了运作必须吞噬一个国家越来越多的 GDP，而联邦法律和规章大概有一亿个词，使得完全遵守变得不可能。[43]

　　不论发生什么向前的改变，历史告诉我们要想成功，它们应该以一种普罗邦主义的方式循序渐进地实现，正如托马斯·杰弗逊对美国革命的反思一样：

我不主张频繁改变法律和宪法，但法律和宪法必须与人类心智携手前进。随着心智变得更加发达、更为文明，随着新的发现出现、新的事实涌现和习俗与观点改变，制度也必须随着这些情境的变化而向前发展，以便跟上时代步伐。我们可能会像要求一个男人仍然穿他儿时合身的外套一样，要求文明社会永远处在他们的野蛮祖先的政体之下。[44]

普罗邦主义经济学

吉恩·罗登贝瑞（Gene Roddenberry）的《星际迷航》是一个 23 世纪的世界，在那里复制机提供你想要消费的任何东西，从野餐肉到"茶，格雷伯爵茶，热的。"在这个虚拟的世界中，金钱不重要，因为本质上每个人都拥有他们需要的一切。这是一个丰裕的世界。这个世界有多现实？十年前，绝大多数人——包括我自己——会说不太现实，因为无限的需求和有限的资源存在根本冲突。毕竟，经济学的定义是对于具有替代用途的稀缺资源的配置。[45]

然而，经济 2.0 会是某种完全不同于经济 1.0 的东西。只要片刻的思考就能明白拥有口袋大小连接网络的设备的个人所具有的力量：数百万条目的百科全书；几乎世界上所有城市的详尽的街道地图；即时的股票报价和天气预报；有声书、电子书和数字杂志与报纸；语音识别、听写和语言翻译；视频、电影和电视节目；娱乐游戏、教育游戏、社会互动游戏和鼓励分析思维的游戏；众筹、点对点借贷、社会银行和小微金融；以及数百万的应用软件，服务于语言学习、购物、商业、咨询、新闻、音乐、旅行和打车、任务管理、通信、健康、饭店和几乎所有你能想到以及大量你想不到的东西。并且，惊人的是，绝大部分都是**免费的**。

未来学家凯文·凯利想象回到 1990 年代早期，并向当时的专家描述现在能得到什么。他说，"你可能会直接被认为疯了"，"他们会说没有经济模型可以用来推出这一点。它的经济学是什么？它毫无意义，看起来很牵强，几乎是不可能的。但接下来的 20 年会使得过去的 20 年显得苍白无力。我们仅仅处在所有这类变化的开端年的开端。感觉上所有重要的事情都已经发生，但相对而言，没有什么重要的事情已经发生。"[46]

例如，"后稀缺经济学家"已经勾画了资源再生系统和技术先进的自动化系统（如 3D 打印和纳米技术分子组合器和纳米工厂），这些自动化系统能够把原材料转变成人们需要的最终产品。[47]这听起来像纯粹的科幻，但想想我们仅仅在过去半个世纪已经走了多远。根据 X 大奖发起人彼得·迪亚芒蒂思在题名透着乐观的《丰裕》一书中的观点，"人类正在进入一个根本变革时期，技术有潜力极大提升地球上每个男人、女人和儿童的生活标准。"迪亚芒蒂思预言"在一代人之内，我们将能够为任何一个需要的人提供以前只是为富有的少数人保留的商品和服务。"[48]

考虑一下最近几十年信息的令人吃惊的增长。例如，一个拿着智能手机登录谷歌的马赛战士（Masai warrior）拥有的信息比 1990 年代的克林顿总统拥有的还要多。[49]如果你连续一周每天从头至尾读一份报纸，你消费的信息比一个 17 世纪的欧洲市民一辈子遇到的还要多。这是很大的数据量，但比起近在眼前的事物，微不足道。作为比较，从 10000 年前的文明的最早胎动期到 2003 年，所有的人类总共创造了大约 5 艾字节的数字信息。一个艾字节是 100 万的三次方字节，或者一百万十亿字节。（你的智能手机有 8、16 或者 32 十亿字节存储容量，足够存储上千的歌曲、图片、视频和其他数字信息。）2003 年到 2010 年间，人类每 2 天创造 5 艾字节的数字信息。到 2013 年我们每 10 分钟生产 5 艾字节。这是多少信息？ 2010 年创造的总共 912 艾字节是所有写出过的书籍所包含的信息量的 18 倍。要让地球上的每个人都能通过互联网即时获得这些数字知识，并且理想的情况是，世界上的所有的公民都能够变成公民 – 科学家，有能力推理出他们自己解决个人、社会和道德问题的方法。

世界范围内，所有这些信息对生活各个方面的影响是激动人心的。教育：可汗学院的 YouTube 教学辅导视频设计超过 2200 个主题，从代数学到动物学，每月吸引超过 200 万访问量。医学：个体化医疗——2003 年之前不存在的产业——现在每年以 15% 的速度增长，到 2015 年将会达到 4520 亿美元产值。贫困：生活在绝对贫困状态的人口数量 1950 年代以来一直在下降，已经下降了超过一半。按照目前的下降速度，大概到 2035 年贫困会消失。消费：以扣除通胀的美元计算，今天食品开支比 150 年前便宜 13 倍。生活水平：现在生活在贫困线以下的美国人 95% 拥有电力、网络、水、抽水马桶、一台冰箱和一台电视。约翰 D. 洛克菲勒和安德鲁·卡内基，位于世界最富有的人之列，几乎都没享受过这些奢侈品。[50]

普罗邦主义的思想者也是行动者。例如，SpaceX 和特斯拉 CEO 埃隆·马斯克不仅是在展望回到太空和电动车的世界，而且是在设想我们如何可能在未来的世道二十年拓殖火星，并建立自我维持的社会，在那里可能会尝试新的治理形式。[51] 他说，"在人类的末日即将来临的意义上不存在紧迫感；我不认为末日迫在眉睫"，"但我确实认为我们在较小程度上面对着灾难性事件的风险。这有点像你为什么买车险或者寿险。不是因为你认为你明天就死，而是因为你可能会。"文明和政治制度兴久必衰，马斯克反思，"可能会存在某些系列事件导致技术水平下降。考虑到这是 45 亿年来第一次人类有机会把生命延伸到地球之外，看起来我们应该聪明一点，趁着窗口打开展开行动，不要指望它会打开很久。"[52]

马斯克的 Paypal 联合创始人彼得·蒂尔是另一位普罗邦主义者，他为海洋家园研究所提供了资金支持，它的目标是建立永久的和自治的海洋社区，这些社区锚定在国际水域，人们在其中能够实验和创造"多样的社会、政治和法律制度。"[53] 未来学家雷·库兹韦尔认为到 2045 年我们就能实现数字（如果不是生物性的话）永生，[54] 他得到了立足俄罗斯的"2045 首创"的支持，该计划的目标是"创造出新技术，使得个人的人格能够转移到更加发达的非生物载体中，延长生命，直至达到永生。"[55] 谷歌联合创始人兼 CEO 拉里·佩奇 2013 年启动了一项新计划，称为"卡里克"，它致力于有关老化的研究，"谷歌能够拯救死亡吗？"《时代》杂志 9 月 30 日这期的封面抓住了该研究的目的。[56]

这些仅仅是普罗邦主义经济能够在世纪末改变我们生活的少数几种方式，而这在世纪初是不可思议的。在对 2100 年我们的日常生活会怎样的预测中，物理学家兼未来学家加来道雄应用"德尔菲"法调查和访问了超过三百位各领域的科学和技术专家，目的是看清楚地平线上初露端倪的是什么。道雄预测，到本世纪末计算机将会发展出感情和自我意识，并且机 – 脑植入将会使得我们能够仅仅通过思维移动物体和操作机器。整个互联网将能够通过一副隐形眼镜接入（想想谷歌隐形眼镜而不是谷歌眼镜）。纳米技术将会使我们能够在分子水平上把对象构造或者重构成人和我们想要或者需要的东西。无人驾驶汽车和外科机器人、月球基地和火星基地、太空旅行和灭绝物种的复活只是道雄基于当前技术的预测的一小部分。他提醒我们，"今天，你的手机比在退回到 1969 年的整个 NASA 拥有更强大的计算能力，而当时它把两名宇航员送上了月球"，"今天的索尼游戏机，拥有的一台 1997 年的军用超级计算机的能力，前者价值 300 美元，后者则耗资数百万美元。"[57]

自然地，道雄设想所有这些技术最终会联合人类形成单一的地球文明，并且随着国家边界的消失，"它们的力量和影响将会极大地削弱，因为经济增长的引擎变成了地区的，进而是全球的。"[58]18 世纪，资本主义兴起，为了润滑商业的车轮，国家必然要统一参差驳杂的封建法律，创建共同货币和监管体系，但到了 21 世纪初，经济权力就像技术权力一样，将会扩散到全球。

......

长期以来，我对两者抱有怀疑：一是末日预言者，他们预言世界在我们这一代终结；一是未来主义者，他们宣布下一件大事是要在我们这一生革命性改变人类和拯救地球；我意识到这两者都犯有刺眼的且通常尴尬的错误。世界的终点没有出现（或者消失），而未来主义者精心构建的乌托邦叙事无非是总有一天我们会怎样获得永生，怎样乘着星际飞船殖民银河系，以及怎样用复制机复制出食物和饮料的实物，这些通常无异于科幻和空想。怀疑主义者需要硬证据：证明。

作为对这些合理批评的回应，迪亚芒蒂思详尽描绘了革命已经在以什么方式开始，以及这类丰裕在我们的有生之年能够通过当前的三股力量实现：（1）**自己动手（DIY）**的后院小发明家如航空先锋伯特·鲁坦，他因为实现私人太空飞行赢得了第一届 X 大奖；还有如遗传学家 J. 克雷格·文特尔，他绘制了人类基因图谱。成千上万的这类发烧友（DIYers）在车库和仓库里夜以继日地埋头捣鼓，革新着神经科学、生物学、遗传学、医学、农学、机器人学和大量的其他领域的解决方法。（2）**技术－慈善家**诸如比尔和梅琳达·盖茨（征服疟疾）、马克·扎克伯格（支持教育）、皮埃尔和帕姆·奥米迪亚（在发展中国家发电）和很多其他人在把他们巨额财富的很大一部分用于解决某些特定问题。（3）**最底层的十亿人**，穷人中最贫穷的人，当他们通过小微金融和互联网接入世界经济时，他们生活的一切方面都会水涨船高，因为我们会共同致力于寻求干净的水、有营养的食物、可负担的住房、个性化的教育、顶级医疗和无所不在的活力。

这些趋势线切实存在，并且如果这些原则能够在世界范围内得到应用，如果不是短期的话，这类丰裕长期看原则上是可以实现的。图 12-1 以作为标准经济指标的 GDP 为衡量尺度，追踪了繁荣进步在过去几个世纪以及将来的指数增长。[59] 正如经济历史学家格雷戈里·克拉克所言，"1800 年的普通人不比公元前 100000 年的普通人更富裕。"感谢企业家在工业革命中应用的科学和技术，"当前的现代经济比起 1800 年的一般状况要富有十到二十倍。并且，迄今为止工业革命的最大受益者是非技术型劳动力。通常富有的土地或资本所有者和受教育者获得了大量收益，但工业化经济最好的礼物是为最贫困的人准备的。"[60]

如何看待收入不平等？

我们的未来之旅走到这一步，可能会有一些人指责我粗暴地关灯，掩盖收入不平等这头大象。对互联网亿万富豪来说，这是一件在会议上激发灵感的事情，参加这些会议的是富有的梦想家，他们听到的是激光灭蚊和用气球基站为第三世界村庄提供互联网接入的讨论，但他们能够负担这类奢侈的冒险事业，不同于那底层的十亿人，这些人仍然在为了每天一顿饱餐而辛苦劳作，对他们来说恐惧和暴力是日常生活的常态。举例来说，当华盛顿特区为了治安保护每人每年投入850美元的时候，孟加拉国的年度人均投入不到1.5美元，因此，犯罪、暴力和混乱统治了那里的日常生活。[63] 也许如果那些亿万身家中的一部分已经在像涓涓细流一样流向人民大众，那么这些问题中的一部分可能已经被底层的

Figure 12-1. Economic Growth Graphs

Figure 12-1a. A Hockey Stick of Wealth. World GDP per capita in 1990 US dollars from the year 0 to 2000 shows that more people are more prosperous than at any time in the past.[61]
Figure 12-1b. Projected Prosperity Progress. World GDP per capital in 2005 US dollars projected from 2000 to 2030, showing the dip during the great recession of 2008. Average annual income is projected to nearly double for everyone in the world.[62] Although far too many people are still living in poverty, the trend lines are in the right direction.

图 12-1　经济增长趋势图（以 GDP 为尺度）

人们解决了。不管怎么说，许多人就是这么看待它的。

　　尤其在西方，收入不平等已经成为我们这个时代最富争议的论题，[64] 如此多的资本集聚到财富分配等级的顶端，而争议的最惊人的体现则是美国最高法院最近的裁决，这些裁决使得金钱和政治的致命鸡尾酒更加水乳交融，正在把美国民主带入财阀统治的方向。例如，政治科学家马丁·贾尔恩斯在他的命名恰当的《财力与势力》一书中发现，"美国政府确实回应公众的偏好，但回应严重向最富裕的公民倾斜。甚至，在绝大多数情况下，绝大多数美国人的偏好似乎对政府采纳或者不采纳哪些政策没有影响。"[65]

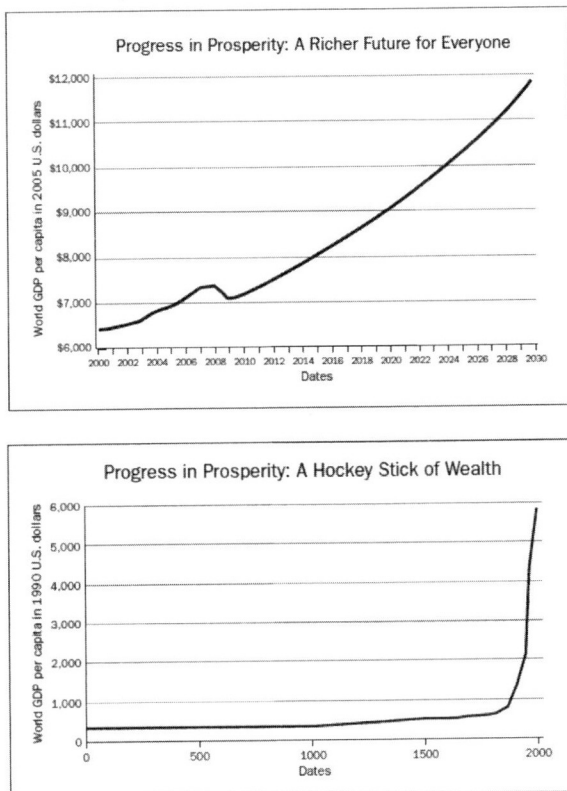

2013 年 10 月 4 日，在**美国进步中心**赞助的演讲中，奥巴马总统称收入不平等是"我们这个时代决定性的挑战"，强调这些趋势"不利于经济……不利于我们的家庭和社会凝聚力……不利于我们的民主。"收入不平等和固化。他总结称，这是对"美国梦的根本威胁。"[66]

是吗？也许不是。富人**正变得**更富。这一点千真万确，并在许多场合被文献记录证实，最近一次是在托马斯·皮凯蒂 2014 年的那本惊人的大部头畅销书《21 世纪资本论》中。[67]同样，分析来自国会预算办公室（CBO）的 1979 年到 2010 年间的税后收入趋势数据时，经济学家盖里·伯特莱斯发现，富人变得更加富有的速度快于穷人和中产阶级变富的速度，如**图12-2**所示。[68]

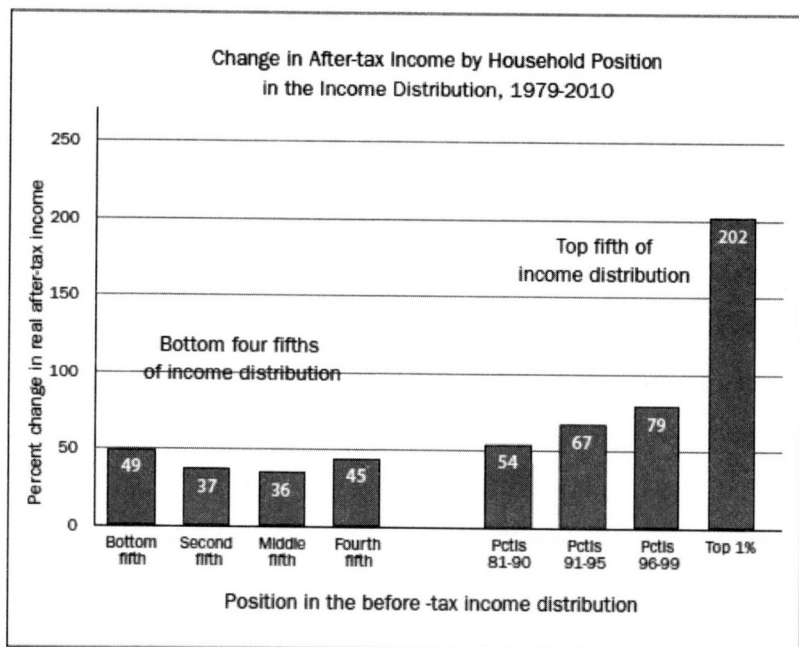

Figure 12-2. After-Tax Income Increases, 1979 to 2010

图 12-2　税后收入的增长（1979—2010）

总而言之，美国最顶层的五分之一的所得人（income earners）占有的国民收入份额从 1979 年的 43% 增加到了 2010 年的 50%，而同一时段最顶层的 1% 的馅饼份额从 9% 增加到了 15%。但要注意没有发生的事：穷人和中产阶级并没有变穷。他们在变富：从穷人到中产阶级，前三个五分之一人群的收入分别增加了 49%、37% 和 36%。但他们的财富增长比起最富有的人要慢，因此，正是**相对**差异一定程度上推动了话题。正如 H.L. 门肯的俏皮之言，"富人就是那个比他的连襟每年多赚 100 美元的人。"在这个程度上，连襟之间的收入差距拉开了。

然而，馅饼的比喻可能不是思考这个问题的最贴切的方式，因为馅饼的尺寸是固定的，如果你的那一片大了，那么其他人的就小了，就像零和博弈那样——如果我的那片是你的两倍大小，那么你的就是我的一半大小，所以，差额之和为零。经济运作并非如此。它们会增长。饼会变大，你和我都能得到比起从去年的馅饼中得到的更大的一份，尽管你那份相对我的增大得更多。例如，美联储 2014 年早期发布的一份报告指出，美国人的总财富达到了有史以来的最高水准，因为美国家庭和非营利组织的资本净值 2013 年上涨了14%，或者说增加了大约 10 万亿美元达到难以想象的大约 80.7 万亿美元，这是美联储记录的最高值，也证实了伯特莱斯的发现即在美国绝大多数人比以前更富有。[69]

当然，在一颗资源有限的星球上，如果产业不变，这样的扩张不可能无限持续下去[70]，但历史上实际发生的是资本和财富生产随着产业转变而改变，比如说，从园艺学和农业转变为煤和钢铁，再转变为信息和金融。埃里克·拜因霍克在《财富的起源》中的史诗般的历史分析提供的大量证据表明"有理由乐观……增长曲线在未来一段时间还会继续"，当"印度和中国的 23 亿人民这十年和未来十年充分融入了世界经济时候，当撒哈拉以南非洲的 6 亿 5千万人民在未来半个世纪登上世界经济列车的时候，尤其如此。"因为经济是一个复杂的自适应系统，拜因霍克警告，它会经受"转折、剧烈变化、甚至崩溃，"但它也能够针对危机作出适应和改变，所以有理由乐观。[71] 这类转变在遥远的将来能否会继续下进而维持这一财富膨胀趋势还有待观察（在纪录片《幸免于人类进步》中出镜的专家有他们的怀疑[72]），但增长曲线是令人鼓舞的。

相对差距并不是人们唯一担心的问题。在提供给里奇蒙德联邦储备银行的一份报告中，经济学家卡提克·阿斯瑞亚（Kartik Athreya）和杰西·罗梅罗（Jessie Romero）写道，随着最近这些年经济流动性下降，收入不平等在增加。他们观察发现1979年美国最顶层的1%家庭带回了7.4%的税后总收入，而2007年这一数字已经翻倍有余，达到16.7%。同一时间段，"在剩余部分的分配中，所有层次家庭的收入份额要么不变要么下降。"[73]从较底层的五分之一上升的障碍在穷人生活中很早就出现，包括营养不良和认知缺陷。例如，一项布鲁金斯研究所的研究发现，78%来自最顶层的五分之一家庭的小孩到五岁时已经在认知和发育上为上学做好准备，但来自收入垫底的那五分之一的家庭的孩子中不到一半（48%）做好了同样准备。[74]

经济学家杰拉尔德·奥腾（Gerald Auten）和杰弗里·吉（Geoffrey Gee）在《国家税务期刊》撰文分析了1987年到2005年间的个人所得税申报单，发现年龄二十五岁及以上的个人中，"超过一半纳税人变动到了不同收入的五分之一，并且到了每一时期末，最初在收入最低的五分之一的纳税人大概有一半上升到了收入较高的人群。"富人的情况如何？如果你的收入在顶层，你只可能朝一个方面移动，奥腾和吉发现："那些拥有最高收入的人在一个基准年更可能掉入一个较低的收入群体，并且这些纳税人的实际收入中位数每一时期都在下降。"事实上，他们发现"每一时期的起始年处于顶层的1%的那些人，到了第十年60%会掉到一个较低的1%中。1996年位居前1%的个人只有不到四分之一到2005年还在原来的群组里。"[75]

在一项包括了基于收入统计——可以从美国国税局的合规数据库（Compliance Data Warehouse）和社会保障总署的W-2和1099纳税申报表记录中获得——的截止到2010年的收入数据的跟踪研究中，作者们发现"处在第一个和第五个五分之一的纳税人中，差不多一半在20年后仍然在原来的五分之一。垫底人群中大约四分之一上升了一个五分之一，同时有4.6%上升到了最高的五分之一。"[76]当然，这不同于极富有的人变穷；从最顶层的万分之一下降到比如顶层的千分之一或者甚至百分之一并不意味着他们现在以拉面度日（当然这完全没有什么不好）。出差坐头等舱而不是乘私人飞机不是什么严格意义上的导致绝望的苦难。但他们的观点是社会流动性虽然不像我们在一个声称支持机会平等的社会中希望的那样理想，但也不像通常描绘的那样固化和不流动。

不管怎样，如果历史在这个问题上可以作为我们的向导，那么社会流动性并不像政府能够深度干涉的事情。经济史学家格雷戈里·克拉克使用姓氏作为社会流动性的代表，深入研究了名字被缀到姓氏上的历史，发现你出生时的社会地位对你成年后的收入和社会地位的决定超过50%。你的姓——即，你出生的家庭——比起任何其他变量更能预测在社会地位方面你的人生会到达什么样的位置。克拉克的提供了海量数据集合的著作被意味深长地命名为《虎父无犬子》（The Son Alao Rises）。"如果所有决定人们生活机会的因素都可以归结为他们父母的地位，那么这些持存率意味着所有这些最初的有利或者不利的家庭因素会在三到五代人之内被消除"，他写道。但发生的情况并非如此。克拉克估计，以一代三十年计，家庭遗产的影响持续大概十到十五代。他用文献证明18世纪的财富影响今天还能被测量到，那些今天出生在较低的社会经济阶层的人为了攀爬上较高的阶层要花几个世纪。[77]

影响是人口学和统计学意义上的，预测的是群体的未来，而不是个人的。你或者我可以通过自我努力在一代人之内让自己跃入龙门，但总体而言，尽管政府做出各种努力通过各种手段创造平等的竞争环境，如大众教育、反歧视立法、累进税和财富转移，但这一长期趋势会占上风，并且固化现象即使在最自由的北欧民主国家如瑞典也能发现。（不过，克拉克赞成这些政府行为中的绝大多数，不是为了用来提高社会流动性，而是因为最有天赋、创造性和勤奋的人在这样的条件下会势不可当地崛起，并且这些措施有其他用处。）甚至中国——社会平等的顶点，在那里命令面前人人平等——也已经较难推进社会流动性。[78] 令人鼓舞的是，克拉克在美国确认了民权运动之后黑人家庭的上升趋势，但他估计总体而言，例如，要到2240年"黑人中的医生比例才能达到一般人群的一半。"[79]

克拉克把这一结果的部分归因于他所称的"社会能力"，进一步的行为遗传学和双生子研究显示，该能力至少50%是可遗传的。可以想到的因素不仅有天然的智力，还有遗传得来的人格特点和渴望成功的动机性欲望，如成就需求。技术上讲这是所谓的"累积优势"。通俗讲就是广为人知的"富者更富。"[80]

不论你怎么称呼它，如果经济在增长并且西方的大多数人——平均而言——变得更富有，为什么这么多人关注其他人比自己更富？部分答案可能在于我们进化而来的民俗经济学[81]直觉，而民俗经济学是源自演化经济学（evonomics）[82]研究。我们的祖先生存进化在由数十到数百人组成的小的群落和部落中，在这些群体内部，每个人要么有血缘关系要么彼此十分熟悉，绝大多数资源共享，几乎未曾听闻过财富积累，而过度贪得无厌会受惩罚。没有资本市场，没有经济增长，极少有劳动集中，没有市场的"看不见的手"，也没有过度的的贫富差距，因为按照今天的标准来看，每个人都处在赤贫状态；没有财富积累是因为没有财富可供积累。

生活在收益边际意味着互惠和食物分享生死攸关，这也是为什么甚至当代的狩猎－采集群体采用和执行那些保证相对平等的习俗和道德。没有这样的合作，在这样一个零和世界中一个人的收获可能就是另一人的损失。因为这一点，人类是博弈论专家马丁·诺瓦克所称的"超级合作者"，并且他认为正是合作比竞争更多地导致了利他主义的进化，并导致我们为了生存与成功而需要彼此。[83]我认为这夸大了人类较好的天使面相，低估了我们的内在魔性——我们的超级合作者的一面经常被超级竞争性的一面抵消——但我这里的观点是，今天我们生活在一个**非零和**的世界，在这个世界中一个人的收获通常意味着其他人的收获，并且感谢科学、技术和贸易，我们有了充足的食物和资源。但我们的大脑还像以前一样运转，仿佛我们仍然生活在经济学的零和之地。[84]

因为我们有着合作和竞争的双重冲动，人类应该小心避免把我们的祖先生活的石器时代描绘成嬉皮士风格的1960年代的共产主义式的社区，在那里人们处在某种和谐的马克思主义的自然状态，各尽所能按需分配。我们见过这种乌托邦幻想的实践导致了什么。作为人类学家，帕特丽夏·德雷珀在有关生活在非洲卡拉哈里沙漠的! kung 布须曼人（第一章讨论过）——一个与我们的进化祖先的可能生活方式接近的传统社会——的人种志中写道，"物品公平且或多或少连续共享的原因是，一无所有者在表达需求时会竭力大叫大嚷。这些人是一个生活在公有制和谐中、所有人快乐共享的民族吗？根本不是……在某个层次的分析上，有人能证明物品循环使用，不存在财富不平等，群落之内和之间的交易以和平交往为特征。然而，在另一个层次上……有人看到社会行动是持续不断的混战——通常是友好的，但不时在苦涩中继续。"[85]

当七千到八千年前那些小的群落和部落开始联合成酋邦和邦国时，有过一场经济转型，即从群落内经济财富的平等分配转向部落内出现等级化的财富分配——标志着地位和权力，再转向邦国内出现海量财富——以及市民之间的财富差距——的积累。在一个财富相对贫困但没有人比其他人多太多的世界中，人们感觉很公平。但在今天的西方世界，几乎每个人都有一些财富，但有些人比其他人多得多，人们感觉不公平。我们的大脑还没有能力直觉性地理解现代经济如何运作，因此对于绝大多数人来说这样的制度似乎不正义。坦率说，纵观绝大部分文明史，经济不平等并不是由社会成员——在拥有追求繁荣的平等自由的情况下——在动力和天赋上的自然差异导致的；相反，占人口极少数的酋长、国王、贵族和教士以大众贫困为代价，利用不公正和受操纵的社会制度自肥。因此我们的自然（也是可理解的）反应是嫉妒，有时还会是愤怒，2012 年的占领华尔街运动可为见证，见图 12-3。

民俗经济学也可以帮助我们解释一项 2013 年研究的结果，即比起真实的收入不平等数据，人们的收入不平等感被严重夸大了。在一项超过 500 人的在线调查中，心理学家询问他们对于美国总体收入不平等的感觉，以及他们自己的政治偏好。结果是：参与者倾向于高估了拮据的美国家庭的数量，相信一般来说大概有 48% 的家庭收入少于每年 35000 美元，而实际上人口普查资料显示低于那个数值的家庭是 37%。相比之下，参加者**低估了**生活很好（尽

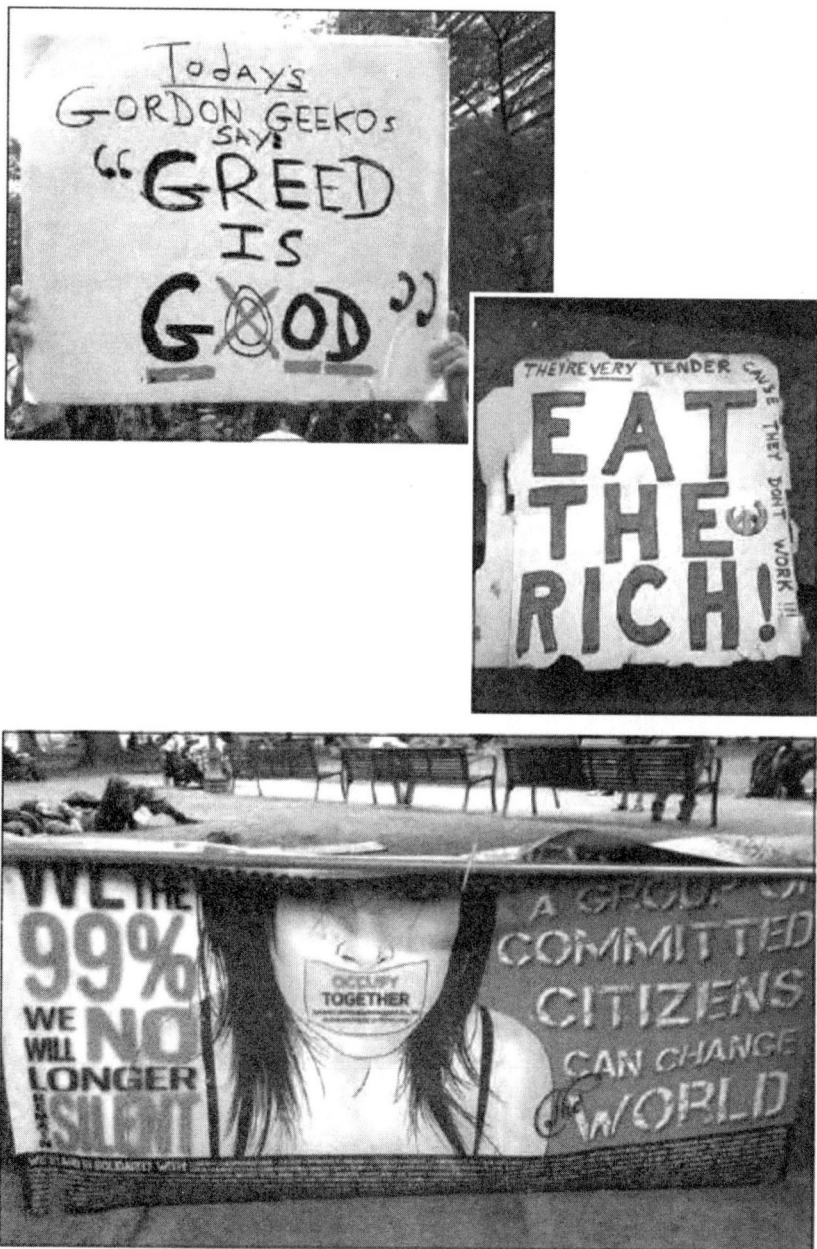

Figure 12-3. Occupy Wall Street
Resentment against income inequality and the Wall Street bailout erupted in the Occupy Wall Street movement in 2011 and 2012. Photos from Zuccotti Park, New York, and a public park in Portland, Oregon. Photos by the author.

图 12-3 占领华尔街运动

管还不富有）的美国家庭的数量，相信一般来说只有大约 23% 的家庭赚钱达到每年 75000 美元或者更高，作为对照实际的人口普查数据是 32% 的家庭事实上赚钱多于那个数值。参与者还相信收入不平等差距远比实际的要大，他们估计最富有的 20% 家庭比最贫穷的 20% 赚钱大概多出 31 倍，而实际上顶层的 20% 比最底层的 20% 赚钱大概多出 15.5 倍，差不多是人们感觉的一半。感觉中的实际财富差距很惊人：人们相信最富的 20% 的美国人的平均年收入是 200 万美元，而真实情况是 16 万 9 千美元，感觉偏差接近 12 倍。

这是某种对现实的严重扭曲，反映了在任何显著的水平上反对收入不平等的民俗经济学偏见是如此强大。并且，正如所料，自我认同的自由主义者的偏见最为强烈，该项研究显示，他们比起自我认同的保守主义者，倾向于严重高估收入不平等差距的规模和增长率。但一般效应在整个政治光谱上都能感觉到，正如主要作者约翰·钱伯斯的解释所言："几乎所有的研究参与者——不论他们的社会经济地位、政治倾向、种族划分、教育水平、年龄和性别——都严重低估了美国家庭的平均收入，高估了收入不平等水平。"[86]

大批的学者和科学家用文献证明了收入不平等的影响，其中就有英国社会流行病学家理查德·威尔金森，他 1996 年的《生病的社会》和较晚近的与凯特·皮克特合著的《精神水准：为什么更平等使社会更强大》都是这方面的作品。[87] 在他的 TED 演讲中，威尔金森抛出了大量的图表，这些图表与我在第四章提供的由社会科学家格雷戈里·保罗制作的有关宗教性和社会健康关系的那些图表惊人相似（随着宗教性上升，社会健康度下降）；差别在于水平轴，威尔金森用平等－不平等量度代替了世俗－宗教光谱，他相信是这个量度导致了一些国家（和美国的一些州）有较高的自杀率、监禁率、青少年怀孕率和婴儿死亡率，但有较低的预期寿命、数学和语文、信任、肥胖、精神疾病（包括毒品和酒精成瘾）、压力和社会流动性水平。[88] 他说在所有这些衡量中，更加不平等的社会会有更加贫穷的后果。值得赞扬的是，威尔金森和皮克特在提出如何解决这个问题的建议时保持了政治中立，表明创造财富的市场力量和政府的再分配计划如何能够同等有效。他们认为，比起降低不平等本身，平等化力量来自哪里是次要的。

这项研究中的某些部分得到了其他人的证实，比如斯坦福大学生物学家罗伯特·萨博斯基，他开创性地研究了社会不平等导致的压力对狒狒的生理影响，当然还有相反的社会平等情况——更新在他的令人难忘的书名中，《为什么［更加平等主义的］斑马没有溃疡》。他兼引美国和苏联为例，写道"我们认识到收入不平等、脆弱的社会凝聚力与社会资本、阶级紧张和大量的犯罪一起形成不健康簇。"[89] 人类学家马丁·戴利（Martin Daly）和马戈·威尔逊（Margo Wilson）在对加拿大和美国的对比研究中探索了收入不平等和谋杀率之间的关系，认为"因为加拿大的省和美国的州是被放在一起考虑，因此当地的收入不平等水平似乎可以充分解释两个国家之间根本不同的谋杀率。"作者总结认为，"比起平均的物质福利水平，资源不平等分配的程度是现代民族国家的致命暴力水平的更为强劲的决定因素。"他们认为出现这个结果的原因是较底层的社会经济阶层内男性竞争更激烈，这更可能导致暴力。[90]

对此我不是如此有把握。不论怎样，美国收入不平等缓和得多的 1970 年代和 1980 年代正处在全国性犯罪浪潮的中间，尖尖耸立的谋杀率翻了差不多十倍，而此后，当犯罪浪潮在 1990 年代暴跌，谋杀率回到较低的前 1960 年代的水平时，收入不平等开始稳步攀升，整个 2000 年代仍在继续增加，而犯罪和谋杀率一直维持在各自的历史低点。正如我在第四章评估格雷戈里·保罗的研究时所言，所有这些社会疾病——谋杀、自杀、青少年怀孕、入狱率等——有其自身的一组独一无二的原因。所有这些后果都只有一个单一的原因即所谓的收入不平等，是不可能的。更可能的是收入不平等是其他一些因素的代表，这些因素可能会有一些对其他原因高度敏感的后果。

例如，收入不平等似乎影响了那些手握权柄者的心理，从而改变了他们与人交往的方式。社会心理学家保罗·匹福（Paul Piff）和他在加州大学伯克利分校的同事发现一个深刻而尖锐的例证。让受试玩一个受操纵的垄断游戏，其中的某些受试者会被授予一种不公平的优势，获准掷两次骰子而不是一次，拿到 2000 美元启动资金而不是 1000，每当他们"出牌"赢了都能卷走正常情况的双倍金钱。并且仅仅为了凸显不一般，受优待的受试者拿的是"劳斯莱斯"游戏筹码而不是"旧鞋子"。尽管是通过抛硬币随机分配到正常或者有利地位，但那些在金钱和财产方面占优的人对他们的好运做了合理化处理，不是归因于好运气，而是归因于他们自己的技能和天赋。结果是，他们开始做出彰显更多特权和资格的举动：他们在桌子上移动筹码时制造更多的噪声，占据更大的物理空间，变得更有控制欲，对游戏胜利更有表现欲，通常表现为兴高采烈的言辞，语言变得更具强制性（"给我停车位"），而最值得注意的是，他们报告称对自己感到更加自豪，仿佛他们就应该赢。[91]

我向匹福询问了这项研究的含义所在。他回答，"尽管结果还是初步的"，"垄断实验的主题是，即使在一个公开受控的游戏中，行为也发生了如此改变，'较富的选手'开始做出不同举动——他们变得更粗鲁、更喧哗、更具强制性，并且对他人更漠视。而且他们的态度看起来也发生了如此改变，一个不公平优势的接受方开始更多感觉应得和配得那个优势。"[92]

这个结果是**基本归因偏见**的一个示例，它是这样一个倾向，即为我们自己的信念和行为做出不同于其他人的归因。存在几种类型的归因偏见。一种是**环境归因偏见**，即我们在环境中确认某人的信念或行为的原因（"她的成功是运气、境遇和有关系的结果"）；还有一种**性格归因偏见**，我们在人格如持久的人格特点中确认某人的信念或行为的原因（"她的成功是因为她的才智、创造性和努力"）。[93] 另外，感谢**自利偏见**，我们自然地把自己的成功归因于积极的性格（"我勤奋、有才智、有创造性"），而把其他人的成功归于幸运的环境（"她的成功是因为境遇和家庭关系"）。[94] 在匹福的研究中，甚至自己还没有成功的人（诸如学生），因为父母较富有，也会感觉更有资格、更应得。[95] 在 2009 年的一篇标题贴切的论文《社会阶层、控制感和社会解释》中，匹福与他的同事迈克尔·克劳斯（Michael Kraus）和 Dacher·克特纳（Dacher Keltner）发现，社会阶层"与个人控制感的削弱密切相关，并且这种关联能够解释为什么较低阶层的个人偏爱用背景而不是性格解释社会事件。"[96]

收入不平等的后果可能是有害的，其程度正与相反情况可能是有益的一样。[97] 例如，在另一个实验中，匹福和他的团队在加利福尼亚街头的十字路口伪装起来，记录下为即将穿过人行横道的行人停下的车辆（那里的法律规定必须停）。总体情况是，65% 的司机停了车，但那些没停的人当中，绝大多数——三倍或者四倍的系数——都是驾驶豪车（例如，宝马、奔驰、保时捷），象征着较高的社会阶层。[98] 在另一项实验设定中，当受试者填写表格时，他们被告知可以自行从桌子上的瓶子里拿"几块"糖果，尽管他们也被告知糖果"实际上是为进行另一项研究的儿童准备的。"觉得自己富有的受试者拿走的糖果是觉得自己贫穷的参与者的两倍。

这项研究中，匹福的团队实际上是通过控制条件使得人们觉得富有或者贫穷，因此结果甚至更能说明问题，因为它们证明影响是暂时的和可逆的。在一个掷骰子的实验安排中，受试者报告他们投掷的结果，但实验者不能看，结果是，仅仅为了获得 50 美元现金奖品带来的自豪感，较富有的人（年赚 150000 到 20000 美元之间）欺骗了四次，和较贫穷的人一样多（年收入少于 150000 美元）。顺便说一句，这些结果在整个政治光谱上都存在，从茶党保守主义者到占领华尔街的自由主义者。匹福绘声绘色地向我解释了那些结果，"尽管有钱并不必然使任何人成为什么，但有钱人把自己的利益放在其让人利益之上的可能性要大得多。这使得他们更有可能表现出那些已经定型的与比如说混蛋相联系的特征。"[99]

对这一不平等状态的最常见的应对措施是向富人征税，把钱再分配给穷人（通常受到自由主义者和穷人的赞成）。[100] 不太普遍的应对措施是私人慈善，富人借此向那些帮助穷人的事业捐款（通常受到保守主义者和富人的赞成）。令人惊讶的是（因为他身在加州大学系统中因超自由主义而声名狼藉的伯克利校园），匹福在结束有关他的研究的 TED 演讲时，首先强调那些看起来与拥有大笔金钱相伴随的态度，其中并没有什么内在不变的东西。实验中，仅仅向富有的人提示一下那些不太富有的人的处境（通过短短 46 秒有关童年贫困的视频短片）就会让有钱人更愿意为在他们面前处于困境中的陌生人花时间。"看过视频后，富人接下来对自己的时间变得和穷人一样慷慨，意味着这些差异不是固有的或者绝对的，而是会轻易受到人们价值观的微小改变、同情心的轻微触动和共情感的微弱冲击的塑造。"

匹福没有呼吁"为了他们的公平分享"对富人征收累进税，而是关注美国超级富豪的草根运动——**自愿把他们巨额财富的相当大一部分通过诸如捐赠誓言（Giving Pledge）这样的组织捐给有价值的事业**，已经有超过 100 位美国最富有的人通过**捐赠誓言**承诺把他们财富的一半以上捐赠给慈善事业。签名人包括比尔·盖茨、沃伦·巴菲特、保罗·艾伦、迈克尔·布隆伯格、泰德·特纳、马克·扎克伯格、埃隆·马斯克和拥有平等多样的政治信念的其他人。还有**资源生成组织**（Resource Generation），它在"组织有金融财富的年轻人为了社会改变利用资源和特权。"[101]

另一种处理收入不平等的心理影响的方法是从内部改革资本主义。这听起来是矛盾的，但这正是全食超市联合 CEO 约翰·麦基（John Mackey）想要做的。在《良知资本主义》中，麦基着手草绘资本主义的新叙述，他的出发点基于利润动机是商业的唯一动力的神话。我们都知道的旧叙述：**资本家是一群叼着雪茄、攫取金钱、追逐利润、看着季报、咆哮着"你被解雇了"、 洋洋得意于贪婪是善的戈登·盖柯式的、冷血的、无情的、马基雅维利主义的精神病患者**。尽管事实上有些资本家**确实**符合这种叙述（奥利弗－斯通执导的《华尔街》中的角色戈登·盖柯部分是以垃圾债券之王迈克尔·米尔肯（Michael Milken）为原型，米尔肯被控 98 项敲诈和诈骗罪名），但麦基宣称， "几乎没有例外，开创了成功事业的企业家不会为了利润最大化这样做。当然，他们想赚钱，但这不是最大动机。他们受自己相信需要去做的事情激励。" [102]

尽管他是嬉皮士形象，并且坚持严格素食（他言行一致），但当指责他所称的"裙带资本主义之癌"时，麦基并不是一个天真的人。裙带资本主义之下，裙带资本家无法在市场竞争，因此他们转向政府恳请官僚把规则和义务强加给竞争对手。治疗裙带资本主义之癌的药方是**良知资本主义**，良知资本主义扎根的"伦理系统以为所有利益相关者创造价值为基础",而利益相关者不仅包括所有者,还包括员工、顾客、社区、环境,甚至还有竞争者、活动家、批评家、工会和媒体。麦基援引谷歌和西南航空公司为角色模型,制药公司和金融集团作为反面角色模型。[103]

麦基责备利润动机为唯一价值尺度的神话时,在一个出人意料的环节上,把矛头指向了资本家自己,因为"他们把一种狭窄的对商业的概念化接受为事实,然后以那样的方式继续实践那样的概念,造成了一个自我实现的预言。"麦基的目标是为资本主义书写一种新的叙述,要求我们关心顾客和人,而不是电子表格上的数据点。比起约翰·高尔特(John Galt),这听起来更像出自约翰·列侬(John Lennon)之口,麦基要求我们"想象这样一种商业,把它的竞争者不是做作有待打垮的敌人,而是看作一个可以学习的老师,以及走向卓越之路上同行的旅人","真诚地关心地球和地球上的所有有感觉的存在者,赞美自然的恩典,思考超越碳和中立性,变成一种使生物圈回到可持续的生命力的治愈力量。"[104]

尽管麦基提供了大量的时间良知资本主义的商业案例——包括并尤其重要的是他自己的全食超市,在这里每个人都知道其他人做什么,并且高层薪酬不超过平均工资的19倍(相比之下,其他公司的平均状况是100倍)——他似乎是在告诉资本家同行,如果他们没有自愿启动惠及所有利益相关者的计划,政府将会迫使他们这么做,并因此消除了有意识选择的道德因素。

政府要扮演角色,建立和实施资本主义赖以运转的法律,但防止过度的自上而下的对市场的干预,公司应该自发启动自下而上的计划,寻找牟利的同时把公司提升到一个崇高水平的方式。当公司的全职员工不能赚到足够的钱为他们自己和家庭提供哪怕只是适度水准的生活时,问题最有可能出在商业本身。调整可能会是这样的或者那样的,自愿的或者非自愿的。自愿的解决办法是降低高级管理层的薪水,提高工人的工资,并且如果必要的话,提高产品或者服务的价格。如果未这么做,那么非自愿的解决办法,通过较高的企业和个人所得税实现的税收转移会导致同样的调整,但因为必须给作为中间商的政府官僚机构支付酬劳，会给繁荣带来一个总体损失。据国际货币基金组织发布的一项 2014 年的研究，"不平等可能会至少部分地阻碍增长，因为它催生了再分配的努力，这本身会削减增长。在这样的情况下，即使不平等不利于增长，税收和转移准确说可能是错误的补偿。" [105] 因此，不论是出于道德还是实践理由，资本主义内部的自愿改革是致力的目标。

今天的经济问题是真实的，但不难驾驭。不仅如此，经济趋势处在正确的方向上，如果历史是我们长期趋势的向导，即使在地球上最贫困的地区如非洲，也将会远早于本世纪末享受到我们今天拥有的西方水准的财富和繁荣。[106] 就全球而言，丰裕的后稀缺世界非常可能在 2100 年实现，如果图 12-4 的增长率延续下去的话，那时可以保证任何地方的几乎所有有感觉的存在者的生存和繁荣。

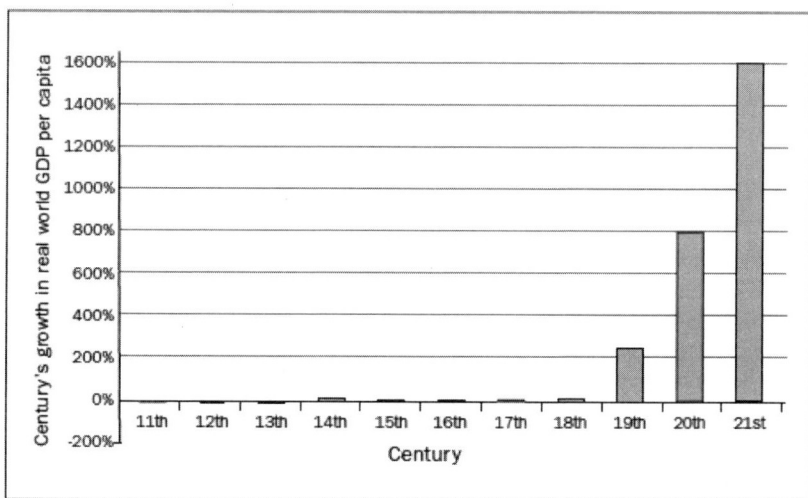

Figure 12-4. Global Economic Growth Rates by Century
Based on data and projections from the UC Berkeley economist J. Bradford DeLong, the bars denote "the relative pace of economic growth in productivity levels and material wealth for the world as a whole over the past ten centuries," estimates DeLong says are "rough and approximate" but do "not do violence to the *qualitative* picture of relative rates of economic growth."[107] The post–Industrial Revolution takeoff of world per-capita GDP is staggering, at more than 200 percent in the nineteenth century, 800 percent in the twentieth century, and a projected 1,600 percent for the twenty-first century. If this happens it will mean that this century will generate more wealth and prosperity for humanity than in all previous centuries combined. That is moral progress worthy of the name.

图 12-4　以世纪为单位的全球经济增长率

文明 2.0：审视遥远的未来

在 1964 年的一篇有关外星文明探索的文章中，苏联天文学家尼古拉·卡尔达肖夫（Nikolai Kardashev）建议使用射电望远镜试着探测来自其他太阳系的能量信号；他提出在那里我们可能会发现三种不同的文明类型：一种是类型Ⅰ文明，能够收割它的星球上的所有能源；一种是类型Ⅱ文明，能够控制它的太阳系的能量；还有一种是类型Ⅲ文明，能够驾驭它的整个星系的能量。[108]这些类型中的每一种都应该会发出一种不同的象征智能生命的能量信号（很像银河系中其他地方的宇航员可能会探测我们大气层中的氧气、甲烷和其他气体的信号，而这样的大气层是与生物体相对应的。[109]）

1973 年，天文学家卡尔·萨根（Carl Sagan）提出了另一种基于信息存储的文明分类系统，结论是我们是一种类型 0.7 的文明。[110]物理学家加来道雄（Michio Kaku）估计人类要花费一到两百年实现类型Ⅰ，花费几千年达到类型Ⅱ，花费十万到一百万年成就类型Ⅲ。[111]他还预测了一种类型Ⅳ文明，该文明将会利用全宇宙的暗能量；甚至还有一种类型Ⅴ文明，将能够挖掘多重宇宙的能量。[112]火星社会创始人兼航空工程师罗伯特·卓比林（Robert Zubrin）有自己的一套分类系统，他通过居民扩散程度定义文明类型：类型Ⅰ遍布它的行星家园，类型Ⅱ遍布它的太阳系家园，类型Ⅲ遍布它的星系家园。[113]

可以把文明划分作为思考长时段进步的练习，抱着这样的精神，我愿意沿着政治、经济和社会三个维度提出文明进步的类型学，所有这些维度都有道德进化含义。这不是人类发明的生命系统的许多配置的一份详细清单，实际上两者甚至连微弱的近似都没有。我的目标是在一个大略的框架下，基于已有的经验思考遥远的未来。使用计算机惯例，以 1.0 表示一个系统的首次推出，我从类型 1.0 开始，那是我们的人类祖先在数百万年前第一次变成社会性灵长目动物的时候。下面我们会看到自己已经走了多远，以及我们需要做什么才能变成类型 2.0 文明。

类型 1.0：群体。融合－分裂的古人类群体，在非洲生活，群体成员是流动的，技术由原始的石器工具组成，群体内冲突通过统治等级解决，群体间暴力频仍。

类型 1.1：**群落**。迁徙的狩猎 – 采集者组成的群落，形成血缘群体，有基本扁平的政治制度和平等主义的经济。

类型 1.2：**部落**。由血缘关系联系的个人组成的部落，采纳更为定居和农业的生活方式。开始了政治等级制和原始的经济上的劳动分工。

类型 1.3：**酋邦**。酋邦是由部落联合组成的单一等级制的政治单位，有一个高高在上的统治者，开始出现严重的经济不平等和等级制的劳动分工，下层等级成员生产食物和其他产品供非生产性的上层等级成员消费。

类型 1.4：**城市国家和封建王国**。小的政治群落在土地纽带、经济动机和等级化的军事义务的驱动下组成城市国家和封建王国，后者通过没收税（或者其等价物）供养官僚系统。

类型 1.5：**民族国家**。作为政治联合体，民族国家对一块边界明确的地理区域及其上的居民有管辖权，实行重商主义，在针对其他国家的输 – 赢竞赛中寻求有利的贸易平衡。

类型 1.6：**帝国**。帝国是这样的国家，把它们的控制扩展到文明化上或者种族上不在其限定的地理管辖权之下的民族之上，有对与其竞争的帝国形成经济优势的目标。

类型 1.7：**选举民主制与共和国**。选举民主制与共和国把权力来源分配给几个权力机构，每一个都由人民投票选举的官员管理。市场经济肇始。

类型 1.8：**自由民主制与共和国**。自由民主制与共和国授予所有公民选举权。通过与其他国家的自由贸易，市场开始信奉一种非零和的、双赢的经济竞赛。

类型 1.9：**民主资本主义**。民主资本主义是自由民主制和自由市场的融合，通过发展中国家的民主运动、范围广泛的贸易集团如欧盟和开放的贸易协定如北美自由贸易协定，现在已经扩展到全球。

类型 2.0：**全球主义和地球文明**。全球主义和地球文明包括一个地球通信系统（互联网）；地球知识（所有信息数字化，任何人任何地方任何时间都可以得到）；实践良知资本主义的地球经济，在其市场中，任何人都能够和其他人交易而不受国家或者政府干涉；地球政体，要么由民主制国家要么由城市国家组成，通过社会契约治理生活在那里的任何人；一个由可再生和可持续的资源形成的地球能量系统；一种地球文化，在其中部落和种族的差异消逝在历史之中，每个人都感到他们是一个全球物种的一部分。

······

在起作用延缓我们达到文明 2.0 的力量基本是政治的和经济的。[114] 例如，在《世界 3.0》一书中，经济学家潘卡基·格玛沃特（Pankaj Ghemawat）表明 2010 年只有 10% 到 25% 的经济活动是国际性的（并且其中大多分是地区性而非全球性的）。距离因素（地理的和文化的）对很多人来说仍然是本质性的。他把这些因素处理成类似于牛顿万有引力定律的距离系数。例如，据他计算，"两个地区之间，地理距离每增加 1% 导致它们之间的贸易大概减少 1%"，距离敏感度是 -1。另外，他算出，"如果智利距离美国像加拿大一样近，那么美国与智利之间的贸易只是这种情况下的 6%。"类似地，"两个有共同语言的国家之间的贸易，比类似的但缺少这一纽带的一对国家一般要高出 42%。同一个贸易集团中分享成员资格（例如，NAFTA）的国家之间，比其他情况类似但缺乏这一共同成员资格的国家之间贸易高出 47%。一种共同货币（如欧元）使得贸易增长 114%。"这对我来说实际上已经很激动人心，但格玛沃特提醒我们，我们有一种深入骨髓的倾向，即想要与我们的亲人和同类交往，想要保持本地的习俗和文化，这易于割裂人民，延缓全球化。例如，一项基于 2009 年的调查发现欧盟 16 国居民中有 48% 相信本国人，20% 相信其他欧盟国家的公民，而只有 13% 相信非欧盟国家的人。[115]

非民主国家对于把权力转交给人民的抵抗仍然是巨大的，尤其是那些神权政体，它们的领导人偏爱类型 1.3 的酋邦（当然，他们自己掌权）。对全球化经济的反对大量存在，即使在工业化的西方也是如此，经济部落主义仍然支配着那里的大多数政客、知识分子和公民的思考。（2013 年和 2014 年发生的最重要的一个例子是，新泽西州、得克萨斯州和亚利桑那州禁止特斯拉直接向消费者卖电动汽车，目的是保护汽车经销商免于竞争，在我看来其荒谬性等同于，比如说，打字机生产商游说政府禁止苹果公司直接向消费者卖他们的产品。[116]）

几千年来，人类一直生存在一个零和世界中，一个区域国家或者民族国家的所得意味着另一个的所失——并且我们的政治经济制度就是为了在那个输－赢世界使用而设计的。但我们有机会生活在一个非零和的世界中，并且通过扩展自由民主制、自由贸易和所有有感觉的存在者都得以繁荣的先进的工业社会的许多其他特征，变成文明2.0。

道德进步会怎样？我想人类不是要通过基于改造清除我们本性中的贪婪、贪欲、竞争性、攻击性和暴力，因为这些特征是作为一个物种我们之所以是我们的不可或缺的部分，并且都有出现的进化逻辑。相反，我预测在遥远的未来，地球（并且，或许有一天，还有火星、木星和土星的卫星，甚至还有其他太阳系的外部行星）文明是这样一种文明，已经学会设计他们的政治、经济和社会制度，使得人类本性的最好一面得以张扬，同时最坏的一面得以抑制。我预见地球上不会是一个一元化的文明，而是一个多元文化共存的文明。而且，预计人类将会发展出在其他行星生存的技术，因此存在的不会是一个文明，而是许多。此外，考虑到涉及的距离和时间尺度，我预计宇宙旅行人类的许多种类在每一个殖民的行星上的行为就像一个新的"创建者"人群，一个与其他人群隔绝的新的人类物种就是由此繁衍进化而来的（物种的真正定义[117]）。这些文明之间的差异甚至比地球全球化之前的国家差异还大。代替文明3.0或者4.0的会是数十个、数百个，甚至可能会是数千个有感觉的存在者在其中能够繁荣兴旺的不同文明——道德版图上出现一个巨大的由诸多高峰组成的山脉。[118]

如果这一切会发生，有感觉的物种将会变得不朽，因为并不存在已知的机制——除了亿万年后我们的加速膨胀的宇宙自身走向终结之外[119]——能够导致所有的行星和太阳系一次性毁灭。[120]在遥远年的未来，诸文明或许会变得足够先进，能够殖民整个星系，基因改造新的生命形态，使得行星地球化，甚至能够通过雄伟的工程计划催生恒星和新的行星太阳系。[121] 如此先进的诸文明，知识和力量将会强大到实质上是全知和全能的。（我称这个推断为**舍默的终结定律：任何足够先进的地外智能与上帝无异**。[122]）听起来天方夜谭？早在1960年，物理学家弗里曼·戴森（Freeman Dyson）就证明过行星、卫星和小行星如何能够被撕碎并重建成一个巨大的围绕着太阳的球体或者线体，捕捉到足够的太阳辐射，用来提供无限的免费能源。[123] 这样的一个设备——今天称为戴森球体——将能够使得类型 I 文明转变为类型 II 文明。最后，我对这个思维实验的看法是，任何这样的文明没有同样的道德水平上的先进就不会达到这个发展水平。再次强调，我这么说不是意指人类应该为道德进化出一种新的生物学基础；相反，我们应该发展必要的社会工具和技术，以大量造就在道德领域更加高级的文明。

为了这个目的，意大利 SETI（搜寻地外文明）天文学学家和数学家克劳迪奥·马克恩（Claudio Maccone）发展了一个数学等式来衡量信息和熵的"文明总量"，以此来表示历史上的不同文明，包括阿兹特克、雅典、罗马、文艺复兴时的意大利、葡萄牙、西班牙、法国、英国和美国。例如，据马克恩计算，1519年到1521年间阿兹特克人与西班牙人第一次相遇时，他们之间的差是3.85比特（信息）每人。马克恩把这个数据与35亿年前最早的生物和当代的生命形态之间的信息差即27.57比特每个生物体相对比。据他换算，3.85比特相当于50个世纪（5000年）的技术差，导致的结果是人数少得多的西班牙人轻易征服了技术上低级的阿兹特克人。[124] 马克恩称，这对我们联系域外文明有启示，他估算每个个体的差在1000比特左右，或者说大约一百万年的技术差。考虑到仅仅5000年的优势就是西班牙人如此轻易地征服了阿兹特克人，与比我们先进超过一百万年的外星人联系可能会证明是灾难性的。[125] 会吗？

很多卓越的科学家认为会。[126] 例如，斯蒂芬·霍金（Stephen Hawking）称，"我们只要看看自己，就能明白智能生命会如何发展成为某种我们不愿意看到的东西。我猜想他们可能会生活在巨大的飞船上，已经用完了他们母星的所有资源。这样先进的外星人可能会成为游牧者，伺机征服和殖民他们能够到达的任何行星。"霍金总结，考虑到地球文明的遭遇史，总是更先进的奴役或者摧毁不发达的，"如果外星人曾造访过我们，我认为结果会非常像哥伦布第一次登陆美洲时的情形，对美洲原住民不是福音。"[127] 进化生物学家戴蒙德响应了这些伤感的看法，指责 1974 年从阿雷西博射电望远镜向太空发出信号是自我毁灭的愚蠢行为："如果真的有任何无线电文明在我们的收听范围之内，那么看在上帝的份上，让我们关掉我们的发射机，躲过探测，否则就是人类的末日。"[128]

外星人的道德品质长期以来就是科幻小说的主题，通常也反映了人类的道德关切。[129] 很多故事把外星人描绘成邪恶的四处劫掠的征服者，意图就是奴役或者灭绝人类。这样的例子包括 H.G. 威尔斯的（H.G.Wells）《世界大战》、H.P. 洛夫克拉夫特（H.P.Lovecraft）的《克鲁苏的呼唤》《独立日》和奥森·斯科特·卡德（Orson Scott Card）的《安德的游戏》。尽管带着对未来的全部的乐观希望，吉恩·罗登贝瑞（Gene Roddenberry）仍然让他的《星际迷航》中的 23 世纪的银河系布满了好战的物种诸如克林贡人（Klingons）和罗慕伦人（Romulans），还有合成的实体如博格人。也许这类题材中最有趣例子是《阴阳魔界》中题为"服务人类"那一集，剧中一种称为 Kanamits 的九英尺高的外星种族为地球上的凡夫俗子带来了终结饥饿、能量短缺和战争的技术，并提议带地球人去他们的天堂般的母星，直到一位密码学家破译了神秘的标题，发现标题文字实际上是外星人的烹饪书的名字，但一切都已经太迟。[130]

外星人不仅技术上比我们先进，而且道德上也高于我们的主题比较少见。这样的例子包括《神秘博士》，还有卡尔·萨根的《接触》中的外星种族。这种题材的经典电影是 1951 年的《地球停转之日》，作为一个救世主寓言电影，一个名叫克拉图（Klaatu）的外星人警告人类注意核毁灭的危险，并且坚持只要人类保留核武器，就不会被允许加入行星共同体。和平的执行者是一种名叫高特（Gort）的高大机器人，高特带有致命射线束，站在飞船边上随时待命。克拉图想要把他的信息传递给地球上所有国家的领导人，但被拒绝了，因此

（像耶稣一样）他隐身于普通人之中，但是被政府当局追捕并杀害了，并被
放在一个坟墓样的停尸房中。高特找回了克拉图，并使他复活[131]；此后，克
拉图向一组科学家发表了演讲，警告他们如果人类不能在道德上奋起直追赶
上破坏性技术的发展步伐，将不会被允许继续生存下去。"必须确保所有人
的安全——不然没有人是安全的"，克拉图对现在已经对他着迷的听众讲，"这
不意味着放弃任何自由，除了不负责任的自由。当你们的祖先制定法律管理
他们自己——并且雇用警察执行法律时，他们就知道了这一点。充当我们警
察的，是我们创造的一种机器人。他们的职能是在行星间巡逻……并维持和平。
结果是我们生活在和平中，不需要武器或者军队，就是以这样的认知为担保，
即我们有免于侵略和战争的自由——有追求更有利可图的事业的自由。"[132]
他的救赎启示完整了，克拉图的升天般的上升完成了整个寓言。

从科幻小说到科学猜想，一个合理的假说是，任何带有自我复制分子如
DNA 并且通过有性繁殖产生遗传变异的域外物种，将可能通过自然选择的方
式进化。如果是这样，那么外星人将可能进化出某种类似我在第一章概述的
道德情感的东西，在这种情况下，他们将会基于同样的对其他有感觉的存在
者产生大量反应的博弈论模型（如囚徒困境）进行竞争或者合作。因此，外
星人拥有一套并非不同于我们的道德情感是可能的。差别在于，凭借时间上
更长的社会进化，他们将在道德上更高级。

尽管到目前为止我们只有一个样本，并且人类的诸文明之间的第一次接
触的历史记录不值得羡慕，但过去五百年的数据的发展趋势是鼓舞人心的：
殖民主义和奴隶制已然终结，殒命于战争的人口比例急剧减少，犯罪和暴力
在一路下降，公民自由高歌猛进，并且在全球范围内与文学、教育、科学和
技术渴望一起，对选举民主制的渴望直冲云霄。这些发展趋势已经使得人类
的文明更具普惠性，更少的剥削性。从五百年的趋势外推五千或者五十万年，
我们可以得到地外智能可能是什么样子的感觉。任何能够在广阔范围太空旅
行的文明已经远远超越了剥削的殖民主义和不可持续的能源消费，如化石燃
料。[133]（NASA 业已有计划取代化学火箭，用其他代替性的方法为太空探索

提供动力。认为一艘超级先进的外星飞船会来地球开采我们的石油和天然气似乎很荒谬。）奴役原住民，掠夺他们的资源，对于地球文明来说，短期可能是有利可图的，但在恒星际旅行所需要的数千年的时间跨度上，长期看这样的策略是不可持续的。[134]

所以，任何存在得足够长，长到使我们有机会与之建立联系的先进文明，也会是一个道德上更高级的文明。[135] 在这个意义上，思考域外文明促使我们思考地球文明的本质和进步，[136] 并提供了这样的希望，当我们真地联系上了，这意味着至少有一种智能物种已经设法达到了探索太空比征服陆地重要得多的水平，并且对于这样的水平来说，活着并逐渐成长为繁盛的有感觉的存在者比被征服和死去更有价值。而任何这样的相遇将意味着他们解决了自我灭绝问题。[137]

······

回到文明 1.0 和此时此地的迫切需要：普罗邦主义的渐进累积的目标是人类实践中我们最能够为之努力的方向。实际上，这正是人类历史上最成功和社会和政治活动家采取的策略，包括本书的开篇提到的金博士，即他 1965 年在阿拉巴马州蒙哥马利市领导的公民权利游行。

三年后，1968 年 4 月 3 日，金博士在田纳西州孟菲斯市发表了他的最后一次演讲《我已到达峰顶》，勉励他的追随者携手努力使美国成为这样的国家——即它的奠基性文件限定它应是的样子，但他预计自己可能活不到看见这一梦想实现的那一天了。"我已经看到了应许之地。我可能不会与你们一起到达那里"。他不详地暗示，"但今晚我想要你们知道，我们，作为一个民族，将会到达那片应许之地！"[138] 第二天，马丁博士遇刺身亡。

对于他的遗产，对于整个历史上所有真理、正义和自由的捍卫者的遗产，我们有义务献上我们的忠贞和努力，使世界变得更好。金博士写道，"我们每个人都是两个自我"，"生命的伟大责任就是永远试图保持那个较高级的自我的控制权。而每一次，那个古老的较低级的自我都会蠢蠢欲动，命令我们作恶，让我们允许较高级的自我告诉自己，我们是为星辰而成，为上帝而造，为永恒而生。"[139]

事实上，我们人类是由星辰制造而成的。我们的原子在远古的星辰里锻造，而超新星爆炸的壮观爆发使得这些星辰寿终正寝，并把那些原子扩散到太空中。在那里，原子聚变成新的太阳系，以及行星、生命和能够拥有如此崇高的知识和道德智慧的有感觉的存在者。"我们是星尘，我们是黄金，我们是数十亿年的碳……"[140]

道德是某种碳原子能够体现的东西，考虑到十亿年的进化——**那个道德之弧**。

注释

PROLOGUE: BENDING THE MORAL ARC

1. King, Coretta Scott. 1969. My Life with Martin Luther King Jr. New York: Holt, Rinehart, & Winston. 267.

2. Many accounts describe King as being either at the top of the capitol steps, on the steps, or at the bottom of the steps. Th ere are eyewitnesses accounts in which it is claimed that King delivered his famous speech from the steps. For example, John N. Pawelek recalls: "When we arrived at the state capitol, the area was fi lled with throngs of marchers. Martin Luther King was on the steps. He gave a fi ery speech which only a Baptist minister can give." (http:// goo .gl /eNyaGX). The Alabama Byways site tells its patrons reliving the Selma to Montgomery march to "walk on the steps of the capitol, where King delivered his 'How Long, Not Long' speech to a crowd of nearly 30,000 people." (http:// goo .gl /gnAfSX) In his book Getting Better: Television and Moral Progress (New Brunswick, NJ: Transaction Books, 1991, p. 48), Henry J. Perkinson writes: "By Thursday, the marchers, who now had swelled to twenty- fi ve thousand, reached Montgomery, where the national networks provided live coverage as Martin Luther King strode up the capital [sic] steps with many of the movement's heroes alongside. From the top of the steps, King delivered a stunning address to the nation." Even the Martin Luther King Encyclopedia puts him "on the steps." (http:// goo .gl /Rxw8pY) .

This is incorrect. The BBC reports of the day, for example, say that King "has taken a crowd of nearly 25,000 people to the steps of the state capital" but was stopped from climbing the steps and so "addressed the protesters from a podium in the square." (http:// goo .gl /7ybfKa). The New York Times reports that "The Alabama Freedom March from Selma to Montgomery ended shortly aft er noon at the foot of the Capitol steps" and that "the rally never got on to state property. It was confi ned to the street in front of the steps." (http:// goo .gl /5vuJ8D). In this video, archival footage from 3:40 to 3:50 shows "The marchers make their way to the steps of the capitol building— but not beyond." (http:// goo .gl /KdLEhM). The original caption to the aerial photograph included in the text, from an educational online source, reads: "King was not allowed to speak from the steps of the Capitol. Can you fi nd the line of state troopers that blocked the way?" Finally, in this video, from 40:53 to 41.15, you can see various entertainers who preceded Dr. King and the pulpit he used, all on a fl atbed truck. (http:// goo .gl /zq5XG6). This is confi rmed by these fi rsthand accounts: "A few state employees stood on the steps. They watched a construction crew building a speaker's platform on a truck bed in the street." (http:// goo .gl /K6a8U7). And: "The speakers platform is a fl atbed truck equipped with microphones and loudspeakers. The rally begins with songs by Odetta, Oscar Brand, Joan Baez, Len Chandler, Peter, Paul & Mary, and Leon Bibb. From his truck- bed podium, King can clearly see Dexter Avenue Baptist Church." (http:// goo .gl /5HWznV) .

3. The speech is commonly known as the "How Long, Not Long" speech (or sometimes "Our God Is Marching On") and is considered one of King's three most important and impactful speeches, along with "I Have a Dream" and the tragically prescient "I've Been to the Mountaintop." It can be read in its entirety at http:// mlk -kpp01 .stanford .edu /index .php /kingpapers /article /our god is marching on /. The climactic end

of the speech can be seen on YouTube (http:// www .youtube .com /watch ?v= TAYITODNvlM) .

4. Parker, Theodore. 1852/2005. Ten Sermons of Religion. Sermon III: Of Justice and Conscience. Ann Arbor: University of Michigan Library.

5. Pinker, Steven. 2011. The Better Angels of Our Nature: Why Violence Has Declined. New York: Viking, xxvi.

6. Voltaire, 1765 (2005). "Question of Miracles." Miracles and Idolotry. New York: Penguin.

1: TOWARD A SCIENCE OF MORALITY

1. Bronowski, Jacob. 1956. Science and Human Values. New York: Julian Messner.

2. http:// www .oed .com /

3. Damasio, Antonio R. 1994. Descartes' Error: Emotion, Reason, and the Human Brain. New York: Putnam.

4. Low, Philip, Jaak Panksepp, Diana Reiss, David Edelman, Bruno Van Swinderen, Philip Low, and Christof Koch. 2012. "The Cambridge Declaration on Consciousness," Francis Crick Memorial Conference on Consciousness in Human and non- Human Animals. Churchill College, University of Cambridge.

5. This is similar to the philosophical starting point of Sam Harris in his book The Moral Landscape on "the well- being of conscious creatures," although he does not justify the starting point with evolutionary theory.

6. Invoking group selection to explain the evolution of the moral emotions has become pop u lar in the early twenty- fi rst century, but most evolutionary biologists do not accept it, and those who do say it would be a minor force at most. See appendix II in my book The Science of Good and Evil for a history and analysis of group selection.

7. As George Williams famously observed, a fl eet herd of deer is really just a herd of fl eet deer. For a thoughtful analysis of recent group selection arguments see Pinker, Steven. 2012. "The False Allure of Group Selection," Edge.org, June 18. (http:// edge.org /conversation /the -false -allure -of -group -selection) .

8. Filmer, Robert. 1680. Patriarcha, or the Natural Power of Kings. http:// www .constitution .org /eng / patriarcha .htm

9. Locke, John. 1690. Second Treatise of Government, chapter II. Of the State of Nature, Sec. 4. http:// history .hanover .edu /courses /excerpts /163locke .html

10. "Men being, as he has been said, by nature all free, equal and in de pen dent, no one can be put of this estate and subjected to the po liti cal power of another without his own consent, which is done by agreeing with other men, to join and unite into a community for their comfortable, safe and peaceable living." Locke, John. Second Treatise of Government, chapter VIII. Of the Beginning of Po liti cal Societies, Sec. 95. http:// www .constitution .org /jl /2ndtr08 .htm

11. Popper, K. R. 1959. The Logic of Scientifi c Discovery. London: Hutchinson; Popper, K. R. 1963. Conjectures and Refutations. London: Routledge & Kegan Paul.

12. Eddington, Arthur Stanley. 1938. The Philosophy of Physical Science. Ann Arbor: University of Michigan Press, 9.

13. See the entries on Rationalism and Reason in: Edwards, Paul, ed. 1967. The Encyclopedia of Philosophy. New York: Macmillan, 7, 69–74, 83–85.

14. It is the central thesis of my book The Believing Brain that beliefs come fi rst and reasons for beliefs follow. The psychologist Jonathan Haidt equates the pro cess with a lawyer arguing a brief— the point is not to get at the truth but to win the case. (Haidt, Jonathan. 2012. The Righ teous Mind: Why Good People Are Divided by Politics and Religion. New York: Pantheon.) Hugo Mercier and Dan Sperber call this pro cess the "Argumentative Theory of Reasoning," in which "Reasoning can lead to poor outcomes, not because humans are bad at it, but because they systematically strive for arguments that justify their beliefs or their actions."

(Mercier, Hugo, and Dan Sperber. 2011. "Why Do Humans Reason? Arguments for an Argumentative Theory." Behavioral and Brain Sciences, 34, no. 2, 57–74.) Other psychologists characterize it as "bounded rationality," in which our capacity to reason is bounded not only by our emotions, but also by other cognitive limitations such as memory and information pro cessing speed, plus the fi nite amount of time we have to make decisions. Because of this we are oft en satisfi cers instead of optimizers— we fi nd satisfactory (good enough) solutions rather than optimal (perfect) solutions. (Simon, Herbert. 1991. "Bounded Rationality and Or gan i za tion al Learning." Or ga ni za tion Science, 2, no.1, 125–134; Gigerenzer, Gerd, and Reinhard Selten. 2002. Bounded Rationality. Cambridge, MA: MIT Press; Kahneman, Daniel. 2003. "Maps of Bounded Rationality: Psychology for Behavioral Economics." American Economic Review, 93, no.5, 1449–1475.)

15. Pinker, 2011, 648.

16. Liebenberg, Louis. 2013. "Tracking Science: The Origin of Scientifi c Thinking in Our Paleolithic Ancestors." Skeptic, 18, no. 3, 18–24.

17. Ibid. See also Liebenberg, L. 1990. The Art of Tracking: The Origin of Science. Cape Town: David Philip.

18. Pinker, Steven. 1997. How the Mind Works. New York: W.W. Norton.

19. Lecky, William Edward Hartpole. 1869. History of Eu ro pe an Morals: From Augustus to Charlemagne. 2 vols. New York: D. Appleton, Vol. 1, Available in full at the Online Library of Liberty: http:// oll .libertyfund. org

20. Lecky wasn't alone. The German phi los o pher Arthur Schopenhauer said, "The assumption that animals are without rights and the illusion that our treatment of them has no moral signifi cance is a positively outrageous example of Western crudity and barbarity. Universal compassion is the only guarantee of morality." And the En glish social reformer Henry Salt in 1886 published A Plea for Vegetarianism, which apparently Gandhi picked up in pamphlet form in a restaurant in London and it had a big infl uence on him (the two later became friends). In 1894 Salt published Animals' Rights: Considered in Relation to Social Progress, the book considered to be the fi rst explicit treatment of the concept of animal rights.

21. Singer, Peter. 1981. The Expanding Circle: Ethics, Evolution, and Moral Progress. Prince ton, MW: Prince ton University Press, 109–110.

22. Pinker, 2011, 182.

23. This is the catchphrase of Michael Medved, one of the most thoughtful and balanced of all the talk radio hosts whose shows I have been interviewed on, but his American boosterism wears thin aft er repetition.

24. Singer, 1981, 119.

25. I elevated Hitchens's quote to a dictum in: Shermer, Michael. 2010. "The Skeptic's Skeptic." Scientifi c American, November, 86. The quote is from: Hitchens, Christopher. 2003. "Mommie Dearest." Slate, October 20, http:// www .slate .com /id /2090083 /

26. Flynn, James. 1984. "The Mean IQ of Americans: Massive Gains 1932–1978." Psychological Bulletin, 95, 101, 171–191.

27. Flynn, James. 2007. What Is Intelligence? Cambridge, UK: Cambridge University Press.

28. From the Raven's Progressive Matrices test: http:// www .raventest .net /raven -test.html

29. Flynn, James. 1987. "Massive IQ Gains in 14 Nations: What IQ Tests Really Measure." Psychological Bulletin, 101, 171–191.

30. Flynn, 2007.

31. Flynn, James. 2012. Are We Getting Smarter?: Rising IQ in the Twenty- fi rst Century. Cambridge, UK: Cambridge University Press.

32. Traynor, Lee. 2014. "The Future of Intelligence: An Interview with James R. Flynn." Skeptic, 19, no. 1, 36–41.

33. Flynn, 2012, 135.

34. Johnson, Steven. 2006. Everything Bad Is Good for You: How Today's Pop u lar Culture Is Actually Making Us Smarter. New York: Riverhead.

35. Traynor, 2014.

36. Ibid.

37. Pinker, 2011, 656.

38. Many of these studies are summarized in greater depth in Pinker, 2011, 656–670.

39. Farrington, D. P. 2007. "Origins of Violent Behavior Over the Life Span." In D. J. Flannery, A. T. Vazsonyi, and I. D. Waldman, eds., The Cambridge Handbook of Violent Behavior and Aggression. New York: Cambridge University Press.

40. Wilson, James Q., and Richard Herrnstein. 1985. Crime and Human Nature. New York: Simon & Schuster.

41. Sargent, Michael J. "Less Th ought, More Punishment: Need for Cognition Predicts Support for Punitive Responses to Crime." Personality & Social Psychology Bulletin, 30, 1485–1493.

42. Burks, S. V., J. P. Carpenter, L. Goette, and A. Rustichini. 2009. "Cognitive Skills Aff ect Economic Preferences, Strategic Behavior, and Job Attainment." Proceedings of the National Academy of Sciences, 106, 7745–7750.

43. Jones, Garret. 2008. "Are Smarter Groups More Cooperative? Evidence from Prisoner's Dilemma Experiments, 1959–2003." Journal of Economic Behavior & Or ga ni za tion, 68, 489–497.

44. Kanazawa, S. 2010. "Why Liberals and Atheists Are More Intelligent." Social Psychology Quarterly, 73, 33–57.

45. Deary, Ian J., G. D. Batty, and C. R. Gale. 2008. "Bright Children Become Enlightened Adults." Psychological Science, 19, 1–6.

46. Caplan, Brian, and Stephen C. Miller. 2010. "Intelligence Makes People Th ink Like Economists: Evidence from the General Social Survey." Intelligence, 38, 636–647.

47. Rindermann, Heiner. 2008. "Relevance of Education and Intelligence for the Po liti cal Development of Nations: Democracy, Rule of Law, and Po liti cal Liberty." Intelligence, 36, 306–322.

48. Mar, Raymond, and Keith Oatley. 2008. "The Function of Fiction Is the Abstraction and Simulation of Social Experience." Perspectives on Psychological Science, 3, 173–192.

49. Stephens, G. J., L. J. Silbert, and U. Hasson. 2010. "Speaker- Listener Neural Coupling Underlies Successful Communication." Proceedings of the National Academy of Sciences, Aug. 10, 107, no.32, 14425–14430.

50. Hasson, Uri, Ohad Landesman, Barbara Knappmeyer, Ignacio Vallines, Nava Rubin, and David J. Heeger. 2008. "Neurocinematics: The Neuroscience of Film." Projections, Summer, 2, no.1, 1–26.

51. Kidd, David Comer, and Emanuele Castano. 2013. "Reading Literary Fiction Improves Th eory of Mind." Science, 342, no. 6156, 377–380.

52. Skousen, Tim. 2014. "The University of Sing Sing." HBO, March 31. 53. Kosko, Bart. 1992. Fuzzy Engineering. Englewood Cliff s, NJ: Prentice Hall.

54. Shermer, Michael. 2003. The Science of Good and Evil. New York: Times Books, 82–84.

55. Dawkins, Richard: 2014. "What Scientifi c Idea Is Ready for Retirement? Essentialism." http:// www.edge. org /response -detail /25366

56. Annual Letter: 3 Myths Th at Block Progress for the Poor. 2014. http:// annualletter. gatesfoundation.org /?cid=mg tw tgm0 012104 #section=home

57. Hume, David. 1739. A Treatise of Human Nature. London: John Noon, 335.

58. Searle, John R. 1964. "How to Derive 'Ought' from 'Is.' " Philosophical Review, 73, no. 1, 43–58.

59. Personal correspondence, January 22, 2013.

60. Morales, Lymari. 2009. "Knowing Someone Gay/Lesbian Aff ects Views of Gay Issues." Gallup.com,

May 29. http:// www.gallup.com /poll /118931 /knowing -someone -gay -lesbian -aff ects -views -gay -issues. aspx

61. Winslow, Charles- Edward Amory. 1920. "The Untilled Fields of Public Health." Science, 51, no. 1306, 23–33.

62. Global Health Observatory Data Repository. 2011. World Health Or ga ni za tion. http:// apps.who.int /gho /data /node.main.688 ?lang=en

63. Shermer, Michael. 2013. "The Sandy Hook Eff ect." Skeptic, 18, no. 1, http:// www.skeptic.com /reading room /the -sandy -hook -eff ect /

64. See, for example: Gregg, Becca Y. 2013. "Speakers Diff er on Fighting Gun Violence." Reading Ea gle, September 19. http:// www2.readingeagle.com /article.aspx ?id=512703

65. Lott, John. 2010. More Guns, Less Crime: Understanding Crime and Gun Control Laws, 3rd ed. Chicago: University of Chicago Press.

66. Webster, Daniel W., and Jon S. Vernick, eds. 2013. Reducing Gun Violence in America: Informing Policy with Evidence and Analysis. Baltimore: Johns Hopkins University Press.

67. Kellermann, Arthur L. 1998. "Injuries and Deaths Due to Firearms in the Home." Journal of Trauma, 45, no. 2, 263–267.

68. Branas, Charles C., Th erese S. Richmond, Dennis P. Culhane, Th omas R. Ten Have, and Douglas J. Wiebe. 2009. "Investigating the Link Between Gun Possession and Gun Assault." American Journal of Public Health, November, 99, no.11, 2034–2040.

69. http:// www.fb i.gov /news /stories /2012 /october /annual -crime -in -the -u.s. -report -released /annual-crime -in-the -u.s. -report -released

70. http:// www.bradycampaign.org /facts /gunviolence /GVSuicide ?s=1

71. http:// www.bradycampaign.org /facts /gunviolence /crime ?s=1

72. Eisner, Manuel. 2003. "Long- Term Historical Trends in Violent Crime." Crime & Justice, 30, 83–142, table 1.

73. Data from Eisner, graph rendered by Pinker, 2011, 63.

74. Dawkins, Richard. 1976. The Selfi sh Gene. New York: Oxford University Press.

75. Ibid., 66.

76. Damasio, 1994.

77. Grinde, Björn. 2002. Darwinian Happiness: Evolution as a Guide for Living and Understanding Human Behavior. Prince ton, NJ: Darwin Press, 49. See also Gringe, Björn. 2002. "Happiness in the Perspective of Evolutionary Psychology." Journal of Happiness Studies, 3, 331–354.

78. Pinker, 2011, xxv, 508–09. Pinker notes that there are many taxonomies of violence, citing, for example, the four- part scheme in Baumeister, Roy. 1997. Evil: Inside Human Violence and Cruelty. New York: Henry Holt.

79. Boehm, Christopher. 2012. Moral Origins: The Evolution of Virtue, Altruism, and Shame. New York: Basic Books.

80. Daly, Martin, and Margo Wilson. 1999. The Truth About Cinderella: A Darwinian View of Parental Love. New Haven, CT: Yale University Press.

81. You can fi nd the video by typing into a search engine the text string "One of the Most Powerful Videos You Will Ever See." The incident may be found at the 1:52 mark.

82. Bloom, Paul. 2013. Just Babies: The Origins of Good and Evil. New York: Crown.

83. Ibid., 5.

84. Ibid., 7.

85. For a general review see Tomasello, Michael. 2009. Why We Cooperate. Cambridge, MA: MIT Press.

86. Warneken, F., and M. Tomasello. 2006. "Altruistic Helping in Human Infants and Young Chimpanzees." Science, 311, 1301–1303; Warneken, F., and M. Tomasello. 2007. "Helping and Cooperation at 14 Months of Age." Infancy, 11, 271–294.

87. Martin, A. and K. R. Olson. 2013. "When Kids Know Better: Paternalistic Helping in 3- Year- Old Children." Developmental Psychology, Nov., 49, no. 11, 2071–2081.

88. LoBue, V., T. Nishida, C. Chiong, J. S. DeLoache, and J. Haidt. 2011. "When Getting Something Good Is Bad: Even Th ree- Year- Olds React to In e qual ity." Social Development. 20, 154–170.

89. Rochat, P., M. D. G. Dias, G. Liping, T. Broesch, C. Passos- Ferreira, A. Winning, and B. Berg. 2009. "Fairness in Distribution Justice in 3- and 5- Year- Olds Across Seven Cultures." Journal of Cross- Cultural Psychology, 40, 416–442; Fehr, E. H. Bernhard, and B. Rockenbach. 2008. "Egalitarianism in Young Children." Nature, 454, 1079–1083.

90. See "A Class Divided," a PBS Frontline documentary on Mrs. Elliott's experiment: http:// www.pbs.org / wgbh /pages /frontline /shows /divided /

91. Bloom, 2013, 31.

92. Voltaire. 1824. A Philosophical Dictionary, vol. 2. London: John & H. L. Hunt, 258. http:// ebooks. adelaide.edu.au /v /voltaire /dictionary /chapter130.html

93. Shermer, Michael. 2008. "The Doping Dilemma." Scientifi c American, April, 32–39.

94. Hamilton, Tyler, and Daniel Coyle. 2012. The Secret Race: Inside the Hidden World of the Tour de France. New York: Bantam Books.

95. http:// en.wikisource.org /wiki /An Essay on Crimes and Punishments

96. Hobbes, 1651, 185.

97. Fehr, Ernst, and Simon Gachter. 2002. "Altruistic Punishment in Humans," Nature, 415, 137–140. See also Boyd, R., and P. J. Richerson. 1992. "Punishment Allows the Evolution of Cooperation (or Anything Else) in Sizable Groups." Ethology and Sociobiology, 13, 171–195.

2: THE MORALITY OF WAR, TERROR, AND DETERRENCE

1. "Arena," Star Trek. The Original Series. Season 1, Episode 19. January 19, 1967. Story by Fredric Brown. Teleplay by Gene L. Coon. Executive producer, Gene Roddenberry. The episode was fi lm at Vasquez Rocks on the outskirts of Los Angeles, where so many sci–fi fi lms and shows are fi lmed. A transcript of this episode is available at http:// www.chakoteya.net /startrek /19.htm For a thoughtful discussion on the morality and ethics in Star Trek episodes see Barad, Judity, and Ed Robertson. 2001. The Ethics of Star Trek. New York: HarperCollins Perennial.

2. Alexander, David. 1994. Star Trek Creator: The Authorized Biography of Gene Roddenberry. New York: Roc/Penguin.

3. The quote appears at the end of an episode titled "Scorched Earth" of Gene Roddenberry's tele vi sion series Earth: Final Confl ict.

4. Zahavi, Amotz, and Avishag Zahavi. 1997. The Handicap Principle: A Missing Piece of Darwin's Puzzle. Oxford, UK: Oxford University Press.

5. Northcutt, Wendy. 2010. The Darwin Awards: Countdown to Extinction. New York: E. P. Dutton.

6. Leeson, Peter T. 2009. The Invisible Hook. Prince ton, NJ: Prince ton University Press.

7. Smith, Adam. 1776/1976). An Inquiry into the Nature and Causes of the Wealth of Nations, in 2 volumes, R. H. Campbell and A. S. Skinner, general editors, W. B. Todd, text editor. Oxford, UK: Clarendon Press.

8. Leeson, 2009.

9. Ibid.

10. Pinsker, Joe. 2014. "The Pirate Economy." Atlantic, April 16, http:// goo.gl /sUQGNS

11. Quoted in Cold War: MAD 1960–1972. 1998. BBC Two Documentary. Transcript: http:// www.docusam. com/hist3209/cw12.pdf Film: http:// www.youtube.com /watch ? v=62x16IKGmYQ

12. Brodie, Bernard. 1946. The Absolute Weapon: Atomic Power and World Order. New York: Harcourt, Brace, 79.

13. Kubrick, Stanley. 1964. Dr. Strangelove or: How I Learned to Stop Worrying and Love the Bomb. Columbia Pictures. http:// youtu.be /2yfXgu37iyI

14. Ibid.

15. McNamara, Robert S. 1969. "Report Before the Senate Armed Ser vices Committee on the Fiscal Year 1969–73 Defense Program, and 1969 Defense Bud get, January 22, 1969." Washington, DC: US Government Printing Offi ce, 11.

16. Glover, J. 1999. Humanity: A Moral History of the Twentieth Century. London: Jonathan Cape, 297.

17. Quoted in obituary, Los Angeles Times, October 2, 2013, AA6.

18. "A Soviet Attack Scenario." 1979. The Eff ects of Nuclear War. Washington, DC: Offi ce of Technology Assessment. Reprinted in Swedin, Eric G., ed. 2011. Survive the Bomb: The Radioactive Citizen's Guide to Nuclear Survival. Minneapolis: Zenith Press, 163–177.

19. Brown, Anthony Cave, ed. 1978. DROPSHOT: The American Plan for World War III Against Rus sia in 1957. New York: Dial Press; Richelson, Jeff rey. 1986. "Population Targeting and US Strategic Doctrine." In Desmond Ball and Jeff rey Richelson, eds., Strategic Nuclear Targeting. Ithaca, NY: Cornell University Press, 234–249.

20. Source: Utah State Historical Society. Reprinted in Swedin, Eric G., ed. 2011. Survive the Bomb: The Radioactive Citizen's Guide to Nuclear Survival. Minneapolis: Zenith Press, 11.

21. For a scholarly analysis of and an alternative view to deterrence see: Kugler, Jacek. 1984. "Terror Without Deterrence: Reassessing the Role of Nuclear Weapons." Journal of Confl ict Resolution, 28, no.3, September, 470–506.

22. Kant, Immanuel. 1795. "Perpetual Peace: A Philosophical Sketch." In Perpetual Peace and Other Essays. Indianapolis: Hackett, I, 6.

23. Sagan, Carl, and Richard Turco. 1990. A Path Where No Man Th ought: Nuclear Winter and the End of the Arms Race. New York: Random House.

24. Turco, R. P., O. B. Toon, T. P. Ackerman, J. B. Pollack, and C. Sagan. 1983. "Nuclear Winter: Global Consequences of Multiple Nuclear Explosions." Science, 222, 1283–1297. The acronym TTAPS from the authors' last names was used to dramatic eff ect in the media but most scientists rejected the hypothesis.

25. Th ompson, Starley L., and Stephen H. Schneider. 1986. "Nuclear Winter Reappraised." Foreign Aff airs, 64, no.5, Summer, 981–1005.

26. Kearny, Cresson. 1987. Nuclear War Survival Skills. Cave Junction, OR: Oregon Institute of Science and Medicine, 17–19.

27. The total stockpile varies by database. The lower estimate of 16,400 comes from "Status of World Nuclear Forces." Federation of American Scientists. From most to least: Rus sia, 8,500; United States, 7,700; France, 300; China, 250; United Kingdom, 225; Israel, 80; Pakistan, 100–120; India, 90–110; North Korea, <10. http:// www.fas.org /programs /ssp /nukes /nuclearweapons /nukestatus.html The higher estimate of 17,200 comes from the "Nuclear Notebook" of the Bulletin of the Atomic Scientists: Kristensen, Hans M., and Robert S. Norris. 2013. "Global Nuclear Weapons Inventories, 1945–2013. Bulletin of the Atomic Scientists, 69, no.5, 75–81.

28. Sagan and Turco, 1990, 232–233.

29. Ibid. For a striking visual demonstration by the Japa nese artist Isao Hashimoto of every one of the 2,053

nuclear weapon explosions between 1945 and 1998, starting with the Trinity test in New Mexico, where in the world they happened, and who sponsored them, see http:// www.youtube.com /watch ?v=Pw552g5hYVg

30. Source: Federation of American Scientists. "Status of World Nuclear Forces."

31. Rhodes, Richard. 2010. Twilight of the Bombs: Recent Challenges, New Dangers, and the Prospects of a World Without Nuclear Weapons. New York: Alfred A. Knopf.

32. Schlosser, Eric. 2013. Command and Control: Nuclear Weapons, the Damascus Accident, and the Illusion of Safety. New York: Penguin.

33. Quoted in Harris, Amy Julia. 2010. "No More Nukes Books." Half Moon Bay Review, August 4, goo. gl/4PsK2n.

34. Shanker, Th om. 2012. "Former Commander of US Nuclear Forces Calls for Large Cut in Warheads." New York Times, May 16, A4.

35. Cartwright, James, et al., 2012. "Global Zero US Nuclear Policy Commission Report: Modernizing US Nuclear Strategy, Force Structure and Posture." Global Zero, May. http:// www.globalzero.org /fi les /gz us nuclear policy commission report.pdf

36. Walker, Lucy, and Lawrence Bender. 2010. Countdown to Zero. Participant Media & Magnolia Pictures.

37. Sagan, Scott D. 2009. "The Global Nuclear Future." Bulletin of the American Academy of Arts & Sciences, 62, 21–23.

38. Nelson, Craig. 2014. The Age of Radiance: The Epic Rise and Dramatic Fall of the Atomic Era. New York: Scribner/Simon & Schuster, 370.

39. Sobek, David, Dennis M. Foster, and Samuel B. Robinson. 2012. "Conventional Wisdom? The Eff ects of Nuclear Proliferation on Armed Confl ict, 1945–2001." International Studies Quarterly, 56, no.1, 149–162.

40. Lettow, Paul. 2005. Ronald Reagan and His Quest to Abolish Nuclear Weapons. New York: Random House, 132–133.

41. Shultz, George. 2013. "Margaret Th atcher and Ronald Reagan: The Ultimate '80s Power Couple." Daily Beast, April 8, http:// www.thedailybeast.com /articles/2013/04 /08/ideological -soulmates.html

42. Shultz, George P., William J. Perry, Henry A. Kissinger, and Sam Nunn. 2007. "A World Free of Nuclear Weapons." Wall Street Journal, Jan. 4, http:// ow.ly /ttvGN

43. ———. 2008. "Toward a Nuclear- Free World." Wall Street Journal, January 15. http:// goo.gl /iAGDQX

44. Waltz, Kenneth N. 2012. "Why Iran Should Get the Bomb: Nuclear Balancing Would Mean Stability." Foreign Aff airs, July/August. goo.gl/2x9dF.

45. Kugler, Jacek. 2012. "A World Beyond Waltz: Neither Iran nor Israel Should Have the Bomb." PBS, September 12. http:// goo.gl /0drNe5

46. Quoted in Fathi, Nazila. 2005. "Wipe Israel 'off the Map,' Ira ni an Says." New York Times, October 27, http:// www.nytimes.com /2005 /10 /26 /world /africa /26iht -iran.html

47. Fettweis, Christopher. 2010. Dangerous Times?: The International Politics of Great Power Peace. Washington, DC: Georgetown University Press.

48. Quoted in Marty, Martin E. 1996. Modern American Religion, Vol. 3, Under God, Indivisible, 1941–1960. Chicago: University of Chicago Press, 117.

49. Chomsky, Noam. 1967. "The Responsibility of Intellectuals." New York Review of Books, 8, no.3, goo.gl/ wRPUH.

50. Goldhagen, Daniel Jonah. 2009. Worse Th an War: Genocide, Eliminationism, and the Ongoing Assault on Humanity. New York: PublicAff airs, 1, 6.

51. Lemkin, Raphael. 1946. "Genocide." American Scholar, 15, no.2, 227–230.

52. United Nations General Assembly Resolution 96, no.1. "The Crime of Genocide."

53. Katz, Steven T. 1994. The Holocaust in Historical Perspective. Vol. 1. New York: Oxford University Press.

54. Kugler, Tadeusz, Kyung Kook Kang, Jacek Kugler, Marina Arbetman- Rabinowitz, and John Th omas. 2013. "Demographic and Economic Consequences of Confl ict." International Studies Quarterly, March, 57, no.2, 1–12.

55. Toland, John. 1970. The Rising Sun: The Decline and Fall of the Japa nese Empire, 1936–1945. New York: Random House, 731.

56. "The Cornerstone of Peace— Number of Names Inscribed." Kyushu- Okinawa Summit 2000: Okinawa G8 Summit Host Preparation Council, 2000. See also Pike, John. 2010. "Battle of Okinawa." Globalsecurity. org; Manchester, William. 1987. "The Bloodiest Battle of All." New York Times, June 14, goo.gl/d4DeVe.

57. In 2002 I attended the reunion of the Wren crew in my father's stead and confi rmed his memory.

58. Giangreco, D. M. 2009. Hell to Pay: Operation Downfall and the Invasion of Japan, 1945–1947. Annapolis, MD: Naval Institute Press, 121–124.

59. Giangreco, Dennis M. 1998. "Transcript of 'Operation Downfall [US invasion of Japan]: US Plans and Japa nese Counter- Measures. Beyond Bushido: Recent Work in Japa nese Military History. https:// www. mtholyoke.edu /acad /intrel /giangrec.htm See also Maddox, Robert James. 1995. "The Biggest Decision: Why We Had to Drop the Atomic Bomb. American Heritage, 46, no.3, 70–77.

60. Skates, John Ray. 2000. The Invasion of Japan: Alternative to the Bomb. Columbia: University of South Carolina Press, 79.

61. Putnam, Frank W. 1998. "The Atomic Bomb Casualty Commission in Retrospect." Proceedings of the National Academy of Sciences, May 12, 95, no.10, 5426–5431.

62. K'Olier, Franklin, ed. 1946. United States Strategic Bombing Survey, Summary Report (Pacifi c War). Washington, DC: US Government Printing Offi ce. http://marshall.csu.edu.au /Marshalls /html /WWII / USSBS Summary.html

63. Rhodes, Richard. 1984. The Making of the Atomic Bomb. New York: Simon & Schuster, 599.

64. Th ere are at least twenty- one international organizations against nuclear weapons, and another seventy- nine antinuclear (including nuclear energy) organizations. See Rudig, Wolfgang. 1990. Antinuclear Movements: A World Survey of Opposition to Nuclear Energy. New York: Longman, 381–403.

65. Sagan and Turco, 1990.

66. http:// www.globalzero.org /get -the -facts /GZAP

67. Fedorov, Yuri. 2002. "Rus sia's Doctrine on the Use of Nuclear Weapons." Pugwash Meeting, London, November 15–17. http:// www.pugwash.org /reports/nw /federov.htm

68. Narang, Vipin. 2010. "Pakistan's Nuclear Posture: Implications for South Asian Stability." Harvard Kennedy School, Belfer Center for Science and International Aff airs Policy Brief, January 4, http:// belfercenter.ksg.harvard.edu /fi les /Pakistans_Nuclear Posture policy brief.pdf

69. BBC News. 2003. "UK Restates Nuclear Th reat." February 2. The Defence Secretary Geoff Hoon, said, "Saddam can be absolutely confi dent that in the right conditions we would be willing to use nuclear weapons." http:// news.bbc.co.uk /2 /hi /uk news /politics /2717939.stm

70. Department of Defense. 2010. "Nuclear Posture Review." April 6, http:// www.webcitation.org /6FY0Ol07H

71. Kang, Kyungkook, and Jacek Kugler. 2012. "Nuclear Weapons: Stability of Terror." In Debating a Post- American World, ed. Sean Clark and Sabrina Hoque. New York: Routledge.

72. http:// www.nobelprize.org /nobel prizes /peace /laureates /2009 /press.html

73. Karouny, Mariam, and Ibon Villelabeitia. 2006. "Iraq Court Upholds Saddam Death Sentence." Washington Post, December 26. goo.gl/b9n60W.

74. http:// goo.gl /InDEdg

75. Tannenwald, Nina. 2005. "Stigmatizing the Bomb: Origins of the Nuclear Taboo." International Security,

Spring, 29, no.4, 5–49.

76. Schelling, Th omas C. 1994. "The Role of Nuclear Weapons." In L. Benjamin Ederington and Michael J. Mazarr, eds., Turning Point: The Gulf War and US Military Strategy. Boulder, CO: Westview, 105–115.

77. Rozin, Paul, Jonathan Haidt, and C. R. McCauley. 2000. "Digust." In Handbook of Emotions, ed. M. Lewis and J. M. Haviland- Jones. New York: Guilford Press, 637–653.

78. Evans, Gareth. 2014. "Nuclear Deterrence in Asia and the Pacifi c." Asia & The Pacifi c Policy Studies, January, 91–111.

79. Ibid.

80. Blair, B., and M. Brown. 2011. "World Spending on Nuclear Weapons Surpasses $1 Trillion per De cade." Global Zero. http:// www.globalzero.org /fi les /gz nuclear_ weapons cost study.pdf

81. Shultz et al., 2007.

82. Evans, 2014.

83. Herszenhorn, David M., and Michael R. Gordon. 2013. "US Cancels Part of Missile Defense that Rus sia Opposed." New York Times, March 16, A12.

84. Evans, 2014.

85. Shakespeare, William. 1594. The Rape of Lucrece. Available in full at http:// www.william -shakespeare. info /william -shakespeare -poem -the -rape -of -lucrece.htm

86. Bull, Henry. 1995. The Anarchical Society. London: Macmillan, 234; Bull, Henry. 1961. The Control of the Arms Race. London: Institute of Strategic Studies.

87. Quoted in Maclin, Beth. 2008. "A Nuclear Weapon- Free World Is Possible, Nunn Says." Belfer Center for Science and International Aff airs, Harvard University, October 20. http:// goo.gl /60XTeM

88. Quoted in Perez- Rivas, Manuel. 2001. "Bush Vows to Rid the World of 'Evil- Doers.' " CNN Washington Bureau. September 16, http:// goo.gl /zrZMCV

89. Mueller, John, and Mark G. Stewart. 2013. "Hapless, Disor ga nized, and Irrational." Slate, April 22. http:// goo.gl /j0cqUl

90. Atran, Scott. 2010. "Black and White and Red All Over." Foreign Policy, April 22. http:// goo.gl /SyhiEu

91. Scahill, Jeremy. 2013. Dirty Wars: The World Is a Battlefi eld. Sundance Selects.

92. Ibid.

93. The 9/11 Commission Report, 2004. xvi. http:// www.9 -11commission.gov /report/911Report.pdf

94. Abrahms, Max. 2013. "Bottom of the Barrel." Foreign Policy, April 24. http:// goo.gl /hj4J1h

95. Krueger, Alan B. 2007. What Makes a Terrorist: Economics and the Roots of Terrorism. Prince ton, NJ: Prince ton University Press, 3.

96. Bailey, Ronald. 2011. "How Scared of Terrorism Should You Be?" Reason, September 6. http:// goo.gl /3ZvkR

97. Quoted in Levi, Michael S. 2003. "Panic More Dangerous than WMD." Chicago Tribune, May 26. goo.gl/ QOJA.

98. Levi, Michael S. 2011. "Fear and the Nuclear Terror Th reat." USA Today, March 24, 9A.

99. Harper, George W. 1979. "Build Your Own A-Bomb and Wake Up the Neighborhood." Analog, April, 36–52.

100. Levi, Michael S. 2009. On Nuclear Terrorism. Cambridge, MA: Harvard University Press, 5.

101. 2012. "Fact Sheet on Dirty Bombs." US Nuclear Regulatory Commission, December. http:// www.nrc. gov/reading- rm/doc- collections/fact- sheets/fs- dirty- bombs.html See also http:// www.policyalmanac.org / world /archive /dirty bombs.shtml

102. Abrahms, Max. 2006. "Why Terrorism Does Not Work." International Security, 31, 42–78. http:// ow.ly / ttvYv

103. Abrahms, Max, and Matthew S. Gottfried. 2014. "Does Terrorism Pay? An Empirical Analysis." Terrorism and Po liti cal Violence. goo.gl/ZWdAP1

104. Cronin, Audrey. 2011. How Terrorism Ends: Understanding the Decline and Demise of Terrorist Campaigns. Prince ton, NJ: Prince ton University Press.

105. Global Research News. 2014. "US Wars in Af ghan i stan, Iraq to Cost $6 Trillion." Global Research, February 12, http:// www.globalresearch.ca /us -wars -in -afghanistan-iraq -to -cost -6 -trillion /5350789

106. http:// www.ted.com /talks /edward snowden here s how we take back the_internet

107. See the response to Snowden's TED appearance by NSA deputy director Richard Ledgett: http:// www. ted.com /talks /richard ledgett the nsa responds to edward_snowden s ted talk

108. Hirschman, Albert O. 1970. Exit, Voice, and Loyalty: Responses to Decline in Firms, Organizations, and States. Cambridge, MA: Harvard University Press.

109. Eisner, Manuel. 2011. "Killing Kings: Patterns of Regicide in Eu rope, 600–1800." British Journal of Criminology, 51, 556–577.

110. Zedong, Mao. 1938. "Problems of War and Strategy." Selected Works, Vol. II, 224.

111. Stephan, Maria J., and Erica Chenoweth. 2008. "Why Civil Re sis tance Works:
The Strategic Logic of Nonviolent Confl ict." International Security, 33, no. 1, 7–44. See also Chenoweth, Erica, and Maria J. Stephan. 2011. Why Civil Re sis tance Works: The Strategic Logic of Nonviolent Confl ict. New York: Columbia University Press.

112. Stephan and Chenoweth, 2008.

113. Chenoweth, Erica. 2013. "Nonviolent Re sis tance." TEDx Boulder. http:// goo.gl/xqTy5P

114. Ibid.

115. Graph rendered from data in Stephan and Chenoweth, 2008, op cit., Chenoweth and Stephan, 2011, op cit., and Chenoweth, 2013, op cit.

116. Ibid.

117. Low, Bobbi. 1996. "Behavioral Ecol ogy of Conservation in Traditional Societies." Human Nature, 7, no.4, 353–379.

118. Edgerton, Robert. 1992. Sick Societies: Challenging the Myth of Primitive Harmony. New York: Free Press.

119. Keeley, Lawrence. 1996. War Before Civilization: The Myth of the Peaceful Savage. New York: Oxford University Press.

120. Leblanc, Steven, and Katherine E. Register. 2003. Constant Battles: The Myth of the Peaceful, Noble Savage. New York: St. Martin's Press, 125, 224–228.

121. Ibid., 202.

122. Photographs by the author.

123. Personal correspondence, July 28, 2011.

124. Ibid.

125. To which Colbert sardonically responded: "Don't patronize me!" http:// www.col bertnation.com /the -colbert -report -videos /400079 /october -18 -2011 /steven -pinker

126. Pinker, 2011, 49, rendered from data published in Bowles, S. 2009. "Did Warfare Among Ancestral Hunter- Gatherers Aff ect the Evolution of Human Social Behaviors?" Science, 324, 1293–1298; Keeley, L. H. 1996. War Before Civilization: The Myth of the Peaceful Savage. New York: Oxford University Press; Gat, A. 2006. War in Human Civilization. New York: Oxford University Press; White, M. 2011. The Great Big Book of Horrible Th ings: The Defi nitive Chronicle of History's 100 Worst Atrocities. New York: W. W. Norton; Harris, M. 1975. Culture, People, Nature, 2nd ed. New York: Crowell; Lacina, B., and N. P. Gleditsch. 2005. "Monitoring Trends in Global Combat: A New Dataset in Battle Deaths." Eu ro pe an Journal of Population,

21, 145–66; Sarkees, M. R. 2000. "The Correlates of War Data on War." Confl ict Management and Peace Science, 18, 123–144.

127. Van der Dennen, J. M. G. 1995. The Origin of War: The Evolution of a Male- Coalitional Reproductive Strategy. Groningen, Neth.: Origin Press; Van der Dennen, J. M. G. 2005. Querela Pacis: Confession of an Irreparably Benighted Researcher on War and Peace. An Open Letter to Frans de Waal and the "Peace and Harmony Mafi a." Groningen: University of Groningen.

128. Horgan, John. 2014. "Jared Diamond, Please Stop Propagating the Myth of the Savage Savage!" Scientifi c American Blogs, January 20.

129. For a brief history of the evolution wars see appendix I in Shermer, Michael. 2004. The Science of Good and Evil. New York: Times Books; for a book- length treatment see Segerstråle, U. 2000. Defenders of the Truth: The Battle for Science in the Sociobiology Debate and Beyond. New York: Oxford University Press.

130. Ferguson, R. Brian. 2013. "Pinker's List: Exaggerating Prehistoric War Mortality." In (Douglas P. Fry, ed.), War, Peace, and Human Nature. New York: Oxford University Press, 112–129.

131. Azar Gat notes that many of the peace and harmony scholars have "silently forfeited" their position that "the aboriginal human condition before agriculture and the state was fundamentally characterized by little or no violent killing among people," and that there are now three strands of "Rousseauism" fi ghting a rearguard action against the onslaught of data in recent de cades. Gat, Azar. In press. "Rousseauism I, Rousseauism II, and Rousseauism of Sorts: Shift ing Perspectives on Aboriginal Human Peacefulness and Th eir Implications for the Future of War." Journal of Peace Research.

132. Fry, Douglas, and Patrik Söderberg. 2013. "Lethal Aggression in Mobile Forager Bands and Implications for the Origins of War." Science, July 19, 270–273.

133. Bowles, Samuel. 2013. "Comment on Fry and Söderberg 'Lethal Aggression in Mobile Forager Bands and Implications for the Origins of War.' " July 19, http://tuvalu.santafe.edu /~bowles /

134. Ibid.

135. Miroff, Nick, and William Booth. 2012. "Mexico's Drug War Is at a Stalemate as Calderon's Presidency Ends." Washington Post, November 27. goo.gle/puZuJ; Reuters. 2012. "Desplazdos, ragedia Silenciosa en Mexico." El Economista, January 7.

136. Bowles, 2013.

137. Levy, Jack S., and William R. Th ompson. 2011. The Arc of War: Origins, Escalation, and Transformation. Chicago: University of Chicago Press, 1.

138. Ibid., 3.

139. Ibid., 51–53.

140. Arkush, Elizabeth, and Charles Stanish. 2005. "Interpreting Confl ict in the Ancient Andes." Current Anthropology, 46, no. 1, February, 3–28. http:// goo.gl /TrELvz

141. Milner, George R., Jane E. Buikstra, and Michael D. Wiant. 2009. "Archaic Burial Sites in the American Midcontinent." In Archaic Societies, ed. Th omas E. Emerson, Dale L. McElrath, and Andres C. Fortier. Albany: State University of New York: Press, 128.

142. Wrangham, Richard, and Dale Peterson. 1996. Demonic Males: Apes and the Origins of Human Violence. Boston: Houghton Miffl in.

143. Wrangham, Richard W., and Luke Glowacki. 2012. "Intergroup Aggression in Chimpanzees and War in Nomadic Hunter- Gatherers." Human Nature, 23, 5–29.

144. Glowacki, Luke, and Richard W. Wrangham. 2013. "The Role of Rewards in Motivating Participation in Simple Warfare." Human Nature, (24):444–460. A modern example of the cultural rewards war- risk hypothesis may be found in the research of the anthropologist Scott Atran, who has documented precisely how the pro cess works in al Qaeda cells with new recruits. The families of successful suicide bombers (successful

meaning they blew themselves to smithereens) are taken care of fi nancially and their lost son (or, more rarely, a daughter, in the case of the "black widow") is posterized like a sports star. Religion and ideology may not always be enough motivation for would- be martyrs and holy warriors to overcome their aversion to injury and death (Atran thinks that the highly publicized "seventytwo virgins" belief is greatly exaggerated), so the "band of brothers" mentality is reinforced through social groups, soccer clubs, and other social activities that reinforce core cultural values. Atran, Scott. 2011. Talking to the Enemy: Religion, Brotherhood, and the (Un) Making of Terrorists. New York: Ecco.

145. Wrangham and Glowacki, 2012.

146. Kelly, Lawrence. 2000. Warless Societies and the Origins of War. Ann Arbor: University of Michigan Press, 4.

147. Coe, Michael D. 2005. The Maya, 7th ed. London: Th ames & Hudson, 161.

148. The Harvard Hawks have also been accused of data- mining examples of violence— while allegedly ignoring the cases of peaceful hunter- gatherers—so I queried the archaeologist Lawrence Keeley on this charge, to which he responded, "I included every case I could fi nd. Th at's why there are several cases that counted no war deaths over two hundred years. Regarding accuracy, Paul Roscoe, an ethnographer of New Guinea, has checked the war death fi gures I found for that region, going to the original reports, and found my fi gures low/conservative," adding that "LeBlanc and I are archaeologists; we've excavated unequivocal war victims and fortifi cations— lots of them. Prehistoric warfare is a whole intertwined set of physical facts." Keeley's recommendation to the peace- and- harmony mafi a is to "Admit that war was common over the past 10,000s of years but not constant; try to explain why this is so; ask how diff erent cultures conducted war or maintained peace." Personal correspondence, February 5, 2014.

149. Keegan, John. 1994. A History of Warfare. New York: Random House, 59.

150. Goldstein, Joshua. 2011. Winning the War on War: The Decline of Armed Confl ict Worldwide. New York: Dutton, 328. See also Payne, James. 2004. A History of Force: Exploring the Worldwide Movement Against Habits of Coercion, Bloodshed, and Mayhem. Sandpoint, ID: Lytton Publishing.

151. Lebow, Richard Ned. 2010. Why Nations Fight: Past and Future Motives for War. Cambridge, UK: Cambridge University Press.

152. Ibid., 206–207.

153. Human Security Report 2013. 2014. The Decline in Global Violence: Evidence, Explanation, and Contestation. Human Security Report Project, Simon Fraser University, Canada, 11, 48. http:// hsrgroup.org / docs/Publications/HSR2013 /HSRP_Report 2013 140226 Web.pdf

154. www.visionofh umanity.org

155. Personal correspondence, February 1, 2014.

3: WHY SCIENCE AND REASON ARE THE DRIVERS OF MORAL PROGRESS

1. In "Answer to the Abbe Raynal." In Paine, Th omas. 1796. The Works of Th omas Paine. Google eBook.

2. Taylor, John M. 1908. The Witchcraft Delusion In Colonial Connecticut (1647–1697). Read at Project Gutenberg: http:// www.gutenberg.org /fi les /12288 /12288 -h /12288 -h.htm

3. Transcripts of Steve Martin as Th eodoric of York are available online: http:// snltranscripts.jt.org /78 /78dyork.phtml

4. Voltaire, 1765 (2005). "Question of Miracles," in Miracles and Idolatry. New York: Penguin.

5. The trolley car thought experiment was fi rst proposed by the phi los o pher Phillipa Foot in: Foot, Phillipa. 1967. "The Problem of Abortion and the Doctrine of Double Eff ect." Oxford Review, 5, 5–15. The extensive

research utilizing the trolley car scenario has been summarized in many works, most recently in Edmonds, David. 2013. Would You Kill the Fat Man? Prince ton, NJ: Prince ton University Press. See also Petrinovich, L., P. O'Neill, and M. J. Jorgensen. 1993. "An Empirical Study of Moral Intuitions: Towards an Evolutionary Ethics." Ethology and Sociobiology, 64, 467–478.

6. I review these theories of the Eu ro pe an witch craze in Shermer, Michael. 1997. Why People Believe Weird Th ings. New York: W. H. Freeman, chap. 7.

7. Diamond, Jared. 2013. The World Until Yesterday: What Can We Learn from Traditional Societies? New York: Viking, 345.

8. Senft, Gunter. 1997. "Magical Conversation on the Trobriand Islands." Anthropos, 92, 369–71.

9. Malinowski, Bronislaw. 1954. Magic, Science, and Religion. Garden City, NY: Doubleday, 139–140.

10. Evans- Pritchard, E. E. 1976. Witchcraft, Oracles and Magic Among the Azande. New York: Oxford University Press, 18.

11. Ibid., 23.

12. Kieckhefer, Richard. 1994. "The Specifi c Rationality of Medieval Magic." American Historical Review, 99, no. 3, 813–836.

13. Hutchinson, Roger. 1842. The Works of Roger Hutchinson, ed. J. Bruce. New York: Cambridge University Press, 140–141.

14. Quoted in Walker, D. P. 1981. Unclean Spirits: Possession and Exorcism in France and En gland in the Late Sixteenth and Early Seventeenth Centuries. Philadelphia: University of Pennsylvania Press, 71.

15. Hedesan, Jo. 2011. "Witch- hunts in Papua New Guinea and Nigeria." The International, October 1, http:// www.theinternational.org /articles /167 -witch -hunts -in -papua -new -guinea -and -niger

16. Tortora, Bob. 2010. "Witchcraft Believers in Sub- Saharan Africa Rate Lives Worse." Gallup, August 25. http:// www.gallup.com /poll /142640 /witchcraft -believers -sub -saharan -africa -rate -lives -worse.aspx

17. Pollak, Sorcha. 2013. "Woman Burned Alive for Witchcraft in Papua New Guinea." Time, Feb. 7, http:// newsfeed.time.com /2013 /02 /07 /woman -burned -alive -for -witch craft -in-papua -new -guinea /

18. Oxfam New Zealand. 2012. "Protecting the Accused: Sorcery in PNG." http:// www.oxfam.org.nz /what -we -do /where -we -work /papua -new -guinea /gender -justice/confronting -sorcery

19. Napier, William. 1851. History of General Sir Charles Napier's Administration of Scinde. London: Chapman & Hall, 35.

20. Mackay, Charles. 1841/1852/1980. Extraordinary Pop u lar Delusions and the Madness of Crowds. New York: Crown, 559.

21. Ibid., 560.

22. Levak, Brian. 2006. The Witch- hunt in Early Modern Eu rope. New York: Routledge.

23. Llewellyn Barstow, Anne. 1994. Witchcraze: A New History of the Eu ro pe an Witchhunts. New York: HarperCollins.

24. Th omas, Keith. 1971. Religion and the Decline of Magic. New York: Charles Scribner's Sons, 643.

25. Ibid, 643–644.

26. Cited in Th omas, 1971, 1–21 passim.

27. La Ronciére, Charles. 1988. "Tuscan Notables on the Eve of the Re nais sance." In A History of Private Life: Revelations of the Medieval World. Cambridge, MA: Harvard University Press, 171.

28. Snell, Melissa. "The Medieval Child." Medieval History. http:// historymedren.about.com /od / medievalchildren /a /child survival 2.htm

29. Blackmore, S., and R. Moore. 1994. "Seeing Th ings: Visual Recognition and Belief in the Paranormal." Eu ro pe an Journal of Parapsychology, 10, 91–103; Musch, J., and K. Ehrenberg. 2002. "Probability Misjudgment, Cognitive Ability, and Belief in the Paranormal." British Journal of Psychology, 93, 169–177;

Brugger, P., T. Landis, and M. Regard. 1990. "A 'Sheep- Goat Eff ect' in Repetition Avoidance: Extra- Sensory Perception as an Eff ect of Subjective Probability?" British Journal of Psychology, 81, 455–468.

Whitson, Jennifer A., and Adam D. Galinsky. 2008. "Lacking Control Increases Illusory Pattern Perception." Science, 322, 115–117.

30. Cited in Th omas, 1971, 16.

31. Ibid., 177.

32. Ibid.

33. Ibid., 668.

34. Ibid., 91.

35. Shermer, Michael. 2011. The Believing Brain. New York: Times Books, chap. 13.

36. Quoted in Cohen, I. Bernard. 1985. Revolution in Science. Cambridge, MA: Harvard University Press.

37. Bacon, F. 1620/1939. Novum Organum. In Burtt, E. A., ed., The En glish Phi los o phers from Bacon to Mill. New York: Random House.

38. http:// goo.gl /vSBMO5

39. Olson, Richard. 1990. Science Deifi ed and Science Defi ed: The Historical Signifi cance of Science in Western Culture. Berkeley: University of California Press, 15–40.

40. Th ese and many other assessments of Newton and his work come from Westfall, Richard. 1980. Never at Rest: A Biography of Isaac Newton. Cambridge, UK: Cambridge University Press.

41. Cohen, Bernard. 1985. Revolution in Science. Cambridge, MA: Harvard University Press, 174, 175.

42. All quotes are from Olson, 1990, 191–202 passim. See also Hankins, Th omas L. 1985. Science and the Enlighenment. Cambridge, UK: Cambridge University Press, 161–163.

43. Olson, Richard. 1990, 183–189.

44. Smith, Adam. 1795/1982. "The History of Astronomy." In Essays on Philosophical Subjects, ed. W. P. D. Wightman and J. C. Bryce.) Vol. III of Glasgow Edition of the Works and Correspondence of Adam Smith. Indianapolis: Liberty Fund, 2.

45. ———. 1759. The Th eory of Moral Sentiments. London: A. Millar, I.I.1.

46. Hobbes, Th omas. 1839. The En glish Works of Th omas Hobbes, ed. William Molesworth, vol. 1, ix–1.

47. Hobbes, Th omas. 1642. De Cive, or the Citizen. New York: Appleton- Century- Croft s, 15.

48. Olson, 1990, 45, 47.

49. A succinct summary of Hobbes's theory and how Hobbes and his Enlightenment colleagues perceived what they were doing is what we would call science may be found in Olson, 1990, 51–58.

50. Hobbes, Th omas. 1651/1968. Leviathan, or The Matter, Forme and Power of a Common Wealth Ecclesiasticall and Civil, ed. C. B. Macpherson. New York: Penguin, 76.

51. As Olson so well taught his students, including me, science does not happen in a social vacuum, and he shows that Hobbes was motivated to make the case for the necessity of a strong state because of the looming En glish civil war. Leviathan was to be the third in a trilogy, "a grand scientifi c system" that would cover physics, humanity, and society. But as Hobbes later explained (De Cive, 15): "my country some few years before the civil war did rage, was boiling hot with questions concerning the rights of dominion and the obedience due from subjects, the true forerunners of an approaching war; and this was the cause which ripened and plucked from me this third part. Th erefore, what was last in order, is yet come forth fi rst in time."

52. Hume, David. 1748/1902. An Enquiry Concerning Human Understanding. Cambridge, UK: Cambridge: University Press, 165.

53. Walzer, Michael. 1967. "On the Role of Symbolism in Po liti cal Th ought." Po liti cal Science Quarterly, 82, 201.

54. Wright, Quincy. 1942. A Study of War, 2nd ed. Chicago: University of Chicago Press; Gat, A. 2006. War

in Human Civilization. New York: Oxford University Press; Fukuyama, Francis. 2011. The Origins of Po liti cal Order: From Prehuman Times to the French Revolution. New York: Farrar, Straus, & Giroux.

55. Shermer, Michael. 2007. The Mind of the Market: How Biology and Psychology Shape Our Economic Lives. New York: Times Books, 252.

56. Shermer, Michael. 2007. The Mind of the Market. New York: Times Books, 256.

57. Henrich, Joseph, et al. 2010. "Markets, Religion, Community Size, and the Evolution of Fairness and Punishment." Science, March 19, 327, 1480–1484.

58. Russett, Bruce, and John Oneal. 2001. Triangulating Peace: Democracy, Interdependence, and International Organizations. New York: W. W. Norton.

59. Ibid., 108–111.

60. Ibid., 145–148. See also McDonald, P. J. 2010. "Capitalism, Commitment, and Peace." International Interactions, 36, 146–168.

61. Ibid., 148. See also Gartzke, E., and J. J. Hewitt. 2010. "International Crises and the Capitalist Peace." International Interactions, 36, 115–145.

62. Marshall, Monty. 2009. "Major Episodes of Po liti cal Violence, 1946–2009." Center for Systematic Peace, Nov. 9, www.systemicpeace.org /warlist.htm

63. Marshall, Monty. 2009. Polity IV Project: Po liti cal Regime Characteristics and Transitions, 1800–2008. Fairfax, VA: Center for Systematic Peace, George Mason University. http:// www.systemicpeace.org / polityproject.html

64. Graph from Russett, Bruce. 2008. Peace in the Twenty- fi rst Century? The Limited but Important Rise of Infl uences on Peace. New Haven, CT: Yale University Press.

65. Barbieri, Katherine. 2002. The Liberal Illusion: Does Trade Promote Peace? Ann Arbor: University of Michigan Press, 121.

66. Dorussen, Han, and Hugh Ward. 2010. "Trade Networks and the Kantian Peace." Journal of Peace Research, 47, no.1, 229–242.

67. Cited in: Wyne, Ali. 2014. "Disillusioned by the Great Illusion: The Outbreak of Great War." War on the Rocks, January 29. All quotes come from this article, available at http:// warontherocks.com /2014 /01 / disillusioned -by -the -great -illusion-the -outbreak -of -great -war /

68. Ibid.

69. Ibid.

70. Graph from Russett, Bruce. 2008. Based on data in Lacina, B., N. P. Gleditsch, and B. Russett. 2006. "The Declining Risk of Death in Battle." International Studies Quarterly, 50, 673–680.

71. "Estimated Annual Deaths from Po liti cal Violence, 1939–2011." Source: fi g. 7 at http:// www. systemicpeace.org /confl icttrends.html

72. Ibid., fi g. 9.

73. Hobbes, 1651, 110–140.

74. Madison, James. 1788. "The Federalist No. 51: The Structure of the Government Must Furnish the Proper Checks and Balances Between the Diff erent Departments." In de pen dent Journal, February 6.

75. Burke, Edmund. 1790. Refl ections on the Revolution in France. In The Works of Edmund Burke, 3 vols. New York: Harper & Brothers, 1860, 481–483. Available online at http:// chnm.gmu.edu /revolution /d /563 /

76. In The Science of Liberty the science writer Timothy Ferris notes of the architects of the United States: "The found ers oft en spoke of the new nation as an 'experiment,' " Ferris writes. "Procedurally, it involved deliberations about how to facilitate both liberty and order, matters about which the individual states experimented considerably during the eleven years between the Declaration of In de pen dence and the Constitution." Ferris, Timothy. 2010. The Science of Liberty: Democracy, Reason, and the Laws of Nature.

New York: Harper Collins.

77. Jeff erson, Th omas. 1804. Letter to Judge John Tyler Washington, June 28. The Letters of Th omas Jeff erson, 1743–1826. http:// www.let.rug.nl /usa /presidents /thomas -jeff erson /letters -of -thomas -jeff erson / jefl 164.php

78. Isaacson, Walter. 2004. Benjamin Franklin: An American Life. New York: Simon & Schuster, 311–312.

79. Koonz, Claudia. 2005. The Nazi Conscience. Cambridge, MA: Harvard University Press.

80. Kiernan, Ben. 2009. Blood and Soil: A World History of Genocide and Extermination from Sparta to Darfur. New Haven, CT: Yale University Press.

81. Quote in Koonz, 2005, 2.

82. Eaves, L. J., H. J. Eysenck, and N. G. Martin. 1989. Genes, Culture, and Personality: An Empirical Approach. San Diego: Academic Press. Since this book there have been numerous studies confi rming that about half the variation in po liti cal attitudes are accounted for by genes. See, for example, Hatemi, Peter K, and Rose McDermott. 2012. "The Ge ne tics of Politics: Discovery, Challenges, and Progress." Trends in Ge ne tics, October, 28, no. 10, 525–533; Hatemi, Peter K., and Rose McDermott, eds., 2011. Man Is by Nature a Po liti cal Animal. Chicago: University of Chicago Press.

83. Gilbert, W. S. 1894. "The Contemplative Sentry." Available online at http:// www.readbookonline.net / readOnLine /43469 /

84. Hibbing, John R., Kevin B. Smith, and John R. Alford. 2013. Predisposed: Liberals, Conservatives, and the Biology of Po liti cal Diff erences. New York: Routledge.

85. Tuschman, Avi. 2013. Our Po liti cal Nature: The Evolutionary Origins of What Divides Us. Amherst, NY: Prometheus Books, 402–403.

86. Pedro, S. A., and A. J. Figueredo. 2011. "Fecundity, Off spring Longevity, and Assortative Mating: Parametnric Tradeoff s in Sexual and Life History Strategy." Biodemography and Social Biology, 57, no.2, 172.

87. Sowell, Th omas. 1987. A Confl ict of Visions: Ideological Origins of Po liti cal Struggles. New York: Basic Books, 24–25.

88. Pinker, Steven. 2002. The Blank Slate: The Modern Denial of Human Nature. New York: Viking, 290–291.

89. Shermer, Michael. 2011. The Believing Brain. New York: Times Books, chap. 11.

90. In Jost, J. T., C. M. Federico, and J. L. Napier. 2009. "Po liti cal Ideology: Its Structures, Fnctions, and Elective Affi nities." Annual Review of Psychology, 60, 307–337.

91. See also Richard Olson's broader defi nition of ideology as "any sets of assumptions, values, and goals which direct the actions of members of a community.

Th ese assumptions, values, and goals need not be explicitly expressed, and they are rarely subject to critical analysis within the community that shares them." Olson, Richard. 1993. The Emergence of the Social Sciences 1642–1792. New York: Twayne, 4–5.

92. Smith, Christian. 2003. Moral, Believing Animals: Human Personhood and Culture. Oxford, UK: Oxford University Press.

93. Russell, Bertrand. 1946. History of Western Philosophy. London: George Allen & Unwin, 8.

94. Levin, Yuval. 2013. The Great Debate: Edmund Burke, Th omas Paine, and the Birth of Left and Right. New York: Basic Books.

95. Burke, Edmund. 1790/1967. Refl ections on the Revolution in France. London: J. M. Dent & Sons.

96. Ibid.

97. Burke, Edmund. 2009. The Works of the Right Honorable Edmund Burke, ed. Charles Pedley. Ann Arbor: University of Michigan Library, 377.

98. Paine, Th omas. 1776. Common Sense. Available online at http:// www.constitution.org /civ /comsense.

htm

99. ———. 1794. The Age of Reason. Available online at http:// www.gutenberg.org/ebooks /31270

100. ———. 1795. Dissertation on First Principles of Government. Available online at http:// www.gutenberg.
org /ebooks /31270 Add to reason and interchangeable perspectives, the principle of probable deterrence
and costly signaling theory and you've got a recipe for relative peace, as Paine noted in his "Th oughts
on Defensive War" (Paine, Th omas. 1795. Th oughts on Defensive War. Available online at http:// www.
gutenberg.org /ebooks /31270):

The supposed quietude of a good man allures the ruffi an; while on the other hand, arms like laws discourage
and keep the invader and the plunderer in awe, and preserve order in the world as well as property. The
balance of power is the scale of peace. The same balance would be preserved were all the world destitute of
arms, for all would be alike; but since some will not, others dare not lay them aside. And while a single nation
refuses to lay them down, it is proper that all should keep them up. Horrid mischief would ensue were one half
the world deprived of the use of them; for while avarice and ambition have a place in the heart of man, the
weak will become a prey to the strong.

101. Mill, John Stuart. 1859. On Liberty. Chap. 2, http:// www.bartleby.com /130 /2.html

102. Mencken, H. L. 1927. "Why Liberty?" Chicago Tribune, January 30 goo.gl/1csn6h.

103. Clemens, Walter C. Jr. 2013. Complexity Science and World Aff airs. Albany: State University of New
York Press.

104. Reported in: Knight, Richard. 2012. "Are North Koreans Really Th ree Inches Shorter Th an South
Koreans?" BBC News Magazine, April 22. http:// www.bbc.co.uk /news /magazine -17774210

105. Electric power consumption (kWh per capita). World Bank. http:// data.worldbank.org /indicator /
EG.USE.ELEC.KH.PC

106. Graph based on data generated by Agnus Maddison: http:// www.quandl.com/MADDISON /GDP
PRK -GDP -of -North -Korea. See also Maddison, Agnus. 2006. The World Economy. OECD Publishing;
Maddison, Agnus. 2007. Contours of the World Economy 1–2030 AD: Essays in Macro- Economic History.
New York: Oxford University Press.

107. http:// earthobservatory.nasa.gov /

108. Harris, Sam. 2010. The Moral Landscape: How Science Can Determine Human Values. New York: Free
Press.

4: WHY RELIGION IS NOT THE SOURCE OF MORAL PROGRESS

1. I was a born- again Christian for seven years and I still have close friends who are deeply religious. And I
wrote an entire book on the psychology and power of religious belief, How We Believe. So I am sensitive to
the fact that for many religious believers an analysis like this is irrelevant because what they get out of religion
is social community and personal comfort. "Yea, though I walk through the valley of the shadow of death, I
will fear no evil: for thou art with me; thy rod and thy staff they comfort me." (Psalms 23, 4). In my book I
reported the fi ndings of a study that I conducted that found that one of the main reasons people give for why
they believe in God is the "personal experience of God" in their lives, and that they think the primary reason
that other people believe in God is "comfort and purpose to life." So I understand on both an emotional and an
intellectual level that there are many profoundly personal and deeply meaningful reasons for religion and
belief in God that seem wholly removed from the type of scientifi c analysis that I am eff ecting in this book.
But this is a work of science, so as I continue to dismantle the myth that religion was the driving force behind
moral progress, just know that it is not my intent to off end, only to understand.

2. Sagan, Carl. 1990. "Preserving and Cherishing the Earth: An Appeal for Joint Commitment in Science and

Religion." Statement signed by thirty- two Nobel laureates and presented to the Global Forum of Spiritual and Parliamentary Leaders Conferences in Moscow, Rus sia. http:// fore.research.yale.edu /publications /state ments /preserve /

3. Hartung, J. 1995. "Love Th y Neighbor: The Evolution of In- Group Morality." Skeptic. 3, no. 4, 86–99.

4. Krakauer, Jon. 2004. Under the Banner of Heaven: A Story of Violent Faith. New York: Anchor.

5. Darwin, Charles. 1871. The Descent of Man and Selection in Relation to Sex. London: John Murray, 571.

6. Betzig, Laura. 2005. "Politics as Sex: The Old Testament Case." Evolutionary Psychology, 3: 326.

7. Ibid., 327.

8. 1 Kings 4, 11–14; 11, 3; 1 Chron 3, 10–24.

9. Sweeney, Julia. 2006. Letting Go of God. Book transcript of monologue. Indefatigable Inc., 24.

10. Ibid., 26.

11. Dawkins, Richard. 2006. The God Delusion. Boston: Houghton Miffl in, 31.

12. Sheer, Robert. 1976. "Jimmy Carter Interview." Playboy. http:// www.playboy.com/playground /view /50 -years -of -the -playboy -interview -jimmy -carter

13. Reagan used the meta phor many times in his po liti cal career. You can watch his farewell address here: http:// www.youtube.com/watch?v=332QeTNmfh 8 and read several of his quotes here: http:// www.pbs.org / wgbh /americanexperience /features /general -article /reagan -quotes /

14. Kennedy, John F. 1961. "Address of President- elect John F. Kenney Delivered to a Joint Convention of the General Court of the Commonwealth of Massachusetts." January 9. http:// en.wikisource.org /wiki / Address of President -Elect John F. _Kennedy Delivered to a Joint Convention of the General Court of the _ Commonwealth of Massachusetts

15. D'Souza, Dinesh. 2008. What's So Great About Christianity. Carol Steam, IL: Tyndale 16. Ibid., 34–35.

17. Roberts, J. M. 2001. The Triumph of the West. New York: Sterling.

18. D'Souza, 2008, 36.

19. Stark, Rodney. 2005. The Victory of Reason. New York: Random House, xii–xiii.

20. For lengthy treatments of the many factors that went into the development of democracy and capitalism in Western Eu rope see Fukuyama, Francis. 2012. The Origins of Po liti cal Order: From Prehuman Times to the French Revolution. New York: Farrar, Straus & Giroux; Morris, Ian. 2013. The Mea sure of Civilization: How Social Development Decides the Fate of Nations. Prince ton, N.J.: Prince ton University Press; Morris, Ian. 2011. Why the West Rules— for Now: The Patterns of History and What Th ey Reveal About the Future. New York: Farrar, Straus & Giroux; Beinhocker, Eric. 2006. The Origin of Wealth. Cambridge, MA: Harvard Business School Press.

21. The religion editor for Skeptic magazine, Tim Callahan, assessed this hypothesis and concluded: "Geography then, far more than a Christian mind- set, enabled democracies to come into being and survive as Western Civilization evolved. Geography, plus chance also made it possible for capitalism to develop where it did in Eu rope. Th is was aided by the Western Eu ro pe an, rather than exclusively Christian outlook. Separation of church and state in Western Christendom was entirely serendipitous. The failure of Eastern Christianity to produce separation of church and state, capitalism or democracy demonstrates that, what ever impact the Christian outlook might have had, it only worked as part of a specifi c synthesis that, aided by geography and chance, produced Western Civilization." Callahan, Tim. 2012. "Is Ours a Christian Nation?" Skeptic, 17, no. 3, 31–55. See also Tim Callahan's review of What's so Great About Christianity in Skeptic, 14, no.1, 68–71.

22. Gebauer, Jochen, Andreas Nehrlich, Constantine Sedikides, and Wiebke Neberich. 2013. "Contingent on Individual- Level and Culture- Level Religiosity." Social Psychological and Personality Science, 4, no. 5, 569–578.

23. Bowler, Kate. 2013. Blessed: A History of the American Prosperity Gospel. New York: Oxford University Press.

24. Hitchens, Christopher. 1995. The Missionary Position: Mother Teresa in Th eory and Practice. Brooklyn, NY: Verso.

25. D'Souza, 2008, 54.

26. 1992. The Interpreter's Bible: The Holy Scriptures in the King James and Revised Standard Versions with General Articles and Introduction, Exegesis, Exposition for Each Book of the Bible. Nashville: Abingdon Press.

27. Ibid.

28. Ibid.

29. Letter to Henry Lee of May 8, 1825. http:// www.let.rug.nl /usa /presidents /thomas-jeff erson /letters -of -thomas -jeff erson /jefl 282.php

30. Brooks, Arthur C. 2006. Who Really Cares?: The Surprising Truth About Compassionate Conservatism. New York: Basic Books.

31. Ibid., 5–10 passim.

32. Ibid., 142–144 passim.

33. Ibid., 8.

34. Ibid., 55.

35. Ibid., 182–183.

36. Lindgren, James. 2006. "Concerns About Arthur Brooks's 'Who Really Cares?' " November 20. http:// www.volokh.com /posts /1164012942.shtml

37. Paul, Gregory S. 2009. "The Chronic Dependence of Pop u lar Religiosity upon Dysfunctional Psychoso cio log i cal Conditions." Evolutionary Psychology, 7, no. 3, 398–441.

38. Rerendered by Pat Linse from graphs in: Paul, 2009, 320–441 passim.

39. Personal correspondence, September 25, 2013.

40. Norris, Pippa, and Ronald Inglehart. 2004. Sacred and Secular. New York: Cambridge University Press.

41. Putnam, Robert. 2000. Bowling Alone: The Collapse and Revival of American Community. New York: Simon & Schuster, 19.

42. Ibid., 20–21.

43. Norris and Inglehart, op cit.

44. Referencing Paul's international study, Sulloway added, "At the between- country level, this is a big, or macro eff ect," adding, "Now it is also true that, within each par tic u lar country, people who pray and believe in God obtain solace and seem, in some studies, to derive modest health benefi ts. So, at the purely individual level, you could score one for conservatives, because the causal relationship here is presumptively that religion causes small health benefits (which, however, are generally swamped at the macro level, or group level, by other between- country eff ects). Hence arises the paradox that religion is good for the individual, in terms of health and social benefi ts, but appears to be bad for the individual when the data are analyzed on a country- by- country basis." Nevertheless, Sulloway does not see a confl ict in the data cited here: "As for the matter of charitable behavior, religion may indeed be causing more charitable giving. But this is not inconsistent with Paul's data on health and religion, because this is primarily a within- country eff ect, with data being presented here at the individual level. In addition, the presumptive causal relationship here is that religion does motivate giving. In short, at the individual level, the causal direction is consistent with the result that religion leads to social and health benefi ts." Personal correspondence, September, 2006.

45. Hitchens, Christopher. 2007. God Is Not Great: How Religion Poisons Everything. New York: Twelve.

46. Hall, Harriet. 2013. "Does Religion Make People Healthier?" Skeptic, 19, no. 1.

47. McCullough, M. E., W. T. Hoyt, D. B. Larson, H. G. Koenig, and C. E. Th oresen. 2000. "Religious Involvement and Mortality: A Meta- Analytic Review." Health Psychology, 19, 211–222.

48. McCullough, M. E., and B. L. B. Willoughby. 2009. "Religion, Self- Regulation, and Self- Control: Associations, Explanations, and Implications." Psychological Bulletin, 125, 69–93.

49. Baumeister, Roy, and John Tierney. 2011. Willpower: Rediscovering the Greatest Human Strength. New York: Penguin.

50. Mischel, Walter, Ebbe B. Ebbesen, and Antonette Raskoff Zeiss. 1972. "Cognitive and Attentional Mechanisms in Delay of Gratifi cation." Journal of Personality and Social Psychology, 21, no. 2, 204–218.

51. Ibid., 180.

52. Ibid., 181.

53. Quoted in ibid., 187–188.

54. The Ten Commandments are stated in two books of the Old Testament: Exodus, 20, 1–17, and Deuteronomy, 5, 4–21. I quote from Exodus, King James Version.

55. Hitchens, Christopher. 2010. "The New Commandments." Vanity Fair, April. http:// www.vanityfair.com /culture /features /2010 /04 /hitchens -201004 # Aft er demolishing the Decalogue in his inimitable style, Hitchens proff ered his own list of commandments: "Do not condemn people on the basis of their ethnicity or color. Do not ever use people as private property. Despise those who use violence or the threat of it in sexual relations. Hide your face and weep if you dare to harm a child. Do not condemn people for their inborn nature— why would God create so many homosexuals only in order to torture and destroy them? Be aware that you too are an animal and dependent on the web of nature, and think and act accordingly. Do not imagine that you can escape judgment if you rob people with a false prospectus rather than with a knife. Turn off that fucking cell phone— you have no idea how unimportant your call is to us. Denounce all jihadists and crusaders for what they are: psychopathic criminals with ugly delusions. Be willing to renounce any god or any religion if any holy commandments should contradict any of the above." Hitchens caps his list with in summary judgment: "In short: Do not swallow your moral code in tablet form." Th at's a rational prescription.

56. Source: Freedom in the World report from Freedom House. http://freedomhouse. org/report/freedom-world/freedom- world- 2013 See also http:// en.wikipedia.org/wiki /Freedom in the World (report)

5: SLAVERY AND A MORAL SCIENCE OF FREEDOM

1. Bannerman, Helen. 1899. The Story of Little Black Sambo. London: Grant Richards.

2. http:// thepostcardemporiumblog.blogspot.ca /2009 /07 /sambos -restaurants -picture-story -series.html

3. Overbea, Luix. 1981. "Sambo's Fast- Food Chain, Protested by Blacks Because of Name, Is Now Sam's in 3 States." Christian Science Monitor, April 22. http:// www.csmonitor.com /1981/0422 /042256.html

4. The name was not the company's only problem. It also fumbled on some business practices as it expanded rapidly, recounted in Bernstein, Charles. 1984. Sambo's: Only a Fraction of the Action: The Inside Story of a Restaurant Empire's Rise and Fall. Burbank, CA: National Literary Guild.

5. A Google search turns up hundreds of images of book covers over the de cades, along with a 1935 cartoon fi lm depicting the story in what by today's standards would be maximally off ensive and racist, but at that time was commonly accepted as a way to portray blacks: http:// www.youtube.com /watch ?v=qSfGvptL TY

6. The Code of Hammurabi. http:// www.fordham.edu /halsall /ancient /hamcode.asp

7. http:// www.globalslaveryindex.org /country /mauritania /

8. https:// www.freetheslaves.net /sslpage.aspx ?pid=304

9. White, Matthew. 2012. The Great Big Book of Horrible Th ings: The Defi nitive Chronicle of History's 100 Worst Atrocities. New York: W. W. Norton, 161. Rubinstein, W. D. 2004. Genocide: A History. New York: Pearson Education, 78.

10. Full text of an En glish translation available here: http:// www.doctrineofdiscovery.org /dumdiversas.htm

11. Hochschild, Adam. 2005. Bury the Chains: The British Struggle to Abolish Slavery, London: Macmillan.

12. The Parliamentary History of En gland from the Earliest Period to the Year 1803. Vol. XXIX. 1817. London: T. C. Hansard, 278.

13. Festinger, Leon, Henry W. Riecken, and Stanley Schachter. 1964. When Prophecy Fails: A Social and Psychological Study. New York: Harper & Row, 3.

14. Trivers, Robert. 2011. The Folly of Fools: The Logic of Deceit and Self- Deception in Human Life. New York: Basic Books; Tavris, Carol, and Elliott Aronson. 2007. Mistakes Were Made (but Not By Me). New York: Mariner Books.

15. Genovese, Eugene D., and Elizabeth Fox- Genovese. 2011. Fatal Self- Deception: Slaveholding Paternalism in the Old South. New York: Cambridge University Press, 1. For a related but diff erent take on the subject see Jones, Jacqueline. 2013. A Dreadful Deceit: The Myth of Race from the Colonial Era to Obama's America. New York: Basic Books.

16. Clarke, Lewis Garrard Clarke. 1845. Narrative of the Suff erings of Lewis Clarke, During a Captivity of More Th an Twenty- Five Years, Among the Algerines of Kentucky, One of the So Called Christian States of North America. Boston: David H. Ela, Printer. See also John W. Blassingame, ed. 1977. Slave Testimony: Two Centuries of Letters, Speeches, Interviews, and Autobiographies. Baton Rouge: Courier Dover Publications, 6–8.

17. Olmsted, Frederick Law. 1856. A Journey in the Seaboard Slave States. New York; London: Dix and Edwards; Sampson Low, Son & Co., 58–59.

18. Troup, George M. 1824. "First Annual Message to the State Legislature of Georgia." In Hardin, Edward J. 1859. The Life of George M. Troup. Savannah, GA: E.J. Purse.

19. Fearn, Frances. 1910. Diary of a Refugee, ed. Rosalie Urquart. New York, Moff at Yard 7–8.

20. Pollard, E. A. 1866. Southern History of the War, 2 vols. I, 202.

21. In Genovese and Fox- Genovese, op cit., 93.

22. Cobb, T. R. R. 1858. An Inquiry into the Law of Negro Slavery in the United States. Bedford, MA: Apple wood Books, ccxvii.

23. Harper, William. 1853. "Harper on Slavery." In The Pro- Slavery Argument, as Maintained by the Most Distinguished Writers of the Southern States. Philadelphia, 94.

24. Jackman, Mary R. 1994. The Velvet Glove: Paternalism and Confl ict in Gender, Class, and Race Relations. Berkeley: University of California Press, 13.

25. McDuffi e. George. 1835. Governor McDuffi e's Message on the Slavery Question. 1983. New York: A. Lovell, 8.

26. Th omas, Hugh. 1997. The Slave Trade: The Story of the Atlantic Slave Trade: 1440–1870. New York: Simon & Schuster, 451.

27. Ibid., 454–455.

28. Ibid., 459.

29. Ibid., 457.

30. Ibid., 462–463.

31. Ibid., 464.

32. Lloyd, Christopher. 1968. The Navy and the Slave Trade: The Suppression of the African Slave Trade in the Nineteenth Century. London: Cass, 118.

33. Voltaire. Complete Works of Voltaire, ed. Th eodore Besterman. Banbury. 1974, 117, 374.

34. Montesquieu. Oeuvres Complètes, ed. Édouard Laboulaye. 1877. Paris, Vol. iv, I, 330.

35. Encyclopédie, 1765. Vol. xvi, 532.

36. Rousseau J. J. Du Contrat Social. In Oeuvres Complètes, ed. Pléide. Vol. I, iv.

37. Hutcheson, Francis. 1755. A System of Moral Philosophy. London: A. Millar, II, 213. goo.gl/410LUK.

38. Smith, Adam. 1759. The Th eory of Moral Sentiments. London: A. Miller, 402. goo.gl/DhWCB

39. Backstone, William. 1765. Commentaries on the Laws of En gland, I, 411–412.

40. Lincoln, Abraham. 1858. In The Collected Works of Abraham Lincoln, 1953, ed. Roy P. Basler. Vol. II, August 1, 532.

41. Rawls, J. 1971. A Th eory of Justice. Cambridge, MA: Belknap Press.

42. Lincoln, Abraham. 1854. Fragment on Slavery. July 1. http:// www.nps.gov /liho/ historyculture /slavery. htm

43. Quoted in Hecht, Jennifer Michael. 2013. "The Last Taboo." Politico.com, http://www.politico.com / magazine /story /2013 /12 /the -last -taboo -atheists -politicians-100901.html

44. For a book- length defense of this connection between Lincoln and Euclid see Hirsch, David, and Dan Van Haft en. 2010. Abraham Lincoln and the Structure of Reason. New York: Savas Beatie.

45. Douglas, Stephen. 1858. In Harold Holzer, ed., 1994. The Lincoln- Douglas Debates: The First Complete, Unexpurged Text. New York, 55.

46. Ibid.

47. Lincoln, Abraham. 1864. Letter to Albert G. Hodges. Library of Congress. http://www.loc.gov /exhibits /treasures /trt027.html The line appears in the opening of a letter to the editor of the Frankfort, Kentucky, Commonwealth, Albert G. Hodges, who had journeyed from Kentucky to meet with Lincoln to discuss the recruitment of slaves as soldiers in Kentucky, which was a border state and thus the Emancipation Proclamation did not apply. Nevertheless, slaves who entered the military could gain their freedom. Lincoln wrote: "I am naturally anti- slavery. If slavery is not wrong, nothing is wrong. I can not remember when I did not so think, and feel.

And yet I have never understood that the Presidency conferred upon me an unrestricted right to act offi cially upon this judgment and feeling."

48. http:// en.wikipedia.org /wiki /Abolition of slavery timeline

49. www.endslaverynow.com

50. See, for example, Agustin, Laura Maria. 2007. Sex at the Margins: Migration, Labour Markets and the Rescue Industry. London: Zed Books; Bernstein, Elizabeth. 2010. "Militarized Humanitarianism Meets Carceral Feminism: The Politics of Sex, Rights, and Freedom in Contemporary Antitraffi cking Campaigns." Signs, Autumn, 45–71; Weitzer, Ronald. 2012. Legalizing Prostitution: From Illicit Vice to Lawful Business. New York: New York University Press.

51. http:// www.globalslaveryindex.org /fi ndings / " 'Slavery' refers to the condition of treating another person as if they were property—something to be bought, sold, traded or even destroyed. 'Forced labour' is a related but not identical concept, referring to work taken without consent, by threats or coercion. 'Human traffi cking' is another related concept, referring to the pro cess through which people are brought, through deception, threats or coercion, into slavery, forced labour or other forms of severe exploitation." What ever term is used, the signifi cant characteristic of all forms of modern slavery is that it involves one person depriving another people of their freedom: their freedom to leave one job for another, their freedom to leave one workplace for another, their freedom to control their own body.

52. http:// www.ted.com /talks /lisa kristine glimpses of modern day slavery.html

53. http:// www.ted.com /talks /kevin bales how to combat modern slavery.html

54. http:// www.freetheslaves.net /

55. Sutter, John D., and Edythe McNamee. 2012. "Slavery's Last Stronghold." CNN, March, goo.gl/BTv6N

6: A MORAL SCIENCE OF WOMEN' S RIGHTS

1. Lecky William. 1869. A History of Eu ro pe an Morals. London: Longmans, Green, and Co., 274.

2. Wollstonecraft, Mary. 1792. A Vindication of the Rights of Woman: With Strictures on Po liti cal and Moral Subjects. Boston: Peter Edes. Available online at http:// www.bartleby.com /144 /

3. Mill, John Stuart (and possibly coauthored with Harriet Taylor Mill). 1869. The Subjection of Women. London: Longmans, Green, Reader, & Dyer. Available online at http:// www.constitution.org /jsm /women.htm

4. Lecky, 1869, op cit.

5. http:// www.loc.gov /exhibits /treasures /images /vc006199.jpg

6. For a comprehensive account see Flexner, Eleanor. 1959/1996. Century of Struggle. Cambridge, MA: Belknap Press.

7. Purvis, June. 2002. Emmeline Pankhurst: A Biography. London: Routledge, 354.

8. Ibid., 354.

9. Stevens, Doris. 1920/1995. Jailed for Freedom: American Women Win the Vote, ed. Carol O'Hare. Troutdale, OR: New Sage Press, 18–19.

10. Source: Library of Congress. George Grantham Bain Collection. Original caption reads: Inez Milholland Boissevain, wearing white cape, seated on white horse at the National American Woman Suff rage Association parade, March 3, 1913, Washington, D.C. LC- DIG- ppmsc- 00031 (digital fi le from original photograph) LC-USZ62 - 77359 http:// www.loc.gov /pictures /item /97510669 /

11. Ibid., 19.

12. Adams, Katherine H., and Michael L. Keene. 2007. Alice Paul and the American Suff rage Campaign. Champaign: University of Illinois Press, 206–208.

13. Ibid., 211.

14. http:// www.tennessee.gov /tsla /exhibits /suff rage /beginning.htm

15. Ibid.

16. The Wikipedia entry for "Women's Suff rage" has a complete list of every country and when they legalized the franchise for women: http:// en.wikipedia.org /wiki /Women %27s right to vote

17. http:// www.weforum.org /issues /global -gender -gap

18. http:// www.guide2womenleaders.com /index.html

19. Murray, Sara. 2013. "BM's Barra a Breakthrough." Wall Street Journal, December 11, B7.

20. http:// www.pewsocialtrends.org /2013 /12 /11 /10 -findings -about -women -in -the -workplace /

21. Wang, Wendy, Kim Parker, and Paul Taylor. 2013. "Breadwinner Moms." Pew Research, Social & Demographic Trends, May 29, http:// www.pewsocialtrends.org /2013 /05 /29 /breadwinner -moms / See also Rampell, Catherine. 2013. "US Women on the Rise as Family Breadwinner." New York Times, May 29. goo.gl/o9igft.

22. Kumar, Radha. 1993. The History of Doing: An Account of Women's Rights and Feminism in India. Bhayana Neha, 2011. "Indian Men Lead in Sexual Violence, Worst on Gender Equality." Times of India, March 7.

23. Daniel, Lisa. 2012. "Panetta, Dempsey Announce Initiatives to Stop Sexual Assault." American Forces Press Ser vice, April 16.

24. Botelho, Greg, and Marlena Baldacci. 2014. "Brigadier General Accused of Sex Assault Must Pay over $20,000; No Jail Time." CNN, http:// www.cnn.com /2014 /03/20 /justice /jeff rey -sinclair -court -martial /

25. Planty, Michael, Lynn Langton, Christopher Krebs, Marcus Berzofsky, and Hope Smiley- McDonald. 2013. "Female Victims of Sexual Violence, 1994–2010." Bureau of Justice Statistics, US Department of Justice. Offi ce of Justice Programs. March, www.bjs.gov /content /pub /pdf /fvsv9410.pdf

26. A 2014 report issued by the White House Council on Women and Girls confi rmed that most rape victims know their assailants, and that poor, homeless, and minority women are especially at risk. http:// iaclea.org /

visitors /about /documents /White HouseCouncil sexual assault report 1 -21 -14.pdf

27. Yung, Corey Rayburn. 2014. "How to Lie with Rape Statistics: America's Hidden Rape Crisis." Iowa Law Review, 99, 1197–1255.

28. Ibid., 1240.

29. According to the Rape, Abuse, & Incest National network (RAINN), the largest and most infl uential activist or ga ni za tion in America fi ghting all forms of sexual violence, "In the last few years, there has been an unfortunate trend towards blaming 'rape culture' for the extensive problem of sexual violence on campus. While it is helpful to point out the systemic barriers to addressing the problem, it is important not to lose sight of a simple fact: Rape is caused not by cultural factors but by the conscious decisions, of a small percentage of the community, to commit a violent crime." RAINN recommends that rape should be treated as a serious crime and prosecuted as such, rather than bypass the law and allow internal campus judicial boards to whip up moral panics on college campuses that "has the paradoxical eff ect of making it harder to stop sexual violence, since it removes the focus from the individual at fault, and seemingly mitigates personal responsibility for his or her own actions." See: Kitchens, Caroline. 2014. "It's Time to End 'Rape Culture' Hysteria," Time, March 20, http:// time.com /30545/its -time -to -end -rape -culture -hysteria / See also Hamblin, James. 2014. "How Not to Talk About a Culture of Sexual Assault." Atlantic, March 29, http:// www.theatlantic.com /health / archive /2014 /03 /how -not -to -talk -about -a -culture -of -sexual -assault /359845 /; MacDonald, Heather. 2008. "The Campus Rape Myth." City Journal, Winger, 18, no. 1, http:// www.city -journal.org /2008 /18 1 campus rape.html

30. Buss, David. 2003. The Evolution of Desire: Strategies of Human Mating. New York: Basic Books, 266. For a general overview of evolutionary psychology see Buss, David. 2011. Evolutionary Psychology: The New Science of the Mind. New York: Pearson.

31. Hrdy, Sara. 2000. "The Optimal Number of Fathers: Evolution, Demography, and History in the Shaping of Female Mate Preference." Annals of the New York Academy of Science, 907, 75–96.

32. Goetz, Aaron T., Todd K. Shackelford, Steven M. Platek, Valerie G. Starratt, and William F. McKibbin. 2007. "Sperm Competition in Humans: Implications for Male Sexual Psychology, Physiology, Anatomy, and Behavior." Annual Review of Sex Research, 18, no. 1, 1–22.

33. Scelza, Brooke A. 2011. "Female Choice and Extra- Pair Paternity in a Traditional Human Population." Biology Letters, December 23, 7, no. 6, 889–891.

34. Larmuseau, M. H. D., J. Vanoverbeke, A. Van Geystelen, G. Defraene, N. Vanderheyden, K. Matthys, T. Wenseleers, and R. Decorte. 2013. "Low Historical Rates of Cuckoldry in a Western Eu ro pe an Human Population Traced by Y-Chromosome and Genealogical Data." Proceedings of the Royal Society B, December, 280, no. 1772, http:// rspb.royalsocietypublishing.org /content /280 /1772 /20132400.abstract

35. Anderson, Kermyt G. 2006."How Well Does Paternity Confi dence Match Actual Paternity?" Current Anthropology, 47, no. 3, June, 513–520.

36. Baker, R. Robin, and Mark A. Bellis. 1995. Human Sperm Competition: Copulation, Masturbation, and Infi delity. London: Chapman & Hall.

37. Anderson, 2006, 516.

38. Personal correspondence, December 17, 2013.

39. Pillsworth, Elizabeth, and Martie Haselton. 2006. "Male Sexual Attractiveness Predicts Diff erential Ovulatory Shift s in Female Extra- Pair Attraction and Male Mate Retention." Evolution and Human Behavior, 27, 247–258.

40. Buss, David. 2001. The Dangerous Passion: Why Jealousy Is as Necessary as Love and Sex. New York: Free Press.

41. Laumann, E. O., J. H. Gagnon, R. T. Michael, and S. Michaels. 1994. The Social Or ga ni za tion of

Sexuality: Sexual Practices in the United States. Chicago: University of Chicago Press.

42. Tafoya, M. A., and Spitzberg, B. H. 2007. "The Dark Side of Infi delity: Its Nature, Prevalence, and Communicative Functions." In B. H. Spitzberg and W. R. Cupach, eds., The Dark Side of Interpersonal Communication, 2nd ed., 201–242. Mahwah, NJ: Lawrence Erlbaum Associates.

43. Gangestad, S. W., and Randy Th ornhill. 1997. "The Evolutionary Psychology of Extra- Pair Sex: The Role of Fluctuating Asymmetry." Evolution and Human Behavior, 18, no. 2, 69–88.

44. Buss, David. 2002. "Human Mate Guarding." NeuroEndocrinology Letters, December, 23, no. 4, 23–29.

45. Schmitt, D. P., and David M. Buss. 2001. "Human Mate Poaching: Tactics and Temptations for Infi ltrating Existing Mateships." Journal of Personality and Social Psychology, 80, 894–917.

46. Schmitt, D. P., L. Alcalay, J. Allik, A. Angleitner, L. Ault, et al. 2004. "Patterns and Universals of Mate Poaching Across 53 Nations: The Eff ects of Sex, Culture, and Personality on Romantically Attracting Another Person's Partner." Journal of Personality and Social Psychology, 86, 560–584.

47. Kellerman, A. L., and J. A. Mercy. 1992. "Men, Women, and Murder: Gender- Specifi c Diff erences in Rates of Fatal Violence and Victimization." Journal of Trauma, July, 33, no. 1, 1–5. http:// www.ncbi.nlm.nih. gov /pubmed /1635092

48. UN Offi ce on Drugs and Crime. 2011. Global Study on Hom i cide: Trends, Contexts, Data. http:// www. unodc.org /documents/data -and -analysis/statistics/Homicide/Globa _study on homicide 2011 web.pdf

49. Williamson, Laura. 1978. "Infanticide: An Anthropological Analysis." In M. Kohl, ed., Infanticide and the Value of Life. Buff alo, NY: Prometheus Books.

50. See, for example, any of my debates with the theologian and religious phi los o pher Doug Geivett.

51. Quoted in Milner, Larry. 2000. Hardness of Heart, Hardness of Life: The Stain of Human Infanticide." London, MD: University Press of America.

52. Daly, Martin, and Margo Wilson. 1988. Hom i cide. New York: Aldine De Gruyter.

53. Ranke- Heineman, Uta. 1991. Eunuchs for the Kingdom of Heaven: Women, Sexuality and the Catholic Church. New York: Penguin.

54. Milner, 2000.

55. Deschner, Amy, and Susan A. Cohen. 2003. "Contraceptive Use Is Key to Reducing Abortion Worldwide." Guttmacher Report on Public Policy, October, 6, no. 4, http:// www.guttmacher.org /pubs /tgr /06 /4 /gr060407. html See also Marston, Cicely, and John Cleland. 2003. "Relationships Between Contraception and Abortion: A Review of the Evidence." International Family Planning Perspectives, March, 29, no. 1, 6–13.

56. Ibid.

57. Senlet, Pinar, Levent Cagatay, Julide Ergin, and Jill Mathis. 2001. "Bridging the Gap: Integrating Family Planning with Abortion Ser vices in Turkey." International Family Planning Perspectives, June, 27, no. 2.

58. Kohler, Pamela K., Lisa E. Manhart, and William E. Laff erty. 2008. "Abstinence- Only and Comprehensive Sex Education and the Initiation of Sexual Activity and Teen Pregnancy." Journal of Adolescent Health, April, 42, no. 4, 344–351.

59. Herring, Amy H., Samantha M. Attard, Penny Gordon- Larsen, William H. Joyner, and Carolyn T. Halpern. 2013. "Like a Virgin (mother): Analysis of Data from a Longitudinal, US Population Representative Sample Survey." British Medical Journal, December 17, http:// www.bmj.com /content /347 /bmj.f7102

60. Nelson, Charles A., Nathan A. Fox, and Charles H. Zeanah. 2014. Romania's Abandoned Children: Deprivation, Brain Development, and the Struggle for Recovery. Cambridge, MA: Harvard University Press.

61. Deschner, Amy, and Susan A. Cohen. 2003. "Contraceptive Use Is Key to Reducing Abortion Worldwide." The Guttmacher Report on Public Policy, October, 6, no. 4, http:// www.guttmacher.org /pubs /tgr /06 /4 / gr060407.html

62. http:// www.ncbi.nlm.nih.gov /pubmed /22270271

63. See, for example, the Amici Curiae Brief in Support of Appellees. 1988. William L. Webster et al., Appellants, v. Reproductive Health Ser vices et al., Appellees.

64. See, for example, Plea sure, J. R., M. Dhand, and M. Kaur. 1984. "What Is the Lower Limit of Viability?" American Journal of Diseases of Children, 138, 783; R. D. Milner and R. W. Beard. 1984. "Limit of Fetal Viability." Lancet, 1. 1079; B. L. Koops, L. J. Morgan and P. C. Battaglia. 1982. "Neonatal Mortality Risk in Relation to Birth Weight and Gestational Age: Update." Journal of Pediatrics, 101, 969–977.

65. Beddis I. R., P. Collins, S. Godfrey N. N. Levy, and M. Silverman. 1979. "New Technique for Servo-Control of Arterial Oxygen Tension in Preterm Infants." Archives of Disease in Childhood, 54, 278–280.

66. Flower, M. 1989. "Neuromaturation and the Moral Status of Human Fetal Life." In Abortion Rights and Fetal Personhood. Doerr and Prescott (eds.). Centerline Press, 65–75.

67. "4- Sided Battle in Court for Child." 1914. Los Angeles Times, October 31.

68. Most of this story has been carefully documented by Ann Marie Batesole, a private detective and my cousin— our grandmother was Christine, Aunt Fanci's mother.

69. Source: Author's collection.

7: A MORAL SCIENCE OF GAY RIGHTS

1. Friends of the gay rights movement can be found in the Episcopal Church (which elected Gene Robinson as their fi rst gay bishop in 2003), the Unitarian Universalists, the United Church of Canada, Conservative and Reform Judaism, Native American religions, some liberal Hindus and Buddhists, Wiccans, and others. Though most religions have come late to the table, photographic evidence shows that at least some ministers have been marching in gay pride parades since the early 1970s, with signs that say thing like, "Ministers for human rights" and "Jesus does not condemn gay people." http:// blog.sfgate.com /parenting /2011 /06/23 /san-francisco -pride -parade -the -fi rst -two -decades -photos /

2. http:// getequal.org /press / The First Annual "Anita Bryant Award for Unbridled and Unparalleled Bigotry," given by GetEQUAL—a national LGBT civil rights

organization—was awarded to Maggie Gallagher, chairman of the antigay National Or ga ni za tion for Marriage, accompanied by these words: "At a time when Americans overwhelmingly support marriage equality, it takes a very special person like Ms. Gallagher to stand up and fi ght for discrimination and bigotry."

3. http:// www.lds.org /general -conference /2008 /04 /examples -of -righteousness ?lang =eng

4. http:// www.lds.org /general -conference /1999 /10 /why -we -do -some -of -the -things-we -do?lang=eng & query=morality

5. For an excellent documentary that shows how the Mormons turned words from the pulpit into policy, see 8— The Mormon Proposition. http:// en.wikipedia.org /wiki /8: The Mormon Proposition

6. http:// usatoday30.usatoday.com /news /nation /2004 -09 -22 -swaggart -remark x.htm

7. http:// www.francesandfriends.com /homosexuals -born /

8. http:// www.the -scientist.com /?articles.view /articleNo /33773 /title /Can -Epigenetics -Explain -Homosexuality /-

9. Hamer, Dean, and P. Copeland. 1994. The Science of Desire: The Search for the Gay Gene and the Biology of Behavior. New York: Simon & Schuster; Baily, Michael. 2003. The Man Who Would Be Queen: The Science of Gender- Bending and Transsexualism. Washington, DC: National Academies Press; LeVay, Simon. 2010. Gay, Straight, and the Reason Why: The Science of Sexual Orientation. New York: Oxford University Press.

10. http:// www.nytimes.com /2013 /12 /08 /opinion /sunday /how -many -american -men-are -gay.html

?pagewanted=all

11. Trudeau was minister of justice at the time and he spoke these words in defense of bill C-150, which, among other things (including the legalization of contraception and abortion), aimed to decriminalize homosexuality. The bill passed, 149 votes to 55. http:// www.cbc.ca /archives /categories /politics /rights -freedoms /trudeaus -omni bus -bill -challenging -canadian -taboos /theres -no -place -for -the -state -in -the -bed rooms -of -the -nation.html

12. See David K. Johnson. 2004. The Lavender Scare: The Cold War Persecution of Gays and Lesbians in the Federal Government. Chicago: University of Chicago Press.

13. Lingeman, Richard R. 1973. "Th ere Was Another Fift ies." New York Times Magazine, June 17, 27. http:// news.google.com /newspapers ?nid=1346 & dat=19730617 & id=uZZ MAAAAIBAJ & sjid=d oDAAAAIBAJ & pg=6528,4664107

14. http:// chicago.cbslocal.com /2010 /12 /02 /the -gay -rights -movement -in -illinois -a -history /

15. Davis, Kate, and David Heilbroner, directors. 2010. Stonewall Uprising. Documentary. Based on the book: Carter, David. 2004. Stonewall: The Riots Th at Sparked the Gay Revolution. New York: St. Martin's Press.

16. From Stonewall Uprising.

17. Ibid. Transcript: http:// www.pbs.org /wgbh /americanexperience /features/transcript /stonewall -transcript /

18. Wolf, Sherry. "Stonewall: The Birth of Gay Power." http:// isreview.org /issue /63 /stone wall -birth -gay -power

19. http:// www.salon.com /2012 /02 /22 /is homophobia disappearing / See also McCormack, Mark. 2013. The Declining Signifi cance of Homophobia. Oxford, UK: Oxford University Press.

20. http:// www.livescience.com/10310- chronicler- homophobia- disappearance.html The National School Climate Survey says that homophobic remarks are on the decline and that there is a "decrease in victimization based on sexual orientation." http:// glsen.org /sites /default /fi les /2011 %20National %20School %20Climate %20 Survey %20Full %20Report.pdf

21. Nicholson, Alexander. 2012. Fighting to Serve: Behind the Scenes in the War to Repeal "Don't Ask, Don't Tell." Chicago: Chicago Review Press, 12.

22. http:// www.ncbi.nlm.nih.gov/pubmed/22670652 Canadian Olympian and goldmedal winner Mark Tewksbury explains why there are few openly gay athletes: http:// www.youtube.com /watch ?v=XS3jevs3l5o

23. Associated Press. 2013. "Obama Names Billie Jean King as one of Two Gay Sochi Olympic Delegates." December 17. http:// www.theguardian.com /sport /2013 /dec /18 /obama -names -gay -delegates -sochi -olympics

24. Goessling, Ben. 2014. "86 Percent OK with Gay Teammate." ESPN.com, February 17. http:// espn.go.com /nfl /story /_ /id /10468830 /forty -four-51 -nfl -players -surveyed -say -teammates -sexual-orientation-matter

25. Beech, Richard. 2014. "Th omas Hitzlsperger Comes Out as Being Gay." Mirror, January 8, http:// www. mirror.co.uk /sport /football /news /thomas -hitzlsperger -gay -former -germany -3000413

26. From Stonewall Uprising.

27. New Mexico: Santos, Fernanda. 2013. "New Mexico Becomes 17th State to Allow Gay Marriage. "New York Times, December 19, http:// www.nytimes.com /2013 /12/20/us /new -mexico -becomes -17th -state -to -legalize -gay -marriage.html ? r=0

28. 2014. "Court Ruling: Germany Strengthens Gay Adoption Rights." Spiegel Online International, February 19. http:// www.spiegel.de /international /germany /german -court -strengthens -gay -and -lesbian -adoption -rights -a -884278.html

29. Source: Pinker, 2011, 452, combines surveys from Gallup, 2001, 2008, and 2010, and the General Social Survey: http:// www.norc.org /GSS+Website. Gallup 2001: "American Attitudes Toward Homosexuality

Continue to Become More Tolerant." Gallup 2002: "Ac cep tance of Homosexuality: A Youth Movement." Gallup 2008: "American Evenly Divided on Morality of Homosexuality."

30. Source: Pew Research Center's Forum on Religion and Public Life. June 2013. "Changing Attitudes on Gay Marriage." http:// features.pewforum.org /same -sex -marriage -attitudes /slide3.php

31. Ibid.

32. Magnier, Mark, and Tanvi Sharma. 2013. "India Court Makes Homosexuality a Crime Again." Los Angeles Times, December 11, A7.

33. Cowell, Alan. 2013. "Ugandan Lawmakers Pass Mea sure Imposing Harsh Penalties on Gays." New York Times, December 20, http:// www.nytimes.com /2013 /12 /21/world /africa /ugandan -parliament -approves -antigay -law.html

34. The law has been expanded so that people from countries that allow same- sex marriage may no longer adopt Rus sian children. http:// online.wsj.com /news /articles /SB10001424052702304434104579380613782 162016

35. http:// www.theguardian.com /commentisfree /2013 /aug /11 /anti -gay -laws -russia

36. http:// www.cnn.com /2014 /01 /16 /world /europe /russia -new -gay -law /

37. http:// www.independent.co.uk /news /world /europe /president -vladimir -putin -hails -russias -defence -of -traditional -values -in-his -state -of -the -nation-speech-9001470.html

38. http:// www.nytimes.com /2013 /08 /12 /world /europe /gays -in -russia -fi nd -no -haven -despite -support -from -the -west.html ?pagewanted=all & r=1&

39. http:// www.huffi ngtonpost.co.uk /2014 /01 /18 /ukip -homophobic -gay - n 4622332.html

40. "Married gays to tour drought- hit countries." 2014. The Daily Mash. January 20, https:// goo.gl /gicu0I

41. http:// www.livescience.com /13755 -homosexual -lgb -teen -suicide -rates -environ ments.html

42. Jorge Valencia, president and executive director of the Trevor Project from 2001 to 2006, as quoted in the award- winning documentary For the Bible Tells Me So: http:// www.youtube.com /watch ?v=abcj6kSkO1A

43. For the Bible Tells Me So. Documentary. 2007. Daniel G. Karslake and Nancy Kennedy, written. Directed by Daniel G. Karslake. http:// www.youtube.com /watch ?v =abcj6kSkO1A

44. Spitzer's study: http:// www.stolaf.edu /people /huff /classes /Psych130S2012 /Lab Documents /Spitzer.pdf

45. http:// www.nytimes.com/2012/05/19/health/dr- robert- l-spitzer- noted- psy chia trist - apologizes- for- study- on- gay- cure.html?pagewanted=all Spitzer's apology: http:// www.truthwinsout.org /news /2012 /04 /24542 /

46. http:// www.thedailybeast.com /articles /2013 /06 /24 /i -am -sorry -alan -chambers -apology -and -the -end -of -exodus -international.html

47. http:// www.splcenter.org /get -informed /intelligence -report /browse -all -issues /2012 /spring /queer -science

48. http:// www.lgbtqnation.com /2014 /02 /bill -to -prevent -gay -conversion -on -lgbt -youth -passes -washington -state -house /

49. http:// www.paho.org /hq /index.php ?option=com content & view=article & id=6803 & Itemid=1926

50. http:// slog.thestranger.com /slog /archives /2010 /10 /01 /sl -letter -of -the -day -sorry -nothing -

51. Statement made by Pope Francis on September 29, 2013, reported throughout the media, for example: http:// www.usatoday.com /story /news /world /2013 /09 /19 /pope -francis -abortion -gays -interview /2837495 /

52. Statement made by Pope Francis on July 29 on a plane from Brazil to the Vatican during a wide- ranging interview. http:// www.cbsnews.com /8301 -202 162 -57595892 /pope -francis -who -am -i -to -judge -gay -clergy /

53. September 29, 2013, statement.

54. Klemesrud, Jul. 1977. "Equal Rights Plan and Abortion Are Opposed by 15,000 at Rally." New York Times, November 20, A32.

55. King, Neil. 2013. "Evangelical Leader Preaches a Pullback from Politics, Culture Wars." Wall Street Journal, October 22, A1, 14.

56. Rauch, Jonathan. 2013. "The Case for Hate Speech." Atlantic. October 23, http:// www.theatlantic.com / magazine /archive /2013 /11 /the -case -for -hate -speech/309524 /

57. Rauch, 2013. For a fuller defense of this position see Rauch, Jonathan. 2004. Gay Marriage: Why It Is Good for Gays, Good for Straights, and Good for America. New York: Henry Holt.

58. Fry tells the story here in his excellent two- part series on homosexuality and homophobia: http:// www. youtube.com /watch ?v=L9ytwGW9eO0

59. http:// www.rollingstone.com /music /news /elton -john -lonely -at -the -top -rolling -stones -1976 -cover -story -20110202 #ixzz2qWPmmgAn

60. As Savage claims here: http:// www.youtube.com /watch ?v=HUGIknfx9wY

61. It Gets Better. http:// www.itgetsbetter.org / Note Dan Savage's remarks from 19:45 on the subject of the It Gets Better project. http:// www.youtube.com/watch?v = IfJFRl7_qg8 My own "It Gets Better" video may be viewed here: http:// youtu.be /yIeA_4f8iHA

62. Wilcox, Ella Wheeler. 1914. "Protest," Poems of Problems. Chicago: W. B. Conkey, 154.

8: A MORAL SCIENCE OF ANIMAL RIGHTS

1. Darwin, Charles. 1859. On the Origin of Species by Means of Natural Selection. London: John Murray, 488–489.

2. It is a myth that Darwin discovered evolution or its mechanism of natural selection while in the Galápagos. Aft er Darwin returned home to En gland he began his notebooks outlining his ideas that would eventually develop into the full- blown theory, but that was a year aft er he visited the islands. The myth was debunked by Frank Sulloway, whose historical reconstruction of the development of Darwin's evolutionary thinking can be found in a number of papers: Sulloway, Frank. 1982. "Darwin and His Finches: The Evolution of a Legend." Journal of the History of Biology, 15, 1–53; Sulloway, Frank. 1982. "Darwin's Conversion: The Bea gle Voyage and Its Aft ermath." Journal of the History of Biology, 15, 325–396; Sulloway, Frank. 1984. "Darwin and the Galápagos." Biological Journal of the Linnean Society, 21, 29–59.

3. Cruz, F., V. Carrion, K. J. Campbell, C. Lavoie, and C. J. Donlan. 2009. "Bio- Economics of Large- Scale Eradication of Feral Goats from Santiago Island, Galápagos." Wildlife Management, 73, 191–200.

4. Weisman, Alan. 2007. The World Without Us. New York. St. Martin's Press. See also his prequel: Weisman, Alan. 2013. Countdown: Our Last Best Hope for a Future on Earth? Boston: Little, Brown.

5. Aft er Darwin and his shipmates ate their tortoises they threw the carapaces overboard, which might have delayed the development of Darwin's theory in that he had a harder time piecing together an evolutionary tree for the tortoises since he could not recall on which islands they were found. See: Shermer, Michael. 2006. Why Darwin Matters. New York: Henry Holt/Times Books.

6. The animal rights scholar and attorney Steven M. Wise makes a similar argument in his book Drawing the Line, in which he argues for four categories of animal rights: Category 1 includes species "who clearly possess suffi cient autonomy for basic liberty rights," including the great apes; Category 2 includes species that might qualify for basic legal rights, depending on what other criteria we might consider; Category 3 includes species for which we do not have enough knowledge to determine what rights they should have; and Category 4 includes those species that lack suffi cient autonomy for basic liberty rights. Wise, S. M. 2002. Drawing the Line: Science and the Case for Animal Rights. Boston: Perseus Books, 241. See also Wise, S. M. 2000.

Rattling the Cage: Toward Legal Rights for Animals. Boston: Perseus.

7. Marino, L. 1988. "A Comparison of Encephalization Between Odontocete Cetaceans and Anthropoid Primates." Brain, Behavior, and Evolution, 51, 230. Ridgway, S. H. 1986. "Physiological Observations on Dolphin Brains." In R. J. Schusterman et al, eds., Dolphin Cognition and Behavior: A Comparative Approach. Hillsdale, NJ: Lawrence Erlbaum Associates, 32–33. Herman, L. M., and P. Morrel- Samuels. 1990. "Knowledge Acquisition and Asymmetry Between Language Comprehension and Production: Dolphins and Apes as General Models for Animals." In M. Bekoff and D. Jamieson, eds., Interpretation and Explanation in the Study of Animal Behavior. Boulder, CO: Westview Press.

8. Reiss, Diana. 2012. The Dolphin in the Mirror: Exploring Dolphin Minds and Saving Dolphin Lives. Boston: Mariner Books.

9. http:// www.youtube.com /watch ?v=YBYU1eayaXs

10. Gregg, Justin. 2013. "No, Flipper Doesn't Speak Dophinese." Wall Street Journal, December 21, Ce; Gregg, Justin. 2013. Are Dolphins Really Smart? The Mammal Behind the Myth. New York: Oxford University Press.

11. Ibid. My friend Jack Horner, the famed dinosaur paleontologist, tells me that we have an additional bias in assuming brains will be in heads. He is imaging dino skeletons and constructing dino anatomy models that show sizable neural control centers in the pelvic region of some of the largest dinosaurs, which makes sense given how far it is from head to tail, and how adaptive it could be to distribute your intelligence throughout the body rather than focus it all in the head. He sites experiments with chickens who have their heads cut off but can nonetheless survive and even right themselves aft er falling over, indicating that vestibular control over balance must be located somewhere other than the head.

12. Amsterdam, Beulah. 1972. "Mirror Self- Image Reactions Before Age Two." Developmental Psychobiology 5, no. 4, 297–305; Lewis, M., and J. Brooks- Gunn. 1979. Social Cognition and the Acquisition of Self. New York: Plenum Press, 296; Gopnik, Alison. 2009. The Philosophical Baby: What Children's Minds Tell Us About Truth, Love, and the Meaning of Life. New York: Farrar, Straus & Giroux.

13. Animal language is a contentious subject because of the questionable quality of much of the research. Koko, for example, has learned hundreds of symbolic language signs with which she can answer questions and attempt to deceive her handlers, and she has even apparently attempted to teach language signs to other gorillas. But this and other ape language research has been challenged by skeptics of animal language and cognition— we have published several articles in Skeptic magazine, for example, with one animal psychologist, Clive Wynne, suggesting this little test any of us can conduct (referencing a bonobo chimpanzee named Kanzi): "Next time you see Kanzi or one of his kind on a tele vi sion documentary, turn down the sound so you can just watch what he is doing without interpretation from the ape's trainers. See if that really appears to be language. Somewhere in the history of our kind there must have been the fi rst beings who could rearrange tokens to create new meanings, to distinguish Me Banana from Banana Me. But the evidence from many years of training apes to press buttons or sign in ASL, is that this must have happened sometime aft er we split off from chimps, bonobos, and gorillas. Since then we have been talking to ourselves." Wynne, Clive. 2007.

"Aping Language: A Skeptical Analysis of the Evidence for Nonhuman Primate Language." Skeptic, 13, no. 4, 10–14.

14. Plotnik, Joshua M., and Frans de Waal. 2014. "Asian Elephants (Elephas maximus) Reassure Others in Distress." PeerJ, 2: e278, https:// peerj.com /articles /278 /

15. Smet, Anna F., and Richard W. Byrne. 2013. "African Elephants Can Use Human Pointing Cues to Find Hidden Food." Current Biology, 23, 1–5.

16. Quoted in Collins, Katie. 2013. "Study: Elephants Found to Understand Human Pointing Without

Training." http:// www.wired.co.uk /news /archive /2013 -10 /10 /ele phant -pointing

17. Smet and Byrne, op cit.

18. The dates are based on DNA extracted from eigh teen prehistoric dog bones found in caves in Eurasia and the New World and compared to the DNA from forty- nine modern wolves and from seventy- seven diff erent modern dog breeds.

19. Th almann, O., et al. 2013. "Complete Mitochrondrial Genomes of Ancient Canids Suggest a Eu ro pe an Origin of Domestic Dogs." Science, November 15, 342 no. 6160, 871–874. Older studies put the date of dog domestication at about thirteen thousand years ago: Savolainen, P., Y. Zhang, J. Luo, J. Lundeberg, and T. Leitner. 2002. "Ge netic Evidence for an East Asian Origin of Domestic Dogs." Science, November 22, 298, 1610–1612. Leonard, J. A., R. K. Wayne, J. Wheeler, R. Valadez, S. Guillén, and C. Vilá. 2002. "Ancient DNA Evidence for Old World Origin of New World Dogs." Science, November 22, 298, 1613–1615.

20. Teglas, E., A. Gergely, K. Kupan, A. Miklosi, and J. Topal. 2012. "Dogs' Gaze Following Is Tuned to Human Communicative Signals." Current Biology 22, 209–212.

B. Hare and M. Tomasello. 2005. "Human- like Social Skills in Dogs?" Trends Cogn Sci 9, 439–444.

Hare, B., M. Brown, C. Williamson, and M. Tomasello. 2002. "The Domestication of Social Cognition in Dogs." Science, November 22, 298: 1634–1636.

21. Berns, Gregory, Andrew Brooks, and Mark Spivak. 2012. "Functional MRI in Awake Unrestrained Dogs." PLoS ONE 7, no. 5.

22. Ibid.

23. Berns, Gregory. 2013. How Dogs Love Us: A Neuroscientist and His Adopted Dog Decode the Canine Brain. New York: New Harvest, 226–227.

24. Berns, Gregory. 2013. "Dogs Are People Too." New York Times, October 6, SR5.

25. Ibid.

26. Marsh, James, director. 2011. Project Nim. A documentary fi lm.

27. It was, Terrace determined, a "Clever Hans" eff ect in primates. Clever Hans was a horse who became world famous by performing arithmetic problems given to him by his trainer, one Mr. von Osten, the answers of which Hans could tap out with his hooves. But in 1907 the German psychologist Oskar Pfungst determined that the horse was picking up on the unconscious body language signals of his human trainer— when Hans reached the correct number of hoof taps the trainer would shift or move in some detectable manner that signaled to Hans to stop tapping his foot. Now known as the Clever Hans eff ect, it is, in fact, another experiment in cross- species social signaling for which we should include horses, along with dogs and elephants. Pfungst, O. 1911. Clever Hans (The Horse of Mr. von Osten): A Contribution to Experimental Animal and Human Psychology, trans. C. L. Rahn. New York: Henry Holt.

28. Marsh's fi lm shuttles between talking- head interviews with all the major players in the project (including Terrace himself) and original footage shot throughout the experiment.

29. To be fair, the trainers and handlers in the fi lm seem to be caring, loving people who did the best they could under the circumstances, but they had little say in the long- term course of Nim's existence. Terrace, by contrast, who ran the show and called the shots, comes across as an almost psychopathic manipulator, an alpha male egotist who, in his own words on camera, spoke of Nim's suff ering in cold, clinical language, and saw absolutely nothing scientifi cally objectionable to employing mostly young nubile graduate students, most of whom he bedded during the research project, then dispensed with before moving on to the next conquest. I realize that this was the free- love 1970s in which professors and students oft en conducted research between the sheets, but even by those standards Terrace appears to be the very embodiment of narcissistic turpitude.

30. Here is a short sampling of the rich literature on animal cognition and emotion:

Bekoff, M., ed. 2000. The Smile of a Dolphin: Remarkable Accounts of Animal Emotions. New York: Crown

Books.

Bonvillian, J. D., and F. G. P. Patterson. 1997. "Sign Language Acquisition and the Development of Meaning in a Lowland Gorilla. In C. Mandell and A. McCabe, eds., The Problem of Meaning: Behavioral and Cognitive Perspectives. Amsterdam: Elsevier.

Byrne, R. 1995. The Th inking Ape: Evolutionary Origins of Intelligence. Oxford, UK: Oxford University Press.

Dawkins, M. S. 1993. Th rough Our Eyes Only: The Search for Animal Consciousness. New York: W. H. Freeman.

Galdikas, B. M. F. 1995. Refl ections of Eden: My Years with the Orangutans of Borneo. Boston: Little, Brown.

Griffi n, D. R. 2001. Animal Minds: Beyond Cognition to Consciousness. Chicago: University of Chicago Press.

Miles, H. L. 1994. "ME CHANTEK: The Development of Self- Awareness in a Signing Orangutan." In S. T. Parker et al., eds., Self- Awareness in Animals and Humans: Developmental Perspectives. Cambridge, UK: University Press.

Miles, H. L. 1996. "Simon Says: The Development of Imitation in an Encultured Orangutan." In Reaching into Th ought: The Minds of the Great Apes, ed. A. E. Russon et al. Cambridge, UK: Cambridge University Press.

Moussaieff, M., and S. McCarthy. 1995. When Elephants Weep: The Emotional Lives of Animals. New York: Delacorte Press.

Parker, S. T., and M. L. McKinney, eds. 1994. Self- Awareness in Animals and Humans: Developmental Perspectives. Cambridge, UK: Cambridge University Press.

———. 1999. The Mentalities of Gorillas and Orangutans. Cambridge, UK: Cambridge University Press.

Patterson, F. G. P. 1993. "The Case for the Personhood of Gorillas." In P. Cavalieri and P. Singer, eds., The Great Ape Project: Equality Beyond Humanity. New York: St. Martin's Press.

Patterson, F. G. P., and E. Linden. 1981. The Education of Koko. New York: Holt, Rinehart, & Winston.

Pepperberg, I. 1999. The Alex Studies: Cognitive and Communicative Abilities of Parrots. Cambridge, MA: Harvard University Press.

Pryor, K., and K. S. Norris, eds. 2000. Dolphin Societies: Discoveries and Puzzles. Chicago: University of Chicago Press.

Reiss, D., and L. Marino. 2001. "Mirror Self- Recognition in the Bottlenose Dolphin: A Case of Cognitive Convergence." Proceedings of the National Academy of Sciences, 8, 5937–5942. Rider, R. D. 1989. Animal Revolution: Changing Attitudes Toward Speciesism. London: Basil Blackwell.

Rogers, L. J. 1998. Minds of Th eir Own: Th inking and Awareness in Animals. Boulder, CO: Westview Press.

Sorabji, R. 1993. Animal Minds and Human Morals: The Origin of the Western Debate. Ithaca, NY: Cornell University Press.

31. Bentham, Jeremy. 1823. Introduction to the Principles of Morals and Legislation, Chap. XVII, for 122. See full text copy: http:// www.econlib.org /library /Bentham /bnth PML18.html

32. Singer, Peter. 1989. "All Animals Are Equal." In Tom Regan and Peter Singer, eds., Animal Rights and Human Obligations. Englewood Cliff s, N.J.: Prentice Hall, 148–162. See Singer's book- length treatment of these arguments: Singer, Peter. 1975. Animal Liberation: Towards an End to Man's Inhumanity to Animals. New York: Harper & Row.

33. Personal correspondence, October 3, 2013. The term "speciesism" has been in use for some time. Singer used it in his 1989 paper, and there he credits Richard Ryder. See Rider, Richard. 1971. "Experiments on Animals" in Stanley and Roslind Godlovitch and John Harris, eds., Animals, Men and Morals. London: Victor

Gollancz.

34. Cohen, Carl, and Tom Regan. 2001. The Animal Rights Debate. London, MD: Rowman & Littlefi eld.

35. Personal correspondence, October 3, 2013.

36. Morell, Virginia. 2013. Animal Wise: The Th oughts and Emotions of Our Fellow Creatures. New York: Crown, 261.

37. Grandin, Temple, and Catherine Johnson. 2006. Animals in Translation: Using the Mysteries of Autism to Decode Animal Behavior. New York: Harcourt. Grandin's TED talk is available here: http:// www.ted.com / talks /temple grandin the world _needs all kinds of minds.html

38. Personal correspondence, October 3, 2013.

39. Pallan, Michael. 2007. The Omnivore's Dilemma. New York: Penguin; Pallan, Michael. 2009. In Defense of Food: An Eater's Manifesto. New York: Penguin.

40. Scully, Matthew. 2003. Dominion: The Power of Man, the Suff ering of Animals, and the Call to Mercy. New York: St. Martin's Press.

41. Pollan, Michael. 2002. "An Animal's Place." New York Times Magazine, November 10, http:// michaelpollan.com /articles -archive /an -animals -place / Aft er wrestling with Peter Singer's arguments in Animal Liberation while devouring a medium -rare rib -eye steak at a fi ne -dining steakhouse, Pollan refl ected, "Th is is where I put down my fork. If I believe in equality, and equality is based on interests rather than characteristics, then either I have to take the interests of the steer I'm eating into account or concede that I am a speciesist. For the time being, I decided to plead guilty as charged. I fi nished my steak."

42. Scully, 2003, 303–304.

43. Pinker, 2011, op. cit., 509.

44. On July 16, 1964, in his speech accepting the Republican presidential nomination, Barry Goldwater gave voice to one of the most memorable one- liners in the history of politicking: "Extremism in the defense of liberty is no vice. Moderation in the pursuit of justice is no virtue." I hold that in most cases this is precisely backward.

45. Carlton, Jim. 2013. "A Winter Without Walruses." Wall Street Journal, October 4, A4.

46. Patterson, Charles. 2002. Eternal Treblinka: Our Treatment of Animals and the Holocaust. Herndon, VA: Lantern Books.

47. Singer, Isaac Bashevis. 1980. The Seance and Other Stories. New York: Farrar, Straus, & Giroux, 270.

48. Shermer, Michael. 2000. Denying History. Berkeley: University of California Press.

49. Personal correspondence, October 7, 2013.

50. Guide for the Care and Use of Laboratory Animals, 8th ed. 2011. Institute for Laboratory Animal Research, Division on Earth and Life Studies, National Research Council of the National Academies. Washington, DC: National Academies Press, 123–124.

51. My Cousin Vinny script. 1992. http:// www.springfi eldspringfi eld.co.uk /movie script.php ?movie=my -cousin-vinny

52. http:// freefromharm.org /animal -cruelty -investigation /saddest -slaughterhouse -video -ever -shows -no -blood -or -slaughter /

53. Conover, Ted. 2013. "The Stream: Ted Conover Goes Undercover as a USDA Meat Inspector." Harper's. April 15. http:// harpers.org /blog /2013 /04 /ted -conover -goes -undercover -as -a -usda -meat -inspector /

54. Earthlings. 2005. Directed by Shaun Monson. Narrated by Joaquin Phoenix. Available for viewing for free on many sites online, such as http:// www.youtube.com /watch ?v=qCRspwfKHmI

55. Much of the narration was taken from animal rights works by Peter Singer, Tom Regan, and others. A transcript of Earthlings is available here: http:// dotsub.com /view /45ef7b01 -c85e -46b3 -ab57 -63ce873d62ff /viewTranscript /eng

56. Emerson, Ralph Waldo. 1860. "Fate." In his The Conduct of Life. http:// www.emerson central.com /fate. htm

57. Moral progress: On March 31, 2014, the United Nations' International Court of Justice ruled that Japan must discontinue its annual whale hunt, rejecting the country's rationalization for their barbarous act that it was done in the name of scientifi c research. http:// www.cnn.com /2014 /03 /31 /world /asia /japan -whale -hunt /

58. Dennett, Daniel. 1997. Kinds of Minds. New York: Basic Books.

59. Personal correspondence, October 3, 2013.

60. Wise, S. M. 2002. Science and the Case for Animal Rights. Boston: Perseus Books.

61. Davis, D. B. 1984. Slavery and Human Progress. New York: Oxford University Press.

62. Francione, Gary. 2006. "The Great Ape Project: Not So Great." In Animal Rights: The Abolition Approach. goo.gl/ojbptB

63. "India Bans Captive Dolphin Shows as 'Morally Unacceptable.' " 2013. Environment News Ser vice. May 20. http:// ens -newswire.com /2013 /05 /20 /india -bans -captive -dolphin -shows -as -morally -unacceptable /

64. Genesis 1, 28, King James Version.

65. Aquinas, Th omas. Book 3- 2, chap. CVII. "Th at Rational Creatures Are Governed for Th eir Own Sake, and Other Creatures, as Directed to Th em." The Summa Contra Gentiles. http:// www.saintwiki.com /index. php ?title=SCG 3.112

66. Payne, J. L. 2004. A History of Force: Exploring the Worldwide Movement Against Habits of Coercion, Bloodshed, and Mayhem. Sandpoint, ID: Lytton.

67. Spencer, Colin. 1995. The Heretic's Feast: A History of Vegetarianism. Lebanon, NH: University Press of New En gland, 215.

68. Moore, David. 2003. "Public Lukewarm on Animal Rights." Gallup News Ser vice, May 21. http:// www. gallup.com /poll /8461 /public -lukewarm -animal -rights.aspx

69. Ibid.

70. http:// www.vrg.org /blog /2012/05 /18 /how -oft en -do -americans -eat -vegetarian -meals -and -how -many -adults -in -the -u -s -are -vegetarian /

71. http:// www.gallup.com /poll /156215 /consider -themselves -vegetarians.aspx

72. Updated from Pinker, 2011, 471.

73. Bittman, Mark. 2012. "We're Eating Less Meat. Why?" New York Times, January 10. http:// opinionator. blogs.nytimes.com /2012 /01 /10 /were -eating -less -meat -why /? r=0

74. "Vegetarianism in the United States: A Summary of Quantitative Research." 2007. Humane Research Council. http:// www.humaneresearch.org /content /vegetarianism -us -summary -quantitative -research

75. Newport, Frank. 2008. "Post- Derby Tragedy, 38% Support Banning Animal Racing." http:// www.gallup. com /poll /107293 /PostDerby -Tragedy -38 -Support -Banning -Animal -Racing.aspx

76. US Fish and Wildlife Ser vice. 2006. National Survey of Fishing, Hunting, and Wildlife- Associated Recreation.

77. http:// wsfrprograms.fws.gov /Subpages /NationalSurvey /2011 Survey.htm 78. Miller, Gerri. 2011. "Animal Safety Was Spielberg's Top Concern on 'War Horse.' " http:// www.mnn.com /lifestyle /arts -culture /stories /animal -safety -was -spielbergs -top -concern -on -war -horse Of course, Hollywood does have a reputation for championing liberal causes, and this was on display in 2013 when the city itself banned circuses and other entertainment acts involving wild and exotic animals, to protect them "from cruel and inhumane treatment." The ordinance followed others in the same vein in Los Angeles, including the banning of steel- jaw traps and animal testing of cosmetics in 1989, declawing animals in 2003, the retail sale of dogs and cats in 2010, and the sale of fur in 2011. Mullins, Alisa. 2013. "Why We, but Especially Elephants, Love West

Hollywood." http:// beforeitsnews.com /ani mals -pets /2013 /09 /why -we -but -especially -elephants -love -west -hollywood -2449888.html

79. Pollan, 2002, op cit.

80. For counterarguments to even this middle- ground position, and in general the ethics of eating, see Foer, Jonathan Safran. 2010. Eating Animals. Boston: Back Bay Books, and Singer, Peter, and Jim Mason. 2007. The Ethics of What We Eat. Emmaus, PA: Rodale Press.

81. Free Range: A Short Documentary. http:// www.youtube.com/watch?v=jMF5ZW2QvYg The farm featured is Sunny Day Farms in Texas: http:// www.sunnydayfarms.com /

82. Cooper, Rob. 2013. "Free Range Eggs Outsell Th ose from Caged Hens for First Time." Daily Mail Online. http:// www.dailymail.co.uk /news /article -2102905 /Free -range -eggs -outsell -caged -hens -time. html

83. http:// www.wholefoodsmarket.com /mission -values /animal -welfare /5 -step -animal -welfare -rating

84. I have dined several times with Mackey and can assure readers that he practices what he preaches, even to the point of bringing his own salad dressing to one of the fi nest restaurants in Las Vegas, where we dine together every year at Freedomfest, the world's largest annual gathering of free market- loving libertarians.

85. For a sobering look at the business of food production see Robert Kenner's documentary Food, Inc., which shows the extent to which the factory food industry goes to maintain the pastoral fantasy of an agrarian America, even as that America disappears off the landscape: Kenner, Robert, and Melissa Robledo. 2008. Food, Inc. Participant Media.

86. Lutz, Wolfgang, and Sergei Scherbov. 2008. "Exploratory Extension of IIASA's World Population Projections: Scenarios to 2300. http:// webarchive.iiasa.ac.at /Admin /PUB /Documents /IR -08 -022.pdf

87. See, for example, Andras Forgacs's TED talk "Leather and Meat Without Killing Animals." http:// www. ted.com /talks /andras forgacs leather and meat without _killing animals.html

88. Conover, op cit.

89. Augustine of Hippo, Confessions, 8, 17. The entire passage in which he is addressing God reads: "I in my great worthlessness had begged You for chastity, saying 'Grant me chastity and continence, but not yet.' For I was afraid that You would hear my prayer too soon, and too soon would heal me from disease of which I wanted satisfi ed rather than extinguished."

90. The original French sentence, from the fi nal chapter of Hugo's book Histoire d'un Crime (The History of a Crime), is: "On resiste à l'invasion des armées; on ne resiste pas à l'invasion des idées." http:// www. quotecounterquote.com /2011 /02 /nothing -is -more -powerful-than-idea.html

91. Darwin, 1859, op cit., 489.

9: MORAL REGRESS AND PATHWAYS TO EVIL

1. Milgram, Stanley. 1969. Obedience to Authority: An Experimental View. New York: Harper & Row.

2. Interview with Phil Zimbardo conducted by the author on March 26, 2007.

3. Milgram, 1969.

4. The replication conducted on October 8–9, 2009. Setup: See all our experiments at www.msnbc.msn.com, keywords "What Were You Th inking?" Or "Did You See Th at?" http:// www.msnbc.msn.com/id/38154937/ ns/dateline_nbc/ "What Were You Th inking?" http:// www.msnbc.msn.com /id /21134540 /vp /35951451 #35951451

5. A transcript of the complete NBC Dateline Special is available here: http:// www.msnbc .msn.com / id /36787261 /ns /dateline nbc -the hansen fi les with chris hansen /t /what -were -you -thinking /#.UAmb -0rvbXU

6. In screening this segment of the NBC special in public talks I am occasionally asked how we got this replication passed by an Institutional Review Board (IRB), which is required for scientifi c research. We didn't. Th is was for network tele vision, not an academic laboratory, so the equivalent of an IRB was review by NBC's legal department, which approved it. Th is seems to surprise— even shock— many academics, until I remind them of what people do to one another on reality tele vision programs in which subjects are stranded on a remote island and left to fend for themselves in various contrivances that resemble a Hobbesian world of a war of all against all.

7. Pinker, Steven. 2002. The Blank Slate: The Modern Denial of Human Nature. New York: Viking.

8. Milgram, 1969.

9. Ibid.

10. Burger, Jerry. 2009. "Replicating Milgram: Would People Still Obey Today?" American Psychologist, 64, 1–11.

11. The Trial of Adolf Eichmann, Session 95, July 13, 1961. http:// www.nizkor.org / hweb /people /e / eichmann -adolf /transcripts /Sessions /Session -095 -05.html

12. Cesarani, David. 2006. Becoming Eichmann: Rethinking the Life, Crimes, and Trial of a "Desk Murderer." New York: Da Capo Press. Von Trotta, Margarethe, director. 2012. Hannah Arendt. Zeitgeist Films. See also Lipstadt, Deborah E. 2011. The Eichmann Trial. New York: Schocken.

13. Young, Robert. 2010. Eichmann. Regent Releasing, Here! Films. October.

14. Quoted in Goldhagen, Daniel Jonah. 2009. Worse Th an War: Genocide, Eliminationism, and the Ongoing Assault on Humanity. New York: PublicAff airs, 158.

15. Lozowick, Yaacov. 2003. Hitler's Bureaucrats: The Nazi Security Police and the Banality of Evil. New York: Continuum, 279.

16. Quoted in Lift on, Robert Jay. 1989. The Nazi Doctors: Medical Killing and the Psychology of Genocide. New York: Basic Books, 337.

17. Lift on, Robert Jay. 1989. The Nazi Doctors: Medical Killing and the Psychology of Genocide. New York: Basic Books, 382–383.

18. Levi, Primo. 1989. The Drowned and the Saved. New York: Vintage Books, 56. For a thoughtful discussion on personality and morality see Doris, John Michael. 2002. Lack of Character: Personality and Moral Behavior. New York: Cambridge University Press.

19. Baumeister, R. F. 1997. Evil: Inside Human Violence and Cruelty. New York: Henry Holt.

20. Ibid., 379.

21. ———. 1990. "Victim and Perpetrator Accounts of Interpersonal Confl ict: Autobiographical Narratives About Anger." Journal of Personality and Social Psychology, 59, no. 5, 994–1005.

22. Richardson, Louis Fry. 1960. Statistics of Deadly Quarrels. Pittsburgh: Boxwood Press, xxxv. Translation of the French portion of Richardson's quote by Steven Pinker.

23. McMillan, Dan. 2014. How Could Th is Happen?: Explaining the Holocaust. New York: Basic Books, 213.

24. Quoted in: Broszat, Martin. 1967. "Nationalsozialistische Konzentrationslager 1933– 1945." In H. Bucheim, ed., Anatomie des SS- Staates. 2 vols. Munich: Deutscher Taschenbuchverlag, 143.

25. http:// www.youtube.com /watch ?v=6yi9hT8ES2g

26. http:// www.holocaust -history.org /himmler -poznan /speech -text.shtml

27. Quoted in Snyder, L. 1981. Hitler's Th ird Reich. Chicago: Nelson- Hall, 29.

28. Quoted in Jäckel, Eberhard. 1993. Hitler in History. Lebanon, NH: Brandeis University Press/University Press of New Hampshire, 33.

29. Quoted in Snyder, 1981, 521.

30. Friedlander, 1995, 97.

31. Ibid., 284.

32. Th is account also helps us understand another mystery— the "missing" order from Hitler to exterminate the Jews. In the opinion of my coauthor Alex Grobman and me, one of the reasons there exists no written order from Hitler is because he once authorized in writing the euthanasia of handicapped patients and this came back to haunt him with negative press. Furthermore, we know that as a general principle Hitler always tried not to sign orders himself. Th ere is no order by Hitler, for example, to start the Second World War. Herein lies the key to understanding the contingent evolution of the extermination camps— they evolved out of concentration camps and work camps, utilizing techniques for mass murder developed for the euthanasia program, disguised to maximize secrecy and security.

33. Navarick, Douglas J. 2013. "Moral Ambivalence: Modeling and Mea sur ing Bivariate Evaluative Pro cesses in Moral Judgment." Review of General Psychology, 17, no. 4, 443–452.

34. See my chapter on animal rights in this book for my current moral position on such research, which has changed considerably since my days working in Doug's lab running experiments with rats and pigeons.

35. Janoff - Bulman, R., S. Sheikh, and S. Hepp. 2009. "Proscriptive versus Prescriptive Morality: Two Faces of Moral Regulation." Journal of Personality and Social Psychology, 96, 521–537.

36. Ibid.

37. Navarick 2013, 444.

38. See Pinker, 2011, and his discussion with many examples of post–World War II Germans who have marched against militarism, nuclear weapons, the US war in Iraq, and many others, including the Parker Brothers German version of the board game Risk, which the German government tried to censor because the game involves players trying to conquer the world.

39. Klee, Ernst, Wili Dressen, Volker Riess, and Hugh Trevor- Roper. 1996. "The Good Old Days: The Holocaust As Seen by Its Perpetrators and Bystanders." New York: William S. Konecky Associates, 163–171.

40. Navarick, Douglas. 1979. Principles of Learning: From Laboratory to Field. Reading, MA: Addison-Wesley.

41. Breiter, Hans; N. Etcoff, P. Whalen, W. Kennedy, S. Rauch, R. Buckner, M. Srauss, S. Hyman, and B. Rosen. 1996. "Response and Habituation of the Human Amygdala During Visual Pro cessing of Facial Expression." Neuron, November, 17, 875–887; Blackford, Jennifer; A. Allen, R. Cowan, and S. Avery. 2012. "Amygdala and Hippocampus Fail to Habituate to Faces in Individuals with an Inhibited Temperament." Social Cognitive and Aff ective Neuroscience, January, 8–2, 143–150.

42. The Waff en- SS. 2002. Film Documentary directed by Christian Frey, written by Mark Halliley, produced by Guido Knopp. Story House Production for Channel 4 in the United Kingdom and the History Channel in the United States. http:// www.youtube.com /watch ?v=Fzyx6DbOhec

43. Navarick, Douglas J. 2012. "Historical Psychology and the Milgram Paradigm: Tests of an Experimentally Derived Model of Defi ance Using Accounts of Massacres by Nazi Reserve Police Battalion 101." Psychological Record, 62, 133–154. Navarick notes the importance of social scientists and historians working together to understand the past: "Psychological science has a role to play in ensuring that humanity remembers— and learns from— the past."

44. Quoted in Navarick, 2013.

45. Navarick, 2012. "Historical Psychology," op cit.

46. Navarick, Douglas J. 2009. "Reviving the Milgram Obedience Paradigm in the Era of Informed Consent." Psychological Record, 59, 155–170.

47. Th eweleit, Klaus. 1989. Male Fantasies. Vol. 2, Male Bodies. Minneapolis: University of Minnesota Press, 301.

48. The Waff en- SS. 2002. Film documentary.

49. Ibid.

50. Browning, Christopher. 1991. The Path to Genocide: Essays on Launching the Final Solution. Cambridge, UK: Cambridge University Press, 143.

51. Le Bon, Gustave. 1896. The Crowd: A Study of the Pop u lar Mind. New York: Macmillan.

52. Sherif, Muzafer, O. J. Harvey, B. Jack White, William R. Hood, and Carolyn W. Sherif. 1961. Intergroup Confl ict and Cooperation: The Robbers Cave Experiment. Norman: University of Oklahoma Press.

53. Hofl ing, Charles K., E. Brotzman, S. Dalrymple, N. Graves, and C. M. Pierce. 1966. "An Experimental Study in Nurse- Physician Relationships." Journal of Ner vous and Mental Disease, 143, 171–180.

54. Krackow, A., and T. Blass. 1995. "When Nurses Obey or Defy Inappropriate Physician Orders: Attributional Diff erences." Journal of Social Behavior and Personality, 10, 585–594.

55. Haslam, S. Alexander, Stephen D. Reicher, and Joanne R. Smith. 2012. "Working Toward the Experimenter: Reconceptualizing Obedience Within the Milgram Paradigm as Identifi cation- Based Followership." Perspectives on Psychological Science. 7, no. 4, 315–324. doi:10.1371/journal.pbio.1001426

56. Haslam, S. Alexander and Stephen D. Reicher. 2012. "Contesting the 'Nature' of Conformity: What Milgram and Zimbardo's Studies Really Show." PLoS Biol 10, no. 11, November 20: e1001426. doi:10.1371/journal.pbio.1001426

57. Zimbardo, Philip. 2007. The Lucifer Eff ect: Understanding How Good People Turn Evil. New York: Random House.

58. Reicher, S. D., and S. A. Haslam. 2006. "Rethinking the Psychology of Tyranny: The BBC Prison Study." British Journal of Social Psychology 45, 1–40. doi: 10.1348/014466605X48998

59. Asch, Solomon E. 1951. "Studies of In de pen dence and Conformity: A Minority of One Against a Unanimous Majority." Psychological Monographs, 70, no. 416. See also Asch, Solomon E. 1955. "Opinions and Social Pressure." Scientifi c American, November, 31–35.

60. Berns, Gregory, et al. 2005. "Neurobiological Correlates of Social Conformity and In de pen dence During Mental Rotation." Biological Psychiatry, 58, August 1, 245–253.

61. Perdue, Charles W., John F. Dovidio, Michael B. Gurtman, and Richard B. Tyler. 1990. "Us and Th em: Social Categorization and the Pro cess of Intergroup Bias." Journal of Personality and Social Psychology, 59, 475–486.

62. Grossman, Dave. 2009. On Killing. Boston: Little, Brown.

63. Malmstrom, Frederick V., and David Mullin. "Why Whistle- Blowing Doesn't Work: Loyalty Is a Whole Lot Easier to Enforce Th an Honesty." Skeptic, 19, no. 1. goo.glBGdm47

64. Prentice, D. A., and D. T. Miller. 1993. "Pluralistic Ignorance and Alcohol Use on Campus: Some Consequences of Misperceiving the Social Norm." Journal of Personality and Social Psychology, February, 64, no. 2, 243–256. http:// www.ncbi.nlm .nih.gov /pubmed /8433272

65. Lambert, Tracy A., Arnold S. Kahn, and Kevin J. Apple. 2003. "Pluralistic Ignorance and Hooking Up." Journal of Sex Research, 40, no. 2, May, 129–133.

66. Russell, Jeff rey B. 1982. A History of Witchcraft : Sorcerers, Heretics and Pagans. London: Th ames & Hudson; Briggs, Robin. 1996. Witches and Neighbors: The Social and Cultural Context of Eu ro pe an Witchcraft. New York: Viking.

67. Quoted in Glover, J. 1999. Humanity: A Moral History of the Twentieth Century. London: Jonathan Cape. See also Solzhenitsyn, Aleksandr. 1973. The Gulag Archipelago. New York: Harper & Row.

68. Macy, Michael W., Robb Willer, and Ko Kuwabara. 2009. "The False Enforcement of Unpop u lar Norms." American Journal of Sociology, 115, no. 2, September, 451–490.

69. O'Gorman, Hubert J. 1975. "Pluralistic Ignorance and White Estimates of White Support for Racial

Segregation." Public Opinion Quarterly, 39, no. 3, Autumn, 313–330.

70. Boven, Leaf Van. 2000. "Pluralistic Ignorance and Po liti cal Correctness: The Case of Affi rmative Action." Po liti cal Psychology, 21, no. 2, 267–276.

71. Dostoevsky, Fyodor. 1864/1918. Notes from the Underground. New York: Vintage. Available at http:// www.classicreader.com /book /414 /12 /

72. Prentice and Miller, 1973.

73. Macy et al., 2009.

74. http:// www.museenkoeln.de /ns -dokumentationszentrum /start.aspx ?s=314

10: MORAL FREEDOM AND RESPONSIBILITY

1. Personal correspondences. Out of respect for the victims and/or families of the victims of these crimes, I will give no further identifying information so as not to give any personal satisfaction to these prisoners of seeing their names or accounts in print.

2. Harris, Sam. 2012. Free Will. New York: Free Press, 5.

3. Libet, Benjamin. 1985. "Unconscious Cerebral Initiative and the Role of Conscious Will in Voluntary Action." Behavior and Brain Sciences, 8, 529–566.

4. Haynes, J. D. 2011. "Decoding and Predicting Intentions." Annals of the New York Academy of Sciences, 1224, no. 1, 9–21.

5. Fried, I., R. Mukamel, and G. Kreimann. 2011. "Internally Generated Preactivation of Single Neurons in Human Medial Frontal Cortex Predicts Volition." Neuron, 69, 548–562. See also Haggard, P. 2011. "Decision Time for Free Will." Neuron, 69, 404–406.

6. Kurzban, Robert. 2012. Why Everyone (Else) Is a Hypocrite. Prince ton, NJ: Prince ton University Press.

7. Ultimatum game research and applications are reviewed here: Camerer, Colin. 2003. Behavioral Game Th eory. Prince ton, NJ: Prince ton University Press.

8. I consider the fate of Homo economicus in a book- length analysis: Shermer, Michael. 2008. The Mind of the Market. New York: Times Books.

9. Dennett, Daniel. 2003. Freedom Evolves. New York: Penguin.

10. Brass, Marcel, and Patrick Haggard. 2007. "To Do or Not to Do: The Neural Signature of Self- Control." Journal of Neuroscience, 27, no. 34, 9141–9145.

11. Ibid., 9143.

12. Ibid., 9144.

13. Libet, Benjamin. 1999. "Do We Have Free Will?" Journal of Consciousness Studies, 6, 809, 47–57.

14. For a discussion of how the brain operates to make economic decisions that feel "free" to the decision maker see Glimcher, P. W. 2003. Decisions, Uncertainty, and the Brain: The Science of Neuroeconomics. Cambridge, MA: MIT Press. See also Steven Pinker's excellent discussion on free will and determinism in Pinker, Steven. 2002. The Blank Slate: The Modern Denial of Human Nature. New York: Viking, 175.

15. Dennett, Daniel. 2003. Freedom Evolves. New York: Viking.

16. Scheb, John M., and John M. Scheb II. 2010. Criminal Law and Procedure, 7th ed. Stanford, CT: Cengage Learning.

17. Hare, Robert. 1991. Without Conscious: The Disturbing World of the Psychopaths Among Us. New York: Guilford Press; Baron- Cohen, Simon. 2011. The Science of Evil: On Empathy and the Origins of Cruelty. New York: Basic Books; Dutton, Kevin. 2012. The Wisdom of Psychopaths: What Saints, Spies, and Serial Killers Teach Us About Success. New York: Farrar, Straus, & Giroux.

18. Personal interview, July 23, 2012.

19. Quoted in Dutton, 2012.

20. Fallon, James. 2013. The Psychopath Inside: A Neuroscientist's Personal Journey into the Dark Side of the Brain. New York: Current, 1.

21. Ibid., 190.

22. Ibid., 206.

23. Dutton, Kevin. 2012. The Wisdom of Psychopaths, 200.

24. www.heroicimagination.org

25. Dutton, 2012, 222.

26. http:// blog.ted.com /2013 /03 /01 /training -the -brains -of -psychopaths -daniel -reisel -at -ted2013 /

27. UPI press release. 1966. "Sniper in Texas U. Tower Kills 12, Hits 33." New York Times, August 2, 1.

28. Letter dictated by Whitman on Sunday, July 31, 1966, 6:45 p.m. In the collections of the Austin History Center. http:// alt.cimedia.com /statesman /specialreports /whitman /letter.pdf

29. Report to the Governor, Medical Aspects, Charles J. Whitman Catastrophe. 1966. Whitman Archives. Austin American- Statesman, September 8.

30. Heatly, Maurice. 1966. "Whitman Case Notes. Whitman Archives. Austin American- Statesman, March 29.

31. Raine, Adrian. 2013. The Anatomy of Violence: The Biological Roots of Crime. New York: Pantheon.

32. Ibid., 309–310.

33. Ibid., 67.

34. Ibid., 69.

35. Ibid., 326.

36. Kiehl, Kent A., et al. 2001. "Limbic Abnormalities in Aff ective Pro cessing by Criminal Psychopaths as Revealed by Functional Magnetic Resonance Imaging." Biological Psychiatry, 50, 677–684.

37. Aharoni, Eyal, Gina Vincent, Carla Harenski, Vince Calhoun, Walter Sinnott-Armstrong, Michael Gazzaniga, and Kent Kiehl. 2013. "Neuroprediction of Future Rearrest." PNAS, 110, no. 15, 6223–6228.

38. 2011 Global Study on Hom i cide. UN Offi ce on Drugs and Crime, 63–70. http://www.unodc.org / documents /data -and -analysis /statistics /Homicide /Globa study_on homicide 2011 web.pdf

39. Ibid., 73.

40. Kellerman, A. L., and J. A. Mercy. 1992. "Men, Women, and Murder: Gender- Specifi c Diff erences in Rates of Fatal Violence and Victimization." Journal of Trauma, July, 33, no. 1, 1–5. http:// www.ncbi.nlm.nih.gov /pubmed /1635092

11: MORAL JUSTICE: RETRIBUTION AND RESTORATION

1. www.nelsonmandela.org

2. Buss, David. 2005. The Murderer Next Door: Why the Mind Is Designed to Kill. New York: Penguin.

3. Ibid., 70.

4. Ibid.

5. Ibid., 106.

6. Ibid.

7. Ibid.

8. Collins, Randall. 2008. Violence: A Micro- Sociological Th eory. Prince ton, NJ: Prince ton University Press.

9. Buss, 2005.

10. De Waal, Frans. 1982. Chimpanzee Politics: Sex and Power Among the Apes. Baltimore: Johns Hopkins University Press, 203, 207.

11. ———. 1989. Peacemaking Among Primates. Cambridge, MA: Harvard University Press.

12. ———. 2005. Our Inner Ape. New York: Riverhead Books, 175.

13. De Waal, Frans, and Frans Lanting. 1998. Bonobo: The Forgotten Ape. Berkeley: University of California Press; Kano, Takayoshi, and Evelyn Ono Vineberg. 1992. The Last Ape: Pygmy Chimpanzee Behavior and Econology. Ann Arbor, MI: University Microfi lms International.

14. De Waal, Frans B. M. 1997. "Food Transfers Th rough Mesh in Brown Capuchins." Journal of Comparative Psychology, 111, 370–378.

15. Brosnan, Sarah F., and Frans de Waal. 2003. "Monkeys Reject Unequal Pay." Nature, 425, September 18, 297–299.

16. Cords, M., and Th urnheer, S. 1993. "Reconciling with Valuable Partners by Long-Tailed Macaques." Behaviour, 93, 315–325.

17. De Waal, Frans. 1996. Good Natured: The Origins of Right and Wrong in Humans and Other Animals. Cambridge, MA: Harvard University Press.

18. Koyama, N. F., and E. Palagi. 2007. "Managing Confl ict: Evidence from Wild and Captive Primates." International Journal of Primatology, 27, no. 5, 1235–1240. Koyama, N. F., C. Caws, and F. Aureli. 2007. "Interchange of Grooming and Agonistic Support in Chimpanzees." International Journal of Primatology, 27, no. 5, 1293–1309.

19. I document the evidence for this thesis in The Science of Good and Evil, and the logic of why actually believing you are a moral person rather than faking it was worked out by Robert Trivers in Trivers, Robert. 2011. The Folly of Fools: The Logic of Deceit and Self- Deception in Human Life. New York: Basic Books.

20. In support of this claim see de Waal, Frans. 2008. "How Selfi sh an Animal? The Case of Primate Cooperation." In Paul Zak, Ed., Moral Markets: The Critical Role of Values in the Economy. Prince ton, NJ: Prince ton University Press.

21. Brosnan, Sarah F. 2008. "Fairness and Other- Regarding Preferences in Nonhuman Primates." In Paul Zak, Ed., Moral Markets: The Critical Role of Values in the Economy. Prince ton, NJ: Prince ton University Press.

22. Henrich, Joseph, Robert Boyd, Sam Bowles, Colin Camerer, Herbert Gintis, Richard McElreath, and Ernst Fehr. 2001. "In Search of Homo economicus: Experiments in 15 Small- Scale Societies." American Economic Review, 91, no. 2, 73–79.

23. Henrich, Joseph, Robert Boyd, Sam Bowles, Colin Camerer, Ernst Fehr, and Herbert Gintis. 2004. Foundations of Human Sociality. New York: Oxford University Press, 8.

24. Gintis, Herbert, Samuel Bowles, Robert Boyd, and Ernst Fehr. 2005. Moral Sentiments and Material Interests. Cambridge, MA: MIT Press. Boyd, Robert, and Peter J. Richerson. 2005. The Origin and Evolution of Cultures. New York: Oxford University Press.

25. Boehm, Christopher. 2012. Moral Origins: The Evolution of Virtue, Altruism, and Shame. New York: Basic Books.

26. Th ere are critics of this assumption— usually cultural anthropologists and sociologists who place a much stronger emphasis on the role of learning, culture, and the environment than I think is perhaps warranted by the evidence— but almost no one today denies that we have an evolved nature, and that facts about this nature may be gleaned from these numerous sources.

27. Figure based on table III in Boehm, 2012, 196; see also table 1 in Boehm, Christopher. 2014. "The Moral Consequences of Social Selection." Behaviour, 151, 167–183.

28. Lee, Richard B. 1979. The !Kung San: Men, Women, and Work in a Foraging Society. New York: Cambridge University Press, 394–395.

29. Boehm, 2012, 201. Boehm also makes the argument for group selection— in addition to individual selection— in his book, which I think is unnecessary in making his case for the evolution of altruism and the problem of free riding and bullying. The group may seem coherent and cohesive, but it is still a group of individuals, per my discussion of the issue in chapter 1.

30. Ibid., 201.

31. Bentham, J. 1789/1948). The Principles of Morals and Legislation. New York: Macmillan.

32. http:// en.wikisource.org /wiki /An Essay on Crimes and Punishments /Chapter _XL

33. Cooney, Mark. 1997. "The Decline of Elite Hom i cide." Criminology, 35, 381–407.

34. Transcript of Goetz's videotape confession available here: http://law2.umkc.edu /faculty/projects/ft rials/ goetz/goetzconfession.html See also the documentary fi lm "The Confessions of Bernhard Goetz": http:// www.youtube.com /watch ?v= JTmr BSwB7n0

35. Fletcher, George P. 1999. A Crime of Self- Defense: Bernhard Goetz and the Law on Trial. Chicago: University of Chicago Press. Fletcher writes: "Th ere is a way to deal with the problem as a moral question. The reason that Goetz was charged with a crime of self- defense was precisely that the law enforcement agencies and the district attorney felt strongly that he had overreacted, that he was blameworthy for having overreacted, and that he ought to be punished." Quoted in the documentary fi lm "The Confessions of Bernhard Goetz": http:// www.youtube.com /watch ?v =JTmrBSwB7n0

36. Quoted in the documentary fi lm "The Confessions of Bernhard Goetz": http:// www.youtube.com /watch ?v=JTmrBSwB7n0

37. Black, Donald. 1983. "Crime as Social Control." American So cio log i cal Review, 48, 34–45.

38. MacRae, Allan, and Howard Zehr. 2011. "Right Wrongs the Maori Way." Yes! Magazine, July 8. http:// www.yesmagazine.org /issues /beyond -prisons /righting -wrongs -the -maori -way

39. New Zealand Ministry of Justice. "Child Off ending and Youth Justice Pro cesses." http:// www.justice. govt.nz /policy /crime -prevention /youth -justice /child-off ending -and -youth -justice -processes /child -off ending -and -youth -justice -processes #family -group -conference -fgc

40. McElrea, Fred W. M. 2012. "Twenty Years of Restorative Justice in New Zealand." January 10. http:// www.tikkun.org /nextgen /twenty -years -of -restorative -justice -in -new -zealand

41. http:// www.authorstream.com/Presentation/pat_mcintosh- 208111- capstonepresentation- crime- juvenile- restorative- justice- court- diversion- law- youthfuloff ender- education- ppt- powerpoint/ See as well this from the New Zealand Ministry of Justice: http:// www.justice.govt.nz/policy/crime- prevention/youthjustice/ child- off ending- and- youth- justice- processes/child- off ending- and- youthjustice- processes#family- group- conference- fgc And here a judge talks about restorative justice in New Zealand: http:// www.tikkun.org / nextgen /twenty -years -of -restorative -justice -in -new -zealand

42. MacRae and Zehr. 2011. "Right Wrongs the Maori Way."

43. McCann, Michael. 2007. "No Easy Answers." SI.Com. http:// sportsillustrated.cnn .com /2007 /writers / michael mccann /09 /18 /hearings /

44. The collection pro cess became even more problematic when O. J. was subsequently incarcerated for another crime in which he illegally entered a hotel room brandishing a gun to retrieve what he said were stolen items from his football memorabilia collection. He was charged with criminal conspiracy, kidnapping, assault, robbery, and use of a deadly weapon. Th is too was considered to be a crime against the state— instead of the holders of said memorabilia— and for taking the law into his own hands Simpson was sent to prison, where he remains to this day. See State of Nevada v. O. J. Simpson et al. http:// news.fi ndlaw.com /hdocs /docs /oj / ojnv91807 cmp.html

45. Zehr, Howard, and Ali Gohar. 2003. The Little Book of Restorative Justice. Intercourse, PA: Good Books, 10–14. Available online as a PDF: http:// www.unicef.org / tdad /littlebookrjpakaf.pdf

46. Diamond, Jared. 2012. *The World Until Yesterday: What Can We Learn from Traditional Societies?* New York: Penguin, chap. 2 passim.

47. Ibid.

48. Ibid.

49. Woolf and Riley are featured together in a short film titled *The Woolf Within*. http:// www.youtube.com / watch ?v=A1s6wKeGLQk

50. http:// theforgivenessproject.com /stories /peter -woolf -will -riley -england /#pretty Photo

51. Richardson, Lucy. 2013. "Restorative Justice Does Work, Says Career Burglar Who Has Turned Life Around on Teesside." *Darlington and Stockton Times*, May 1. http:// www.darlingtonandstocktontimes.co.uk /news /10393324.Restorative _ justice does work says career burglar who has turned life around on _ Teesside /

52. Reported in *The Woolf Within* film.

53. McLeland, Debbie. 2010, March 29. http:// theforgivenessproject.com /stories /debbie -mcleland -usa /#prettyPhoto

54. Ibid.

55. Stahl, Lesley. 2011. "Eyewitness." *60 Minutes*, Shari Finkelstein, producer. CBS.

56. Cannino- Thompson, Jennifer, Ronald Cotton, and Erin Torneo. 2010. *Picking Cotton*. New York: St. Martin's Press.

57. Source: Photo by the author.

58. See, for example: McCullough, Michael. 2008. *Beyond Revenge: The Evolution of the Forgiveness Instinct*. San Francisco: Jossey- Bass. The neuroscientist Daniel Reisel draws three lessons from his fifteen years of work with serial killers and psychopaths: (1) We need to change our mind- set about incarceration. "The moment we speak about prisons, it's like we're back in Dickensian— if not medieval— times. For too long we've allowed ourselves to be persuaded of the false notion that human beings can't change, and, as a society, it's costing us dearly." (2) We need transdisciplinary research from multiple fields to work on the problem: "We need people from different disciplines, lab- based scientists, clinicians, social workers and policy makers, to work together." (3) We need to change our mind- set on prisoners. If we see psychopaths as irredeemable, how are they ever going to see themselves as any different? Wouldn't it be better for psychopaths to spend their time in jail training their amygdalas and generating new brain cells? http://blog.ted.com /2013 /03 /01 /training -the -brains -of -psychopaths -daniel -reisel -at -ted2013 /

59. Adams, John. 1788. *A Defence of the Constitutions of Government of the United States of America*, vol. 3, 291, http:// www.constitution.org /jadams/ja1 00.htm

60. Graph rendered by Pinker, 2011, 149, based on data in Hunt, Lynn. 2007. *Inventing Human Rights: A History*. New York: W. W. Norton, 76, 179; Mannix, D. P. 1964. *The History of Torture*. Sparkford, UK: Sutton, 137–138.

61. "Public Executions." Boone, NC: Department of Government and Justice Studies, Appalachian State University. http:// gjs.appstate.edu /media -coverage -crime -and -criminal -justice /public -executions

62. Quoted in "An Unreal Dream: The Michael Morton Story." CNN Films, December 8, 2013. Morton's compensation reported in the Houston Chronicle: http:// www.chron.com /exonerees /stories /michael -morton /

63. Kuhn, Deanna, M. Weinstock, and R. Flaton. 1994. "How Well Do Jurors Reason? Competence Dimensions of Individual Variation in a Juror Reasoning Task." *Psychological Science*, 5, 289–296.

64. http:// www.innocenceproject.org /know /

65. http:// www.brandeis.edu /investigate /innocence -project /

66. Gross, Samuel R., Barbara O'Brien, Chen Hu, and Edward H. Kennedy. 2014. "Rate of False Conviction of Criminal Defendants Who Are Sentenced to Death." *Proceedings of the National Academy of Sciences*, April 28, http:// www.pnas.org /content /early /2014 /04 /23 /1306417111

67. "An Unreal Dream: The Michael Morton Story." CNN Films, December 8, 2013. Eventually Morton was awarded compensation of $1,973,333.33 by the state, and shortly thereaft er Texas governor Rick Perry passed into law the Michael Morton Act, requiring prosecutors to turn evidence over to defense lawyers in criminal cases upon the defendant's request and without the need for a court order. It went into eff ect on January 1, 2014. Remarkably, according to the Innocence Project, before the Morton case no prosecutor had ever been criminally punished for failing to turn over exculpatory evidence. Th at's progress.

68. http:// deathpenaltyinfo.org /YearEnd2013

69. Eckholm, Erik, and John Schwartz. 2014. "Timeline Describes Frantic Scene at Oklahoma Execution." New York Times, May 1, http:// goo.gl /QtvkKJ

70. Blackmun, Harry. 1994. Dissent. Bruce Edwin Callins, Petitioner, v. James A. Collins, Director, Texas Department of Criminal Justice, Institutional Division. Supreme Court of the United States. No. 93- 7054. http:// www.law.cornell.edu /supct /html /93 -7054.ZA1.html

71. Graph rendered by Pinker, 2011, 150, based on data in French Ministry of Foreign Aff airs. 2007. The Death Penalty in France. http:// ambafrance -us.org /IMG /pdf /Death penalty.pdf; Capital Punishment U.K. 2004. The End of Capital Punishment in Eu rope. www.capitalpunishmentuk.org /europe.html; Amnesty International. 2010. Abolitionist and Retentionist Countries. www.amnesty.org /en /death=penalty /abolitinist -and -retentionist -countries.

72. Source: deathpenaltyinfo.org/YearEnd2013

73. Source: deathpenaltyinfo.org/YearEnd2013

74. Chu, Henry. 2013. "Gay British Scientist Gets Posthumous Royal Pardon." Los Angeles Times, December 25, A1, 7.

75. Ibid.

76. Ferguson, Niall. 2000. The Pity of War: Explaining World War I. New York: Basic Books; Tuchman, Barbara. 1963. The Guns of August. New York: Dell.

77. Cited in Grossman, Richard S. 2013. Wrong: Nine Economic Policy Disasters and What We Can Learn from Th em. New York: Oxford University Press.

78. Th is was based on a new set of legal and moral principles, such as Principle I: "Any person who commits an act which constitutes a crime under international law is responsible therefor and liable to punishment." And Principle II: "The fact that internal law does not impose a penalty for an act which constitutes a crime under international law does not relieve the person who committed the act from responsibility under international law." Nuremberg Trial Proceedings, vol. 1. Charter of the International Military Tribunal. http:// avalon.law. yale.edu /imt / imtconst.asp

79. Conot, Robert E. 1993. Justice at Nuremberg. New York: Basic Books.

80. Bosco, David. 2014. Rough Justice: The International Criminal Court in a World of Power Politics. New York: Oxford University Press.

81. Long, William, and Peter Brecke. 2003. War and Reconciliation: Reason and Emotion in Confl ict Resolution. Cambridge, MA: MIT Press, 70–71.

82. Lincoln, Abraham. 1865. Second Inaugural Address. March 4. http:// www.let.rug.nl /usa /presidents / abraham -lincoln /second -inaugural -address -1865.php

83. Holocaust deniers argue that the six million fi gure for the number of Jews killed in the genocide is exaggerated by Israel to increase reparation payments from Germany, but in fact the accounting is based on the number of survivors, not on the number exterminated, so by denier reasoning the six million fi gure is, if anything, an underreporting. See: Shermer, Michael, and Alex Grobman. 1999. Denying History. Berkeley: University of California Press.

84. Since 1990 when the "Here Lived- Stumbling Blocks" project was launched by Gunter Demnig, there

are as of the end of 2013 1,909 stumbling blocks in Cologne and 43,500 total in 915 places in the Federal Republic of Germany of people who were relocated. http:// www.stolpersteine.eu /de /start /

85. Torpey, John C. 2006. Making Whole What Has Been Smashed: On Reparations Politics. Cambridge, MA: Harvard University Press.

86. http:// www.culturalsurvival.org /publications /cultural -survival -quarterly /canada /oh -canada

87. http:// en.wikipedia.org /wiki /National Sorry Day

12: PROTOPIA: THE FUTURE OF MORAL PROGRESS

1. Darwin, Charles. 1871. The Descent of Man and Selection in Relation to Sex. Vol. 1. London: John Murray, 69.

2. Clarke, Arthur C. 1951. The Exploration of Space. Frederick, MD: Wonder Book.

3. The phrase was introduced by Gertrude Stein in her autobiography in describing her childhood home of Oakland where she famously declared "there is no there there." It's not clear what she meant, although it appears to reference changing identities (one's home city and one's self). Stein, Gertrude. 1937. Gertrude Stein, Everybody's Autobiography. New York: Random House, 289.

4. οὐ ("not") and τόπος ("place"): "no place"

5. Rayfi eld, Donald. 2005. Stalin and His Hangmen: The Tyrant and Th ose Who Killed for Him. New York: Random House; White, Matthew. 2012. The Great Big Book of Horrible Th ings: The Defi nitive Chronicle of History's 100 Worst Atrocities. New York: W. W. Norton, 382–392; Akbar, Arifa. 2010. "Mao's Great Leap Forward 'Killed

45 Million in Four Years.' " In de pen dent (London), September 17; Becker, Jasper. 1998. Hungry Ghosts: Mao's Secret Famine. New York: Henry Holt; Pipes, Richard. 2003. Communism: A History. New York: Modern Library. See also http:// www.ncas.rutgers.edu /mao -and -great -leap -forward

6. The description of the failure of New Harmony was made by the individualist anarchist Josiah Warren in his 1856 Periodical Letter II. Quoted in Brown, Susan Love, ed. 2002. Intentional Community: Anthropological Perspective. Albany: State University of New York Press, 156.

7. Kelly, Kevin. 2014. "The Technium. A Conversation with Kevin Kelly by John Brockman." http:// www. edge.org /conversation /the -technium

8. In researching his 2010 book What Technology Wants, for example, Kelly recalls that he went through back issues of Time and Newsweek, plus early issues of Wired (which he cofounded and edited), to see what everyone was predicting for the Web. "Generally, what people thought, including to some extent myself, was it was going to be better TV, like TV 2.0. But, of course, that missed the entire real revolution of the Web, which was that most of the content would be generated by the people using it. The Web was not better TV, it was the Web. Now we think about the future of the Web, we think it's going to be the better Web; it's going to be Web 2.0, but it's not. It's going to be as diff erent from the Web as Web was from TV." How does this type of technological improvement translate into moral progress? Kelly explains (http:// www.edge.org /conversation /the -technium): One way to think about this is if you imagine the very fi rst tool made, say, a stone hammer. Th at stone hammer could be used to kill somebody, or it could be used to make a structure, but before that stone hammer became a tool, that possibility of making that choice did not exist. Technology is continually giving us ways to do harm and to do well; it's amplifying both... but the fact that we also have a new choice each time is a new good. Th at, in itself, is an unalloyed good— the fact that we have another choice and that additional choice tips that balance in one direction towards a net good. So you have the power to do evil expanded. You have the power to do good expanded. You think that's a wash. In fact, we now have a choice that we did not have before, and that tips it very, very slightly in the category of the sum of good.

9. Srinivasan, Balaji. 2013. "Silicon Valley's Ultimate Exit Strategy." Startup School 2013 Speech. http:// www.youtube.com /watch ?v=cOubCHLXT6A

10. Hill, Kashmir. 2011. "Adventures in Self- Surveillance, aka The Quantifi ed Self, aka Extreme Navel- Gazing." Forbes, April 7. http:// goo.gl /JSRkAS

11. Ibid.

12. Srinivasan, Balaji. 2013. "Soft ware Is Reor ga niz ing the World." Wired, November. http:// goo.gl /0Oxa3s

13. The most pop u lar target is the actor Kevin Bacon. I am two degrees away through a bike- racing friend of mine who worked with Bacon on the fi lm Quicksilver (in which the actor played a New York City bike messenger), so my Bacon number is 2.

14. Milgram, Stanley. 1967. "The Small World Problem." Psychology Today, 2, 60–67.

15. Travers, Jeff rey, and Stanley Milgram. 1969. "An Experimental Study of the Small World Problem." Sociometry 32/4, Dec., 425–443.

16. Hadfi eld, Chris. 2013. An Astronaut's Guide to Life on Earth. New York: Little, Brown; http:// goo.gl / m7TI2M

17. Srinivasan, 2013.

18. Wright, Quincy. 1942. A Study of War, 2nd ed. Chicago: University of Chicago Press; Gat, A. 2006. War in Human Civilization. New York: Oxford University Press.

19. Fukuyama, Francis. 2011. The Origins of Po liti cal Order: From Prehuman Times to the French Revolution. New York: Farrar, Straus, & Giroux, 98.

20. http:// www.britannica.com /EBchecked /topic /1887627 /adhocracy

21. Mintzberg, Henry. 1989. Mintzberg on Management: Inside Our Strange World of Organizations. New York: Free Press. The Internet is a tool of adhocracy because it enables instant real- time communication through virtual communities that are spontaneously self- organizing online.

22. Stone, Brad. 2013. "Inside Google's Secret Lab." Business Week, May 22. http:// www.businessweek.com /articles /2013 -05 -22 /inside -googles -secret -lab

23. Barber, Benjamin. 2013. If Mayors Ruled the World: Dysfunctional Nations, Rising Cities. New Haven, CI: Yale University Press.

24. Quoted in Barber, 2013.

25. Ibid.

26. Townsend, Anthony M. 2013. Smart Cities: Big Data, Civic Hackers, and the Quest for a New Utopia. New York: W. W. Norton, xii–xiii.

27. Speck, Jeff. 2012. Walkable City: How Downtown Can Save America, One Step at a Time. New York: Farrar, Straus, & Giroux.

28. Brand, Stewart. 2013. "City- Based Global Governance." The Long Now Foundation. http:// longnow.org / seminars /02012 /jun /05 /if -mayors -ruled -world /

29. http:// www.ted.com /talks /stewart brand on squatter cities

30. http:// longnow.org /seminars /02005 /apr /08 /cities -and -time /

31. Ibid.

32. Konvitz, Josef W. 1985. The Urban Millennium: The City- Building Pro cess from the Early Middle Ages to the Present. Carbondale, IL: Southern Illinois University Press; Kostof, Spiro. 1991. The City Shaped: Urban Patterns and Meanings Th rough History. Boston: Little, Brown; Jacobs, Jane. 1961. The Death and Life of Great American Cities. New York: Random House.

33. Glaeser, Edward. 2011. The Triumph of the City: How Our Greatest Invention Makes Us Richer, Smarter, Greener, Healthier, and Happier. New York: Penguin.

34. Naím, Moisés. 2013. The End of Power: From Boardrooms to Battlefi elds and Churches to States: Why Being in Charge Isn't What It Used to Be. New York: Basic Books, 16, 1–2.

35. Ibid., 7.

36. Ibid., 243–244.

37. The closest label that summarizes these characteristics is "classical liberal," and it follows John Locke's model for the protection of natural rights that people possess by virtue of their humanity. For a good discussion of the US Constitution refl ecting these values see Epstein, Richard A. 2014. The Classical Liberal Constitution: The Uncertain Quest for Limited Government. Cambridge, MA: Harvard University Press.

38. Panaritis, Elena. 2007. Prosperity Unbound: Building Property Markets with Trust. New York: Palgrave Macmillan.

39. MacCallum, Spencer Heath. 1970. The Art of Community. Menlo Park, CA: Institute for Humane Studies, 2. See also Heath, Spencer. 1957. Citadel, Market and Alter: Emerging Society. Baltimore: Science of Society Foundation.

40. Leeson, Peter. 2014. Anarchy Unbound: Why Self- Governance Works Better Th an You Th ink. Cambridge, UK: Cambridge University Press.

41. See, for example, Casey, Gerard. 2012. Libertarian Anarchy: Against the State. New York: Continuum International Publishing; Morris, Andrew. 2008. "Anarcho- Capitalism." In Hamowy, Ronald, ed., The Encyclopedia of Libertarianism. Th ousand Oaks, CA: Sage; Rothbard, Murray. 1962. Man, Economy, and State. New York: D. Van Nostrand. For a good debate in one volume see Duncan, Craid, and Tibor R. Machan. 2005. Libertarianism: For and Against. London, MD: Rowman & Littlefi eld.

42. Nozick, Robert. 1973. Anarchy, State, and Utopia. New York: Basic Books.

43. Howard, Philip K. 2014. The Rule of Nobody: Saving America from Dead Laws and Broken Government. New York: W. W. Norton.

44. Jeff erson, Th omas. 1816. "Letter to H. Tompkinson (aka Samuel Kercheval), July 12. In Ford, Paul Leicester, ed., The Writings of Th omas Jeff erson, 1892–1899. New York: G. P. Putnam's Sons, 10, 37. Facsimile available at the Library of Congress: http:// memory.loc.gov /cgi -bin /ampage ?collId=mtj1 & fileName=mtj1page049.db & rec Num=254

45. Robbins, Lionel. 1945. An Essay on the Nature and Signifi cance of Economic Science. London: Macmillan, 16. See also Sowell, Th omas. 2010. Basic Economics: A Common Sense Guide to the Economy, 4th ed. New York: Basic Books, 5; Mankiw, Gregory. 2011. Principles of Economics, 6th ed. Stanford, CT: Cengage Learning, 11.

46. http:// www.edge.org /conversation /the -technium

47. Drexler, Eric K. 1986. Engines of Creation. New York: Anchor Books.

48. Diamandis, Peter, and Steven Kotler. 2012. Abundance: The Future Is Better Th an You Th ink. New York: Free Press, 8.

49. Diamandis and Kotler, 9.

50. Ibid.

51. Musk, Elon. 2014. "Here's How We Can Fix Mars and Colonize It." Business Insider, January 2. http:// www.businessinsider.com /elon -musk -colonizing-mars -2014 -1

52. Carroll, Rory. 2013. "Elon Musk's Mission to Mars." Guardian, July 17, http://www.theguardian.com / technology/2013/jul /17 /elon -musk -mission -mars -spacex

53. http:// www.seasteading.org /about /visionstrategy /

54. Kurzweil, Ray. 2006. The Singularity Is Near: When Humans Transcend Biology. New York: Penguin.

55. http:// 2045.com /faq /

56. McCracken, Harry, and Lev Grossman. 2013. "Google vs. Death." Time, September 30, http:// time.com

/574 /google -vs -death /

57. Kaku, Michio. 2011. Physics of the Future: How Science Will Shape Human Destiny and Our Daily Lives by the Year 2100. New York: Doubleday, 21.

58. Ibid., 337.

59. Even though GDP is the most common metric of economic growth, it has its limitations and critics. In mid- 2014 the Bureau of Economic Analysis released a new economic statistic called Gross Output (GO), a mea sure of total sales volumes at all stages of production— from the procurement of raw materials through all the intermediate stages of production and distribution, to the fi nal stages of retail sales. Th is was the fi rst major upgrade in economic mea sure ment since GDP was introduced half a century ago. See: Skousen, Mark. 2013. "Beyond GDP: Get Ready for a New Way to Mea sure the Economy." Forbes, December 16, http:// goo. gl /xwICMV

60. Clark, Gregory. 2007. A Farewell to Alms: A Brief Economic History. Prince ton, NJ: Prince ton University Press, 2–3.

61. Based on the graph in Clark, 2007, 2. See also Maddison, Agnus. 2006. The World Economy. Washington, DC: OECD Publishing.

62. Graph from data produced by the Economic Research Ser vice of the US Department of Agriculture. "Historical and Projected Gross Domestic Product Per Capita." http:// search.ers.usda.gov /search ?affi liate=ers & query=World %20GDP

63. Haugen, Gary A., and Victor Boutros. 2014. The Locust Eff ect: Why the End of Poverty Requires the End of Violence. New York: Oxford University Press, 137.

64. Stiglitz, Joseph E. 2013. The Price of In e qual ity: How Today's Divided Society Endangers Our Future. New York: W. W. Norton.

65. Gilen, Martin. 2012. Affl uence and Infl uence: Economic In e qual ity and Po liti cal Power in America. Prince ton, NJ: Prince ton University Press, 1.

66. Quoted in Hiltzik, Michael. 2013. "A Huge Th reat to Social Mobility." Los Angeles Times, December 22, B1.

67. Piketty, Th omas. 2014. Capital in the Twenty- fi rst Century. Cambridge, MA: Harvard University Press.

68. Burtless, Gary. 2014. "Income Growth and Income In e qual ity: The Facts May Surprise You." Brookings Institute, http:// www.brookings.edu /research /opinions/2014/01 /06 -income -gains -and -inequality -burtless

69. Shah, Neil. 2014. "US House hold Net Worth Hits Record High." Wall Street Journal, March 6, A1.

70. See, for example: Rubin, Jeff. 2012. The End of Growth. New York: Random House.

71. Beinhocker, Eric. 2006. The Origin of Wealth: Evolution, Complexity, and the Radical Remaking of Economics. Cambridge, MA: Harvard Business School Press, 453.

72. For a contrary view of this proposition see the documentary fi lm Surviving Progress by Mathieu Roy and Harold Crooks: https:// www.youtube.com /watch ?v=6IAs3tMZneM

73. Athreya, Kartik, and Jessie Romero. 2013. "Land of Opportunity? Economic Mobility in the United States." Federal Reserve Bank of Richmond, July, http:// goo.gl /7KFc6H

74. Sawhill, Isabel V., Scott Winship, and Kerry Searle Grannis. 2012. "Pathways to the Middle Class: Balancing Personal and Public Responsibilities." Washington, DC: Brookings Institution Center on Children and Families, September.

75. Auten, Gerald, and Geoff rey Gee. 2009. "Income Mobility in the United States: New Evidence from Income Tax Data." National Tax Journal, June, 301–328, http://ntj.tax.org /

76. Auten, Gerald, Geoff rey Gee, and Nicholas Turner. 2013. "Income In e qual ity, Mobility and Turnover at the Top in the United States, 1987–2010." Paper presented at the Allied Social Science Association's annual meeting, San Diego, January 4.

77. Clark, Gregory. 2014. The Son Also Rises: Surnames and the History of Social Mobility. Prince ton, NJ: Prince ton University Press, 5.

78. Ibid., 180.

79. Ibid., 58.

80. Here's a simple example of how it works. Joe the Plumber owns 10 shares of Apple Computer stock trading at $500 a share. Th at $5,000 is a good chunk of change for his retirement, and when the stock goes up $10 in a day (which it is wont to do with some regularity), Joe's portfolio just increased $100. By contrast, Bob the Banker has 10,000 shares of Apple stock, and on the same day Joe made $100 Bob netted a sweet $1 million. Bob could almost retire on a single day of trading on the stock market, whereas Joe's retirement is nowhere on the horizon.

81. Rubin, Paul. H. 2003. "Folk Economics." Southern Economic Journal, 70, no. 1, 82. Shermer, Michael. 2008. The Mind of the Market: How Biology and Psychology Shape Our Economic Lives. New York: Henry Holt.

83. Nowak, Martin, and Roger Highfi eld. 2012. SuperCooperators: Altruism, Evolution, and Why We Need Each Other to Succeed. New York: Free Press. See also: Nowak, Martin A., and Sarah Coakley, eds. 2013. Evolution, Games, and God: The Principle of Cooperation. Cambridge, MA: Harvard University Press.

84. For a history of the transition from the zero- sum interactions of our ancestors to the nonzero world of today see Wright, Robert. 2000. Nonzero: The Logic of Human Destiny. New York: Pantheon.

85. Draper, Patricia. 1978. "The Learning Envrionment for Aggression and Anti- Social Behavior among the !Kung." In A. Montagu, ed., Learning Non- Aggression: The Experience of Non- literate Societies. New York: Oxford University Press, 46.

86. Chambers, John R., Lawton K. Swan, and Martin Heesacker. 2013. "Better Off Th an We Know: Distorted Perceptions of Incomes and Income In e qual ity in America." Psychological Science, 1–6.

87. Wilkinson, Richard G. 1996. Unhealthy Societies: The Affl ictions of In e qual ity. New York: Routledge; Pickett, Kate, and Richard Wilkinson. 2011. The Spirit Level: Why Greater Equality Makes Societies Stronger. New York: Bloomsbury.

88. Wilkinson, Richard. 2011. "How Economic In e qual ity Harms Societies." http://www.ted.com /talks / richard wilkinson

89. Sapolsky, Robert. 1995. Why Zebras Don't Get Ulcers: A Guide to Stress, Stress- Related Diseases, and Coping. New York: W. H. Freeman, 381.

90. Daly, Martin, Margo Wilson, and Shawn Vasdev. 2001. "Income In e qual ity and Hom i cide Rates in Canada and the United States." Canadian Journal of Criminology, 43, no. 2, 219–236.

91. Piff, Paul K. 2013. "Does Money Make You Mean?" TED talk, posted December 20: http:// www.ted.com /talks /paul piff does money make you mean.html See also the excellent PBS NewsHour report "Exploring the Psychology of Wealth, 'Pernicious' Eff ects of Economic Ine qual ity." PBS, June 13. http:// www.pbs.org / newshour /bb /business /jan -june13 /makingsense 06 -21.html

92. Personal correspondence, December 22, 2013.

93. Ross, M., and F. Sicoly. 1979. "Egocentric Biases in Availability and Attribution." Journal of Personality and Social Psychology, 37, 322–336. Arkin, R. M., H. Cooper, and T. Kolditz. 1980. "A Statistical Review of the Literature Concerning the Self- Serving Bias in Interpersonal Infl uence Situations." Journal of Personality, 48, 435–448.

Davis, M. H., and W. G. Stephan. 1980. "Attributions for Exam Per for mance." Journal of Applied Social Psychology, 10, 235–248.

94. Nisbett, R. E., and L. Ross. 1980. Human Inference: Strategies and Shortcomings of Social Judgment. Englewood Cliff s, NJ: Prentice- Hall.

95. Piff, Paul K. 2013. "Wealth and the Infl ated Self: Class, Entitlement, and Narcissism." Personality and Social Psychology Bulletin, 1–10.

96. Kraus, Michael W., Paul K. Piff, and Dacher Keltner. 2009. "Social Class, Sense of Control, and Social Explanation." Journal of Personality and Social Pschology, 97, no. 6, 992–1004.

97. Keltner, Dacher, Aleksandr Kogan, Paul K. Piff, and Sarina Saturn. 2014. "The Sociocultural Appraisals, Values, and Emotions (SAVE) Framework of Prosociality: Core Pro cesses from Gene to Meme." Annual Review of Psychology, 65, no. 25, 1–25.

98. Piff, Paul K., Daniel M. Stancato, Stephane Cote, Rodolfo Mendoza- Denton, and Dacher Keltner. 2012. "Higher Social Class Predicts Increased Unethical Behavior." Proceedings of the National Academy of Sciences, March 13, 109, no. 11, 4086–4091.

99. Quoted in Miller, Lisa. 2012. "The Money- Empathy Gap." New York, July 1, http://nymag.com /news / features /money -brain -2012 -7 /

100. Piketty, Th omas. 2014. Capital in the Twenty- fi rst Century. Cambridge, MA: Belknap Press.

101. http:// www.resourcegeneration.org /about -us /misson -vision -values

102. Mackey, John, and Raj Sisodia. 2013. Conscious Capitalism: Liberating the Heroic Spirit of Business. Cambridge, MA: Harvard Business Review, Press, 20.

103. Ibid., 21.

104. Ibid., 31.

105. Ostry, Jonathan D., Andrew Berg, and Charalambos G. Tsangarides. 2014. "Redistribution, In e qual ity and Growth." Washington, DC: International Monetary Fund. February, 4. http:// www.imf.org /external /pubs /ft /sdn /2014 /sdn1402.pdf

106. Gates, Bill, and Melinda Gates. 2014. Annual Letter of the Bill and Melinda Gates Foundation. http:// annualletter.gatesfoundation.org / See also Penn World Table. Philadelphia: Center for International Comparisons at the University of Pennsylvania. https:// pwt.sas.upenn.edu /

107. DeLong, J. Bradford. 2000. "Cornucopia: The Pace of Economic Growth in the Twentieth Century." Working Paper 7602. Washington, DC: National Bureau of Economic Research. http:// www.nber.org /papers/ w7602.pdf. See also DeLong, J. Bradford. 1998. "Estimating World GDP, One Million BC–Present." http:// www.j-bradford -delong.net /TCEH /1998 Draft /World GDP /Estimating World GDP.html

108. Kardashev, Nikolai. 1964. "Transmission of Information by Extraterrestrial Civilizations." Soviet Astronomy, 8, 217. Kardashev computed the energy levels of the three types to be: Type I (~4 × 1019 ergs/second), Type II (~4 × 1033 ergs/second), and Type III (~4 × 1044 ergs/second).

109. Heidmann, Jean. 1992. Extraterrestrial Intelligence. New York: Cambridge University Press, 210–212.

110. Sagan, Carl. 1973. The Cosmic Connection: An Extraterrestrial Perspective. Garden City, NY: Anchor Books/Doubleday, 233–234. Sagan's information storage capacity metric increases one order of magnitude at each step, starting with A = 106 bits of information, B = 107 bits... Z = 1031 bits. Sagan estimated we were at 1013 bits in 1973, making us a Type 0.7H civilization. My own calculations lead me to conclude that in 2014 we were at 1021 bits— a zettabyte— thus we are presently a Type 0.7P civilization. I based my estimate on the 2010 fi gure cited earlier from Diamandis that at the end of 2010 we were producing 912 exabytes of information.

An exabyte is 1 quintillion bytes. A quintillion is 1018. I estimate that we have exceeded 1,000 exabytes by 2014. A thousand Exabytes is a zettabyte, or 1021, or a 1 followed by 21 zeros.

As the Kardashev scale is logarithmic— where each increase in power consumption on the scale requires a huge leap in production— we have a ways to go. Fossil fuels won't get us there. Renewable sources such as solar, wind, and geothermal are a good start, but to achieve Type 1.0 status in this typology we need to go nuclear— for example, fusing 1,000 kg of hydrogen into helium per second, a rate of 3 × 1010 kg/year. As a cubic kilometer of water contains about 1011 kg of hydrogen, and our oceans contain about 1.3 × 109 km of water, this would give us ample time to make the transition to the next level.

111. Kaku, 2011, op cit. See also Kaku, Michio. 2010. "The Physics of Interstellar Travel: To One Day Reach the Stars." http:// mkaku.org /home /articles /the -physics -of -interstellar-travel /

112. Kaku, Michio. 2005. Parallel Worlds: The Science of Alternative Universes and Our Future in the Cosmos. New York: Doubleday, 317.

113. Zubrin, Robert. 2000. Entering Space: Creating a Spacefaring Civilization. New York: Putnam, x.

114. See, for example, Rapaille, Clotaire, and Andres Roemer. 2013. Move Up. Mexico City: Taurus.

115. Ghemawat, Pankaj. 2011. World 3.0: Global Prosperity and How to Achieve It. Cambridge, MA: Harvard Business Review Press.

116. Shermer, Michael. 2014. "The Car Dealers' Racket." Los Angeles Times, March 17, http:// tiny.cc /ktepdx

117. The evolutionary biologist Ernst Mayr defi ned a species as "a group of actually or potentially interbreeding natural populations reproductively isolated from other such populations." Ernst Mayr. 1957. "Species Concepts and Defi nitions," in The Species Problem. Washington, DC: American Association for the Advancement of Science Publication 50. Mayr off ers this expanded defi nition: "A species consists of a group of populations which replace each other geo graph i cally or ecologically and of which the neighboring ones intergrade or hybridize wherever they are in contact or which are potentially capable of doing so (with one or more of the populations) in those cases where contact is prevented by geo graph i cal or ecological barriers." See also Mayr, Ernst. 1976. Evolution and the Diversity of Life. Cambridge, MA: Harvard University Press; Mayr, Ernst. 1988. Toward a New Philosophy of Biology. Cambridge, MA: Harvard University Press.

118. Harris, Sam. 2010. The Moral Landscape: How Science Can Determine Human Values. New York: Free Press.

119. Smolin, Lee. 1997. The Life of the Cosmos. New York: Oxford University Press; Liddle, Andrew, and Jon Loveday. 2009. The Oxford Companion to Cosmology. New York: Oxford University Press; Weinberg, Stephen. 2008. Cosmology. New York: Oxford University Press.

120. Dyson, Freeman. 1979. "Time Without End: Physics and Biology in an Open Universe." Reviews of Modern Physics, 51, no. 3, July 447. http:// www.aleph.se /Trans /Global /Omega /dyson.txt

121. Pollack, James, and Carl Sagan. 1993. "Planetary Engineering." In J. Lewis, M. Matthews, and M. Guerreri, eds., Resources of Near Earth Space. Tucson: University of Arizona Press; Niven, Larry. 1990. Ringworld. New York: Ballantine; Stapledon, Olaf. 1968. The Starmaker. New York: Dover.

122. Shermer, Michael. 2002. "Shermer's Last Law." Scientifi c American, January, 33.

123. Dyson, Freeman J. 1960. "Search for Artifi cial Stellar Sources of Infra- Red Radiation," Science, 1311, no. 3414, 1667–1668.

124. Maccone, Claudio. 2013. "SETI, Evolution and Human History Merged into a Mathematical Model." International Journal of Astrobiology, 12, no. 3, 218–245. http:// goo.gl /zsSkZv

125. Maccone, Claudio. 2014. "Evolution and History in a New 'Mathematical SETI' Model." Acta Astronautica, 93, 317–344.

126. Brin, David. 2006. "Shouting at the Cosmos... or How SETI Has Taken a Worrisome Turn into Dangerous Territory." September, https:// lifeboat.com /ex /shouting .at.the.cosmos.

127. Hawking, Stephen. 2010. Into the Universe with Stephen Hawking. Discovery Channel; Jonathan Leake, "Don't Talk to Aliens, Warns Stephen Hawking," Sunday Times (London), April, 25, 2010. See also Shostak, Seth. 1998. Sharing the Universe: Perspectives on Extraterrestrial Life. Berkeley, CA: Berkeley Hills Books.

128. Diamond, Jared M. 1991. The Th ird Chimpanzee: The Evolution and Future of the Human Animal. New York: Harper Perennial, 214. For an overview on the risks of contact with extra- terrestrial intelligences from the perspective of risk management assessment see: Neal, Mark. 2014. "Preparing for Extraterrestrial

Contact." Risk Management, 16 (2): 6387.

129. For more on this possibility, and its alternative that we might be alone, see Davies, Paul. 1995. Are We Alone? New York: Basic Books; Davies, Paul. 2010. The Eerie Silence: Renewing Our Search for Alien Intelligence. Boston: Houghton Miffl in Harcourt; Morris, Simon Conway. 2003. Life's Solution: Inevitable Humans in a Lonely Universe. Cambridge, UK: Cambridge University Press.

130. Grams, Martin. 2008. The Twilight Zone: Unlocking the Door to a Tele vi sion Classic. Churchville, MD: OTR Publishing.

131. Gort is instructed to get the deceased Klaatu aft er the Mary Magdalene–like character who has developed a friendship with Klaatu instructs Gort "Klaatu barada nikto," one of the most famous lines in all science fi ction. In the original script, aft er Klaatu is resurrected he explains to the astonished onlooker that this is the future power of science and technology, but the Motional Picture Association of America's censor for the fi lm, Joseph Breen, determined that this was unacceptable and forced the producer to add the line "that power is reserved to the Almighty Spirit." See Blaustein, Julian, Robert Wise, Patricia Neal, and Billy Gray. 1995. Making the Earth Stand Still. DVD Extra, 20th Century- Fox Home Entertainment.

132. North, Edmund H. 1951. Script for The Day the Earth Stood Still. February 21, http:// www.scifi scripts. com /scripts /Th eDayTh eEarthStoodSTill.html

133. Michael, George. 2011. "Extraterrestrial Aliens: Friends, Foes, or Just Curious?" Skeptic, 16, no. 3, goo. gl/Ofb Aj

134. Harrison, Albert A. 2000. "The Relative Stability of Belligerent and Peaceful Societies: Implications for SETI." Acta Astronautica, 46, nos. 10–12, 707–712; Brin, David. 2009. "The Dangers of First Contact: The Moral Nature of Extraterrestrial Intelligence and a Contrarian Perspective on Altruism." Skeptic, 15, no.3, 1–7.

135. Zubrin, Robert. 2000. Entering Space: Creating a Spacefaring Civilization. New York: Penguin Putnam; Michaud, Michael. 2007. Contact with Alien Civilizations: Our Hopes and Fears About Encountering Extraterrestrials. New York: Copernicus Books.

136. Peters, Ted. 2011. "The Implications of the Discovery of Extra- Terrestrial Life for Religion." Philosophical Transactions of the Royal Society A, February, 369, no.1936, 644–655.

137. Shklovskii, Iosif, and Carl Sagan. 1964. Intelligent Life in the Universe. New York: Dell.

138. Delivered at Bishop Charles Mason Temple on April 3, 1968. Full text available here: http:// mlk -kpp01. stanford.edu /index.php /encyclopedia /documentsentry /ive _been to the mountaintop /

139. Warren, Mervyn A. 2001. King Came Preaching: The Pulpit Power of Dr. Martin Luther King Jr. Downers Grove, IL: Varsity Press, 193–194.

140. From the lyrics of "Woodstock" by Joni Mitchell, also performed by Crosby, Stills, Nash, and Young.